Sebastian Walser

Die Fokolar-Bewegung

Ausbreitung und Wirken in der Bundesrepublik Deutschland und der DDR

KONFESSIONSKUNDLICHE
UND KONTROVERSTHEOLOGISCHE STUDIEN
BAND LXXXIV

HERAUSGEGEBEN VOM JOHANN-ADAM-MÖHLER-INSTITUT

Sebastian Walser

Die Fokolar-Bewegung

Ausbreitung und Wirken in der Bundesrepublik Deutschland und der DDR

BONIFATIUS

Bibliografische Information der Deutschen Nationalbibliothek:
Die Deutsche Nationalbibliothek verzeichnet diese Publikation in der Deutschen Nationalbibliografie; detaillierte bibliografische Daten sind im Internet über http://dnb.d-nb.de abrufbar.

Klimaneutrale Produktion.
Gedruckt auf umweltfreundlichem, chlorfrei gebleichtem Papier.

MIX
Papier | Fördert gute Waldnutzung
FSC® C083411

Umschlaggestaltung: Christian Knaak, Dortmund
Satz: Bonifatius GmbH, Paderborn
Druck und Bindung: CPI books GmbH, Leck
Printed in Germany

ISBN 978-3-89710-946-9

Weitere Informationen zum Verlag:
www.bonifatius-verlag.de

Inhalt

Vorwort

In der ersten Hälfte des 20. Jahrhunderts kam es in der katholischen Kirche zu Neuaufbrüchen, womit in gewisser Hinsicht auch eine Neuausrichtung verbunden war, die im II. Vatikanischen Konzil (1962-1965) kulminieren sollte. Neben den sich aus der Liturgischen Bewegung ergebenden Erneuerungen der Zeremonien und Riten des Gottesdienstes, kam es sukzessive zu einer Öffnung der katholischen Kirche gegenüber der Ökumenischen Bewegung und der Zunahme des Laienapostolats. Als wesentliche Träger dieser Aufbrüche fungierten die sogenannten ‚Neuen geistlichen Bewegungen', die sich im Kern aus Laien zusammensetzten, die dem Apostolat nachgingen. Die mitunter größte ‚Neue geistliche Bewegung' stellt in der katholischen Kirche das ‚Werk Mariens' dar. Diese Laienbewegung, die auch Fokolar-Bewegung (FoBw) genannt wird, verkörpert den Untersuchungsgegenstand der Dissertation, die im September 2019 an der Katholisch-Theologischen Fakultät der Universität Augsburg eingereicht wurde. Das Promotionsverfahren wurde am 8. September 2020 erfolgreich abgeschlossen und von der Katholisch-Theologischen Fakultät angenommen. Eine Überarbeitung erfolgte im Anschluss nach Erhalt der Gutachten.

Leitend für die Arbeit war die Frage nach der geschichtlichen Ausbreitung des ‚Werkes Mariens' in der Bundesrepublik Deutschland und der DDR sowie dessen Wirken in diesen beiden deutschen Staaten bis 1990. Vor diesem Hintergrund wurde die Hypothese aufgestellt, dass die FoBw in der Bundesrepublik insbesondere in der Ökumene präsent war und im Gegensatz zu Italien von den Bischöfen der Bundesrepublik und deren Amtskollegen in der DDR leichter angenommen werden konnte. Hinsichtlich der DDR wurde davon ausgegangen, dass die Fokolare als unpolitische Bewegung zur spirituellen Festigung der dortigen Pfarreien beitragen sollten. Die Ökumene dagegen, so die Annahme, spielte in der DDR nur eine nebensächliche Rolle, während ein ausgeprägter Dialog mit der großteils atheistischen Bevölkerung als möglich betrachtet wurde. Dass die Stasi gegenüber der FoBw Skepsis zeigte und konspirative Vorgänge vermutete, erschien logisch, nicht jedoch der Standpunkt, dass diese Haltung sich in Wertschätzung umwandelte. Auf Kritik und Vorwürfe, die gegenüber der FoBw geäußert werden, wird speziell im siebten Teil der Arbeit im Rahmen des dort geschilderten Ausblicks eingegangen. Aber auch im Verlauf der Dissertation wird auf Gefahren hingewiesen. Obwohl somit auch kritische Stimmen Berücksichtigung finden, soll darauf verwiesen werden, dass für ein abschließendes Urteil eine eigene Studie notwendig wäre. Diese hätte sich nicht nur systematisch mit den Werken von Chiara Lubich auseinanderzusetzen, sondern auch durch soziologische Erhebungsmethoden eine kritische Binnenperspektive zu erarbeiten, was jedoch ein eigenes Desiderat darstellt. Von der exemplarischen Auseinandersetzung mit der FoBw kann die Entwicklung anderer ‚Neuer geistlicher Bewegungen' nur spekulativ abgeleitet werden. Für ein Gesamtbild wäre eine breitere Untersuchung der Laienbewegungen notwendig, die, insofern sie sich nicht auf Deutschland beschränken soll, staatsübergreifend angelegt sein sollte. Vor diesem Hintergrund kann die geschichtliche Entwicklung der FoBw bestenfalls als Indiz für die Entfaltung anderer ‚Neuer geistlicher Bewegungen' in der Bundesrepublik Deutschland und der DDR angesehen werden.

Danken möchte ich zunächst meinen beiden Doktorvätern Prof. Dr. Gregor Wurst und Prof. Dr. Dr. Jörg Ernesti, die die Promotion mit ihrer fachlichen und wissenschaftlichen Kompetenz stets unterstützend begleitet haben. Für das Korrekturlesen der Arbeit möchte ich mich stellvertretend bei Prof. Dr. Wolfgang Vogl, Prof. Dr. Peter Roth und PD. Dr. Rainer Florie bedanken. Auch meine Familie, der ich dieses Buch widme, und mein Freundeskreis seien in diesem Zusammenhang erwähnt. Sowohl auf den Rückhalt meiner Familie als auch meiner Freunde konnte ich mich stets verlassen. Da eine historische Arbeit selbstverständlich auf die Auswertung von Quellen angewiesen ist, möchte ich mich bei den nachfolgenden Personen und Einrichtungen bedanken: Dr. Wilfried Hagemann, Elfriede Waha und Wolfram Zilske in Ottmaring bei Friedberg, Dr. Michael Matscha in Erfurt, Friedrich Rother (BStU) sowie Dr. Gotthart Klein in Berlin, Christoph Schmider in Freiburg, dem Frauen- und Männer-Fokolar in Leipzig, der Redaktion der Zeitschrift ‚Neue Stadt', dem Kapuzinerarchiv in Genua, Guido Treffler in München, den Ansprechpartnern der ‚Vereinigung vom gemeinsamen Leben im ökumenischen Christusdienst' sowie Linda Schuster und Gudrun Kraft. Ebenfalls zu danken habe ich Weihbischof Dr. Christoph Hegge, Frau Prof.in Dr. Barbara Hallensleben in Fribourg in der Schweiz und den Vertretern der kirchlichen Archive in Augsburg, Dresden-Meißen und Köln für ihre Kooperation. Eine große Hilfe bei der Finanzierung der Publikation waren die Stiftung der FoBw, das Erzbistum Berlin, das Bistum Augsburg, das Bistum Regensburg , das Bistum Erfurt und das Bistum Dresden-Meißen. Es ist mir darüber hinaus eine große Freude, dass es mir möglich ist, meine Arbeit in der Reihe ‚Konfessionskundliche und kontroverstheologische Studien' (KKTS) des Johann-Adam-Möhler-Instituts, welches sich ebenfalls dankenswerterweise an der Finanzierung der Arbeit beteiligte, zu publizieren. Ein Dank sei daher auch gegenüber dem leitenden Direktor des Instituts, Prof. Dr. Wolfgang Thönissen, ausgesprochen, dessen Rat ich sehr zu schätzen lernte. Nicht zuletzt bin ich auch dem Verlag Bonifatius, seinen Mitarbeitern und Katrin Weiß für die gute Zusammenarbeit zu Dank verpflichtet.

Augsburg, April 2022
Dr. lic. Sebastian Walser

1. Teil: Hinführung

1.1 Einleitende Worte

Mit Chiara Lubich verstarb am 14. März 2008 eine der großen Glaubenszeuginnen[1] des 20. Jahrhunderts. Vertreter verschiedener christlicher Kirchen wie der damalige Kölner Erzbischof Joachim Kardinal Meisner (1988-2014)[2], der damalige russisch-orthodoxe Metropolit und seit 2009 amtierende Patriarch von Moskau Kyrill I. oder der ehemalige Erzbischof von São Paulo (Brasilien), Kardinal Cláudio Hummes OFM (1998-2006)[3], würdigten die Lebensleistung der am 22. Januar 1920 in Trient geborenen Gründerin der FoBw. Papst Benedikt XVI. (2005-2013) sprach in seinem Telegramm zum Tod von Chiara Lubich seinen Dank für ihr Engagement für die Einheit der Kirche und für den Frieden auf Erden aus:[4]

> „Ich danke dem Herrn für das Zeugnis ihres Lebens, das sie im Hinhören auf die Bedürfnisse des modernen Menschen verbracht hat, in vollkommener Treue zur Kirche und zum Papst. Und während ich ihre Seele der göttlichen Güte anheimstelle, damit sie im Schoß des Vaters willkommen geheißen werde, hoffe ich, dass diejenigen, die sie kennen gelernt haben und ihr begegnet sind, im Staunen über die Wunder, die Gott durch ihren missionarischen Eifer gewirkt hat, in ihre Fußspuren treten mögen und ihr Charisma am Leben erhalten."[5]

---

1 Um der besseren Lesbarkeit willen wird auf die gleichzeitige Verwendung männlicher und weiblicher Sprachformen verzichtet. In den folgenden Personenbezeichnungen des Textes sind stets beide Geschlechter eingeschlossen.

2 Vgl. Erzbistum Köln: Joachim Kardinal Meisner – Erzbischof von Köln, in: https://www.erzbistum-koeln.de/erzbistum/alterzbischof_meisner/lebenslauf/ (27.07.2016, 16:05 Uhr).

3 Vgl. Ecclesia Catholica, Annuario Pontificio, 1999, 656; Ecclesia Catholica, Annuario Pontificio, 2006, 682; Ecclesia Catholica, Annuario Pontificio, 2007, 688.

4 Vgl. Wilhelm Schäffer, Erneuerter Glaube – verwirklichtes Menschsein, 1983, 121; Manfred Döbbeler, Die Fokolar-Bewegung, 1988, 45; Stefan Tobler, Jesu Gottverlassenheit als Heilsereignis in der Spiritualität Chiara Lubichs, 2002, 61; Benedikt XVI.: Chiara Lubich, als Vorbild für Barmherzigkeit, Treue und missionarischen Eifer, in: https://de.zenit.org/articles/benedikt-xvi-chiara-lubich-vorbild-fur-barmherzigkeit-treue-und-missionarischen-eifer/ (27.07.2016, 12:14 Uhr); Kirchliches Außenamt des Moskauer Patriarchats: His Holiness Cyril, Patriarch of Moscow and all Russia, in: http://orthodoxeurope.org/page/3/4.aspx (13.08.2018, 14:39 Uhr); Zenit: Chiara Lubich bewegt die Massen: Zeugnisse zum Tod der Gründerin der Fokolare aus aller Welt, in: https://de.zenit.org/articles/chiara-lubich-bewegt-die-massen-zeugnisse-zum-tod-der-grunderin-der-fokolare-aus-aller-welt/ (13.12.2020, 23:35 Uhr); Stefan Ulz, Dreifaltigkeit leben, 2019, 56-57.

5 Benedikt XVI.: Chiara Lubich, als Vorbild für Barmherzigkeit, Treue und missionarischen Eifer, in: https://de.zenit.org/articles/benedikt-xvi-chiara-lubich-vorbild-fur-barmherzigkeit-treue-und-missionarischen-eifer/ (27.07.2016, 12:14 Uhr).

Am 7. Dezember 2013 wurde durch den Antrag ihrer Nachfolgerin als Präsidentin, Maria Voce (* 1937), formell das Seligsprechungsverfahren für Chiara Lubich eingeleitet. Diese Ereignisse brachten zwei Zäsuren mit sich: Einerseits endete durch den Tod von Chiara Lubich die Gründungsphase der FoBw. Andererseits wird durch das Seligsprechungsverfahren geprüft, inwieweit es Chiara Lubich in besonderer Weise gelungen ist, Jesus nachzufolgen. Die Aktualität und die Notwendigkeit der wissenschaftlichen Untersuchung der Geschichte von Chiara Lubich und damit die der FoBw ist daher unbestritten. Infolge dieser Anlässe soll durch die vorliegende Dissertation ein Beitrag zur Erforschung der Lebensleistung der Trienterin und der von ihr gegründeten Bewegung geleistet werden.[6]

1.2 Forschungsgegenstand

Die FoBw wurde in einer Phase der Kirchengeschichte gegründet, die durch Aufbrüche innerhalb der katholischen Kirche geprägt war. Durch die Liturgische Bewegung, die Bibelbewegung, die Katholische Aktion und die Ökumenische Bewegung waren Akzente gesetzt worden, die im II. Vatikanum (1962-1965) vom Lehramt rezipiert wurden. Innerkirchlich betrachtete der Episkopat in Italien die Folgen der Aufbrüche jedoch größtenteils zunächst mit Sorge. Während die westdeutsche Kirche maßgeblich an der Vorbereitung des Konzils mitwirkte, erhöhte sich in der DDR in der unmittelbaren Nachkriegszeit durch eine Welle an Flüchtlingen zunächst die Katholikenanzahl. Diese sollte jedoch wieder abnehmen, wodurch sich an der Diasporasituation der katholischen Kirche nichts änderte. Sowohl die evangelischen Landeskirchen[7] als auch die katholische Kirche hatten bis zur Wiedervereinigung Deutschlands mit Repressionen durch das politische System zu kämpfen. Für die wissenschaftliche Auseinandersetzung mit der FoBw in der Bundesrepublik Deutschland und der DDR ist dieser historische Hintergrund, der später noch ausführlich dargestellt werden soll, zu berücksichtigen. Im Mittelpunkt dieser Arbeit soll die Frage nach der historischen Entwicklung der FoBw in der Bundesrepublik Deutschland und der ehemaligen DDR stehen. Eng verbunden sind damit die Fragen nach der Breitenwirkung und den Impulsen, die die Bewegung in diesen beiden Ländern erzielte und setzte. Aber auch die Frage nach den Reaktionen, insbesondere die der Amtsträger, die die Gegenwart der FoBw hervorrief, darf nicht vernachlässigt werden.

---

[6] Vgl. Fokolar-Bewegung: Seligsprechungsprozess für Chiara Lubich eröffnet, in: https://www.focolare.org/press/de/news/2015/01/19/chiara-lubich-a-frascati-lapertura-della-causa-di-beatificazione/ (27.07.2016, 15:52 Uhr); Winfried Schulz, Art. Heiligsprechung, 3. Aufl., 2006, 1328-1330; Fokolar-Bewegung: Die Präsidentin, in: http://www.focolare.org/de/la-presidente/ (28.11.2016, 11:43 Uhr); Stefan Ulz, Dreifaltigkeit leben, 2019, 57.

[7] Wegen der besseren Lesbarkeit wird darauf verzichtet, bezüglich der Kirchen der Reformation von kirchlichen Gemeinschaften (vgl. UR 19-21) zu sprechen. Sie werden auch als Kirchen bezeichnet.

Wie die Fokolare in die Bundesrepublik kamen, sich dort etablierten und ausbreiteten, sind grundlegende Fragen, die es zu beantworten gilt. In diesem Zusammenhang ist auch die soziologische Perspektive zu berücksichtigen: Wie stark war der Zulauf zur FoBw? Aus welcher Bevölkerungsschicht stammten die Personen, die mit der Bewegung im Untersuchungszeitraum in Kontakt standen? Welcher christlichen Konfession oder Religion gehörten sie an? usw. In diesem Kontext stellt sich die Frage nach dem Standpunkt der Fuldaer Bischofskonferenz. Der bekannteste Vertreter der FoBw in Deutschland ist mit Klaus Hemmerle (1975-1994)[8] der ehemalige Bischof von Aachen. Die zentrale Rolle, die seine Person einnimmt, macht es erforderlich, sich mit ihm auseinanderzusetzen. Dabei sollen durch einen biografischen Zugang zunächst die Fragen beantwortet werden, wie Hemmerle die FoBw kennenlernte und welche Bedeutung sie für ihn hatte. Umgekehrt gilt es zu erarbeiten, welche Relevanz seiner Person von der FoBw zugesprochen wurde. Schließlich war es Hemmerle, der sein philosophisch-theologisches Wissen mit in die Bewegung einbrachte. Eng verbunden mit Klaus Hemmerle ist die Frage nach den Dialogen, die von der FoBw in der Bundesrepublik praktiziert wurden.

Ebenso soll die historische Entwicklung der FoBw in der DDR untersucht werden. Wie im Teil über die Bewegung in der Bundesrepublik ist zu fragen, welchen Standpunkt die Berliner Ordinarienkonferenz (BOK) gegenüber der FoBw vertrat. Eine besondere Rolle nimmt das Ministerium für Staatssicherheit (MfS) und dessen Perspektive auf die FoBw ein. Hinsichtlich der Dialoge, die von der Bewegung in der DDR geführt wurden, ist zu prüfen, in welchem Ausmaß diese umgesetzt werden konnten. Insbesondere stellt sich aufgrund der gesellschaftlichen Umstände die Frage nach dem Dialog mit den Atheisten. Praktizierte die FoBw die Dialoge in der DDR in einem gleichen Ausmaß wie in der Bundesrepublik Deutschland oder gab es Unterschiede? Letztlich ist es noch notwendig zu untersuchen, ob die Mitglieder der Bewegung im Kontakt mit Menschen aus anderen Ländern des Ostblocks standen.

1.3 Stand der Forschung

Erste Werke, die sich mit den ‚Neuen geistlichen Bewegungen' auseinandersetzen, stammen unter anderem von Karl Lehmann (1883-2016)[9], Paul Cordes (* 1934)[10] und Marianne Tigges. Aber auch Maria Widl und Herbert Schlögel widmeten sich ihnen in ihren Publikationen annäherungsweise. Allerdings bieten diese bestenfalls einen groben Überblick. Karl Lehmann und Maria Widl beschäftigen sich in ihren Publikationen mit den Charakteristika ‚Neuer geistlicher Bewegungen'. Bei

[8] Vgl. Josef Schreier, Art. Hemmerle, Klaus (1929-1994), 2002, 43-47.

[9] Vgl. Daniel Deckers, Der Kardinal, 2002, 255-256; Ecclesia Catholica, Annuario Pontificio, 2016, 434; Ecclesia Catholica, Annuario Pontificio, 2017, 433.

[10] Paul Cordes, Drei Päpste – Mein Leben, 2014, 15.

der Veröffentlichung von Paul Cordes handelt es sich um einen Vortrag aus dem Jahr 1984. Herbert Schlögel beschäftigt sich in seinem Buch *Kirche – Moral – Spiritualität* (2001) mit dem Beitrag der ‚Neuen geistlichen Bewegungen' zum Ethos in der Kirche. Marianne Tigges setzt sich unter anderem mit Gefahren und Schwierigkeiten, die ‚Neue geistliche Bewegungen' mit sich bringen, auseinander.[11]

Hinsichtlich des Forschungsstandes zur FoBw ist zwischen Arbeiten über die Geschichte der FoBw, systematischen Arbeiten zur Spiritualität Chiara Lubichs und kirchenrechtlichen Arbeiten zur Struktur und den Statuten der FoBw zu unterscheiden. Zu den Anfängen der FoBw in Italien liegen einige Publikationen und Artikel vor, die diese behandeln. Ausführlich wird dieses Thema in der 2017 erschienenen Monografie *La nascita dei Focolari – storia e sociologia di un carisma* (1943-1965) von Bernhard Callebaut behandelt. Das Buch thematisiert den Zeitraum von der Gründung der FoBw bis zum Abschluss der Apostolischen Visitation. Es umfasst damit die wesentlichen Entwicklungen der Bewegung in Italien. Auch wurde inzwischen das Charisma Chiara Lubichs systematisch erforscht. Hier ist vor allem auf die Arbeiten von Klaus Hemmerle zu verweisen. Aber auch Judith Povilus[12], Joan Back[13] und Stefan Tobler[14] befassen sich damit in ihren Büchern *Gesú in Mezzo nel pensiero di Chiara Lubich* (1981), *Il contributo del Movimento dei Focolari alla koinonia ecumenica* (1988) und *Jesu Gottverlassenheit als Heilsereignis in der Spiritualität Chiara Lubichs* (2002). Am 15. September 2019 wird zudem noch die Dissertation *Dreifaltigkeit leben – Trinitarische Anthropologie bei Chiara Lubich* von Stefan Ulz[15] veröffentlicht werden. Aus kirchenrechtlicher Sicht setzten sich Christoph Hegge[16] und Bernhard Pree[17] in ihren Büchern *Rezeption und Charisma* (1999) sowie *Mitgliedschaft in Kirchlichen Vereinigungen – Die Fokolar-Bewegung* (2002) auseinander. Kritisch zu sehen ist allerdings, dass es sich bei den bisher publizierten Werken hauptsächlich um Autoren handelt, die der FoBw angehören oder ihr nahestehen. Dies ist in gewisser Hinsicht schwierig, da dadurch in erster Linie eine Innenperspektive vorliegt. Dass die einseitige Sichtweise aktuell als Problem wahrgenommen wird, zeigt der 2017 im Sammelband *De l'emprise à la liberté* veröffentlichte Artikel *Les mouvements au regard de la théologie et de la spiritualité* von Jean-Marie Hennaux. In diesem verweist Hennaux auf sektiererische Tendenzen, die in der FoBw vorherrschen sollen. Im

---

[11] Die angeführte Literatur stellt nur eine Auswahl dar. Weitere Publikationen finden sich im Literaturverzeichnis.

[12] Judith Povilus ist eine Fokolarin. Sie arbeit als Dozentin am Universitätsinstitut Sophia (vgl. Information von Wilfried Hagemann, 20.8.2019).

[13] Joan Back ist eine englische Fokolarin, die als Leiterin des *Centro Uno* tätig war (vgl. Information von Wilfried Hagemann, 24.11.2016).

[14] Stefan Tobler ist ein evangelischer Theologieprofessor, der der Sektion der verheirateten Fokolare angehört (vgl. Information von Wilfried Hagemann, 20.8.2019).

[15] Stefan Ulz ist Fokolarpriester und Pfarrer der Diözese Graz (vgl. Information von Wilfried Hagemann, 20.8.2019).

[16] Christoph Hegge ist Weihbischof in Münster.

[17] Bernhard Pree ist ein Fokolar aus Österreich (vgl. Information von Wilfried Hagemann, 20.8.2019).

Handbuch *Kirchen, Sekten, Religionen* (2003) wird darauf aufmerksam gemacht, dass von Kritikern „ein sektenhaftes Gruppenbewusstsein bei den Fokolar-Wohngemeinschaften“[18] unterstellt wird. Die wissenschaftliche Betrachtung der Spiritualität und der Geschichte der FoBw durch Bewegungsexterne stellt aus diesem Grund weiterhin ein Desiderat dar. Nicht behandelt wurde bisher ebenfalls das Wirken der FoBw in der Bundesrepublik Deutschland und der DDR. Die Beiträge der Bewegung zur Ökumene und zum spirituellen Aufbruch stellen nur zwei Fragen dar, die sich in diesem Zusammenhang stellen.[19]

1.4 Aufbau

Die Promotionsarbeit ist in sieben Teile untergliedert. Nach der Hinführung soll im zweiten Kapitel über die ‚Neuen geistlichen Bewegungen‘ der geschichtliche Kontext ausführlich dargelegt werden. Durch eine Annäherung an den Begriff ‚Neue geistliche Bewegungen‘, die theologischen Neuaufbrüche in der Zwischenkriegszeit, die Frömmigkeitsarten in der katholischen Kirche sowie die Aussagen des II. Vatikanums und die Äußerungen des Heiligen Stuhls zum Laienapostolat in der Nachkonzilszeit sollen die Grundlagen für weitere Ausführungen gelegt werden. Das dritte Kapitel thematisiert die Anfänge der FoBw in Italien, sodass die Spiritualität und die Struktur der Bewegung, die im vierten Teil erläutert werden, geschichtlich nachvollzogen werden können. Der eigentliche Forschungsschwerpunkt der Arbeit, das Wirken der FoBw in der Bundesrepublik Deutschland und der DDR, wird in den Teilen fünf und sechs angesprochen. Teil sieben schließt die Arbeit in Form eines Resümees ab.

1.5 Quellenlage und Methodik

Für die wissenschaftliche Auseinandersetzung mit der FoBw wurde eine umfangreiche Recherche betrieben. Die gesichteten Quellen wurden historisch-kritisch analysiert, gedeutet und in den Zusammenhang eingeordnet. Bereits vorhandene Sekundärliteratur wurde berücksichtigt und Verknüpfungen zu historischen Abläufen, die für das Verständnis der Thematik wichtig sind, hergestellt. Im Mittelpunkt der Arbeit steht die Untersuchung der geschichtlichen Entwicklung der FoBw in der Bundesrepublik Deutschland und der DDR. Aufgrund dieser Schwerpunktsetzung ist von einer Grundlagenforschung zu sprechen. Gleichzeitig hat dieser Akzent zur Folge, dass eine systematisch-theologische Untersuchung ausgeklammert wird.

---

[18] Oswald Eggenberger, Die Fokolar-Bewegung, 7. Aufl., 2003, 45.
[19] Vgl. ebd., 44-45.

Das reichlich vorhandene Quellenmaterial lässt sich in ungedruckte und gedruckte Quellen unterteilen. Da es sich allerdings um eine Promotion über ein zeitgeschichtliches Thema handelt, lässt sich ein Rückgriff auf Internetquellen und mündliche Quellen nicht vollkommen ausschließen. Neben der Zitierfähigkeit von Internetquellen ist zu beachten, dass ein dauerhafter Zugriff bei dieser Quellenart nicht garantiert werden kann. Um das Problem weitgehend zu vermeiden, werden die verwendeten Quellen auf einer CD abgespeichert. Mündliche Quellen sollen in dieser Arbeit nur in den Fällen verwendet werden, die sich nur schwer durch schriftliche Quellen belegen lassen. Aufgrund der oft weit zurückliegenden Ereignisse bestehen bei Zeitzeugen oftmals Gedächtnislücken oder geschichtliche Abläufe werden nicht mehr korrekt miteinander verknüpft. Informationen aus mündlichen Quellen sind daher mit Vorbehalt zu bewerten.

Zeitungsberichte und im Selbstverlag gedruckte Texte ließen sich speziell in den Zeitungs- und Zeitschriftenarchiven finden. Oft liegen sie aber auch in Archiven der Bewegung[20] vor. Aufgrund der Tatsache, dass speziell in dieser Art von Quellen Fehler vorkommen können, musste zunächst versucht werden, deren Aussage zu verifizieren. Kirchenamtliche Quellen, Korrespondenzen der handelnden Personen und Dokumente fanden sich in Bistumsarchiven und im Archiv des Kapuzinerordens. Diese Quellen sind weitgehend als authentisch und verlässlich einzuordnen, wenn auch die historische Situation sowie der Standpunkt und die Aussageabsicht des Verfassers mit zu berücksichtigen sind. Zu beachten ist ebenfalls, dass von den Bistümern Augsburg und Dresden-Meißen eine Schutzfristverkürzung mit dem Verweis auf die reguläre Sperrfrist abgelehnt wurde. Via E-Mail wurde vom Bistum Dresden-Meißen dankenswerterweise noch die Frage nach dem Rundschreiben des Bischöflichen Ordinariates vom 16. Juni 1966 (Nr. 91) beantwortet. Aufgrund des engen Bezugs der Bischöfe Spülbeck CO (1958-1970) und Josef Stimpfle (1963-1992) zur FoBw kann nicht ausgeschlossen werden, dass in deren Nachlässen sich noch wichtige Quellen befinden, die neue Erkenntnisse liefern würden. Auch konnte auf ein Rundschreiben, das das Kapitel über das ‚Ostkirchliche Institut' betrifft und im Archiv in Fribourg vorliegt, nicht zugegriffen werden.[21]

Obwohl es sich um schriftliche Quellen handelt, sind die Akten des MfS, die von der Behörde des Bundesbeauftragten für die Stasi-Unterlagen (BStU) bezogen wurden, mit großer Vorsicht zu betrachten. Sie zeichnen sich nicht nur durch Subjektivität aus, sondern sind auch durch ihren Bezug auf Quellen, deren Stimmigkeit kaum bzw. überhaupt nicht zu überprüfen ist, kritisch zu sehen. Der Informationsgehalt einer Stasiakte kann zudem durch die Intentionen und Inter-

[20] Die Quellen aus den Bewegungsarchiven in Zwochau wurden im Deutschlandarchiv der FoBw in Ottmaring hinterlegt.

[21] Vgl. Christian März, Art. Spülbeck, Otto Wilhelm Johannes, 2010, 769; Ekkart Sauser, Art. Stimpfle, Josef, 2002, 1436-1439; Ecclesia Catholica, Annuario Pontificio, 1992 57-58; Ecclesia Catholica, Annuario Pontificio, 1993, 57; Peter Rummel, Art. Stimpfle Josef (1916-1996), 2002, 56-58.

essen des Verfassers bzw. des diktatorischen Systems verfälscht sein, da diese keinesfalls eine ausschließlich unterrichtende Funktion hatten. Ihre Glaubwürdigkeit ist vor diesem Hintergrund zu überprüfen. Ähnlich verhält es sich bei den Erfahrungsberichten und Chroniken, die von Bewegungsmitgliedern erstellt wurden. Sie spiegeln eine subjektive Innenperspektive wider. Um die historische Korrektheit der Untersuchungsergebnisse gewährleisten zu können, sind sie auf ihre Richtigkeit zu überprüfen. Erfahrungsberichte oder Chroniken, die zeitnah erstellt worden sind und deren Authentizität überprüft werden konnte, können als Maßstab herangezogen werden.

1.6 Abgrenzung der Thematik

Ziel dieser Arbeit ist es, die Geschichte der FoBw in der Bundesrepublik Deutschland und der DDR aus einer historisch-kritischen Perspektive zu rekonstruieren. Es ist aus diesem Grund nicht beabsichtigt, sich mit der Struktur, der Spiritualität und den Anfängen der FoBw in Italien auseinanderzusetzen. Eine Ausweitung des Untersuchungsschwerpunkts auf diese drei Themenbereiche kann im Rahmen der Dissertation nicht geleistet werden. Dies schließt allerdings nicht aus, dass entsprechende Quellen, die im Rahmen der Recherchen für den Untersuchungsschwerpunkt gefunden wurden, eingearbeitet wurden. Gerade das Quellenmaterial, das im Archiv des Kapzuinerordens (Genua) vorliegt, wird hier berücksichtigt.

Durch die Eingrenzung des Untersuchungszeitraums von 1949 (Gründung der Bundesrepublik Deutschland und der DDR) bis 1990 soll eine Ausuferung des Themas vermieden werden. Diese Gefahr würde drohen, da für eine korrekte Einordnung der historischen Entwicklung nach 1990 die Expansion der FoBw in die osteuropäischen Länder berücksichtigt werden müsste. Durch die zeitliche Abgrenzung ist es dagegen möglich, auf die Anfänge der Ausbreitung in den Ländern der ehemaligen Sowjetunion nur sehr eingeschränkt einzugehen. Auch kann es in der Arbeit nicht darum gehen, die persönlichen Erfahrungen der zahlreichen Zeitzeugen zu berücksichtigen. Bei Personen, deren Biografie aufgrund ihrer Rolle von Bedeutung für diese Arbeit ist, kann lediglich ihr Beitrag zur Entwicklung der FoBw in beiden Staaten berücksichtigt werden. Die Vollständigkeit ihres Lebenslaufes kann nicht gewährleistet werden. Die Frage, wie sich die einzelnen Bischöfe gegenüber der FoBw positionierten, kann schon aufgrund der bestehenden Schutzfristen nicht ausführlich beantwortet werden. Auch werden nur die Lebensdaten für Personen ermittelt, die eine zentrale Rolle in der Verbreitung der FoBw in beiden deutschen Staaten einnahmen. Ausgenommen sind kirchliche Würdenträger, deren Amtsdaten angeführt werden. In beiden Fällen werden die Jahreszahlen bei der ersten Nennung angegeben.

2. Teil: Die ‚Neuen geistlichen Bewegungen'

2.1 Definition des Begriffs ‚Neue geistliche Bewegungen'

Josef Kardinal Ratzinger (* 1927) definierte den Begriff ‚Bewegung' im Rahmen eines Referats, das der damalige Präfekt der Glaubenskongregation anlässlich der Eröffnung des Kongresses der Neuen Geistlichen Gemeinschaften am 27. Mai 1998 in Rom vortrug. In diesem differenzierte er zwischen den Begriffen ‚Strömung' (z. B. Liturgische Bewegung), ‚Aktion' (z. B. Unterschriftenaktionen für eine Dogmatisierung) und ‚Bewegung'. Den letzteren Begriff erklärte er unter Rückbezug auf den franziskanischen Aufbruch im 13. Jahrhundert folgendermaßen:[22]

> „Bewegungen kommen meist von einer charismatischen Führungspersönlichkeit her, finden Gestalt in konkreten Gemeinschaften, die von diesem Ursprung her das ganze Evangelium neu leben und die Kirche ohne Schwanken als ihren Lebensgrund anerkennen, ohne den sie nicht bestehen können."[23]

Die ‚Neuen geistlichen Bewegungen' lassen sich im Sinne von Ratzinger als christliche Bewegungen definieren, die durch Persönlichkeiten gegründet wurden, denen ein Charisma zu eigen ist. Als apostolische Bewegungen bezeichnet er sie, da sie in einer festen Bindung zum Glauben der Kirche stehen. Sie stellen ihre Existenz in den Dienst der Kirche (*Sentire cum Ecclesia*).[24]

Die ‚Neuen geistlichen Bewegungen' entstehen als kirchlich anerkannte Zusammenschlüsse einerseits aufgrund der Ausgießung spiritueller Elemente durch den Heiligen Geist; andererseits entspringen sie in Folge zeitlicher Umstände, die auf die religionssoziologische, religionspsychologische, kulturgeschichtliche sowie sozialgeschichtliche Dimension einwirken. Beide Faktoren greifen dabei ineinander. Nicht selten sind daher die Bewegungen, die auch in Fachkreisen als *movimenti* bezeichnet werden, beispielsweise auf Situationen zurückzuführen, in denen Enttäuschungen über die vorherrschende christlich-spirituelle Lebenspraxis bestehen. Aber auch Notlagen, Konflikte, existenzielle Erfahrungen und Fragen oder Suchbewegungen sind entscheidende Faktoren. Ihre Beziehung zu Gott ist daher oftmals geprägt durch eine ganzheitliche Entscheidung, die nicht selten

---

22 Vgl. Josef Ratzinger, Kirchliche Bewegungen und ihr theologischer Ort, 1998, 444-445; Georg Ratzinger, Mein Bruder, der Papst, 2011, 18.

23 Josef Ratzinger, Kirchliche Bewegungen und ihr theologischer Ort, 2000, 49.

24 Vgl. Josef Ratzinger, Kirchliche Bewegungen und ihr theologischer Ort, 1998, 444-445; Maria Widl, Das Volk Gottes auf dem Weg durch die Postmoderne, 2018, 200.

den Entschluss zum Dienst am Nächsten mit einschließt. Ausschlaggebender Impuls, der zu ihrer Gründung führt, ist in der Regel ein Charisma, über das die Gründungspersönlichkeit verfügt. Die ‚Neuen geistlichen Bewegungen' entstehen deswegen nicht infolge menschlicher Planung, sondern fußen in tiefen Gotteserfahrungen, Konversionen oder in der Auseinandersetzung mit dem bereits existierenden Glauben. Gemeinsam ist ihnen weiterhin, dass sie eine ausdrucksstarke religiöse, menschliche, kulturelle und soziale Authentizität entwickeln. Ihre Spiritualität dient ihnen als Anregung „für die Erneuerung des menschlichen Denkens und Wollens aus dem Geist des Evangeliums"[25]. Dadurch kommt in ihnen die *Ecclesia semper reformanda* zum Ausdruck, die ständig den Weg der Buße und Erneuerung beschreitende Kirche (vgl. LG 8). Typisch für sie ist neben ihrem überwiegend laikalen Charakter, der aber ein Engagement von Klerikern und Ordensleuten nicht ausschließt, ein Bedürfnis nach Glaubenserfahrung. Das Leben nach der Heiligen Schrift spielt dabei eine nicht unwesentliche Rolle. Das Verhältnis von Laien und Priestern befindet sich bei ihnen in einem größeren Gleichgewicht als in anderen kirchlichen Vereinigungen, wobei Leitungspositionen sowohl Priester als auch Laien innehaben können. Darüber hinaus weisen sie eine auf Christus ausgerichtete *Communio* ihrer Mitglieder / Sympathisanten[26] auf, die sich ihrer persönlichen, christlichen Berufung verpflichtet fühlen. Der Einsatz für die Ökumene ist daher nicht selten ein Merkmal der ‚Neuen geistlichen Bewegungen'. Durch ihr Zeugnis im Alltag und den Dienst am Nächsten tragen sie die frohe Botschaft in die Welt. Damit leisten sie einen entscheidenden Beitrag zur Erfüllung der Sendung der Kirche (vgl. LG 11-12, 33). Sie stehen in der Welt, sind aber gleichzeitig nicht von der Welt, da das Eingehen auf die Welt von einer eschatologisch orientierten Entsagung begleitet wird. In ihrem Lebensvollzug weisen sie auf der einen Seite Merkmale der Institute des geweihten Lebens auf (z. B. das Leben nach den evangelischen Räten). Auf der anderen Seite unterscheiden sie sich von diesen durch weniger institutionell festgelegte Komponenten. Es kann daher von einer neuen Form von Kirchlichkeit gesprochen werden, die keineswegs ausschließlich institutionell ausgerichtet ist (vgl. ChL 29; LG 39). Die Anzahl ihrer Anhänger kann nicht konkret bestimmt werden, da die Bewegungen, obwohl sie auch über formale Mitgliedschaften verfügen, verschiedene Grade der Zugehörigkeit[27] aufweisen. Geistliche Bewegungen sind sie, da sie „eine geistge-

---

[25] Marianne Tigges, Geistliche Gemeinschaften und Bewegungen, 1988, 474-475; Marianne Tigges, Neue geistliche Gemeinschaften und Bewegungen – eine Anfrage an Berufung und Sendung der Kirche heute, 1998, 49.

[26] Michael Hochschild merkt zu Recht an, dass die Sympathisanten der ‚Neuen geistlichen Bewegungen' nicht nur anderen Konfessionen, sondern auch anderen Religionen angehören können. Im Fall der FoBw gehören diese den engagierten Freunden, Angegliederten und Mitwirkenden an, wie ausführlich unter dem Punkt 4.4.2.9 erklärt wird (vgl. Michael Hochschild, Neue geistliche Gemeinschaften und Bewegungen – Prototypen einer Kirche als sozialem Netzwerk, 2000, 136).

[27] Michael Hochschild unterscheidet auf der Grundlage des Kriteriums der Motivation aufsteigend zwischen Sympathisanten, Unterstützungswilligen, Basisaktivisten und Hauptverantwort-

wirkte, von den Charismen bestimmte Wirklichkeit, wie sie im Bereich des Glaubens, der Hoffnung und der Liebe lebendig wird"[28], besitzen. Ein politisch engagiertes Christentum wird bei ihnen kaum anzutreffen sein. Vielmehr verstehen sie sich selbst als eine Antwort Gottes auf die besonderen Ereignisse einer Zeit. Berücksichtigt man zudem die Herkunft der einzelnen ,Neuen geistlichen Bewegungen', stellt man fest, dass sie mehrheitlich in europäischen Ländern ihren Ursprung haben. Obwohl eine Kategorisierung der ,Neuen geistlichen Bewegungen' nicht unproblematisch ist, lassen sich mit Michael Hochschild in inhaltlicher Hinsicht mit der ekklesiastischen und der holistischen Bewegung zwei Arten unterscheiden, die aber Idealtypen darstellen. Beim ekklesiastischen Typus, wie der Cursillo-Bewegung oder Marriage Encounter, steht das Anliegen der kirchlichen Erneuerung im Mittelpunkt.[29] „Dem steht der holistische weniger ortskirchlich eingebundene Grundtypus entgegen, dem es schwerpunktmäßig um die Erneuerung der Kirche im Zusammenhang mit der gesamtgesellschaftlichen Verkündigungssituation geht."[30] Zu diesem zweiten Bewegungstypus ist die FoBw zu zählen.[31]

2.2 Die ,Neuen geistlichen Bewegungen' und die theologischen Neuaufbrüche

Die ,Neuen geistlichen Bewegungen' kommen während des 20. Jahrhunderts vor allem vor dem II. Vatikanischen Konzil auf. Aber auch infolge des Konzils entstanden die Bewegungen. Obwohl das Konzil sich auf ihre Dynamik förderlich auswirkte, hat damit ein großer Teil der ,Neuen geistlichen Bewegungen' ihren Ursprung in einer Zeit, die durch theologische Neuaufbrüche innerhalb der katholischen Kirche geprägt war. Diese Neuaufbrüche im Rahmen dieser Arbeit zu

---

lichen (vgl. Michael Hochschild, Neue geistliche Gemeinschaften und Bewegungen – Prototypen einer Kirche als sozialem Netzwerk, 2000, 134).

[28] Karl Lehmann, Neue geistliche Bewegungen, 1987, 6.

[29] Vgl. Marianne Tigges, Art. Geistliche Gemeinschaften und Bewegungen, 3. Aufl., 2006, 386-389; Karl Lehmann, Neue geistliche Bewegungen, 1987, 3-15; Karl Lehmann, Neuere geistliche Gemeinschaften und Bewegungen im Leben der Kirche, 1988, 15-29; Herbert Schlögel, Kirche – Moral – Spiritualität, 2001, 74-79, 81, 83; Paul Cordes, Mitten in unserer Welt, 1987, 26, 35; Marianne Tigges, Geistliche Gemeinschaften und Bewegungen, 1988, 474-475; Elisabeth Neuhaus, Geistliche Gemeinschaften, 2003, 41-43; Klaus Nientiedt, Geistliche Aufbrüche, 1986, 429, 431-433; K. N., Geistliche Bewegungen: Weltkongreß im Vatikan, 1998, 334; Paul Cordes, Neue geistliche Bewegungen in der Kirche, 1984, 43-44; Marianne Tigges, Neue geistliche Gemeinschaften und Bewegungen – eine Anfrage an Berufung und Sendung der Kirche heute, 1998, 44-45, 46-48, 51-55; Maria Widl, Das Volk Gottes auf dem Weg durch die Postmoderne, 2018, 200; Bernhard Anuth, Kirchliche Bewegungen zwischen Universalkirche und Teilkirchen: kanonistische Perspektiven, 2018, 46-47; Annegret Marenski, Die Gemeinschaft Sant'Egidio, 2021, 35, 52, 54-67, 79; Michael Hochschild, Neue geistliche Gemeinschaften und Bewegungen – Prototypen einer Kirche als sozialem Netzwerk, 2000, 123-126.

[30] Annegret Marenski, Die Gemeinschaft Sant'Egidio, 2021, 63.

[31] Vgl. ebd., 63.

thematisieren, ist erforderlich, da sie einerseits auf die ‚Neuen geistlichen Bewegungen' einwirkten. Andererseits hatten sie in mancher Hinsicht ihren Ursprung in diesen oder wurden von ihnen getragen. Insbesondere soll in diesem Kontext auf das sich neu entwickelnde Kirchenbild und Glaubensleben, die Liturgische Bewegung, das Laienapostolat, die Bibelbewegung und die Ökumenische Bewegung eingegangen werden.[32]

2.2.1 Die theologischen Neuaufbrüche der ersten Hälfte des 20. Jahrhunderts

Charakteristisch war für die theologischen Neuaufbrüche:[33] „einmal die Rückkehr zu den Quellen der Heiligen Schrift und der ganzen kirchlichen Tradition, dann der Anschluß an die Probleme und Strömungen der Zeit."[34] Die historisch-biblische Theologie entwickelte sich fort und es wurde auf nicht-scholastische Theologieansätze des vergangenen 19. Jahrhunderts zurückgegriffen. Hervorzuheben sind die ekklesiologischen Entwürfe von Johann Adam Möhler (* 1796; † 1838) und John Henry Newman (* 1801; † 1890). Sie vertraten ausgehend von der Theologie und dem Glaubenszeugnis der Kirchenväter (speziell Athanasius) ein differenzierteres Verständnis von Kirche. Grundlegend für Johann Adam Möhlers Ekklesiologie ist die Funktion des Heiligen Geistes, weil Apostolische Sukzession und Inkarnation das Resultat des Geistes seien. Dieser wirkt gemäß seinem Verständnis als eine nach außen gerichtete Kraft, durch die sich die Kirche formiert. Der Tübinger Theologe versteht die Kirche daher als eine dynamische Größe, die nicht nur durch Jesus Christus gegründet worden ist, sondern in der er auch durch den Geist allzeit präsent ist. Das bedeutet aber ebenfalls, dass sie sowohl geistig-unsichtbar als auch institutionell existiert. Weiterhin unterscheidet Möhler zwischen dynamischen und statischen Bestandteilen der Lehre. Während unter dem Ersteren die „Tradition im subjektiven Sinne des Wortes"[35] zu verstehen ist, ist mit Letzterem der „in äußerlichen historischen Zeugnissen vorliegende Gesamtglaube der Kirche"[36] gemeint. Er wies den Laien eine zentrale Rolle zu, da sich die

[32] Vgl. Klaus Schatz, Kirchengeschichte der Neuzeit II, 3. Aufl., 1999, 154; Marianne Tigges, Der Geist weht, wo er will – Zur Spiritualität neuer geistlicher Gemeinschaften und Bewegungen, 1999, 219-221; Marianne Tigges, Art. Geistliche Gemeinschaften und Bewegungen. I. Katholische, 3. Aufl., 2006, 386-387; Josef Pilvousek, Die Katholische Kirche vom Ersten Weltkrieg bis zur Gegenwart, 2007, 271-287; Marianne Tigges, Geistliche Gemeinschaften und Bewegungen, 1988, 474; Bernhard Anuth, Kirchliche Bewegungen zwischen Universalkirche und Teilkirchen: kanonistische Perspektiven, 2018, 47-48; Annegret Marenski, Die Gemeinschaft Sant'Egidio, 2021, 40, 79, 351. Vgl. hierzu das Buch *Lebendige Kirche* (1988), welches von Friederike Valentin und Albert Schmitt herausgegeben wurde.

[33] Vgl. Klaus Schatz, Kirchengeschichte der Neuzeit II, 3. Aufl., 1999, 154.

[34] Ebd., Kirchengeschichte der Neuzeit II, 3. Aufl., 1999, 154.

[35] Johann Adam Möhler, Symbolik oder Darstellung der dogmatischen Gegensätze der Katholiken und Protestanten nach ihren öffentlichen Bekenntnisschriften, 5. Aufl., 1958, 415.

[36] Ebd., 415-416.

Frage nach der richtigen Lehre nur durch die Gesamtheit der Gläubigen beantworten lasse:[37]

> „Wie jeder Einzelne das innere christliche Lebensprinzip, die innere Glaubenskraft nur aus der Gesamtheit erhielt, und in dieser Beziehung sämtliche Gläubigen von den Aposteln an durch alle Zeiten hindurch eine Einheit bilden, so kann der wahre Ausdruck des inneren Glaubens, die wahre Lehre auch nur durch die Gesamtheit bestimmt und unterhalten werden; d. h. der Christ ist hinsichtlich der Bestimmung dessen, was die Lehre ist, an die Gesamtheit der mit ihm gleichzeitigen Gläubigen und aller früheren bis zu den Aposteln hinauf angewiesen; wie also die christliche Lehre der sich in Begriffen darstellende christliche Geist, so ist die Art und Weise, wie man zur Lehre gelangt, das Nachbild der Art und Weise, in der man des christlichen Geistes selbst teilhaftig wird."[38]

Ebenso wie Johann Adam Möhler machte John Henry Newman Vitalität und Aktivität als Merkmale von Religion aus, von denen er unter anderem die Bedeutung der Laien für die Kirche ableitete. So ging er davon aus, dass es für die lehrende Kirche nicht nur angenehmer, sondern auch vorteilhafter sei, eine Laienaktivität zu billigen. Dies begründete Newman mit der „Autorität des verwirklichten Glaubens"[39], der als ein Zeugnis diene, welches sich „durch keine Theorie, Theologie oder Doktrin"[40] ersetzen ließe.[41]

Ferner wirkte als Auslöser für die theologischen Neuansätze „das neue Lebensgefühl der jüngeren Generation"[42], welches sich im Anschluss an den Ersten Weltkrieg (1914-1918) herausbildete. Es knüpfte an die Epoche der Roman-

---

[37] Vgl. Johann Adam Möhler, Die Einheit in der Kirche oder das Prinzip des Katholizismus, 1957, 5-22, 29-33; Johann Adam Möhler, Symbolik oder Darstellung der dogmatischen Gegensätze der Katholiken und Protestanten nach ihren öffentlichen Bekenntnisschriften, 5. Aufl., 1958, 412-418; Peter Neuner, Der Laie und das Gottesvolk, 1988, 93-100; Rudolf Michael Schmitz, Aufbruch zum Geheimnis der Kirche Jesu Christi, 1991, 145-146; Günter Biemer, Leben als *das* Kennzeichen der wahren Kirche Jesu Christi: Zur Ekklesiologie von Johann Adam Möhler und John Henry Newman, 1996, 81-82, 84-88, 90-93; Klaus Schatz, Kirchengeschichte der Neuzeit II, 3. Aufl., 1999, 154; Josef Pilvousek, Die katholische Kirche vom Ersten Weltkrieg bis zur Gegenwart, 2007, 276-287; Elisabeth Neuhaus, Geistliche Gemeinschaften, 2003, 41; Klaus Nientiedt, Geistliche Aufbrüche, 1986, 429; Marianne Tigges, Art. Geistliche Gemeinschaften und Bewegungen. I. Katholische, 3. Aufl., 2006, 386-387.

[38] Johann Adam Möhler, Die Einheit in der Kirche oder das Prinzip des Katholizismus, 1957, 31.

[39] Günter Biemer, Leben als *das* Kennzeichen der wahren Kirche Jesu Christi: Zur Ekklesiologie von Johann Adam Möhler und John Henry Newman, 1996, 92.

[40] Ebd., 92.

[41] Vgl. John Henry Newman, Lectures on the Present Position of Catholics in England, 1899, 386-391; John Henry Newman; Historical Sketches, 1908, 208-211; John Henry Newman, Entwurf einer Zustimmungslehre, 1962, 62-68; John Henry Newman, On Consulting the Faithful in Matters of Doctrine, 1986, 106; Günter Biemer, Leben als *das* Kennzeichen der wahren Kirche Jesu Christi: Zur Ekklesiologie von Johann Adam Möhler und John Henry Newman, 1996, 82-84, 91-92.

[42] Klaus Schatz, Kirchengeschichte der Neuzeit II, 3. Aufl., 1999, 155.

tik (etwa 1795-1830) an. Damit grenzte es sich von den zuvor vorherrschenden rationalen Strömungen wie etwa dem Positivismus ab. Leben, Organismus und die Gemeinschaft rückten als Ideal in das Zentrum des Interesses. Man war bestrebt, Klarheit über die Eigenart des Menschen und die Welt sowie die Religion und den Glauben zu gewinnen.[43]

> „Hier sahen auch katholische Kreise ihre Aufgabe: Sie wollten statt des Mystizismus den objektiven Glauben, statt der politischen Heimatlosigkeit die Volksgemeinschaft, statt des tragischen Lebensgefühls einen Lebenssinn aus der Verankerung in einem neuen kirchlichen Bewußtsein schaffen."[44]

Auf diese Weise trug die Neoromantik zur Entfaltung eines Wandels von der Vernunft zum Leben und zur Gemeinschaft bei. In den Vordergrund rückte das Bild von der Kirche als *Corpus Christi mysticum*. Kirche wurde als Gemeinschaft verstanden, der der einzelne Christ als Glied angehört. Das neue Glaubensleben, welches aus dieser Entwicklung resultierte, orientierte sich an der Bibel und war auf Christus als Mittelpunkt bezogen. Es lehnte einen übertriebenen Moralismus sowie Asketismus, wie er noch im 19. Jahrhundert vorherrschend war, ab.[45]

> „Dieser Grundimpuls verbindet alle kirchlichen Strömungen, die in jenen Jahrzehnten entstanden sind: die neuen theologischen Ansätze, die liturgische Bewegung, die katholische Jugendbewegung, die Bibelbewegung, aber auch das Laienapostolat und die Anfänge der ökumenischen Bewegung."[46]

Diese Entwicklung hatte zur Folge, dass durch eine zu extreme Betonung von Vitalismus und Irrationalismus subjektive Frömmigkeitsformen zurückgedrängt wurden. Die sich daraus ergebende Einseitigkeit führte zu Kritik. Vermehrt wurde die Gefahr gesehen, dass die Vernunft und der hierarchisch-juridische Aspekt der Kirche nicht berücksichtigt würden. Eine Korrektur dieses Kurses nahm Mannes

---

[43] Vgl. Rudolf Michael Schmitz, Aufbruch zum Geheimnis der Kirche Jesu Christi, 1991, 9-11, 16-18; Klaus Schatz, Kirchengeschichte der Neuzeit II, 3. Aufl., 1999, 154-157; Josef Pilvousek, Die katholische Kirche vom Ersten Weltkrieg bis zur Gegenwart, 2007, 276-279; Erwin Iserloh, Innerkirchliche Bewegungen und ihre Spiritualität, 1979, 302-303.

[44] Rudolf Michael Schmitz, Aufbruch zum Geheimnis der Kirche Jesu Christi, 1991, 16.

[45] Vgl. Klaus Schatz, Kirchengeschichte der Neuzeit II, 3. Aufl., 1999, 155-156; Roger Aubert, Die Theologie während der ersten Hälfte des 20. Jahrhunderts, 1969, 33-37; Leo Scheffczyk, Grundzüge der Entwicklung der Theologie zwischen dem Ersten Weltkrieg und dem Zweiten Vatikanischen Konzil, 1979, 263-264, 268; Peter Walter, Die deutschsprachige Dogmatik zwischen den beiden Vatikanischen Konzilien untersucht am Beispiel der Ekklesiologie, 1999, 129-163; Romano Guardini, Vom Sinn der Kirche, 4. Aufl., 1955, 30-32; Erwin Iserloh, Innerkirchliche Bewegungen und ihre Spiritualität, 1979, 308-310; Rudolf Michael Schmitz, Aufbruch zum Geheimnis der Kirche Jesu Christi, 1991, 16-18.

[46] Klaus Schatz, Kirchengeschichte der Neuzeit II, 3. Aufl., 1999, 156.

Dominikus Koster (* 1901; † 1981) vor.[47] Er betrachtete den mystischen Leib als „eine korporative Gesamtheit, die durch die sakramentalen Charaktere geschaffen und in die unter der Leitung des Papstes stehende Hierarchie eingegliedert ist."[48] Ähnlich argumentierten Yves Congar OP (* 1904; † 1995) und Charles Journet (* 1891; † 1974). Ihrer Ansicht nach muss eine Ausgeglichenheit zwischen der Kirche als Institution, die als Sakrament des mystischen Leibes dient, und der Kirche als Lebensgemeinschaft bestehen. In diesen Diskurs hinein wurde die Enzyklika *Mystici corporis* (1943) von Pius XII. (1939-1958) veröffentlicht. In ihr wurde das Kirchenbild des Leibes Christi als Idealbild dargestellt und mit der römisch-katholischen Kirche identifiziert. Sowohl eine zu charismatische als auch zu institutionelle Sicht von Kirche lehnte der Papst durch die Bezeichnung des Leibes als mystisch ab. Ebenso wurde neben „einem Verständnis des Leibes in einem rein körperlich-biologischen Sinne"[49] auch dem Verständnis von einer ausschließlichen „Rechtskirche"[50] durch das Adjektiv vorgebeugt. Der Leib der Kirche, so die Enzyklika, bestehe aus den Getauften als Gliedern. Haupt des Leibes sei Christus. Der Heilige Geist dagegen stelle die verbindende Kraft zwischen Haupt und Gliedern sowie unter diesen dar. *Mystici corporis* muss somit als ein Versuch angesehen werden, die bereits bestehenden Lehrinhalte mit neuen ekklesiologischen Ansätzen zu verbinden. Günter Wassilowsky zeigt sich jedoch skeptisch, ob dies in *Mystici corporis* erreicht wurde. In der Rezeption der Enzyklika betrachtete man einerseits die Identifikation der Kirche Christi mit der römisch-katholischen Kirche kritisch, da sich die Gläubigen anderer Konfessionen keinesfalls sicher sein können, dass sie das Heil erlangen. Sie werden dazu aufgefordert, in die katholische Kirche zurückzukehren, um ihres Heils gewiss zu sein. Andererseits wurde die hierarchisch geordnete Aufeinanderfolge von Rangstufen innerhalb des mystischen Leibes, die insbesondere zwischen Laien und Klerus in der Enyzklika zum Vorschein kommt, kritisiert. Gleiches gilt für die Interpretation des Papstes als sichtbares Haupt des *Corpus Christi mysticum* auf Erden.[51] Es wurden aber in dieser Phase bereits Forschungen betrieben, die eine andere Tendenz verfolgten: das Bild der Kirche als Volk Gottes. Dafür lassen sich laut Christian Mazenik mehrere Gründe anführen: (1.) Die zu starke Betonung der mystischen Seite der Kirche ließ sich nur schwer mit ihrer institutionellen in Beziehung setzen; (2.) die kollektive Heilssicht, die in der Bibel angeführt wird, stand im Widerspruch zum Leib-Christi-Bild, in dem „der Akzent stärker auf einer individuelleren Heilssicht"[52] lag; (3.) durch die Identifikation mit der römisch-katholischen Kirche war bestenfalls an einen ökumenischen Dialog im Sinne einer Rückkehrökumene zu denken;

---

[47] Vgl. Roger Aubert, Die Theologie während der ersten Hälfte des 20. Jahrhunderts, 1969, 35-36; Klaus Schatz, Kirchengeschichte der Neuzeit II, 3. Aufl., 1999, 156.
[48] Roger Aubert, Die Theologie während der ersten Hälfte des 20. Jahrhunderts, 1969, 36.
[49] Christian Mazenik, Katholisches Kirchenverständnis auf dem Weg, 2013, 111.
[50] Ebd., 111.
[51] Vgl. DH 3821, 3871.
[52] Christian Mazenik, Katholisches Kirchenverständnis auf dem Weg, 2013, 115.

(4.) der lückenlose Zusammenhang zwischen altem und neuem Volk Gottes konnte deutlicher dargelegt werden; (5.) durch dieses Kirchenbild kam der Sendungsaspekt besser zur Geltung; (6.) der Subjektstatus der Laien konnte hervorgehoben werden.[53]

Beide Kirchenbilder, Kirche als Volk Gottes und als Leib Christi, wurden schließlich unter anderem durch die theologischen Bemühungen von Michael Schmaus (* 1897; † 1993) und Joseph Ratzinger in Beziehung zueinander gesetzt. Letzterer formulierte im Vorwort der Neuauflage seiner Dissertation: „Kirche ist Volk Gottes nur im und durch den Leib Christi."[54] In seinen eucharistischen Lehransätzen von Kirche verstand Josef Ratzinger Kirche als eine Institution, die von der Eucharistie her lebt und sich aufbaut. Damit waren die ekklesiologischen Grundlagen geschaffen, die in die Konstitution *Lumen gentium* münden sollten. Zu erneuten Aufbrüchen in der Nachkriegszeit in der katholischen Theologie kam es nicht mehr. Vielmehr wurden die in der Zwischenkriegszeit begonnenen Entwicklungen weitergeführt. Die Enzyklika *Humani generis* (1950) war eher durch rückschrittliche Züge geprägt. Sie weist unter anderem auf die Gefahr des evolutionistischen Gedankenguts und der Aufhebung der Scholastik hin. Mit dem Zerfall der gesellschaftlichen Milieus trat die personale Begegnung in den Vordergrund. Hatte man sich in der Zwischenkriegszeit vor allem mit innerkirchlichen Themen beschäftigt, hatte die Kirche sich nunmehr mit Aufgaben auseinanderzusetzen, die von außen auf sie einwirkten.[55]

2.2.2 Die Liturgische Bewegung

Die Anfänge der späteren Liturgischen Bewegung finden sich bereits im Reformationszeitalter und der Aufklärung, von der auf dem Gebiet der Seelsorge Anstöße herrührten. Allerdings gingen diese aufklärerischen Impulse im Verlauf der Romantik wieder unter. Entscheidend für die weitere Entwicklung der Liturgischen Bewegung ist das im 19. Jahrhundert neu aufblühende benediktinische Mönchtum, von dem auch ein ultramontaner Impuls ausging. In Person von Prosper Guéranger OSB (* 1805; † 1875) trug es zur Beseitigung der gallikanischen

[53] Vgl. Klaus Schatz, Kirchengeschichte der Neuzeit II, 3. Aufl., 1999, 156-159; Christian Mazenik, Katholisches Kirchenverständnis auf dem Weg, 2013, 108-116; Günther Wassilowsky, Universales Heilssakrament Kirche, 2001, 124-125; Josef Gelmi, Art. Pius XII., 3. Aufl., 2006, 337; Georg Bergner, Volk Gottes, 2018, 39-40; Maria Osner, Art. Congar, Yves, OP, 3. Aufl., 2006, 1295-1296; Joseph Famerée, Yves Congar, 2016, 54; Albert Raffelt, Art. Journet, Charles, 3. Aufl., 2006, 1020; Heinrich Petri, Die römisch-katholische Kirche und die Ökumene, 1986, 114-116.

[54] Joseph Ratzinger, Volk und Haus Gottes in Augustins Lehre von der Kirche, 1992, XIV.

[55] Vgl. Klaus Schatz, Kirchengeschichte der Neuzeit II, 3. Aufl., 1999, 159-160; Roger Aubert, Die Theologie während der ersten Hälfte des 20. Jahrhunderts, 1969, 36-37; Christian Mazenik, Katholisches Kirchenverständnis auf dem Weg, 2013, 116-118; Günther Wassilowsky, Universales Heilssakrament Kirche, 2001, 126; Manfred Eder, Art. Schmaus, Michael, 1995, 322-327. Zum Ansatz von Josef Ratzinger siehe das Buch *Volk Gottes vom Leib Christi her* (2005).

Liturgie in Frankreich bei, wodurch die römische Liturgie in Frankreich eingeführt wurde. Das Bewusstsein des Benediktinerordens für die Pflege der Liturgie als grundlegende Aufgabe des Ordens reichte Prosper Guéranger OSB später an Placidus (* 1828; † 1908) und Maurus Wolter (* 1825; † 1890), auf die die Gründung der Beuroner Benediktinerkongregation im Jahr 1863 zurückgeht, weiter. Durch die Brüder wurden die Pflege und die Ausführung der Liturgie die zentralen Aufgaben der Kongregation. 1872 wurde schließlich die Abtei Maredsous in Belgien auf Initiative der Beuroner Kongregation gegründet, die 1882 ein Volksmessbuch veröffentlichte. Anselm Schott OSB (* 1843; † 1896), der während der vorübergehenden Auflösung von Beuron in der Abtei Maredsous lebte, gab schließlich 1884 den *Schott* als Messbuch für die Laien heraus. Die Laien erhielten dadurch in Form des Laien-Missale die Möglichkeit des stillen Mitbetens der Liturgie. Pius X. (1903-1914) legte bei der Erneuerung der Liturgie einen seelsorglichen Schwerpunkt. Der Papst setzte sich für sowohl für eine frühe als auch häufige Kommunion ein und sprach sich in seinen Dekreten für eine gezielte Förderung der Frömmigkeit aus,[56] „die am Sichtbaren, Leibhaftigen, Sakramentalen orientiert war bzw. eher mehr Gnade von einer Vermehrung der sichtbaren Zeichen (...) erwartete."[57] Damit führte Pius X. jenen Kurs fort, der bereits in der ultramontanen Erneuerung begonnen hatte. Zudem trat er in dem Motuproprio *Tra le sollecitudini* (1903)[58] für eine aktive Partizipation der Laien an den Mysterien der Kirche und den Gebeten im Gottesdienst ein, sodass sich die Veränderung des Laienstatus päpstlicher Förderung erfreute.[59]

Auf dem Mechelner Kongress im Jahr 1909 wurde nachdrücklich zum Ausdruck gebracht, dass es erforderlich ist, den Laien ein Gebetsbuch in muttersprachlicher Übersetzung in der Messe zur Verfügung zu stellen. Damit wurde ihnen die Möglichkeit eingeräumt, leise für sich während der Gottesdienstfeier Worte des Dankes, Bittens und der Verehrung an Gott zu richten. Jedoch blieben diese Entwicklungen in Deutschland einstweilen auf akademische Kreise (z. B. liturgische Tagungen in Maria Laach) beschränkt. Erst durch die Bemühungen von Romano Guardini (* 1885; † 1968), der zur literarischen Auseinandersetzung mit der Bibel und der Betrachtung der Welt aus der Perspektive des Glaubens anregte, sprang der Funke der Liturgischen Bewegung im Jahr 1920 auf die Ju-

---

56 Vgl. Roger Aubert, Art. Pius X., 3. Aufl., 2006, 333; Klaus Schatz, Kirchengeschichte der Neuzeit II, 3. Aufl., 1999, 161-162; Erwin Iserloh, Innerkirchliche Bewegungen und ihre Spiritualität, 1979, 303; Angelus Häussling, Art. Schott, Anselm, 3. Aufl., 2006, 242-243; Ekkart Sauser, Art. Schott, Friedrich August, P. Anselm OSB, 1995, 809-812; Arno Schilson, Art. Guéranger, Prosper-Louis-Pascal, 3. Aufl., 2006, 1091-1092; Rupert Berger, Art. Liturgische Bewegung, 5. Aufl., 2013, 263-264.

57 Klaus Schatz, Kirchengeschichte der Neuzeit II, 3. Aufl., 1999, 162.

58 Vgl. Pius X., Tra le sollecitudini, 1903, 331.

59 Vgl. Hyun-Chang Park, Laien auf dem Weg der Evangelisation, 2006, 11; Erwin Iserloh, Innerkirchliche Bewegungen und ihre Spiritualität, 1979, 303-304; Klaus Schatz, Kirchengeschichte der Neuzeit II, 3. Aufl., 1999, 161-162; Theodor Maas-Ewerd, Art. Liturgische Bewegung, 3. Aufl., 2006, 992-993; Norbert Borengässer, Wolter, Rudolf und Ernst, 1998, 55-62.

gendbewegung Quickborn über. Dort wurden die Gottesdienste zu einer Gemeinschaftsfeier. Weitere Jugendbewegungen (z. B. Bund Neudeutschland 1924, Jungmännerverband 1926, Sturmschar 1926) folgten in den Jahren danach. In diesen war es zunehmend üblich, dass die liturgischen Antworten – eine Ausnahme bildete lediglich der Kanon – von den Anwesenden mitgesprochen wurden. Weitere Dreh- und Angelpunkte der liturgischen Bewegungen waren neben Maria Laach einerseits das Stift Klosterneuburg (um 1106) in Person von Pius Parsch[60] CRSA (* 1884; † 1954), dessen Anliegen speziell die Volksliturgie war. Andererseits ist auch auf das am 5. Januar 1930 gegründete Leipziger Oratorium[61] zu verweisen, das im Kontext der geschichtlichen Entwicklung der FoBw in der DDR eine entscheidende Rolle einnehmen sollte.[62]

Der steigende Einfluss der Nationalsozialisten und die Machtergreifung Adolf Hitlers (* 1889; † 1945) im Jahr 1933 führten dazu, dass die liturgische Erneuerung in die einzelnen Pfarreien gelangte. Als Ursache dieser Entwicklung können die unterdrückenden Maßnahmen (z. B. Verbot einer gleichzeitigen Mitgliedschaft in katholischen Vereinen und nationalsozialistischen Formierungen) der regierenden NSDAP gegenüber den Jugendbewegungen ausgemacht werden, die dadurch trotz bestehenden Konkordats zunehmend aus der Öffentlichkeit verbannt wurden. Infolgedessen wurde den unterdrückten Bewegungen in den Pfarreien spätestens mit dem Erlass der bischöflichen Richtlinien im Jahr 1936 Obdach gewährt. Die liturgischen Praktiken der Jugendbewegungen kehrten somit in die Pfarreien ein. Es entstand eine „Gemeinschaft um den Altar“[63], die den Mitgliedern Lebenskraft spendete, wodurch ihre innere Widerstandsfähigkeit nicht zum Erliegen kam. Spätestens ab 1936 existierten somit in den kirchlichen Gemeinden zwei entgegengesetzte religiöse Lebensgefühle:[64] „ein älteres, noch in

---

[60] Zur Tragweite des Schaffens von Pius Parsch in der ersten Hälfte des 20. Jahrhunderts siehe die Bücher *Mit sanfter Zähigkeit* (1979), *Liturgie als Gnade und Rechtfertigung* (2018), *Eucharistie als Quelle der Gnade bei Pius Parsch* (2004) und *Liturgische Bildung als Weg zur tätigen Teilnahme bei Pius Parsch* (2006).

[61] Zur Rolle der Liturgie im Leipziger Oratorium siehe die Dissertation *Das Leipziger Oratorium* (2001) von Andreas Poschmann.

[62] Vgl. Klaus Schatz, Kirchengeschichte der Neuzeit II, 3. Aufl., 1999, 162-163; Eugen Daigler, Liturgische Bildung als Weg zur tätigen Teilnahme bei Pius Parsch, 2006, 39-40; Roman Stafin, Eucharistie als Quelle der Gnade bei Pius Parsch, 2004, 52-57; Benjamin Dahlke, Interkonfessionelle Begegnung und Liturgische Bewegung, 2018, 32; Hyun-Chang Park, Laien auf dem Weg der Evangelisation, 2006, 11-12; Josef Pilvousek, Die katholische Kirche vom Ersten Weltkrieg bis zur Gegenwart, 2007, 281-282; Erwin Iserloh, Innerkirchliche Bewegungen und ihre Spiritualität, 1979, 304-305; Andreas Poschmann, Das Leipziger Oratorium, 2001, 25-26; Norbert Höslinger, Der Lebensweg von Pius Parsch, 1979, 15, 71; Berthold Cernik, Das Augustiner-Chorherrenstift Klosterneuburg, 2. Aufl., 1958, 3; Eva-Maria Faber, Art. Guardini, Romano, 3. Aufl., 2006, 1087-1088; Magdalena Börsig-Hover, Romano Guardini (1885-1968), 2009, 7, 13.

[63] Klaus Schatz, Kirchengeschichte der Neuzeit II, 3. Aufl., 1999, 163.

[64] Vgl. Klaus Schatz, Kirchengeschichte der Neuzeit II, 3. Aufl., 1999, 163-164; Hyun-Chang Park, Laien auf dem Weg der Evangelisation, 2006, 12-13; Josef Pilvousek, Die katholische Kirche vom Ersten Weltkrieg bis zur Gegenwart, 2007, 283, 296; Erwin Iserloh, Innerkirchliche Bewegungen und ihre Spiritualität, 1979, 307; Hans-Ulrich Thamer, Adolf Hitler, 2018, 19, 313.

festen Denkformen aufgewachsenes, und ein jüngeres, in welchem Geschichte, Leben, religiöse Erfahrung, Entwicklung und Gemeinschaft einen viel größeren Platz einnahmen (...)."[65]

Mit dem Amtsantritt von Pius XII. im Jahr 1939 wurde eine neue Entwicklungsphase eingeleitet. Der Pacelli-Papst berief 1946 eine Reformkommission ein, die ab 1948 konsequent ihrer Arbeit nachging. Unter ihm trat die Liturgische Erneuerung an die Stelle der Liturgischen Bewegung, durch welche die Erneuerungsanstöße nicht mehr hauptsächlich von den Bewegungen ausgingen, sondern vom kirchlichen Amt aufgenommen wurden. Symptomatisch für diesen Umbruch steht die Enzyklika *Mediator Dei* (1947). In diesem apostolischen Schreiben nahm Pius XII. Bezug auf die *participatio actuosa*, die tätige und persönliche Teilnahme der Gläubigen an der Liturgiefeier[66]. Er bestätigte die zentralen Anliegen der Liturgischen Bewegung. Gleichzeitig warnte er jedoch ebenfalls vor Vereinseitigungen (z. B. Abwertung nichtliturgischer Frömmigkeitsformen) und eigenmächtigen liturgischen Handlungen und bezog Stellung zu falschen Auffassungen. Die durch diese päpstliche Verlautbarung einsetzenden Erneuerungen der Liturgie hatten sich bereits bis zum II. Vatikanischen Konzil weitgehend behauptet. So kam es bereits vor dem Konzil zur Annahme der deutschen Liturgierituale (1950), zu einer Reorganisation der Osternachtsfeier (1951) und der Karwoche (1955). Weiterhin wurde eine Rubrikenreform des Stundengebets und der Messe bekannt gegeben. Mit der bisher streng gehandhabten Nüchternheitsanweisung wurde milder umgegangen (1953/57), wodurch die Abendmesse genehmigt werden konnte. Zur Vollendung gelangten sie jedoch erst durch die Konstitution *Sacrosanctum Concilium*.[67]

2.2.3 Die Katholische Aktion

Die Katholische Aktion[68] war ein zunächst auf Italien beschränktes Modell kirchlich-gesellschaftlicher Organisation des Laienapostolats. Sie stellt den Rahmen dar, innerhalb dessen die ‚Neuen geistlichen Bewegungen' vor dem II. Vatikum ihrem Sendungsbewusstsein nachkommen konnten. Der Ursprung der Katholischen Aktion liegt in mehreren Entwicklungen: Sie ist einerseits als Reaktion der Päpste auf die in der Mitte des 19. Jahrhunderts sich entwickelnden Freiheitsbewegungen zu verstehen. In diesen vereinigten sich Christen eigenverantwortlich. Vor dem Hintergrund des kirchlichen Heilsauftrages war es das Ziel der Bewegungen, die daraus sich ergebende christliche Verantwortung gegenüber gesell-

---

65 Klaus Schatz, Kirchengeschichte der Neuzeit II, 3. Aufl., 1999, 164.

66 Vgl. Mediator dei 78-80; Pius XII., Mediator dei, 1947, 551-552.

67 Vgl. Klaus Schatz, Kirchengeschichte der Neuzeit II, 3. Aufl., 1999, 164-165; Hyun-Chang Park, Laien auf dem Weg der Evangelisation, 2006, 13; Josef Pilvousek, Die katholische Kirche vom Ersten Weltkrieg bis zur Gegenwart, 2007, 284; Erwin Iserloh, Innerkirchliche Bewegungen und ihre Spiritualität, 1979, 308.

68 Zum Thema der Katholischen Aktion siehe auch das Buch *Die Stunde der Laien?* (2016) von Klaus Große Kracht.

schaftlichen Zuständen (z. B. die soziale Frage) und Entwicklungen (z. B. Liberalismus) wahrzunehmen. Andererseits führte auch der Antimodernismus, der eine umfassende Rechristianisierung zum Ziel hatte, zur Gründung der Katholischen Aktion. Um den Einfluss in der Gesellschaft nicht zu verlieren, war die Hierarchie in Folge des Zurückweichens in den binnenkirchlichen Raum auf das Zeugnis der Laien angewiesen.[69]

Die Päpste missbilligten die sich entwickelnde Autonomie der Laien nicht grundsätzlich. Sie wollten die Existenz katholischer Prinzipien in den verschiedenen gesellschaftlichen Bereichen bewahren sowie wiedergewinnen. Bereits Pius IX. (1846-1878) rief im Blick auf die katholischen Jugendverbände dazu auf, sich für die Kirche gegen den vom Laizismus geprägten italienischen Nationalstaat einzusetzen. Leo XIII. (1878-1903)[70] forderte 1890 im Konflikt über die Trennung von Kirche und Staat den Einsatz der Laien ein. In seiner Enzyklika *Graves de communi re* (1901), in der er die sozial-karitativen Impulse von Laien als *catholicorum actio* bezeichnet, werden auch erste Umrisse der späteren Katholischen Aktion sichtbar. Das Dokument enthält eine konkrete Umschreibung des Laienapostolats. Die Laien sollten sich „für die gesellschaftlichen und sozialpolitischen Interessen der Kirche"[71] einsetzen. Gleichzeitig hatten sie die Parteipolitik zu meiden. Die päpstlichen Aufforderungen verfolgten freilich kein von der Hierarchie unabhängiges Handeln der Laien. Vielmehr wurden sie als *miles Christi* wahrgenommen, die auf Anordnung der Hierarchie tätig zu sein hatten. Diesem Bild folgte auch Pius X. im Kampf gegen den Modernismus. Eine Laienaktivität ohne das Einverständnis der Bischöfe war seiner Ansicht nach weder annerkennenswert noch wirkliche Frömmigkeit. In diesem Zuge wurde das 1874 gegründete Hilfswerk *Opera dei Congressi* von der strikt kirchlich ausgerichteten *Azione Cattolica* abgelöst und 1904 geschlossen. Anders als bei Leo XIII. sollte die Katholische Aktion das Ziel einer „fundamentalpolitischen Durchdringung der Gesellschaft"[72] verfolgen. In der Enzyklika *Il fermo proposito* (1905) wurden die Grundzüge der Katholischen Aktion formuliert, von denen sich auch die Nachfolger Pius X. leiten lassen sollten. Sie sollte sich der sozialen Frage widmen, um eine Dominanz des Sozialismus zu vermeiden. Obwohl der Papst es ablehnte, dass die Laien in der politischen Parteienlandschaft mitwirkten, wollte er die Katholische Aktion für eine zukünftige Teilnahme am politischen Leben gerüstet wissen. Er setzte sich aus diesem Grund für ihre fundamentalpolitische Ausrichtung ein. Die Katholische Aktion sollte den verschiedenen antichristlichen Weltanschauungen ent-

---

[69] Vgl. Guido Bausenhart, Theologischer Kommentar zum Dekret über das Apostolat der Laien Apostolicam actuositatem, 2005, 21; Peter Neuner, Der Laie und das Gottesvolk, 1988, 93; Paul Becher, Art. Katholische Aktion, 3. Aufl., 2006, 1347; Josef Pilvousek, Die katholische Kirche vom Ersten Weltkrieg bis zur Gegenwart, 2007, 286; Hyun-Chang Park, Laien auf dem Weg der Evangelisation, 2006, 15; Klaus Große Kracht, Die Stunde der Laien?, 2016, 14, 38; Franz Stegmann, Art. Christlich-soziale Bewegungen, 3. Aufl., 2006, 1159-1160.

[70] Zu Leo XIII. siehe das Buch *Leo XIII. – Papst und Staatsmann* (2019) von Jörg Ernesti.

[71] Klaus Große Kracht, Die Stunde der Laien?, 2016, 37.

[72] Klaus Große Kracht, Die Stunde der Laien?, 2016, 42.

gegenwirken, um Jesus Christus wieder in die Familie, in die Schule und in die Gesellschaft zu führen.[73] Hier zeigte die Katholische Aktion ihre antimodernistische Ausrichtung. Der katholische Laie sollte in seiner Haltung an der Überlieferung der Kirche und ihrer Deutungshoheit in der Gesellschaft kompromisslos festhalten. Allerdings ließ sich dieses Programm weder unter Pius X. noch unter Benedikt XV. (1914-1922) aufgrund der liberalen, modernen Gesellschaft realisieren. Erst Pius XI. (1922-1939), der die Auffassung der vorangehenden Päpste weiterentwickelte, sollte zum Papst der Katholischen Aktion werden. Als sein Beitrag kann laut Klaus Große Kracht zum einen die theologisch-spirituelle „Aufwertung des Laienapostolates inklusive des damit einhergehenden hohen individuellen Anforderungsprofils an die Aktivisten"[74] bestimmt werden. Zum anderen spricht er ihm „die globale Ausdehnung der Katholischen Aktion hin zum normativen Ordnungsrahmen des Laienkatholizismus"[75] als Leistung zu.[76]

Pius XI. forderte in der Enzyklika *Ubi arcano Dei* (1922) die Laien dazu auf sich, am moralischen und religiösen Wiederaufbau der nach dem Krieg zerstörten Gesellschaft Europas zu beteiligen. Sie hätten an der Verkündigung des Glaubens mitzuwirken sowie für den Papst einzutreten, um seinen Einfluss im privaten und öffentlichen Bereich zu stärken[77]. Das Zentrum der Katholischen Aktion bildete für Pius XI. das von ihm mit der Enzyklika *Quas primas* (1925) eingeführte Christkönigsfest, das die Herrschaft Christi gegenüber den weltanschaulichen Strömungen bekräftigen sollte. Das Apostolat der Laien wurde rückgebunden an die apostolisch-hierarchische Sendung[78]. Dadurch kam die Würde der Laien als Glieder des auserwählten Gottesvolkes zum Vorschein (vgl. 1 Petr 2,9). Durch die geistige Teilhabe am Apostolat der Hierarche sollten sie dazu befähigt werden,[79] „die Grundsätze des christlichen Glaubens und der christlichen Lehre so weit als möglich zu verbreiten, tatkräftig zu verteidigen und im privaten wie im öffentlichen Leben zur Geltung zu bringen."[80] Eine parteipolitische Ausrichtung

---

[73] Vgl. Pius X., Il fermo proposito, 1905, 747-748, 752-754, 756-759.

[74] Klaus Große Kracht, Die Stunde der Laien?, 2016, 51.

[75] Ebd., 51.

[76] Vgl. Klaus Große Kracht, Die Stunde der Laien?, 2016, 36-44; Peter Neuner, Der Laie und das Gottesvolk, 1988, 108-114; Leo XIII., Graves die communi re, 1901, 385-395; Josef Gelmi, Art. Pius XI., 3. Aufl., 2006, 335; Georg Schwaiger, Art. Benedikt XV., 3. Aufl., 2006, 209; Jörg Ernesti, Benedikt XV., 2016, 51, 240; Oskar Köhler, Art. Leo XIII., 3. Aufl., 2006, 828; Jörg Ernesti, Leo XIII., 2019, 85-86; Giuseppe Alberigo, Art. Italien. I. Kirchengeschichte, 3. Aufl., 2006, 688-689.

[77] Vgl. Pius XI., Urbi arcano Dei, 1922, 695; Urbi arcano Dei 58.

[78] Vgl. Pius XI., De communibus actionis catholicae principiis et fundamentis, 1928, 385.

[79] Vgl. Josef Pilvousek, Die katholische Kirche vom Ersten Weltkrieg bis zur Gegenwart, 2007, 286; Guido Bausenhart, Theologischer Kommentar zum Dekret über das Apostolat der Laien Apostolicam actuositatem, 2005, 21; Peter Neuner, Der Laie und das Gottesvolk, 1988, 109-110; Paul Becher, Art. Katholische Aktion, 3. Aufl., 2006, 1347; Hyun-Chang Park, Laien auf dem Weg der Evangelisation, 2006, 15; Erwin Iserloh, Innerkirchliche Bewegungen und ihre Spiritualität, 1979, 310-311; Klaus Große Kracht, Die Stunde der Laien?, 2016, 45, 47-48, 55-56.

[80] „ad fidei doctrinaeque christianae principia cum late disseminanda, tum valide tuenda, tum denique privatim publiceque promovenda." (Pius XI., De communibus actionis catholicae principiis et fundamentis, 1928, 385.)

der Katholischen Aktion wurde von Pius XI. gemäß der Linie seines Vorgängers abgelehnt. Jedoch wurden Bildungsmaßnahmen getroffen, durch die das Gewissen der Gläubigen christlich-katholisch für einen zukünftigen Eintritt in die Politik geformt werden sollten.[81]

Die Katholische Aktion orientierte sich in einem zu hohen Maße an den gesellschaftlichen Umständen in Italien. Hinzu kam, dass im von Mussolini (* 1883; † 1945)[82] errichteten faschistischen System religiöse Bewegungen im nichtkirchlichen Bereich nicht existieren konnten. Dies führte dazu, dass das päpstliche Vorhaben, die Bündelung der sich für die Kirche einsetzenden Laien unter der Leitung des kirchlichen Amts, nicht ausnahmslos realisiert werden konnte. Es ist deswegen aufgrund des gesellschaftlichen Einflusses zwischen drei verschieden Arten der Katholischen Aktion zu unterscheiden.[83]

> „In Italien und den meisten iberischen und slawischen Ländern handelte es sich um eine einheitliche zentral zusammengefaßte Organisation auf nationaler Ebene, die höchstens nach ‚Naturständen' aufgegliedert war und strikt hierarchischer Leitung unterstand."[84]

In Deutschland setzte sich eine solche Gliederung aufgrund des relativ selbstständigen Verbandswesens und der Religionspolitik der Nationalsozialisten nicht durch. Vielmehr bewahrten die Verbände gegenüber dem kirchlichen Amt ihre Autonomie. Die Übernahme der Katholischen Aktion, so die Übereinkunft, sollte dem Entschluss des jeweiligen Bischofs obliegen. Seine Aufgabe sollte es sein, das komplexe Vereinswesen aufeinander abzustimmen, sodass der Gedanke der Katholischen Aktion zum Zuge kommen könnte. Bis auf wenige Ausnahmen blieb aber auch dieses Kompromissmodell unrealisiert. Ebenfalls nicht durchsetzen konnte sich die Unterordnung der Laien in den angelsächsischen Ländern. In Frankreich sowie Belgien war die Katholische Aktion dagegen berufsgruppenspezifisch ausgerichtet.[85]

Pius XII. schloss mit seiner Auffassung von der Katholischen Aktion im Wesentlichen an den bisher vertretenen päpstlichen Ansatz an. Allerdings bevorzugte er den Begriff ‚Mitarbeit' (itl.: *Collaborazione*), zu der alle Organisationen aufgefordert waren. Dies bedingte jedoch keinesfalls ein geringeres Abhängigkeitsverhältnis der Laien von der Hierarchie. Ein Wechsel des Kurses trat inso-

---

[81] Vgl. Klaus Große Kracht, Die Stunde der Laien?, 2016, 54.

[82] Vgl. Richard Bosworth, Mussolini, 202, 37, 410.

[83] Vgl. Klaus Schatz, Kirchengeschichte der Neuzeit II, 3. Aufl., 1999, 166-167; Erwin Iserloh, Innerkirchliche Bewegungen und ihre Spiritualität, 1979, 311.

[84] Klaus Schatz, Kirchengeschichte der Neuzeit II, 3. Aufl., 1999, 167. Vgl. hierzu: Erwin Iserloh, Innerkirchliche Bewegungen und ihre Spiritualität, 1979, 311-312.

[85] Vgl. Klaus Schatz, Kirchengeschichte der Neuzeit II, 3. Aufl., 1999, 167; Erwin Iserloh, Innerkirchliche Bewegungen und ihre Spiritualität, 1979, 311-312; Josef Pilvousek, Die katholische Kirche vom Ersten Weltkrieg bis zur Gegenwart, 2007, 286-287; Paul Becher, Art. Katholische Aktion, 3. Aufl., 2006, 1347; Klaus Große Kracht, Die Stunde der Laien?, 2016, 14, 16-17.

fern ein, dass sich während der Kriegsjahre die Katholische Aktion in den binnenkirchlichen Raum zurückzog. Ein apostolisches Wirken nach außen war zwar erwünscht, blieb aber angesichts der Kriegsumstände auf das persönliche, vorbildhafte Verhalten beschränkt. Für Pius XII. spiegelte sich in der Katholischen Aktion das *Corpus Christi mysticum* wider. In der Nachkriegszeit macht er sich jedoch zusätzlich für die fundamentalpolitische Schwerpunktsetzung der Katholischen Aktion stark.[86] Der Pacelli-Papst erkannte, dass allein ein christlich vorbildhaftes Betragen nicht mehr genügte, um die Belange der Kirche wahren zu können. Mit Beginn des Kalten Kriegs kam eine den Kommunismus zurückweisende Prägung hinzu. Darüber hinaus vertrat Pius XII. angesichts der Tatsache, dass unterschiedliche Formen der Katholischen Aktion in den europäischen Ländern existierten, die Auffassung von einer in verschiedenen Abstufungen bestehenden Abhängigkeit von der Hierarchie:[87]

> „sie (die Katholische Aktion) ist ein Werkzeug in den Händen der Hierarchie, sie muss sein wie die Verlängerung ihres Armes. Sie unterliegt daher von Natur aus der Leitung des kirchlichen Oberen. Andere Werke des Laienapostolates, organisiert oder nicht, können eher ihrer freien Initiative überlassen werden, mit der Weite, welche die zu erreichenden Ziele verlangen."[88]

Auch wenn bei ihm zwischen offiziellem Apostolat, der Katholischen Aktion, und einem inoffiziellen Laienapostolat[89], dem größere Freiheiten zugestanden wurden, unterschieden wurde, legte man weiterhin Wert auf den Gehorsam gegenüber den Apostelnachfolgern. Nicht berücksichtigt wurde zunächst die von Karl Rahner (* 1904; † 1984) 1954 angeführte Kritik, dass eine tatsächliche Verantwortung nur dort existiere, wo den Aufgaben in Freiheit nachgegangen werden

---

86 Pius XII., Mystici corporis, 1943, 241; Mystici corporis 98.

87 Vgl. Erwin Iserloh, Innerkirchliche Bewegungen und ihre Spiritualität, 1979, 312-313; Hyun-Chang Park, Laien auf dem Weg der Evangelisation, 2006, 16-17; Klaus Schatz, Kirchengeschichte der Neuzeit II, 3. Aufl., 1999, 167-168; Guido Bausenhart, Theologischer Kommentar zum Dekret über das Apostolat der Laien Apostolicam actuositatem, 2005, 22; Klaus Große Kracht, Die Stunde der Laien?, 2016, 57-64.

88 „elle est un instrument entre les mains de la hiérarchie, elle doit être comme le prolongement de son bras, elle est de ce fait soumise par nature à la direction du supérieur ecclésiastique. D'autres œuvres d'apostolat des laïques, organisées ou non, peuvent être laissées davantage à leur libre initiative, avec la latitude que demande-raient les buts à atteindre" (Pius XII., Allocutiones, 1951, 789.)

89 Die Unterscheidung zwischen offiziellem und inoffiziellem Laienapostolat resultierte aus einem Konflikt auf dem Katholiktentag im Jahr 1922 zwischen Konrad Adenauer (* 1876; † 1967) und Kardinal Faulhaber (* 1869; † 1952). Der Kardinal lehnte die Weimarer Republik und deren Verfassung ab. Vielmehr sprach er sich dafür aus, dass die Monarchie wieder eingeführt wird. Konrad Adenauer vertrat dagegen den Standpunkt, dass derartige kirchliche Einmischungen in die Politik nicht erlaubt sind (vgl. Peter Neuner, Der Laie und das Gottesvolk, 1988, 111-112; Frédérique Dantonel, Art. Adenauer, Konrad, 2012, 4; Friedrich Bautz, Art. Faulhaber, Michael von, 1990, 1599-1600).

könne. Andernfalls bliebe das Risiko einer Engführung des Laienapostolats auf ausschließlich kirchliche Aufgaben bestehen. Erst 1957 schien sich ein neues Verständnis des Laienapostolats abzuzeichnen, in dem von Pius XII. auf dem Zweiten Kongress für das Laienapostolat die *consecratio mundi*, die Heiligung der Welt, als Wesensmerkmal ausgemacht wurde. Folgt man in der Interpretation des Begriffes dem späteren Montini-Papst, ist darunter ein Dienst an der Welt zu verstehen, der auf der Nächstenliebe basiert. Weiterhin schlug Pius XII. eine terminologische und strukturelle Neuordnung vor. Der Begriff ‚Katholische Aktion' sollte ausschließlich für alle Teile des Laienapostolats gelten. Strukturell sollte unter ihm eine förderative Einheit der von den Bischöfen anerkannten Formen des Laienapostolats verstanden werden. Ein Verständnis der Katholischen Aktion im Sinne von Pius X. bestand ab diesem Zeitpunkt nicht mehr. Sie hörte vielmehr in den letzten Jahren des Pontifikats des Pacelli-Papstes auf zu bestehen.[90]

2.2.4 Die Bibelbewegung und ihre Vorgeschichte

Im Gegensatz zu den reformatorischen Kirchen kam es im 16. Jahrhundert in der katholischen Kirche zunächst zu einer einschränkenden Haltung gegenüber der Laienlektüre der Heiligen Schrift. Diese mag darin begründet sein, dass das Lehramt einem Missbrauch der Bibel vorbeugen wollte. So erließ das Konzil von Trient (1545-1563) den Beschluss, dass die Interpretation der Bibel eine explizite Aufgabe der Kirche ist. Anfertigung und Verwendung muttersprachlicher Bibelausgaben waren nach der Anordnung von Paul IV. (1555-1559) von der römischen Inquisition zu genehmigen. Sein Nachfolger Pius IV. (1559-1565) lockerte diese Bestimmung, insofern Pfarrer nun die Lesegenehmigung für Laien beim Bischof oder der Inquisition einholen konnten. Einen Schritt weiter ging Benedikt XIV. (1740-1758), der Bibelübersetzungen für Laien erlaubte, insofern die Ausgaben der Heiligen Schrift kirchlich genehmigt waren und Kommentare von Kirchenvätern bzw. Theologen aufwiesen. Nachdem im Zuge der Aufklärung die Anzahl der zur Verfügung stehenden Bibeln für Laien und die für das Bibelstudium benötigten Lesehilfen zugenommen hatten, kam es 1803 zur Gründung der ersten römisch-katholischen Bibelgesellschaft in England. Damit war die Basis für die Entstehung der katholischen Bibelbewegung gelegt. In Person Johann Michael Sailers (* 1751; † 1832), um den sich ein ökumenischer Bibelkreis formierte, nahm diese ihren Anfang. Er betrachtete Kirche als eine durch den Geist zustande gekommene *Communio*, deren grundlegende Ausstattung die Heilige Schrift zu sein hat. Sie übt für das Volk Gottes seiner Ansicht nach eine orientierende Funk-

[90] Vgl. Erwin Iserloh, Innerkirchliche Bewegungen und ihre Spiritualität, 1979, 313; Guido Bausenhart, Theologischer Kommentar zum Dekret über das Apostolat der Laien Apostolicam actuositatem, 2005, 23; Klaus Große Kracht, Die Stunde der Laien?, 2016, 64, 67-70; Peter Neuner, Der Laie und das Gottesvolk, 1988, 111-113; Karl Lehmann, Art. Rahner, Karl I. Leben, 3. Aufl., 2006, 805-806; Martin Kolozs, Karl Rahner, 2014, 20, 96.

tion aus, da sie nicht nur auf den Gottessohn verweist, sondern ebenfalls auf das Ziel der Wanderschaft.[91]

Den entscheidenden organisatorischen Schritt vollzog der Sailer-Schüler Georg Michael Wittmann (* 1760; † 1833), „der im Jahre 1805 die erste deutsche katholische Bibelgesellschaft ins Leben rief."[92] Der Zusammenschluss protestantischer und katholischer Bibelgesellschaften wurde von Pius VII. (1800-1823) durch das Breve *Postremis litteris* (1816) verboten. Diese Linie setzte sich sowohl im Pontifikat von Gregor XVI. (1831-1846) mit der Enzyklika *Inter praecipus* (1844) als auch in der Amtszeit von Pius IX. mit dem *Syllabus errorum* (1864) fort[93]. Evangelische Bibelgesellschaften wurden als eine Gefahr für die katholische Kirche wahrgenommen. Das I. Vatikanische Konzil (1869/70) bekräftigte die Entscheidungen von Trient. Leo XIII. formulierte in seiner Konstitution *Officiorum ac munerum* (1897) die Voraussetzungen, welche erfüllt sein mussten, um Bibelübersetzungen verwenden zu dürfen. Diese Regelungen wurden anschließend in den CIC 1917 übernommen. Laut ihm durften ausschließlich vom Heiligen Stuhl oder vom Ortsbischof zugelassene Übersetzungen benutzt werden[94]. Eine Ausnahme bildete lediglich das Theologiestudium, zu dessen Zweck auch andere Ausgaben erlaubt wurden (vgl. CIC 1917 cc. 1385; 1391; 1399-1400). Ein markanter Bruch erfolgte mit der Enzyklika *Providentissimus Deus* (1893), mit der Leo XIII. die Bibelarbeit unterstützte[95]. Es kam zu einer Zunahme der praktischen Bibelarbeit und der Bibelwissenschaft. 1902 wurde die Päpstliche Bibelkommission, 1907 das Päpstliche Bibelinstitut und die Hieronymus-Gesellschaft gegründet. Papst Pius X. forderte die Gläubigen zum regelmäßigen Bibelstudium auf. Sein Nachfolger, Benedikt XV., setzte sich in dem Apostolischen Schreiben *Spiritus Paraclitus* (1920) mit den Worten des hl. Hieronymus für eine kontinuierliche Auseinandersetzung mit der Heiligen Schrift ein. Er legte den katholischen Gläubigen nahe, sich an den Willen Gottes durch die Feier der Eucharistie und die Bibel heranzutasten[96]. Durch das Breve *Cum Biblia Sacra* (1916) erließ Giacomo Della Chiesa neue Vorgaben für das Päpstliche Bibelinstitut. Auch in der Lehre, so beispielsweise der spätere Bischof Paul Wilhelm von Keppler (1898-1926), sprach

[91] Vgl. Paul-Gerhard Müller, Die römisch-katholische Bibelbewegung und ihre Vorgeschichte, 1992, 39, 50-51; Peter Scheuchenpflug, Johann Michael Sailers Impulse für die Katholische Bibelbewegung in Deutschland, 2001, 200; Otto Knoch, Die Katholiken und die Bibel, 1988, 239, 244-245; Klaus Ganzer, Art. Trient 3. Konzil, 3. Aufl., 2006, 226, 228; Klaus Ganzer, Art. Paul IV., 3. Aufl., 2006, 1522; Klaus Ganzer, Art. Pius IV., 3. Aufl., 2006, 324-325; Georg Schwaiger, Art. Benedikt, Päpste: Benedikt XIV., 3. Aufl., 2006, 209.

[92] Paul-Gerhard Müller, Die römisch-katholische Bibelbewegung und ihre Vorgeschichte, 1992, 51.

[93] Vgl. DH 2772.

[94] Vgl. Leo XIII., Officiorum ac munerum, 1897, 392; Officiorum ac munerum, Dekret 7.

[95] Vgl. DH 3282, 3284-3285.

[96] Vgl. Benedikt XV., Spiritus Paraclitus, 1920, 404; Spiritus Paraclitus, 33-34.

man sich für eine an der Bibel ausgerichtete Neuorientierung der Homilie, der Katechese, der Priesterausbildung und der Pastoral aus.[97]

Die Bibelbewegung der Zwischenkriegszeit hatte zunächst keine feste Organisationsform, sondern bestand aus vielen voneinander abweichenden Bibelbewegungen. Ebenso stellte sie keinen Aufbruch dar, der im Lehramt verwurzelt war. Sie steht vielmehr im Zusammenhang mit den anderen Neuaufbrüchen, in deren Rahmen die Bibel wieder eine zentrale Rolle im Leben und Denken einnahm. Die Begegnung mit Christus in der Schrift rückte in den Mittelpunkt des christlichen Lebens und Denkens. Die Katholiken trafen sich in Bibelkreisen, in denen bestimmte Perikopen der Schrift thematisiert wurden und deren Botschaft von den Teilnehmern in das alltägliche Leben einbezogen wurde. Tagungen und Vorträge wurden organisiert, um Kenntnisse über die Bibel zu vermitteln. Die Bedeutung der Bibel für die theologische Ausbildung und pastorale Arbeit wurde erkannt. Ein bedeutender Wendepunkt im Umgang mit der Bibel war die Enzyklika *Divino afflante spiritu* (1943). In dieser setzte sich Pius XII. für die historisch-kritische Exegese ein. Der Pacelli-Papst sprach sich unter anderem nicht nur für die Gründung von Bibeltagungen, -vereinigungen und -kreisen aus, sondern betonte auch die Bedeutung der Schriftkenntnisse für die Laien. Die der Bibelarbeit Vorsitzenden sollten sich für eine wissenschaftliche sowie spirituelle Auslegung der Texte einsetzen. Die Bibelkreise waren dem Bischof untergeordnet, der sie zu genehmigen hatte. Priester der Diözese sollten sie begleiten und über die Entwicklung dem Bischof regelmäßig Bericht erstatten. Allerdings bildete sich gegen diese Neuerungen eine konservative Opposition unter den Kardinälen Ruffini (* 1888; † 1967) und Ottaviani (* 1890; † 1979). In der dogmatischen Konstitution *Dei verbum* erklärte das II. Vatikanum schließlich, dass die Heilige Schrift für die Kirche ein Schatz ist, dessen verbindliche Auslegung ausschließlich dem Lehramt obliegt. Gleichzeitig forderten die Konzilsväter ein, dass es allen Christen möglich sein muss, die Heilige Schrift zu lesen (vgl. DV 10, 22, 25).[98]

---

97 Vgl. Jörg Ernesti, Benedikt XV., 2016, 216-217; Paul-Gerhard Müller, Die römisch-katholische Bibelbewegung und ihre Vorgeschichte, 1992, 52-54; Josef Pilvousek, Die katholische Kirche vom Ersten Weltkrieg bis zur Gegenwart, 2007, 277; Wolfgang Beilner, Die Bibelbewegung, 1996, 136-137; Otto Knoch, Die Katholiken und die Bibel, 1988, 246-248; Georg Schwaiger, Art. Gregor XVI., 3. Aufl., 2006, 1023; Roger Aubert, Art. Pius IX., 3. Aufl., 2006, 330; Karl Josef Rivinius, Art. Keppler, Paul Wilhelm von (seit 1899 württembergischer Personaladel), Dr. theol., Bischof, 1992, 1379-1383; Roger Aubert, Art. Pius VII., 3. Aufl., 2006, 327; Klaus Schatz, Art. Vatikanische Konzilien A. Vaticanum I, 3. Aufl., 2006, 556; Jörg Ernesti, Leo XIII., 2019, 259-264; Hubert Wolf, Der Syllabus errorum (1864), 1998, 117.

98 Vgl. Josef Gelmi, Art. Ottaviani, Alfredo, 3. Aufl., 2006, 1217; Hyun-Chang Park, Laien auf dem Weg der Evangelisation, 2006, 14-15; Paul-Gerhard Müller, Die römisch-katholische Bibelbewegung und ihre Vorgeschichte, 1992, 61-63; Josef Pilvousek, Die katholische Kirche vom Ersten Weltkrieg bis zur Gegenwart, 2007, 280-287; Erwin Iserloh, Innerkirchliche Bewegungen und ihre Spiritualität, 1979, 309-310; Wolfgang Beilner, Die Bibelbewegung, 1996, 137; Otto Knoch, Die Katholiken und die Bibel, 1988, 248-49; Giuseppe Alberigo, Art. Ruffini, Ernesto, 3. Aufl., 2006, 1348-1349.

Einen institutionellen Rahmen erhielt die katholische Bibelbewegung in Deutschland am 22. September 1933 mit dem Entstehen der Katholischen Bibelbewegung e. V. Diese wurde 1938 in Katholisches Bibelwerk e. V. umbenannt, da der Begriff ‚Bewegung' explizit nationalsozialistischen Projekten vorbehalten war. Ziel des Bibelwerks war entsprechend der Vereinsordnung, dafür zu sorgen, dass Gläubige über eine verständliche Bibel verfügen. Zu diesem Zweck wurden bereits seit 1934 die Zeitschrift *Bibel und Kirche* und die Briefserie *Bibel und Volk* herausgegeben. Auch wurden Arbeitshilfen für die Auseinandersetzung mit der Bibel zur Verfügung gestellt. Schon seit dem 10. April 1937 amtierte das Bibelwerk als Muttergesellschaft für den Verlag Katholisches Bibelwerk GmbH. Diesem folgte im Oktober 1962 als weitere Tochtergesellschaft der Ökumenische Arbeitskreis für Biblische Reisen e. V. Sieben Jahre später kam es schließlich zur Gründung der *Arbeitsgemeinschaft mitteleuropäischer Bibelwerke* und der *Katholischen Weltbibelföderation*, die als Dachorganisation aller katholischen Bibelwerke und bibelpastoraler Impulse bis heute auftritt.[99]

2.2.5 Die Ökumenische Bewegung

Der deutsche Begriff ‚Ökumene'[100] ist etymologisch auf den altgriechischen Infinitiv *οἰκεῖν* (dt.: wohnen) zurückzuführen. In diesem Sinne ist unter *ἡ οἰκουμένη γῆ* seit dem 5. Jahrhundert v. Chr. die ganze bewohnte Erde zu verstehen. Mit dem Aufkommen der Konzile werden diese als ökumenisch bezeichnet, da sie den Anspruch erheben, die gesamte christliche Welt zu repräsentieren. Unter der Ökumenischen Bewegung ist somit eine universale Bewegung zu verstehen, die die Einheit der Christen als Ziel verfolgt. Vorbereitet wurde sie durch konfessionell übergreifende Bewegungen wie den 1844 gegründeten Christlichen Verein Junger Menschen (CVJM), aus denen Wegbereiter der Ökumene, wie Nathan Söderblom (* 1866; † 1931) und John Mott (* 1862; † 1955), hervorgingen. Ausschlaggebend für die Entwicklung der Ökumenischen Bewegung ist jedoch eine zu Beginn des 20. Jahrhunderts einsetzende Einheitsdynamik: Die christlichen Kirchen des Westens erkannten die konfessionelle Konkurrenz in der Mission als eine Schwächung des christlichen Glaubenszeugnisses. Die daraufhin im Jahr 1910 in Edinburgh veranstaltete Weltmissionskonferenz markiert den Beginn der modernen Ökumenischen Bewegung. In Edinburgh wurde eine Kommission eingesetzt, deren Aufgabe es sein sollte, eine Weltkonferenz vorzubereiten. Auf dieser sollten die Glaubensgrundsätze besprochen werden. Eingeladen werden sollten alle christlichen Gemeinschaften, die Jesus Christus als Gott bekennen. 1919 verfasste Nathan Söderblom für den Weltbund für Freundschaftsarbeit der

---

[99] Vgl. Franz-Josef Ortkemper, Art. Weltbibelförderation, 3. Aufl., 2006, 1070; Paul-Gerhard Müller, Die römisch-katholische Bibelbewegung und ihre Vorgeschichte, 1992, 56, 59-61.

[100] Ausführlich erörtert Peter Neuner den Begriff ‚Ökumene' in seinem Buch *Ökumenische Theologie* (1997).

Kirchen eine Denkschrift, in der er sich neben einer Weltkirchenkonferenz für die Gründung eines Ökumenischen Rates aussprach. Das Ökumenische Patriarchat von Konstantinopel begann sich in Folge des Auflösungsprozesses des Osmanischen Reichs um eine innerorthodoxe Einheit zu bemühen. Ab 1920 richtete der Ökumenische Patriarch seine Schriften an das gesamte Christentum. Orientiert am Beispiel des Völkerbunds schlug er ihnen in der Enzyklika ‚An die Kirche Christi in aller Welt' (1920) vor, sich zu einem christlichen Kirchenbund zu formieren. Ferner führte der Erste Weltkrieg und die ergebnislosen Friedensappelle bei den christlichen Kirchen zur Erkenntnis der Notwenigkeit eines einheitlichen Auftretens.[101]

> „Noch vor den ersten großen Weltkonferenzen war die neue Bewegung damit potenziell auf die *ganze* Christenheit ausgerichtet. Diese Dynamik wohnt ihr bis heute inne: Die Ökumene kommt erst dann an ein Ende, wenn keine christliche Gruppierung von der Gemeinschaft der anderen ausgeschlossen ist."[102]

Die katholische Kirche reagierte, als sie von der gebildeten Kommission 1914 angeschrieben wurde, nicht abweisend. Allerdings wurde von ihrer Seite das Papstamt betont, welches Kardinalstaatssekretär Gasparri (* 1852; † 1934) in seiner Antwort als „Quelle und Urgrund der Einheit der Kirche"[103] bezeichnete. Für die katholische Kirche kam daher eine wiederhergestellte Einheit nur unter dem Primat des römischen Bischofs in Frage. Aufgrund des kurz darauf einsetzenden Ersten Weltkriegs konnten die ökumenischen Bemühungen nicht mehr fortgesetzt werden. Eine Teilnahme der katholischen Kirche an den nachfolgenden Weltkonferenzen wurde abgelehnt. Papst Benedikt XV. betonte 1919, dass die Ökumene nur die Rückkehr in die katholische Kirche zum Ziel haben könne. Noch

---

[101] Vgl. Karl-Heinz Dejung, Ökumenische Gemeinschaft im Wandel der Zeiten, 2016, 23, 34-35 53-55, 57, 79-80; Charles Boyer, Christliche Einheit und ökumenische Bewegung, 1960, 27-28; Klaus Schatz, Kirchengeschichte der Neuzeit II, 3. Aufl., 1999, 168; Jörg Ernesti, Kleine Geschichte der Ökumene, 2007, 20-25; Josef Pilvousek, Die katholische Kirche vom Ersten Weltkrieg bis zur Gegenwart, 2007, 284; Johannes Oeldemann, Einheit der Christen – Wunsch oder Wirklichkeit?, 2009, 50; Jörg Ernesti, Ökumene im Dritten Reich, 2007, 15-18, Peter Neuner, Ökumenische Theologie, 1997, 1, 4, 28; Erwin Iserloh, Die Geschichte der ökumenischen Bewegung, 1979, 459; Hans Vorster, Art. Söderblom, Nathan, 3. Aufl., 2006, 684; Dieter Roll, Art. Christlicher Verein junger Menschen (CVJM), 3. Aufl., 2006, 1158; Heinrich Döring, Der ökumenische Aufbruch im 20. Jahrhundert, 1986, 15-17, 21-22; Jörg Ernesti / Benjamin Dahlke: Ökumenische Bewegung, in: http://www.bibelwissenschaft.de/stichwort/100276/ (16.03.2021, 22:59 Uhr); Ruth Rouse, Freie Vereinigungen und die Wandlung des ökumenischen Klimas, 2. Aufl., 1963, 470-471; Ruth Rouse, Voluntary movements and the changing ecumenical climate, 4. Aufl., 1993, 341-342.

[102] Jörg Ernesti, Kleine Geschichte der Ökumene, 2007, 26. Vgl. Kenneth Latourette, Die ökumenische Bedeutung der Missionsbewegung und des Internationalen Missionsrates, 2. Aufl., 1963, 496-498; Kenneth Latourette, Ecumenical bearings of the Missionary Movement and the International Missionary Council, 4. Aufl., 1993, 362-363.

[103] Zitiert nach: Charles Boyer, Christliche Einheit und ökumenische Bewegung, 1960, 29.

im gleichen Jahr wurde es Katholiken vom Heiligen Offizium verboten, sich an der ökumenischen Arbeit zu beteiligen[104]. Für öffentliche Debatten war gemäß dem CIC 1917 die Erlaubnis des Papstes einzuholen. Diese Haltung blieb für die katholische Kirche bis nach 1945 bestimmend. Speziell die Enzyklika *Mortalium animos* (1928)[105] brachte diesen Standpunkt nochmals zur Geltung. In ihr nahm Pius XI. in der Ökumene eine Bedrohung wahr, die zu einem religiösen Indifferentismus, Relativismus, Naturalismus und Atheismus führen könne. Als einzig wahre Kirche Christi wurde die katholische Kirche angesehen. Die Teilnahme an ökumenischen Veranstaltungen wurde daher abgelehnt, da dadurch die anderen Kirchen als wahre Kirchen bestätigt worden wären. Um die Einheit zu realisieren, hatten die abgespaltenen Christen zur katholischen Kirche zurückzukehren.[106]

Trotz dieser ablehnenden Einstellung sind in dieser frühen Phase der Ökumene auf katholischer Seite auch Dialogbemühungen zu erkennen. 1908 genehmigte Pius X. die von Paul Watson (* 1863; † 1940) veranstaltete alljährliche Gebetswoche. Sie war zunächst auf anglo-katholische Kreise beschränkt. Ab 1940 nahmen dann jedoch auch Protestanten an ihr teil. Durch den Einsatz von Abbé P. Couturier (* 1881; † 1953) entstand die Ansicht, dass alle Christen gemeinsam für die Einheit zu beten haben. 1917 wurde das Orientalische Institut errichtet. Eine intensive Auseindersetzung mit der orthodoxen Theologie und Liturgie wurde von päpstlicher Seite verlangt. Zwischen 1921 und 1926 kam es im Rahmen des Mechelner Gesprächskreises[107], auch wenn dieser nicht auf päpstlicher Initiative beruhten, zu einem Dialog zwischen katholischen und anglikanischen Theologen. In der Enzyklika *Rerum Orientalium* (1928) forderte der Papst dazu auf, sich mit der orthodoxen Theologie auseinanderzusetzen. 1929 veranlasste Pius XI., das orientalische Kirchenrecht zu einem Kodex zusammenzufassen. Gemäß Jörg Er-

[104] Vgl. Heiliges Offizium, De Participatione catholicorum societati, 1919, 309.

[105] Vgl. Pius XI., Mortalium animos, 1928, 5-16, Mortalium animos 2-13.

[106] Vgl. Jörg Ernesti, Benedikt XV., 2016, 229-233; Charles Boyer, Christliche Einheit und ökumenische Bewegung, 1960, 29; Jörg Ernesti, Kleine Geschichte der Ökumene, 2007, 40; Peter Neuner, Ökumenische Theologie, 1997, 31, 139-140; Josef Pilvousek, Die katholische Kirche vom Ersten Weltkrieg bis zur Gegenwart, 2007, 284; Erwin Iserloh, Die Geschichte der ökumenischen Bewegung, 1979, 466; Jörg Ernesti, Ökumene im Dritten Reich, 2007, 19; Walter Kasper, Wege zur Einheit der Christen, 2012, 23; Wolfgang Thönissen, Ein Konzil für ein ökumenisches Zeitalter, 2013, 45; Karl-Heinz Dejung, Ökumenische Gemeinschaft im Wandel der Zeiten, 2016, 221; Remigius Bäumer, Art. Gasparri, Pietro, 3. Aufl., 2006, 297; Christian Heß, Ohne Christus, ohne tiefstes Christentum ist Krieg, 2016, 300, 304; Oliver Tomkins, Die Römisch-Katholische Bewegung und die ökumenische Bewegung, 2. Aufl., 1973, 365-369; Oliver Tomkins, The Roman Catholic Church and the Ecumenical Movement, 2004, 681-684; Heinrich Petri, Die römisch-katholische Kirche und die Ökumene, 1986, 104-107, 114.

[107] Zwischen 1921 und 1925 trafen sich beim Mechelner Erzbischof Désiré Josèph Kardinal Mercier (1906-1926) Anglikaner und Katholiken privat zum Austausch. Die Begegnungen verfolgten das Ziel des gegenseitigen theologischen Informationsaustausches und der Feststellung des historischen Standpunkts (vgl. Jörg Ernesti, Ökumene im Dritten Reich, 2007, 20; Friedrich Heyer, Art. Mercier, Désiré, 1993, 1291-1293).

nesti wurde durch die langsame Öffnung der katholischen Kirche gegenüber der orthodoxen Kirche der Dialog mit den Protestanten vorbereitet.[108]

Der Standpunkt der Rückkehrökumene, den die katholische Kirche offiziell vertrat, setzte den Einheitsbemühungen aber kein Ende. 1921 wurde mit dem Internationalen Missionsrat eine Institution für die gemeinsame Mission gegründet. Zudem wurden mit *Life and Work* (1919) und *Faith and Order* (1910) zwei Richtungen mit unterschiedlichen Schwerpunkten ins Leben gerufen: Die Bewegung für praktisches Christentum (*Life and Work*) wurde von Nathan Söderblom geleitet, der ihr *spiritus regens* war. Sie widmete sich bei ihrer ersten Weltkonferenz in Stockholm (1925) der interkonfessionellen Zusammenarbeit (Leitspruch: „Die Lehre trennt, der Dienst eint“[109]). Darüber hinaus wurde 1930 eine Kommission zusammengestellt, der Ökumenische Rat für Praktisches Christentum, die sich mit der Vorbereitung der nächsten Konferenz beschäftigen sollte. Veranstaltet wurde diese 1937 in Oxford. Die Einheit des Christentums wurde gerade in einer vom Faschismus beeinflussten Zeit als ein wichtiges Ziel betrachtet.[110]

Die Bewegung für Glaube und Kirchenverfassung (*Faith and Order*) legte ihren Fokus auf die dogmatischen Uneinigkeiten. Eine erste Weltkonferenz wurde 1927 in Lausanne unter dem Vorsitz von Charles Brent (* 1862; † 1929) durchgeführt. In Lausanne beabsichtigten die Teilnehmer, Gemeinsamkeiten und Unterschiede in der Glaubenslehre zu identifizieren. Auf dieser Grundlage sollten mögliche Wege für eine Vergrößerung der Übereinstimmungen ausfindig gemacht werden. Als Richtlinie dienten die Symbola der alten Kirche. Allerdings konnten durch diese nicht alle Uneinigkeiten (z. B. das Amtsverständnis) ausgeräumt werden. Dennoch kam man überein, dass das Ziel der Bemühungen die wechselseitige Anerkennung und Gewährung der vollen Sakramentengemeinschaft sein müsse. Eine erneute Konferenz wurde 1937 in Edinburgh veranstaltet. Hier wurde bezüglich der Gnadenlehre eine grundsätzliche Einigung erreicht. Im Kirchen-

---

108 Vgl. Jörg Ernesti, Kleine Geschichte der Ökumene, 2007, 40-42, 45; Josef Pilvousek, Die katholische Kirche vom Ersten Weltkrieg bis zur Gegenwart, 2007, 284; Jörg Ernesti, Ökumene im Dritten Reich, 2007, 20-22; Peter Neuner, Ökumenische Theologie, 1997, 138; Erwin Iserloh, Die Geschichte der ökumenischen Bewegung, 1979, 467; Heinrich Petri, Die römisch-katholische Kirche und die Ökumene, 1986, 117, 120-121; Friedrich Bautz, Art. Couturier, Paul, 1990, 1143.

109 Jörg Ernesti, Kleine Geschichte der Ökumene, 2007, 27.

110 Vgl. Heinrich Döring, Der ökumenische Aufbruch im 20. Jahrhundert, 1986, 25-27; Karl-Heinz Dejung, Ökumenische Gemeinschaft im Wandel der Zeiten, 2016, 26, 58; Charles Boyer, Christliche Einheit und ökumenische Bewegung, 1960, 27-30; Jörg Ernesti, Kleine Geschichte der Ökumene, 2007, 27-28, 30; Johannes Oeldemann, Einheit der Christen – Wunsch oder Wirklichkeit?, 2009, 51; Jörg Ernesti, Ökumene im Dritten Reich, 2007, 17; Peter Neuner, Ökumenische Theologie, 1997, 35-37; Erwin Iserloh, Die Geschichte der ökumenischen Bewegung, 1979, 460-461; Tobias Brandner, Einheit gegeben – verloren – erstrebt, 1996, 28; Wolfram Weiße, Praktisches Christentum und Reich Gottes, 1991, 33; Jörg Ernesti / Benjamin Dahlke: Ökumenische Bewegung, in: http://www.bibelwissenschaft.de/stichwort/100276/ (16.03.2021, 22:59 Uhr); Christian Heß, Ohne Christus, ohne tiefstes Christentum ist Krieg, 2016, 299, 302; Willem Visser 't Hooft, Die allgemeine ökumenische Entwicklung seit 1948, 1974, 13; Luca Ferracci, Charles Brent and the Faith and Order Project: From Its Origins to the Lausanne Conference of 1927, 2021, 617-618.

verständnis einigten sich Anglikaner und Orthodoxe darauf, dass die Kirche eine Gemeinschaft von Heiligen darstellt. In Bezug auf die Eucharistie stimmten die Teilnehmer hinsichtlich der Realpräsenz überein, ohne dies näher auszuführen. Kontrovers diskutiert wurde weiterhin die Frage nach dem Modell der zukünftigen Einheit. Zur Debatte stand neben dem kooperativ-föderativen Modell, unter dem ein praktisch-pragmatischer Kirchenbund zu verstehen ist, die Organische Union, bei der sich Kirchen zu einer neuen Kirche zusammenschließen. Offen blieb die Frage nach dem Zeitpunkt des Gewährens einer Sakramentengemeinschaft. Dient sie als Mittel zum Zweck oder ist sie das eigentliche Ziel?[111]

Es zeigte sich bald, dass sich Praxis und Theorie wechselseitig bedingten. Nach den Weltkonferenzen 1937 in Edinburgh (*Faith and Order*) und Oxford (*Life and work*) wurde daher der Entschluss zu einer Vereinigung beider Bewegungen zum Ökumenischen Rat der Kirchen (ÖRK) gefasst.[112] Um den Beschluss umzusetzen, wurde ein „konstituierender Ausschuss“[113] gegründet. Dieser setzte sich aus jeweils sieben Mitgliedern von *Life and work* und *Faith and Order* zusammen. 1938 beriet dieser in Utrecht über die Verfassung des Ökumenischen Rates. Allerdings wurden die Vorbereitungen durch den Ausbruch des Zweiten Weltkriegs gestoppt. Speziell für die kirchlichen Vertreter Deutschlands war es seit der Machtergreifung der NSDAP kaum möglich, sich auf internationaler Ebene an der ökumenischen Arbeit zu beteiligen. Auch ließ sich die für das Jahr 1941 vorgesehene Gründungsversammlung nicht umsetzen.[114]

Obwohl es somit zu einer Verzögerung kam, bedeutete dies für die ökumenische Arbeit keinen Stillstand. Bedingt durch die unterdrückenden Maßnahmen der Nationalsozialisten kam es zwischen Katholiken und Protestanten innerhalb Deutschlands zu solidarischen und kooperativen Aktivitäten. Sehr gute Beispiele sind die bereits seit 1934 existierenden Una-Sancta-Kreise, denen 1938/39 durch

[111] Vgl. Heinrich Döring, Der ökumenische Aufbruch im 20. Jahrhundert, 1986, 29-30, 33; Karl-Heinz Dejung, Ökumenische Gemeinschaft im Wandel der Zeiten, 2016, 25, 53, 59; Peter Neuner, Ökumenische Theologie, 1997, 30-34; Jörg Ernesti, Kleine Geschichte der Ökumene, 2007, 30-36; Erwin Iserloh, Die Geschichte der ökumenischen Bewegung, 1979, 460; Johannes Oeldemann, Einheit der Christen – Wunsch oder Wirklichkeit?, 2009, 52-53; Jörg Ernesti, Ökumene im Dritten Reich, 2007, 17; Friedrich Bautz, Art. Brent, Charles Henry, 1990, 741-743; Jörg Ernesti / Benjamin Dahlke: Ökumenische Bewegung, in: http://www.bibelwissenschaft.de/stichwort/100276/ (16.03.2021, 22:59 Uhr); Karl-Heinz Dejung, Ökumenische Gemeinschaft im Wandel der Zeiten, 2016, 155-156; Christian Heß, Ohne Christus, ohne tiefstes Christentum ist Krieg, 2016, 299, 303.

[112] Vgl. Jörg Ernesti, Kleine Geschichte der Ökumene, 2007, 64; Johannes Oeldemann, Einheit der Christen – Wunsch oder Wirklichkeit?, 2009, 52-53; Peter Neuner, Ökumenische Theologie, 1997, 38.

[113] Jörg Ernesti, Kleine Geschichte der Ökumene, 2007, 64.

[114] Vgl. Heinrich Döring, Der ökumenische Aufbruch im 20. Jahrhundert, 1986, 28; Jörg Ernesti, Kleine Geschichte der Ökumene, 2007, 64-65; Johannes Oeldemann, Einheit der Christen – Wunsch oder Wirklichkeit?, 2009, 52-53; Erwin Iserloh, Die Geschichte der ökumenischen Bewegung, 1979, 461; Peter Neuner, Ökumenische Theologie, 1997, 38-39; Willem Visser 't Hooft, Die allgemeine ökumenische Entwicklung seit 1948, 1974, 14; Michael Kinnamon, Assessing the Ecumenical Movement, 2004, 55.

Max Josef Metzger (* 1887; † 1944) mit der Una-Sancta-Bruderschaft[115] ein organisatorischer Rahmen gegeben wurde. Die Una-Sancta-Kreise waren Teil einer Basisökumene. Sie boten einen Raum, in dem von Laien und Lehrbefugten der Theologie Gebete verrichtet und bestehende Unterschiede thematisiert wurden. Vom 22. bis 25. Mai 1934 wurde in Berlin-Hermsdorf[116] eine theologische Konferenz veranstaltet. An dieser nahmen sowohl Katholiken (z. B. Romano Guardini) als auch Protestanten teil, die großteils auch den anderen Neuaufbrüchen angehörten. Absicht der Veranstaltung war, die Religionsgespräche aus dem 16. Jahrhundert fortzuführen. Zu beachten sind auch die sogenannten Blutzeugen. Beispielhaft sei Alfred Delp SJ (* 1907; † 1945) genannt, der zusammen mit seinen evangelischen Zellennachbarn das Sakrament der Eucharistie im Geiste feierte. Gegen die Euthanasie sprachen sich die Lübecker Märtyrer aus. Dass diese ökumenische Annäherung nicht selbstverständlich war, zeigt der Freiburger Erzbischof Conrad Gröber (1932-1948), der die Befürchtung hatte, dass es infolge der Gleichschaltungspolitik der NSDAP zu einer Bekenntnisanpassung käme („Ein Führer, ein Gott, eine Religion, eine Kirche!"[117]). Er vertrat daher den Standpunkt, dass man den anderen Konfessionen einen Übertritt zur katholischen Kirche nahelegen muss. Ökumenische Bemühungen lehnte Gröber vor dem Hintergrund der im Dritten Reich angestrebten Nationalkirche, die seiner Ansicht nach die Gefahren der Vermischung und des Relativismus beinhaltete, ab. Demgegenüber standen Theologen wie Arnold Rademacher (* 1873; † 1939). Er war angesichts des Einheitswunsches Jesu der Auffassung, dass die sichtbare Instandsetzung der Einheit, die unsichtbar schon immer existiere, ein Auftrag der Kirche sei. Da diese jedoch nach Rademachers Ansicht Gottes Werk ist, könnten die Kirchen zur Einheit nur beitragen. Zentral ist für ihn in diesem Kontext die Gotteskindschaft aller Christen, von der aus an Lehrunterschiede herangegangen werden kann. Die exklusive Haltung der katholischen Kirche sowie eine Ökumene der Rückkehr lehnte er ab. Vielmehr gab es seiner Ansicht nach auch in anderen Kirchen Elemente der Wahrheit, die man anerkennen müsse. Erwähnt werden muss in diesem Kontext ebenfalls,[118] „dass es auch eine ‚braune' (sprich: völkisch-national inspirierte)

---

[115] Vgl. hierzu: Christian Heß, Ohne Christus, ohne tiefstes Christentum ist Krieg, 2016, 310-322.

[116] Detailliert erörtert wird die Arbeit der Konferenz in Berlin-Hermsdorf in der Promotion *Ökumene im Dritten Reich* (2007) von Jörg Ernesti auf den Seiten 42-123.

[117] Conrad Gröber, Nationalkirche?, 2. Aufl., 1935, 1.

[118] Vgl. Oliver Tomkins, The Roman Catholic Church and the Ecumenical Movement, 2004, 688; Oliver Tomkins, Die Römisch-Katholische Bewegung und die ökumenische Bewegung, 2. Aufl., 1973, 375; Conrad Gröber, Nationalkirche?, 2. Aufl., 1935, 19-20, 23-30; 66-78; Jörg Ernesti, Kleine Geschichte der Ökumene, 2007, 47-49, 53, 53-58; Josef Pilvousek, Die katholische Kirche vom Ersten Weltkrieg bis zur Gegenwart, 2007, 285, 295-300; Jörg Ernesti, Ökumene im Dritten Reich, 2007, 25, 42-44, 72, 136-144, 183; Johannes Oeldemann, Einheit der Christen – Wunsch oder Wirklichkeit?, 2009, 53-55; Erwin Iserloh, Die Geschichte der ökumenischen Bewegung, 1979, 461, 468; Friedrich Bautz, Art. Gröber, Condrad, Erzbischof von Freiburg im Breisgau, 1990, 353-354; Wolfgang Thönissen, Ein Konzil für ein ökumenisches Zeitalter, 2013, 46; Jörg Ernesti, Max Josef Metzger (1887-1944) – Katholischer Pionier der Friedensbewegung

Ökumene gab – nach dem Motto: Wenn nun schon das deutsche Volk geeint sei, dürften Christen im Reich nicht länger gespalten sein."[119]

Nach dem Untergang des Dritten Reichs wurde das begonnene ökumenische Engagement fortgesetzt. Hervorzuheben ist diesbezüglich neben der Fortführung der Una-Sancta-Kreise der 1946 entstandene Jaeger-Stählin-Kreis, dem der katholische Bischof Lorenz Jaeger (1941-1973) und der evangelische Bischof Wilhelm Stählin (1945-1952) vorstanden. Im Rahmen der Konferenzen des Jaeger-Stählin-Kreises kamen ab 1946 Theologen beider Konfessionen zusammen, um über die Glaubenslehren zu diskutieren. Am 5. Juni 1948 wurde seitens der katholischen Kirche durch das Monitum *Cum compertum* mit Bezug auf c. 1325 § 3 CIC 1917 einerseits verboten, sowohl ökumenische Gespräche ohne Zustimmung des Papstes zu führen als auch ökumenische Veranstaltungen umzusetzen. Andererseits verbot das Hl. Officium auch die Teilnahme an ökumenischen Veranstaltungen. Auch auf das Verbot einer *communicatio in sacris* (vgl. c. 731 § 2; c. 1258 CIC 1917) wurde explizit hingewiesen[120]. Ungefähr zwei Monate später, am 23. August 1948, wurde schließlich in Amsterdam der ÖRK gegründet. Während auf der Gründungsveranstaltung des ÖRK Vertreter der evangelischen und orthodoxen Seite, nicht aber der russisch-orthodoxen Kirche, präsent waren, blieb die katholische Kirche ihrer Linie somit treu. Man erneuerte durch eine Instruktion das Verbot, an ökumenischen Veranstaltungen mitzuwirken. Sich selbst definierte der ÖRK „als eine Gemeinschaft von Kirchen, die den Herrn Jesus Christus gemäß der Heiligen Schrift als Gott und Heiland bekennen."[121] Mitglieder können nach der Verfassung ausschließlich Kirchen sein. Zwei Jahre später wurde bei einer Versammlung in Toronto festgehalten, dass der ÖRK keine Über-Kirche sei. Vielmehr weist er nach den Beschlüssen der Versammlung eine „ekklesiologische Neutralität"[122] auf und übernimmt eine den Mitgliedskirchen dienende Funktion. Man vertrat den Standpunkt, dass durch eine Mitgliedschaft das eigene ekklesiologische Verständnis nicht eingeschränkt werden sollte. Zudem wurde festgelegt, dass keinesfalls eine Kirche die anderen Kirchen als wahre Kirche anerkennen müsse. Allerdings bestätigte man mit dem Beitritt, dass in anderen Kirchen Elemente der Wahrheit bestehen. Abgelehnt wurde eine Identifikation des ÖRK mit der Una Sancta. Seine Rolle bei der Einheitsfindung verstand die Versammlung vielmehr in einem unterstützenden Sinne. Weiterhin einigten sich die anwesenden Vertreter darauf, dass Beschlüsse des ÖRK von den Mitgliedskirchen nicht unterschrieben werden müssen, sondern auch abgelehnt werden können.[123]

---

und des Ökumenismus, 2016, 423-456; Christian Heß, Ohne Christus, ohne tiefstes Christentum ist Krieg, 2016, 306, 315-316.

[119] Jörg Ernesti, Kleine Geschichte der Ökumene, 2007, 59.

[120] Vgl. Pius XII., Cum compertum, 1948, 257.

[121] Hanfried Krüger, Leben und Wirksamkeit des Ökumenischen Rates der Kirchen, 1974, 53.

[122] Jörg Ernesti, Kleine Geschichte der Ökumene, 2007, 67.

[123] Vgl. Hanfried Krüger, Wesen und Wirken des Ökumenischen Rates der Kirchen, 1986, 64-68; Hanfried Krüger, Werden und Wachsen des Ökumenischen Rates der Kirchen, 1986, 53; Karl-Heinz Dejung, Ökumenische Gemeinschaft im Wandel der Zeiten, 2016, 28, 35, 62-64, 305, 316-

Mit der am 20. Dezember 1949 veröffentlichten Instruktion *De motione oecumenica* zeigte der Heilige Stuhl eine behutsame Aufgeschlossenheit gegenüber der Ökumene. Die Ökumenische Bewegung wurde in diesem Schreiben als eine Frucht des Heiligen Geistes bezeichnet und die Einheit wurde als Aufgabe der Kirche betrachtet. Der Apostolische Stuhl forderte die Bischöfe dazu auf, die Ökumenische Bewegung wachsam zu unterstützen. Es sollte jenen zur Seite gestanden werden, die beabsichtigten, in die katholische Kirche zurückzukehren. Gleichzeitig sollten Gefahren wie religiöse Indifferenz unbedingt verhindert werden. Um die Reinheit der katholischen Lehre zu wahren, sollten die Bischöfe fachkundige Priester zur Beobachtung entsenden. Die Teilnahme an konfessionell gemischten Veranstaltungen wurde nicht mehr prinzipiell verboten. Allerdings war dafür die Erlaubnis der Bischöfe vonnöten, die diese nur jenen erteilen sollten, die über ein entsprechendes Fachwissen und einen festen Glauben verfügten. Offen zeigte sich die Instruktion für das gemeinsame Einheitsgebet, Kooperationen in sozialer Hinsicht sowie die Auseinandersetzung mit anderen Konfessionen[124]. Obwohl die Enzyklika *Humani generis* (1950) vor falschen Ansichten (z. B. Behaupt der Dogmenentwicklung), die innerhalb und außerhalb der katholischen Kirche vertreten werden, warnt, sind es gerade diese Hinweise, die ein Reifen der Standpunkte mit ermöglichen sollten. Über ein Referat für Ökumene verfügt die Deutsche Bischofskonferenz seit 1950. 1957 wurde das Johann-Adam-Möhler-Institut für Konfessions- und Diasporakunde gegründet und drei Jahre später das Sekretariat für die Einheit der Christen. Damit hatte der ÖRK einen offiziellen Ansprechpartner. Bereits vor dem II. Vatikanum sind somit eine Basisökumene und eine langsame Öffnung des Vatikans für die Ökumene zu diagnostizieren. Zu Beginn der 1940er-Jahre kommt es sukzessive zur Herausbildung ökumenischer Institutionen. Es handelt sich um einen Prozess, der im II. Vatikanum kulminieren sollte. Auf diesem wurde mit dem Dekret *Unitatis redintegratio* die Teilhabe der katholischen Kirche an der Ökumene auf eine offizielle und allgemeinkirchliche Ebene gehoben. Zentral ist in diesem Zusammenhang einerseits, dass die Konzilsväter die Kirche Christi nicht mehr exklusiv mit der katholischen Kirche identifi-

---

317; Jörg Ernesti, Kleine Geschichte der Ökumene, 2007, 60-61, 66-68; Klaus Schatz, Kirchengeschichte der Neuzeit II, 3. Aufl., 1999, 169; Josef Pilvousek, Die katholische Kirche vom Ersten Weltkrieg bis zur Gegenwart, 2007, 285; Johannes Oeldemann, Einheit der Christen – Wunsch oder Wirklichkeit?, 2009, 55-56; Peter Neuner; Ökumenische Theologie, 1997, 38-42; 140; Erwin Iserloh, Die Geschichte der ökumenischen Bewegung, 1979, 461-464, 469; Aloys Klein, Art. Jaeger, Lorenz, 3. Aufl., 2006, 707; Ulrich Schwab, Art. Stählin, Wilhelm, 1995, 1115-1120; Jörg Ernesti / Benjamin Dahlke: Ökumenische Bewegung, in: (16.03.2021, 22:59 Uhr); Barbara Schwahn, Der Ökumenische Arbeitskreis evangelischer und katholischer Theologen von 1946 bis 1975, 1996, 62; Lukas Vischer, Die ökumenische Bewegung und die Römisch-katholische Kirche, 1974, 411, 415-416; Hanfried Krüger, Leben und Wirksamkeit des Ökumenischen Rates der Kirchen, 1974, 47-48; Oliver Tomkins, Die Römisch-Katholische Bewegung und die ökumenische Bewegung, 2. Aufl., 1973, 378; Oliver Tomkins, The Roman Catholic Church and the Ecumenical Movement, 2004, 689-690; Heinrich Petri, Die römisch-katholische Kirche und die Ökumene, 1986, 107-108.

[124] Vgl. Pius XII., De motione oecumenica, 1950, 142-147.

zierten. Vielmehr ist diese in der katholischen Kirche verwirklicht (vgl. LG 8), woraus folgt, dass auch außerhalb dieser Elemente wahrer Kirchlichkeit existieren, wenn auch aufgrund noch bestehender ekklesialer Mängel nicht im vollen Umfang. Eine Ausnahme stellen ausschließlich die orthodoxen Kirchen dar, die wegen ihrer hierarchischen Struktur auch als Schwesterkirchen bezeichnet werden. Andererseits ist das Prinzip der Hierarchie der Wahrheiten (vgl. UR 11) zu nennen, welches besagt, „dass nicht jede Glaubenslehre in gleich enger Verbindung zur Mitte des Glaubens steht, die Jesus Christus bildet."[125] Beide Prinzipien ermöglichen es der katholischen Kirche, „die anderen christlichen Gemeinschaften *positiv* in ihrer Kirchlichkeit zu würdigen, zum anderen aber auch, sie *differenziert* zu würdigen."[126] Die langsame Veränderung des Standpunkts der katholischen Kirche ist nicht ohne die Bibelbewegung und die Liturgische Bewegung zu denken, deren Impulse zur Öffnung für die Ökumene beitrugen. Allerdings sorgte gerade das im Jahr 1950 *ex cathedra* verkündete Dogma der Aufnahme Mariens in den Himmel unter Protestanten nochmals für Entrüstung. Auf die ‚Neuen geistlichen Bewegungen' sollte die schrittweise Öffnung für die Ökumene Einfluss nehmen und ihr ökumenisches Potenzial zum Vorschein bringen.[127]

2.3 Arten der Frömmigkeit in der katholischen Kirche

Der Beginn des 20. Jahrhunderts war in besonderer Weise durch die Christus-, Eucharistie- und Marienfrömmigkeit geprägt. Diese Frömmigkeitsformen prägten sowohl die theologischen Neuaufbrüche als auch die ‚Neuen geistlichen Bewegungen'. Die Christusfrömmigkeit weist mit der Christkönigsverehrung und der Herz-Jesu-Verehrung zwei konträre Ausprägungen auf:[128] „Auf der einen Seite

[125] Jörg Ernesti, Kleine Geschichte der Ökumene, 2007, 85.

[126] Ebd., 85.

[127] Vgl. Jörg Ernesti, Kleine Geschichte der Ökumene, 2007, 74-79, 84-85; Klaus Schatz, Kirchengeschichte der Neuzeit II, 3. Aufl., 1999, 169-170; Josef Pilvousek, Die katholische Kirche vom Ersten Weltkrieg bis zur Gegenwart, 2007, 285; Walter Kasper, Wege zur Einheit der Christen, 2012, 23-24; Johannes Oeldemann, Einheit der Christen – Wunsch oder Wirklichkeit?, 2009, 56, 61; Peter Neuner; Ökumenische Theologie, 1997, 141, 143-148; Erwin Iserloh, Die Geschichte der ökumenischen Bewegung, 1979, 469-470; Anton Rohbasser, Heilslehre der Kirche, 1953, 413-414, 416-419; Jörg Ernesti / Benjamin Dahlke: Ökumenische Bewegung, in: http://www.bibelwissenschaft.de/stichwort/100276/ (16.03.2021, 22:59 Uhr); Wolfgang Thönissen, Ein Konzil für ein ökumenisches Zeitalter, 2013, 46-48, 111-113; Karl-Heinz Dejung, Ökumenische Gemeinschaft im Wandel der Zeiten, 2016, 222; Lukas Vischer, Die ökumenische Bewegung und die Römisch-katholische Kirche, 1974, 411-413, 420, 422; Willem Visser 't Hooft, Die allgemeine ökumenische Entwicklung seit 1948, 1974, 31-32; Oliver Tomkins, Die Römisch-Katholische Bewegung und die ökumenische Bewegung, 2. Aufl., 1973, 359, 379, 381-383; Oliver Tomkins, The Roman Catholic Church and the Ecumenical Movment, 2004, 677, 690-693; Heinrich Petri, Die römisch-katholische Kirche und die Ökumene, 1986, 108-109, 138, 149, 152; Michael Kinnamon, Assessing the Ecumenical Movement, 2004, 51.

[128] Vgl. Hyun-Chang Park, Laien auf dem Weg der Evangelisation, 2006, 17; Bardo Weiss, Art. Christusfrömmigkeit, 1988, 195.

wird der erhöhte Herr in der beginnenden Liturgischen Bewegung und der Christkönigsverehrung neu gesehen. Andererseits findet man zur Erniedrigung Jesu zurück (...)."[129] Aufgrund des voranschreitenden Laizismus führte Papst Pius XI. im Jahr 1925 mit der Enzyklika *Quas Primas* das Christkönigsfest[130] ein, um dem Anrecht des Königtums Christi in allen gesellschaftlichen Bereichen und Institutionen Ausdruck zu verleihen[131]. Kritische Stimmen hielten die Einführung für eine unnötige Doppelung, da bereits andere Feste (z. B. das Epiphaniefest) die Königsherrschaft Christi bezeugten. Vor allem zur Zeit des Dritten Reichs sollte das Christkönigsfest einen Bekenntnischarakter erreichen, da durch die Feier des Fests die Ablehnung der Vorherrschaft der Nationalsozialisten zum Ausdruck gebracht wurde. Zunächst am Sonntag vor Allerheiligen zelebriert, wird es seit 1970 am letzten Sonntag vor dem Advent begangen.[132]

Die Herz-Jesu-Verehrung[133], deren dogmatische und geistige Ursprünge sich bis in das Neue Testament (z. B. Joh 7; 19) und die Patristik zurückverfolgen lassen, durchlief zwei Entwicklungsphasen:[134]

> „Einerseits entfalteten die Kirchenväter vom 2. Jahrhundert bis hinein in das Mittelalter die heilsgeschichtlich-objektive Seite des Geheimnisses vom Herzen Jesu. Andererseits wurde der Herz-Jesu-Gedanke, der von der patristischen Lehre inspiriert, aber auch von mystischer Erfahrung genährt wurde, im Mittelalter und in der beginnenden Neuzeit von der persönlich subjektiven Seite her entwickelt."[135]

Nachdem im Verlauf der Reformationszeit die Herz-Jesu-Frömmigkeit durch die Kölner Kartause aufrechterhalten worden war, setzte spätestens mit der hl. Marguerite-Marie Alacoque (* 1647; † 1690)[136] ein erneuter Aufschwung ein. Unge-

---

[129] Bardo Weiss, Art. Christusfrömmigkeit, 1988, 195.

[130] Als Lektüre zum Christkönigsfest siehe das Buch *Das Christkönigsfest* (2002) von Christoph Joosten an.

[131] Vgl. Pius XI., Quas primas, 1925, 603; Quas primas 21.

[132] Vgl. Andreas Heinz, Art. Christkönig. I. Christkönigsfest, 3. Aufl., 2006, 1140; Hyun-Chang Park, Laien auf dem Weg der Evangelisation, 2006, 18; Christoph Joosten, Das Christkönigsfest, 2002, 126-130, 139-142.

[133] Für eine ausführliche Auseinandersetzung mit der Herz-Jesu-Verehrung siehe die Bücher von Bertrand de Margerie *Histoire doctrinale du culte au cœur de Jésus* (1992) und John Moore *Herz-Jesu-Verehrung in Deutschland* (1997).

[134] Vgl. Hyun-Chang Park, Laien auf dem Weg der Evangelisation, 2006, 18; Hans Limburg, Art. Herz Jesu, Herz-Jesu-Verehrung I. Geschichte, 3. Aufl., 2006, 51.

[135] Hyun-Chang Park, Laien auf dem Weg der Evangelisation, 2006, 18. Vgl. auch: Hans Limburg, Art. Herz Jesu, Herz-Jesu-Verehrung I. Geschichte, 3. Aufl., 2006, 51; John Moore, Herz-Jesu-Verehrung in Deutschland, 1997, 14-18.

[136] Marguerite-Marie Alacoque wurde 1647 geboren. 1671 trat sie dem Orden der Heimsuchung bei. Zwei Jahre später zeigte sich ihr der hl. Franziskus in einer Vision, der ihr die Beziehung zum Herz Jesu vermittelte. Weitere Visionen folgten bis Juni 1675, in denen Christus der Schwester seine Wünsche bezüglich der kirchlichen Organisation des Kults mitteilte. So erschien ihr beispielsweise am 27. Dezember 1673 Jesus Christus und ließ es zu, dass sie wie der Lieb-

achtet der Tatsache, dass sich in der Neuzeit Jansenisten, Gallikaner, die Philosophen der Aufklärung und zum Teil auch Päpste[137] gegen die Herz-Jesu-Verehrung aussprachen, kam es schließlich durch die Wirkung der *Ècole Française* zur Organisation des Herz-Jesu-Fests und zur Übernahme der Herz-Jesu-Verehrung in die Liturgie. Nachdem es bereits 1765 durch Clemens XIII. (1758-1769) als Partikularfest für Polen und die römische Erzbruderschaft vom Hl. Herzen Jesu genehmigt worden war, wurde es durch Pius VI. (1775-1799) im Verlauf der Jahre 1799/1800 in Tirol zugelassen. Pius IX. führte schließlich das Herz-Jesu-Fest 1856 in der ganzen lateinischen Kirche ein. Sein Nachfolger Leo XIII. ordnete es 1899 in den obersten Festrang ein und weihte in der Enzyklika *Annum Sacrum* (1899) die ganze Menschheit dem Herzen Jesu. Im selben Jahr wurde auch die Herz-Jesu-Litanei genehmigt. Pius X. veranlasste, dass in den Pfarrkirchen am Herz-Jesu-Fest die Herz-Jesu-Weihe durchgeführt werden sollte. In seiner Enzyklika *Miserentissimus Redemptor* (1928) erneuerte Pius XI. die Herz-Jesu-Festliturgie, indem er ein neues Messformular bzw. Offizium einführte.[138] „Außerdem erhob Pius XI. das jährliche Fest des Heiligsten Herzens Jesu zum Fest erster Klasse mit Oktav im Jahre 1929."[139] In der Enzyklika *Caritate Christi compulsi* (1932) ordnete er an, Sühnegottesdienste im Rahmen des Herz-Jesu-Fests abzuhalten.[140] Die in den Jahren danach langsam aufkommenden kritischen Stimmen hinterfragten die Relevanz der Herz-Jesu-Verehrung. Die Vision der hl. Marguerite-Marie Alacoque sei zweckentfremdet worden, weil sie zu oft als Weg zur Heiligung angepriesen worden sei. Man erhob angesichts der wachsenden Besinnung auf die Gemeinschaft den Vorwurf, dass es sich um einen ausschließlich individuellen Kult handeln würde.

---

lingsjünger ihren Kopf an seine Brust legte. Die Glaubwürdigkeit ihrer Visionen wurde durch P. Claude de la Colombière (* 1641; † 1682) bestätigt. Bevor Marguerite-Marie Alacoque 1690 starb, erhielt sie am 2. Juli 1688 in einer Vision von ihrem Ordensgründer, dem hl. Franz von Sales (* 1567; † 1622), den Auftrag, die Herz-Jesu-Verehrung im Heimsuchungsorden zu verwirklichen. Bereits zum Zeitpunkt ihres Todes sollte sich das Herz-Jesu-Fest im Orden etabliert haben. Die Erscheinungen von Marguerite-Marie Alacoque sollten nicht nur Christusnähe und Sendungsauftrag miteinander verbinden, sondern auch die elementaren Bestandteile der modernen Herz-Jesu-Andacht enthalten (vgl. John Moore, Herz-Jesu-Verehrung in Deutschland, 1997, 18-20; Lothar Lies, Gottes Herz für die Menschen, 1996, 60-66; Bertrand de Margerie, Histoire doctrinale du culte au *cœur de Jésus*, 1992, 178-184; Friedrich Bautz, Art. Alacoque, Marguerite-Marie, 1990, 72-73).

[137] Die Päpste waren nicht grundsätzlich gegen die Herz-Jesu-Verehrung, sondern gegen die Andachtsform der hl. Marguerite-Marie Alacoque, die als theologisch fragwürdig betrachtet wurde. Die Echtheit ihrer Visionen wurde hinterfragt. Eine theologische Grundlage und eine liturgische Ausstattung der Herz-Jesu-Verehrung entstanden. Gleichzeitig förderte Rom die Bildung von Herz-Jesu-Bruderschaften (vgl. John Moore, Herz-Jesu-Verehrung in Deutschland, 1997, 22).

[138] Vgl. Hans Limburg, Art. Herz Jesu, Herz-Jesu-Verehrung I. Geschichte, 3. Aufl., 2006, 52; Erwin Iserloh, Innerkirchliche Bewegungen und ihre Spiritualität, 1979, 318; Étienne Fouilloux, Die katholische Frömmigkeit, 1992, 243; Anton Mattes, Herz-Jesu-Verehrung – im Bannkreis der hl. Margareta Maria Alacoque, 1982, 135; John Moore, Herz-Jesu-Verehrung in Deutschland, 1997, 18-20, 22-27; Bertrand de Margerie, Histoire doctrinale du culte au *cœur du Jésus, 1992, 184.*

[139] Hyun-Chang Park, Laien auf dem Weg der Evangelisation, 2006, 19.

[140] Vgl. Pius XI., Caritate Christi complusi, 1932, 192-193; Caritate Christi complusi 31.

Künstlerische Werke sowie die Andachtsformate wirkten auf so manchen abstoßend. Auch kam die Anschuldigung des Partikularismus auf, der sich gegen eine alleinige Konzentration auf das Herz Jesu aussprach, da dadurch die Perspektive auf die Person des Erlösers in seiner Ganzheit beeinträchtigt würde. Infolge dieser Entwicklung wurde in den 1950er-Jahren versucht, die Natur des Herzens von den Aussagen der Heiligen Schrift ausgehend zu erklären. Resultat und Ursprung dieser Bemühungen ist die Enzyklika *Haurietis aquas* (1956), in der Pius XII. einerseits versuchte, Fehldeutungen zu klären. Andererseits stellte er klar, dass die Herz-Jesu-Verehrung sowohl eine lange Tradition in der Kirche aufweist als auch im Besitz einer gut fundierten evangelischen Grundlage ist. Obwohl Pius XII. sich somit ausdrücklich für die Herz-Jesu-Verehrung aussprach, wies diese zunehmend rückläufige Tendenzen auf. 1960 wurde dem Herz-Jesu-Fest seine Oktav abgesprochen. Bedingt durch die Liturgiereform war es weder verbindlich, die Weihen an das Herz Jesu zu wiederholen, noch das Sühnegebet zu praktizieren. Als Grund für diese Veränderung werden von Hans Limburg die Auswirkungen der Liturgischen Bewegung und die Liturgiereform nach dem II. Vatikanum angeführt. Erwin Iserloh (* 1915; † 1996) macht dagegen das in der Gegenwart fehlende Symbolverständnis für diese Entwicklung verantwortlich. Folgt man dem Argument von Iserloh, ist folglich der sinnbildliche Charakter des Herzens Jesu, das die in der hypostatischen Union verankerte gottmenschliche Liebe repräsentiert, für die Menschen nicht mehr nachvollziehbar. Für Johannes XXIII. (1958-1963) dagegen waren die Herz-Jesu-Andachten das Fundament, aus dem das christliche Leben erwächst. Paul VI. (1963-1978) betrachtete sie als Heilmittel gegen den Atheismus und als Handhabe, um die vom II. Vatikanum beabsichtigte Lebensform bei ihrer Entfaltung zu unterstützen. Auch rückte er vom starken Sühnecharakter ab. Trotz alledem konnte die rückläufige Tendenz der Herz-Jesu-Frömmigkeit nicht gestoppt werden.[141]

Die Eucharistiefrömmigkeit ist eng mit dem Glauben verknüpft, dass der Leib und das Blut Christi durch die mittels der Konsekration im Messopfer sich vollziehende Wandlung in Brot und Wein gegenwärtig sind. Dieses realistische Eucharistieverständnis setzte sich spätestens durch, nachdem Berengar von Tours (* erstes Jahrzehnt des 11. Jahrhunderts; † 1088) für seine symbolistische Eucharistielehre um 1050 verurteilt worden war. Es wurde in der Lehre den Standpunkt vertreten, dass sich in der Eucharistie eine physisch-reale Verwandlung vollzieht. Das IV. Laterankonzil (1215) erklärte dieses Verständnis zur Lehrmeinung. Es herrsch-

---

[141] Vgl. Erwin Iserloh, Innerkirchliche Bewegungen und ihre Spiritualität, 1979, 319-320; Hyun-Chang Park, Laien auf dem Weg der Evangelisation, 2006, 19; Hans Limburg, Art. Herz Jesu, Herz-Jesu-Verehrung I. Geschichte, 3. Aufl., 2006, 52; Étienne Fouilloux, Die katholische Frömmigkeit, 1992, 243-244; Leo Scheffczyk, Herz Jesu, Herz-Jesu-Verehrung II. Systematisch-theologisch, 3. Aufl., 2006, 53; Anton Mattes, Herz-Jesu-Verehrung – im Bannkreis der hl. Margareta Maria Alacoque, 1982, 135-136; John Moore, Herz-Jesu-Verehrung in Deutschland, 1997, 27-28; Georg Schwaiger, Art. Clemens XIII, 3. Aufl., 2006, 1226; Josef Gelmi, Art. Pius VI., 3. Aufl, 2006, 326; Klaus, Ganzer, Art. Iserloh, Erwin, 3. Aufl., 2006, 615-616; Giuseppe Alberigo, Art. Johannes XXIII., 3. Aufl., 2006, 952-955; Victor Conzemius, Art. Paul VI., 3. Aufl., 2006, 1524-1526.

te die Auffassung vor, dass beim Vorliegen schwerer Sünden nicht kommuniziert werden dürfe, da man dadurch wiederholt schwer sündigen würde. Dieses Sündenbewusstsein führte dazu, dass sich die Eucharistiefrömmigkeit zu einem Betrachtungs- und Anbetungskult entwickelte, da das Betrachten der Hostie als ungefährlicher angesehen wurde. So vertrat beispielsweise die hl. Gertrud von Helfta (* 1256; † 1302) die Ansicht, dass durch das Schauen und Anbeten des Leibes Christi die himmlischen Verdienste zunehmen würden. Durch den Anblick der Hostie erhoffte man sich, dass die Reue und die Liebe zu Gott angeregt werden. Das Emporheben der direkt zuvor gewandelten Hostie, die als *elevatio* im 12. Jahrhundert ihren Anfang nahm, ist als ein Resultat dieser Entwicklung zu sehen. Die in der Kommunion zuteilwerdende Gnade wurde aber aufgrund des *ex opere operato* wirkenden Sakraments als größer eingeschätzt.[142]

Eine Änderung dieser Form der Eucharistiefrömmigkeit begann sich allmählich in der ersten Hälfte des 20. Jahrhunderts abzuzeichnen:[143]

> „Die liturgische Erneuerung entdeckte die theologische Bedeutung des Wortes und der Zeichen, die Funktion des Gedenkens und insbesondere den Mahlcharakter der Messe wieder und reflektierte den Opferbegriff neu. Die Messe wurde als ein Mittel zum Realsymbol der sakramentalen Gegenwart Christi gesehen, weshalb die Aufmerksamkeit auf den Punkt der Wandlung fixiert war."[144]

Bereits Pius X. setzte sich 1903 für eine aktive und häufige Teilnahme der Gläubigen an den Sakramenten ein[145]. Es kristallisierte sich eine Sakramentenfrömmigkeit heraus, die auf den Empfang der gewandelten Hostie ausgerichtet war. Allerdings behandelte er in den Dekreten *Sacra Tridentina synodus* (1905) und *Quam singulari* (1910) Messe und Kommunion isoliert voneinander[146]. Aus der von ihm eingeleiteten Eucharistischen Bewegung entwickelte sich die Kommunionbewegung, durch die es aber nicht zur Synthese von Messfeier und Kommunion kam. Abgesondert vom Ablauf der Messe richtete sie ihr Augenmerk auf die Beziehung von Individuum und Jesus Christus. Jedoch bewirkte die päpstliche Empfehlung zur häufigen Kommunion eine Auflösung der allzu engen Verknüp-

---

142 Vgl. Étienne Fouilloux, Die katholische Frömmigkeit, 1992, 244; James F. McCue, II. Der Westen, 1995, 438-440; Erwin Iserloh, Innerkirchliche Bewegungen und ihre Spiritualität, 1979, 315; Hyun-Chang Park, Laien auf dem Weg der Evangelisation, 2006, 19-20; Bernd Jochen Hilberath, Art. Eucharistie, Eucharistiefeier II. Historisch-theologisch, 3. Aufl., 2006, 946-947; Hans Jorissen, Art. Berengar von Tours, 3. Aufl., 2006, 244-246; Friedrich Wilhelm Bautz, Gertrud, die Große, von Helfta, Zisterzienserin, Heilige, 1990, 231-232; Hans Jorissen, Art. Transsubstantiation. I. Theologie- und dogmengeschichtlich, 3. Aufl., 2006, 178; Wolfgang Vogl, Zur Spiritualität der eucharistischen Anbetung nach dem Zweiten Vatikanum, 2014, 114-117.

143 Vgl. Hyun-Chang Park, Laien auf dem Weg der Evangelisation, 2006, 20.

144 Ebd., 20.

145 Vgl. Pius X., Tra le sollecitudini, 1903, 331.

146 Vgl. Pius X., Sacra Tridentina synodus, 1905, 400-406; Pius X., Quam Singulari, 1910, 577-583.

fung mit dem Sakrament der Buße. Erst als Kommunionbewegung und Liturgische Bewegung zu Beginn der 1930er-Jahre ineinander übergingen, wurde durch den Einfluss des aktiven Messverständnisses der Liturgischen Bewegung die bisherige Trennung von Eucharistiefeier, Kommunion und Anbetung überwunden. Die aktive Teilnahme der Gläubigen an der Eucharistie bildete sich heraus. Die Besorgnis, den Empfang der Eucharistie aufgrund der eigenen Sündhaftigkeit nicht verdient zu haben, wurde allmählich abgelöst von einer freieren Kommunion- und Messfrömmigkeit. Damit wurden nicht nur die Bedingungen für eine frühe und mehrmalige Kommunion erfüllt, sondern auch die „Sinnfülle und geistliche Fruchtbarkeit"[147] der eucharistischen Anbetung gewährleistet. Zuvor existierende Gegensätze wie die Auffassung einer mehr dynamischen Gegenwart Christi in der Eucharistiefeier und einer statischen in der Anbetung wurden vermieden. „Nicht mehr das vollzogene Sakrament, (...) sondern der Vollzug, die Feier,"[148] rückten in den Vordergrund. Zur vollkommenen Entfaltung gelangte diese neue Akzentuierung auf dem Münchner Eucharistischen Kongress (1960). Dieser wurde im Sinne einer *Statio Orbis* gestaltet, die sich an der im Mittelalter praktizierten *Statio Urbis* orientierte. Unter der *Statio Urbis* ist die in der Alten Kirche aufgekommene Tradition zu verstehen, nach der der Bischof an bestimmten Sonn- und Festtagen abwechselnd in den wichtigsten Kirchen zelebrierte. Dadurch sollte der Gedanke der Einheit zwischen Bischof, Klerus und Laien zur Geltung kommen. Die Erfahrung „der Gemeinschaft der Kirche bei der gemeinsamen Eucharistiefeier"[149] stellte somit den bedeutendsten Teil des Eucharistischen Kongresses dar. An die Seite der Anbetung trat nun der aktive Vollzug der Eucharistie. Die liturgische Neuregelung durch das II. Vatikanische Konzil, das „die Eucharistiefeier als das Zentrum des eucharistischen Kultes und des gesamten kirchlichen Lebens"[150] betonte, wurde damit vorbereitet (vgl. SC 10).[151]

Ein letzter Frömmigkeitstypus, der speziell hinsichtlich der FoBw relevant ist, widmet sich der Person Mariens. Die Gottesmutter dient aufgrund ihres Glaubensgehorsams in der katholischen Kirche als „Urbild [für die Kirche] und zugleich [als] umsichtige Fürsprecherin und Wegweiserin"[152]. Mit der Marienfrömmigkeit setzte sich eine Verehrungsform zu Beginn des 20. Jahrhunderts fort, deren Ursprünge bis in die Alte Kirche zurückreichen. Sie findet sich in der Kirchengeschichte fast durchwegs vor. Nachdem bereits am 8. Dezember 1854 durch Pius IX. (1846-

147 Wolfgang Vogl, Zur Spiritualität der eucharistischen Anbetung nach dem Zweiten Vatikanum, 2014, 114.

148 Erwin Iserloh, Innerkirchliche Bewegungen und ihre Spiritualität, 1979, 317.

149 Ebd., 318.

150 Wolfgang Vogl, Zur Spiritualität der eucharistischen Anbetung nach dem Zweiten Vatikanum, 2014, 116.

151 Vgl. Hyun-Chang Park, Laien auf dem Weg der Evangelisation, 2006, 19-21; Étienne Fouilloux, Die katholische Frömmigkeit, 1992, 244-245; Erwin Iserloh, Innerkirchliche Bewegungen und ihre Spiritualität, 1979, 315-318; Wolfgang Vogl, Zur Spiritualität der eucharistischen Anbetung nach dem Zweiten Vatikanum, 2014, 114-117.

152 Gerhard Voss, Art. Marienverehrung I. Historisch-theologisch, 3. Aufl., 2006, 1378.

1878) das Dogma der unbefleckten Empfängnis (Immaculata-Dogma) verkündet worden war, kam es auch im 20. Jahrhundert zu einer regen Marienfrömmigkeit. Diese Gegebenheit ist sowohl durch die zahlreichen Marienerscheinungen zwischen 1928 und 1958 als auch durch ihre Bedeutung für das christliche Glaubensleben zu erklären. Darüber hinaus erfreute sich die Marienfrömmigkeit wie bereits im 19. Jahrhundert päpstlicher Förderung. So legte Pius XI. 1937 unter Bezug auf die zeitlichen Übel des Kommunismus und Faschismus in seiner Enzyklika *Ingravescentibus malis* (1937) die Weihe des Menschengeschlechts an das Unbefleckte Herz Marias nahe. Ausdrücklich empfahl er den Gläubigen, den Rosenkranz zu beten[153]. 1942 weihte Pius XII. die gesamte Menschheit dem Unbefleckten Herzen Mariens[154]. 1952 widmete er selbige den Völkern Russlands. Einen Höhepunkt erreichte die Marienfrömmigkeit 1950 mit der Verkündung der leiblichen Aufnahme Mariens in den Himmel (Assumptio-Dogma) und dem hundertjährigen Jubiläum des Dogmas der unbefleckten Empfängnis (1954). In der Andachtspraxis rückte der Rosenkranz in den Mittelpunkt. Kritiker sahen in der Marienverehrung jedoch die Gefahr, dass das Erlösungswerk Christi durch die Auffassung, dass Maria an der Erlösung mitwirke, in Mitleidenschaft gezogen werden könnte. Aus diesem Grund hob Pius XII. in der Bulle *Munificentissimus Deus* (1950) hervor, dass Maria ein Vorbild für die Menschen in einer säkularen und materialistischen Gesellschaft sei[155]. Erlösung, so der Pacelli-Papst, könne ausschließlich durch Gott gewährt werden.[156]

Zwischen Marienfrömmigkeit und Laienapostolat existierte eine enge Beziehung. Nicht wenige Laienorganisationen entstanden aus diesem Zusammenspiel. Als Beispiele können die Legio Mariae oder die Miliz der Unbefleckten Empfängnis angeführt werden. In ihrer Entfaltung bestärkt wurden die marianischen Zusammenschlüsse durch die Apostolische Konstitution *Bis saeculari die* (1948), in der Pius XII. neben den Vorzügen des marianischen Apostolats unter Bezug auf die päpstliche Bulle *Gloriosae Dominae* (1748) von Papst Benedikt XIV. erklärt, dass die Marienverehrung dem Willen Gottes entspreche und die Marianische Kongregation daher ein Mittel zur Heiligkeit darstelle. 1953 wurde schließlich der Weltverband Marianischer Kongregationen ins Leben gerufen.[157]

---

[153] Vgl. Pius XI., Ingravescentibus malis, 1937, 373-380; Ingravescentibus malis 1-34.

[154] Vgl. Pius XII., Preghiera di conbacrazione al cuore immacolato di Maria, 1942, 345-346.

[155] Vgl. Pius XII., Munificentissimus Deus, 1950, 769-770; Munificentissimus Deus 42.

[156] Vgl. Franz Courth, Art. Aufnahme Mariens in den Himmel I. Theologie- und dogmengeschichtlich, 3. Aufl., 2006, 1216-1218; Hyun-Chang Park, Laien auf dem Weg der Evangelisation, 2006, 21-22; Erwin Iserloh, Innerkirchliche Bewegungen und ihre Spiritualität, 1979, 320-321; Étienne Fouilloux, Die katholische Frömmigkeit, 1992, 245-246; Gerhard Voss, Art. Marienverehrung I. Historisch-theologisch, 3. Aufl., 2006, 1378-1379; Karl-Heinz Menke, Fleisch geworden aus Maria, 1999, 148-151; Roger Aubert, Art. Pius IX., 3. Aufl., 2006, 330.

[157] Vgl. Hyun-Chang Park, Laien auf dem Weg der Evangelisation, 2006, 21-22; Pius XII., *Bis saeculari die*, 1948, 393-402; Erwin Iserloh, Innerkirchliche Bewegungen und ihre Spiritualität, 1979, 321.

Ein Wandel der Marienfrömmigkeit vollzog sich in den 50er-Jahren des 20. Jahrhunderts. Unter Beachtung der biblischen bzw. patristischen Quellen und der ökumenischen Problematik begann sich eine neue Mariologie abzuzeichnen. Diese betrachtete die Persönlichkeit Mariens und ihre Vorrechte nicht mehr nur für sich, sondern berücksichtigte die ganze Heilslehre:[158]

> „In diesen Jahren blieb Maria nicht länger Gegenstand bloß individuellen Kultes, sondern wurde ein Typus der Kirche aus gemeinschaftsbezogener Sicht und im Rahmen der Heilstheologie wie Erlösung, Menschheit, Kirche und Vollendung gesehen."[159]

Diese Entwicklung fand im II. Vatikanum ihren Abschluss, auf dem die Person Marias im Rahmen der Konstitution *Lumen gentium* behandelt wurde. Die Konstitution brachte den Wert der Liturgie für die Marienverehrung zum Ausdruck und berücksichtigte den ökumenischen Dialog. Zwar hob das Konzil die soteriologische Position Marias hervor, bezeichnete sie jedoch nicht als Miterlöserin. Vielmehr stellten die Konzilsväter klar, dass durch die Marienverehrung der Sohn verherrlicht werde. Die mit dem Ende des Pontifikats von Pius XII. beginnende rückläufige Phase der Marienverehrung konnte durch das II. Vatikanische Konzil, welches Maria als Urbild der Kirche bezeichnete, nicht verhindert werden. Ein Grund dafür liegt sicherlich im Appell der Konzilsväter, die Marienverehrung, vor allem die liturgische Verehrung, nicht zu übertreiben (vgl. LG 53, 60, 62-63, 65-67, 69).[160]

2.4 Das Laienapostolat und das II. Vatikanische Konzil (1962-1965)

Mit dem II. Vatikanischen Konzil verfolgte Johannes XXIII. gemäß der Enzyklika *Ad Petri Cathedram* (1959) das Ziel, „zum Wachstum des katholischen Glaubens und zur rechten Erneuerung der Sitten des Christenvolkes zu gelangen und die kirchliche Lehre an die Bedürfnisse und Bedingungen unserer Zeit besser anzupassen."[161] Folglich sollte das II. Vatikanum von Anfang an keinen einschränkenden und abgrenzenden Charakterzug aufweisen, sondern in der Linie des *Aggiornamento*, „der Erneuerung und der Unterscheidung von Zeitbedingtem und

[158] Vgl. Erwin Iserloh, Innerkirchliche Bewegungen und ihre Spiritualität, 1979, 322; Hyun-Chang Park, Laien auf dem Weg der Evangelisation, 2006, 22.

[159] Hyun-Chang Park, Laien auf dem Weg der Evangelisation, 2006, 22.

[160] Vgl. Erwin Iserloh, Innerkirchliche Bewegungen und ihre Spiritualität, 1979, 323-324; Hyun-Chang Park, Laien auf dem Weg der Evangelisation, 2006, 22.

[161] „(...) ut ad Catholicae Fidei incrementum et ad rectam christiani populi morum renovationem deveniatur, utque ecclesiastica disciplina ad nostrorum temporum necessitates rationesque aptius accommodetur." (Johannes XXIII., Ad Petri Cathedram, 1959, 511; Ad Petri Cathedram 61.)

Bleibend-Gültigem"[162] dienen. Dementsprechend verhielt es sich gegenüber den Impulsen der Erneuerungsbewegungen nicht ablehnend, sondern griff deren Anregungen (z. B. Betonung der Heiligen Schrift[163], aktive Teilnahme der Laien an der Liturgie, Öffnung für die Ökumene etc.) auf. Die im Zusammenhang mit den ‚Neuen geistlichen Bewegungen' ausschlaggebendste Erneuerung betraf das Apostolat der Laien.[164]

Die Konzilsväter des II. Vatikanum definierten den Begriff ‚Apostolat' im zweiten Artikel von *Apostolicam actuositatem* als Auftrag der Kirche, zum Aufbau des Reiches Christi auf der Welt beizutragen. Entsprechend wurde in *Lumen gentium* das Laienapostolat als „Teilhabe an [der] (...) heilmachenden Sendung der Kirche"[165] verstanden. Zudem hielten die Konzilsväter fest, dass die apostolische Sendung ein charakteristisches Zeichen der Kirche als Volk Gottes ist. Die Umsetzung des Auftrags der Kirche ist, so das II. Vatikanum, aus diesem Grund eine Aufgabe aller kirchlichen Glieder. Dem Laien kommt demzufolge als getauftem Menschen, der nicht dem Weihestand angehört, ebenfalls das Recht und die Pflicht zum Apostolat zu, da er durch die Taufe und Firmung an den Ämtern Christi (Priester, Prophet und König) teilhat. Aufgegeben wurde damit der Gedanke, dass das Laienapostolat an die Hierarchie rückgebunden zu sein hat. Auch wurde nicht zwischen einem eigentlichen Apostolat, welches durch die Hierarchie ausgeübt wird, und einem Apostolat im weiteren Sinn, dem die Laien nachkommen, differenziert. Vielmehr wurde betont, dass es in der Kirche unterschiedliche Dienste gibt, (vgl. AA 2-3; LG 33) „aber eine Einheit der Sendung"[166]. Gemäß dem Konzilsdekret *Christus dominus* gehört es zur Hirtenaufgabe der Bischöfe, die verschiedenen Ausprägungen des Laienapostolats zu koordinieren, zu fördern und mit den Zeichen der Zeit in Einklang zu bringen (vgl. CD 17). Den Laien wird nahegelegt, sich an den unterschiedlichen Werken des Laienapostolats, insbesondere der Katholischen Aktion, zu beteiligen. Aber auch jene Vereinigungen sollen unterstützt werden,[167]

> „die direkt oder indirekt ein übernatürliches Ziel verfolgen, nämlich um ein vollkommeneres Leben zu erlangen, um das Evangelium Christi allen zu verkünden, um die christliche Lehre und das Wachstum des öffentli-

---

[162] Klaus Schatz, Allgemeine Konzilien – Brennpunkte der Kirchengeschichte, 2. Aufl., 2008, 273.

[163] Das II. Vatikanum betonte, dass die Bibel allen Christen, ob Laie oder Kleriker, zugänglich zu sein hat. In diesem Zusammenhang wird die Tür für (ökumenische) Übersetzungen der Bibel geöffnet (vgl. DV 22).

[164] Vgl. Klaus Schatz, Allgemeine Konzilien – Brennpunkte der Kirchengeschichte, 2. Aufl., 2008, 273; Heinrich Petri, Die römisch-katholische Kirche und die Ökumene, 1986, 137-138.

[165] „participatio (...) salvificae missionis Ecclesiae" (LG 33)

[166] „sed unitas missionis" (AA 2)

[167] Vgl. Hyun-Chang Park, Laien auf dem Weg der Evangelisation, 2006, 23-24; Knut Wenzel, Das Zweite Vatikanischen Konzil, 2014, 184-185, 189.

chen Kultes zu fördern, um soziale Ziele zu verfolgen oder um Werke der Frömmigkeit und Nächstenliebe zu üben."[168]

Als Ziele des Laienapostolats werden allerdings nicht nur die Verkündung der Heilsbotschaft und karitative Tätigkeiten definiert, „sondern auch die Ordnung der zeitlichen Dinge mit evangelischem Geist zu erfüllen und zu vervollkommnen."[169] Das Laienapostolat umfasst somit sowohl den Heilsdienst als auch den Weltdienst in kirchlichen und außerkirchlichen Bereichen (vgl. LG 31; AA 5-6).[170]

Das vierte Kapitel von AA thematisiert die Formen des Laienapostolats. Es differenziert zwischen dem Apostolat des Einzelnen, dem Zeugnis und dem Apostolat der Gemeinschaft. Das persönliche Apostolat ist dem Dekret zufolge insbesondere dort bedeutsam, wo die Kirche in der Diaspora lebt. Mit dem Apostolat der Gemeinschaft berücksichtigt das Konzil dagegen ein grundlegendes anthropologisch-christliches Bedürfnis. Es gesteht den Laien neben der Vereinigungs- und Versammlungsfreiheit das Recht der Vereinsgründung, des Vereinsbeitrittes und -vorsitzes zu, insofern die Verbindung zur Hierarchie aufrechterhalten bleibt. Damit beachtet das Konzil die vorkonziliare Tendenz der Entstehung von Laienvereinigungen, die gemäß AA 19 als gemeinsames Charakteristikum die Entfaltung der „Einheit zwischen Glaube und Leben"[171] unterstützen sollen (vgl AA 15-19).[172]

Die Katholische Aktion (vgl. AA 20) wird von den Konzilsvätern als „Mitarbeit der Laien am hierarchischen Apostolat"[173] definiert. Sie stellt einen Körperschaftstypus dar, der in den verschiedenen Nationen unterschiedlich ausgeprägt sein kann. Ihre Natur ist bestimmt durch vier Wesenszüge, die alle erfüllt sein müssen, damit eine Bewegung als Katholische Aktion anerkannt wird: (1.) Die Vereinigungen haben die Evangelisierung und Heiligung des Menschen zum Ziel; (2.) durch ihr Apostolat tragen sie zum Selbstvollzug der Kirche bei; (3.) die Vereinigung der Laien zum gemeinschaftlichen Apostolat, um die *Communio* zu verdeutlichen und das Apostolat effektiver zu gestalten; (4.) die Laien, welche am hierarchischen Apostolat mitarbeiten, werden unter der Leitung der Kirche tätig. Folgerichtig hat sich das Laienapostolat in das Apostolat der Gesamtkirche einzufügen.

---

168 „quae finem supernaturalem directe aut indirecte prosequuntur, ad perfectiorem scilicet vitam assequendam, aut ad Christi Evangelium omnibus annuntiandum, aut ad doctrinam christianam vel incrementum cultus publici promovendum, aut ad fines sociales perse-quendos aut ad pietatis vel caritatis opera exercenda." (CD 17)

169 „sed et spiritu evangelico rerum temporalium ordinem perfundendi et perficiendi." (AA 5).

170 Vgl. Hyun-Chang Park, Laien auf dem Weg der Evangelisation, 2006, 25; Knut Wenzel, Das Zweite Vatikanische Konzil, 2. Aufl., 2014, 182.

171 Knut Wenzel, Das Zweite Vatikanische Konzil, 2014, 188.

172 Vgl. Hyun-Chang Park, Laien auf dem Weg der Evangelisation, 2006, 23-27; c. 215 CIC 1983.

173 „cooperatio laicorum in apostolatu hierarchico" (AA 20)

Allerdings wird betont, dass es sich beim kirchlichen Apostolat um ein gemeinsames Apostolat handelt. Bischöfe und Priester haben daher die Sendung der Laien zu würdigen.[174]

2.5 Äußerungen des Apostolischen Stuhls zum Apostolat der Laien

Nach dem II. Vatikanischen Konzil verfassten die Päpste bis 1990 drei apostolische Schreiben, in denen sie sich unter anderem mit der Thematik der ‚Neuen geistlichen Bewegungen' auseinandersetzten und für diese Kriterien der Kirchlichkeit formulierten. Den Anfang machte Paul VI. mit dem Apostolischen Schreiben *Evangelii nuntiandi* (1975). Im ersten Kapitel des Dokuments hebt er hervor, dass Evangelisierung speziell durch das Zeugnis der Basisgemeinschaften[175] erfolgt. Unter dem Begriff ‚Basisgemeinschaft' versteht der Papst Gruppierungen, die durch „ihre Lebens- und Schicksalsgemeinschaft sowie ihre Solidarität mit den Notleidenden"[176] das Evangelium bezeugen und insofern „ein Zeichen der Umwandlung und des neuen Lebens"[177] sind. Weiterhin differenziert der Montini-Papst im fünften Kapitel seines Schreibens zwischen zwei grundsätzlichen Arten von Basisgemeinschaften: Zum einen Gemeinschaften, die aus dem Bedürfnis entstehen, innerhalb der Kirche ein tieferes Glaubensleben zu führen. Zum anderen Gemeinschaften, die sich kritisch von der Kirche abgrenzen, keine Strukturen aufweisen und deren Auffassungen sich rasch zu einer Ideologie entwickeln, die instrumentalisiert wird. Um diesen Gefahren vorzubeugen, werden von ihm sieben Kriterien der Kirchlichkeit vorgelegt, die für die kirchlichen Basisgemeinschaften gelten: (1.) Kirchliche Basisgemeinschaften leben ausschließlich aus der Bibel heraus; (2.) kirchliche Basisgemeinschaften stellen bestehende Strukturen nicht in Frage; (3.) kirchliche Basisgemeinschaften isolieren sich nicht von der Ortskirche, sondern pflegen die Gemeinschaft mit ihr; (4.) kirchliche Basisgemeinschaften zeigen Treue und Gehorsam gegenüber der Hierarchie; (5.) kirchliche Basis-

---

[174] Vgl. Hyun-Chang Park, Laien auf dem Weg der Evangelisation, 2006, 25-26; Knut Wenzel, Das Zweite Vatikanischen Konzil, 2014, 189.

[175] Der Begriff ‚Basisgemeinschaft' ist an dieser Stelle nicht mit der Bezeichnung ‚Basisgemeinde' (*comunidades eclesiales base*) zu verwechseln, zu dem er oft synonym gebraucht wird. ‚Basisgemeinde' bezeichnet eine übersichtliche, sozial einheitlich geprägte Gemeinschaft, die ein soziales, politisches und religiöses Vorhaben verfolgt, welches in der Regel unter der Obhut der Kirche steht. Basisgemeinschaften unterscheiden sich hingegen sehr voneinander. Sie können sowohl ein von den Bischöfen angestoßenes Gefüge der Neuevangelisierung (z. B. in Südamerika) als auch eine Subgemeinde (z. B. in Europa) darstellen. Zu ihrer Eigenart gehört es, dass sie eine gegenüber der Institution Kirche sehr kritische Position einnehmen. Insoweit aus dieser Haltung keine Abspaltung von der Kirche entsteht, findet sich in c. 215 CIC 1983 ihre kirchenrechtliche Basis (vgl. Michael Sievernich, Art. Basisgemeinde. I. Begriff, 3. Aufl., 2006, 72; Libero Gerosa, Art. Basisgemeinschaften, 3. Aufl., 2006, 75).

[176] Hyun-Chang Park, Laien auf dem Weg der Evangelisation, 2006, 39.

[177] Ebd., 39.

gemeinschaften schätzen die Vielfalt, die in der Kirche besteht; (6.) kirchliche Basisgemeinschaften zeigen Einsatz für die Mission; (7.) kirchliche Basisgemeinschaften weisen weder sektiererische noch häretische Züge auf, sondern pflegen die Einheit mit der Kirche.

Durch die genannten Kriterien wird für die Basisgemeinschaften ein Rahmen abgesteckt, durch dessen Beachtung sie nicht nur ihre Kirchlichkeit wahren, sondern durch ihr Glaubenszeugnis zu einem Ort der Evangelisierung und Hoffnung für die universelle Kirche werden. Denn gemäß den Worten der Konzilsväter gilt (vgl. EN 12-13, 21, 23, 58):[178] „Kein Unternehmen aber soll den Namen ‚katholisch' für sich beanspruchen, wenn nicht die Zustimmung der rechtmäßigen kirchlichen Autorität hinzugekommen ist."[179]

Deutlich mahnender äußert sich Johannes Paul II. (1978-2005) in seinem vier Jahre später erschienen apostolischen Schreiben *Catechesi Tradendae* (1979), welches die Arbeitsergebnisse der Bischofssynode von 1977 zusammenfasst:[180]

> „Gewiss, in vielen Ländern ist die Pfarrei durch das Phänomen der ungeheuren Verstädterung umgestürzt worden. Manche haben sich vielleicht zu schnell mit dem Urteil abgefunden, sie sei überholt oder sogar zum Verschwinden verurteilt zugunsten kleinerer Gemeinschaften, die geeigneter und wirkungsvoller seien. Ob man will oder nicht, die Pfarrei bleibt ein Hauptbezugspunkt für die Christen, selbst für die nicht praktizierenden."[181]

Mit dieser Aussage wird die Bedeutung der Pfarrei unterstrichen. Die kirchlichen Basisgemeinschaften können diese einerseits nicht ersetzen. Andererseits sollen sie sich nicht von der Pfarrei isolieren, sondern ihren lebendigen Glauben in sie einbringen und auf diese Weise in ihr aufgehen.[182]

Als drittes apostolisches Schreiben ist *Christifideles laici* (1988) von Johannes Paul II. zu nennen. Im zweiten Kapitel des Dokuments unter der Überschrift *Die Teilhabe der Laien am Leben in der Communio der Kirche* äußert sich der Papst zu den Basis-

---

[178] Vgl. Hyun-Chang Park, Laien auf dem Weg der Evangelisation, 2006, 38-41; Ludwig Schick, Die neue geistliche Bewegung – eine ordnungsekklesiale Aufgabe, 1998, 251-252.

[179] „Nullum autem inceptum nomen catholicum sibi vindicet, nisi consensus accesserit legitimae auctoritatis ecclesiasticae." (AA 24)

[180] Vgl. Hyun-Chang Park, Laien auf dem Weg der Evangelisation, 2006, 42-43; Wolf Oschlies, Art. Johannes Paul II., Papst, 2017, 759-782; Andrea Riccardi, Johannes Paul II., 2012, 17-20, 700-706.

[181] „In non paucis quidem regionibus paroecia quasi subversa est immenso illo urbium auctu. Quidam fortasse nimis festinanter iudicarunt eas esse obsoletas, immo perituras, et pro iis parvas communitates, magis accommodatas et efficaces, constituendas. At velint nolint illi, paroecia locus restat, quocum populus christianus, etiam ii, qui religionem non colunt, arctiore necessitudine iunguntur." (Catechesi Tradendae 67; Johannes Paul II., Catechesi Tradendae, 1979, 1332.)

[182] Vgl. Hyun-Chang Park, Laien auf dem Weg der Evangelisation, 2006, 44; Hanspeter Heinz, Impulse für die Gemeindepastoral aus geistlichen Bewegungen, 1980, 220-221, 223.

gemeinschaften: Zunächst wird die Aktualität der Entstehung und Ausbreitung von mannigfaltigen Laienvereinigungen festgehalten, deren Ursprung von ihm einerseits „neben dem traditionellen Vereinswesen“[183] und andererseits in diesem verordnet wird. Trotz des unterschiedlichen Ausgangspunktes und der Verschiedenheit der Basisgemeinschaften gelangen sie gemäß dem Papst zu einer umfassenden Übereinstimmung. Diese besteht in der gewissenhaften Teilnahme an der Sendung der Kirche und in der Verkündigung der Heilsbotschaft Christi als Ausgangspunkt der menschlichen Hoffnung und der sozialen Erneuerung (vgl. ChL 29).[184]

Ferner betrachtet Johannes Paul II. das Vereinigungsrecht der Laien als

> „(...) ein *ekklesiologisches Prinzip*, das vom II. Vatikanum ausdrücklich anerkannt wurde, wenn es im gemeinschaftlichen Apostolat ein *‚Zeichen der Gemeinschaft und der Einheit der Kirche in Christus‘* sieht.“[185]

Es wird den Laien nicht durch die Hierarchie bewilligt, sondern es resultiert aus dem Sakrament der Taufe. Damit ist das Vereinigungsrecht der Laien aber auch an die *Communio* mit der Kirche gebunden. Zur „Unterscheidung und Anerkennung“[186] von Laienvereinigungen werden in *Christifideles laici* fünf Kriterien angeführt: (1.) Sowohl die Laienvereinigungen als auch der einzelne Laie haben als ein „Werkzeug der Heiligkeit“[187] zu dienen; (2.) die Verbindungen müssen ein „Ort der Verkündigung und Weitergabe des Glaubens“[188] sein; (3.) die Laienvereinigungen müssen in Einheit mit dem Papst und den Bischöfen stehen und andere Apostolatsformen wertschätzen; (4.) sie haben aktiv an der Sendung der Kirche teilzunehmen, durch die der Einzelne als auch die gesamte Gesellschaft vom Geist der Heilsbotschaft erfüllt wird; (5.) sie haben Verantwortung für den diakonischen Dienst in der Gesellschaft zu übernehmen.

Erfüllen Laienzusammenschlüsse diese fünf Kriterien, so ist es die Pflicht der Bischöfe und der Gläubigen, die *Communio* unter den verschiedenen Laienzusammenschlüssen zu fördern, sodass die Sendung der Kirche sich entfalten kann. Mit anderen Worten: Die Bischöfe sollen ihre Autorität im Sinne einer wohlwollenden Begleitung der Zusammenschlüsse ausüben, um deren Weg in die Gemeinschaft der Kirche und den damit verbundenen Sendungsauftrag zu unterstützen (vgl. ChL 30-31).[189]

---

183 „iuxta traditas associationes“ (ChL 29; Johannes Paul II., Christifideles laici, 1989, 444.)

184 Vgl. Hyun-Chang Park, Laien auf dem Weg der Evangelisation, 2006, 46-47.

185 „ratio ecclesiologica, ut aperte agnoscitur a Concilio Vaticano II, quod in apostolatu associato reperit ‚signum communionis et unitatis Ecclesiae in Christo‘.“ (ChL 29; Johannes Paul II., Christifideles laici, 1989, 445.)

186 Hyun-Chang Park, Laien auf dem Weg der Evangelisation, 2006, 48.

187 „sanctitatis instrumentum“ (Chl 30; Johannes Paul II., Christifideles laici, 1989, 444.)

188 „locus (...) proclamationi et propositioni fidei“ (ChL 30; Johannes Paul II., Christifideles laici, 1989, 447.)

189 Vgl. Hyun-Chang Park, Laien auf dem Weg der Evangelisation, 2006, 48-50.

3. Teil: Die Anfänge der Fokolar-Bewegung in Italien

3.1 Die Anfänge der Fokolar-Bewegung in Trient

Silvia Lubich, die Gründerin der FoBw, kam am 22. Januar des Jahres 1920 in Trient als Tochter der traditionell-katholisch gesinnten Luigia Lubich (* 1881; † 1975) auf die Welt. Getauft wurde sie in der Kirche St. Maria Maggiore. Ihr Vater Luigi Lubich (* 1888; † 1963) war sozialistisch geprägt. Er arbeitete zunächst als Drucker bei der Tageszeitung *Il Popolo*. In den Jahren nach dem Krieg war Luigi Lubich als Weinhändler tätig. Die Eltern hatten bereits einen Sohn namens Gino Lubich (* 1918; † 1993). Er trat den Garibaldi-Brigaden[190] bei und wurde später Journalist der Tageszeitungen *Liberazione Nazionale* und *Unità*. Nach ihm und seiner Schwester bekamen sie mit Liliana (* 1922) und Carla (* 1925) Lubich noch zwei weitere Kinder[191]. Alle vier wurden christlich erzogen. Silvia Lubich selbst ging im Alter von sieben bzw. acht Jahren jede Woche zur Anbetung in die Kirche. Im Alter von zehn Jahren erkrankte sie an einer Bauchfellentzündung, überlebte diese aber. In der gängigen Literatur wird angegeben, dass Silvia Lubich mit ungefähr 13 Jahren in sich den Ruf zum Martyrium[192] verspürte. Weder konnte der historische Wahrheitsgehalt dieser Aussage überprüft werden noch war es möglich zu klären, ob ein Zusammenhang zwischen beiden Ereignissen besteht. Gleichzeitig arbeitete sie zu dieser Zeit als Nachhilfelehrerin und leistete damit einen finanziellen Beitrag zum Lebensunterhalt der Familie. Nach einer weiteren Inspiration im Alter von 16 Jahren, die in ihr das Verlangen nach Heiligkeit weckte, schloss sie sich der Katholischen Aktion an. Der genaue Zeitpunkt dieser Inspiration und der Beginn ihres Engagements in der Katholischen Aktion kann nur schwer datiert werden, da entsprechende Nachweise fehlen. Im Gegensatz zu Manfred Döbbeler, der das Jahr 1936 anführt, spricht sich Wilhelm Schäffer für das Jahr 1937 aus. Sie soll dort die Position einer Gruppenleiterin (itl.: *propagandista*) innegehabt haben. Darüber hinaus besuchte sie zu dieser Zeit den Unterricht am Institut Rosmini. Nachdem Silvia Lubich ihre schulische und beruf-

---

190 Giuseppe Garibaldi (* 1807; † 1882) war ein italienischer Freiheitskämpfer, der im Rahmen der italienischen Einheitsbewegung aktiv war (vgl. Josef Gelmi, Art. Garibaldi, Giuseppe, 3. Aufl., 2006, 293-294).

191 Vgl. Franco de Battaglia, Wo alles anfing, 2013, 25; Josef Gelmi; Art. Risorgimento, 3. Aufl., 2006, 1199-1200).

192 Jim Gallagher datiert dieses Ereignis auf das 15. Lebensjahr. Aufgrund des besseren Quellenbezugs wird an dieser Stelle sowohl von den Angaben von Armando Torno als auch von Manfred Döbbeler ausgegangen (vgl. Jim Gallagher, A woman's work, 1997, 10). Darüber hinaus siehe zur Biografie von Chiara Lubich auch Edwin Robertson *Chiara* (1979).

liche Ausbildung 1938 beendet hatte, war sie zunächst als Volksschullehrerin in unterschiedlichen Orten (u. a. in einem Waisenhaus der Kapuziner und an der Schule in Castello di Ossano) in der Umgebung Trients tätig. Ein Studium der Philosophie scheiterte noch an einem nicht erhaltenen Stipendium. Im Alter von 19 Jahren begann sich schließlich der zukünftige spirituelle Weg von Silvia Lubich abzuzeichnen. Als sie sich 1939 in Loreto aufhielt, ging vom Heiligen Haus von Loreto[193] eine unheimlich große Anziehungskraft auf sie aus. Sie war von dem Gedanken fasziniert, dass die Familie Jesu in dem Gebäude, ob historisch korrekt oder nicht, gelebt haben könnte. Allein der Gedanke, dass es so gewesen sein könnte, inspirierte Silvia Lubich. Sie war beeindruckt von der vermuteten Art und Weise des Zusammenlebens der Heiligen Familie. Lubich erkannte daraufhin, dass ihr persönlicher Weg mit Gott weder der Ordensstand noch die Ehe noch das Säkularinstitut ist, sondern ein neuer, vierter kirchlicher Weg. Dass in diesem alle drei traditionellen Wege (Ehe, Orden und Säkularinstitut) zu einem neuen Ganzen zusammenfügt würden, war ihr noch nicht bewusst. Sie spürte lediglich, dass andere Menschen ihr auf diesem Weg nachfolgen würden. Der italienische Wallfahrtsort lässt sich folglich als der Ausgangspunkt der geistlichen Erfahrung Silvia Lubichs bestimmen. Das dort der Legende nach stehende Haus der Familie Jesu wurde zum Sinnbild der im Fokolar praktizierten Lebensform.[194]

Von 1940/41 bis 1942/43 arbeitete Silvia Lubich als Lehrerin in Trient. Folgt man den Ausführungen von Armando Torno, Stefan Tobler, Stefan Ulz und Jim Gallagher trat sie 1943 dem Dritten Orden der Kapuziner bei. Sie nahm den Namen der hl. Klara (itl.: *Chiara*) von Assisi an und immatrikulierte sich an der Universität von Venedig für das Studium der Philosophie. Manfred Döbbeler geht dagegen davon aus, dass Chiara Lubich sich bereits 1940/41 dem Dritten Orden der Kapuziner angeschlossen hatte. Zu Beginn des Jahres 1943, so Döbbeler weiter, wurde sie vermutlich zur Novizenmeisterin[195] ernannt. Obwohl sich Manfred Döbbeler auf mündliche Informationen von Gründungspersönlichkeiten der FoBw beruft, ge-

[193] Gemäß der Legende, die um 1468 aufkam, wird die Loretokapelle mit dem Haus Mariens in Nazareth gleichgesetzt, welches von Engeln zum italienischen Ort transportiert worden sei (vgl. Maria Lupi, Art. Loreto. 1) Stadt u. Wallfahrt, 3. Aufl., 2006, 1052-1053).

[194] Vgl. Chiara Lubich, Discorso di Chiara Lubich al XIX Congresso Eucaristico Nazionale, 1977, 2-6; Wilhelm Schäffer, Erneuerter Glaube – verwirklichtes Menschsein, 1983, 121-122, 126-128; Manfred Döbbeler, Die Fokolar-Bewegung, 1988, 45-47; Stefan Tobler, Jesu Gottverlassenheit als Heilsereignis in der Spiritualität Chiara Lubichs, 2002, 61-63, 65; Armando Torno, Partarti il mondo fra le Braccia, 2011, 7-8, 10, 12-16; Chiara Lubich, Chiara Lubich und die Fokolar-Bewegung, 1982, 7, 24-25; Franco de Battaglia, Wo alles anfing, 2013, 33, 39-40; Chiara Lubich, Die Welt wird eins, 2. Aufl., 1992, 29-32, 38, 42-43; Igino Giordani, Storia del Movimento dei Focolari I, 1977, 10, 12-13, 15, 23-25; Jim Gallagher, A woman's work, 1997, 5-14; Chiara Lubich, Cosi' nacque il focolare, 1975, 10-11; Chiara Lubich, L'histoire de l'ideal, 1983, 37-38; Wilfried Hagemann, Vielfalt in der Einheit, 1979, 221; Stefan Ulz, Dreifaltigkeit leben, 2019, 51-52; Petra Steinmair-Pösel, Im Gravitationsfeld von Mystik und Politik, 2019, 240-241, Sebastian Walser, Art. Lubich, Chiara, 2021, 856.

[195] Diese Information basiert auf der Grundlage mündlicher Überlieferungen von Zeitzeugen, die ihr Wissen Manfred Döbbeler mitteilten. Schriftliche Quellen stehen nicht zur Verfügung.

staltet sich eine konkrete Datierung schwierig. Sowohl Döbbeler, Berndhard Callebaut als auch Armando Torno sind sich aber einig darüber, dass Chiara im Sommer 1943 mit Natalia Dallapiccola († 2008)[196] (18 Jahre) ihre erste Gefährtin kennenlernte. Unmittelbar darauf folgte Dori Zamboni († 2015)[197] (16 Jahre). Mit beiden schloss Chiara Lubich den Pakt, die Präsenz Gottes in ihrer Mitte zu pflegen. Sehr interessant ist diesbezüglich die Aussage von Natalia Dallapiccola:[198]

> „Eines Tages fragte Natalia sie [Chiara Lubich] verwundert: ‚Warum machst du diese Dinge nicht allen bekannt, indem du sie von den Dächern predigst?' ‚Nein: Unsere Aufgabe ist es nicht, Jesus zu predigen: Es gibt so viele andere, die das tun. Wir dagegen müssen Jesus sein.' Und sie fügte hinzu: ‚Wir gründen eine Schule mit dem Namen Feuer, wo wir die Liebe Gottes pflanzen'."[199]

In diesem Zitat äußert Chiara Lubich gegenüber Natalia Dallapiccola die Meinung, dass es nicht ausreicht, Jesus nur zu verkünden, sondern man ihm nachfolgen muss. Aus diesem Grund schlägt sie vor, eine Schule des Feuers (itl.: *fuoco*) zu gründen, in der die Liebe Gottes gepflegt werden soll. Das italienische Wort *fuoco* ließe sich dabei, laut Döbbeler, als eine erste Andeutung des späteren Namens der Bewegung verstehen.[200]

Spannend ist in diesem Kontext die Frage nach dem Entstehungszeitpunkt der FoBw. Datiert wird dieser in der Regel auf den 7. Dezember 1943, an dem Chiara Lubich das Privatgelübde der Ehelosigkeit ablegte. Allerdings ist von einer prozesshaften Entwicklung ihres Charismas auszugehen, welches sich in dieser Phase begann herauszubilden. Dafür spricht einerseits die Tatsache, dass Chiara Lubich, als sie das Gelübde ablegte, nicht das Ziel verfolgte, eine Bewegung ins Leben zu

---

[196] Natalia Dallapiccola ist die erste Gefährtin von Chiara Lubich und eine Mitbegründerin der FoBw (vgl. Information von Wilfried Hagemann, 20.8.2019).

[197] Dori Zamboni ist eine der ersten Gefährtinnen von Chiara Lubich (vgl. Information von Wilfried Hagemann, 20.8.2019).

[198] Vgl. Wilhelm Schäffer, Erneuerter Glaube – verwirklichtes Menschsein, 1987, 122; Manfred Döbbeler, Die Fokolar-Bewegung, 1988, 49-53; Stefan Tobler, Jesu Gottverlassenheit als Heilsereignis in der Spiritualität Chiara Lubichs, 2002, 63; Armando Torno, Partarti il mondo fra le Braccia, 2011, 16-18; Jim Gallagher, A woman's work, 1997, 14-15, 19-21; Chiara Lubich, Die Welt wird eins, 2. Aufl., 1992, 40; Agostino Favale, I Focolarini, 1991, 208; Igino Giordani, Storia del Movimento dei Focolari I, 1977, 16, 26-28; Bernhard Callebaut, La nascita dei focolari, 2017, 88-91; Stefan Ulz, Dreifaltigkeit leben, 2019, 53; Petra Steinmair-Pösel, Im Gravitationsfeld von Mystik und Politik, 2019, 241.

[199] „Un giorno Natalia, incantata, le chiese: ‚Perchè, Chiara, queste cose non le fai conoscere a tutti, predicandole sui tetti?' ‚No: il compito nostro non è predicare Gesù: ci sono già tanti che lo fanno. Noi dobbiamo essere Gesù.' E aggiunse: ‚Faremo una scuolo detta Fuoco, dove coltiveremo l'amor di Dio'." (Igino Giordani, Storia del Movimento dei Focolari I, 1977, 27.)

[200] Vgl. Manfred Döbbeler, Die Fokolar-Bewegung, 1988, 51; Igino Giordani, Storia del Movimento dei Focolari I, 1977, 27.

rufen. Andererseits datierte Chiara Lubich gemäß Manfred Döbbeler selbst den Beginn der FoBw auf ihre Erkenntnis über Gottes Wesen:[201]

> „Wir haben gespürt, dass nur ein einziges Ideal wahr und unsterblich ist: Gott. Angesichts des Zusammenbruchs, der vom Hass hervorgerufen wurde, haben wir – so schien es unserem jugendlichen Geist – den gelebt, der nicht stirbt. Und wir haben ihn gesehen und in seinem Wesen geliebt: ‚Gott ist die Liebe' ... Und wir haben gesagt: Gott ist unser ‚Ideal'."[202]

Als ausschlaggebendes Ereignis führt Döbbeler eine Situation an, in der Chiara Lubich von einem Priester um eine einstündige Hilfe pro Tag gebeten wurde:[203]

> „Ich antworte: Warum nicht den ganzen Tag? Getroffen von dieser jugendlichen Großzügigkeit, lässt er mich niederknien, er segnet mich und spricht: ‚Denken Sie immer daran, dass Gott sie unendlich liebt.' Es ist wie ein Blitz. ‚Gott liebt mich unendlich'. ‚Gott liebt mich unendlich'. Ich sage es, ich wiederhole es meinen Gefährtinnen: Gott liebt dich unendlich. Gott liebt uns unendlich ... Die Neuartigkeit prägt sich meinem Geist ein: Ich weiß, wer Gott ist. Gott ist die Liebe."[204]

Aus diesem Erfahrungsbericht Chiara Lubichs ist die Entwicklung einer Spiritualität herauszulesen, die auf der Erkenntnis gründet, dass Gott Liebe ist. Marco

---

201 Vgl. Manfred Döbbeler, Die Fokolar-Bewegung, 1988, 42-43, 55; Stefan Tobler, Jesu Gottverlassenheit als Heilsereignis in der Spiritualität Chiara Lubichs, 2002, 63; Wilhelm Schäffer, Erneuerter Glaube – verwirklichtes Menschsein, 1987, 122; Jim Gallagher, A woman's work, 1997, 15-18; Armando Torno, PortarTi il mondo fra le Braccia, 2011, 20-21; Igino Giordani, Storia del Movimento dei Focolari I, 1977, 34, 44; Chiara Lubich, Chiara Lubich und die Fokolar-Bewegung, 1982, 13; Chiara Lubich, L'histoire de l'ideal, 1983, 17-23; Stefan Ulz, Dreifaltigkeit leben, 2019, 61.

202 „Noi sentivamo che un solo ideale era vero, immortale: Dio. Di fronte al crollo provvocato dall'odio, vivissimo apparve alla nostra mente giovinetta colui che non muore. E lo vedemmo e lo amammo nella sua essenza: ‚Deus caritas est'. (...) ‚E dicemmo: Dio è nostro ‚ideale'." (Zitiert nach: Manfred Döbbeler, Die Fokolar-Bewegung, 1988, 42-43.) Da die Quelle, auf die sich Döbbeler bezieht, nicht vorliegt, konnte das Zitat nicht überprüft werden. Darüber hinaus widersprechen ihr Aussagen Chiara Lubichs, die die Geburtsstunde der FoBw auf den 7. Dezember 1943 datieren (vgl. Chiara Lubich, Die Welt wird eins, 2. Aufl., 1992, 62-63; Chiara Lubich, La comunità Cristiana, 1948, 279).

203 Vgl. Manfred Döbbeler, Die Fokolar-Bewegung, 1988, 43.

204 „Rispondo: perchè non tutta la giornata? Colpito da questa generosità giovanile, mi fa inginocchiare, mi benedice e mi dice: ‚Si ricordi che Dio la ama immensamente.' E' la folgore. ‚Dio mi ama immensamente'. ‚Dio mi ama immensamente'. Lo dico, lo ripeto alle mie compagne: Dio ti ama immensamente. Dio ci ama immensamente. (...) La novità è balenata dinanzi alla mia mente: so chi è Dio. Dio è Amore." (Zitiert nach: Manfred Döbbeler, Die Fokolar-Bewegung, 1988, 43.) Obwohl das italienische Original, auf das sich Döbbeler bezieht, nicht überprüft werden kann, lässt sich die Aussage des Zitats bestätigen. Vgl. hierzu: Chiara Lubich, Wir haben an die Liebe geglaubt, 1980, 9-11.

Tecilla (* 1926; † 2017)[205] lokalisiert, Döbbeler zufolge, eine Schule in Trient als Ort des Ereignisses. Zeitlich eingrenzen lässt sich diese Begebenheit dadurch, dass Chiara Lubich von ihren Gefährtinnen spricht. Das Ereignis kann sich demzufolge frühestens zu Beginn des Jahres 1943 zugetragen haben, da sie erst in diesem Jahr ihre ersten Wegbegleiterinnen kennenlernte. Setzt man die Korrektheit der Informationen voraus, lässt sich aufgrund der ersten Anzeichen der späteren Fokolarspiritualität (z. B. ‚Gott ist Liebe' und ‚Jesus in der Mitte') das Jahr 1943 als erstes inoffizielles Jahr des ‚Werkes Mariens' festlegen. Dafür würde auch die Aussage von Igino Giordani (* 1908; † 1979)[206] sprechen, der ebenso wie Manfred Döbbeler von einem Erkenntnisprozess ausgeht. So sei Chiara Lubich erst um die Jahreswende 1943/44 bewusst geworden, dass ihre Entscheidung für Gott eine Ergebenheit an dessen Willen bedeute. Sie habe erkannt, dass Heiligkeit nicht zwangsweise mit einer monastischen Lebensform, zu der sie sich nicht berufen fühlte, verbunden ist. Versteht man demnach Chiara Lubichs ganzheitliche Entscheidung für Gott als stellvertretendes ‚Ja' für alle Nachfolgenden, ist es nachvollziehbar, die Gründung der FoBw auf den 7. Dezember 1943 zu datieren. Diese Schlussfolgerung stimmt mit der Aussage Chiara Lubichs im dritten Band der *Scritti spirituali* (1979) überein, in dem sie sich für 1943 als Gründungsjahr ausspricht. Aus kirchenrechtlicher Sicht dagegen ist die Gründung auf den 1. Mai 1947 zu datieren, an dem die Statuten der FoBw auf diözesaner Ebene durch Erzbischof Carlo De Ferrari (1941-1962) genehmigt wurden (vgl. c. 100 CIC 1917).[207]

Anfang März des Jahres 1944[208] erweiterte sich der Kreis um Chiara Lubich um eine weitere Person. Die 18-jährige Graziella De Luca (* 1925; † 2015)[209] besuchte eine der wöchentlichen Zusammenkünfte des Dritten Ordens. Beeindruckt von

205 Marco Tecilla ist der erste männliche Fokolar. Er wurde später Fokolarpriester (vgl. Manfred Döbbeler, Die Fokolar-Bewegung, 1988, 72-73; Marco Tecilla, Auf der Suche nach dem Leben, 1985, 65-67; Information von Wilfried Hagemann, 20.8.2019; Information von Joachim Schwind, 10.9.2021).

206 Igino Giordani war ein Begründer der *Democrazia Cristiana* (vgl. Stefan Tobler, Jesu Gottverlassenheit als Heilsereignis in der Spiritualität Chiara Lubichs, 2002, 68; Norbert Schmeiser, Art. Giordani, 2019, 290-296).

207 Vgl. Armando Costa, I vescovi di Trento, 1977, 286-295; Manfred Döbbeler, Die Fokolar-Bewegung, 1988, 42-44, 53-55, 76, Stefan Tobler, Jesu Gottverlassenheit als Heilsereignis in der Spiritualität Chiara Lubichs, 2002, 63; Igino Giordani, Storia del Movimento dei Focolari I, 1977, 34, 36; Chiara Lubich, Scritti spirituali III., 1979, 43; Chiara Lubich, Einheit als Lebensstil, 3. Aufl., 1989, 47; Jim Gallagher, A woman's work: Chiara Lubich, 1997, 31; Chiara Lubich, Die Welt wird eins, 2. Aufl., 1992, 62-63; Agostino Favale, I Focolarini, 1991, 208; Wilfried Hagemann, Vielfalt in der Einheit, 1979, 221, Christoph Hegge, Rezeption und Charisma, 1999, 350, Wilhelm Schäffer, Erneuerter Glaube – verwirklichtes Menschsein, 1987, 123; Agostino Favale, I Focolarini, 4. Aufl., 211; Pasquale Foresi, Il Movimento dei Focolari e la Chiesa, 1975, 152; Chiara Lubich, Der Schrei der Gottesverlassenheit, 2001, 54; Bernhard Callebaut, La nascita dei focolari, 2017, 134; Stefan Ulz, Dreifaltigkeit leben, 2019, 53; Stefan Tobler, Die Welt als Gottes Innerstes, 2020, 125.

208 Jim Gallagher datiert das Treffen, auf dem Graziella De Luca Chiara kennenlernte, auf den 1. März 1944. Manfred Döbbeler dagegen gibt den 4. März 1944 an (vgl. Manfred Döbbeler, Die Fokolar-Bewegung, 1988, 56; Jim Gallagher, A woman's work: Chiara Lubich, 1997, 29, 31).

209 Graziella De Luca ist eine der ersten Gefährtinnen von Chiara Lubich (vgl. Information von Wilfried Hagemann, 20.8.2019).

Chiara Lubichs Äußerungen und dem Ambiente des Treffens spürte sie in sich und um sich herum die Liebe Gottes. Daraufhin trat sie der kleinen Gruppe bei. Igino Giordani verweist in diesem Zusammenhang auf einen Brief vom 16. April 1944. In diesem spricht Chiara Lubich von ihrem Ideal (Gott) und Personen, die mit ihr das Ideal leben. Diese Aussage lässt den Gedankenschluss zu, dass sich bereits ein fester Kreis um die Trienterin gebildet hatte. Chiara Lubich selbst führte diese Entwicklung auf die Entscheidung der Frauen für Gott zurück. Alles andere würde darauf aufbauen. Im gewissen Sinne kann daher davon gesprochen werden, dass die Personen, die den Frauen begegneten, von dem Ideal Lubichs ergriffen wurden. Dieser Umstand lässt sich dadurch erklären, dass die Frauen sich nicht isolierten, sondern andere Menschen an ihren Erfahrungen teilhaben ließen. Ihre Entscheidung für Gott, den sie zunächst speziell in den Notleidenden sahen, äußerte sich durch einen Verzicht auf die eigenen Bedürfnisse. Dieser Situation, so Manfred Döbbelers Annahme, ist das Ideal der Gütergemeinschaft entsprungen, welches noch heute innerhalb der FoBw praktiziert wird. Auch wird von Chiara Lubich der Prozess betont, dem diese Entwicklung unterlag. So hätten sie erst allmählich verstanden, dass ihre Liebe nicht nur den Armen zu gelten habe, sondern allen Menschen. Doch ist nicht von Einzelfällen auf die Allgemeinheit zu schließen, da die ersten Gefährtinnen Chiara Lubichs eine gewisse spirituelle Offenheit mitbrachten. Ablehnende Reaktionen und Skepsis gehörten durchaus auch zu den Reaktionen der Menschen, wie der weitere Verlauf zeigen wird. Als schließlich am 13. Mai 1944 Trient bombardiert wurde und neben zahlreichen anderen Häusern das Haus der Familie Lubich in Trümmern lag, verließ die Familie Trient. Lediglich Chiara Lubich blieb aufgrund ihres vor Gott abgelegten Versprechens in der Stadt, da sie sich den Worten in Lk 14,26 verpflichtet fühlte: „Wenn jemand zu mir kommt und nicht Vater und Mutter, Brüder und Schwestern, ja sogar sein Leben gering achtet, dann kann er nicht mein Jünger sein." Sie teilte sich mit ihren Gefährtinnen eine Unterkunft am Kapuzinerplatz, welche das erste Fokolar wurde. Angesichts der Vergänglichkeit menschlicher Ziele und Wünsche suchten sie nach einem Ideal, das nicht zerstörbar ist. Sie fanden es in Gott, der die Liebe ist (1 Joh 4,16b). Er erschloss sich ihr, der Inspiratorin des Charismas der Einheit, und ihren Kameradinnen in einer bisher noch nicht da gewesenen Tiefe. Dieses ‚Mehr an Beobachtbarem' kann als eine Disclosure-Erfahrung[210] bestimmt werden. Für die Frauen entstand eine neue Beziehung zu Gott, die auf dem Glauben

[210] Disclosure-Erfahrungen sind religiös-personale Abläufe. Sie entstehen durch einen Umstand, der „Beobachtbares und mehr als Beobachtbares, was man sieht und was man nicht sieht, enthält." (Wim de Pater, Theologische Sprachlogik, 1971, 14.) Auslöser (*qualifier*) ist oftmals eine Fragestellung, die sich durch die augenblickliche Situation stellt. „Die eigentliche Disclosure-*Erfahrung* , d. h. der Vorgang des Transzendierens und Zustandekommens einer ‚tieferen' Einsicht bleibt dabei unverfügbar." (Wilhelm Schäffer, Erneuerter Glaube – verwirklichtes Menschsein, 1983, 130.) Sie folgt im Normalfall weder Logik- noch Vernunftkriterien und trifft die Person, die sie erlebt, unvorbereitet. Auf Außenstehende kann die Disclosure-Erfahrung daher besorgniserregend wirken (vgl. Wim de Pater, Theologische Sprachlogik, 1971, 14, 23; Wilhelm Schäffer, Erneuerter Glaube – verwirklichtes Menschsein, 1983, 130-131).

an seine Liebe basierte und zu einer ganzheitlichen Entscheidung für ihn führte. Gott wurde im Leben zu ihrer vorherrschenden Orientierung, die aufgrund der beständigen Todesgefahr als eschatologisch explizit notwendig erschien.[211]

> „Die Kriegsereignisse und der Zusammenbruch vieler ihrer persönlichen Lebensziele wurden nun zum Katalysator für eine neue Erfahrung: Bestimmte Stellen der Hl. Schrift zogen die Aufmerksamkeit auf sich; sie erschienen wie eine Antwort auf die Situation und zugleich als Herausforderung, das ganze Leben an ihnen auszurichten. (...) Das ‚neue Gebot' Jesu – die gegenseitige Liebe (vgl. Joh 13,34) – wurde Prinzip der Gemeinschaft; im Dienst an den Armen und den Opfern des Krieges sollte diese Liebe ausstrahlen. Von der Verheißung der Gegenwart Jesu in der versammelten Gemeinde her (vgl. Mt 18,20) verstand die Gruppe ihre Erfahrung qualitativ veränderter zwischenmenschlicher Beziehungen und einer oft geradezu spürbaren Nähe zu Gott als Gegenwart des Auferstandenen (‚Jesus in der Mitte'). In der ‚Einheit', der Verbundenheit ihrer Gemeinschaft, die alles miteinander teilte, sahen sie eine Erfüllung des Bittgebets Jesu um die ‚Einheit' seiner Jünger (vgl. Joh 17,21)[212]. Ihre Entscheidung für Gott und die Beziehung zu Christus verdichteten sich in der Liebe zum gekreuzigten und verlassenen Jesus [Mt 27,46]."[213]

Die Frauen entschlossen sich dazu, ihr Leben nach dem Willen Gottes auszurichten. Als Leitfaden hierzu diente ihnen das Wort der Heiligen Schrift (‚Wort des Lebens'). Sie beabsichtigten, auf diese Weise die Nachfolge Jesu anzutreten, und fassten den Entschluss, eigene Bedürfnisse, Leiderfahrungen und Sorgen nicht zu beachten, um am Leid aller Menschen teilzuhaben.[214]

211 Vgl. Igino Giordani, Storia del Movimento dei Focolari I., 1977, 36-38, 81-83, 90-91; Manfred Döbbeler, Die Fokolar-Bewegung, 1988, 56-58, 65-66, 280; Stefan Tobler, Jesu Gottverlassenheit als Heilsereignis in der Spiritualität Chiara Lubichs, 2002, 63-64; Chiara Lubich, Scritti spirituali III., 1979, 38-41; Chiara Lubich, Chiara Lubich und die Fokolar-Bewegung, 1982, 16-17; Graziella De Luca, Zwischen Traum und Wirklichkeit, 1985, 51-53; Chiara Lubich, Das ist meine Erfahrung, 1977, 19; Jim Gallagher, A woman's work: Chiara Lubich, 1997, 37, 40-42; Chiara Lubich, Die Welt wird eins, 2. Aufl., 1992, 41, 45; Agostino Favale, I Focolarini, 1991, 209; Wilfried Hagemann, Vielfalt in der Einheit, 1979, 221; Chiara Lubich, L'histoire de l'ideal, 1983, 23-25; Wilhelm Schäffer, Erneuerter Glaube – verwirklichtes Menschsein, 1987, 130-131; Bernhard Callebaut, La nascita dei focolari, 2017, 145, 147, 149; Stefan Ulz, Dreifaltigkeit leben, 2019, 53-54, 61; Petra Steinmair-Pösel, Im Gravitationsfeld von Mystik und Politik, 2019, 241; Michele Zanzucchi, In fuga per la verità, 2020, 7.

212 Die ersten Fokolare gaben sich daher zunächst den Namen ‚Bewegung der Einheit' (vgl. Chiara Lubich, Die Welt wird eins, 2. Aufl., 1992, 50-51).

213 Wilhelm Schäffer, Erneuerter Glaube – verwirklichtes Menschsein, 1987, 122-123. Vgl. hierzu auch: Chiara Lubich, Chiara Lubich und die Fokolar-Bewegung, 1982, 20-22; Chiara Lubich, Scritti spirituali III., 1979, 38-41; Chiara Lubich, Die Welt wird eins, 2. Aufl., 1992, 45-50, 70; Chiara Lubich, Cosi' nacque il focolare, 1975, 11-13.

214 Vgl. Wilhelm Schäffer, Erneuerter Glaube – verwirklichtes Menschsein, Ottilien, 1987, 122; Chiara Lubich, Chiara Lubich und die Fokolar-Bewegung, 1982, 18-22; Manfred Döbbeler, Die

Es dauerte nicht lange, bis sich ein Freundeskreis bildete. Bereits gegen Ende des Jahres 1944 soll die Zahl der Freunde um die 500 Personen betragen haben. Zwischen 1945 und 1947 entstanden zwei weitere Fokolare in Trient. Um nicht mit der Kirche in Konflikt zu geraten, suchten die Frauen 1945 den Erzbischof von Trient, Carlo De Ferrari, auf. Ihm berichteten sie laut Chiara Lubich ausführlich von ihren Erfahrungen. Daraufhin gestattete Carlo De Ferrari den Frauen, ihren bisherigen Weg weiter zu beschreiten. In den nachfolgenden Jahren sollte der Trienter Erzbischof zu einem wesentlichen Unterstützer der Bewegung werden. Die Aussage von P. Andrea Balbo OFM (* 1923; † 2012), dass der Erzbischof sich beim Dritten Orden aufgrund der Geschehnisse erkundigte, könnte auf eine Unwissenheit des Bischofs hindeuten. Jedoch ist es auch vorstellbar, dass Carlo De Ferrari beide Seiten berücksichtigen wollte und sich deshalb an den Orden wandte. Allerdings steht die Äußerung des Franziskaners nicht grundsätzlich im Widerspruch zu Chiara Lubichs Äußerung. Es besteht einerseits die Möglichkeit, dass sowohl die Fokolare als auch der Dritte Orden zeitgleich die Initiative ergriffen. Anderseits fasste Chiara Lubich eventuell den Entschluss, den Bischof aufzusuchen, nachdem sie von dessen Erkundigungen erfuhr. Manfred Döbbeler vertritt sogar den Standpunkt, dass ihn die Frauen erst im Verlauf des Jahres 1946 aufsuchten, nachdem es aufgrund des Unverständnisses des Dritten Ordens gegenüber der Einheitsauffassung[215] von Chiara Lubich zu Problemen gekommen sei. In allen Fällen handelt es sich jedoch um Spekulationen. Zudem ist Andrea Balbo kein Augenzeuge. Auch konnten weder seine noch die Annahme Manfred Döbbelers auf ihre Richtigkeit überprüft werden.[216]

Auch unmittelbar nach dem Ende des Zweiten Weltkriegs im Mai 1945 blieb das Haus am Kapuzinerplatz weiterhin eine Anlaufstelle für in Not geratene Menschen. Prominentes Beispiel sei ein bekannter Kriegsverbrecher gewesen, der sich gemäß eines Interviews von Manfred Döbbeler mit Gino Lubich nach dem Kriegsende sogleich an die Frauen gewandt haben soll. Um welche Person es sich handelte und was sein Anliegen war, wird von Döbbeler in diesem Zusammenhang nicht ausgeführt. Jedoch beruft er sich mit Gino Lubich auf einen Zeitzeu-

---

Fokolar-Bewegung, 1988, 67; Chiara Lubich, Scritti spirituali III., 1979, 14; Jim Gallagher, A woman's work: Chiara Lubich, 1997, 38; Chiara Lubich, Die Geschichte der Fokolar-Bewegung, 1985, 92-93; Stefan Tobler, Jesu Gottverlassenheit als Heilsereignis in der Spiritualität Chiara Lubichs, 2002, 64; Petra Steinmair-Pösel, Im Gravitationsfeld von Mystik und Politik, 2019, 242.

[215] Auf das Einheitsverständnis von Chiara Lubich wird im Rahmen des Kapitels über die zentralen Punkte der fokolarinischen Spiritualität eingegangen.

[216] Vgl. Manfred Döbbeler, Die Fokolar-Bewegung, 1988, 67-68, 70-71; Wilhelm Schäffer, Erneuerter Glaube – verwirklichtes Menschensein, Ottilien, 1987, 123; Chiara Lubich, Chiara Lubich und die Fokolar-Bewegung, 1982, 22; Jim Gallagher, A woman's work: Chiara Lubich, 1997, 41, 47, 54; Chiara Lubich, Scritti spirituali III., 1979, 15-16; Andrea Balbo, Sich vom Geist führen lassen, 1998, 28, 30; Chiara Lubich, Die Welt wird eins, 2. Aufl., 1992, 55-56; Agostino Favale, I Focolarini, 1991, 210; Igino Giordani, Ich war der erste verheiratete Fokolar, 1975, 38; Christoph Hegge, Rezeption und Charisma, 1999, 350; Chiara Lubich, L'histoire de l'ideal, 1983, 37; Chiara Lubich, Der Schrei der Gottesverlassenheit, 2001, 54-55; Stefan Ulz, Dreifaltigkeit leben, 2019, 61; Information von Joachim Schwind, 10.9.2021.

gen, den er im Rahmen seiner Arbeit interviewte. Ferner kristallisierte sich in den Jahren 1945/46 die Spiritualität immer mehr heraus und die Anzahl der Weggefährtinnen vergrößerte sich. Im Dezember 1946 folgten Chiara Lubich 40 Personen, wie ein auf Weihnachten 1946 datierter Brief von ihr belegt. Inwieweit es sich ausschließlich um Mitglieder des Dritten Ordens handelte, kann nicht mehr gesagt werden. Allerdings ist der Brief mit *sorella Chiara* unterschrieben, sodass davon ausgegangen werden kann, dass Frauen des Dritten Ordens ihr nachfolgten. Gleichzeitig setzt diese Annahme jedoch voraus, dass der von Döbbeler angeführte Brief mit dem Original übereinstimmt.[217]

Dazu ermutigt, ihre Berufung weiterhin zu verfolgen, wurde Chiara ebenfalls durch den Kontakt mit Leone Veuthey OFM (* 1896; † 1974), dem sie 1947 in Rom begegnete. Er sah das Anliegen seiner Bewegung, der *Crociata della Carità*[218], in der FoBw verwirklicht. Um 1950 sollten sich die Bewegungen vereinigen. Unter anderem durch diesen Kontakt ergab sich für Chiara Lubich immer mehr ein Ortswechsel von Trient nach Rom. Ab Dezember 1948 residierte sie daher vorerst mit einigen anderen Frauen in der Hauptstadt Italiens. Als Unterkunft diente ihnen die Wohnung einer vermögenden römischen Familie namens Alvino. Durch den Kontakt zu dieser Familie öffnete sich der FoBw die Tür zur oberen (adeligen) und akademischen Bürgerschicht der Stadt. So gehörte der zu jener Zeit regierende italienische Ministerpräsident Alcide De Gasperi (* 1881; † 1954) zu den Freunden und Unterstützern der Focolarini. Es fand zu dieser Zeit demzufolge nicht nur eine geografische Ausbreitung der FoBw statt, sondern auch eine Expansion bezüglich der sozialen Schichten.[219] Während die FoBw „in Trient fast ausschließlich mit einfachen Leuten zu tun [gehabt] hatte, (...) [kam die Bewegung in Rom] stärker mit anderen Bevölkerungsschichten in Berührung, u. a. auch mit Personen der Aristokratie."[220]

Parallel zu dem sich allmählich vollziehenden Umzug Chiara Lubichs nach Rom ereignete sich eine weitere Veränderung. Waren bisher ausnahmslos Frauen zu dem Kernkreis dazugestoßen, kamen nach Beendigung des Kriegs immer mehr

---

217 Vgl. Manfred Döbbeler, Die Fokolar-Bewegung, 1988, 70; Igino Giordani, Storia del Movimento dei Focolari I, Rocca di Papa, 1977, 73-75.

218 Die Bewegung *Crociata della Carità* wurde von Leone Veuthey OFM 1944 ins Leben gerufen und wurde von Pius XII. anerkannt. Ein erstes Treffen zwischen Chiara Lubich und Leone Veuthey OFM fand im Jahr 1947 in Rom statt. Gemäß den Recherchen von Gianfranco Grieco erkannte P. Veuthey in der Gruppe der ersten Fokolarini seine Idee, den ‚Kreuzzug der Nächstenliebe', wieder. Der Name ‚Kreuzzug der Nächstenliebe' änderte sich zunächst in ‚Kreuzzug der Einheit' und schließlich in FoBw. Veuthey war bis 1950 als kirchlicher Assistent für die FoBw zuständig (vgl. Gianfranco Grieco, P. Leone Veuthey, OFM Conv., 1995, 52-54).

219 Vgl. Manfred Döbbeler, Die Fokolar-Bewegung, 1988, 71-72, 87-89; Die Fokolar-Bewegung, die bewegung der focolare, 1966, 94-95; Igino Giordani, Storia del Movimento dei Focolari II, 1978, 14, 18; Jim Gallagher, A woman's work: Chiara Lubich, 1997, 55-56; Gianfranco Grieco, P. Leone Veuthey, O.F.M. conv., 1995, 14-15; 52-54; Chiara Lubich, Die Welt wird eins, 2. Aufl., 1992, 57; Agostino Favale, I Focolarini, 1991, 210; Josef Gelmi, Art. De Gasperi (D.) (Degasperi), Alcide, 3. Aufl., 2006, 45; Bernhard Callebaut, La nascita dei focolari, 2017, 106-107, 291.

220 Manfred Döbbeler, Die Fokolar-Bewegung, 1988, 88.

männliche Interessenten hinzu. Populärstes Beispiel ist mit Marco Tecilla ein junger Elektriker, der in den Jahren nach Kriegsende immer wieder Reparaturen in der Wohnung am Trienter Kapuzinerplatz durchführte. Beeindruckt vom Lebensstil der Frauen beabsichtigte er im November 1948, eine Männergemeinschaft zu eröffnen. Erschwert wurde dieses Vorhaben zunächst durch die Tatsache, dass sie lediglich zu zweit waren: Marco Tecilla und Livio Fauri (* 1922; † 1987). Obwohl Bischof Carlo De Ferrari aus diesem Grund ihren Plan zunächst ablehnte, bewilligte er ihn letztendlich mit folgenden Worten:[221]

> „Geht nur mit meinem Segen ... Der dritte unter euch werde ich sein!“[222]

Die dritte Person im ersten Männerfokolar, welches im November 1948 in einem ehemaligen Hühnerstall eröffnet wurde, war demzufolge der Trienter Bischof Carlo De Ferrari höchstpersönlich. Zu diesen stießen im Juni 1949 zwei weitere Männer aus Rovereto. Dort war 1948 das erste Fokolar außerhalb von Trient gegründet worden.[223]

Am 17. September 1948 lernte Igino Giordani im römischen Parlament die FoBw kennen. Obwohl er zunächst die Bewegung als eine von zahlreichen Nachkriegserscheinungen betrachtete, beeindruckte ihn die Lebensweise der Frauen, insbesondere aber Chiara Lubich, sehr. Durch seine Mitgliedschaft in der Bewegung veränderte sich nicht nur seine soziale Lebensweise, sondern er war auch der erste in einer Ehe lebende Fokolar.[224] „Seinem Einfluß ist es zu verdanken, daß sich die FoBw den Problemstellungen der Gegenwart (auch in Gesellschaft und Politik) öffnete, und gleichzeitig einige anfangs vorhandene aszetische Eng-

---

[221] Vgl. Marco Tecilla, Auf der Suche nach dem Leben, 1985, 62-67; Igino Giordani, Storia del Movimento dei Focolari II, 1978, 26-27; Manfred Döbbeler, Die Fokolar-Bewegung, 1988, 72-73; Armando Torno, PortarTi il mondo fra le braccia, 2011, 39; Jim Gallagher, A woman's work: Chiara Lubich, 1997, 59-63; Agostino Favale, I Focolarini, 1991, 210; Igino Giordani, Ich war der erste verheiratete Fokolar, 1975, 38; Chiara Lubich, L'histoire de l'ideal, 1983, 36; Information von Joachim Schwind, 10.9.2021.

[222] „Andate pure con la mia benedizione ... Il terzo, tra voi, sarò io!“ (Igino Giordani, Storia del Movimento dei Focolari II, Rocca di Papa, 1978, 27.)

[223] Vgl. Manfred Döbbeler, Die Fokolar-Bewegung, 1988, 72-73; Marco Tecilla, Auf der Suche nach dem Leben, 1985, 62-67; Igino Giordani, Storia del Movimento dei Focolari II, Rocca di Papa, 1978, 27; Jim Gallagher, A woman's work: Chiara Lubich, 1997, 63; Stefan Ulz, Dreifaltigkeit leben, 2019, 62.

[224] Vgl. Wilhelm Schäffer, Erneuerter Glaube – verwirklichtes Menschsein, 1987, 123; Manfred Döbbeler, Die Fokolar-Bewegung, 1988, 81-84; Diana Arnaldo, Die Bewegung der Fokolare, 1975, 37; Die Fokolar-Bewegung, die bewegung der focolare, 1966, 115; Igino Giordani, Erinnerungen, 1991, 101; Igino Giordani, Storia del Movimento dei Focolari II, 1978, 22-25, 33-34, 37-38; Jim Gallagher, A woman's work: Chiara Lubich, 1997, 70-72, 75; Chiara Lubich, Die Welt wird eins, 2. Aufl., 1992, 60-61; Igino Giordani, Come conobbi i Focolari, 1965, 77-78; Igino Giordani, Ich war der erste verheiratete Fokolar, 1975, 37; Stefan Tobler, Jesu Gottverlassenheit als Heilsereignis in der Spiritualität Chiara Lubichs, 2002, 68-69; Gino Lubich, Intervista al Movimento dei Focolari, 1975, 46-47; Bernhard Callebaut, La nascita dei focolari, 2017, 112-114.

führungen ablegte."[225] Gleichzeitig, so Manfred Döbbeler, habe er den Frauen den Wert ihrer Erfahrung verdeutlicht.[226]

Neben diesem Schriftsteller und Politiker hatte auch der Beitritt von Pasquale Foresi[227] (* 1929; † 2015), der im Dezember 1949 im Alter von 20 Jahren die FoBw über Graziella De Luca kennenlernte, einen großen Einfluss auf den Werdegang des ‚Werkes Mariens'.[228]

> „Als erster Fokolar [1954] zum Priester geweiht, war er lange Zeit kirchlich beauftragter Assistent der FoBw und förderte deren volle Integration in die Kirche, u.a. durch sein Mitwirken bei der Erarbeitung der Statuten. Die theologische Durchdringung der Fo-Spiritualität sowie zahlreiche praktische Problemlösungen (betreffend u.a. die Struktur der FoBw, ihre Öffentlichkeitsarbeit, die Ausbildung der Fokolare) sind großenteils sein Verdienst."[229]

Aufgrund dieser Leistungen ist er ebenso wie Igino Giordani als Mitbegründer der FoBw zu betrachten.[230]

---

[225] Wilhelm Schäffer, Erneuerter Glaube – verwirklichtes Menschsein, 1987, 123. Vgl. hierzu auch: Manfred Döbbeler, Die Fokolar-Bewegung, 1988, 84; Chiara Lubich, Die Welt wird eins, 2. Aufl., 1992, 60.

[226] Vgl. Manfred Döbbeler, Die Fokolar-Bewegung, 1988, 84; Jim Gallagher, A woman's work: Chiara Lubich, 1997, 75; Stefan Tobler, Die Welt als Gottes Innerstes, 2020, 124.

[227] Zu näheren Informationen über die Person von Pasquale Foresi siehe die Bücher *In Fuga per la verità* (2020) von Michele Zanzucchi und *L'Unità si fa storia* (2015), welches von Armando Droghetti herausgegeben wurde.

[228] Vgl. Manfred Döbbeler, Die Fokolar-Bewegung, 1988, 84-86; Wilhelm Schäffer, Erneuerter Glaube – verwirklichtes Menschsein, 1987, 123-124; Pasquale Foresi, Jünger Christi, 1975, 34; Jim Gallagher, A woman's work: Chiara Lubich, 1997, 65-69; Chiara Lubich, Die Welt wird eins, 2. Aufl., 1992, 61; Bernhard Callebaut, La nascita dei focolari, 2017, 114-115; Armando Droghetti, L'unità si fa storia, 2015, 177; Michele Zanzucchi, In fuga per la verità, 2020, 7, 510; Sebastian Walser, Art. Foresi, Pasquale, 2021, 592-597. (Vgl. auch: mündliche Information von Wilfried Hagemann, 20.8.2019).

[229] Wilhelm Schäffer, Erneuerter Glaube – verwirklichtes Menschsein, 1987, 124. Vgl. hierzu auch: Jim Gallagher, A woman's work: Chiara Lubich, 1997, 65-69; Chiara Lubich, Die Welt wird eins, 2. Aufl., 1992, 60-61; Bernhard Callebaut, La nascita dei focolari, 2017, 114-117.

[230] Vgl. Wilhelm Schäffer, Erneuerter Glaube – verwirklichtes Menschsein, 1987, 123; Stefan Tobler, Jesu Gottverlassenheit als Heilsereignis in der Spiritualität Chiara Lubichs, 2002, 69; Jim Gallagher, A woman's work: Chiara Lubich, 1997, 69-70; Chiara Lubich, Die Welt wird eins, 2. Aufl., 1992, 61; Bernhard Callebaut, La nascita dei focolari, 2017, 12, 116; Stefan Ulz, Dreifaltigkeit leben, 2019, 62.

3.2 Die Ablösung vom Dritten Orden

Obwohl der FoBw in ihrer Gründungsphase zahlreiche Menschen positiv gegenüberstanden, stellte sie für manche ein Ärgernis dar. Es lässt sich annehmen, dass Verantwortungsträger der Katholischen Aktion die neue Bewegung aufgrund des Laienapostolats kritisch bis feindselig wahrnahmen. Speziell die von den Frauen gepflegte Einheit und Gütergemeinschaft führte laut Stefan Tobler zu dem Vorurteil, dass es sich bei der Gemeinschaft um eine kommunistische Gruppierung handle. Ferner habe die starke Ausrichtung an der Heiligen Schrift für das zu dieser Zeit stark katholisch geprägte Trient einen typisch protestantischen Charakterzug widergespiegelt. Dadurch habe sich die Meinung entwickelt, dass die Frauen Angehörige einer evangelischen Kirche oder einer Sekte seien. Jim Gallagher und Igino Giordani führen an, dass man innerhalb des Klerus und der Katholischen Aktion Verzerrungen sowie religiöse Irreführung der Bürger durch die Frauen befürchtete. Auch wenn diese Beschuldigungen, mit denen die FoBw konfrontiert wurde, unberechtigt waren, führten sie doch vor Augen, dass es sich bei dem Kreis um Chiara Lubich nicht mehr um eine Aktivität des Dritten Ordens handelte. Aus diesem Grund soll laut Manfred Döbbeler Erzbischof Carlo De Ferrari von der römischen Kurie 1946[231] dazu aufgefordert worden sein, über die Ereignisse in seinem Bistum zu berichten. Dieser habe daraufhin Chiara Lubich und ihre Gefährtinnen zu sich kommen lassen. Bei dem folgenden Gespräch habe Carlo De Ferrari die Frauen über den Kurienauftrag informiert. Dori Zamboni, die selbst beim Gespräch mit dem Bischof anwesend war, berichtete Manfred Döbbeler von folgendem Gesprächsinhalt:[232]

> „Den Namen ‚Fokolare' hat uns Erzbischof Mons. Carlo de Ferarri gegeben, und zwar während einer Begegnung mit ihm im Jahr 1946, als er gesagt hat: ‚Es ist notwendig, dass ihr einen Namen habt, ihr könnt euch

[231] Manfred Döbbeler weist darauf hin, dass das Ereignis von Silvana Veronesi auf das Jahr 1948 datiert worden sein soll. Andere Zeitzeugen hätten dagegen das Jahr 1946 angegeben. Lediglich der 22. Juli wäre von allen als Tag genannt worden, an dem sie dem Erzbischof begegneten. Da jedoch gemäß Döbbeler nicht anzunehmen ist, dass der Bischof die Statuten für weitere drei Jahre für rechtskräftig erklärte und gleichzeitig eine Untersuchung der Bewegung eingeleitet habe, sei vom 22. Juli 1946 auszugehen. Diese Argumentation ist, auch wenn sie im Detail nicht überprüft werden kann, einleuchtend. Es wird daher davon ausgegangen, dass die Frauen dem Bischof am 22. Juli 1946 begegneten. Das Jahr 1945, in das Jim Gallagher das Ereignis verortet, kann aufgrund der nachgewiesenen Wissenschaftlichkeit von Döbbelers Magisterarbeit als unwahrscheinlich betrachtet werden (vgl. Manfred Döbbeler, Die Fokolar-Bewegung, 1988, 78; Jim Gallagher, A woman's work: Chiara Lubich, 1995, 46-47).

[232] Vgl. Manfred Döbbeler, Die Fokolar-Bewegung, 1988, 73-75; Lubich Chiara, Chiara Lubich und die Fokolar-Bewegung, 1982, 71; Stefan Tobler, Jesu Gottverlassenheit als Heilsereignis in der Spiritualität Chiara Lubichs, 2002, 65-66, 68; Jim Gallagher, A woman's work: Chiara Lubich, 1997, 41-42; Chiara Lubich, Die Welt wird eins 2. Aufl., 1992, 65; Chiara Lubich, L'histoire de l'ideal, 1983, 31-32; Petra Steinmair-Pösel, Im Gravitationsfeld von Mystik und Politik, 2019, 243; Igino Giordani, Storia del Movimento dei Focolari I, 1977, 61.

> nicht einfach ‚Christen' nennen, wie ihr das wünscht.' In der Tat hat er uns von einer Anfrage aus Rom berichtet, was in seiner Diözese los sei, und er habe ja nicht antworten können: Es gebe dort ‚Christen'. Und er fuhr fort: ‚Sie sagen, dass ihr das Feuer weitertragt. Deshalb wird ‚Fokolare' euer Name sein. Daraus wurde mit der Zeit der Name ‚Fokolarini' abgeleitet."[233]

Gemäß dieser Information hat das ‚Werk Mariens' seinen inoffiziellen Namen vom Bischof Carlo De Ferrari empfangen, der für seinen Bericht an die römische Kurie einen Namen für die Gemeinschaft benötigte. Obwohl den Frauen laut Dori Zamboni der Name zunächst nicht zusagte, akzeptierten sie ihn. Chiara Lubich verweist darauf, dass irgendjemand mal begann, die Bewegung so zu bezeichnen. Auch sie betont, dass ihnen der Name anfangs nicht gefiel, sie ihn dann aber annahmen. Stefan Tobler gibt an, dass die Bezeichnung ‚Fokolar' ihren Ursprung im Volksmund hat. Setzt man an dieser Stelle voraus, dass der Trienter Bischof mit dem Personalpronomen ‚Sie' das Volk meint, lässt sich die These aufstellen, dass Carlo De Ferrari bei der Namensfindung auf Aussagen des Volkes über die ersten Fokolarinnen zurückgriff. Die Bezeichnung Fokolar ginge in diesem Fall letzten Endes auf die Trienter Bevölkerung zurück. Im Widerspruch dazu steht eine mögliche Rückführung des Namens auf die Aussage Chiara Lubichs, eine Schule des Feuers zu gründen, da dann die Trienterin selbst die Namensgeberin gewesen wäre. Während jedoch neben Dori Zamboni auch Chiara Lubich vermutlich bei dem Gespräch mit Carlo De Ferrari anwesend war, ist Igino Giordani dagegen, der die Aussage über die Gründung einer Schule des Feuers in seinem Werk *Storia del Movimento dei Focolari I* festhält, kein Zeuge dieser Unterhaltung gewesen. Obwohl der Ursprung des Namens der FoBw nicht mehr eindeutig zu klären ist, sprechen gewichtige Indizen somit für eine Namensgebung durch das Trienter Volk.[234]

Die für die FoBw charakteristischen Züge kristallisierten sich in dieser Phase immer mehr heraus. Diese Entwicklung führte dazu, so Stefan Tobler, dass der Dritte Orden der Franziskaner die Trennung von der entstehenden FoBw befürwortete. Weiterhin verstärkten die bereits erwähnten üblen Nachreden den Wunsch des Ordens. Die in Folge dieser Vorwürfe vom Erzbischof von Trient angeordnete Untersuchung kam zu dem Ergebnis, dass die Frauen rechtgläubig waren. Bischof Carlo De Ferrari betraute sie mit der Erstellung von Statuten, die die

---

[233] „Il nome ‚Focolare' ce lo ha dato l'Arcivescovo Mons. Carlo de Ferarri, durante uno degli incontri con lui, nel 1946 poichè diceva: ‚è necessario che abbiate un nome, non potete chiamarvi soltanto ‚Cristiani', come voi desiderate.' Infatti diceva d'aver avuto richiesta da Roma di cosa succedeva nella sua diocesi e che non poteva rispondere che c'erano ‚dei Cristiani'. E continuava: ‚dicono che voi portate il fuoco, perciò ‚Focolare' sarà il vostro nome.' Nel tempo poi hanno derivato il nome ‚focolarine'." (Manfred Döbbeler, Die Fokolar-Bewegung, 1988, 75.)

[234] Vgl. Igino Giordani, Storia del Movimento dei Focolari I, 1977, 27; Petra Steinmair-Pösel, Im Gravitationsfeld von Mystik und Politik, 2019, 242; Stefan Tobler, Jesu Gottverlassenheit als Heilsereignis in der Spiritualität Chiara Lubichs, 2002, 64; Manfred Döbbeler, Die Fokolar-Bewegung, 1988, 75; Chiara Lubich, Die Welt wird eins, 2. Aufl., 1992, 75; Léon Suenens, Worum es geht, 1975, 7.

spirituelle Charakteristik darstellen sollten. Chiara Lubich und ihre Gefährtinnen wurden daraufhin 1947 mit der Genehmigung der Statuten auf diözesaner Ebene von ihren Pflichten gegenüber dem Dritten Orden entbunden. Manfred Döbbeler stellt in diesem Zusammenhang die These auf, dass damit noch keine endgültige Trennung verbunden war. Erst durch den Erlass eines Dekrets durch die Heilige Kongregation für die Ordensleute im Jahr 1949 sei dies final vollzogen worden. Die Kirche beauftragte von nun an einen Säkularpriester mit der Assistenz der FoBw. Stefan Tobler datiert dagegen die abschließende Trennung zwischen dem Dritten Orden und der FoBw auf das Jahr 1947. Für eine zuverlässige Bestimmung des Zeitpunkts müsste in jedem Fall das Dekret herangezogen werden, auf das jedoch sowohl bei Tobler und als auch bei Döbbeler in den Fußnoten nicht verwiesen wird. Igino Giordani, dessen Werk *Storia del Movimento dei Focolari I* die Informationen zu entnehmen sind, nimmt keine zeitliche Einordnung vor.[235]

3.3 Die Mariapolis in den Jahren 1949-1959

Unter der Mariapoli (dt. Stadt Mariens) ist eine „Stadt auf Zeit“[236] zu verstehen.[237] „Ihre Bewohner aller Altersstufen, Berufe und Berufungen richten ihr gemeinsames Leben nach dem Gebot der gegenseitigen Liebe aus, um so zum Modell für eine neue Gesellschaft zu werden.“[238] In einem „Wetteifern im Dienst füreinander“[239] soll die Voraussetzung für die Gegenwart von ‚Jesus in der Mitte' geschaffen werden. Ihre historische Entwicklung begann 1949, als Chiara Lubich gemeinsam mit einigen der ersten Wegbegleiterinnen und Igino Giordani einen längeren Erholungsurlaub in den Dolomiten verbrachte. Im Ort Tonadco in der Nähe von Fiera di Primiero wohnten die Frauen in einer Berghütte, während Igino Giordani in einem Hotel für ein paar Tage ein Zimmer mietete. Im Verlauf dieser Urlaubszeit, am 16. Juli 1949, äußerte Igino Giordani gegenüber Chiara Lubich den Wunsch, einen Eid des Gehorsams abzulegen. Da ihr jedoch ein Gehorsamsgelübde widersprach, sie ihn aber auch nicht zu kränken beabsichtigte, bot sie ihm an, einen *Pakt der Einheit* mit ihm abzuschließen. Diesen schlossen beide am

---

235 Vgl. Manfred Döbbeler, Die Fokolar-Bewegung, 1988, 75-76, 78; Igino Giordani, Storia del Movimento dei Focolari I, 1977, 61-62; Armando Torno, PortarTi il mondo fra le braccia, 2011, 33; Jim Gallagher, A woman's work: Chiara Lubich, 1997, 47; Stefan Tobler, Jesu Gottverlassenheit als Heilsereignis in der Spiritualität Chiara Lubichs, 2002, 68; Petra Steinmair-Pösel, Im Gravitationsfeld von Mystik und Politik, 2019, 247; Stefan Tobler, Die Welt als Gottes Innerstes, 2020, 125.

236 Christoph Hegge, Rezeption und Charisma, 1999, 360.

237 Vgl. ebd., 360.

238 Ebd., 360.

239 Chiara Lubich, Einheit als Lebensstil, 3. Aufl., 1989, 48.

16. Juli 1949 in der Kapuzinerkirche von Fiera di Primero während der Eucharistiefeier.[240]

Gleichzeitig markierte dieser Tag den Anfang einer starken, spirituellen Erfahrung von Chiara Lubich, die sie mit den anderen teilte. Die Gruppe erlebte in den darauffolgenden zwei Monaten eine intensive Zeit der spirituellen Erkenntnis,[241] in der „sich die Wirklichkeit Gottes und der Schöpfung ihrem Verstand öffneten und sie über die Rolle und Gestalt“[242] der FoBw Klarheit erlangten. Chiara Lubich selbst beschrieb Jahre später in ihrem Werk *Einheit als Lebensstil* (1989) diese geistliche Erfahrung mit folgenden Worten:

> „Wir hatten den Eindruck, Gott öffne uns die Augen für sein Reich, das unter uns gegenwärtig war: die Dreifaltigkeit, die in jeder Zelle des Leibes Christi wohnt: ‚Heiliger Vater, bewahre sie in deinem Namen, den du mir gegeben hast, damit sie eins sind wie wir‘ (Joh 17,11). Wir glaubten zu erkennen, daß das Werk, das im Entstehen begriffen war, eine mystische Gegenwart Marias in der Kirche sein sollte.“[243]

Chiara Lubich bezeichnete das Miteinander dieser Zeit als Paradies, das sie am liebsten nicht mehr verlassen hätten. Es war Igino Giordani, der nach zwischenzeitlicher Abwesenheit Chiara Lubich auf das Potenzial ihres Charismas für die Welt aufmerksam machte. Für ihn standen der gelebte Glauben und das gesellschaftspolitische Engagement in einer wechselseitigen Beziehung, die sich gegenseitig positiv beeinflussten. Die von Igino Giordani angeregte Rückkehr in die Welt bedeutete für Chiara Lubich,[244]

> „die Beschauung loszulassen: nicht um sie zu verlassen, aber um sie sozusagen in gebrochener Form mitten in einer zwiespältigen, gebrochenen

---

240 Vgl. Manfred Döbbeler, Die Fokolar-Bewegung, 1988, 91-92; N.ST., Wie ist die Mariapoli entstanden?, 1983, 9; Wilhelm Schäffer, Erneuerter Glaube – verwirklichtes Menschsein, 1987, 160; Chiara Lubich, Einheit als Lebensstil, 3. Aufl., 1989, 47-48; Igino Giordani, Storia del Movimento dei Focolari III, 1980, 6; Jim Gallagher, A woman's work: Chiara Lubich, 1997, 72; Armando Torno, PortarTi il mondo fra le braccia, 2001, 45; Stefan Tobler, Jesu Gottverlassenheit als Heilsereignis in der Spiritualität Chiara Lubichs, 2001, 69-70; Agostino Favale, I focolarini, 1991, 210-211, 230-231; Christoph Hegge, Rezeption und Charisma, 1999, 360; Fokolar-Bewegung, die bewegung der focolare, 1966, 127; Chiara Lubich, Chiara Lubich und die Fokolarbewegung, 1982, 32; Petra Steinmair-Pösel, Im Gravitationsfeld von Mystik und Politik, 2019, 244; Stefan Tobler, Die Welt als Gottes Innerstes, 2020, 126.

241 Vgl. Manfred Döbbeler, Die Fokolar-Bewegung, 1988, 92-93; Chiara Lubich, Einheit als Lebensstil, 3. Aufl., 1989, 47; Stefan Tobler, Jesu Gottverlassenheit als Heilsereignis in der Spiritualität Chiara Lubichs, 2001, 70; Stefan Ulz, Dreifaltigkeit leben, 2019, 54-55.

242 Manfred Döbbeler, Die Fokolar-Bewegung, 1988, 92.

243 Chiara Lubich, Einheit als Lebensstil, 3. Aufl., 1989, 47.

244 Vgl. Igino Giordani, Storia del Movimento dei Focolari II, 1978, 44-45; Jim Gallagher, A woman's work: Chiara Lubich, 1997, 75; Manfred Döbbeler, Die Fokolar-Bewegung, 1988, 92-93; Stefan Tobler, Jesu Gottverlassenheit als Heilsereignis in der Spiritualität Chiara Lubichs, 2001, 73; Petra Steinmair-Pösel, Im Gravitationsfeld von Mystik und Politik, 2019, 245, 247.

Welt wiederzufinden. Dieses Loslassen war für Lubich darum mit einem ganz bestimmten Namen verbunden: dem von Jesus, dem Verlassenen, dem an der Welt gebrochenen und diese gleiche Welt doch tragenden Gott."[245]

Ihn erklärte Chiara Lubich in einem Text vom 20. September 1949 zu ihrem einzigen Bräutigam. Er war für sie derjenige, der Himmel und Erde miteinander verbindet.[246]

In den nachfolgenden Jahren fanden weitere Treffen in den Dolomiten statt, bei denen die Anzahl der Teilnehmer kontinuierlich anstieg. Die Zahl der Anwesenden umfasste längst nicht mehr nur Chiara Lubich und ihre ersten Gefährtinnen. 1950 erweiterte sich der Kreis der Anwesenden durch die Eltern und Kinder. In den Jahren 1952 und 1953 folgten Ordensleute und Priester. Aufgrund der großen Teilnehmerzahl und der Fülle von verschiedenen sozialen Gruppierungen wurde bereits 1951[247], als um die 300 Personen anwesend waren, die Zusammenkunft in den Bergen als Stadt bezeichnet. Sowohl 1954 als auch 1955 wurde die Mariapolis in Vigo di Fassa veranstaltet. Zu den Teilnehmern dieser Mariapolis zählten kirchliche Visitatoren aus Rom, die die Veranstaltung gemäß Igino Giordani zunächst sehr kritisch prüften, jedoch langfristig zu „väterlichen Führern"[248] geworden seien. 1954 begriff sich die Gruppe schon als ‚Werk Mariens'. 1955 erhielt die Mariapoli ihren heutigen Namen. Diese Benennung sei deshalb passend,[249] „weil sie das geistliche Programm der gesamten Bewegung beinhaltet, nämlich die Gegenwart Gottes zu ermöglichen, ihn der Welt zu geben, wie Maria es getan hatte."[250] Es ist deswegen mit Chiara Lubichs Worten festzuhalten, dass durch die Erfahrungen der Frauen in den Dolomiten im Jahr 1949 ein völlig neuer Abschnitt der FoBw eingeläutet wurde. Während der 7. Dezember 1943 für die Geburt der FoBw steht, ist die erste Mariapoli als Gründungsereignis des ‚Werkes Mariens' zu verstehen. Dass diese Behauptung zutreffend ist, ist daran zu erkennen, dass sich

---

245 Stefan Tobler, Jesu Gottverlassenheit als Heilsereignis in der Spiritualität Chiara Lubichs, 2001, 73.

246 Vgl. Chiara Lubich, Bis wir alle eins sein werden, 14. Aufl., 1990, 108-109; Stefan Tobler, Jesu Gottverlassenheit als Heilsereignis in der Spiritualität Chiara Lubichs, 2001, 73; Chiara Lubich, Einheit als Lebensstil, 3. Aufl., 1989, 47-48; Manfred Döbbeler, Die Fokolar-Bewegung, 1988, 92-93; Igino Giordani, Storia del Movimento dei Focolari II, 1978, 45-46; Jim Gallagher, A woman's work: Chiara Lubich, 1997, 75-76; Petra Steinmair-Pösel, Im Gravitationsfeld von Mystik und Politik, 2019, 248.

247 Die Zeitschrift *Die Mariapoli geht weiter* datiert die Namesgebung der Zusammenkunft als Stadt auf das Jahr 1952. Chiara Lubich gibt dagegen das Jahr 1951 an. Da Chiara Lubich eine Zeitzeugin dieses Berichts ist, kann von dem Jahr 1951 ausgegangen werden (vgl. N.ST., Wie ist die Mariapoli entstanden?, 1983, 9; Chiara Lubich, Einheit als Lebensstil, 3. Aufl., 1989, 48).

248 „guide paterne" (Igino Giordani, Storia del Movimento dei Focolari III, 1980, 6.)

249 Vgl. Manfred Döbbeler, Die Fokolar-Bewegung, 1988, 94; Chiara Lubich, Einheit als Lebensstil, 3. Aufl., 1989, 48-49; Igino Giordani, Storia del Movimento dei Focolari III, 1980, 6-7; N.ST., Wie ist die Mariapoli entstanden?, 1983, 9-10; Jim Gallagher, A woman's work: Chiara Lubich, 1997, 90, 93; Fokolar-Bewegung, die bewegung der focolare, 1966, 134.

250 Manfred Döbbeler, Die Fokolar-Bewegung, 1988, 94.

in dieser Phase grundlegende funktionelle Konturen (z. B. Maria als Vorbild) und spiritueller Richtlinien (z. B. ‚Jesus, der Verlassene' als Bräutigam) entwickelten, die für die FoBw noch heute kennzeichnend sind. Aber auch in struktureller Hinsicht wurde Chiara Lubich bewusst, dass die Bewegung aufgrund der unterschiedlichen Mitgliedschaften[251] den bisherigen Gemeinschaften der katholischen Kirche nicht entsprach. Trotzdem sei ihr bewusst gewesen, so Jim Gallagher, dass die katholische Kirche ihre Heimat sei. Auch hat Chiara Lubich laut Armando Torno ab 1950 die Absicht verfolgt, sich mit den zahlreichen gewonnenen Erfahrungen theologisch auseinanderzusetzen. Denn einen Plan, der in genau festgelegten Einzelheiten zur Gründung der FoBw hätte führen können, habe sie nie verfolgt. Vielmehr seien die Impulse von Gott ausgegangen.[252]

> „Ich hatte eigentlich nie ein festes Programm. Wir haben uns bemüht, Gott zu lieben; und in der Schrift steht, daß Gott sich dem offenbart, der ihn liebt. Er hat sich wirklich geoffenbart und uns Schritt für Schritt verstehen lassen, was wir machen sollten."[253]

1956 kamen die Teilnehmer der Mariapoli laut Chiara Lubich von allen fünf Kontinenten. Ein Jahr später erweiterte sich der Kreis der Mariapolibesucher um kirchliche Würdenträger[254]. Anwesend war 1957 auch Riccardo Lombardi (* 1908; † 1979), der 1952 die ‚Bewegung für eine bessere Welt' (itl.: *Movimento per un mondo migliore*) gegründet hatte. Vorübergehend wurde diskutiert, ob sich nicht beide Bewegungen vereinigen könnten. Sowohl der General der Jesuiten als auch Carlo De Ferrari lehnten dieses Vorhaben allerdings ab. Darüber hinaus bekam die Mariapoli von 1957 durch die Anwesenheit von Mitgliedern der Darmstädter Marienschwestern[255] einen ersten ökumenischen Wesenszug. Über die evangelische Marienschwesternschaft konnten in den Jahren darauf weitere ökumeni-

---

[251] Ausführliche Informationen über die unterschiedlichen Zweige der FoBw folgen im Kapitel über die Struktur der Bewegung.

[252] Vgl. Manfred Döbbeler, Die Fokolar-Bewegung, 1988, 93-94; Chiara Lubich, Einheit als Lebensstil, 3. Aufl., 1989, 47-49; Igino Giordani, Storia del Movimento dei Focolari II, 1978, 44-45; Jim Gallagher, A woman's work: Chiara Lubich, 1997, 776-75, 94; Armando Torno, PortarTi il mondo fra le braccia, 2011, 50; Chiara Lubich, Chiara Lubich und die Fokolar-Bewegung, 1982, 29; Stefan Ulz, Dreifaltigkeit leben, 2019, 62-63.

[253] Chiara Lubich, Chiara Lubich und die Fokolar-Bewegung, 1982, 29.

[254] Chiara Lubich spricht von einigen Bischöfen. Namen nennt sie allerdings keine (vgl. Chiara Lubich, Einheit als Lebensstil, 3. Aufl., 1989, 49).

[255] Bei den Darmstädter Marienschwestern handelt es sich um eine evangelische Marienschwesternschaft, die von Klara Schlink (Mutter Basilea) und Erika Madauss (Mutter Martyria) 1947 gegründet wurde. Kernpunkte der spirituellen Ausrichtung der Marienschwestern sind unter anderem das Bibelstudium, Meditation sowie die Lebens- und Gütergemeinschaft (vgl. Karl Dienst, Art. Evangelische Marienschwesternschaft, 3. Aufl., 2006, 1047-1048). Ausführliche Informationen zu den Darmstädter Marienschwestern finden sich in den von M. Basilea Schlink veröffentlichten Büchern *Ökumenische Marienschwesternschaft* (1959), *Wie ich Gott erlebte* (1975), dem Sammelband *Geistliche Frauen des 20. Jahrhunderts* (2020) und dem BBKL-Artikel über Basilea Schlink (2021).

sche Verbindungen aufgebaut und gepflegt werden. Die Mariapoli des Sommers 1958 wurde in Anlehnung an die damalige Weltausstellung in Belgien *Expo di Dio* genannt, wodurch die Gegenwart Gottes auf der Veranstaltung zum Ausdruck gebracht werden sollte. Die letzte Mariapoli in den Dolomiten wurde 1959 veranstaltet, auf der ungefähr 10.000 bis 12.000 Teilnehmer aus 27 Nationen anwesend gewesen sein sollen. Armando Torno geht sogar von 40 Nationen aus. Diese Angaben konnten jedoch nicht überprüft werden und beruhen sehr wahrscheinlich auf Schätzungen. Sicher gesagt werden kann nur, dass aufgrund der großen Teilnehmeranzahl eine organisatorische Grenze erreicht war. Die Mariapoli war zwischen 1956 und 1959 endgültig zu einer internationalen Veranstaltung geworden. Sie musste daher in Zukunft auf die verschiedenen Länder, in denen die FoBw vertreten war, aufgeteilt werden. Gleichzeitig wurde von weiteren größeren Veranstaltungen zumindest zunächst abgesehen, vermutlich um das angespannte Verhältnis zur Hierarchie nicht überzustrapazieren. Das Wachstum, das den Mariapolis zuteil wurde, erklärte sich Chiara Lubich durch die Gegenwart Gottes, „der durch die beständige gegenseitige Liebe mitten in dieser Gemeinschaft von Christen"[256] zugegen gewesen sei. Die Teilnehmer entdeckten auf der Mariapoli Gott in ihrem Leben neu. Das habe nicht nur dazu geführt, dass sie ihre Lebensweise änderten, sondern auch dazu, dass sie ihrem Bekanntenkreis von ihrer Erfahrung erzählten. Diese Annahme Chiara Lubichs hat durchaus ihre Berechtigung, wie im Verlauf der Kapitel über die Verbreitung der FoBw in der Bundesrepublik Deutschland und der DDR noch zu zeigen sein wird. 1960 wurde eine Mariapoli erstmals außerhalb Italiens in Fribourg (Schweiz) veranstaltet. 1963 fand eine Mariapoli für die deutschsprachigen Länder in Wattens statt. Weitere Mariapolis wurden in Garanhuns (Brasilien), in St. Maria auf den Anden (Argentinien), Newton (USA), in Le Puy (Frankreich) und in der Gegend des Zentralmassivs im südlichen Frankreich veranstaltet. Spätestens ab 1964 organisierte man sie jährlich in den einzelnen Zonen. Nachdem die Bewegung sich immer mehr ausbreitete, entstanden sogenannte ständige Mariapolis. Hierbei handelte es sich um Modellsiedlungen, „in denen das Leben des Evangeliums das einzige Gesetz"[257] sein soll. Die erste dieser Art wurde 1964 in Loppiano (Florenz) eröffnet.[258]

---

[256] Chiara Lubich, Einheit als Lebensstil, 3. Aufl., 1989, 50.

[257] Christoph Hegge, Rezeption und Charisma, 1999, 360.

[258] Vgl. Manfred Döbbeler, Die Fokolar-Bewegung, 1988, 94-98; Chiara Lubich, Einheit als Lebensstil, 3. Aufl., 1989, 49-52; N.ST., Wie ist die Mariapoli entstanden?, 1983, 10-11; Igino Giordani, Storia del Movimento dei Focolari III, 1980, 8, 10-13; Jim Gallagher, A woman's work: Chiara Lubich, 1997, 90, 92, 94-96; Armando Torno, PortarTi il mondo fra le braccia, 2011, 52; Chiara Lubich, Die Welt wird eins, 2. Aufl., 1992, 66; Fokolar-Bewegung, die bewegung der focolare, 1966, 134-135; Christoph Hegge, Rezeption und Charisma, 1999, 360; Agostino Favale, Movimenti ecclesiali contemporanei, 1991, 230-231; Hartmut Lohmann, Art. Lombardi, Riccardo, 1993, 196-197; Riccardo Lombardi, Für eine bessere Welt, 1964, 34-39; Martina Giacomo, Art. Lombardi, Riccardo, 3. Aufl., 2006, 1044; Chiara Lubich, Chiara Lubich und die Fokolarbewegung, 1982, 32; Vittorio Fasciotti, Chronologie der Fokolar-Bewegung in Deutschland, 2016, 1963; Anton Gälli, Mariapoli 1963 – Wattens / Tirol, 1963, 61; Stefan Ulz, Dreifaltigkeit leben, 2019, 63, 65.

3.4 Der Verlag *Città Nuova*

Verbunden mit den Mariapolis der 1950er-Jahre ist ferner die Gründung der Zeitschrift *Città Nuova* (dt.: ‚Neue Stadt'). Die Namensgebung ist aufgrund der nicht vorhandenen schriftlichen Quellen sehr schwer zu rekonstruieren. Manfred Döbbeler nimmt an, dass der Name *Città Nuova* auf die ‚Stadt auf dem Berg' im Matthäusevangelium (vgl. Mt 5,14) zurückzuführen ist und[259] „das soziale Gefüge der Gesellschaft einer Stadt ins Bewußtsein rufen [sollte], in der eben Bürger aller Schichten, Klassen und Kategorien beheimatet sind."[260] Während der Zusammenhang der Namensgebung mit der Bibelstelle Mt 5,14 sich nur vermuten lässt, erscheint es durchaus als plausibel, dass mit der Bezeichnung *Città* die gesellschaftlichen Strukturen einer Stadt gemeint sind.

> „Sie wollte eine Zeitung für das Volk, in der alle schreiben können, gebildete und ungebildete, kleine und große, Kleriker und Laien, Arbeiter und Akademiker, Männer und Frauen. Um einen Beitrag zu leisten, aus allen eines zu machen, wie es Jesus in seinem Testament im Sinne hatte."[261]

Während der Namensursprung der *Città Nuova* somit weitgehend ungeklärt bleiben muss, lässt sich die Gründung der Zeitschrift des ‚Werkes Mariens' nachzeichnen. Die Idee, eine Zeitschrift ins Leben zu rufen, entstand gemäß der Aussage von Pasquale Foresi schon 1954. Es bestand zum einen der Wunsch, jene miteinander zu verbinden, die in Kontakt zur Bewegung standen. Zum anderen sollten die fokolarinische Spiritualität und die Interessen der Bewegung in der Öffentlichkeit besser zum Ausdruck kommen. Doch erst im Jahr 1956 erfolgte die praktische Umsetzung.[262] Die „erste Nummer [der *Città Nuova*] erschien am 14. Juli 1956 in Form hektographierter Blätter und umfaßte nicht mehr als drei Seiten."[263] Ihre Auflage soll zu diesem Zeitpunkt 70 Ausfertigungen umfasst haben, die ausschließlich für die Mariapoliteilnehmer bestimmt waren. Einen Monat später seien es jedoch bereits 300 Exemplare gewesen. Im September 1956 erschien bereits die sechste Ausgabe[264] der *Città Nuova*. Diese war bereits in ihrer

---

259 Vgl. Manfred Döbbeler, Die Fokolar-Bewegung, 1988, 99.

260 Ebd., 99.

261 „Vorebbe essere un giornale popolare dove tutti possono scrivere, dotti ed indotti, piccoli e grandi, religiosi e laici, lavoratori e professionisti, uomini e donne. ... Contribuire a far di tutti uno, come Gesù nel suo testamento convocò." (Zitiert nach: Manfred Döbbeler, Die Fokolar-Bewegung, 1988, 99.)

262 Vgl. Manfred Döbbeler, Die Fokolar-Bewegung, 1988, 98-99; Pasquale Foresi, Perché nacque ‚Città nuova', 1976, 18; N.ST., Wie ist die Mariapoli entstanden?, 1983, 10; Chiara Lubich, Einheit als Lebensstil, 3. Aufl., 1989, 49; Jim Gallagher, A woman's work: Chiara Lubich, 1997, 90-91; Gino Lubich, Con Citta' Nuova ai vecchi tempi, 1986, 38; Guglielmo Boselli, La formula di Citta' nuova, 1986, 52; Anton Gälli, Geschichte der Neuen Stadt, 1965, 5.

263 Manfred Döbbeler, Die Fokolar-Bewegung, 1988, 95.

264 Gemäß Manfred Döbbelers Informationen wurden von dieser 6. Ausgabe der *Città Nuova* über 900 Exemplare ausgegeben. Diese Information basiert allerdings auf einer mündlichen

Eigenart kein explizites Informationsblatt für die Mariapoli mehr, sondern diente nach dem Ende der Mariapoli im Jahr 1956 dazu, den Kontakt unter den Teilnehmern über den Sommer hinaus aufrechtzuhalten. Damit ging eine langsame Ausweitung der Zielgruppe einher. Bestand der Leserkreis der *Città Nuova* zunächst aus den Teilnehmern der Mariapoli, verfolgte die Zeitschrift wenig später das Ziel, sich all jenen Menschen zuzuwenden, die ungeachtet ihrer unterschiedlichen Weltanschauung zur Verbesserung der Gesellschaft beitragen wollten. Obwohl eine Finanzierung in Form eines Abonnentensystems durchaus denkbar gewesen wäre, entschied man sich für einen Vertrieb der Zeitschrift auf Spendenbasis. Trotz dieser unsicheren Einnahmequelle steigerte die *Città Nuova* ihre Auflagenhöhe in den kommenden Jahren deutlich. So wurden gemäß den Recherchen von Manfred Döbbeler im Januar 1957 4.000 Exemplare bzw. ein Jahr später sogar 40.000 Exemplare angefertigt und verschickt. Bereits im Februar 1957 hatte man die erste Zeitung in Buchdruckform veröffentlicht.[265]

Auf eine zwischenzeitliche Namensänderung der Zeitschrift in *La Rete* (dt.: ‚Das Netz') weist folgender Ausschnitt in der siebten Ausgabe der *Città Nuova* im Jahr 1957 hin:[266]

> „Auf unseren Briefkopf soll der alte Titel. Wir haben das nicht gewünscht: einige äußere Umstände haben es uns nahegelegt."[267]

Welche besonderen Umstände im Oktober desselben Jahres eine Rückkehr zum Namen *Città Nuova* nahelegten, bleibt unklar. Auf der Grundlage der ihm vorliegenden Informationen hält Manfred Döbbeler fest, dass es eventuell eine Veröffentlichung der kommunistischen Partei in Pescara mit demselben Namen gegeben hat. Allerdings war es Döbbeler nicht möglich, diese Vermutung nachzuweisen. Mit der Rückkehr zum Namen *Città Nuova* wurde die bei der Einführung von *La Rete* neugestartete Ausgabenzählung übernommen. Nicht zu belegen ist zudem der Zeitpunkt, ab dem nun doch der Wechsel zu einer Abonnentenfinanzierung erfolgte. In Frage käme hierfür möglicherweise die erste Ausgabe von *La Rete*, die am 5. März 1957 erschien.[268]

Quelle und kann schriftlich nicht belegt werden (vgl. Manfred Döbbeler, Die Fokolar-Bewegung, 1988, 99).

[265] Vgl. Manfred Döbbeler, Die Fokolar-Bewegung, 1988, 98-100; Agostino Favale, I focolarini, 1991, 211; Gino Lubich, Con Citta' Nuova ai vecchi tempi, 1986, 38; Pasquale Foresi, Perché nacque ‚Città nuova', 1976, 18; Guglielmo Boselli, La formula di Citta' nuova, 1986, 52-53; Anton Gälli, Geschichte der Neuen Stadt, 1965, 5-6.

[266] Vgl. Manfred Döbbeler, Die Fokolar-Bewegung, 1988, 100; Johannes Heilkenbrinker, Pater Hans Heilkenbrinker erzählt aus den ersten Zeiten des Ideals in Deutschland, 1988, Archiv Ottmaring, 1.

[267] „Al nostro foglio torna l'antico titolo. Non l'abbiamo voluto noi questo ritorno: alcune circostanze esterne ce l'hanno consigliato." (Zitiert nach: Manfred Döbbeler, Die Fokolar-Bewegung, 1988, 100.)

[268] Vgl. Manfred Döbbeler, Die Fokolar-Bewegung, 1988, 100-101; Anton Gälli, Città Nuova / Neue Stadt, 1957, 1; Gino Lubich, Con Citta' Nuova ai vecchi tempi, 1986, 38.

Das erste Redaktionskollegium der *Città Nuova* setzte sich aus Mitarbeitern zusammen, die weder eine journalistische Ausbildung genossen hatten noch entsprechende Erfahrungen besaßen. Sie waren von Chiara Lubich und Pasquale Foresi anhand eines Probetextes, der von den Bewerbern eingereicht werden sollte, ausgewählt worden. Es ist daher nicht verwunderlich, dass der journalistisch erfahrene Gino Lubich, der 1957 zum Team stieß, folgenden Eindruck von der *Città Nuova* hatte:[269]

> „Mir erschien es als etwas, das ‚an den Grenzen der Realität' [liegt] (...)."[270]

Trotz dieses ersten Eindrucks ‚der Realitätsferne' profitierten die Mitarbeiter der *Città Nuova* neben der journalistischen Kompetenz Gino Lubichs vor allem von Igino Giordani, der von 1959 bis zu seinem Tod im Jahr 1980 als Direktor tätig war und in dieser Zeit sein journalistisches, redaktionelles sowie schriftstellerisches Wissen einbrachte. Zudem zeigte es sich, dass man mit Spartaco Lucarini einen sehr guten Chefredakteur gewonnen hatte, der von 1957 bis zu seinem Tod im Jahr 1975 diese Position einnahm.[271]

Nachdem die *Città Nuova* den Rahmen eines internen Informationsblattes für die Mariapoli rasch überschritten hatte, wurde für den Kreis der Internen ab dem 27. März 1958 das Mitteilungsblatt ‚Mariapoli' herausgegeben. Es war zunächst geplant, dass das Mitteilungsblatt in einem zweiwöchigen Abstand erscheinen sollte. Allerdings ist davon auszugehen, dass in den Monaten nach der Erstausgabe kein zweiwöchiger Rhythmus eingehalten werden konnte. In einem monatlichen Rhythmus erschien sie ab der 7./8. Ausgabe von September 1958 an. Die *Città Nuova* selbst wurde 1959 durch die Produktion des Buches *Meditazioni*, welches bisher erschienene Beiträge von Chiara Lubich beinhaltete, zum Buchverlag ausgebaut. Bis zum Anfang der 60er-Jahre entstanden in verschiedenen Ländern Ableger des Verlags, insofern diese eine autonome Finanzierung gewährleisten konnten.[272]

---

[269] Vgl. Manfred Döbbeler, Die Fokolar-Bewegung, 1988, 101; Jim Gallagher, A woman's work: Chiara Lubich, 1997, 94; Chiara Lubich, Die Welt wird eins, 2. Aufl., 1992, 32.

[270] „Mi apparve come qualcosa ‚ai confini della realtà'." (Gino Lubich, Con Citta' Nuova ai vecchi tempi, 1986, 38.)

[271] Vgl. Manfred Döbbeler, Die Fokolar-Bewegung, 1988, 102; Spartaco Lucarini, Amare questo nostro tempo, 1986, 44; Igino Giordani, Per costruiere la Citta' Nuova, 1986, 43.

[272] Vgl. Manfred Döbbeler, Die Fokolar-Bewegung, 1988, 103-104.

3.5 Die kirchenrechtliche Entwicklung der Fokolar-Bewegung in Italien

3.5.1 Die Anfänge

Am 1. Mai 1947 genehmigte Erzbischof Carlo De Ferrari die Statuten der FoBw auf diözesaner Ebene. Hierzu finden sich bei Manfred Döbbeler folgende Ausführungen: Das erste Statut der Bewegung umfasste 27 Artikel und hatte den Titel *Statuto dei Focolari della carità* geführt. Art. 1 bezeichnete die Mitglieder der Bewegung mit dem Namen *apostoli dell'Unità* (dt.: ‚Apostel der Einheit'). Der kirchenrechtliche Status entsprach einem Säkularinstitut gemäß den in der Apostolischen Konstitution *Provida Mater Ecclesia* (1947)[273] genannten Richtlinien, was durch die Promotionsarbeit von Christoph Hegge bestätigt[274] wird. Dieser Form des geweihten Lebens konnte die FoBw zugeordnet werden, da sich bis zu diesem Zeitpunkt lediglich der Zweig der unverheirateten Fokolarinnen herausgebildet hatte. Diese befolgten die evangelischen Räte und waren auf die Welt hin ausgerichtet. Als Ziel, das alle Mitglieder verfolgen (Art. 9), wurde in Art. 2 die Erfüllung des Einheitswunsches (Joh 17,21) Jesu angegeben. Art. 4 behandelte die Mitgliedschaft der FoBw. Er legte fest, wer der FoBw angehörte und welcher Art die Mitgliedschaft war. Als Sitz der Bewegung bestimmte Art. 5 die Stadt Trient. Zugleich legte dieser Artikel das Ziel universaler Ausbreitung fest. Darüber hinaus sorgte Art. 15 für Aufsehen, da in diesem mittelbar von Frauen- und Männerfokolaren gesprochen wurde, obwohl zu diesem Zeitpunkt lediglich Frauenfokolare existierten. Demzufolge war die Möglichkeit männlicher Fokolare von Anfang an nicht ausgeschlossen worden.[275]

Allerdings kann der Vorgang dieser Approbation nicht nachvollzogen werden. Weder „aus dem ersten Statut der Bewegung, noch aus dem Erzbischöflichen Archiv von Trient oder dem offiziellen Amtsblatt der Diözese"[276] geht dies laut Christoph Hegge explizit hervor. Eine Verlängerung dieser ersten Genehmigung um drei weitere Jahre erfolgte am 1. Mai 1948. Gemäß Manfred Döbbeler, der sich

[273] Vgl. Pius XII., Provida mater ecclesia, 1947, 114-124.

[274] Die Ausführungen von Christoph Hegge und Manfred Döbbeler entsprechen sich. Es kann daher davon ausgegangen werden, dass voraussichtlich auch Döbbeler das Statut vorlag.

[275] Vgl. Manfred Döbbeler, Die Fokolar-Bewegung, 1988, 76-78; Christoph Hegge, Rezeption und Charisma, 1999, 350; Gertrud Pollak, Säkularinstitute. I. Entstehungsgeschichte und theologisches Proprium, 3. Aufl., 2006, 1465-1466; Hans Urs von Balthasar, Gottbereitetes Leben, 1993, 113-116; Wilhelm Schäffer, Erneuerter Glaube – verwirklichtes Menschsein, 1987, 123; Agostino Favale, I Focolarini, 4. Aufl., 1991, 211; Martin Leitner, Handbuch des katholischen Kirchenrechts auf Grund des neuen Kodex vom 28. Juni 1917, 2. Aufl., 1921, 115; Pasquale Foresi, Il Movimento dei Focolari e la Chiesa, 1975, 152; Agatangelo da Langasco, Relazione sul Movimento dei Focolarini, 1; Stefan Tobler, Die Welt als Gottes Innerstes, 2020, 125.

[276] Christoph Hegge, Rezeption und Charisma, 1999, 351.

auf Giulio Marchesi[277] beruft, wurde die Bewegung bereits am 21. März desselben Jahres in der Diözese Assisi approbiert. Konkrete Indizien dafür lagen Döbbeler allerdings nicht vor. Eine Überprüfung dieser Aussage steht somit noch aus.[278]

Im Sommer 1949 erlebte Chiara Lubich laut Wilhelm Schäffer eine mystische Schau, durch die sie zur Erkenntnis gelangte, „daß sie Trägerin eines von Gott initiierten Werkes sein sollte"[279]. Getragen von dieser „visio intellectualis"[280] der Gründerin breitete sich die FoBw in den kommenden Jahren nach 1949 weiter rasant aus. Bereits 1950 soll es Ableger in unterschiedlichen Städten Italiens (z. B. Mailand, Florenz und Rom) gegeben haben. Sieben Jahre später sei die FoBw bereits in ganz Europa und ab 1958 sogar in Südamerika präsent gewesen. Inwiefern diese Aussagen, die auf den Angaben der Bewegung selbst und den Nachforschungen von Wilhelm Schäffer beruhen, historisch korrekt sind, lässt sich auf der Basis der verfügbaren Quellen nicht sagen. Nachprüfbar ist, dass sie Ende der 1950er Jahre bereits in weiten Teilen Europas präsent war.[281]

> „Diese universale Ausbreitung ist keineswegs zufällig, sondern wurde angestrebt aufgrund des Bewußtseins, ein für die ganze Kirche, ja für die Menschheit insgesamt gegebenes Charisma empfangen zu haben, und aus einer daraus resultierenden Verantwortung für das Ganze!"[282]

Ab 1950 erfolgte eine Untersuchung der FoBw durch das Heilige Offizium, der heutigen Kongregation für die Glaubenslehre, die bis zur Approbation am 23. März 1962 andauern sollte. Die genauen Gründe, die zu dieser Überprüfung geführt haben, sind bisher noch nicht bekannt. Umfassendere Studien im Vatikanischen Archiv wurden dazu nicht angestellt, da der Schwerpunkt dieser Arbeit auf der Geschichte der FoBw in der Bundesrepublik Deutschland und der DDR liegt. Es wäre die Aufgabe einer wissenschaftlichen Arbeit über die Geschichte der FoBw in Italien, diese Forschungslücke zu schließen. Fakt ist aber, dass die FoBw bisher lediglich auf diözesaner Ebene genehmigt worden war.[283] Darüber hinaus „hatten sich im internen Bereich der F[o]B[w] auch neue Situationen er-

---

277 Giulio Marchesi war ein ehelos lebender Fokolar aus Italien (vgl. Information von Wilfried Hagemann und Vittorio Fasciotti, 24.11.2016).

278 Vgl. Manfred Döbbeler, Die Fokolar-Bewegung, 1988, 76, 78; Christoph Hegge, Rezeption und Charisma, 1999, 351; Wilfried Hagemann, Vielfalt in der Einheit, 1979, 221.

279 Wilhelm Schäffer, Erneuerter Glaube – verwirklichtes Menschsein, 1987, 124.

280 Ebd., 124.

281 Vgl. Wilhelm Schäffer, Erneuerter Glaube – verwirklichtes Menschsein, 1987, 124; Silvana Veronesi, Die Fokolar-Bewegung, 1993, 4; Die Fokolar-Bewegung, die bewegung der focolare, 1966, 94-100; Armando Torno, PortarTi il mondo fra le braccia, 2011, 40, 42.

282 Wilhelm Schäffer, Erneuerter Glaube – verwirklichtes Menschsein, 1987, 124.

283 Vgl. Wilhelm Schäffer, Erneuerter Glaube – verwirklichtes Menschsein, 1987, 124; Manfred Döbbeler, Die Fokolar-Bewegung, 1988, 235; Stefan Tobler, Jesu Gottverlassenheit als Heilsereignis in der Spiritualität Chiara Lubichs, 2002, 67; Christoph Hegge, Rezeption und Charisma, 1999, 350-351, 353.

geben, die dem Diözesanstatut von 1947 nicht mehr entsprachen."[284] Die FoBw hatte inzwischen die Grenzen des Bistums Trient überschritten. Das bisher noch gültige Diözesanstatut lief am 10. Mai 1951 aus. Der FoBw gehörten mittlerweile verheiratete sowie unverheiratete Fokolare an. Mit Pasquale Foresi, dem am 4. April 1954 das Sakrament der Weihe von Carlo De Ferrari gespendet wurde, gab es nun einen Fokolarpriester. Auch ist davon auszugehen, dass Kleriker und Bischöfe die FoBw kritisch betrachteten. Die Gründe hierfür sind offensichtlich: Laien, die außerhalb der Katholischen Aktion agierten, entzogen sich der Kontrolle der Hierarchie. Das Fokolar entsprach nicht den traditionellen kirchlichen Lebensformen. Die Bewegung richtete sich nicht nur am Charisma einer Frau aus, sondern wurde von dieser und ihren Gefährtinnen geführt. Dass Priester und Ordensleute sich der FoBw anschlossen, wurde, auch seitens der Bischöfe, nicht gerne gesehen. Die Generalkurie der Minderbrüder der Kapuziner wies 1951 nachdrücklich darauf hin, dass es sich bei der FoBw um eine kirchlich noch nicht genehmigte Bewegung handle. Sie bat daher die Ordensmitglieder, auf eine Teilnahme zu verzichten, bis eindeutige Vorgaben der kirchlichen Obrigkeit vorliegen. Die eigenständige Auseinandersetzung mit der Bibel war verdächtig; ebenso wurden Anschuldigungen erhoben, dass die Fokolare Anhänger des Protestantismus oder des Kommunismus wären. Dessen ungeachtet wurden Chiara Lubich und ihre Gefährtinnen am 21. Mai 1953 während einer Audienz bei Pius XII. bestärkt, ihren bisherigen Weg weiter zu beschreiten.[285]

Ab 1951 begannen sich in der Bewegung drei Sektionen (Männer, Frauen und Laien) zu entwickeln. Dieser Prozess führte dazu, dass man der Bewegung den Namen *Ordine di Maria* gab, der im Sinne des kleinen Hauses von Loreto verstanden wurde: Die Fokolarinnen verbanden damit die Erinnerung an Maria, die Fokolare an das gemeinsame Leben mit Jesus sowie die verheiraten Fokolare an Josef. Um den Orden herum gab es mit den Laien und Priestern eine Vielzahl von Personen, aus deren Gruppierungen sich die FoBw einige Jahre später zusammensetzen sollte. 1958 bestand die FoBw aus drei verschiedenen Bereichen: (1.) die Sektion der Fokolare, die *Ordine di Maria* wurden; (2.) die Sektion der Priester und Ordensleute, die als *Lega* bezeichnet wurden; (3.) *Il movimento*, die Bewegung, zu der alle anderen Personenkreise gehörten. Diese Gliederung erforderte einen präziseren rechtlichen Titel. Die Bewegung war weder ein Orden noch ein Säkularinstitut im kanonischen Sinne. Aus diesem Grund bezeichnete

---

284 Manfred Döbbeler, Die Fokolar-Bewegung, 1988, 235.

285 Vgl. Chiara Lubich, Der Schrei der Gottesverlassenheit, 2001, 56; Manfred Döbbeler, Die Fokolar-Bewegung, 1988, 235; Stefan Tobler, Jesu Gottverlassenheit als Heilsereignis in der Spiritualität Chiara Lubichs, 2002, 65-66; Chiara Lubich, Die Welt wird eins, 2.Aufl., 1992, 64-65, 133; Wilhelm Schäffer, Erneuerter Glaube – verwirklichtes Menschsein, 1987, 124; Unbekannt, Brief an das Allgemeine Kommissariat der Kapuziner, 4.4.1951, 1; Unbekannt, Brief vom Allgemeinen Kommissariat der Kapuziner, 25.3.1951, 1; Ministro Generale O.F.M.Cap, Brief der Curia Generalis FF. Minorum Capuccinorum, 5.6.1951, 1; Stefan Ulz, Dreifaltigkeit leben, 2019, 68; Petra Steinmair-Pösel, Im Gravitationsfeld von Mystik und Politik, 2019, 246; Armando Droghetti, L'unità si fa storia, 2015, 61.

man sie nun als *Opera di Maria* (dt.: ‚Werk Mariens'). Für diese neue Struktur der FoBw verfasste Chiara Lubich im gleichen Jahr eine Regel, die von Pius XII. bestätigt wurde. Nachdem man das Statut überreicht hatte, kamen laut Döbbeler einerseits Bedenken darüber auf, ob man überhaupt „ein durch bestimmte Normen rechtlich verbindliches Dokument geschaffen hatte, oder vielmehr eine analysierende Beschreibung dessen, was in all den Jahren gewachsen war."[286] Andererseits hinterfragte man die Notwendigkeit eines Statuts, da die Bewegung lediglich ein christliches Leben zu praktizieren gedachte. Im Auftrag des Papstes unterstützte der Jesuit Giacomo Martegani († 1981)[287] die Fokolarini bei der Anfertigung eines Statuts. Aber erst durch den Vorschlag, zwei separate Statuten anzufertigen, welcher laut Manfred Döbbeler durch den Erzbischof des Bistums Perugia, Pietro Parente (1955-1959), gemacht wurde, sei ein Durchbruch erzielt worden. Seine Empfehlung sah zwei Statuten – eines für die Sektion der Fokolare und eines für die Sektion der Fokolarinnen – gemäß den kirchenrechtlichen Bestimmungen für eine *Pia Unio* vor. Manfred Döbbeler datiert diesen Erfolg um das Jahr 1960. Allerdings beruht diese Aussage lediglich auf einer mündlichen Information, die Manfred Döbbeler von Giulio Marchesi erhalten hat.[288]

3.5.2 Die Italienische Bischofskonferenz

Bereits ab 1957 entwickelte sich in der *Conferenza Episcopale Italiana* (CEI) eine Kontroverse. An ihr werden die Probleme sichtbar, „die die Amtskirche gerade in der unmittelbaren Vorkonzilszeit mit der Vereinigungsfreiheit der Laien innerhalb der katholischen Kirche hatte."[289] 1959 setzte sich die CEI in ihrer Vollversammlung mit der FoBw auseinander. Einige Bischöfe zeigten sich erstaunt über den weiten Einheitsbegriff der Fokolare. Für andere stellte sich wiederum die gegenläufige Frage, ob die Fokolare über Einheit verfügten und welcher Art diese war. Bis zu diesem Zeitpunkt hatte sich nur das Heilige Offizium mit der Bewegung beschäftigt. Nun entschied Papst Johannes XXIII., dass das Thema einer Kommission der CEI übergeben werden sollte, um eine Stellungnahme für den Papst anzufertigen. Dies kann einem von Erzbischof Giuseppe Kardinal Siri (1946-1987) verfassten Brief, der auf den 24. Januar 1960 datiert ist, entnommen werden. Giuseppe Siri amtierte zu diesem Zeitpunkt als Präsident der CEI. Die Untersuchungskommission setzte sich aus den Bischöfen von Verona, Pesaro, Crema, Montefiascone sowie dem Sekretär der CEI, Alberto Castelli (1961-1971), zusammen. Als Vor-

[286] Manfred Döbbeler, Die Fokolar-Bewegung, 1988, 236.
[287] Luca Dainelli, Ricordo di un grande sacerdote italiano: Padre Giacomo Martegani S.J., 1981, 395.
[288] Vgl. Manfred Döbbeler, Die Fokolar-Bewegung, 1988, 235-236; Chiara Lubich, Einheit als Lebensstil, 3. Aufl., 1989, 48-49; Igino Giordani, Storia del movimento dei Focolari II, 1978, 95-96; Michele di Ruberto, Scritti del Cardinal Pietro Parente (dal 1933 al 1976), 1976, 10.
[289] Christoph Hegge, Rezeption und Charisma, 1999, 351-352.

sitzender wirkte Erzbischof Enrico Nicodemo (1953-1973) von Bari. Die Kommission hatte „zu entscheiden, ob die Fokolare weiterhin bestehen sollen oder nicht, im positiven, ob mit Änderungen oder nicht."[290] Es sollte festgestellt werden, ob eine charismatische Tendenz bei den Fokolaren praktiziert werde, existiert habe, geduldet oder zu erwarten sei. Kritisch gesehen wurde die kollektive spirituelle Leitung, da es nicht der Tradition der katholischen Kirche entsprach, dass teilweise Frauen die Führung innehatten und Männer und Priester deren Anweisungen unterstanden. Darüber hinaus ließ eine Bewegung, die sich nicht nur einem Aspekt des kirchlichen Lebens widmete, unter den Bischöfen Argwohn entstehen. Es wurde daher sowohl Klerikern als auch Ordensmitgliedern zwischen dem 9. Februar 1960 und 7. September 1962 auf italienischem Gebiet nicht erlaubt, der FoBw beizutreten sowie an der Mariapoli teilzunehmen.[291]

Im Jahr 1960 wurden von Alberto Castelli jene Bischöfe befragt, in deren Diözesen Fokolare lebten. In ihrer zweiten Sitzung beschäftigte sich die Kommission mit den Rückmeldungen. Dass im Jahr 1960 keine Mariapoli organisiert worden war, wurde als Beweis der „Treue, Unterwerfung und Frömmigkeit der Fokolarini gegenüber der Kirche"[292] betrachtet. Auf der dritten Versammlung setzten sich die Kommissionsmitglieder zum einen mit dem Regelwerk auseinander. Zum anderen galt es ein Ergebnis zu formulieren, das der Versammlung vorgestellt werden sollte. Das Fazit, zu dem die Kommission kam, kann als durchwachsen bezeichnet werden. Gemäß den Recherchen von Francesco Sportelli gaben 17 von 27 Bischöfen eine grundsätzlich positive Rückmeldung. An Enthaltungen und Bedenken mangelte es nicht. Auch von jenen, die sich positiv geäußert hatten, wurden durchaus Kritikpunkte angeführt. Negativ beurteilt wurde, dass die Bewegung „eine klare und organische Lehre vom geistlichen Leben"[293] vermissen lasse. Legitimierten die Fokolare bis zu diesem Zeitpunkt doch ihre Statuten mit den Evangelien, bestätigten sie sie durch ihre Erfahrungen und demonstrierten, dass es möglich ist, auf diese Weise den Glauben zu leben. Auch wurde von den Bischöfen bemängelt, dass „die evangelischen Grundsätze der Liebe, der Einheit

---

[290] „decidere se i focolarini devono continuare a sussistere oppure no, nel caso affermativo se con modifiche o meno." (Francesco Sportelli, La Conferenza Episcopale Italiana (1952-1972), 1994, 138.)

[291] Vgl. Francesco Sportelli, La Conferenza Episcopale Italiana (1952-1972), 1994, 138; Bernhard Callebaut, La nascita dei focolari, 2017, 390-394, 419, 520-521; Christoph Hegge, Rezeption und Charisma, 1999, 351-352; Francesco Sportelli, La Conferenza Episcopale Italiana (1952-1972), 1994, 138; Vincenzo Robles, Da sentinella della verità a pellegrino dell'annunzio: l'itinerario di un Vescovo (Bari 1953-1973), 1989, 57-58; Salvatore Palese, Presentazione, 2003, 7; Ecclesia Catholica, Annuario Pontificio, 1971, 697; Ecclesia Catholica, Annuario Pontificio, 1972, 737; Ecclesia Catholica, Annuario Pontificio, 1947, 186; Ecclesia Catholica, Annuario Pontificio, 1987, 221; Ecclesia Catholica, Annuario Pontificio, 1988, 231.

[292] „fedeltà , soggezione e devozione dei focolarini alla Chiesa." (Francesco Sportelli, La Conferenza Episcopale Italiana (1952-1972), 1994, 139.)

[293] Wolfgang Haendly, Übersetzung des Gutachtens der Italienischen Bischofskonferenz, 17.10.1961, 1.

und des Friedens"[294] nicht eindeutig dargelegt wurden. Ihrem Verständnis nach wurde der Wert der Praxis des ‚Wort des Lebens' nicht nur zu hoch eingeschätzt, sondern würde auch zu einer „konfusen Darbietung evangelischer Grundsätze"[295] führen. Die „wahre katholische Lehre"[296] sahen die Bischöfe daher in Bezug auf grundlegende Punkte (z. B. Gnade, Erbsünde, Kirche, Hierarchie usw.) verdeckt. Ferner wurde von der Kommission ein kollektiver Enthusiasmus kritisiert, dem die Neigung zugrunde liege, alles Fokolarinische zu idealisieren. Auch beanstandeten die Bischöfe eine zu geringe Berücksichtigung der Trennung der Geschlechter unter den Mitgliedern, ein Misstrauen gegenüber der kirchlichen „Kontrolle, gegen die Intervention und Assistenz des Geistlichen und gegen jegliche Form des bestehenden und organisierten Apostolats"[297]. Dass Laien selbstständig ihrer christlichen Berufung nachkamen, führte zur Besorgnis, dass das bestehende System auseinanderbrechen könnte, war doch jegliches Laienapostolat zu diesem Zeitpunkt an die Hierarchie gebunden.[298]

> „Man hatte Angst vor der protestantischen These des Kontrastes zwischen der hierarchischen und der charismatischen Kirche, die zu einer parallelen bzw. übergeordneten spirituell-charismatischen Hierarchie führen und so einen innerkirchlichen Autoritätskonflikt auslösen könnte. Daß Laien, ja sogar eine Frau die geistliche Leitung einer kirchlichen Laienvereinigung übernahmen, der auch Priester und Ordensleute angehörten, schürte die Sorge der Amtsträger vor schwärmerischer ‚Promiskuität' und geistig-geistlicher Unausgeglichenheit, stand diese Art von Vereinigung doch ganz im Gegensatz zur gewohnten *klerozentrischen Ekklesiopraxis*."[299]

Aus diesen Gründen schlussfolgerte die Kommission, dass die FoBw „von einem falschen naturalistischen Mystizismus infiziert ist"[300], der „eine Gefahr für die ursprüngliche Reinheit der Lehre, für die feste Kirchenzucht und für die Ehrbarkeit im Zusammenleben"[301] darstellt. Die Bischöfe vertraten die Meinung, dass diese Mängel irreparabel waren. Deshalb empfahl die Kommission einstimmig, die Bewegung umgehend zu verbieten. Nach den Informationen von Manfred Döbbeler und Bernhard Callebaut, die sich auf ein Interview mit Giuseppe Siri

---

294 Ebd., 1.
295 Ebd., 2.
296 Ebd., 1.
297 Ebd., 1-2.
298 Vgl. Wolfgang Haendly, Übersetzung des Gutachtens der Italienischen Bischofskonferenz, 17.10.1961, 1-2; Francesco Sportelli, La Conferenza Episcopale Italiana (1952-1972), 1994, 139-141; Wolfgang Haendly, Interview von Regina Betz mit Prälat Dr. Haendly, 1987, 4; Bernhard Callebaut, La nascita dei focolari, 2017, 396-398, 401-407.
299 Christoph Hegge, Rezeption und Charisma, 1999, 352. Vgl. auch: Bernhard Callebaut, La nascita dei focolari, 2017, 396-398, 407-409.
300 Wolfgang Haendly, Übersetzung des Gutachtens der Italienischen Bischofskonferenz, 17.10.1961, 2.
301 Ebd., 2.

berufen, stimmten 18 Mitglieder des Ständigen Rates der Bischofskonferenz für *deleantur* und zwei Mitglieder für *experiantur*. Bei den Fürsprechern soll es sich um Erzbischof Parente und Kardinal Giovanni Montini (* 1897; † 1978)[302] gehandelt haben. Pasquale Foresi führt aus, dass die Bischöfe der Empfehlung der Kommission nicht Folge leisten wollten, da die Kommission nur aus Bischöfen bestanden habe, in deren Diözesen die Mitglieder der FoBw nur einen unwesentlichen oder gar keinen Einfluss ausübten. Außerdem sei ihnen das Gutachten der Kommission nicht zugegangen. Francesco Sportelli weist dagegen nach, dass die Kommission Bischöfe befragte, in deren Diözesen Fokolarini aktiv waren. Auch schreibt er, dass den Bischöfen das Untersuchungsergebnis der Kommission bekannt gegeben wurde. Dieses wäre von ihnen einstimmig befürwortet worden. Allerdings habe Montini Bedenken gehabt. Es sei ihm nicht differenziert genug und zu rücksichtslos gewesen. Trotzdem hätte er der Empfehlung der Kommission zugestimmt. Welche dieser Versionen zutrifft, ist sehr schwer zu sagen. Alle resultieren aus wissenschaftlichen Untersuchungen oder ihnen liegen glaubwürdige Quellen zugrunde. Es kann lediglich geschlussfolgert werden, dass es unter den Bischöfen zwei verschiedene Standpunkte in der damaligen Situation der Kirche gab.[303]

Die Bischöfe kritisierten weiterhin, dass sich das Charisma der FoBw auf ‚Jesus in der Mitte' und ‚Jesus, der Verlassene' beschränke. Ihrer Ansicht nach wurde weder die kirchliche Lehre klar umrissen noch ausdrücklich auf den Papst und die Bischöfe verwiesen. Dieser Kritikpunkt ist vor dem Hintergrund zu verstehen, dass im Verständnis der Kirche der Besitz des gleichen Glaubens, der gleichen Gebote und des gleichen Oberhaupts eine zentrale Rolle einnimmt. Ob die Kommissionsmitglieder befürchteten, dass es durch einen möglichen Zerfall der Katholischen Aktion zu politischen Konsequenzen kommen könnte, da die Christlich Demokratische Partei (itl.: *Democrazia Cristiana*) Italiens auf die Trägerschaft der Katholischen Aktion angewiesen war, lässt sich dem übersetzten Gutachten nicht entnehmen. Allerdings sahen es die Bischöfe in den Jahren 1959/60 als notwendig an, dem Kommunismus einheitlich entgegenzutreten. Sie befürchteten angesichts der angespannten kirchlichen Situation die Kontrolle gegenüber den Klerikern und den Gläubigen zu verlieren. Ursachen, die zum Bruch dieser Einheit führen könnten, wurden daher sehr kritisch betrachtet. Vielmehr galt es, die Kräfte mittels der Katholischen Aktion in der Hierarchie zu bündeln. Obwohl somit nicht belegt werden kann, dass die Kommissionsmitglieder das Verbot der FoBw als politische Notwendigkeit betrachteten, ist der Gedanke nicht ganz von

---

302 Giovanni Montini war zwischen 1954 und 1963 Bischof des Bistums Mailand (vgl. Jörg Ernesti, Paul VI., 2015, 35, 57-81, 352).

303 Vgl. Wolfgang Haendly, Übersetzung des Gutachtens der Italienischen Bischofskonferenz, 17.10.1961, 2; Julius Döpfner, Aktennotiz, 4.9.1961, 1; Julius Döpfner, Schreiben an Alberto Castelli, 24.5.1961, 1; Wolfgang Haendly, Zusammenfassung des Prälaten Händly, 28.8.1961, 1; Francesco Sportelli, La Conferenza Episcopale Italiana (1952-1972), 1994, 139, 142; Manfred Döbbeler, Die Fokolar-Bewegung, 1988, 238; Bernhard Callebaut, La nascita dei focolari, 2017, 394-395, 416.

der Hand zu weisen. Die christdemokratische Regierung hatte einen prowestlichen Kurs eingeschlagen (z. B. der Beitritt zur NATO (1949) und zur Montanunion (1952)). Dieser wurde vom Vatikan befürwortet.[304]

> „Die päpstliche Unterstützung war besonders wertvoll in einer Zeit, als die meisten Italiener noch praktizierende Katholiken waren. Das sicherte der Partei nicht nur den Rückhalt Hunderter Bischöfe und Tausender Priester, sondern auch katholischer Zeitungen und Verlage, religiöser Orden, die Schulen, Krankenhäuser und Wohltätigkeitsorganisationen leiteten, sowie die Rückendeckung durch eine Gewerkschaft, einen Bauernverband und die fast 3 Millionen Mitglieder der Katholischen Aktion."[305]

Berücksichtigt man ferner die politische Labilität nach dem Rücktritt des Ministerpräsidenten Alcide De Gasperi im Jahr 1953, lässt sich vor diesem Hintergrund nachvollziehen, dass eine entstehende Laienbewegung, deren Sympathisanten unabhängig von der kirchlichen Hierarchie aktiv waren, mit Argwohn und großer Sorge betrachtet wurde, da mit dem kirchlichen Kontrollverlust ein Stimmenverlust für die Regierung hätte einhergehen können. Eine Mehrheit für die Christdemokraten wäre, so wird eventuell manch einer befürchtet haben, dadurch gefährdet. Dieser Aspekt wird auch in einer Zusammenfassung des Konflikts, die Wolfgang Haendly[306] im Rahmen des Treffens der deutschen Assistenten der FoBw am 14. August 1961 anfertigte, hervorgehoben.[307]

Dem negativen Gutachten der Bischöfe stand eine grundsätzlich positive Haltung des Vatikans gegenüber, der keine von den Fokolaren ausgehende Gefahr für die Lehre und Tradition sah, aber Statuten und Richtlinien für die Gruppe der Geweihten und die Anhängerschaft verlangte. Julius Döpfner (1961-1976) und Joseph Frings (1945-1965) lag die Information vor, dass sich sowohl Alfredo Ottaviani als auch Alberto Castelli vorsichtiger äußerten. Beide hätten positive Aspekte wahrgenommen. Allerdings seien auch sie der Meinung gewesen, dass man die Bewegung aufmerksam verfolgen müsse. Interessant ist in diesem Zusammenhang ein Auskunftsbericht des MfS, der auf den 22. Januar 1965 datiert

---

304 Vgl. Manfred Döbbeler, Die Fokolar-Bewegung, 1988, 238; Wolfgang Haendly, Interview von Regina Betz mit Prälat Dr. Haendly, 1987, 3-4; Wolfgang Haendly, Übersetzung des Gutachtens der Italienischen Bischofskonferenz, 17.10.1961, 1-2; Wolfgang Haendly, Zusammenfassung des Prälaten Händly, 25.8.1961, 1; Julius Döpfner, Aktennotiz, 4.9.1961, 1; David Gilmour, Auf der Suche nach Italien, 2. Aufl., 2013, 349-354; Bernhard Callebaut, La nascita dei focolari, 384-390, 405-406.

305 David Gilmour, Auf der Suche nach Italien, 2. Aufl., 2013, 350.

306 Wolfgang Haendly war Domprobst in Berlin und zählte zum Freundeskreis der FoBw (vgl. Information von Wilfried Hagemann, 24.11.2016).

307 Vgl. David Gilmour, Auf der Suche nach Italien, 2. Aufl., 2013, 352-355; Wolfgang Haendly, Übersetzung des Gutachtens der Italienischen Bischofskonferenz, 17.10.1961, 1-2; Wolfgang Haendly, Zusammenfassung, 25.8.1961, 1.

ist. In diesem heißt es, dass Kardinal Latini[308] und Riccardo Lombardi SJ Alfredo Ottaviani von der FoBw überzeugten, indem sie ihn auf die gegen die *Partito Comunista Italiano* (PCI) und die Arbeiterbewegung gerichteten Anstrengungen der Bewegung aufmerksam machten. Ebneten unter anderem die antikommunistischen Aktivitäten der FoBw den Weg zur Approbation? Angesichts der damaligen politischen Situation in Italien erscheint dieser Gedankengang als schlüssig, da die FoBw aus kirchlicher Perspektive damit zumindest auf der richtigen Seite stand. Gestützt wird diese Hypothese auch durch die Forschungen von Manfred Döbbeler, der sich auf ein Treffen von Chiara Lubich mit Pius XII. am 21. Mai 1953 beruft, bei dem der Pacelli-Papst den Fokolaren drei Gebiete in Italien übergeben haben soll, die von Atheismus bedroht waren. Chiara Lubichs Beschreibung von der Begegnung mit dem Papst lässt sich die Aussage von Döbbeler allerdings nur interpretativ entnehmen. Zudem liegen weder Quellen des Vatikans oder aus dem Nachlass von Alfredo Ottaviani vor, die dieses Indiz belegen könnten. Tatsache ist aber, dass Johannes XXIII. die FoBw am 23. März 1962 *ad experimentum* approbierte. Anerkannt wurden zunächst nur die Statuten der Sektion der männlichen Fokolare, der ebenfalls die Priester angehörten. Ungeachtet dieser Tatsache blieb es Priestern und Ordensangehörigen verboten, der FoBw anzugehören. Entsprechende Artikel des Statuts der Männersektion, die sich mit der Mitgliedschaft von Priestern befassten, betrafen nur jene Fokolare, die sich zum Priester berufen fühlten. Die vorläufige Approbation der Sektion der Fokolarinnen wurde im Jahr 1963 vollzogen. Es lagen somit zwei voneinander unabhängige Statuten vor.[309]

3.5.3 Die Apostolische Visitation

Nachdem die FoBw *ad experimentum* anerkannt worden war, erfolgte ab März 1962 eine Apostolische Visitation. Als kirchlicher Assistent amtierte während dieser Phase im Auftrag Roms der Kapuziner Agatangelo da Langasco (* 1904;

---

[308] Es handelt sich bei diesem Wort vermutlich um einen Schreibfehler. Gemeint ist wahrscheinlich Giovanni Montini.

[309] Vgl. Wolfgang Haendly, Zusammenfassung des Prälaten Händly, 25. August 1961, 1; Agatangelo da Langasco, Prima relazione dell'Assistente P. Agatangelo da Langasco, 9.10.1964, 3; Julius Döpfner, Aktennotiz, 4. September 1961, 1; Pietro Palazzini, Brief an Stanislao Battistelli, 7.9.1962, 1; Wilhelm Schäffer, Erneuerter Glaube – verwirklichtes Menschsein, 1983, 124; Christoph Hegge, Rezeption und Charisma, 1999, 353; Manfred Döbbeler, Die Fokolar-Bewegung, 1988, 238; Agatangelo da Langasco, Brief an Montini, 22.2.1963, 1; Alfredo Ottaviani, Brief an Pietro Ciriaci, 23.3.1962, 1; Chiara Lubich, Der Schrei der Gottesverlassenheit, 2001, 73; Bernhard Callebaut, La nascita dei focolari, 2017, 397; Chiara Lubich, Die Welt wird eins, 2. Aufl., 1992, 133; Stefan Ulz, Dreifaltigkeit leben, 2019, 69; Petra Steinmair-Pösel, Im Gravitationsfeld von Mystik und Politik, 2019, 248; Stefan Tobler, Die Welt als Gottes Innerstes, 2020, 127; Anton Landersdorfer, Art. Döpfner, Julius (August) (1913-1976), 2002, 386-394; Norbert Trippen, Art. Frings, Josef, Kard. (1946), 2006, 159.

† 1976)[310]. In seinem auf den 24. Oktober 1964 datierten Abschlussbericht für die Konzilskongregation kam Pater Agatangelo zu der Auffassung, dass durch die umgesetzten Maßnahmen sowohl innerhalb als auch außerhalb Italiens gute Resultate erzielt worden seien. Aus diesem Grund forderte er eine gerechtere Anpassung der Bewertung der FoBw ein. Vor dem Hintergrund, dass sich die Bewegung in Ländern, in denen sie gefördert und verantwortlich gelenkt wurde, gut entwickelt habe, war es ihm unverständlich, wieso dies nicht auch in Italien der Fall sein könne. Die sich abzeichnenden Beschlüsse des II. Vatikanums, gerade hinsichtlich des Laienapostolats, erschienen dem Kapuzinermönch als eine gute Richtlinie hierfür. Der FoBw bescheinigte er ein *Sentire cum Ecclesia*:[311]

> „Das hat sich mir bestätigt dadurch, dass die doktrinären und disziplinären Prinzipien, die in den Statuten des Heiligen Stuhls zum Ausdruck kommen, nicht nur voll umfänglich von der großen Mehrzahl der Mitglieder der Bewegung angenommen wurden, sondern auch vollständig in ihrem praktischen Leben und in ihren Tätigkeiten umgesetzt wurden, in aufrichtiger und bedingungsloser Unterwerfung unter die Lehre und die Disziplin der Kirche."[312]

Weiterhin sprach sich Agatangelo da Langasco dafür aus, dass für die Aufteilung der FoBw in eine Frauen- und Männersektion aufgrund des Aspekts der Einheit, der der Bewegung zugrunde liege, eine Lösung gefunden werden müsse. Es sei, obgleich die Trennung zwischen Frauen- und Männersektion gewährleistet zu bleiben habe, auf den Einheitsansatz der FoBw einzugehen. Wie die Bischöfe, die der FoBw wohlgesonnen waren, sah er die Notwendigkeit,[313]

> „diese evangelischen Maximen aus exegetisch-dogmatisch-geistlicher Sicht zu studieren und zu veröffentlichen, damit die Mitglieder der Bewe-

---

310 Zur Person von Agatangelo da Langasco siehe das Buch *P. Agatangelo carpaneto da Langasco, O.F.M. Cap: 1904-1976* (1977).

311 Vgl. Agatangelo da Langasco, Prima relazione dell'Assistente P. Agatangelo da Langasco, 9.10.1964, 22; Pietro Parente, Brief an Pietro Ciriaci, 23.3.1962, 1; Pietro Ciraci, Brief an Giuseppe Siri, 28.3.1962, 1; Wilhelm Schäffer, Erneuerter Glaube – verwirklichtes Menschsein, 1983, 124; Christoph Hegge, Rezeption und Charisma, 1999, 353; Pietro Ciriaci, Brief an Agatangelo da Langasco, 28.3.1962, 1; Agatangelo da Langasco, Brief an Pietro Ciriaci, 6.4.1962, 1.

312 „Me ne ha dato conferma il fatto che i principi dottrinali e disciplinari espressi negli Statuti dati dalla S.Sede, hanno trovato non solo piena e totale accettazione nella massa dei membri del Movimento, ma trovano oggi completa adesione nella loro vita pratica e nel loro sforzo per renderli operanti, in sincera ed incondizionata sottomissione alla dottrina e disciplina della Chiesa." (Agatangelo da Langasco, Prima relazione dell'Assistente P. Agatangelo da Langasco, 9.10.1964, 22.)

313 Vgl. ebd., 23-24.

gung nach sorgfältiger Überprüfung durch einige Theologen ihre Spiritualität und apostolische Tätigkeit weiter festigen könn[t]en."[314]

Bezüglich der Aktiviäten und Veranstaltungen der FoBw, speziell den Mariapolis, vertrat der Kapuziner den Standpunkt, dass diese durch die Diözesanbischöfe geprüft und bewilligt werden sollten. Nicht nur die Kooperation mit der FoBw, sondern auch die Teilnahme von Priestern und Ordensleuten, für die es einheitliche Regeln zu finden gelte, könnten dadurch ordens- und diözesanübergreifend besser gestaltet werden.[315]

Als positive Entwicklung betrachtete Agatangelo da Langasco, dass sich die Gruppe der Priester zunehmend herausbildete. Es war seiner Ansicht nach dadurch möglich, dass die Priester eine führende Rolle in der Leitung einnehmen könnten, durch die die FoBw vom Einfluss der Gründungspersönlichkeit befreit werden würde. Das Ansehen, die Hochachtung und Ehrerbietung, welche Chiara Lubich als Gründerin entgegengebracht wurden, werde dadurch, so erwartete der Kapuziner, auf ein normaleres Maß beschränkt. Außerdem bot sich seiner Meinung nach durch diese neue Stellung der Priester die Gelegenheit für ihre „angemessenere Ausbildung nach der Priesterweihe"[316] sowie die Lösung der Problematik, die durch die Inkardination der Priester in der Diözese und ihren Aufgaben im großen Einsatzgebiet der FoBw entstanden war. Kritisch sah Pater Agatangelo dagegen die große Hingabe und Bereitschaft zur Selbstaufopferung des Geistes der Bewegungsmitglieder. Er befürchtete, dass dies auf Dauer einen geistigen *Burnout* zur Folge haben könnte. Aus diesem Grund sprach sich der kirchliche Assistent dafür aus, ein *Direktorium des praktischen Lebens* anzufertigen.[317]

Am 5. Dezember 1964 wurde die Untersuchung mittels eines Dekrets der Konzilskongregation beendet. Da die FoBw kirchenrechtlich weder als Säkularinstitut, Ordensinstitut oder als klassische *Pia Unio* einzuordnen war, approbierte man sie als *Pia Unio* mit besonderen Statuten. Die Sektionen der Männer und der Frauen besaßen zu diesem Zeitpunkt noch eigene Statuten. Beide Sektionen stellten eine eigenständige *Pia Unio* dar. Auch wurde durch die Wahl dieser Rechtsform das Anliegen der FoBw berücksichtigt, „die neue kirchliche Gesetzgebung über die Formen der Organisation des Laienapostolats abzuwarten."[318] Die FoBw fiel damit in den Zuständigkeitsbereich der Konzilskongregation. Am 26. Januar 1966 wurde von dieser die Einführung eines Koordinierungsrates gebilligt. Dadurch beabsichtigte man, die Einheit zwischen der Männer- und Frauensektion zu fördern

---

314 „che tali massime evangeliche venissero fatte oggetto di studi e di pubblicazioni apposite, dal punto di vista esegetico-dommatico[sic!]-spirituale, affinchè, dopo accurata revisione di qualche teologo, i membri del Movimento possano ulteriormente ben basare la loro spiritualità ed attività di apostolato." (Ebd., 23-24.)

315 Vgl. ebd., 24.

316 „più adeguata formazione dopo l'ordinazione sacerdotale" (Ebd., 23.)

317 Vgl. ebd., 23-24.

318 Werk Mariens – Fokolar-Bewegung, Allgemeines Statut, 2007, 3.

bzw. ihre Aktivitäten besser aufeinander abstimmen zu können. Der Empfehlung von Agatangelo da Langasco wurde damit Folge geleistet.[319]

3.5.4 Weitere kirchenrechtliche Entwicklungen bis 2007

Im Jahr 1969 traf Paul VI. die Entscheidung, dass der seit 1962/63 der Führung der FoBw vorstehende kirchliche Assistent nicht mehr benötigt werde. Die FoBw hatte diese Funktion von nun an selbst zu übernehmen. Kirchlicher Assistent war damit ab 1969 Pasquale Foresi. Nachdem man das Statut des Koordinierungsrates hinsichtlich seiner Zusammensetzung, des Wahlverfahrens und der Aufgabe der kirchlichen Assistenten überarbeitet hatte, wurde dessen neues Statut am 12. September 1969 approbiert. Drei Jahre später, am 18. April 1972 wurde durch die Kongregation für den Klerus der Koordinierungsrat der FoBw im Statut *Opera di Maria Consiglio di Coordinamento* endgültig gebilligt. Dieses Dokument „garantiert in juristisch verbindlicher Form die Einheit der gesamten F[o]B[w].“[320] Darüber hinaus beinhaltet es Regeln für die Wahl der Generalversammlung, die das Leitungsgremium des ‚Werkes Mariens‘ wählt. Im Oktober 1972 wählten schließlich die Mitglieder der Generalversammlung der FoBw Chiara Lubich einstimmig zur Präsidentin der italienischen Laienbewegung. Der laikale Wesenszug der FoBw wurde infolge der Kurienreform, welche im Jahr 1967 erfolgte, am 21. Dezember 1978[321] berücksichtigt. Johannes Paul II. ordnete an, dass die FoBw sich in Zukunft nicht mehr an die Kongregation für den Klerus zu wenden habe, sondern an den Päpstlichen Laienrat.[322]

Als der erneuerte CIC von 1983, der den Laien ein Vereinigungsrecht einräumt (c. 215 CIC 1983), in Kraft trat, entschieden sich die Vertreter der FoBw, ihre Statuten zu überarbeiten, um eine zum Wesen des Werkes passendere Form kirchlichen Rechts zu erhalten. Sie beantragten beim Päpstlichen Rat für die Laien die „Approbation des überarbeiteten Statuts des Werkes als private

---

319 Vgl. Christoph Hegge, Rezeption und Charisma, 1999, 353-354; Werk Mariens – Fokolar-Bewegung, Allgemeines Statut, 2007, 3; Alfred Bengsch, Amtliche Mitteilungen des Bischöflichen Ordinariates 108 Berlin. Nr. 33: Errichtung des ‚Werkes Mariens‘ als Pia Unio, 1977, 2-3; Pietro Ciriaci, Dekret der Konzilskongregation, 5.12.1964, 1; Pietro Palazzini, Brief an Agostino Meyer OSB, 27.10.1965, 1-2; Pius XII., Provida mater ecclesia, 1947, 114-124; Gertrud Pollak, Säkularinstitute. I. Entstehungsgeschichte und theologisches Proprium, 3. Aufl., 2006, 1465-1466; Martin Leitner, Handbuch des katholischen Kirchenrechts auf Grund des neuen Kodex vom 28. Juni 1917, 2. Aufl., 1921, 115; Hans Urs von Balthasar, Gottbereitetes Leben, 1993, 113-116; Pasquale Foresi, Brief an Agatangelo da Langasco infolge des Abschlusses der Apostolischen Visitation, 15.12.1964, 1; Unbekannt, Bericht an Kardinal Bengsch, 1971, 2-3.

320 Manfred Döbbeler, Die Fokolar-Bewegung, 1988, 240.

321 Christoph Hegge datiert das Dokument irrtümlicherweise auf den 27. Dezember 1978 (vgl. Christoph Hegge, Rezeption und Charisma, 1999, 355).

322 Vgl. Manfred Döbbeler, Die Fokolar-Bewegung, 1988, 239-240; Chiara Lubich, Brief an Opilio Rossi, 4.1.1979, 1; Opilio Rossi, Brief an Chiara Lubich, 3.1.1979, 1-2; Christoph Hegge, Rezeption und Charisma, 1999, 354-355; Armando Droghetti, L'unità si fa storia, 2015, 181.

universalkirchliche Vereinigung von Gläubigen"[323]. Dieser genehmigte daraufhin am 29. Juni 1990 durch ein päpstliches Dekret das dem geltenden Kirchenrecht angepasste Statut auf der Basis der cc. 298-311 und 321-329 des CIC von 1983. Damit hatte das ‚Werk Mariens' weitgehend seine heutige kirchenrechtliche Form gefunden. Am 25. Oktober 1994 wurden Modifikationen hinsichtlich der Mitgliedschaft von Nichtkatholiken und Nichtchristen vom Päpstlichen Rat für die Laien anerkannt. Am 14. Februar 1998 erfolgte schließlich die Approbation der Änderungen bezüglich des Zweigs der Bischöfe. Zuletzt, am 15. März 2007, genehmigte der Päpstliche Rat für die Laien die auf Initiative von Chiara Lubich dem aktuellen Stand angepassten Statuten.[324]

---

[323] Werk Mariens, Allgemeines Statut, 2007, 3.

[324] Vgl. Werk Mariens, Allgemeines Statut, 2007, 3-5; Christoph Hegge, Rezeption und Charisma, 1999, 354; Wilfried Aymans, Art. Vereinigungswesen, kirchliches Vereinigungswesen, 2004, 974; Stefan Ulz, Dreifaltigkeit leben, 2019, 70.

4. Teil: Spiritualität, Struktur und Lebensform der Fokolar-Bewegung

4.1 Der Begriff ‚Fokolar'

Der Begriff ‚Fokolar' leitet sich vom Wort *focolare* ab. Mit diesem Ausdruck wird in der italienischen Sprache eine Feuerstelle bezeichnet, an der eine Familie zusammenkommt. Der Begriff steht somit symbolisch für einen Ort der Gemeinschaft, dessen Atmosphäre durch Wärme, Licht und die gegenseitige Liebe der Familienmitglieder geprägt ist. Genau in diesem Aspekt sieht das Fokolar seine Bestimmung.[325] Es ist gemäß dem Selbstverständnis der FoBw „(...) *eine nach dem Vorbild der Familie von Nazareth mitten in der Welt gebildete Lebensgemeinschaft jungfräulich lebender wie verheirateter Personen, die sich alle, wenn auch auf unterschiedliche Weise, Gott geweiht haben.*"[326]

4.2 Die zentralen Punkte der fokolarinischen Spiritualität

4.2.1 ‚Gott ist die Liebe' (1 Joh 4,8)

Chiara Lubich bestimmt das Wesen Gottes und sein Verhältnis zu den Menschen als Liebe. Dass Gott Liebe ist, wurde Chiara Lubich und ihren Gefährtinnen durch die Vergänglichkeit des Irdischen bewusst. Diese Erkenntnis stellt insofern eine qualitative Glaubenserneuerung im Leben dar, da aus ihr eine persönliche Beziehung zu Gott resultiert, die durch die Wahrnehmung seiner Liebe zum Menschen geprägt ist. Gott lieben zu dürfen, versteht Chiara Lubich als eine unfassbar große Würde, die dem Menschen von Gott zugestanden wird. Das Dasein des Menschen wäre zweck- und ziellos, so Chiara Lubich, wenn der Mensch die Liebe Gottes nicht erwidern würde. Dieses Umdenken erfordert eine ganzheitliche Entscheidung für Gott im Leben.[327]

---

325 Vgl. Juliane Bittner, Chance der Vielfalt, Freiburg i. Br., 2004, 629; Stefan Ulz, Dreifaltigkeit leben 2019, 61.

326 Werk Mariens – Fokolar-Bewegung, Richtlinien der Sektion der Fokolare, 2008, Art. 5. Vgl. hierzu: Chiara Lubich, Chiara Lubich und die Fokolar-Bewegung, 1982, 47.

327 Vgl. Wilhelm Schäffer, Erneuerter Glaube – verwirklichtes Menschsein, 1983, 134-135; Chiara Lubich, Für eine geeinte Welt, 1990, 61-63; Chiara Lubich, Einheit als Lebensstil, 3. Aufl., 1989, 25-31; Chiara Lubich, Worauf kommt es an?, 10. Aufl., 1990, 9-15; Pasquale Foresi, Gespräche im Fokolar, 2. Aufl., 1968, 7-14; Wilfried Hagemann, Vielfalt in der Einheit, 1979, 218-219; Pasquale Foresi, Dein Wort sein, 3. Aufl., 1975, 7-14; Chiara Lubich, Verlieren können, 8 Aufl., 1990,

> „Dieser Prozeß dauert längere Zeit und vollzieht sich jeweils neu in dem Schritt, Gott allem anderen vorzuziehen, Gott als einzigen, als das Alles zu erwählen. Weil diese Wahl Gottes immer neu getroffen wird und den Menschen zu immer neuen Entscheidungen herausfordert, führt sie den einzelnen und damit jede Gruppe immer neu in die Nähe Gottes. Es geht um die Antwort auf die Liebe Gottes: in dem Gott, der Liebe ist, zu leben und selber Liebe zu werden. In dieser Liebe wird Gott neu erfahren, ja Gott wird die Mitte des Lebens."[328]

Für die Liebe Gottes sind drei Merkmale charakteristisch: Sie ist persönlicher Natur, da Gott jeden einzelnen Menschen liebt, wie er ist. Gottes Liebe ist voraussetzungslos, weil seine Liebe zum einzelnen Menschen nicht an Bedingungen geknüpft ist. Zuletzt ist Gottes Liebe zum einzelnen Menschen unerschöpflich, da sie permanent immer und überall gegenwärtig ist.[329]

4.2.2 Der ‚Wille Gottes' (Lk 22,42)

Nach Gen 1,26 erschuf Gott den Menschen als ein Abbild, das ihm ähnlich ist. Aus diesem Grund geht Chiara Lubich davon aus,[330] „daß der Mensch geschaffen ist als ein Du, das Gott gegenübersteht."[331] Er verfüge über die Fähigkeit, eine individuelle Beziehung zu seinem Schöpfer aufzubauen. Diese Befähigung sei das prägende Element des Menschseins. Insofern aber das Charakteristikum des Menschen seine personale Beziehung zu Gott sei, müsse er,[332] „um sich voll zu verwirklichen, diese Beziehung auch auf der Ebene der Existenz leben und entwickeln."[333] Dafür bedürfe es einer ganzheitlichen Entscheidung für den himmlischen Vater, gemäß dem Vorbild Jesu in Lk 22,42:[334] „Vater, wenn du willst, nimm diesen Kelch von mir! Aber nicht mein, sondern dein Wille geschehe." Gott zu lieben, bedeutet laut Chiara Lubich, seinen Willen zu realisieren. Indem der Mensch

---

11-13; Stefan Tobler, Jesu Gottverlassenheit als Heilsereignis in der Spiritualität Chiara Lubichs, 2002, 96-98; Die Fokolar-Bewegung, die bewegung der focolare, 1966, 20-26; Rupert Reindl, Gelebte Einheit, 1992, 11; Chiara Lubich, Die Spiritualität der Fokolar-Bewegung und ihre Auswirkungen im Leben des Priesters, 1998, 29-30; Chiara Lubich, La spiritualità del Movimento, 1965, 21-22; Petra Steinmair-Pösel, Im Gravitationsfeld von Mystik und Politik, 2019, 252-253.

328 Wilfried Hagemann, Vielfalt in der Einheit, 1979, 219.

329 Vgl. Wilhelm Schäffer, Erneuerter Glaube – verwirklichtes Menschsein, 1983, 134; Pasquale Foresi, Dein Wort sein, 3. Aufl., 1975, 7-14.

330 Vgl. Chiara Lubich, Der Wille Gottes, 3. Aufl., 1990, 7.

331 Ebd., 7-8.

332 Vgl. Chiara Lubich, Der Wille Gottes, 3. Aufl., 1990, 8; Wilhelm Schäffer, Erneuerter Glaube – verwirklichtes Menschsein, 1983, 135.

333 Chiara Lubich, Der Wille Gottes, 3. Aufl., 1990, 8.

334 Vgl. Wilhelm Schäffer, Erneuerter Glaube – verwirklichtes Menschsein, 1983, 136; Chiara Lubich, Der Wille Gottes, 3. Aufl., 1990, 25; Chiara Lubich, Einheit als Lebensstil, 3. Aufl., 1989, 32.

seine Existenz am göttlichen Willen ausrichte, trete er in die Nachfolge Jesu und würde Teil von Gottes persönlichem Heilsplan mit ihm selbst werden. Gleichzeitig leiste er dadurch einen eigenen Beitrag zur Realisierung des Heilsplanes. Durch die Umsetzung des göttlichen Willens offenbare sich dem Menschen demzufolge ein Weg, der zu seiner Verwirklichung und eines neuwertigen Zusammenseins mit Gott führe. Der Mensch verwandle sich vom alten zum neuen Menschen. Indem die Menschen den ‚Willen Gottes' beachten, sei es ihnen möglich, den Weg zur Vollkommenheit zu beschreiten.[335]

Der ‚Wille Gottes' zeigt sich dem Menschen nach Chiara Lubich zum einen durch den ausdrücklichen ‚Willen Gottes' und zum anderen durch den ‚Willen Gottes' nach seinem Wohlgefallen. Unter dem ausdrücklichen ‚Willen Gottes' versteht sie offensichtliche Pflichten des Alltags (z. B. die Anordnungen der verantwortlichen Personen der Kirche). Mit dem ‚Willen Gottes' nach seinem Wohlgefallen sind nicht vorhersehbare Ereignisse gemeint (z. B. Unglücke). Seinen Höhepunkt erreiche der ‚Wille Gottes' jedoch im ‚Neuen Gebot' Jesu. Dieser vollkommenen Liebe könne man im verlassenen Jesus begegnen. Ihn zu lieben, bedeute den ‚Willen Gottes' zu leben. Zudem vertritt Chiara Lubich den Standpunkt, dass sich Gottes Wille im Hier und Jetzt zeigt. Dies begründet sie dadurch, dass die Vergangenheit von den Menschen nicht mehr beeinflusst werden könne und der Gnade Gottes obliege. Der Zukunft hingegen liege die erfolgreiche Meisterung der Gegenwart zugrunde. Um den Willen des göttlichen Vaters erkennen zu können, bedürfe es demnach einer konzentrierten, gegenwartsorientierten Art des Lebensvollzugs. Der Mensch habe sich von eigenen Bedürfnissen zu lösen und in den Herausforderungen des Alltags von seiner inneren Stimme leiten zu lassen. Er müsse versuchen, die Geschehnisse aus der Sicht der Liebe wahrzunehmen sowie sein Leben an der Bibel auszurichten. Auf diese Weise eröffne sich dem Menschen nicht nur die Möglichkeit, sich selbst zu verwirklichen, sondern es entstehe auch Einheit mit Gott und unter den Menschen. Das Sein in Gott werde aber besonders durch die Nächstenliebe sichtbar.[336]

---

[335] Vgl. Wilhelm Schäffer, Erneuerter Glaube – verwirklichtes Menschsein, 1983, 135-136; Chiara Lubich, Der Wille Gottes, 3. Aufl., 1990, 12, 14-16, 27-32; Chiara Lubich, Einheit als Lebensstil, 3. Aufl., 1989, 33-34; Chiara Lubich, Bis wir alle eins sein werden, 14. Aufl., 1990, 34-35; Die Fokolar-Bewegung, die bewegung der focolare, 1966, 27-30; Rupert Reindl, Gelebte Einheit, 1992, 13-14; Chiara Lubich, Die Spiritualität der Fokolar-Bewegung und ihre Auswirkungen im Leben des Priesters, 1998, 30-31; Chiara Lubich, La spiritualità del Movimento, 1965, 25-28; Chiara Lubich, La Spiritualité de l'unité, 1983, 110; Petra Steinmair-Pösel, Im Gravitationsfeld von Mystik und Politik, 2019, 253.

[336] Vgl. Wilhelm Schäffer, Erneuerter Glaube – verwirklichtes Menschsein, 1983, 136-137; Chiara Lubich, Der Wille Gottes, 3. Aufl., 1990, 32-36; Chiara Lubich, Einheit als Lebensstil, 3. Aufl., 1989, 35-36; Chiara Lubich, Worauf kommt es an?, 10. Aufl., 1990, 20; Klaus Hemmerle, Wegmarken der Einheit, 1982, 92; Stefan Tobler, Jesu Gottverlassenheit als Heilsereignis in der Spiritualität Chiara Lubichs, 2002, 99-102; Die Fokolar-Bewegung, die bewegung der focolare, 1966, 31; Rupert Reindl, Gelebte Einheit, 1992, 14; Chiara Lubich, Die Spiritualität der Fokolar-Bewegung und ihre Auswirkungen im Leben des Priesters, 1998, 31; Chiara Lubich, La spiritualità del Movimento, 1965, 28; Chiara Lubich, La Spiritualité de l'unité, 1983, 110.

> „Wenn wir alle je im Jetzt in den Willen Gottes eingetaucht sind, dem einen und einzigen Willen Gottes, der jedoch für jeden verschieden aussieht, dann werden wir ‚Wille Gottes'. Und da Gott und sein Wille eins sind, haben wir am Leben Gottes teil: wir sind eins mit ihm und untereinander."[337]

Die Fokolargemeinschaft sieht Chiara Lubich zwischen zwei Feuern ausgerichtet, durch die die Orientierung am ‚Willen Gottes' praktiziert wird: Gott in den einzelnen Fokolaren und Gott mitten in der Fokolargemeinschaft.[338]

4.2.3 Das ‚Neue Gebot' Jesu (Mt 22,34-40; Joh 13,34; 15,12)

Ein weiteres zentrales Element der fokolarinischen Spiritualität ist das ‚Neue Gebot'. Es findet sich in Mt 22,34-40. In dieser Bibelperikope wird Jesus von einem Pharisäer gefragt, welches das wichtigste Gebot sei. Jesus beantwortet diese Frage, indem er mit den Gesetzen der Gottesliebe und der Nächstenliebe zwei Anweisungen nennt und diese miteinander verknüpft. Das erste Gebot, das Jesus anführt, die Gottesliebe, besagt, dass man den Herrn, seinen Gott, mit ganzem Herzen, ganzer Seele und mit all seinen Gedanken lieben soll. Es wird ursprünglich im Buch Deuteronomium (Dtn 6,5) erwähnt, wo es zum einen auf Gottes Einzigartigkeit und zum anderen auf die Sünde des Götzendienstes hinweist. In diesem Gebot aber werde die Nächstenliebe nicht genannt. Diese werde davon abgesondert in Lev 19,18 angesprochen: „An den Kindern deines Volkes sollst du dich nicht rächen und ihnen nichts nachtragen. Du sollst deinen Nächsten lieben wie dich selbst. Ich bin der Herr." Laut Pasquale Foresi handelt es sich um ein Gebot mit der Funktion, das soziale Verhalten in einer Gesellschaft zu regeln. Da unter dem Nächsten in diesem Zusammenhang ein Glied des Volkes Israel verstanden werde, sei es auf dieses beschränkt. Das Gebot der Nächstenliebe wird nicht universal verstanden. In Mt 22,36 setzt Jesus diese beiden Gebote nun in eine wechselseitige Beziehung zueinander, da für ihn die Liebe zu Gott mit der Liebe zu jedem einzelnen Mitmenschen einhergeht (Mt 25,40). Den wechselseitigen Bezug erklärt Foresi dadurch, dass durch die Inkarnation des Wortes eine transzendente Verknüpfung mit der Menschheit entsteht. Der Nächste sei als Zeichen der Gegenwart Gottes zu betrachten. Chiara Lubich nimmt daher an, dass Christus dort gegenwärtig ist, wo das ‚Neue Gebot' in Form der gegenseitigen Liebe verwirklicht wird. Der Weg zu Gott führt für sie über den Menschen, da Christus in jedem einzelnen Menschen wiederzuerkennen sei. Speziell treffe dies auf Menschen zu, die unter irgendeiner Art von Not zu leiden haben. Um auf die Liebe Gottes mit Liebe zu antworten, müsse man Gott im Nächsten lieben. Die Absicht der Fokolare ist es deshalb, in die Nachfolge Jesu zu treten. Es gelte, den

---

337 Stefan Tobler, Jesu Gottverlassenheit als Heilsereignis in der Spiritualität Chiara Lubichs, 2002, 101. Stefan Tobler zitiert an dieser Stelle Chiara Lubich.

338 Vgl. Chiara Lubich, Der Wille Gottes, 3. Aufl., 1990, 33.

Nächsten zu lieben, wie Jesus den Menschen geliebt hat (Joh 13,34; 15,12). Seine Liebe zu den Menschen sei göttlicher Art gewesen. Sie sei initiativ sowie voraussetzungslos gewesen und habe bis in den Kreuzestod gereicht. Um wie Jesus zu lieben, ist es nach Chiara Lubich erforderlich, einen ‚Pakt der Barmherzigkeit' mit dem Nächsten abzuschließen, der nicht nur kleine, sondern auch große Opfer umfasst. Das größte Liebesopfer ist für sie das eigene Leben (Joh 15,13). Ein Leben dieses spirituellen Ideals der FoBw setzt ein Aus-Sich-Heraustreten voraus, um sich für Gott frei zu machen. Erst dadurch könne Einheit entstehen. Wie Jesus sich uneingeschränkt mit den Menschen identifiziert habe, so müsse sich der Mensch mit seinem Nächsten identifizieren. Denn die Liebe zu Gott entspringe der Liebe zum Nächsten und umgekehrt. Dass auf diese Art und Weise die unmittelbare Nähe Gottes erfahrbar wird, beruht auf der Tatsache,[339] dass Gott gemäß Jesu „nicht zur exklusiven und individuellen Entscheidung für ihn, auch nicht zur Liebe als ethischer, vom einzelnen zu erfüllender Norm, sondern zur Realität des ‚Einen Leibes', des ‚Leibes Christi' (vgl. u.a. 1 Kor 12,27)"[340] aufruft, in dem die Einheit zwischen Gott und Mensch vollzogen wird.[341]

4.2.4 Die Einheit (Joh 17,21)

„Die gegenseitige Liebe führt zu einer neuen Qualität zwischenmenschlicher Verbundenheit, die in der FoBw als *‚Einheit' (unità)* bezeichnet wird."[342] Den Einheitswunsch Jesu zu verwirklichen, ist daher nicht nur das spezifische Ziel der FoBw, sondern auch das Apostolat, worauf die Bewegung ihr Wirken ausrichtet. Chiara Lubich selbst bezeichnet ihr Charisma als ‚Spiritualität der Einheit'. Der Begriff ‚Einheit' weist im Verständnis von Chiara Lubich eine eschatologische und eine „konkret-irdische Dimension"[343] auf. Die Verwirklichung der Einheit gehört zum göttlichen Plan mit der Welt. Insofern Menschen nach Einheit streben, kann dies als Teil dieser Absicht verstanden werden. In diesem Sinne ist Einheit als „ein *inneres und allgemeines Lebensprinzip von Kirche als solcher*"[344] zu verstehen. Um

[339] Vgl. Pasquale Foresi, Dein Wort sein, 3. Aufl., 1975, 38-46; Chiara Lubich, Worte, die das Leben verändern, 1982, 23-26; Chiara Lubich, Einheit als Lebensstil, 3. Aufl., 1989, 39-47; Wilhelm Schäffer, Erneuerter Glaube – verwirklichtes Menschsein, 1983, 102-108, 137-139; Chiara Lubich, Bis wir alle eins sein werden, 14. Aufl., 1990, 63-75, 82-85; Chiara Lubich, Worauf kommt es an?, 10. Aufl., 27-42; Chiara Lubich, Verlieren können, 8. Aufl., 1990, 13, 17, 33, 52, 103-104; Chiara Lubich, Ja oder Nein, 2. Aufl., 1977, 34-35, 79-85, 99, 102, 112-113; Chiara Lubich, Spiel mit göttlichen Rollen, 2. Aufl., 1978, 15-17, 23-25, 28-32; Chiara Lubich, Im Menschen Christus erkennen, 2. Aufl., 1980, 87-97, 100-101; Chiara Lubich, La spiritualità del Movimento, 1965, 36; Petra Steinmair-Pösel, Im Gravitationsfeld von Mystik und Politik, 2019, 253-255.

[340] Wilhelm Schäffer, Erneuerter Glaube – verwirklichtes Menschsein, 1983, 137.

[341] Vgl. ebd., 137.

[342] Ebd., 139.

[343] Stefan Tobler, Jesu Gottverlassenheit als Heilsereignis in der Spiritualität Chiara Lubichs, 2002, 110.

[344] Wilhelm Schäffer, Erneuerter Glaube – verwirklichtes Menschsein, 1983, 139.

‚einszuwerden', ist es erforderlich, sich in den Nächsten hineinzuversetzen. Dazu ist ein persönliches Opfern seiner selbst für den Anderen erforderlich, durch das man sich vom Ich löst und ganz zum Du wird.[345]

> „Diese Radikalität wird nur dadurch verständlich, daß es letztlich darum geht, *in der Begegnung miteinander Gott zu finden*. Die Beziehung zu Gott wird so Grundlage und innerstes Lebensprinzip der zwischenmenschlichen Beziehungen. Diese sind dann gleichsam ‚übernatürliche' Beziehungen, aufgebaut nicht auf menschlicher Sympathie oder Interessengemeinschaft, sondern auf dem Willen, im Mitmenschen Gott zu begegnen."[346]

Grundlage der Einheit ist das Wesen Gottes, welches gemäß der Trinitätslehre aus drei Hypostasen (altgr.: τρεῖς ὑποστάσεις*)* des Vaters, des Sohnes und des Heiligen Geistes besteht, denen jedoch ein gemeinsames Wesen (altgr.: μία οὐσία*)* zu eigen ist. Demnach werden im Wesen Gottes personale Unterscheidungen vorgenommen. Der Vater allein ist ungezeugt (altgr.: ἀγέννητος). Der Sohn unterscheidet sich vom Vater durch die Eigenschaft, gezeugt (altgr.: γεννητός) zu sein. Die Eigentümlichkeit des Geistes ist es, durch den Sohn aus dem Vater hervorzugehen (altgr.: ἐκπόρευσις). Durch diese Vorgehensweise wird eine Abgrenzung innerhalb der Hypostasen ermöglicht, ohne dass die Einheit des Wesens Gottes gefährdet wird.[347] Vielmehr resultiert das „(...) Selbstsein der göttlichen 'Personen' (...) ganz [aus] ihrer Beziehung zueinander – so sind sie, obwohl unterschieden, doch vollkommen eins."[348] Da der Mensch jedoch von seinem Schöpfer als Ebenbild geschaffen worden ist, erfolgt gemäß der Ansicht der Fokolare das höchste Ausmaß der Vollendung seiner Existenz als Mensch[349] „in einer Gemeinschaft wechselseitiger Totalhingabe – analog dem inneren Leben Gottes."[350] Demzufolge ist „das innere Leben Gottes das Maß für das, was in der Gemeinschaft unter Menschen gelebt werden kann und soll: das Totalengagement in der Hingabe an den anderen und in der Verbundenheit mit ihm."[351] Chiara Lubich versteht Einheit

---

345 Vgl. Wilhelm Schäffer, Erneuerter Glaube – verwirklichtes Menschsein, 1983, 139-140, 142; Chiara Lubich, Jesus der Verlassene und die Einheit, 2. Aufl., 1992, 38; Stefan Tobler, Jesu Gottverlassenheit als Heilsereignis in der Spiritualität Chiara Lubichs, 2002, 108-110; Rupert Reindl, Gelebte Einheit, 1992, 18; Petra Steinmair-Pösel, Im Gravitationsfeld von Mystik und Politik, 2019, 256.

346 Wilhelm Schäffer, Erneuerter Glaube – verwirklichtes Menschsein, 1983, 140.

347 Vgl. Ernst Dassmann, Kirchengeschichte II/2, 1999, 48-53; Wilhelm Schäffer, Erneuerter Glaube – verwirklichtes Menschsein, 1983, 140; Matthias Haudel, Gotteslehre 2. Aufl., 2018, 73-79. Siehe auch das Buch von Anton Ziegenaus *Der Gott der Offenbarung: Gotteslehre* (1996).

348 Wilhelm Schäffer, Erneuerter Glaube – verwirklichtes Menschsein, 1983, 141.

349 Vgl. Stefan Tobler, Jesu Gottverlassenheit als Heilsereignis in der Spiritualität Chiara Lubichs, 2002, 111-112; Wilhelm Schäffer, Erneuerter Glaube – verwirklichtes Menschsein, 1983, 141; Rupert Reindl, Gelebte Einheit, 1992, 18.

350 Wilhelm Schäffer, Erneuerter Glaube – verwirklichtes Menschsein, 1983, 141.

351 Ebd., 141.

folglich nicht im Sinne von Gleichschaltung. Vielmehr ist diese im trinitarischen Sinne zu verstehen.[352]

4.2.5 ‚Jesus in der Mitte' (Mt 18,20)

Das Alleinstellungsmerkmal und Neue der fokolarinischen Spiritualität ist ‚Jesus in der Mitte'. Dieser Begriff aus dem Urchristentum bezieht sich auf Mt 18,20[353]. Jesus Christus sagt seine Präsenz unter jenen Menschen zu, die sich in seinem Namen treffen. Das war die existenzielle Erfahrung der ersten Fokolarinnen, die einen Qualitätssprung in ihrem gemeinsamen religiösen Leben bewirkte. Den Zusammenhang dieses Erlebnisses mit Mt 18,20 erkannte Chiara Lubich jedoch erst später. Ein erster Hinweis darauf lässt sich in ihren Notizen finden, die auf Januar 1945 datiert sind. Allerdings weisen erst briefliche Spuren aus dem Jahr 1947 einen eindeutigen Bezug auf. Im Verlauf des Jahres 1948 entdeckte Chiara Lubich den Gehalt von Mt 18,20 Schritt für Schritt mehr und verknüpfte ihn mit dem Gedanken der Einheit. Was bedeutet aber nun der Begriff ‚Jesus in der Mitte' im Verständnis Chiara Lubichs?[354]

Klaus Hemmerle führt an, dass mit der Auferstehung nach dem Kreuzestod Jesu für die Menschen ein neuer Kontakt zu ihm entsteht, da Jesus die Menschen zu seinem Vater, zu sich selbst und durch den Geist zu den Menschen geführt habe, sodass er personal unter den Menschen gegenwärtig sei. Durch seine Aktivität in der Mitte der Menschen, die sich in seinem Namen treffen, entstehe für die Menschen eine neue Beziehung zum Nächsten.[355] „Jesu Fortgehen", so Klaus Hemmerle, „ist also Eintreffen beim Vater, Eintreffen bei sich, Eintreffen bei uns und Sendung des Geistes, in dem wir [die Menschen] dieses dreifache Eintreffen wahrnehmen und an ihm teilhaben."[356] Obwohl sich die Menschen noch auf einer Wanderschaft befinden, seien sie durch Jesus bei Gott (Joh 14,21.23). Um ‚Jesus in der Mitte' Realität werden zu lassen, gilt es nach Klaus Hemmerle, den Weg des Pascha-Mysteriums zu beschreiten. Mit anderen Worten: Jesus ist dort gegenwärtig, „wo die Liebe nach Jesu Maß [von mindestens zwei Personen] gelebt wird

---

[352] Vgl. Petra Steinmair-Pösel, Im Gravitationsfeld von Mystik und Politik, 2019, 259.

[353] Gemäß der Konstitution über die heilige Liturgie *Sacrosanctum Concilium* handelt Christus in den Sakramenten und im Wort selbst. Er ist daher im Wort gegenwärtig, weil er es selbst spricht. Beim Gesang und Gebet wird die Präsenz Christi hingegen durch ‚Jesus in der Mitte' (Mt 18,20) begründet (vgl. Knut Wenzel, Das Zweiten Vatikanische Konzil, 2014, 37).

[354] Vgl. Judith Povilus, Jesus in der Mitte, 2. Aufl., 1990, 8-15; Joachim Gnilka, Das Matthäusevangelium II. Teil, 1988, 140; Wilhelm Schäffer, Erneuerter Glaube – verwirklichtes Menschsein, 1983, 142-143; Wilfried Hagemann, Vielfalt in der Einheit, 1979, 219; Die Fokolar-Bewegung, die bewegung der focolare, 1966, 67-68; Franz Kronreif, gott.los.heute, 2013, 146; Rupert Reindl, Gelebte Einheit, 1992, 20; Chiara Lubich, La Spiritualité de l'unité, 1983, 115; Petra Steinmair-Pösel, Im Gravitationsfeld von Mystik und Politik, 2019, 259.

[355] Vgl. Klaus Hemmerle, Der Himmel ist zwischen uns, 3. Aufl., 1978, 43-46.

[356] Ebd., 46.

und der Vater die Einheit mit trinitarischem ,Touch' stiftet."[357] Ziel ist somit, „dass Jesus, der in jedem Einzelnen lebt, zur Person des Wir wird, zur alle umfassenden Mitte, zum Subjekt des gemeinsamen Handelns."[358] Jesus gibt sich durch die κοινωνία (dt.: Gemeinschaft) zu erkennen. Die Einheit, die aus dieser gegenseitigen Liebe, dem „Band der Vollkommenheit"[359], resultiere, sei „nicht nur Voraussetzung, sondern auch Frucht von ,Jesus in der Mitte'."[360] Die Gegenwart von ,Jesus in der Mitte' ist für Lubich nicht selbstverständlich. Sie ist ein Geschenk Gottes, das Übereinstimmung im Fühlen, Wollen und Denken voraussetze. Aus diesem Grund dürfe man untereinander nicht aufhören, sich mit dem Nächsten ,einszumachen'[361]. Das Fokolar selbst identifiziert Chiara Lubich mit ,Jesus in der Mitte'. Sie betrachtet es als die Bestimmung der Fokolare, sein Werkzeug zu sein, sodass Jesus, „der unter ihnen und auch in ihnen lebt"[362], sich durch sie offenbaren kann. Wo sich aber ,Jesus in der Mitte' zeigt, ist für Lubich Kirche. Auch sei die Gegenwart Jesu nicht an äußere Umstände (z. B. räumliche Distanz) gebunden, da es sich bei Mt 18,20 um eine geistige Einheit handle.[363]

[357] Franz Kronreif, gott.los.heute, 2013, 146.

[358] Stefan Tobler, Jesu Gottverlassenheit als Heilsereignis in der Spiritualität Chiara Lubichs, 2002, 115.

[359] Chiara Lubich, Einheit als Lebensstil, 3. Aufl., 1989, 74.

[360] Judith Povilus, Jesus in der Mitte, 2. Aufl., 1990, 19.

[361] Unter dem Begriff ,Sich-Einsmachen' versteht Chiara Lubich ein ,Nicht-an-sich-selbst-Denken', das Abtöten des Ichs für die Liebe (vgl. Judith Povilus, Jesus in der Mitte, 2. Aufl., 1990, 20-21).

[362] Chiara Lubich, Jesus der Verlassene und die Einheit, 2. Aufl., 1992, 83.

[363] Vgl. Chiara Lubich, Die Spiritualität der Fokolar-Bewegung und ihre Auswirkungen im Leben des Priesters, 1998, 33; Rupert Reindl, Gelebte Einheit, 1992, 21; Franz Kronreif, gott.los.heute, 2013, 146-147; Chiara Lubich, Einheit als Lebensstil, 3. Aufl., 1989, 73-77, 83; Klaus Hemmerle, Der Himmel ist zwischen uns, 3. Aufl., 1978, 47-49; Judith Povilus, Jesus in der Mitte, 2. Aufl., 1990, 17-23; Wilhelm Schäffer, Erneuerter Glaube – verwirklichtes Menschsein, 1983, 144-145; Chiara Lubich, Mitten unter ihnen, 4. Aufl., 1989, 6-7, 12-13, 16-17, 19, 39, 41, 44; Chiara Lubich, Bis wir alle eins sein werden, 14. Aufl., 92-93; Chiara Lubich, Worauf kommt es an?, 10. Aufl., 1990, 41; Chiara Lubich, Ja oder Nein, 2. Aufl., 1977, 82-85; Chiara Lubich, Spiel mit göttlichen Rollen, 2. Aufl., 1978, 39; Pasquale Foresi, Dein Wort sein, 3. Aufl., 1975, 47-59; Klaus Hemmerle, Wegmarken der Einheit, 1982, 52-55, 60-71; Chiara Lubich, Jesus der Verlassene und die Einheit, 2. Aufl., 1992, 83; Wilfried Hagemann, Vielfalt in der Einheit, 1979, 219; Stefan Tobler, Jesu Gottverlassenheit als Heilsereignis in der Spiritualität Chiara Lubichs, 2002, 113-115; Die Fokolar-Bewegung, die bewegung der focolare, 1966, 69; Chiara Lubich, La spiritualità del Movimento, 1965, 23; Chiara Lubich, La Spiritualité de l'unité, 1983, 115-116; Stefan Ulz, Dreifaltigkeit leben, 2019, 203-205.

4.2.6 ‚Jesus, der Verlassene' (Mt 27,46; Mk 15,34)

Obwohl es bereits zuvor einige Anzeichen in Lubichs Leben gab, die auf den verlassen Jesus verwiesen, ist jedoch als entscheidendes Datum der 24. Januar 1944 zu nennen. An diesem Tag fragte ein Kapuzinerpater Chiara Lubich, wann Jesus den größten Schmerz erlitten habe. Auf die Antwort der Trienterin, dass es die Nacht vor seiner Kreuzigung in Getsemane (Lk 22,39-46) sei, widersprach ihr der Priester. Als Moment des größten Schmerzes Jesu nannte er ihr die Gottverlassenheit am Kreuz. Rückblickend ist dieses Gespräch als eine Art von Katalysator zu verstehen, der bewirkte, dass ‚Jesus, der Verlassene' existenziell für das Glaubensleben für Chiara Lubich und ihre ersten Gefährtinnen wurde. Noch heute ist der verlassene Jesus das Vorbild und die charakteristische Lebensweise der Fokolare. Er ist für Lubich nicht nur der „Weg des Glaubensvollzugs, sondern ebenso der Weg des Denkens sowie der Gotteserkenntnis"[364]. Wenn die Fokolare sich dazu entschließen, ihr Leben Gott zu widmen, entscheiden sie sich für „Gott in Jesus dem Verlassenen"[365]. ‚Jesus, der Verlassene' ist für sie der „Weg zur Heiligkeit"[366]. Klaus Hemmerle bezeichnet ihn als einzig möglichen Zugang zu Gott. Im Verlassenen habe Gott sich am deutlichsten offenbart:[367]

> „Das Ja Gottes zum Menschen und das Ja des Menschen zu Gott ereignen sich im Ja des Vaters zum Sohn und im Ja des Sohnes zum Vater. (...) Es gibt einen Punkt der Weltgeschichte, in dem Gottes Verhältnis zu Gott, Gottes Verhältnis zum Menschen und des Menschen Verhältnis zu Gott sich aufs innigste durchdringen und sich für immer dem Menschen als der neue Raum seines Lebens eröffnen – dieser Punkt ist der gekreuzigte und verlassene Jesus."[368]

Mt 27,46 und Mk 15,34 sind somit biblische Schlüsselstellen für die Spiritualität des ‚Werkes Mariens'. „Jesus der Verlassene ist [für Chiara Lubich] der Schlüssel

---

364 Stefan Ulz, Dreifaltigkeit leben, 2019, 120.

365 Chiara Lubich, Jesus der Verlassene und die Einheit, 2. Aufl., 1992, 44.

366 Ebd., 49.

367 Vgl. Klaus Hemmerle, Wegmarken der Einheit, 1982, 43; Stefan Tobler, Jesu Gottverlassenheit als Heilsereignis in der Spiritualität Chiara Lubichs, 2002, 116, 170, 172-174, 182-183, 185-188; Chiara Lubich, Jesus der Verlassene und die Einheit, 2. Aufl., 1992, 38-44, 49, 52; Die Fokolar-Bewegung, die bewegung der focolare, 1966, 49; Rupert Reindl, Gelebte Einheit, 1992, 23; Chiara Lubich, Non conosco che cristo e cristo crocifisso, 2006, 152-153; Chiara Lubich, La spiritualità del Movimento, 1965, 42, 49; Stefan Tobler, Die Welt als Gottes Innerstes, 2020, 129.

368 Klaus Hemmerle, Wegmarken der Einheit, 1982, 43. Mit der Rolle, die der verlassene Jesus in der Anthropologie Lubichs einnimmt, setzte sich Stefan Ulz in seiner 2019 publizierten Dissertation *Dreifaltigkeit leben* auseinander.

des Charismas, der Weg der Einheit."[369] Alle weiteren Punkte der fokolarinischen Spiritualität haben ihren Ursprung im verlassenen Jesu.[370]

> „Jesus der Verlassene ist unsere Art zu lieben. Er zeigt uns, wie wir in uns und um uns alles auslöschen müssen, um mit Gott eins zu werden; er lehrt uns, Gedanken und Neigungen zum Schweigen zu bringen, die Sinne abzutöten, ja, sogar Inspirationen beiseite zu lassen, um uns mit den anderen einszumachen, ihnen zu dienen, sie zu lieben."[371]

Um an der Verlassenheit Jesu teilzuhaben, sieht die FoBw nur eine Möglichkeit: die Annahme des Pascha-Mysteriums im eigenen Leben. Hinter jedem Schmerz verberge sich dann die Verlassenheit Jesu, der den Maßstab der Liebe verkörpere. Der „Schmerz selbst (...) [erhalte] Sinn und Wert als Medium der Begegnung mit Jesus und Geschenk der Liebe"[372] an den Menschen. Durch ‚Jesus, den Verlassenen', bekomme der Schmerz im Heilsplan Gottes eine verwandelnde Funktion. Es handle sich „um eine durch den Geist gewirkte ‚göttliche Alchimie', (...) die Leid in Liebe umwandelt (...)."[373] Man dringe wie Jesus in seiner Verlassenheit in die unendliche Liebe Gottes ein. Allerdings sei der Verlassene nicht nur „der Schlüssel zur Einheit (...) [der] Seele mit Gott"[374], sondern ebenfalls „der Schlüssel zur Einheit mit den"[375] Mitmenschen. Die Gesichtszüge des verlassenen Jesus sind für Chiara Lubich in den Schmerzen der Mitmenschen gegenwärtig. Ihn habe man „immer großzügig und ohne Zögern [zu] umarmen"[376], indem man sich mit dem Nächsten ‚einsmache'. Sich selbst zu verlassen, betrachtet Chiara Lubich als einen Ausdruck der Liebe, durch die der Mensch zur Vollkommenheit gelange. Erst durch diesen Schritt ergibt sich für sie der Raum, der notwendig ist, damit Einheit entstehen kann. Durch die Liebe zum Leid öffnet sich für Lubich dem Menschen somit die Möglichkeit, an der Verlassenheit Jesu zu partizipieren. Dadurch sei man in der Lage, „mit seiner Liebe auf die Welt zuzugehen"[377]. Die Einheit ist laut Chiara Lubich deswegen das Ergebnis, das sich in und durch den verlassenen

[369] Chiara Lubich, Jesus der Verlassene und die Einheit, 2. Aufl., 1992, 52.
[370] Vgl. Stefan Tobler, Jesu Gottverlassenheit als Heilsereignis in der Spiritualität Chiara Lubichs, 2002, 172.
[371] Chiara Lubich, Jesus der Verlassene und die Einheit, 2. Aufl., 1992, 45.
[372] Wilhelm Schäffer, Erneuerter Glaube – verwirklichtes Menschsein, 1983, 146.
[373] Stefan Tobler, Jesu Gottverlassenheit als Heilsereignis in der Spiritualität Chiara Lubichs, 2002, 178.
[374] Chiara Lubich, Jesus der Verlassene und die Einheit, 2. Aufl., 1992, 91.
[375] Ebd., 91.
[376] Ebd., 97.
[377] Stefan Tobler, Jesu Gottverlassenheit als Heilsereignis in der Spiritualität Chiara Lubichs, 2002, 176.

Jesus vollzieht.[378] Er verdeutliche in „seinem Sterben am Kreuz, in der Verlassenheit (...) auf seine einzigartige und göttliche Weise, was Liebe ist."[379]

4.2.7 Das ‚Wort des Lebens'

Das zentrale Element der geistlichen Lebensweise der FoBw ist das ‚Wort des Lebens', in dem auch der Ursprung der geistlichen Kernpunkte der Bewegung liegt. Unter dem ‚Wort des Lebens' ist „eine Weise [zu verstehen], sich dem Ganzen der Heiligen Schrift zu nähern und das Leben daraus zu gestalten."[380] Das Ziel dieser Lebensweise ist nach Chiara Lubich, durch die erneute Evangelisation des eigenen Lebens zu einem anderen Jesus zu werden. Das Wort hat für Lubich somit eine verwandelnde Funktion. Wenn der Mensch eine „lebendige Verkörperung des Wortes"[381] sei, so werde in ihm „Christus auf geistliche Weise (...) gezeugt"[382]. Christus im Wort hat für Lubich daher den gleichen Stellenwert wie Christus in der Eucharistie. Beide ermöglichen für sie eine unmittelbare Begegnung mit Jesus.[383]

> „Lebendiges Evangelium, Wort des Lebens, ein anderer Jesus sollen wir sein! Dann lieben wir ihn wirklich und ahmen Maria nach, Mutter des Lichts und Mutter des Wortes, lebendiges Wort."[384]

---

[378] Vgl. Wilhelm Schäffer, Erneuerter Glaube – verwirklichtes Menschsein, 1983, 145-147; Pasquale Foresi, Gespräche im Fokolar, 2. Aufl., 1968, 69-70; Die Fokolar-Bewegung, die bewegung der focolare, 1966, 48-58; Chiara Lubich, Jesus der Verlassene und die Einheit, 2. Aufl., 1992, 44-53, 51-101; Stefan Tobler, Jesu Gottverlassenheit als Heilsereignis in der Spiritualität Chiara Lubichs, 2002, 172-180, 183, 185, 187-188; Rupert Reindl, Gelebte Einheit, 1992, 24; Chiara Lubich, La spiritualità del Movimento, 1965, 44, 49; Chiara Lubich, La vita, un viaggio, 1984, 54-56; Petra Steinmair-Pösel, Im Gravitationsfeld von Mystik und Politik, 2019, 262-263.

[379] Chiara Lubich, Jesus der Verlassene und die Einheit, 2. Aufl., 1992, 94; Chiara Lubich, La Spiritualité de l'unité, 1983, 122-124; Petra Steinmair-Pösel, Im Gravitationsfeld von Mystik und Politik, 2019, 262.

[380] Kirche im Bistum Aachen: Fokolar-Bewegung, in: https://www.bistum-aachen.de/Neue-Geistliche-Gemeinschaften/Fokolar-Bewegung/ (05.04.2014, 12:00 Uhr).

[381] Chiara Lubich, Leben aus dem Wort, 3. Aufl., 1980, 28.

[382] Stefan Tobler, Jesu Gottverlassenheit als Heilsereignis in der Spiritualität Chiara Lubichs, 2002, 119.

[383] Vgl. Wilhelm Schäffer, Erneuerter Glaube – verwirklichtes Menschsein, 1983, 148; Chiara Lubich, Einheit als Lebensstil, 3. Aufl., 1989, 66-68; Kirche im Bistum Aachen: Fokolar-Bewegung, in: http://geistliche-gemeinschaften.kibac.de/fokolarbewegung (05.04.2014, 12:00 Uhr); Chiara Lubich, Leben aus dem Wort, 3. Aufl., 1980, 10-32; Pasquale Foresi, Dein Wort sein, 3. Aufl., 1975, 29-37; Wilfried Hagemann, Vielfalt in der Einheit, 1979, 220; Stefan Tobler, Jesu Gottverlassenheit als Heilsereignis in der Spiritualität Chiara Lubichs, 2002, 119-120; Die Fokolar-Bewegung, die bewegung der focolare, 1966, 59-62; Rupert Reindl, Gelebte Einheit, 1992, 15-16; Chiara Lubich, Die Spiritualität der Fokolar-Bewegung und ihre Auswirkungen im Leben des Priesters, 1998, 29, 34-35; Chiara Lubich, La spiritualità del Movimento, 1965, 50-52; Chiara Lubich, La Spiritualité de l'unité, 1983, 106.

[384] Chiara Lubich, Leben aus dem Wort, 3. Aufl., 1980, 28-29; Petra Steinmair-Pösel, Im Gravitationsfeld von Mystik und Politik, 2019, 265.

Heutzutage erscheint in der FoBw das ‚Wort des Lebens' offiziell einmal im Monat. Es wird mit einem exegetischen Kommentar und einer erläuternden Anleitung versehen. Über moderne Medien wie durch die Zeitschrift ‚Neue Stadt' oder das Internet erreicht das ‚Wort des Lebens' weltweit Menschen. Jeder, der der Bewegung nahesteht, versucht, sich durch diesen biblischen Impuls in seinem Leben anregen zu lassen. In den regelmäßigen Treffen der einzelnen Gruppen findet anschließend, wie bereits in der ersten Gruppe, ein Austausch über die erlebten Erfahrungen statt. Dies ist im Sinne einer „Hermeneutik des Lebens"[385] zu verstehen. Die Bedeutung, die der Bibel dadurch in der FoBw zukommt, ermöglicht auch einen fruchtbaren Dialog mit der Evangelischen Kirche. Denn auch auf evangelischer Seite gibt es mit der ‚Tageslosung' bzw. Monats-Losung' eine vergleichbare Tradition.[386]

4.2.8 ‚Jesus in der Eucharistie'

Chiara Lubich vertritt den Standpunkt, dass für die Verwirklichung der Einheit „eine tiefe Liebe zur Eucharistie"[387] erforderlich ist. ‚Jesus in der Eucharistie' ist für sie das „Band der Einheit"[388]. Sowohl innerhalb des Fokolars als auch bei großen Veranstaltungen wird der Eucharistie eine zentrale Rolle zugedacht. Sie ist für Chiara Lubich die Quelle, in der die Liebe Gottes am deutlichsten zum Ausdruck kommt. Gegenwärtig wird Christus in der Eucharistie durch die Transsubstantiation von Brot und Wein, die durch die Einsetzungsworte „durch Christus im Heiligen Geist"[389] gewandelt werden. Die Gemeinde nimmt teil an der „in die absteigende Bewegung der vom Vater ausgehenden, im Sohn verkörperten, im Geist sich realisierenden Selbsthingabe aus Liebe."[390] Zugleich „wird die Gemeinde auch hineingenommen in die aufsteigende Bewegung der gehorsamen Hingabe Jesu an den Vater."[391] Die feiernden Christen werden eins in Christus. Die Eucharistie bringt die Einheit mit Christus sowie untereinander hervor, auf der

---

385 Wilhelm Schäffer, Erneuerter Glaube – verwirklichtes Menschsein, 1983, 149.

386 Vgl. Wilhelm Schäffer, Erneuerter Glaube – verwirklichtes Menschsein, 1983, 148-149; Kirche im Bistum Aachen: Fokolar-Bewegung, in: http://geistliche-gemeinschaften.kibac.de/fokolarbewegung (05.04.2014, 12:00 Uhr); Chiara Lubich, Leben aus dem Wort, 3. Aufl., 1980, 10-32; Chiara Lubich, Einheit als Lebensstil, 3. Aufl., 1989, 66-67; Wilfried Hagemann, Vielfalt in der Einheit, 1979, 220; Stefan Tobler, Jesu Gottverlassenheit als Heilsereignis in der Spiritualität Chiara Lubichs, 2002, 117-120; Die Fokolar-Bewegung, die bewegung der focolare, 1966, 59-62; Rupert Reindl, Gelebte Einheit, 1992, 16; Chiara Lubich, Die Spiritualität der Fokolar-Bewegung und ihre Auswirkungen im Leben des Priesters, 1998, 35; Chiara Lubich, La spiritualità del Movimento, 1965, 50-52.

387 Chiara Lubich, In Brot und Wein, 5. Aufl., 1989, 61.

388 Chiara Lubich, Spiel mit göttlichen Rollen, 2. Aufl., 1978, 71.

389 Bernd Jochen Hilberath, Art. Eucharistie. III. Systematisch-theologisch, 3. Aufl., 2006, 950.

390 Ebd., 949.

391 Ebd., 949.

die Kirche basiert (vgl. SC 47; PO 5).[392] „[Sie] (...) ist Ausdruck und Quelle ihrer Einheit, Sakrament *und* Lebensform zugleich."[393] Die Eucharistie soll allerdings nicht auf eine geistige Dimension beschränkt bleiben, sondern im Leben greifbar werden. Dieser wechselseitige Bezug ist typisch für die Spiritualität der Fokolare. Indem sie das ‚Charisma der Einheit' praktizieren, „sind [sie] bereits eins mit den anderen im Namen Jesu."[394] Dadurch leisten sie einen Beitrag, den Gott sich vom Menschen verspricht.[395] „Wesentliche Momente der Fo[kolar]-Spiritualität gehören also zu den Vorbedingungen für eine fruchtbare Begegnung mit Jesus in der Eucharistie und schaffen den Raum dafür; die Eucharistie ihrerseits nährt das Leben in der Einheit."[396] Der Mensch wird nach Chiara Lubich durch die Eucharistie mit Christus zu einem Werkzeug zur Erneuerung der Welt. Weiterhin führt Chiara Lubich aus, dass der menschliche Körper durch die Eucharistie vergöttlicht wird. Er trage dadurch selbst im Tod zur Umwandlung der Welt bei.[397]

4.2.9 Kirchliches Amt

Für Chiara Lubich ist die katholische Kirche mehr als eine irdische Einrichtung. Die große Wertschätzung, welche sie der Kirche, ihrer Gliederung und dem kirchlichen Amt entgegenbringt, begründet Lubich durch die Gegenwart Jesu in der Kirche und die Bibelstelle Lk 10,16:[398] „Wer euch hört, der hört mich, und wer euch

---

[392] Vgl. Chiara Lubich, In Brot und Wein, 5. Aufl., 1989, 21-23, 40-41, 56-61; Wilhelm Schäffer, Erneuerter Glaube – verwirklichtes Menschsein, 1983, 149; Chiara Lubich, Für eine geeinte Welt, 1990, 63-64; Bernd Jochen Hilberath, Art. Eucharistie. III. Systematisch-theologisch, 3. Aufl., 2006, 949-950; Chiara Lubich, Spiel mit göttlichen Rollen, 2. Aufl., 1978, 71; Stefan Tobler, Jesu Gottverlassenheit als Heilsereignis in der Spiritualität Chiara Lubichs, 2002, 121; Rupert Reindl, Gelebte Einheit, 1992, 27; Chiara Lubich, La Spiritualité de l'unité, 1983, 124-125; Petra Steinmair-Pösel, Im Gravitationsfeld von Mystik und Politik, 2019, 266.

[393] Wilhelm Schäffer, Erneuerter Glaube – verwirklichtes Menschsein, 1983, 149.

[394] Chiara Lubich, In Brot und Wein, 5. Aufl., 1989, 40.

[395] Vgl. Wilhelm Schäffer, Erneuerter Glaube – verwirklichtes Menschsein, 1983, 149; Chiara Lubich, In Brot und Wein, 5. Aufl., 1989, 40, 55-56, 65-68; Stefan Tobler, Jesu Gottverlassenheit als Heilsereignis in der Spiritualität Chiara Lubichs, 2002, 121; Rupert Reindl, Gelebte Einheit, 1992, 27; Chiara Lubich, Die Spiritualität der Fokolar-Bewegung und ihre Auswirkungen im Leben des Priesters, 1998, 35.

[396] Wilhelm Schäffer, Erneuerter Glaube – verwirklichtes Menschsein, 1983, 150. Vgl. hierzu: Chiara Lubich, Spiel mit göttlichen Rollen, 2. Aufl., 1978, 71; Stefan Tobler, Jesu Gottverlassenheit als Heilsereignis in der Spiritualität Chiara Lubichs, 2002, 120-121; Petra Steinmair-Pösel, Im Gravitationsfeld von Mystik und Politik, 2019, 266.

[397] Vgl. Wilhelm Schäffer, Erneuerter Glaube – verwirklichtes Menschsein, 1983, 149-150; Chiara Lubich, In Brot und Wein, 5. Aufl., 1989, 21, 45-52, 54-56; Chiara Lubich, Zeichen seiner Gegenwart, 2. Aufl., 1979, 20; Chiara Lubich, Worauf kommt es an?, 10. Aufl., 1990, 70; Chiara Lubich, Die Spiritualität der Fokolar-Bewegung und ihre Auswirkungen im Leben des Priesters, 1998, 35.

[398] Vgl. Wilhelm Schäffer, Erneuerter Glaube – verwirklichtes Menschsein, 1983, 150-151; Chiara Lubich, Zeichen seiner Gegenwart, 2. Aufl., 1979, 23-25; Chiara Lubich, Verlieren können, 8. Aufl., 1990, 50-51; Chiara Lubich, Spiel mit göttlichen Rollen, 2. Aufl., 1978, 88-102.

ablehnt, der lehnt mich ab; wer aber mich ablehnt, der lehnt den ab, der mich gesandt hat." Diese Worte Jesu stellen in Form eines „Stufenparallelismus"[399] ein „Legitimationslogion"[400] dar, durch das die Sendung der Apostel ihre göttliche Ermächtigung erhält. Die Apostel und deren Nachfolger sind somit Sakrament, sichtbares Zeichen der einzigen Mittlerschaft Jesu. Durch sie gibt sich der Sohn Gottes den Menschen zu erkennen. Ihre Aufgabe ist es, Christus, der ihnen im Weihesakrament seinen Geist gespendet hat, durch sich selbst wahrnehmbar in der Welt zu vertreten. Berücksichtigt man in diesem Zusammenhang, dass das Wesen Gottes die Liebe ist, so lässt sich mit den Worten von Paul VI. sagen, dass die den Aposteln verliehene Vollmacht eine Autorität der Liebe ist.[401] „Treue und Gehorsam gegenüber der Hierarchie bedeuten daher für die FoBw nicht Unterwerfung unter den Menschen, sondern im *Sentire cum Ecclesia* Hören auf den eigentlichen Herrn der Kirche."[402]

4.2.10 Maria

Eine wichtige Rolle hat in der Spiritualität der FoBw Maria, die Mutter Jesu, inne. Dies zeigt sich schon dadurch, dass der offizielle, jedoch relativ unbekannte Name der Bewegung ‚Werk Mariens' (lat.: *Opus Mariae*) lautet. Der Grund für diese Namensgebung wird von der Bewegung durch die Person Mariens erklärt, die zwar in der Bibel als gewöhnlicher Mensch ohne spezielle Begabungen dargestellt wird, sich aber trotz dieser Schlichtheit ihrer Person durch die Tugenden des Gehorsams und Glaubens gegenüber Gott auszeichnet. Sie steht nicht im Mittelpunkt und unterwirft sich als Dienerin dem Heilsplan Gottes, sodass in ihrer Entscheidung für Gott die eigene Selbstlosigkeit zum Ausdruck kommt. In diesen marianischen Eigenschaften sieht die FoBw das Ideal (vgl. LG 56, 58; 61-65)[403], das sie verwirklichen möchte. Maria ist für sie die „Grundgestalt"[404] der Einheit

---

399 Heinz Schürrmann, Das Lukasevangelium 2. Teil, 1994, 84.

400 Ebd., 84.

401 Vgl. Chiara Lubich, Für eine geeinte Welt, 1990, 64-66;Wilhelm Schäffer, Erneuerter Glaube – verwirklichtes Menschsein, 1983, 150-151; Chiara Lubich, Zeichen seiner Gegenwart, 2. Aufl., 1979, 23-25; Klaus Hemmerle, Wie Glauben im Leben geht, 1995, 284-288; Heinz Schürrmann, Das Lukasevangelium 2. Teil, 1994, 84-85; Chiara Lubich, Im Dienst an allen, 1978, 104-105; Stefan Tobler, Jesu Gottverlassenheit als Heilsereignis in der Spiritualität Chiara Lubichs, 2002, 126-128; Rupert Reindl, Gelebte Einheit, 1992, 28-29; Chiara Lubich, Die Spiritualität der Fokolar-Bewegung und ihre Auswirkungen im Leben des Priesters, 1998, 36; Chiara Lubich, La spiritualità del Movimento, 1965, 23-24.

402 Wilhelm Schäffer, Erneuerter Glaube – verwirklichtes Menschsein, 1983, 151.

403 Dieser Gedanke findet sich ebenfalls in der Konstitution *Lumen gentium*. In diesem Dokument des II. Vatikanums wird Maria als Archetypus der Kirche bezeichnet, da diese durch ihre uneingeschränkte Zustimmung zu Gottes Plan in gänzlicher Weise eins ist mit Christus. Insofern hat sie eine Vorbildfunktion für die Kirche, die noch unterwegs ist zu jener Vollendung (vgl. Knut Wenzel, Das Zweite Vatikanischen Konzil, 2014, 94-96).

404 Wilfried Hagemann, Vielfalt in der Einheit, 1979, 220.

und „die Tür zu Gott.“[405] Es handelt sich demzufolge nicht um eine Verehrung Mariens, sondern es geht um die Rolle Marias, die die FoBw im alltäglichen Leben umsetzen möchte. Die Bewegung möchte ein Werkzeug sein, durch das sich Jesus den Menschen zeigen kann. Aus diesem Grund ist es eine ihrer Eigenheiten, nicht auf Bekanntheit abzuzielen, sondern wie Maria im Hintergrund zu wirken, um von innen her „eine neue Atmosphäre menschlichen Zusammenlebens [zu[schaffen.“[406] Auf diese Weise praktizieren die Fokolare in der Nachfolge des verlassenen Jesus die Rolle der *Maria desolata*.[407]

4.2.11 Der Heilige Geist

Obwohl dem Heiligen Geist im Charisma Chiara Lubichs durchaus eine zentrale Rolle zuzusprechen ist, wird dieser Aspekt in (wissenschaftlichen) Publikationen oftmals vernachlässigt. Ein Zitat aus einem Vortrag, den Chiara Lubich auf dem Internationalen Priesterkongress des Jahres 1988 hielt, verdeutlicht das:

> „Der Heilige Geist, der ‚unbekannte Gott‘, ist in der Bewegung sehr bekannt. Diese erkennt sich selbst ja nur in der charakteristischen Atmosphäre wieder, die der Heilige Geist unter ihren Angehörigen verbreitet, wenn sie im Namen Jesu zusammen sind und er ihnen seine typischen Gaben schenkt: Freude, Friede, Licht.“[408]

Chiara Lubich vertritt den Standpunkt, dass sich die FoBw durch die Impulse des Heiligen Geistes entwickelt hat. Sie selbst habe nie beabsichtigt, eine Bewegung

---

405 Chiara Lubich, Spiel mit göttlichen Rollen, 2. Aufl., 1978, 113.

406 Wilhelm Schäffer, Erneuerter Glaube – verwirklichtes Menschsein, 1983, 152.

407 Vgl. Wilhelm Schäffer, Erneuerter Glaube – verwirklichtes Menschsein, 1983, 151-152; Chiara Lubich, Bis wir alle eins sein werden, 14. Aufl., 1990, 10-11; Chiara Lubich, Worauf kommt es an?, 10. Aufl., 1990, 47-50, 85-87; Chiara Lubich, Verlieren können, 8. Aufl., 1990, 9-10; Chiara Lubich, Spiel mit göttlichen Rollen, 2. Aufl., 1978, 113-120; Chiara Lubich, Seiner Liebe folgen, 2. Aufl., 1984, 13-14; Chiara Lubich, Der Wille Gottes, 3. Aufl., 1990, 40-41; Werk Mariens – Fokolar-Bewegung, Allgemeines Statut, 2007, Art. 2; Guglielmo Boselli, 30 Jahre danach, 1974, 19; Chiara Lubich, Ja oder Nein, 1977, 2. Aufl., 33; Chiara Lubich, Einheit als Lebensstil, 3. Aufl., 1989, 83; Wilfried Hagemann, Vielfalt in der Einheit, 1979, 220-221; Stefan Tobler, Jesu Gottverlassenheit als Heilsereignis in der Spiritualität Chiara Lubichs, 2002, 124-126; Rupert Reindl, Gelebte Einheit, 1992, 31-32; Chiara Lubich, Die Spiritualität der Fokolar-Bewegung und ihre Auswirkungen im Leben des Priesters, 1998, 35-36; Petra Steinmair-Pösel, Im Gravitationsfeld von Mystik und Politik, 2019, 265-269. Ausführliche Reflexionen zur Rolle Marias führt Chiara Lubich in *Maria, die erste Christin* (1990) an. Zudem ist auf das Apostolische Schreiben *Marialis cultus* (vgl. Marialis cultus 35-37; Paul VI., Marialis cultus, 1974, 147-149) von Paul VI. zu verweisen, in dem der Montini-Papst Maria als erste und vollkommenste Jüngerin bezeichnet. Die damit angesprochene Vorbildrolle spiegelt sich in der Spiritualität der Fokolare wider (vgl. Annegret Marenski, Die Gemeinschaft Sant'Egidio, 2021, 44-45).

408 Chiara Lubich, Die Spiritualität der Fokolar-Bewegung und ihre Auswirkungen im Leben des Priesters, 1998, 36-37.

zu gründen. Weiterhin betont Lubich die Beziehung von Kreuz und Geist, da sich erst durch die Nachfolge des verlassenen Jesus, die sich durch die Geistgabe auszeichnet, ‚Jesus in der Mitte' und damit die Einheit verwirkliche. Den Menschen betrachtet sie als einen „Tempel des Heiligen Geistes"[409] (vgl. 1 Kor 3,16). Der Geist sei in der Seele jedes Menschen gegenwärtig. Aus diesem Grund könne man ihn durch Nächstenliebe ehren. Speziell aber sind es die Amtsinhaber, durch die der Heilige Geist aufgrund ihrer Weihe spreche und wirke.[410]

4.3 ‚Aspekte des Lebens'

Die sieben ‚Aspekte des Lebens' (itl.: *i sette aspetti*), welche im Jahr 1954 entwickelt wurden, dienen der konkreten Realisierung der Liebe in allen Bereichen der menschlichen Existenz. Durch ihr harmonisches Zusammenwirken soll sich das menschliche Leben neu ausrichten, sodass eine neue Gesellschaft entsteht, deren Gefüge durch das Evangelium geprägt ist. Diese Lebensweise hat das Ziel, einen neuen Menschentypus (itl.: *uomo-mondo*) hervorzubringen. Sein Urbild ist der gekreuzigte Jesus Christus. Der Sinn der ‚Aspekte des Lebens' wird in der Regel durch die ‚Regenbogen-Metapher' veranschaulicht:[411]

> „Wie weißes Licht sich bei der Brechung in die sieben Farben des Regenbogens zerstreut, alle Farben zusammen jedoch wieder weißes Licht ergeben – so fächert sich das Ideal der Liebe auf in die sieben konkreten Aspekte des Lebens (deshalb oft bildhaft ‚die Farben' genannt), alle zusammen in möglichster Harmonie machen wiederum die realisierte Liebe aus."[412]

Die sieben ‚Aspekte des Lebens' sind charakteristisch für das Leben der Fokolare. Sie versuchen sie im persönlichen Leben und im Miteinander möglichst umfassend und ausgewogen zu verwirklichen.[413]

---

409 „templi dello Spirito Santo" (Chiara Lubich, La vita, un viaggio, 1984, 128).

410 Vgl. Chiara Lubich, Die Spiritualität der Fokolar-Bewegung und ihre Auswirkungen im Leben des Priesters, 1998, 36-37; Rupert Reindl, Gelebte Einheit, 1992, 26; Chiara Lubich, La vita, un viaggio, 1984, 126-132; Petra Steinmair-Pösel, Im Gravitationsfeld von Mystik und Politik, 2019, 270.

411 Vgl. Wilhelm Schäffer, Erneuerter Glaube – verwirklichtes Menschsein, 1983, 153, 158; Bernhard Pree, Mitgliedschaft in kirchlichen Vereinigungen – Die Fokolar-Bewegung, 2000, 85; Werk Mariens – Fokolar-Bewegung, Allgemeines Statut, 2007, Art. 23, Chiara Lubich, Das irdische Paradies, 1976, 10-12; Chiara Lubich, Die Welt in Farben, 1977, 7.

412 Wilhelm Schäffer, Erneuerter Glaube – verwirklichtes Menschsein, 1983, 153.

413 Vgl. Bernhard Pree, Mitgliedschaft in kirchlichen Vereinigungen – Die Fokolar-Bewegung, 2000, 85. Zu den einzelnen Farben siehe auch von Chiara Lubich *Die Welt in Farben* (1977).

4.3.1 Gütergemeinschaft, Wirtschaft und Arbeit (Rot)

Nach dem Vorbild der Urgemeinde (Apg 4,32) wird von den Mitgliedern der FoBw eine materielle und geistige Gütergemeinschaft gepflegt. Diese ist je nach Mitgliedschaft obligatorisch oder freiwillig. Der evangelische Rat der Armut wird in diakonischer Hinsicht interpretiert, sodass der Einzelne die Gemeinschaft trägt und die Gemeinschaft den Einzelnen. Bei Bedürfnissen wird auf den ‚Willen Gottes' vertraut (Mt 6,26). Durch die Gütergemeinschaft sollen sich in der Bewegung eine Haltung der Liebe und eine Einheit entwickeln, durch die die Ideale des Liebens und Gebens realisiert werden sollen. Durch die daraus resultierende ‚Kultur des Gebens' sollen unterschiedliche soziale Projekte (z. B. Wirtschaft in Gemeinschaft) unterstützt werden. Eine geistige Gütergemeinschaft wird praktiziert, indem Fähigkeiten, Begabungen, Erfahrungen ... der Gemeinschaft zur Verfügung gestellt werden. Ferner sollen die Mitglieder eine „hohe Auffassung von der Arbeit"[414] haben, die sie als einen christologisch-diakonischen Dienst an der Gemeinschaft betrachten. Als Vorbild dient ihnen hierzu die Heilige Familie.[415]

4.3.2 Ausbreitung und Apostolat (Orange)

„Im Bemühen, ‚Licht, Sauerteig, und Salz' für die Welt zu sein, nehmen sich die Mitglieder der Fokolar-Bewegung vor, in der gegenseitigen und beständigen Liebe zu bleiben, um es vielen zu ermöglichen, Christus kennenzulernen."[416] Dazu folgen sie dem Beispiel Mariens, indem sie durch die Liebe ‚einswerden' mit dem Nächsten und durch ihr eigenes Beispiel wirken. Für das persönliche und gemeinschaftliche Apostolat der Fokolare ist daher der Kontakt zu den Menschen von grundlegender Bedeutung. Um diesen zu ermöglichen, werden von ihnen Zusammenkünfte und Begegnungen organisiert, auf denen die Menschen die Möglichkeit haben, Jesus Christus sowie die fokolarinische Spiritualität kennenzulernen. Neben diesem „Apostolat des Seins"[417] werden von ihnen, insofern sich die Gelegenheit ergibt, vier Dialoge geführt: (1.) innerkirchlicher Dialog; (2.) ökumenischer Dialog; (3.) interreligiöser Dialog; (4.) Dialog mit den Atheisten. Auch an der Neuevangelisierung beteiligen sich die Fokolare.[418]

---

[414] Werk Mariens – Fokolar-Bewegung, Allgemeines Statut, 2007, Art. 27.

[415] Vgl. Wilhelm Schäffer, Erneuerter Glaube – verwirklichtes Menschsein, 1983, 153-154; Bernhard Pree, Mitgliedschaft in kirchlichen Vereinigungen – Die Fokolar-Bewegung, 2000, 85; Werk Mariens – Fokolar-Bewegung, Allgemeines Statut, 2007, Art. 24-27; Wilfried Hagemann, Vielfalt in der Einheit, 1979, 223.

[416] Bernhard Pree, Mitgliedschaft in kirchlichen Vereinigungen – Die Fokolar-Bewegung, 2000, 85.

[417] Wilfried Hagemann, Vielfalt in der Einheit, 1979, 223; Wilhelm Schäffer, Erneuerter Glaube – verwirklichtes Menschsein, 1983, 155.

[418] Vgl. Werk Mariens – Fokolar-Bewegung, Allgemeines Statut, 2007, Art. 35-44; Wilhelm Schäffer, Erneuerter Glaube – verwirklichtes Menschsein, 1983, 155; Bernhard Pree, Mitglied-

4.3.3 Leben und Natur (Grün)

Um den ‚Willen Gottes' zu erfüllen und ihren Mitmenschen dienen zu können, pflegen die Fokolare ebenfalls ihre Physis. Gesundheit ist für sie ein Teil der eigenen Spiritualität. Gleichzeitig nehmen sie in Gebrechen oder dem menschlichen Tod den verlassenen Jesus wahr. Krankheit und Tod wird von ihnen daher explizit bejaht. Ihre Überwindung im Glauben wird von ihnen als ein Glaubenszeugnis erkannt, wodurch ein bedeutender Beitrag zur Entwicklung der Kirche und des Werkes geleistet werden kann. Der Verstorbenen gedenken sie in Gebet und Liebe. Neben dieser physischen Komponente besitzt der Aspekt Leben und Natur ebenfalls eine gemeinschaftliche, da sich sowohl jede einzelne Gruppe vor Ort als auch die Bewegung als Ganze als einen unteilbaren[419] „Verbund aufeinander bezogener und füreinander sorgender Glieder"[420] begreift.

4.3.4 Einheit mit Gott und Gebet (Gelb)

Zentrales Ziel der FoBw ist die Einheit mit Gott. Um diese zu erlangen, praktizieren sie gemäß dem ‚Neuen Gebot' Christi die Liebe zum Nächsten und zu ‚Jesus, dem Verlassenen'. Aber auch traditionelle Frömmigkeitsformen und die Teilnahme am sakramentalen Leben der Kirche sowie eine spirituelle Unterweisung werden von ihnen ausgeübt. Weil im spirituellen Leben der Fokolare sowohl der Einzelne als auch die Gemeinschaft im Mittelpunkt stehen,[421] „gehen die Mitglieder [der FoBw] gemeinsam auf dem Weg zur Heiligkeit voran, denn sie leben ständig füreinander, um in möglichst vollkommener Weise untereinander ‚eins' zu sein, wie der Vater mit dem Sohn eins ist."[422]

4.3.5 Kleidung und Wohnung (Blau)

„Um Zeugnis von Gott zu geben, der Güte und Wahrheit, aber auch Schönheit ist, bemühen sich die Angehörigen des ‚Werk Mariens' um Harmonie in ihrer Klei-

---

schaft in kirchlichen Vereinigungen – Die Fokolar-Bewegung, 2000, 85; Wilfried Hagemann, Vielfalt in der Einheit, 1979, 223.

419 Vgl. Werk Mariens – Fokolar-Bewegung, Allgemeines Statut, 2007, Art. 54-58; Wilhelm Schäffer, Erneuerter Glaube – verwirklichtes Menschsein, 1983, 156-15; Bernhard Pree, Mitgliedschaft in kirchlichen Vereinigungen – Die Fokolar-Bewegung, 2000, 86.

420 Wilhelm Schäffer, Erneuerter Glaube – verwirklichtes Menschsein, 1983, 156.

421 Vgl. Werk Mariens – Fokolar-Bewegung, Allgemeines Statut, 2007, Art. 46-50; Wilhelm Schäffer, Erneuerter Glaube – verwirklichtes Menschsein, 1983, 155; Bernhard Pree, Mitgliedschaft in kirchlichen Vereinigungen – Die Fokolar-Bewegung, 2000, 86; Wilfried Hagemann, Vielfalt in der Einheit, 1979, 224.

422 Bernhard Pree, Mitgliedschaft in kirchlichen Vereinigungen – Die Fokolar-Bewegung, 2000, 86.

dung und in der Umgebung, in der sie leben."[423] Indem sich die Fokolare an die Umgebung und die Kultur, die sie umgibt, anpassen, sollen Faktoren, die einen Beitrag zur Begegnung in Liebe erschweren würden, verhindert werden. Darüber hinaus sollen durch unermüdlichen Einsatz für die Einheit nicht nur Auseinandersetzungen bewältigt werden, sondern auch kirchliche und gesellschaftliche Strukturen aufgebaut werden,[424] „die sowohl Ausdruck harmonischer menschlicher Beziehungen sind, als auch etwas von der befreienden und versöhnenden Kraft der Gegenwart Christi widerspiegeln."[425]

4.3.6 Weisheit und Studium (Indigo)

„Die Angehörigen der Fokolar-Bewegung bemühen sich vor allem um die christliche Weisheit."[426] Es ist daher zum einen ihr Anspruch, über eine fundierte religiöse Kompetenz zu verfügen. Zum anderen haben sie sich gemäß den Statuten um eine berufliche und kulturelle Bildung zu bemühen. Um die genannten Ziele zu fördern, bietet die Bewegung Kurse und Schulungen an ihren Einrichtungen (z. B. die Universität Sophia in Loppiano) an. Diese sind keineswegs rein kognitiv ausgerichtet, da die FoBw der Lebenspraxis einen großen Stellenwert einräumt. Die Quelle der Erkenntnis ist für die Fokolare Christus. Sie bemühen sich um die Einheit untereinander, damit seine Weisheit sich in ihren Gedankengängen entfalten kann. Allerdings sind die Fokolare der Ansicht, dass Weisheit an erster Stelle durch Erfahrungen als durch das theoretische Erkenntnisvermögen erlangt wird. Aus diesem Grund wird in der Bewegung bei Aus- und Fortbildungen dem ‚Aspekt des Lebens' eine große Bedeutung zugesprochen.[427]

4.3.7 Einheit und Kommunikationsmittel (Violett)

Eine notwendige Voraussetzung, um Beziehungen aufzubauen bzw. zu pflegen, ist die Kommunikation. Die FoBw bedient sich daher moderner Kommunikationsmittel, sodass alle ihre Anhänger zugleich an in- und externen Informationen teilhaben können. Durch die unmittelbare Weitergabe des gemeinschaftlichen

[423] Werk Mariens – Fokolar-Bewegung, Allgemeines Statut, 2007, Art. 60.

[424] Vgl. Werk Mariens – Fokolar-Bewegung, Allgemeines Statut, 2007, Art. 60-63; Wilhelm Schäffer, Erneuerter Glaube – verwirklichtes Menschsein, 1983, 157; Bernhard Pree, Mitgliedschaft in kirchlichen Vereinigungen – Die Fokolar-Bewegung, 2000, 86-87; Wilfried Hagemann, Vielfalt in der Einheit, 1979, 224.

[425] Wilhelm Schäffer, Erneuerter Glaube – verwirklichtes Menschsein, 1983, 157.

[426] Werk Mariens – Fokolar-Bewegung, Allgemeines Statut, 2007, Art. 64.

[427] Vgl. Werk Mariens – Fokolar-Bewegung, Allgemeines Statut, 2007, Art. 65-67; Wilhelm Schäffer, Erneuerter Glaube – verwirklichtes Menschsein, 1983, 157; Bernhard Pree, Mitgliedschaft in kirchlichen Vereinigungen – Die Fokolar-Bewegung, 2000, 87; Wilfried Hagemann, Vielfalt in der Einheit, 1979, 224-225.

Wissensbesitzes – man könnte auch von einer geistigen Gütergemeinschaft sprechen – soll zum Aufbau der Einheit in und außerhalb der Bewegung beigetragen werden. Darüber hinaus besitzt das ‚Werk Mariens' eigene Archive, Pressestellen, Dokumentationszentren, audiovisuelle Produktionszentren und mit der *Città Nuova* eine eigene Verlagsgruppe.[428]

4.4 Struktur und Organisation der Fokolar-Bewegung

„Das Werk Mariens (die Fokolar-Bewegung) ist eine private, universalkirchliche Vereinigung Päpstlichen Rechts, mit Rechtspersönlichkeit gemäß den Kanones 298-311 und 321-329 des Codex Iuris Canonici"[429] von 1983. Ihre Struktur lässt sich aus vertikaler und horizontaler Perspektive betrachten.

4.4.1 Die vertikale Struktur der Fokolar-Bewegung

Vertikal ist die Bewegung in drei verschiedene Ebenen unterteilt: das Zentrum des Werkes, die Zonen und die Zonetten. Zum Zentrum des Werkes gehören die Präsidentin, der Kopräsident und der Generalrat. Es soll die Einheit des Werkes bewahren, fördern und sichtbar werden lassen. Die Zonen stellen räumlich abgegrenzte Teilgebiete dar. Bei den Zonetten handelt es sich um räumliche Unterteilungen der Zonen. Diese besitzen zwar eine eigene Leitung, die jedoch den Verantwortlichen der Zone untergeordnet ist.[430]

4.4.1.1 Die Präsidentin

An der Spitze der FoBw steht die Präsidentin. Diese ist stets eine Fokolarin mit ewigen Gelübden, welche maximal zweimal hintereinander für sechs Jahre gewählt werden kann. Sie ist im Besitz der Leitungsvollmacht und vertritt das Werk sowohl zivil- als auch kirchenrechtlich. Als oberste Repräsentantin der Bewegung steht sie symbolisch für die Einheit des Werkes. Dementsprechend hat sie einen „Vorsitz der Liebe"[431] einzunehmen. Ihr Amt ist als ein Dienst an den Mitgliedern

---

428 Vgl. Werk Mariens – Fokolar-Bewegung, Allgemeines Statut, 2007, Art. 68-72; Wilhelm Schäffer, Erneuerter Glaube – verwirklichtes Menschsein, 1983, 158; Bernhard Pree, Mitgliedschaft in kirchlichen Vereinigungen – Die Fokolar-Bewegung, 2000, 87.

429 Werk Mariens – Fokolar-Bewegung, Allgemeines Statut, 2007, Art. 1.

430 Vgl. Bernhard Pree, Mitgliedschaft in kirchlichen Vereinigungen – Die Fokolar-Bewegung, 2000, 87-88; Werk Mariens – Fokolar-Bewegung, Allgemeines Statut, 2007, Art. 96-98.

431 Werk Mariens – Fokolar-Bewegung, Allgemeines Statut. In der vom Päpstlichen Rat für die Laien mit Dekret vom 15. März 2007 (Aktenzeichen 522/07/S-61/A-23) anerkannten Fassung, Art. 82. Ein Bezug zu der Aussage von Ignatius von Antiochien, der im Präscript seines Briefs an

der Bewegung zu verstehen (Mk 10,44). Als Vorbild soll ihr in diesem Zusammenhang die Gottesmutter dienen.[432]

4.4.1.2 Der Kopräsident

Der Kopräsident wird für sechs Jahre aus der Sektion der Fokolarpriester gewählt, die ebenfalls ewige Gelübde abgelegt haben. Er kann nur einmal wiedergewählt werden. Mit der Präsidentin zusammen leitet er die Bewegung vom Zentrum in Rom aus. Ihnen sind 16 Berater zugeordnet, deren Posten jeweils zur Hälfte mit Frauen und Männern zu besetzen ist. Der Zuständigkeitsbereich des Kopräsidenten erstreckt sich einerseits auf die Leitung des Priesterzweigs sowie auf die Übereinstimmung der fokolarinischen Spiritualität mit der kirchlichen Lehre. Andererseits vertritt er die Präsidentin. Scheidet diese (unvorhergesehen) aus ihrem Amt aus, so endet auch seine Amtszeit. Ihm obliegt es dann, die Generalversammlung einzuberufen.[433]

4.4.1.3 Die Generalversammlung

„Das weiteste Organ der Gesamtleitung der Fokolar-Bewegung stellt die Generalversammlung dar."[434] Diese wird ordentlich durch die Präsidentin ein halbes Jahr vor Ende ihrer Amtszeit einberufen. Endet ihre Amtszeit früher als vorgesehen, fällt diese Aufgabe dem Kopräsidenten zu. Eine außerordentliche Generalversammlung kann durch die Präsidentin mit Zustimmung des Generalrats einberufen werden. Zur Teilnahme an der Generalversammlung berechtigt ist neben der Präsidentin und dem Kopräsidenten unter anderem der Generalrat. Zu den Aufgaben der Generalversammlung gehört unter anderem die Wahl der Präsidentin, des Kopräsidenten, die Vornahme von Änderungen an den Allgemeinen Statuten

---

die Römer sagt, dass die römische Gemeinde einen ‚Vorsitz in der Liebe' führt, ist hier nicht gegeben. Die Stelle im Statut des ‚Werkes Mariens' bezieht sich auf Mk 10,43-44: „Bei euch aber soll es nicht so sein, sondern wer bei euch groß sein will, der soll euer Diener sein, und wer bei euch der Erste sein will, soll der Sklave aller sein." Die Präsidentin der FoBw soll somit die Erste im Lieben und Dienen sein (vgl. Werk Mariens – Fokolar-Bewegung, Allgemeines Statut. In der vom Päpstlichen Rat für die Laien mit Dekret vom 15. März 2007 (Aktenzeichen 522/07/S-61/A-23) anerkannten Fassung, Art. 82; Ignatius von Antiochien, Brief an die Römer, 1990, 266).

[432] Vgl. Bernhard Pree, Mitgliedschaft in kirchlichen Vereinigungen – Die Fokolar-Bewegung, 2000, 88; Werk Mariens – Fokolar-Bewegung, Allgemeines Statut, 2007, Art. 81-82, 88.

[433] Vgl. Bernhard Pree, Mitgliedschaft in kirchlichen Vereinigungen – Die Fokolar-Bewegung, 2000, 88-89; Werk Mariens – Fokolar-Bewegung, Allgemeines Statut, 2007, Art. 92-95.

[434] Bernhard Pree, Mitgliedschaft in kirchlichen Vereinigungen – Die Fokolar-Bewegung, 2000, 89.

bzw. Richtlinien. Die Berufung einer neuen Präsidentin und eines neuen Kopräsidenten bedarf jedoch ebenfalls einer Bestätigung des Papstes.[435]

4.4.1.4 *Der Generalrat*

Der Generalrat besteht aus Mitgliedern der Bewegung, den sogenannten Beratern, die für sechs Jahre von der Generalversammlung gewählt werden. Ihre erneute Wahl ist erlaubt. Außerdem gehören zum Generalrat die verschiedenen Zentralverantwortlichen der Sektionen und Bewegungen, der Sekretär für die Bischofstreffen sowie Fokolarinnen, die für die zahlenmäßige Gleichheit zwischen Frauen und Männern berufen werden können. Den Vorsitz über den Generalrat hat die Präsidentin inne. Er kommt wenigstens viermal im Jahr zusammen. Dem Generalrat obliegt es unter anderem, über die Finanzpläne des Werkes zu bestimmen. Ferner wird er in Entscheidungen einbezogen, die sich auf die ganze Bewegung beziehen. Diese Mitwirkung ist in festgelegten Fällen verpflichtend. Aufgelöst wird der Generalrat mit dem Ende der Amtszeit der Präsidentin.[436]

4.4.1.5 *Die zentralen Delegierten*

Jeweils eine zentrale Delegierte und ein zentraler Delegierter werden von der Präsidentin aus der Gruppe der Berater berufen. [437] „Sie wirken im Namen der Präsidentin als Bezugspunkte der Einheit für die Berater und Beraterinnen im Generalrat des Werkes."[438] Die zentralen Delegierten haben den Auftrag, die Anweisungen der Präsidentin zu realisieren, den Angehörigen des Werkes die „fürsorgliche Liebe"[439] der Präsidentin zu vermitteln und die Vereinigung des Werklebens in der Präsidentin sicherzustellen.[440]

4.4.1.6 *Der Zonenrat, die Zonenversammlung und die Delegierten der Zone*

Die zonalen Organe werden aus dem Kreis der dort lebenden Fokolare besetzt. Zu diesen zählen der Zonenrat und die Zonenversammlung. Eine Zone zu gründen, ihren Gebietsumfang abzuändern und Delegierte einzusetzen, ist Aufgabe

435 Vgl. Bernhard Pree, Mitgliedschaft in kirchlichen Vereinigungen – Die Fokolar-Bewegung, 2000, 89-90; Werk Mariens – Fokolar-Bewegung, Allgemeines Statut, 2007, Art. 73-79.
436 Vgl. Werk Mariens – Fokolar-Bewegung, Allgemeines Statut, 2007, Art. 101-107; 113.
437 Vgl. ebd., Art. 108.
438 Ebd., Art. 108.
439 Ebd., Art. 108.
440 Vgl. ebd., Art. 108.

der Präsidentin: Die Delegierten der Zone sind eine katholische Fokolarin und ein katholischer Fokolar mit ewigen Gelübden. Sie stehen in Verbindung mit dem Zentrum des Werkes. In der Zone verfügen sie über eine Weisungsbefugnis über die einzelnen Sektionen und Bewegungen und übernehmen repräsentative Aufgaben. Die Delegierten können dreimal für jeweils einen Zeitraum von drei Jahren gewählt werden. Der Zonenrat setzt sich aus einer Fokolarin und einem Fokolar, die als Zonenräte amtieren, zusammen. Während der Zonenrat eine beratende und ausführende Tätigkeit übernimmt, ist die Zonenversammlung eine Zusammenkunft, die separat auf weiblicher und männlicher Seite der Fokolare einberufen wird. Die Aufgabe der Zonenversammlung ist es, jeweils zwei Fokolare mit ewigen Gelübden und einen Fokolar mit ewigen Versprechen auf weiblicher und männlicher Seite zu wählen, die in der Generalversammlung zugegen sind. Einberufen wird die Zonenversammlung durch die Delegierten der Zone.[441]

4.4.1.7 Die Zonette

Damit eine Zonette gegründet werden kann, ist wiederum notwendig, dass die Strukturen in einem Gebiet, das von einem Frauen- und Männerfokolar betreut wird, entsprechend entfaltet sind. Ist dies der Fall, können die beiden Delegierten, insofern die Berater der „Großen Zone"[442] und die Präsidentin einverstanden sind,[443] „den Fokolarverantworlichen das gesamte Werk in jenem Territorium als Zonettenverantwortliche anvertrauen."[444] Diese sind Mitglieder des Zonenrats und ihnen obliegt in Zusammenarbeit mit dem Zonettenrat, der entsprechend dem Zonenrat gebildet wird, „die verschiedenen Ausdrucksformen des Werkes"[445] in der Zonette aufeinander abzustimmen. Aufgabe der Zonettenverantwortlichen ist es, die verschiedenen Ausprägungen der Bewegung aufeinander abzustimmen. Darüber hinaus haben sie die Entschlüsse des Zonenrats im Gebiet der Zonette zu verwirklichen.[446]

---

[441] Vgl. Bernhard Pree, Mitgliedschaft in kirchlichen Vereinigungen – Die Fokolar-Bewegung, 2000, 90; Werk Mariens – Fokolar-Bewegung, Allgemeines Statut, 2007, Art. 115; 117-123; 125; 127-128.

[442] Werk Mariens – Fokolar-Bewegung, Allgemeines Statut, 2007, Art. 126.

[443] Vgl. ebd., Art. 126.

[444] Ebd., Art. 126.

[445] Ebd., Art. 126.

[446] Vgl. ebd., Art. 126.

4.4.2 Die horizontale Struktur der Fokolar-Bewegung

Die Zugehörigkeit zur FoBw bestimmt sich durch die Teilhabe am Charisma der Einheit. Die Bewegung sieht sich aus diesem Grund in einer gewissen Entsprechung zur Gottesmutter:[447]

> „Sie stellt sich als ein ‚Abbild der Kirche' dar, in der auf der Grundlage des allgemeinen Priestertums der Gläubigen alle Berufungen und Stände vertreten sein können. ‚Denn die Einheit aller im königlichen Priestertum geht der Unterscheidung in verschiedene Rollen voraus'. Die Vielfalt der Formen der Zugehörigkeit zur Fokolar-Bewegung entspricht daher der Vielfalt der Zugehörigkeit zur *einen* Kirche Christi. Die verschiedenen Formen engerer oder weiterer Mitgliedschaft sind weder durch den Stand oder die Position bereits vorgegeben, noch in irgendeiner Weise ‚zu erwerben'. Sie sind *Berufung*, *Geschenk der Gnade*, das sich in der Teilnahme am gemeinsamen *Leben der Einheit* und in ihr als solches erweisen muß."[448]

Die horizontale Struktur der FoBw ist unterteilt in Sektionen, Bewegungen und den Freundeskreis. Die Bindung an die Bewegung ist je nach Zugehörigkeit zu Sektion und Bewegung unterschiedlich groß. Am stärksten an die Bewegung gebunden sind die Mitglieder der einzelnen Sektionen, die auch als Interne bezeichnet werden. Sie bilden den ersten Kreis, setzen sich für die Anliegen der FoBw ein, richten ihr Leben an deren geistlichen Richtlinien aus und gehören der katholischen Kirche an. Hierzu zählen heute die Fokolare, Priester, die Freiwilligen, Ordensleute, Bischöfe und die Sektion der Neuen Generation. Obwohl die Sektion der Fokolare das geistliche Zentrum und die *„tragende Struktur"*[449] darstellt, sind die einzelnen Zweige unabhängig voneinander ausgerichtet. Der zweite Kreis besteht aus den Bewegungen, durch die die FoBw auf Kirche und Gesellschaft einwirkt. Sie stellen verschiedene Initiativen der einzelnen Zweige dar, deren Leitung den Internen obliegt. Vereint bilden diese beiden Ebenen den Kern der Bewegung.[450] „Um sie gruppiert sich ein *Freundeskreis* aus Personen, die (über Treffen, Zeitschriften, ‚Wort des Lebens' oder persönliche Kontakte) Verbindung zur FoBw halten und von ihrer Spiritualität beeinflußt sind."[451] Zu ihnen werden die engagierten Freunde (itl.: *aderenti*), die Angegliederten (itl.: *aggregati*) und die Mitwirkenden (itl.: *collaboratori*) gezählt.[452]

---

447 Vgl. Christoph Hegge, Rezeption und Charisma, 1999, 334.
448 Ebd., 334.
449 Ebd., 335.
450 Vgl. Wilhelm Schäffer, Erneuerter Glaube – verwirklichtes Menschsein, 1983, 161; 164; Bernhard Pree, Mitgliedschaft in kirchlichen Vereinigungen – Die Fokolar-Bewegung, 2000, 90-98; Christoph Hegge, Rezeption und Charisma, 1999, 334-338.
451 Wilhelm Schäffer, Erneuerter Glaube – verwirklichtes Menschsein, 1983,161.
452 Vgl. Bernhard Pree, Mitgliedschaft in kirchlichen Vereinigungen – Die Fokolar-Bewegung, 2000, 98; Christoph Hegge, Rezeption und Charisma, 1999, 334-335.

4.4.2.1 Die Fokolare

Der Zweig der Fokolare besteht seit 1947 und setzt sich aus (verheirateten) Laien, Diakonen und Priestern zusammen. Es lassen sich demzufolge zwei Fokolartypen unterscheiden: Die nichtverheirateten und die verheirateten Fokolare. Nichtverheiratete Fokolare haben ein persönliches Gelübde abgelegt, befolgen die evangelischen Räte, praktizieren die Gütergemeinschaft und leben in kleineren Fokolargemeinschaften zusammen. Die verheirateten Fokolare dagegen wohnen trotz der Zugehörigkeit zum Fokolar bei ihren Familien. Sie nehmen am Leben im Fokolar teil. Anders als die nichtverheirateten Fokolare legen sie keine Gelübde ab, sondern Versprechen, die die Verpflichtung auf die evangelischen Räte beinhalten. Um die Gelübde als Fokolar ablegen zu können, muss die betreffende Person mindestens 17 Jahre alt sein. Bevor man in die Fokolargemeinschaft aufgenommen werden kann, ist in der Regel eine zweijährige Vorbereitungszeit „außerhalb des Fokolars unter Begleitung eines Fokolarverantwortlichen“[453] zu absolvieren. Im Anschluss wird der Kandidat für drei Jahre auf Probe in die Sektion der Fokolare aufgenommen, wobei er davon noch zwei Jahre in einer Modellsiedlung lebt. Nach fünf bis acht Jahren werden die Gelübde wiederum abgeleistet. Werden Fokolare mit ewigen Gelübden zu Priestern geweiht, wirken sie mit der Zustimmung des entsprechenden Bischofs als Fokolarpriester in der Bewegung. Um verheirateter Fokolar zu werden, ist eine kirchlich gültige Eheschließung erforderlich. Die Kandidaten durchlaufen eine vierjährige Vorbereitungszeit und zweijährige Probezeit. Sowohl Fokolare als auch verheiratete Fokolare mit ewigen Gelübden bzw. Versprechen können den Zweig nur verlassen, insofern ein maßgeblicher Grund und das Einverständnis der für den Zweig der Fokolare im Zentrum Zuständigen vorliegen.[454]

4.4.2.2 Die Freiwilligen und die Gen

Die Zweige der Freiwilligen und der Gen (itl.: *la **ge**nerazione **n**uova*) existieren seit 1956 bzw. 1967. Den Freiwilligen sind Personen zugeordnet, die im Unterschied zu den Fokolaren kein Gelübde geleistet haben. Sie versammeln sich in regelmäßigen Abständen (meist wöchentlich) in Kernkreisen und setzen sich intensiv mit dem Evangelium, den ‚Aspekten des Lebens‘ und ihren Glaubenserlebnissen auseinander. Um bei den Freiwilligen aufgenommen zu werden, hat man eine zweijährige Probezeit abzuleisten. Liegt dann die Zustimmung der Zonendelegierten

---

[453] Bernhard Pree, Mitgliedschaft in kirchlichen Vereinigungen – Die Fokolar-Bewegung, 2000, 92.

[454] Vgl. Bernhard Pree, Mitgliedschaft in kirchlichen Vereinigungen – Die Fokolar-Bewegung, 2000, 92-93; Wilhelm Schäffer, Erneuerter Glaube – verwirklichtes Menschsein, 1983, 161-162; Christoph Hegge, Rezeption und Charisma, 1999, 335; Werk Mariens – Fokolar-Bewegung, Richtlinien der Sektion der Fokolare, 1990, Art. 7.

und Zweigverantwortlichen der Zone vor, wird man in den Kreis der Freiwilligen aufgenommen. Beabsichtigt eine Person die Sektion zu verlassen, ist das in Übereinstimmung mit den Delegierten und Zweigverantwortlichen der Zone möglich. Dem Zweig der Gen gehört dagegen die nachrückende Jugend der FoBw an.[455] „Nach dem jeweiligen Alter unterscheidet man in Gen 2 (16 bis 30 Jahre), Gen 3 (9 bis 16 Jahre), Gen 4 (4 bis 8 Jahre)."[456] Strukturiert ist der Zweig der Gen durch verpflichtende Regenbogen-Teams, welche die sieben Aspekte leben, und durch die unverbindliche Jugend-Bewegung. Zudem existieren Genkreise speziell für Theologiestudenten (Gen's = *la* ***gen****erazione nuova* ***s****acerdotale*) und sich von einem Ordensleben angesprochen fühlende Heranwachsende (Gen-Re = *la* ***gene****razione nuova dei* ***re****ligiosi*). Erstere richten sich in ihrer Praxis an den Fokolarpriestergemeinschaften aus. Der Eintritt in die Gen-Teams erfolgt mit Zustimmung der für die Ausbildung Verantwortlichen nach zwei Jahren. Im gegenseitigen Einvernehmen mit den Leitern des Genzweigs in der Zone kann man ausscheiden.[457]

4.4.2.3 Die Bischöfe

Der Zweig der Bischöfe wurde am 14. Februar 1998 durch die Leitungsorgane der FoBw und den päpstlichen Laienrat offiziell genehmigt. Die Bischöfe teilen mit der Bewegung die „Natur, [die] Ziele und [die] Spiritualität"[458]. Die Mitgliedschaft in der Sektion der Bischöfe hat keine rechtliche Bindung zur Folge. Es ist ausschließlich eine spirituelle Verbundenheit, die dazu beiträgt, dass „die Kollegialität der Bischöfe zu einer spürbaren Wirklichkeit"[459] wird. Um sich mit der Spiritualität der Einheit verstärkt auseinanderzusetzen, werden Bischofstreffen veranstaltet.[460] „Neben katholischen Bischöfen – als interne Mitglieder oder Sympathisanten – können ihm auch Bischöfe sowie ‚repräsentative Persönlichkeiten' anderer Kirchen und kirchlicher Gemeinschaften angehören."[461]

---

[455] Vgl. Bernhard Pree, Mitgliedschaft in kirchlichen Vereinigungen – Die Fokolar-Bewegung, 2000, 93; Wilhelm Schäffer, Erneuerter Glaube – verwirklichtes Menschsein, 1983, 163; Gemeinschaft der Fokolare, Wo zwei oder drei ..., 4. Aufl., 1992, 17-18; Christoph Hegge, Rezeption und Charisma, 1999, 335-366; Chiara Lubich, Chiara Lubich und die Fokolar-Bewegung, 1982, 44-45.

[456] Bernhard Pree, Mitgliedschaft in kirchlichen Vereinigungen – Die Fokolar-Bewegung, 2000, 93.

[457] Vgl. Wilhelm Schäffer, Erneuerter Glaube – verwirklichtes Menschsein, 1983, 164; Bernhard Pree, Mitgliedschaft in kirchlichen Vereinigungen – Die Fokolar-Bewegung, 2000, 93-94; Gemeinschaft der Fokolare, Wo zwei oder drei ..., 4. Aufl., 1992, 18; Christoph Hegge, Rezeption und Charisma, 1999, 335-336.

[458] Bernhard Pree, Mitgliedschaft in kirchlichen Vereinigungen – Die Fokolar-Bewegung, 2000, 94.

[459] Christoph Hegge, Rezeption und Charisma, 1999, 336.

[460] Vgl. Bernhard Pree, Mitgliedschaft in kirchlichen Vereinigungen – Die Fokolar-Bewegung, 2000, 94-95; Christoph Hegge, Rezeption und Charisma, 1999, 336.

[461] Bernhard Pree, Mitgliedschaft in kirchlichen Vereinigungen – Die Fokolar-Bewegung, 2000, 94.

4.4.2.4 *Die Priester, Diakone und Ordensleute*

Der Zweig der Priester und Diakone wurde 1960 gegründet. Er umfasst Priester, die sich durch ein persönliches Gelübde an die FoBw gebunden haben, und freiwillige Priester, die ein solches nicht abgelegt haben.[462] „Vorrangiges Ziel des Priesterzweiges ist es, das ‚Presbyterium' als reale Gemeinschaft der Priester einer Diözese untereinander und mit ihrem Bischof erfahrbar zu machen – gemäß dem Priesterdekret des 2. Vatikanum."[463] Um einem Priesterfokolar beitreten zu können, durchläuft der Kandidat eine dreijährige Probezeit. Zeitgleich wird er in der fokolarinischen Spiritualität unterwiesen. Für Mitglieder der Institute des geweihten Lebens gibt es die Möglichkeit, dem Zweig der Ordensleute beizutreten, insofern das Einverständnis des Ordensoberen vorliegt. Allerdings gehören diese weiterhin vorbehaltlos ihrem Orden an. Sie erhoffen sich von der spirituellen Ausrichtung der FoBw einen Impuls, um die Regeln und das Charisma ihres Ordens neu für sich zu entdecken. Der Zweig der Ordensfrauen wurde 1967 experimentell zugelassen. In der Folge entstanden in Loppiano ein kontemplativer und in Rocca di Papa ein aktiver Schwesternkonvent. Eine Mitgliedschaft in der Sektion der Ordensleute ist ab dem Tag der ersten Versprechen möglich. Auch sie treffen sich in bestimmten Abständen in Kernkreisen, um sich mit der fokolarinischen Spiritualität gemeinsam auseinanderzusetzen. Ordensleute anderer Kirchen können Kernkreise bilden, die sich aber aufgrund ihres Status als assoziierte Mitglieder von denen der Katholiken unterscheiden. Sie beteiligen sich am geistigen und praktischen Leben der FoBw in einem Umfang, der durch ihren Glauben möglich ist.[464]

4.4.2.5 *Die ‚Bewegung für eine Neue Gesellschaft'*

Der Ursprung der ‚Bewegung für eine Neue Gesellschaft' ist in der Bekanntschaft zwischen Chiara Lubich und Igino Giordani zu finden. Mit diesem italienischen Parlamentsabgeordneten und Schriftsteller erfolgte in der FoBw[465] „die bewußte Ausrichtung auf die Fragen der Gesellschaft, die Umsetzung des Ideals der Einheit im politischen und wirtschaftlichen Leben, die tiefe Verbindung von Irdischem

---

462 Vgl. Bernhard Pree, Mitgliedschaft in kirchlichen Vereinigungen – Die Fokolar-Bewegung, 2000, 95-96; Wilhelm Schäffer, Erneuerter Glaube – verwirklichtes Menschsein, 1983, 163.

463 Wilhelm Schäffer, Erneuerter Glaube – verwirklichtes Menschsein, 1983, 163.

464 Vgl. Wilhelm Schäffer, Erneuerter Glaube – verwirklichtes Menschsein, 1983, 163-164; Bernhard Pree, Mitgliedschaft in kirchlichen Vereinigungen – Die Fokolar-Bewegung, 2000, 96-97; Pietro Palazzini, Brief an Padre Abate, 31.1.1967, 1; Werk Mariens – Fokolar-Bewegung, Allgemeines Statut, 2007, Art. 20, 142; Christoph Hegge, Rezeption und Charisma, 1999, 336; Wilfried Hagemann, Vielfalt in der Einheit, 1979, 222.

465 Vgl. Silvana Veronesi, Die Fokolar-Bewegung, 1993, 21; Igino Giordani, Geistliches Tagebuch 1941-1968, 1981, 5, 9.

und Göttlichem."[466] Ausgehend von der Sektion der Freiwilligen formierte sich daraufhin in den 1960er Jahren die ,Bewegung für eine Neue Gesellschaft'.[467] „Die kleinste Einheit dieser Bewegung sind die sogenannten ,Milieuzellen', wo zwei oder mehr Menschen am selben Arbeitsplatz den Lebensstil der Einheit praktizieren (...)."[468] Ihr Ziel ist es, durch die durch das Evangelium geprägte Lebensweise auf ihre Arbeitsumgebung sowie ihr gesellschaftliches Umfeld einzuwirken. Dadurch soll zu einer neuen Gestaltung der Gesellschaft beigetragen werden.[469] „1987 wurde die ,Bewegung für eine neue [sic!] Gesellschaft'(...) von der UNO offiziell als ,Nichtstaatliches Organ' anerkannt und trat der ECOSOC (dem Rat für Wirtschaft und Soziales der Vereinten Nationen) bei."[470]

4.4.2.6 Die Pfarrbewegung

Die Pfarrbewegung wurde zum einen in der Mitte der 1960er Jahre von Laien und Priestern bzw. Pastoren gegründet, die ihren Lebensvollzug an der Spiritualität der FoBw ausrichteten. Zum anderen resultierte die Bewegung aus dem Anliegen von Paul VI., dass die Spiritualität der FoBw die Kirche durchdringe. Die Intention der Pfarrbewegung ist es, durch das gelebte Evangelium sowohl das Gemeindeleben als auch kirchliche Strukturen wieder wirksam werden zu lassen. Die gesamte Gemeinde soll zu einem Ort des Miteinanders werden, in dem christliche Tugenden praktiziert und die eigenen Fähigkeiten in den Dienst der Gemeinschaft gestellt werden.[471] „Kurz: man versucht, eine ,Familie Gottes' zu sein, die sich dem Dialog mit allen Menschen öffnet."[472]

4.4.2.7 Die Bewegung ,Neue Familien'

Auf Anregung Chiara Lubichs entstand im Jahr 1967 die Bewegung ,Neue Familien'. Diese fokolarinische Vereinigung, die speziell aus den verheirateten Fokolaren hervorgegangen ist, beabsichtigt, ein Zeugnis für den Reichtum der Familie zu geben, um das Sakrament der Ehe zu unterstützen. Dazu treffen sich zu dieser Bewegung gehörende Familien in Kreisen, um sich mit der eigenen Spiritualität

---

466 Silvana Veronesi, Die Fokolar-Bewegung, 1993, 21.

467 Vgl. Silvana Veronesi, Die Fokolar-Bewegung, 1993, 21 24-25; Wilhelm Schäffer, Erneuerter Glaube – verwirklichtes Menschsein, 1983, 163.

468 Silvana Veronesi, Die Fokolar-Bewegung, 1993, 24.

469 Vgl. ebd., 21, 24.

470 Ebd., 24.

471 Vgl. Wilhelm Schäffer, Erneuerter Glaube – verwirklichtes Menschsein, 1983, 163; Silvana Veronesi, Die Fokolar-Bewegung, 1993, 35; Gemeinschaft der Fokolare, Wo zwei oder drei ..., 4. Aufl., 1992, 19; Manfred Döbbeler, Die Fokolar-Bewegung, 1988, 143-144; Chiara Lubich, Die Fokolar-Bewegung und die Pfarreien, 1986, 12-15, 24.

472 Silvana Veronesi, Die Fokolar-Bewegung, 1993, 35.

auseinanderzusetzen und familiäre Erfahrungen untereinander auszutauschen.[473] „Die konkreten Initiativen, die von (...) [der Bewegung ‚Neue Familien'] getragen oder unterstützt werden, reichen von der Ehevorbereitung über Hilfen bei familiären Schwierigkeiten bis zur Vermittlung von Adoptionen oder Pflegschaften."[474]

4.4.2.8 Die Jugend-Bewegung

Die Wurzeln der Jugend-Bewegung, auch ‚Jugend für eine geeinte Welt' (itl.: *Giovani per un mondo unito*) genannt, gehen auf die Anfänge des Genzweigs zurück, der sich 1967 vor dem Hintergrund der Studentenunruhen bildete. Zu ihr gehören Angehörige unterschiedlicher Konfessionen sowie Weltanschauungen. Gegründet wurde die Jugend-Bewegung 1983 und setzt sich gemäß ihren Richtlinien für die Verwirklichung einer geeinten Welt ein.[475]

> „Als Struktur dient [ihr] ein zentrales Sekretariat in Rom und in den einzelnen Zonen; diese stehen in engem Kontakt mit allen Bereichen der F[o] B[w], fördern Begegnungen und ermutigen zu Aktionen. Richtlinien und Struktur sollen allerdings nur zur eigenen Orientierung dienlich sein und nicht im Vordergrund der Bewegung stehen."[476]

1984 wurde die Bewegung ‚Teens for Unity' gegründet, die sich aus dem Bekanntenkreis der Gen 3 zusammensetzt. Beide Initiativen setzen sich durch Projekte für Menschen in Not ein. Sie schaffen einen Raum für nationale sowie internationale Zusammenkünfte. Aus diesem sollen Kontakte entstehen und darin Erlebnisse der Liebe und Einheit gemacht werden. Ihr Ziel ist eine weltumfassende Geschwisterlichkeit.[477]

---

473 Vgl. Wilhelm Schäffer, Erneuerter Glaube – verwirklichtes Menschsein, 1983, 162; Silvana Veronesi, Die Fokolar-Bewegung, 1993, 28; Gemeinschaft der Fokolare, Wo zwei oder drei ..., 4. Aufl., 1992, 19; Manfred Döbbeler, Die Fokolar-Bewegung, 1988, 147-149.

474 Gemeinschaft der Fokolare, Wo zwei oder drei ..., 4. Aufl., 1992, 19.

475 Vgl. Gemeinschaft der Fokolare, Wo zwei oder drei ..., 4. Aufl., 1992, 20; Manfred Döbbeler, Die Fokolar-Bewegung, 1988, 121, 140-143; Silvana Veronesi, Die Fokolar-Bewegung, 1993, 40; Bernhard Pree, Mitgliedschaft in kirchlichen Vereinigungen – Die Fokolar-Bewegung, 2000, 74; Chiara Lubich, Chiara Lubich und die Fokolar-Bewegung, 1982, 44-45.

476 Manfred Döbbeler, Die Fokolar-Bewegung, 1988, 141.

477 Vgl. Gemeinschaft der Fokolare, Wo zwei oder drei ..., 4. Aufl., 1992, 20; Manfred Döbbeler, Die Fokolar-Bewegung, 1988, 140-143; Fokolar-Bewegung: Teens for Unity, in: http://www.focolare.org/de/movimento-dei-focolari/gruppierungen/rpu/ (07.11.2018, 11:00 Uhr).

4.4.2.9 *Die engagierten Freunde, die Angegliederten und die Mitwirkenden*

Engagierte Freunde sind Menschen, die Interesse an der Bewegung zeigen. Sie wollen mit ihr auf die eine oder andere Weise verbunden sein. Obwohl sie die fokolarinische Spiritualität leben und an Projekten des Werkes aktiv partizipieren, haben sie keine speziellen Verpflichtungen. Ihre Bindung gegenüber dem ‚Werk Mariens' beruht somit auf ihrer Wohlgesinnung.[478]

Für Nichtkatholiken, Nichtchristen sowie Atheisten sehen die Statuten der FoBw eine gestufte Mitgliedschaft vor. Dieser liegt c. 205 des geltenden Kirchenrechts zugrunde, gemäß dem nur jene Getauften der katholischen Kirche vollkommen angehören,[479] „die in ihrem sichtbaren Verband mit Christus verbunden sind, und zwar durch die Bande des Glaubensbekenntnisses, der Sakramente und der kirchlichen Leitung [c. 205 CIC 1983]." Zu berücksichtigen sind diesbezüglich die in der Konstitution *Lumen gentium* (vgl. LG 14-17; 23) und dem Dekret *Unitatis redintegratio* (vgl. UR 13-24) genannten Bedingungen und Unterscheidungen. Auf dieser Grundlage können Mitglieder anderer christlicher Konfessionen als Angegliederte mit dem Werk verbunden sein,[480] „indem sie den Geist des Werkes teilen und an der Verwirklichung seiner Zielsetzungen mitwirken und zwar in dem Maß, in dem es die Unterschiede im Glauben/Glaubensverständnis/Glaubensbekenntnis zulassen."[481] Ungetaufte bzw. Atheisten, die dem Werk angehören wollen und sein Wesen praktizieren sowie seine Interessen verfolgen, können als Mitwirkende der Bewegung verbunden sein.[482]

---

[478] Vgl. Bernhard Pree, Mitgliedschaft in kirchlichen Vereinigungen – Die Fokolar-Bewegung, 2000, 98.

[479] Vgl. Bernhard Pree, Mitgliedschaft in kirchlichen Vereinigungen – Die Fokolar-Bewegung, 2000, 100; c. 205 CIC 1983. Ausführlich erörtert Bernhard Pree die Möglichkeiten einer Mitgliedschaft von anderen Konfessionen, Religionen sowie von Atheisten in seinem Buch *Mitgliedschaft in kirchlichen Vereinigungen – Die Fokolar-Bewegung* (2000).

[480] Vgl. Bernhard Pree, Mitgliedschaft in kirchlichen Vereinigungen – Die Fokolar-Bewegung, 2000, 98, 100.

[481] Bernhard Pree, Mitgliedschaft in kirchlichen Vereinigungen – Die Fokolar-Bewegung, 2000, 98. Vgl. hierzu: Werk Mariens – Fokolar-Bewegung, Allgemeines Statut, 2007, Art. 142.

[482] Vgl. Bernhard Pree, Mitgliedschaft in kirchlichen Vereinigungen – Die Fokolar-Bewegung, 2000, 98; Werk Mariens – Fokolar-Bewegung, Allgemeines Statut, 2007, Art. 146-147.

5. Teil: Die Fokolar-Bewegung in der Bundesrepublik Deutschland

5.1 Die Ausbreitung in der Bundesrepublik Deutschland

Die Frage, wie die FoBw in die Bundesrepublik Deutschland gekommen ist, verlangt nach einer komplexen Antwort, da dies teilweise zur gleichen Zeit auf verschiedenen Wegen passierte. Aus diesem Grund werden nur solche Informationswege betrachtet werden, die wesentlich für die Verbreitung der FoBw in der Bundesrepublik Deutschland waren. Gerade durch die sehr tendenziöse Quellenlage kann allerdings nicht ausgeschlossen werden, dass es weitere Wege gab, die aber im Rahmen der Recherchen nicht belegt werden konnten. Für die Rekonstruktion wurden daher die einzelnen Quellen, soweit es möglich war, auf ihre Authentizität geprüft. Jene Quellen, deren historische Aussage als gesichert betrachtet werden konnte, dienten als Grundlage, um den geschichtlichen Ablauf zu rekonstruieren.

5.1.1 Die Anfänge in der Bundesrepublik Deutschland (1949-1957)

Ausgehend von Florian Schafferer[483], der an der Kunstakademie in Rom studierte und dort durch Kommilitonen die FoBw kennenlernte, gelangte die Kenntnis von der FoBw 1951 nach Innsbruck. Deutsche Staatsbürger kamen spätestens seit 1952 durch den Spiritual des Germanicums, P. Wilhelm Klein SJ (* 1889, † 1996)[484], mit der fokolarinischen Spiritualität in Berührung. Entscheidend für den Schritt über die Alpen war jedoch die Eröffnung des Männerfokolars in Innsbruck im September 1953, welches nach kurzer Zeit wieder geschlossen und in Bozen (Südtirol) 1954 neu konstituiert wurde. Dieses diente als Ausgangspunkt für die Entwicklung und Pflege von Kontakten nach Österreich und Deutschland. Gleichzeitig gelangte ab 1956 das Charisma über Regina Betz (* 1921)[485] in die Bundesrepublik. Sie arbeitete seit 1955 im Rahmen der Vorbereitung des 2. Weltkongresses für das Laienapostolat am Sekretariat für die Laien in Rom. Zusammen mit der deutschen Journalistin Eva Maria Jung kam sie im November 1956 in Berührung

[483] Florian Schafferer war ein ehelos lebender Fokolar. Aufgrund einer Heirat ist er später ausgeschieden (vgl. Information von Wilfried Hagemann, 24.11.2016).

[484] Vgl. Christoph Schmitt, Art. Klein, Wilhelm, 2012, 746-749.

[485] Regina Betz ist eine ehelos lebende Fokolarin. Sie war von 1990 bis 2008 Zonenverantwortliche für Russland (vgl. Information von Wilfried Hagemann, 24.11.2016; Regina Betz, Immer im Aufbruch, immer getragen, 2014, 9 113-121, Regina Betz, Mein Leben in Rußland, 2009, 2).

mit der FoBw. Ein Jahr später besuchte sie die Mariapoli. Die dort gesammelten Eindrücke leitete sie an ihren Bekanntenkreis weiter. So erhielt beispielsweise Katharina Pagel[486] aus Hannover 1957 einen Brief von ihr, in dem sie von der Wirkung berichtete, die die Menschen der Bewegung auf sie hatten. Pagel reiste 1959 selbst nach Fiera di Primiero und brachte die dort erlebten Erfahrungen mit zurück nach Hannover.[487]

1957 lud Regina Betz den Oratorianer Hans Lubsczyk (* 1911; † 2008)[488], der aus der DDR kam und in Rom vorübergehend exegetischen Studien am päpstlichen Bibelinstitut nachgegangen war, zur Mariapoli ein. Auf der Rückreise in die DDR übergab Lubsczyk dem Präses des Collegium Ludgerianum[489] in Münster, Johannes Heilkenbrinker (* 1912; † 2005)[490], die Mariapolieinladung. Diesen Vorgang kommentierte er gemäß Ursula Tscheschner[491] folgendermaßen:[492]

---

[486] Katharina Pagel war eine Freundin von Regina Betz. Sie gehörte der Sektion der Freiwilligen innerhalb der FoBw an, die 1956 gegründet wurde (vgl. Information von Wilfried Hagemann, 24.11.2016).

[487] Vgl. Regina Betz, Geschichte des Ideals in Deutschland, 1; M. Galli, Ausweitung und Verinnerlichung des Laienapostolates, 1957, 213-216; Wilhelm Schäffer, Erneuerter Glaube – verwirklichtes Menschsein, 1983, 160-161; Marlis Wieneke, Eine Familie wächst ..., Stand 1986, 3-4; Manfred Döbbeler, Die Fokolar-Bewegung, 1988, 91-98; Ursula Tscheschner, Die Anfänge der Bewegung in Deutschland, 1998, 10; Ursula Tscheschner, Geschichte der Fokolar-Bewegung in Deutschland, 1998, 1; Ursula Tscheschner, Hannover, 1998, 1; Regina Betz, Immer im Aufbruch, immer getragen, 2014, 43-53; Vittorio Fasciotti, Chronologie der Fokolar-Bewegung in Deutschland, 2016, 1951-1954, 1957-1957/3; Regina Betz, Immer im Aufbruch, immer getragen, 2014, 43-53.

[488] Der Oratorianer und Fokolarpriester Hans Lubsczyk war Professor für Altes Testament an der Universität Erfurt. Innerhalb der FoBw wirkte er als Initiator für das fokolarinische Charisma (vgl. Jens Panse: Markanter Exeget des Philosophischen Studiums verstorben, https://idw-online.de/de/news250214 (25.07.2016, 15:15 Uhr); Information von Wilfried Hagemann, 24.11.2016).

[489] Das Collegium Ludgerianum war ein Konvikt des Bistums Münster, welches am 18. April 1849 eröffnet wurde und der Vorbereitung junger Menschen auf den Priesterberuf diente. Geschlossen wurde das Ludgerianum am 3. Juni 1971 (vgl. Peter Löffler, Collegium Ludgerianum in Münster 1849-1971, 1979, 9 u. 72).

[490] Johannes Heilkenbrinker, dessen Geburts- und Sterbedatum durch Elfriede Waha am 20. August 2016 mitgeteilt wurden, war ein ehelos lebender Fokolar, der immer wieder neue Menschen mit der FoBw in Berührung brachte. Er kann daher als Inspirator bezeichnet werden (vgl. Information aus dem Gespräch des Autors mit Wilfried Hagemann, 24.11.2016).

[491] Ursula Tscheschner war eine ehelos lebende Fokolarin (vgl. Information von Wilfried Hagemann, 24.11.2016).

[492] Vgl. Regina Betz, Erste deutsche Kontakte mit der Fokolar-Bewegung, 1; Regina Betz, Geschichte des Ideals in Deutschland, 1; Johannes Heilkenbrinker, Pater Hans Heilkenbrinker erzählt aus den ersten Zeiten des Ideals in Deutschland, 1988, 2-8; Ursula Tscheschner, Die Anfänge der Bewegung in Deutschland, 1998, 10; Ursula Tscheschner, Geschichte der Fokolar-Bewegung in Deutschland, 1998, 1; Christian Bahlmann, Die Entdeckung meines Lebens, 1998, 17-19; Regina Betz, Meine Geschichte – Diesmal anders!, 2001, 3-4; Regina Betz, Immer im Aufbruch, immer getragen, 2014, 43-53; Vittorio Fasciotti, Chronologie der Fokolar-Bewegung in Deutschland, 2016, 1957.

„In Rom habe ich von einer Bewegung gehört. Es hat in Trient mit einigen jungen Mädchen begonnen. Die haben wirklich geglaubt, daß dort, wo zwei oder drei im Namen Jesu beisammen sind, Jesus in ihrer Mitte ist. Und daraus ist eine Bewegung entstanden, die sich schon in ganz Italien verbreitet hat. Jedes Jahr kommen sie in den Sommerferien zwei Monate zusammen. Da steht der Bankier neben dem Arbeiter, und sie spülen zusammen das Geschirr."[493]

Aus diesem Kommentar von Hans Lubsczyk lässt sich eine erste Faszination für die FoBw herauslesen, die sich speziell auf den gelebten Glauben an ‚Jesus in der Mitte' (Mt 18,20), die gelebte Liebe zum Nächsten und die sich daraus ergebende Einheit bezieht. Bewegt von diesen Impulsen des Glaubenslebens beschloss Johannes Heilkenbrinker, die Einladung zur Mariapoli des Jahres 1957 anzunehmen. Ebenfalls zum Sommertreffen der FoBw fuhren in diesem Jahr von Rom aus der Spiritual des Freiburger Priesterseminars Rudolf Herrmann (* 1906; † 1988)[494], Kaplan Heinz Lerch (* 1928; † 2006) aus Heidelberg und Pfarrer Elmar Krotz (* 1920; † 2010)[495] aus Rastatt. Sie hatten von Riccardo Lombardi SJ gehört, dass auf der Mariapoli von den Menschen das Evangelium gelebt wurde. Der Jesuit selbst war im August 1957 auf der Mariapoli zugegen. Ferner gehörten zu den dort Anwesenden Pater Werenfried van Straaten (* 1913; † 2013)[496] sowie mit Mutter Basilea (* 1904; † 2001) und Mutter Martyria (* 1904; † 1999) zwei evangelische Marienschwestern aus Darmstadt, die durch die Schweizerin Emma Gnädiger[497] und Valeria Ronchetti[498] zur Mariapoli eingeladen wurden. Von Rom bzw. Münster aus statteten Regina Betz und Magdalena Schilgen[499] der Mariapoli einen Besuch ab. Letztere hatte die Information über die FoBw von ihren Eltern und damit

---

493 Ursula Tscheschner, Die Anfänge der Bewegung in Deutschland, 1998, 10. Vgl. hierzu: Johannes Heilkenbrinker, Pater Hans Heilkenbrinker erzählt aus den ersten Zeiten des Ideals in Deutschland, 1988, 2.

494 Rudolf Herrmann war ein Fokolarpriester und Spiritual des Freiburger Priesterseminars St. Peter. Er wirkte wie Johannes Heilkenbrinker als Inspirator und bildete mit ihm, Josef Gleich und Klaus Hemmerle den ersten verbindlichen Priesterkreis (vgl. Information von Wilfried Hagemann, 24.11.2016).

495 Elmar Krotz und Heinz Lerch waren Diözesanpriester in der FoBw, die wesentlich daran beteiligt waren, dass die Bewegung in die Bundesrepublik Deutschland gelangte (vgl. Information von Helmut Engler, 08.12.2016. Für die angegebenen Geburts- und Sterbedaten stand das Ordinariat Freiburg in Person von Frau Didierjean als Ansprechpartnerin zur Verfügung).

496 Vgl. Ronny Baier, Art. Van Straaten, Werenfried, 2003, 1324-1330.

497 Die Familie Gnädiger gehörte dem Freundeskreis der FoBw an (vgl. Information von Vittorio Fasciotti, 24.11.2016).

498 Valeria Ronchetti gehört zum Kreis der ersten Fokolarinnen. Sie war lange zuständig für die Ordensschwestern, die mit dem Fokolar in Verbindung stehen. Darüber hinaus war sie die verantwortliche Fokolarin für das ‚Ökumenische Lebenszentrum Ottmaring' (vgl. Information von Wilfried Hagemann, 24.11.2016).

499 Magdalena Schilgen ist eine ehelos lebende Fokolarin. Sie war eine der Sekretärinnen, die für Chiara Lubich gearbeitet haben (vgl. Information von Wilfried Hagemann, 24.11.2016).

indirekt von dem Schweizer Pater Alban Wirthner SJ (* 1923; † 1983)[500] erhalten. Schilgen wurde von Hans Lubsczyk ermutigt, in die Dolomiten zu reisen, wo sie laut Eigenaussage am 11. August 1957 eintraf. Von dort verschickte Magdalena Schilgen eine Postkarte an Pfarrer Josef Gleich (* 1926; † 2012)[501], der durch sie von der Bewegung erfuhr und daraufhin anscheinend zur Mariapoli 1957 kam. Ebenfalls im Jahr 1957 lernte durch P. Wilhelm Klein SJ der deutsche Theologiestudent Wilfried Hagemann (* 1938), der heute eine zentrale Rolle in der Bewegung einnimmt[502], am Germanicum in Rom die Spiritualität der FoBw kennen.[503]

Es lässt sich demnach festhalten, dass sich die ersten Kontakte mit dem sich in Italien entfaltenden ‚Werk Mariens' durch teilweise noch in der Ausbildung befindliche deutsche Theologen und in der Kirche arbeitende bzw. engagierte Personen entwickelten. Diese leiteten ihre Erfahrungen und Eindrücke weiter an ihren Bekanntenkreis, der zum Teil bereits die Mariapoli des Jahres 1957 besuchte. Nach dem Ende der Mariapoli von 1957 und der Rückkehr der Teilnehmer erfolgte bei diesen kein radikaler Schnitt mit dem Erlebten. Vielmehr setzten sie sich in ihrer Heimat weiterhin für ein Leben mit ‚Jesus in der Mitte' ein. Von entscheidender Bedeutung ist in diesem Zusammenhang die Bildung von ‚Wort-des-Lebens-Kreisen', durch die ein Raum entstand, in dem die fokolarinische Spiritualität miteinander gelebt wurde. Über die nachfolgenden Jahre erfuhr die FoBw einen Ausbreitungsprozess, der in der Regel an den Wirkungsorten der Mariapoliheimkehrer einsetzte, durch deren Bemühungen sukzessive weitere Kreise entstanden. Diese wurden bereits teilweise durch Interessenten gepflegt, welche die Informationen über die fokolarinische Lebensweise aus zweiter Hand bekommen

500 Vgl. Ferdinand Strobel, Schweizer Jesuitenlexikon, 1986, 627.

501 Josef Gleich, dessen Geburts- und Sterbedatum durch Elfriede Waha am 20. August 2016 mitgeteilt wurde, war ein Inspirator der fokolarinischen Spiritualität und ein Gründer des Priesterzweigs der FoBw in Deutschland (vgl. Information von Wilfried Hagemann, 24.11.2016).

502 Wilfried Hagemann ist ein Fokolarpriester. In der FoBw amtierte er als Verantwortlicher für ein Priesterfokolar. Hagemann war von 1971 bis 1981 Verantwortlicher für alle Fokolarpriester in Westdeutschland und von 1981 bis 2007 Verantwortlicher für die Fokolarpriester in Nordwestdeutschland. Er ist der Leiter des Zentrums für Spiritualität für Priester, Seminaristen und Diakone in Ottmaring (Sitz: Priesterhaus Paul VI.) und Herausgeber der Zeitschrift *Das Prisma* (vgl. Information von Wilfried Hagemann, 24.11.2016).

503 Vgl. Ursula Tscheschner, Berlin, 1; Magdalena Schilgen, Erfahrungsbericht (Blockschrift), 1-3; Regina Betz, Geschichte des Ideals in Deutschland, 1; Regina Betz, Erste deutsche Kontakte mit der Fokolar-Bewegung, 1; Rudolf Herrmann, Interview von Dr. Rudolf Herrmann mit Regina Betz und Helga Maria Rademacher, 1987, 1-3; Johannes Heilkenbrinker, Pater Hans Heilkenbrinker erzählt aus den ersten Zeiten des Ideals in Deutschland, 1988, 2-8; Josef Gleich, Interview mit Pfarrer Josef Gleich, 1992, 1-2; Michael Jasch, Wenn die Einheit gelebt wird ..., 1992, 20-21; Magdalena Schilgen, Handschriftlicher Erfahrungsbericht, 1998, 1-4; Ursula Tscheschner, Die Anfänge der Bewegung in Deutschland, 1998, 10; Klaus Hemmerle, In Jesus ein Vater durch das Evangelium werden, 1998, 47-52; Franz Knittel, Vielen ein Bruder, 1998, 29-38; Unbekannter Verfasser, Chronologie der Geschichte, 1998, 1; Ursula Tscheschner, Geschichte der Fokolar-Bewegung in Deutschland, 1998, 1; Johannes Bold, Brief an Ursula Tscheschner / Südwest-Geschichte für Chiara, 1998, 1; Vittorio Fasciotti, Chronologie der Fokolar-Bewegung in Deutschland, 2016, 1957-1957/3; Sebastian Walser, Sr. Basilea Schlink (1904-2001), 2020, 235; Sebastian Walser, Art. Schlink, Basilea (Klara), 2021, 1314.

hatten. Der dadurch entstandene Ausbreitungsprozess der FoBw sollte in den nachfolgenden Jahren nicht an Dynamik verlieren.[504]

Die Frage, wie die FoBw nach Deutschland gelangte, ist demzufolge einerseits mit dem Verweis auf unterschiedliche Übermittlungsstränge zu beantworten, die von Italien ausgingen. Hervorzuheben sind diesbezüglich die Stränge *Betz*, *Betz – Lubsczyk – Heilkenbrinker*, *Lombardi - Herrmann – Lerch – Krotz* sowie der *Germanicums- und Schweizerstrang* (Hans Brütsch[505] – Familie Gnädiger – Franziska Renner[506]). Andererseits kam es in etwa dem gleichen Zeitraum (1957-1958) zu den ersten Deutschlandaufenthalten von meist italienischen Mitgliedern der FoBw. So weilte Chiara Lubich noch im Jahr 1957 das erste Mal in Deutschland, wo sie in Münster Paul Hnilica SJ (* 1921; † 2006), welcher von 1964 bis 2006 als Titularbischof von Rusadus amtierte, aufsuchte. Ferner wurde im Dezember 1957 ein erstes Treffen mit Aldo Stedile[507], Giulio Marchesi und Anton Gälli[508] in Münster organisiert, an dem ungefähr 100 Jugendliche teilnahmen. Die Fokolare folgten privaten und öffentlichen Einladungen und stellten auf diesen ihre spirituellen Ideale vor. In den untersuchten Erfahrungsberichten werden die Reaktionen der Zuhörer bis auf wenige Ausnahmen sehr positiv dargestellt. Diese

---

[504] Vgl. Helga Bretfeld, Erfahrungsbericht, 1-5; Ursula Tscheschner, Wie habe ich die Fokolar-Bewegung kennengelernt, 1-2; Georg Schlütter, Erfahrungsbericht, 1-5; Rosemarie Hercher, Geschichte Nürnbergs – Anfangszeiten, 1; Georg Kelz, Erfahrungsbericht, 1-2; Regina Betz, Erste deutsche Kontakte mit der Fokolar-Bewegung, 1; Theo Kegler, Erinnerungen an die ersten Jahre in Deutschland, 1; Unbekannter Verfasser, Berlin (Franziska Renner, Pino Tradico und Theo Kegler), 1; Alois Ott, Mariapoli 1959 – ein Erlebnisbericht, 1959, 2- 8; Marlis Wieneke, Eine Familie wächst ..., Stand 1986, 3-4; Rudolf Herrmann, Interview von Dr. Rudolf Herrmann mit Regina Betz und Helga Maria Rademacher, 1987, 1-10; Johannes Heilkenbrinker, Pater Hans Heilkenbrinker erzählt aus den ersten Zeiten des Ideals in Deutschland, 1988, 2-8; Josef Gleich, Interview mit Pfarrer Josef Gleich, 1992, 1-8; Georg Schlütter, Meine Begegnung mit dem Ideal in der Studenten- und Kaplanszeit, 1993, 1-3; Ursula Tscheschner, Die Anfänge der Bewegung in Deutschland, 1998, 10-11; Unbekannter Verfasser, Chronologie der Geschichte, 1998, 1; Ursula Tscheschner, Berlin – Ottmaring, 1998, 1; Ursula Tscheschner, Hannover, 1998, 1; Ursula Tscheschner, Geschichte der Fokolar-Bewegung in Deutschland, 1998, 1-3; Johannes Bold, Brief an Ursula Tscheschner / Südwest-Geschichte für Chiara, 1998, 1-5; Theo Kegler, Erfahrungsbericht, 1998, 1; Magdalena Schilgen, Handschriftlicher Erfahrungsbericht, 1998, 1-7; Helmut Sievers, Wie ich die Fokolare kennenlernte, 1999, 1-4; Regina Betz, Meine Geschichte – Diesmal anders!, 2001, 1-8; Vittorio Fasciotti, Chronologie der Fokolar-Bewegung in Deutschland, 2016, 1955-1956, 1957-1957/3, 1958-1958/4, 1959-1959/4; Wilfried Hagemann, Vielfalt in der Einheit, 1979, 222.

[505] Hans Brütsch gehörte dem Freundeskreis der FoBw an (vgl. Information von Vittorio Fasciotti, 24.11.2016).

[506] Franziska Renner ist eine Fokolarin, die zwischen 1976 und 1978 im ‚Ostkirchlichen Institut' in Regensburg mitarbeitete (vgl. Vittorio Fasciotti, Chronologie der Fokolar-Bewegung in Deutschland, 2016, 1959/5-1961/3; Ostkirchliches Institut: Mitarbeiter des Instituts, in: http://www.oki-regensburg.de/mitarb.htm (08.02.2017, 11:49 Uhr)).

[507] Aldo Stedile war der zweite männliche, ehelos lebende Fokolar. Er fungierte als Kopräsident der FoBw und war somit Vertreter von Chiara Lubich (vgl. Information von Wilfried Hagemann, 24.11.2016).

[508] Anton Gälli war ein Fokolar, der später wieder ausschied (vgl. Information von Wilfried Hagemann und Vittorio Fasciotti, 24.11.2016).

Faszination ist sicherlich teilweise auf die tendenziöse Prägung der verwendeten Quellen zurückzuführen. Berücksichtigt man in der Auswertung diese Verzerrung, so ist grundsätzlich davon auszugehen, dass die erzählten Erfahrungen bei den Zuhörern durchaus Interesse hervorriefen, insbesondere wenn sie sich nach einer Erneuerung ihres Glaubenslebens sehnten oder sich auf einer Suche nach einer für sie passenden religiösen Lebensausrichtung befanden. Allerdings zählten auch Zurückhaltung, Skepsis und Ablehnung zu den ersten Reaktionen. Gerade die in dieser Phase vollzogene Prüfung der FoBw durch das Hl. Offizium ist vermutlich ein Faktor gewesen, der zu Misstrauen bzw. Vorsicht führte. 1958 verbot der damalige Münsteraner Bischof Michael Keller (1947-1961) Begegnungen mit den Fokolaren in kirchlichen Räumlichkeiten. Bischof Keller äußerte laut Hans Heilkenbrinker gegenüber ihm den Wunsch, dass der Kontakt, den die Seminaristen des Ludgerianums zur FoBw hatten, beendet werde. Auf welchem Beweggrund diese Anordnung basierte, lässt sich heute anhand der Quellen nicht mehr sicher bestimmen. Vermutlich handelte es sich um eine vorbeugende Maßnahme des Bischofs, da es aufgrund der bereits angedeuteten äußeren Umstände ratsam war, sich kritisch zu positionieren und Zurückhaltung walten zu lassen. Eine explizite Zurückführung des bischöflichen Verbots auf das Unverständnis von Paul Reher-Baumeister (* 1916; † 1981)[509], der das Amt des Spirituals im Ludgerianum innehatte, lässt sich nicht belegen. Der Vorwurf des fehlenden Verständnisses kann auch durch die tendenziöse Sicht der Quellen zu erklären sein, zumal Johannes Heilkenbrinker selbstkritisch zugibt, dass er den Bischof nicht über seine Pläne informiert habe. Trotz dieser Tatsachen hatten die Erfahrungsberichte der Fokolare eine tiefgreifende Wirkung und weckten ein Interesse an der fokolarinischen Lebensweise. Da in dieser Anfangsphase der deutschen Geschichte der FoBw noch keine Niederlassungen der Fokolare in Deutschland existierten, dienten die erfahrenen Berichte als Orientierungs- und Inspirationsmöglichkeit.[510]

---

509 Diese Information beruht auf einer schriftlichen Mitteilung des Bistums Münster vom 29. Juli 2016. Als Ansprechpartnerin stand Monika Böhm zur Verfügung.

510 Vgl. Wilhelm Damberg, Art. Keller, Michael (1896-1961), 2002, 408-411; Ursula Tscheschner, Berlin, 1-4; Unbekannter Verfasser, Berlin (Franziska Renner, Pino Tradico und Theo Kegler), 1; Georg Kelz, Erfahrungsbericht, 1-2; Helga Bretfeld, Erfahrungsbericht, 1-5; Peter Löffler, Collegium Ludgerianum in Münster 1849-1971, 1979, 73; Marlis Wieneke, Eine Familie wächst ..., Stand 1986, 3-4; Rudolf Herrmann, Interview von Dr. Rudolf Herrman mit Regina Betz und Helga Maria Rademachter, 1987, 1-10; Johannes Heilkenbrinker, Pater Hans Heilkenbrinker erzählt aus den ersten Zeiten des Ideals in Deutschland, 1988, 1-8; Georg Schlütter, Meine Begegnung mit dem Ideal in der Studenten- und Kaplanzeit, 1993, 1-8; Theo Kegler, Erfahrungsbericht, 1998, 1; Theo Kegler, Erinnerungen an die ersten Jahre in Deutschland, 1998, 1; Christian Bahlmann, Die Entdeckung meines Lebens, 1998, 17-19; Andrea Balbo, Sich vom Geist führen lassen, 1998, 26-31; Ursula Tscheschner, Die Anfänge der Bewegung in Deutschland, 1998, 10-11; Ursula Tscheschner, Geschichte der Fokolar-Bewegung in Deutschland, 1998, 1-7; Ursula Tscheschner, Berlin – Ottmaring, 1998, 1-5; Unbekannter Verfasser, Chronologie der Geschichte, 1998, 1-5; Helmut Sievers, Wie ich die Fokolare kennenlernte, 1999, 1-5; Vittorio Fasciotti, Vittorio Fasciotti erzählt seine Erfahrung in Deutschland im ersten Fokolar in Köln-Longerich, 1999, 1-3; Ecclesia Catholica, Annuario Pontificio, 2001, 812; Ecclesia Catholica, Annuario Pontificio, 2006, 974-975; Ecclesia Catholica, Annuario Pontificio, 2007, 983; Vittorio Fasciotti, Chronologie der

5.1.2 Die Etablierung der Fokolar-Bewegung (1958-1965)

Ab 1958 begann sich die FoBw allmählich in der Bundesrepublik Deutschland zu etablieren. Dies lässt sich unter anderem an der Organisation von ersten größeren Treffen erkennen, auf denen die Bewegung vorgestellt wurde. So fanden Veranstaltungen im Ludgerianum in Münster mit ungefähr 250 Teilnehmern und in der Ursula-Schule (Hannover) mit circa 200 Anwesenden statt. Kennzeichnend ist jedoch, dass in Köln-Longerich im Dezember 1958 das erste Männerfokolar gegründet wurde, das von Florian Schafferer, Vittorio Fasciotti (* 1930)[511] und Carlantonio Tommasin[512] bewohnt wurde. Anlass für die Gründung dieses Fokolars war die Bitte von Pater Werenfried van Straaten um Beistand für die von ihm gegründete Ostpriesterhilfe e. V. / ‚Kirche in Not'. Für den Versand von Paketen wurde in der Bundesrepublik Deutschland noch ein Magazin benötigt. Durch die Schenkung eines Gebäudes hatte Pater Werenfried van Straaten die Möglichkeit, dieses in Köln-Longerich zu eröffnen. Um seiner Bitte nachzukommen, wurden deshalb die Fokolare von Chiara Lubich nach Köln gesandt. Sie sollten dort im Magazin des Paters mitarbeiten. Darüber hinaus besuchten 1958 aus Heidelberg und Münster erste größere deutsche Interessentengruppen die Mariapoli in den Dolomiten, die *Expo di Dio* (dt.: Ausstellung Gottes) genannt wurde.[513]

Die Mariapoli 1959 wurde von bis zu 2.000 deutschsprachigen Teilnehmern besucht. Ob diese große Zahl allein auf Bürger der Bundesrepublik Deutschland zurückzuführen ist, ist fraglich. Sie würde, insofern sie zutreffend ist, einem Sechstel der Gesamtteilnehmeranzahl entsprechen. Da allerdings die genannte Anzahl auf Schätzungen beruht, ist es angesichts der starken Schwankungen bezüglich der Höhe der deutschsprachigen Teilnehmerzahl (1200-2000) in den Quellen nicht möglich, diese näher zu bestimmen. Ebenso kann die Aussage, dass die deutschsprachigen Teilnehmer die umfangreichste nichtitalienische Gruppe stellten, nicht belegt werden. Die Betonung der starken Vertretung dieses Sprach-

---

Fokolar-Bewegung in Deutschland, 2016, 1955-1956, 1957-1957/3, 1958-1958/5, 1959-1959/5; Jim Gallagher, A woman's work: Chiara Lubich, 1997, 96; Armando Torno, PortarTi il mondo fra le braccia, 2011, 60.

511 Vittorio Fasciotti ist ein ehelos lebender, italienischer Fokolar. Er lernte die FoBw 1949 kennen und ist seit 1956 Fokolar (vgl. Information von Vittorio Fasciotti und Clemens Behr, 18.11.2016).

512 Carlantonio Tommasin war ein italienischer Fokolar (vgl. Information von Wilfried Hagemann, 24.11.2016).

513 Vgl. Helga Bretfeld, Erfahrungsbericht, 1-5; Alois Ott, Mariapoli 1959 und die Deutschen, 1959, 8-10; Johannes Heilkenbrinker, Pater Hans Heilkenbrinker erzählt aus den ersten Zeiten des Ideals in Deutschland, 1988, 1-8; Ursula Tscheschner, Die Anfänge der Bewegung in Deutschland, 1998, 10; Unbekannter Verfasser, Chronologie der Geschichte, 1998, 1; Ursula Tscheschner, Geschichte der Fokolar-Bewegung in Deutschland, 1998, 2; Theo Kegler, Erinnerungen an die ersten Jahre in Deutschland, 1998, 1; Ursula Tscheschner, Interview mit Adalbert Hienerwadel, 1998, 1-2; Vittorio Fasciotti, Vittorio Fasciotti erzählt seine Erfahrung in Deutschland im ersten Fokolar in Köln-Longerich, 1999, 1-3; Vittorio Fasciotti, Chronologie der Fokolar-Bewegung in Deutschland, 2016, 1958-1958/5; Jim Gallagher, A woman's work: Chiara Lubich, 1997, 96; Armando Torno, PortarTi il mondo fra le braccia, 2011, 61.

raums in den Quellen lässt nur die Annahme zu, dass die Mariapoli im Jahr 1959 im Vergleich zur Mariapoli 1958, auf der diese Gruppe noch verhältnismäßig unauffällig war, einen enormen Zuwachs verzeichnete. Dieser ist unter anderem auf die Bemühungen der Besucher der Mariapoli von 1957 und 1958 zurückzuführen. So fuhren beispielsweise aus Münster Johannes Heilkenbrinker und Pfarrer Gleich mit einer Gruppe Jugendlicher nach Italien. Aber auch aus Städten wie Freiburg, Augsburg, Hannover und Rastatt kamen Menschen, die von der Spiritualität Chiara Lubichs gehört hatten, um zu sehen, wie die FoBw das Evangelium im Leben umsetzte. Im Winter 1959 wurde das Frauenfokolar am Bilderstöckchen in Köln eröffnet, welches schon zu Weihnachten 1959 in die Moltkestraße und im September 1960 in die Machabäerstraße umzog.[514]

Laut Vittorio Fasciotti wurden im Jahr 1959 die ersten Priestertreffen in der Erzdiözese Freiburg in Rastatt, Impfingen und Riedböhringen veranstaltet. Wilfried Hagemann datiert diese jedoch auf das Jahr 1960. Das korrekte Datum konnte allerdings auf der Grundlage der vorliegenden Quellen nicht ermittelt werden. Darüber hinaus reiste Chiara Lubich im November 1959 nach Berlin. Dort traf sie sich mit einigen Priestern des Leipziger Oratoriums (z. B. Hans Lubsczyk). Gemeinsam fasste dieser Kreis den Beschluss, in Westberlin ein Frauenfokolar für Ostdeutschland zu eröffnen. Die Vorbereitungen hierzu begannen an Weihnachten 1959. Seine Arbeit für den Osten Deutschlands nahm dieses Fokolar, dessen Existenz geheim gehalten wurde und für das inzwischen in der Straße Bundesring 37 des Stadtteils Tempelhof eine Doppelhaushälfte gefunden worden war, spätestens Anfang 1960 auf. Im selben Jahr wurde durch die Bewohner des Berliner Frauenfokolars eine Mariapoli für die Bewohner der DDR realisiert. Darüber hinaus erfolgte im Dezember 1960 eine Zusammenkunft von geschätzt 60 Priestern in Westberlin, der Chiara Lubich beiwohnte.[515]

[514] Vgl. Georg Kelz, Erfahrungsbericht, 1-2; Regina Betz, Erste deutsche Kontakte mit der Fokolar-Bewegung, 1; Chiara Lubich, Brief an Johannes Heilkenbrinker: Carissimi Fratelli della Germania che vivete ed amate l'ideale, 1959, 1; Alois Ott, Mariapoli 1959 – ein Erlebnisbericht, 1959, 5; Alois Ott, Mariapoli 1959 und die Deutschen, 8-10; Marlis Wieneke, Eine Familie wächst ..., Stand 1986, 3-4; Johannes Heilkenbrinker, Pater Hans Heilkenbrinker erzählt aus den ersten Zeiten des Ideals in Deutschland, 1988, 1-8; Josef Gleich, Interview mit Pfarrer Josef Gleich, 1992, 1-3; Unbekannter Verfasser, Chronologie der Geschichte, 1998, 1-2; Ursula Tscheschner, Geschichte der Fokolar-Bewegung in Deutschland, 1998, 2-3; Elody Pedrelli, Abschrift und Übersetzung der Tonbandaufzeichnung ‚Elody', 1998, 1-3; Ursula Tscheschner, Berlin – Ottmaring, 1998, 1-3; Theo Kegler, Erfahrungsbericht, 1998, 1; Ursula Tscheschner, Interview mit Adalbert Hienerwadel, 1998, 1-2; Ursula Tscheschner, Die Anfänge der Bewegung in Deutschland, 1998, 11; Christian Bahlmann, Die Entdeckung meines Lebens, 1998, 17-19; Vittorio Fasciotti, Chronologie der Fokolar-Bewegung in Deutschland, 2016, 1959-1959/5, 1960/3-1960/4.

[515] Vgl. Unbekannter Verfasser, Berlin (Franziska Renner, Pino Tradico und Theo Kegler), 1; Ursula Tscheschner, Berlin, 1-4; Wolfgang Haendly, Interview von Regina Betz mit Prälat Dr. Haendly, 1987, 1-6; Josef Gleich, Interview mit Pfarrer Josef Gleich, 1992, 1-8; Ursula Tscheschner, Die Anfänge der Bewegung in Deutschland, 1998, 11; Ursula Tscheschner, Geschichte der Fokolar-Bewegung in Deutschland, 1998, 2-4; Unbekannter Verfasser, Chronologie der Geschichte, 1998, 1-2; Vittorio Fasciotti, Chronologie der Fokolar-Bewegung in Deutschland, 2016, 1959-1959/4, 1960-1960/5; Ursula Tscheschner, Geburt des Berliner Fokolares, 2004, 1-4.

Inzwischen hatte sich die FoBw in Deutschland etabliert und zahlreiche deutsche Anhänger und Interessenten für sich gewonnen. 1961 wurde für diese Personen schließlich das erste deutsche Jahrestreffen der Bewegung in der Kölner Wolkenburg organisiert, zu dem etwa 300 Besucher kamen. Neben dem Männerfokolar in Köln sowie den Frauenfokolaren in Köln und Berlin wurden bis Ende 1961 ein Frauenfokolar in München (1960) und jeweils ein Männerfokolar in München (1961) und Berlin (1961) eröffnet. Anfang des Jahres 1962 wurde das bisher ausschließlich für den Osten zuständige Frauenfokolar in Berlin für den Westen geöffnet, sodass etwas mehr als drei Jahre nach der Eröffnung des Männerfokolars in Köln insgesamt sechs Fokolare in drei Städten der Bundesrepublik Deutschland existierten. Ein Großteil der Sektionen des Werkes hatte sich bereits 1963 entwickelt.[516]

5.1.3 Die Expansion der Fokolar-Bewegung (1966-1990)

Nachdem die FoBw sich zwischen 1958 und 1965 in der Bundesrepublik Deutschland etabliert hatte, begann sie sich spätestens ab 1966 auszubreiten. Exemplarisch soll dieser Prozess, für den nur vereinzelt Quellen vorliegen, für die norddeutschen ‚Zonetten' Hannover und Hamburg dargelegt werden: Für den weiteren strukturellen Ausbau der ‚Zonette' Hannover waren die Städte Köln und Berlin der Ausgangspunkt. Ausgehend von den dort bereits existierenden Niederlassungen kamen in den Jahren nach 1959 regelmäßig Fokolare, um die kleine Gruppe, die sich in Hannover gebildet hatte, zu besuchen. Bereits 1966 wurde das erste Jahrestreffen in Hannover-Bothfeld veranstaltet, dem in jährlichen Abständen weitere folgten. Neben dem bereits existierenden Frauenkreis formierte sich frühestens ab dem Jahr 1971 ein Männerkreis. Dieser setzte sich aus Teilnehmern aus den Städten Hannover, Göttingen, Hildesheim und Goslar zusammen. Auf dem Jahrestreffen der ‚Zonette' im Jahr 1971, welches in Hannover-Wülfel veranstaltet wurde, erschien mit Bruna Tomasi[517] eine der ersten Weggefährtinnen von Chiara Lubich, die kurz darauf ebenfalls eine kleinere Zusammenkunft in Hildesheim besuchte. Die Jahre 1972-1978 sind geprägt durch Treffen, Events und Gruppenausflüge. Der Fokolarpriester Franz Josef Ziegler († 1978)[518] aus Göttingen reiste mit einer bescheidenen Gruppe 1972 nach Rom und besuchte nach der

---

516 Vgl. Ursula Tscheschner, Berlin, 1-4; Unbekannter Verfasser, Chronologie der Geschichte, 2-3; Ursula Tscheschner, Geschichte der Fokolar-Bewegung in Deutschland, 1998, 2-4; Ursula Tscheschner, Berlin – Ottmaring, 1998, 1-5; Theo Kegler, Erinnerungen an die ersten Jahre in Deutschland, 1998, 1; Vittorio Fasciotti, Chronologie der Fokolar-Bewegung in Deutschland, 2016, 1960-1960/5, 1961-1961/7; Anhang Nr. 2-3.

517 Bruna Tomasi gehörte zu den ersten Gefährtinnen von Chiara Lubich. Sie wurde um 1948 Fokolarin (vgl. Information von Vittorio Fasciotti, 24.11.2016).

518 Diese Informationen stammen aus einem persönlichen Gespräch (24.11.2016) mit Wilfried Hagemann.

Besichtigung der Stadt das Pfarreitreffen im Centro Mariapoli[519]. Anschließend fand sich in der Pfarrei eine Gruppe von jungen und älteren Interessenten zusammen. Im selben Jahr formierte sich in Hannover-Bothfeld eine Kindergruppe und in Hameln eine Jugendgruppe. Als besonderes Ereignis des Jahres 1972 ist, nachdem bereits 1971 ein Konzert der am 23. Dezember 1966 in Loppiano gegründeten Musikgruppe Gen Rosso in Hannover stattgefunden hatte, die Mariapoli in Bad Driburg zu nennen. Annehmen lässt sich ferner vor dem Hintergrund, dass auf der Mariapoli in Hildesheim zwei Jahre später quasi aus dem Gebiet des gesamten nordwestlichen Deutschlands Mariapolibesucher kamen, ein allgemeiner Wachstumsaufschwung. Dieser erreichte mit der Eröffnung eines Frauenfokolars im Jahr 1976 in Hannover und der Gründung des Männerfokolars am Bornhof bei Hannover am 1. Januar 1979 einen ersten Höhepunkt.[520]

Für die Jahre zwischen 1980 und 1990 ist die Quellenlage für die Ausbreitung der FoBw in der ‚Zonette' Hannover sehr lückenhaft. Dass der Strukturausbau im nördlichen Gebiet der Bundesrepublik Deutschland sich fortsetzte, zeigt die Geschichte der FoBw in der ‚Zonette' Hamburg, für die jedoch nur eine Quelle vorliegt. Ihren Anfang hatte die FoBw dort schon in den Jahren 1964-1967 genommen. Durch anfängliche Besuche kam es zum Ausbau von Kontakten und Zusammenkünften kleinerer Art. Ab dem Jahr 1966 diente schließlich die Psychologin Barbara Ehrmann[521] für einige Jahre als Anlaufstelle. Zwischen 1968 und 1974 bildeten sich verschiedene ‚Wort-des-Lebens-Kreise' heraus. Zudem wurde ab 1969 der ökumenische Kontakt zum ‚Marburger Kreis' gepflegt. Inwiefern sich die FoBw in diesem evangelischen Arbeitskreis engagierte, kann der Quelle nicht entnommen werden. Im Zeitraum von 1975-1986 wurden auf Pfarreiebene unter anderem Reisen mit Jugendlichen zum Genfest[522] in Rom organisiert. Darüber hinaus gab es für Heranwachsende, die sich angesprochen fühlten, Schulungstreffen. 1987 kam es zur Errichtung eines Priesterfokolars in Hamburg. Zwei Jahre später folgte diesem ein Frauenfokolar in Hamburg-Blankenese. Die Expansion, welche mit der Eröffnung der beiden genannten Fokolare in Hamburg einen Höhepunkt erreicht hatte, war damit allerdings noch nicht abgeschlossen. Noch nach 1990 ist keine Stagnation dieses Prozesses im norddeutschen Raum festzustellen.[523]

---

[519] „Das Centro Mariapoli ist eine ständige Mariapoli. Das heißt: Ein Gästehaus, in dem eine Fokolargemeinschaft die Basis ist für Begegnung und Vertiefung der Spiritualität." (Information von Wilfried Hagemann, 24.11.2016).

[520] Vgl. Hermann Benning, Gen Rosso, 1981, 7-8; Marlis Wieneke, Eine Familie wächst ..., Stand 1986, 1-15; Ursula Tscheschner, Hannover, 1998, 1-2; Wolfram Zilske (Bearbeiter), Zonetten – Chronik Hannover, 2012, 1-3; Vittorio Fasciotti, Chronologie der Fokolar-Bewegung in Deutschland, 2016, 1959-1959/5, 1962/2-1962/4, 1966-1966/3.

[521] Barbara Ehrmann gehörte zur fokolarinischen Sektion der Freiwilligen (vgl. Information von Wilfried Hagemann, 24.11.2016).

[522] Ein Genfest ist ein Festival, das Jugendliche der FoBw (Gen) für andere, befreundete Jugendliche veranstalten, bei dem sie ihnen die Freude des Evangeliums bezeugen (vgl. Information von Wilfried Hagemann, 24.11.2016).

[523] Vgl. Hermann Schweers, Vorstellung der Zonette Hamburg, 2005, 1-2; Hermann Schweers, Eckpunkte zur Geschichte der Zonette Hamburg, 2005, 1-10.

Laut Stefan Tobler soll es im Jahr 1998 weltweit 709 Fokolare in 74 Nationen gegeben haben, davon 38 in Deutschland. Eine konkretere Aussage für das Gebiet der Bundesrepublik Deutschland trifft Hanspeter Heinz (* 1939)[524] in seinem Artikel *Reflexion und Reform tun not* (1999). Heinz zufolge gab es im Jahr 1999 4.700 Mitglieder, die sich auf 600 Gruppen verteilten. Ebenfalls wie Stefan Tobler führt er 38 Fokolare an, die mit 250 verheirateten und unverheirateten Fokolaren den Kern der Bewegung in Deutschland darstellten. Durch die vorliegenden Quellen und die Befragung von Zeitzeugen konnte die Existenz von 27 Frauen- und Männerfokolaren, die bis 1992 errichtet wurden, nachgewiesen werden. Allerdings kam es auch zu Schließungen, die bei der angegebenen Zahl von Fokolaren nicht berücksichtigt wurden. Aktuell (Stand 2019) bestehen 34 Fokolare in Deutschland.[525]

Zum Abschluss dieses Punkts soll die fokolarinische Zonenentwicklung für Deutschland thematisiert werden. Unter dem fokolarinischen Begriff ‚Zone' ist ein bestimmtes Gebiet zu verstehen, das unterschiedlich groß sein kann. Eine ‚Zone' gilt als konstituiert, wenn in ihr die grundlegenden Ausdrucksformen der FoBw entstanden sind. So bedarf es mindestens eines Frauen- und Männerfokolars, aus deren Reihen die Organe der Zone besetzt werden. Bis Herbst 1969 bildeten Österreich, Deutschland und die Schweiz eine ‚Zone'. Im Herbst 1969 wurden Österreich, Deutschland und die Schweiz zu eigenständigen ‚Zonen' erklärt. Die Bundesrepublik Deutschland wurde 1981 in vier ‚Zonen' aufgeteilt: München (ab 1991 Bayern), Ottmaring, Heidelberg und Solingen. Im Zuge der Wiedervereinigung kam im Jahr 1991 die Zone Leipzig hinzu, sodass die Bundesrepublik von diesem Zeitpunkt an in fünf Zonen unterteilt war. Konkrete Details bezüglich der räumlichen Aufteilung der Bundesrepublik Deutschland in diese fünf ‚Zonen' sind nicht verfügbar. Seit 2015 sind Österreich, Deutschland und die Schweiz jedoch wieder eine einzige ‚Zone'. Drei Gründe können für diese Entwicklung angeführt werden: (1.) Die Einrichtung von ‚Zonen' ist abhängig vom Wachstum der Gemeinschaft. Der Rückgang von Berufungen innerhalb der FoBw war demnach ein Grund für die Zusammenlegung der ‚Zonen'; (2.) durch die Auflösung von Fokolaren sollten Kräfte für andere Brennpunkte (z. B. Syrien) freigesetzt werden; (3.) durch diese Entwicklung sollte der Tatsache Rechnung getragen werden, dass

---

524 Hanspeter Heinz ist emeritierter Professor für Pastoraltheologie an der Katholisch-Theologischen Fakulät Augsburg. Davor arbeitete er als Assistent von Klaus Hemmerle am ZdK. Ferner war er 15 Jahre lang Chefredakteur der Zeitschrift ‚Das Prisma'. Aus der FoBw selbst schied er später aus (vgl. Information von Wilfried Hagemann, 24.11.2016).

525 Vgl. Elfriede Waha, Fokolare in Deutschland, 1991, 23-24; Stefan Tobler, Jesu Gottverlassenheit als Heilsereignis in der Spiritualität Chiara Lubichs, 2002, 377-378; Anhang Nr.1: Fokolare in der Bundesrepublik Deutschland (1958-1992); Hanspeter Heinz, Reflexion und Reform tun not, 1999, 629; Fokolar-Bewegung, Fokolar-Bewegung in Deutschland, Österreich und der Schweiz, 2019, 1-2. Siehe Anhang Nr. 1.

die Komplexität des gesellschaftlichen Lebens heutzutage größere Räume verlangt.[526]

5.2 Die Zeitschrift ,Neue Stadt'

5.2.1 Die Geschichte der ,Neuen Stadt'

Nachdem bereits am 20. September 1957 eine resümierende Ausgabe für die deutsche Leserschaft veröffentlicht worden war, erschien die erste Ausgabe der ,Neuen Stadt' am 15. Januar 1958 mit einem Umfang von acht Seiten. Sie war zu diesem Zeitpunkt noch eine Übersetzung der entsprechenden italienischen Veröffentlichung, die monatlich herausgegeben wurde. Ihre Geschäftsstelle hatte sie noch nicht in der Bundesrepublik Deutschland, sondern in Italien unter der Obhut des Leiters der italienischen *Città Nuova*, Spartaco Lucarini[527]. Der für den deutschen und österreichischen Raum zuständige Mitarbeiter war zu diesem Zeitpunkt Rudolf Cornides[528] aus Innsbruck. 1963 wurde schließlich der erste Artikel verfasst, der nur in der deutschen Ausgabe erschien. Es handelt sich bei diesem um einen Bericht, der die Mariapoli dieses Jahres in Wattens (Österreich) thematisierte. Ab diesem Zeitpunkt war die ,Neue Stadt' keine reine Übersetzung der *Città Nuova* mehr. Vielmehr zeichnete sich ein Prozess ab, durch den der deutsche Ableger an Unabhängigkeit von der italienischen Muttergesellschaft gewann.[529]

5.2.2 Die Entwicklung der Abonnementzahlen

Die Analyse der Abonnentenkartei der ,Neuen Stadt' ermöglicht es, Einblick in die Entwicklung der Zahl der Mitglieder und Sympathisanten der FoBw zu nehmen, da die Leser der Zeitschrift in enger Bindung zur Bewegung stehen. Obwohl leichte Abweichungen der eingetragenen Zahlen vorkommen, ist ein kontinuierlicher

---

[526] Vgl. Opera di Maria, Statuti generali, 2007, Art. 11-12, 115-125; Werk Mariens – Fokolar-Bewegung, Allgemeines Statut, 2007, Art. 11, 115, 126. Die Daten zur zonellen Entwicklung beruhen auf persönlichen Informationen von Vittorio Fasciotti, Wilfried Hagemann (24.11.2016) sowie Franz Wezel (07.06.2021).

[527] Spartaco Lucarini war ein Journalist aus Cortano (Umbrien), der der FoBw während des Studiums begegnete. Er gehörte zu den ersten verheirateten Fokolaren (vgl. Information von Vittorio Fasciotti, 01.02.2017).

[528] Rudolf Cornides war ein Arzt aus Innsbruck, der durch Florian Schafferer 1951/52 die FoBw kennengelernt hatte. Er lebte vorläufig in dem Fokolar in Bozen und setzte sich sehr für die Bewegung ein (vgl. Information von Vittorio Fasciotti, 01.02.2017).

[529] Vgl. Anton Gälli, Città Nuova / Neue Stadt, 1957, 1; Unbekannter Verfasser, 40 Jahre Neue Stadt, 1998, 13-15; Joachim Schwind, Eine Zeitung für eine neue Stadt, 2008, 4-6; Teresa Parlasca, Was die Welt noch nicht wusste, 2008, 10-12; Vittorio Fasciotti, Chronologie der Fokolar-Bewegung in Deutschland, 2016, 1963; Manfred Döbbeler, Die Fokolar-Bewegung, 1988, 104.

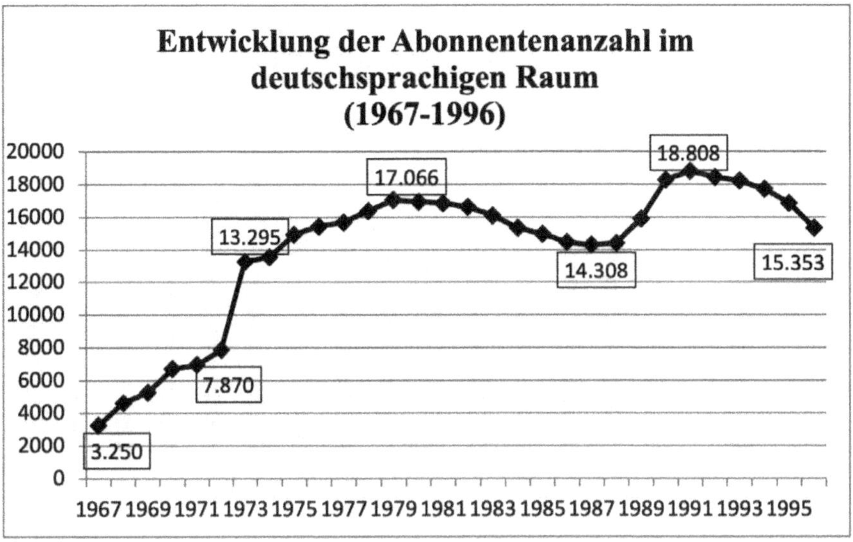

Nachvollzug der Entwicklung der Abonnentenzahlen von Januar 1967 bis Dezember 1996[530] möglich: Zu Beginn des Jahres 1967 abonnieren im deutschsprachigen Raum (Österreich, Bundesrepublik Deutschland, Schweiz)[531] 3.250 Personen die ‚Neue Stadt'.

1972 weist die Abonnentenkurve 7.870 Abonnements auf, was durch die Expansion der FoBw erklärt werden kann. Auf diesen Aufschwung erfolgte im Januar 1973 ein in seiner Ursache nicht bestimmbarer Sprung auf 13.295 Abonennten, an den sich ein kontinuierlich leichter Anstieg der Kurve bis Anfang 1979 (17.066 Abonnements) anschloss. Wendepunkt dieser Entwicklung stellte der Zeitraum zwischen Februar und Dezember 1979 dar. Ab Januar 1980 (16.954 Abonnements) setzt eine rückläufige Tendenz ein, die im Januar 1987 den Tiefpunkt (14.308 Abonnements) erreichte. Ob diese negative Entwicklung tatsächlich mit den in dieser Zeit unabhängig von der ‚Neuen Stadt' verfügbaren ‚Wort-des-Lebens-Handzetteln' zusammenhing, bleibt spekulativ. Ab Januar 1988 zeichnet sich ein Aufschwung ab, der in den folgenden Jahren zunahm und ursächlich mit dem persönlichen Einsatz Chiara Lubichs in Zusammenhang stand, die zwischen 1988 und 1990/91 in Kooperation mit den Verantwortlichen der Zeitschrift für Spanien, Frankreich und Deutschland Vertriebsstrategien entwarf, aus denen intensive Abonnementskampagnen resultierten. Darüber hinaus versuchten in diesem Kontext viele Bewegungsmitglieder Abonnenten zu gewinnen oder orderten für sich selbst weitere Abonnements. Die sich daraus ergebende Entwicklung er-

[530] Für die Jahre 1994 bis 1996 wurden aufgrund der fehlenden Daten für den Monat Januar jeweils die Zahlen des Monats Dezember herangezogen.
[531] Unter deutschsprachigem Raum sind in diesem Zusammenhang die Bundesrepublik Deutschland, Österreich und die Schweiz zu verstehen.

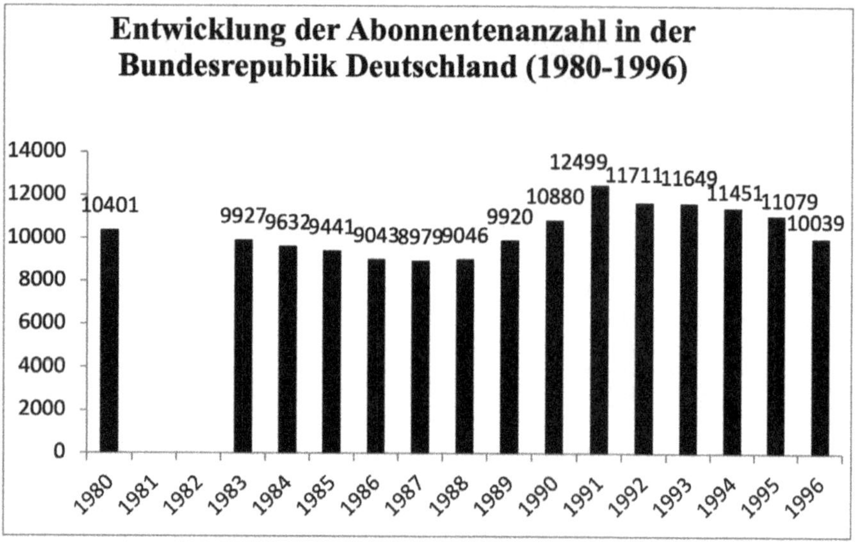

reichte im Januar 1991 mit einem Abonnementkontingent von 18.808 Kunden ihren Höchststand. Obwohl im Zeitraum von April 1992 (19.139 Abonnements) bis Juni 1992 (18.837) dieses Ergebnis nochmals übertroffen wurde, kam es allmählich zu einem Abschwung, der bis zum Ende des hier erfassten Zeitraums (1967-1996) anhielt. Mögliche Erklärungen für diesen Verlauf sind der Wegbruch von Doppelabonnements, denen sich der künstliche Aufstieg Ende der 1980er Jahre verdankte, das Sterben von Abonnenten oder auch eine Ausbreitungsstagnation des internen Bereichs der FoBw. Letzteres setzte jedoch vermutlich bereits um 1979/80 ein.[532]

Die Entwicklung der Abonnentenkurve für die Bundesrepublik Deutschland im Zeitraum zwischen 1980 und 1996 verläuft parallel zum oben dargestellten Prozess der Gesamtabonnentenanzahl. So weist auch sie im Jahre 1987 einen Tiefstand (8.979 Abonnements) auf, erreicht 1991 ihren Höchststand (12.499 Abonnements) und fällt bis 1996 auf eine Abonnentenanzahl von 10.039 zurück. Zu beachten ist, dass neben den fehlenden Abonnementzahlen für die Jahre 1981/82 leichte Abweichungen bei den Zahlen nicht ausgeschlossen werden können. Wie hoch der Anteil ausländischer Abonnenten ist, kann der Quelle nicht für jedes Jahr entnommen werden, sodass eine kontinuierliche Angabe der Abonnentenzahlen für Westdeutschland erst ab 1983 gemacht werden kann. Auch muss aus sozialwissenschaftlicher Sicht kritisch festgehalten werden, dass die FoBw zum Ende des Untersuchungszeitraumes ihren Zenit, der angesichts des

532 Vgl. Neue Stadt, Standardreport, 14.10.1995; Interview mit Gabi Ballweg und Joachim Schwind vom 7. August 2015 (Anhang Nr. 6).

gleichen Kurvenverlaufs ebenfalls 1979/80 zu datieren ist, bereits überschritten hatte.[533]

5.2.3 Diskussion der repräsentativen Leserbefragungen

Einblick in den Leserkreis der ‚Neuen Stadt' gewähren zwei repräsentative Leserbefragungen, die von Markus Gebauer[534] im Rahmen seiner Diplomarbeit im Jahr 1990 und von Gabi Ballweg[535] im Jahr 1996 im Auftrag der ‚Neuen Stadt' durchgeführt wurden. Ziel der Befragungen war es, eine empirische Ausgangsbasis für ein Vermarktungskonzept der Zeitschrift sowie für zukünftige Entscheidungshilfen zu erstellen. Außerdem wurde anvisiert, durch die Studien einen repräsentativen Leserquerschnitt zu ermitteln und die Hauptzielgruppe festzustellen. Aufgrund des Kostenfaktors entschied man sich für das Quota-Verfahren in Kombination mit dem systematischen Zufallsauswahlverfahren. Dazu wählte Markus Gebauer 380 Leser (1990) und Gabi Ballweg 373 Leser (1996) manuell aus. Dies entsprach zu den damaligen Zeitpunkten einer Menge von 2 % (1990) bzw. 3 % (1996) aller Leser. Abschließend wurden die ausgewählten Probanden, die möglichst einen Querschnitt der gesamten Leserschaft darstellen sollten, angeschrieben.[536] „Auf diese Weise wurden beispielsweise [1990] im Bundesland Bayern 67 Personen als repräsentativ ausgewählt, da diese Zahl den Anteil der Leserschaft Bayerns an der Gesamtleserschaft der NEUEN STADT widerspiegelt[e]."[537]

Obwohl kritisiert wird, dass das Quota-Verfahren beispielsweise durch eine fehlerhafte Quotenbildung einseitig verzerrt sein kann, lassen sich mit Hilfe dieser Erhebungsmethode, insofern sie akkurat erstellt ist, nützliche und zuverlässige Aussagen über den Untersuchungsgegenstand einholen. Dies gilt speziell dann, wenn „ein Spielraum von 10% auf die zutreffende Entscheidung ohne wesentlichen Einfluß ist"[538]. Werner Pepels vertritt sogar den Standpunkt, dass „sich Zufalls- und Quota-Auswahl als gleichwertig hinsichtlich ihrer Ergebnisse erwiesen"[539] hätten. Unterschiedliche Ergebnisse seien „eher mit der Professionalität

[533] Vgl. Neue Stadt, Standardreport, 14.10.1995.

[534] Markus Gebauer ist ein ehemaliger Gen (vgl. Information von Wilfried Hagemann, 24.11.2016).

[535] Gabi Ballweg ist seit 1993 Fokolarin und arbeitet bei der ‚Neuen Stadt' als Redakteurin (vgl. Interview mit Gabi Ballweg und Joachim Schwind vom 7. August 2015 (Anhang Nr. 6); Information von Gabi Ballweg, 12.12.2016).

[536] Vgl. Markus Gebauer, Erstellen einer Marketing-Konzeption für Nonprofit-Organisationen am Beispiel der Zeitschrift Neue Stadt, 1990, 5, 18-20; Gabi Ballweg, Neue Stadt – Leserbefragung, 1996, 1-2, 11; Werner Pepels, Marketing, 4. Aufl., 2004, 204-207.

[537] Markus Gebauer, Erstellen einer Marketing-Konzeption für Nonprofit-Organisationen am Beispiel der Zeitschrift Neue Stadt, 1990, 19.

[538] Erich Schäfer, Grundlagen der Marktforschung, 4. Aufl., 1966, 244. In der Studie von Gabi Ballweg wird von einer Ergebnisgenauigkeit von plus / minus 5 % ausgegangen (vgl. Gabi Ballweg, Neue Stadt – Leserbefragung, 1996, 1).

[539] Werner Pepels, Marketing, 4. Aufl., 2004, 207.

der Untersuchungsanlage, -durchführung und -auswertung als mit dem zugrunde gelegten Auswahlverfahren"[540] zu erklären. Das Quota-Verfahren stellt folglich keinen Grund dafür dar, die Studien nicht heranzuziehen. Vielmehr gehört es zu jenen Verfahren, die häufig bei Leserschaftsbefragungen verwendet werden.[541]

Des Weiteren sprechen für die Umfragen die außergewöhnlich hohen Rücklaufquoten von 67 % (Gebauer) und 58 % (Ballweg), da deren Resultate umso aussagekräftiger werden, je mehr Probanden der Beantwortung des Fragebogens nachgekommen sind. Gerade für das Quota-Verfahren, in dem gemäß der Theorie nur ein repräsentativer Anteil der Grundmenge befragt wird, ist dies eine signifikante Voraussetzung, die gegeben sein muss und aufgrund der Austauschbarkeit von quotenkonformen Einheiten sehr gut erfüllt werden kann. Erklären lässt sich die in den beiden vorliegenden Fällen sehr gute Rücklaufquote speziell durch zwei Faktoren: (1.) Die Konstruktion der Umfrage ermöglichte eine zügige Beantwortung der Fragen; (2.) zwischen Zeitschrift und Kunden besteht eine sehr enge Bindung.[542]

Nicht zuletzt blieb durch die Kombination des Quota-Verfahrens mit dem differenzierten Zufallsauswahlverfahren die Chancengleichheit gewahrt. Als Differenzierungskriterien fungierten 1990 Geschlecht / Institution, Länder, Bundesländer / Kantone, Berufsgruppen, Ordenszugehörigkeit, Nielsen-Gebiete[543], Wohnortgröße in Deutschland und Familien. 1996 dienten dagegen die Zonenzugehörigkeit, das Geschlecht, die Familie / Institution, die Wohnortgröße, die Dauer des Abonnements und die Art des Abonnements (eigenes Abonnement / Geschenkabonnement) als Selektionskriterien. Eine Kombination mit mehr als fünf Quotierungsmerkmalen, die Werner Pepels aus Gründen der Anwendbarkeit als maximale Zahl angibt, wurde nicht vorgenommen. Auch diese Problematik spricht somit nicht gegen die Umfragen.[544]

540 Ebd., 207.

541 Vgl. Erich Schäfer, Grundlagen der Marktforschung, 1966, 4. Aufl., 243-244.

542 Vgl. Markus Gebauer, Erstellen einer Marketing-Konzeption für Nonprofit-Organisationen am Beispiel der Zeitschrift Neue Stadt, 1990, 18-20; Gabi Ballweg, Neue Stadt – Leserbefragung, 1996, 1-2, 11; Werner Pepels, Marketing, 4. Aufl., 2004, 204-207.

543 Das Unternehmen The Nielsen Company GmbH unterteilt die Bundesrepublik Deutschland in sieben Gebiete (Nielsen-Gebiete), um das Konsumverhalten besser abbilden zu können. Folgende Nielsen-Gebiete werden unterschieden: Nielsen I: Bremen, Hamburg, Niedersachsen, Schleswig-Holstein; Nielsen II: Nordrhein-Westfalen; Nielsen IIIa: Hessen, Rheinland-Pfalz, Saarland; Nielsen IIIb: Baden-Württemberg; Nielsen IV: Bayern; Nielsen V + VI: Berlin, Brandenburg, Mecklenburg-Vorpommern, Sachsen-Anhalt; Nielsen VII: Sachsen, Thüringen (vgl. Information von The Nielsen Company GmbH, 10.2.2017).

544 Vgl. Markus Gebauer, Erstellen einer Marketing-Konzeption für Nonprofit-Organisationen am Beispiel der Zeitschrift Neue Stadt, 1990, 18-20; Gabi Ballweg, Neue Stadt – Leserbefragung, 1996, 1-2, 11; Werner Pepels, Marketing, 4. Aufl., 2004, 206.

5.2.4 Ergebnisse der repräsentativen Leserbefragungen

Als ein wesentliches Medium der FoBw dient die ‚Neue Stadt' nicht nur der Kontaktpflege der Mitglieder und Freunde der FoBw, sondern sie soll ebenfalls die fokolarinische Spiritualität in die Welt tragen. Dadurch spiegelt sie in gewisser Hinsicht die Einflussbereiche der Bewegung wider, die nachfolgend durch die Leserbefragungen[545] erschlossen werden sollen. Obwohl bei allen Fragestellungen nicht ausschließlich Probanden aus der deutschen Bevölkerung zur Beantwortung herangezogen wurden, kann aufgrund der repräsentativen Teilnehmerauswahl, die die jeweiligen Abonnentenzahl von Deutschland, Österreich und der Schweiz berücksichtigt, eine tendenzielle Breitenwirkung der FoBw in der Bundesrepublik Deutschland angeführt werden. Zahlen und Prozentsätze, die sich ausschließlich auf Deutschland beziehen, werden explizit hervorgehoben.

5.2.4.1 Die Abonnentengruppen der ‚Neuen Stadt'

Eine erste Frage in diesem Rahmen ist, welche Gesellschaftsgruppen Interesse an der fokolarinischen Spiritualität zeigen. Eine Antwort bieten die beiden oben angeführten Leserbefragungen. Wie dem Diagramm zu entnehmen ist, waren zum Zeitpunkt der Umfragedurchführung von Markus Gebauer mehr als die Hälfte der Personen (57 %), die die ‚Neue Stadt' abonniert hatten, weiblich. 6 % davon ge-

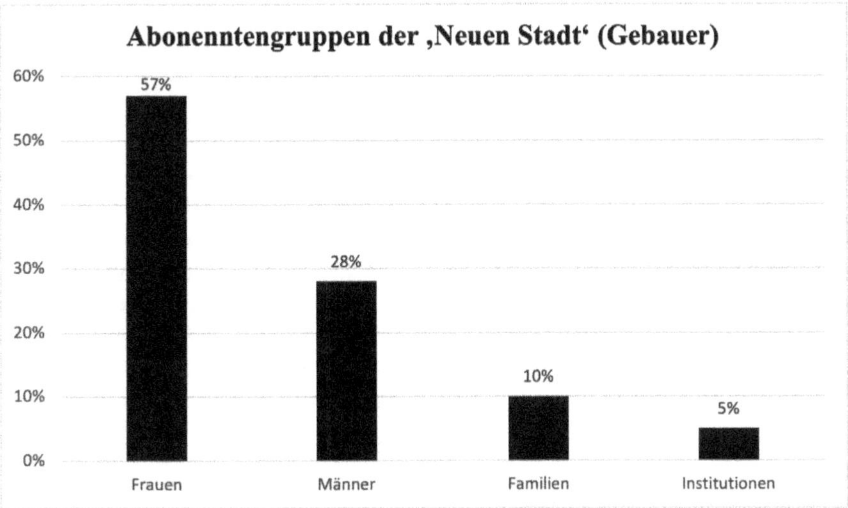

545 In vereinzelten Diagrammen ergeben sich in der Summe nicht bei jedem immer genau 100 %. Dies ist durch die Rundung der Umfrageergebnisse zu erklären.

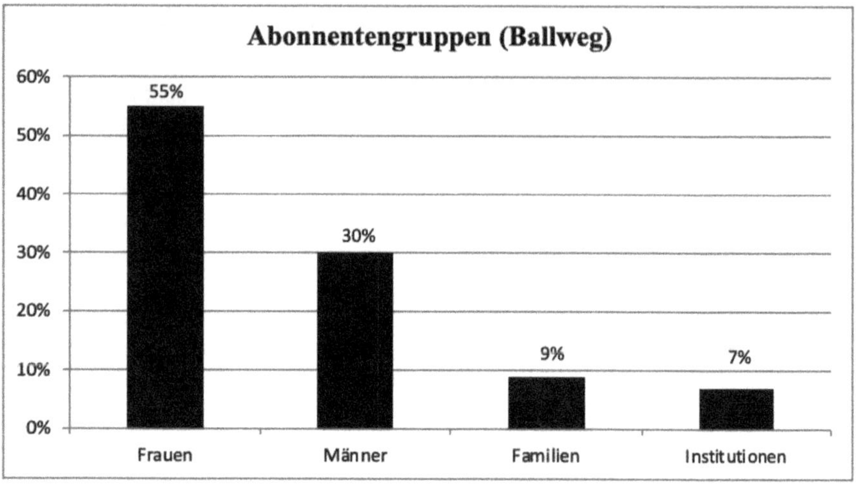

hörten einem Orden an. Nur 28 % der Kunden hingegen waren männlichen Geschlechts. Die meisten von diesen hatten einen geistlichen Hintergrund. Lediglich 8 % der männlichen Abonnenten waren Laien. Die restlichen 15 % der Kunden verteilten sich auf die Familien (10 %) und die[546] Institutionen (5 %). Bekräftigt wird dieses Bild durch die Ballweg-Umfrage, die mit 55 % Frauen, 30 % Männern, 9 % Familien und 7 % Institutionen eine sehr ähnliche Verteilung der Abonnentengruppen aufweist. Der laikale und geistliche Anteil der Abonnentengruppen konnte jedoch in der Ballweg-Studie nicht ermittelt werden.[547]

5.2.4.2 Das Abonnentenverhältnis nach deutschsprachigen Ländern

Mit der Bundesrepublik Deutschland, Österreich und der Schweiz wurde die ‚Neue Stadt' in den drei großen deutschsprachigen Ländern Europas verkauft. Der höchste Abonnentenanteil stammte 1990 mit 63 % aus der Bundesrepublik Deutschland. Aus Österreich (21 %) und der Schweiz (14 %) kamen dagegen nur etwas mehr als ein Drittel der Abonnenten. Ähnlich ist das Bild in der Umfrage von 1996, in der 62 % der Abonnenten in der Bundesrepublik Deutschland, 16 % in Österreich, 14 %[548] in der Schweiz und 7 % im sonstigen Ausland ihren Wohnsitz hatten. Dass gut über die Hälfte der Leser aus der Bundesrepublik sind, lässt sich durch die immens größere Bevölkerungszahl der Bundesrepublik Deutsch-

546 Vgl. Markus Gebauer, Erstellen einer Marketing-Konzeption für Nonprofit-Organisationen am Beispiel der Zeitschrift Neue Stadt, 1990, 21.

547 Vgl. Gabi Ballweg, Neue Stadt – Leserbefragung, 1996, 10.

548 Die Prozentangaben sind auf ganze Zahlen gerundet.

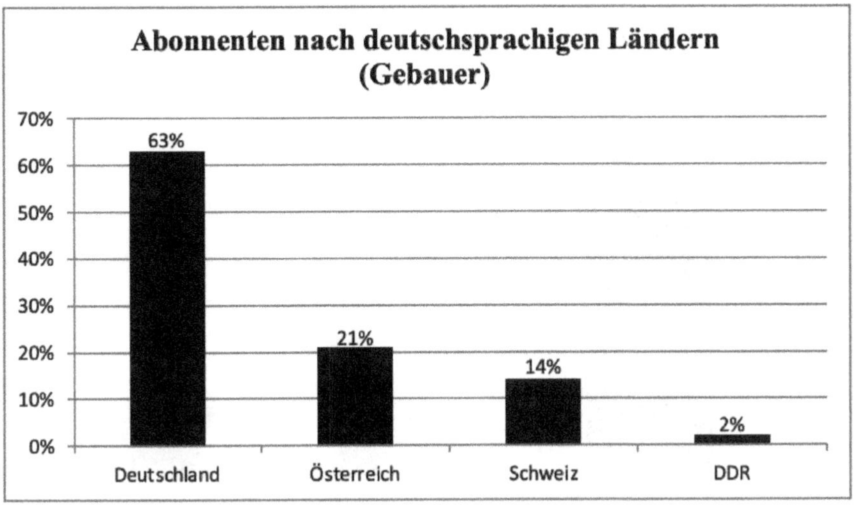

land erklären. Erstaunlich ist dagegen die Prozentzahl der Schweiz[549], da in den 90er-Jahren in Österreich[550] deutlich mehr Katholiken lebten als in der Schweiz. Sehr gering war mit lediglich 2 % die Zahl der Empfänger in der DDR. Dieser kleine Prozensatz ist dadurch zu erklären, dass es bis zur Wiedervereinigung Deutschlands in der DDR zu keiner systematischen Verteilung der ‚Neuen Stadt' kam. Vielmehr stellte der private Weg die einzige Bezugsmöglichkeit dar. Dies lässt sich auf der einen Seite durch politische Hintergründe erklären, da die FoBw nicht als eine durch den Westen kontrollierte Bewegung erscheinen wollte. Auf der anderen Seite lag bei der FoBw in der DDR eine andere Ausrichtung vor, da diese sich stärker in der Sphäre der katholischen Kirche verbreitete und tätig wurde. Die Aussage von Markus Gebauer, der in seiner Studie annahm, dass die Anzahl der DDR-Abonnenten nach der Wende noch stark ansteigen würde, ist sehr kritisch zu sehen. Gründe hierfür könnten möglicherweise die geringere religiöse Bindung der Bürger in den neuen Bundesländern oder die Tatsache, dass es sich bei der ‚Neuen Stadt' um ein Westprodukt handelte, gewesen sein.[551]

549 1990 waren rund 46,2 % der Schweizer Bevölkerung katholisch. Im Jahr 2000 waren es noch 41,8 %. Die zugrunde liegenden Daten wurden dem Verfasser vom Eidgenössischen Departement des Inneren (Bundesamt für Statistik) zugesandt.

550 Gemäß den Erhebungen von Statistik Austria betrug die Bevölkerung Österreichs 1991 7.795.786 Menschen. Davon waren 6.081.454 Katholiken. Demnach waren 78 % aller österreichischen Bürger Katholiken. Bis 2001 ging der Anteil der Katholiken an der Gesamtbevölkerung auf 73,6 % zurück. Die der Volkszählungen 1951 bis 2001 wurden dem Verfasser durch Statistik Austria mitgeteilt (vgl. Statistik Austria: Bevölkerung nach dem Religionsbekenntnis und Bundesländern 1951-2000, in: http://www.statistik.at/web_de/statistiken/menschen_und_gesellschaft/bevoelkerung/volkszaehlungen_registerzaehlungen_abgestimmte_erwerbsstatistik/bevoelkerung_nach_demographischen_merkmalen/022885.html (31.08. 2016, 09:34 Uhr)).

551 Vgl. Markus Gebauer, Erstellen einer Marketing-Konzeption für Nonprofit-Organisationen am Beispiel der Zeitschrift Neue Stadt, 1990, 21-23; Gabi Ballweg, Neue Stadt – Leserbefragung,

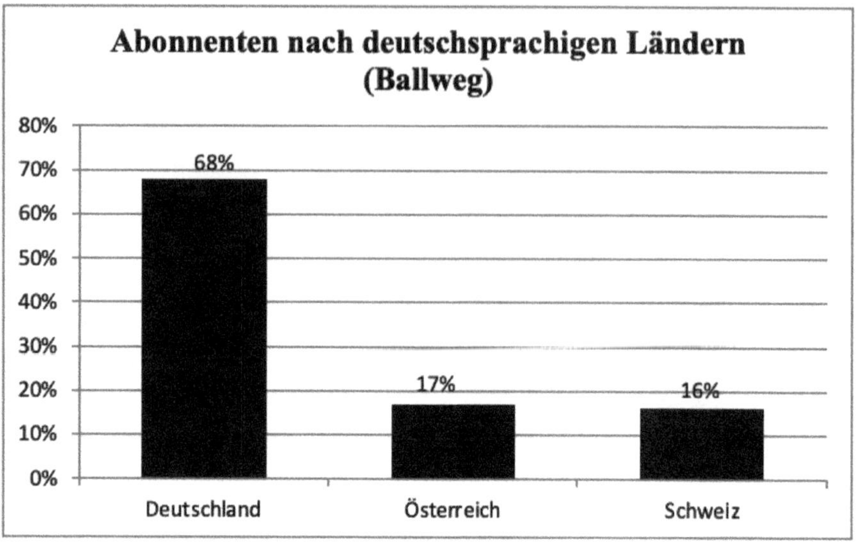

5.2.4.3 Die Verteilung der Abonnenten nach Bundesländern

Die Frage nach der Verteilung der Abonnenten auf die einzelnen Bundesländer der Bundesrepublik Deutschland wird lediglich in der Gebauer-Umfrage gestellt. Mehr als die Hälfte (57,9 %) der Kunden der ‚Neuen Stadt' kamen zu dieser Zeit aus Bayern (29,6 %) und Nordrhein-Westfalen (28,3 %). Auf den Plätzen drei bis fünf lagen die Bundesländer Baden-Württemberg (16,3 %), Niedersachsen (9,7 %) und Rheinland-Pfalz (5,6 %). Sehr wenige Personen abonnierten die ‚Neue Stadt' in den Bundesländern Hessen (3,9 %), Westberlin (2,6 %), Saarland (1,9 %), Hamburg (1 %), Bremen (0,8 %) und Schleswig-Holstein (0,3 %). Es zeigte sich demzufolge in der Abonnentenkartei der ‚Neuen Stadt' 1990 ein leichter Unterschied zwischen dem Süden und Norden der Bundesrepublik Deutschland. Diese könnte auf Faktoren wie die konfessionelle Verteilung und die Anzahl der Einwohner des jeweiligen Bundeslandes zurückzuführen sein. So könnte beispielsweise durch letztere der hohe Anteil an Abonnenten im Bundesland Nordrhein-Westfalen erklärt werden, welches 1990 die höchste Einwohnerzahl aufwies[552]. Würde man jedoch nur die Einwohnerzahl als Erklärungsmöglichkeit in Betracht ziehen, müsste nicht nur Nordrhein-Westfalen mehr Abonnenten als Bayern aufweisen,

1996, 10; Albert Reiterer, Gesellschaft in Österreich, 2003, 122; Interview mit Gabi Ballweg und Joachim Schwind vom 7. August 2015 (Anhang Nr. 6); MfS SBV Ddn AOP 1131/70, 125.

552 Vgl. Destatis: Einwohnerzahlen je Bundesland (Stichtag: 31.12.1990), in: https://www-genesis.destatis.de/genesis/online;jsessionid=B4DF6CF1EF677BCE1F11E66D3550E3E0.tom cat_GO_2_1?operation=previous&levelindex=2&levelid=1471339328355&step=2 (16.08.2016, 11:27 Uhr). Diese Daten sind jederzeit beim Statistischen Bundesamt abrufbar.

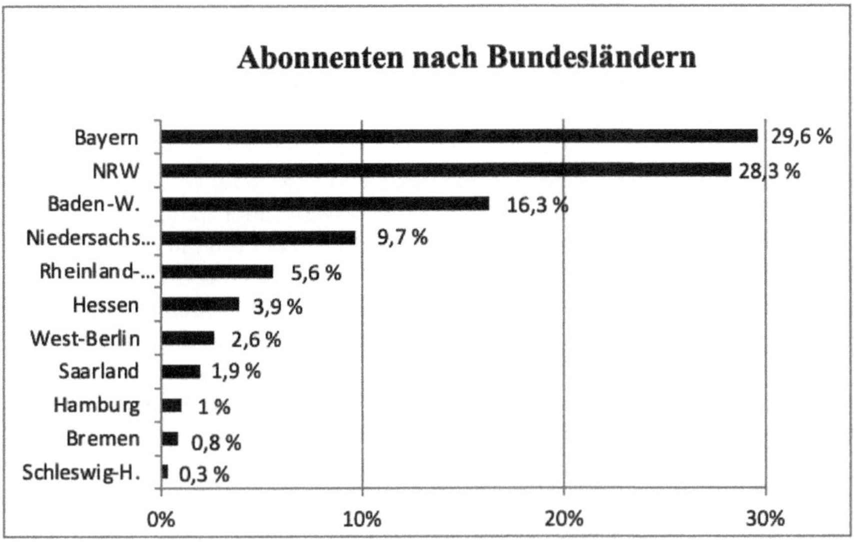

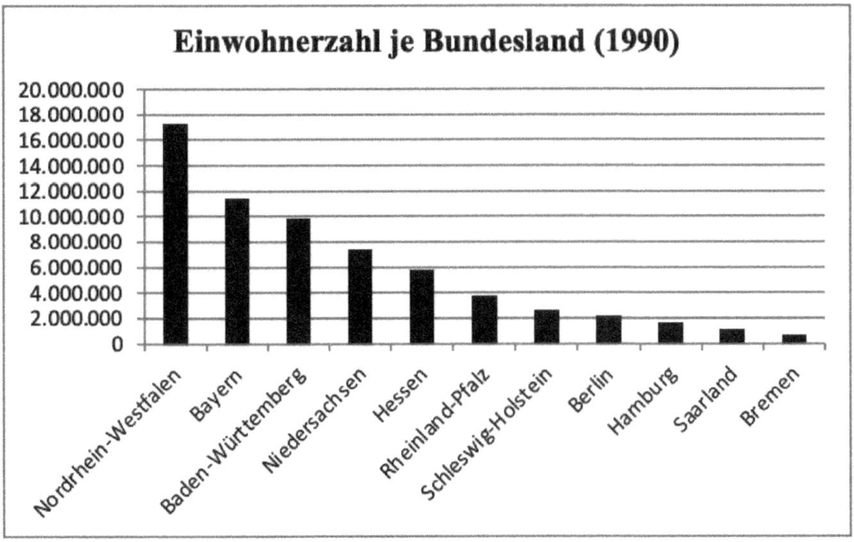

sondern auch Rheinland-Pfalz hinsichtlich der Abonnentenverteilung hinter Hessen platziert sein.[553]

[553] Vgl. Markus Gebauer, Erstellen einer Marketing-Konzeption für Nonprofit-Organisationen am Beispiel der Zeitschrift Neue Stadt, 1990, 24; Interview mit Gabi Ballweg und Joachim Schwind vom 7. August 2015 (Anhang Nr. 6).

5.2.4.4 Der Erstkontakt der Leser mit der ,Neuen Stadt'

Der erste Kontakt mit der ,Neuen Stadt' erfolgte in den meisten Fällen (77 %) durch persönliche Kontakte aus dem Bekanntenkreis (40 %) oder durch Veranstaltungen der FoBw (37 %). Nur etwas unter 25% lernte die Zeitschrift durch das Geschenkabonnement (18 %), am Schriftenstand (2 %) oder auf sonstige Weise (3 %) kennen. Ein ähnliches Resultat zeigte sich sechs Jahre später. Jeweils deutlich über 30% lernten die Zeitschrift durch Freunde bzw. Bekannte oder über Veranstaltungen der FoBw kennen. Damit setzte im Vergleich zur Gebauer-Umfrage ein leichter Rückgang in diesen beiden Bereichen ein. Außerordentlich hoch waren des Weiteren die Anteile jener Personen, die ein Geschenkabonnement besaßen und anschließend die Zeitschrift bestellten (12 %) oder zum Zeitpunkt der Umfrage noch ein Geschenkabonnement bezogen (7 %). Am Schriftenstand selbst kam wiederum nur ein sehr geringfügiger Teil der befragten Personen (3 %) mit der ,Neuen Stadt' in Berührung. Nur 1 % der Probanden machte keine Angabe. Diese Unausgeglichenheit der dargestellten Proportionen legt die Vermutung nahe, dass der persönliche Kontakt zur FoBw für die Abonnierung der ,Neuen Stadt' eine entscheidende Rolle spielte. Allerdings wird durch die Studie nicht beantwortet, wie groß die Anzahl der Vertreter der FoBw im jeweiligen Bekanntenkreis der einzelnen Leser war, sodass diese Hypothese nicht allein durch die vorliegenden Zahlen belegt werden kann. Aus diesem Grund wird nochmals auf

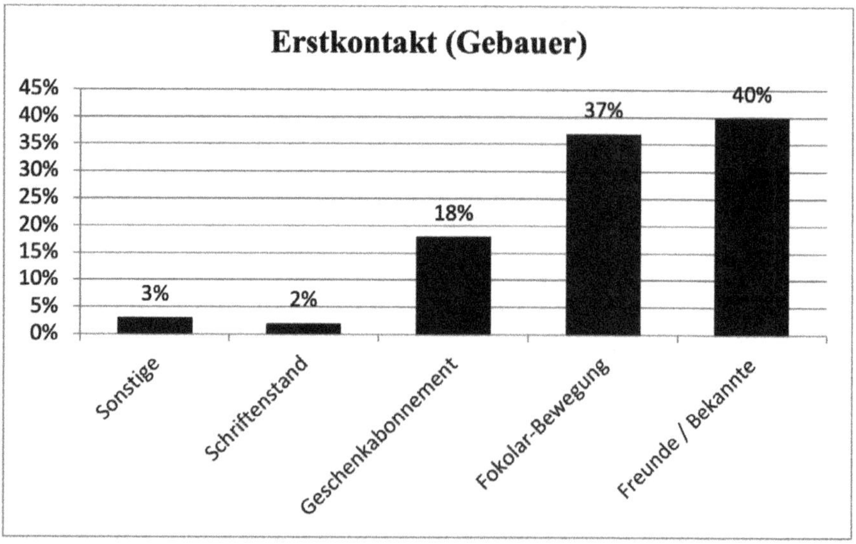

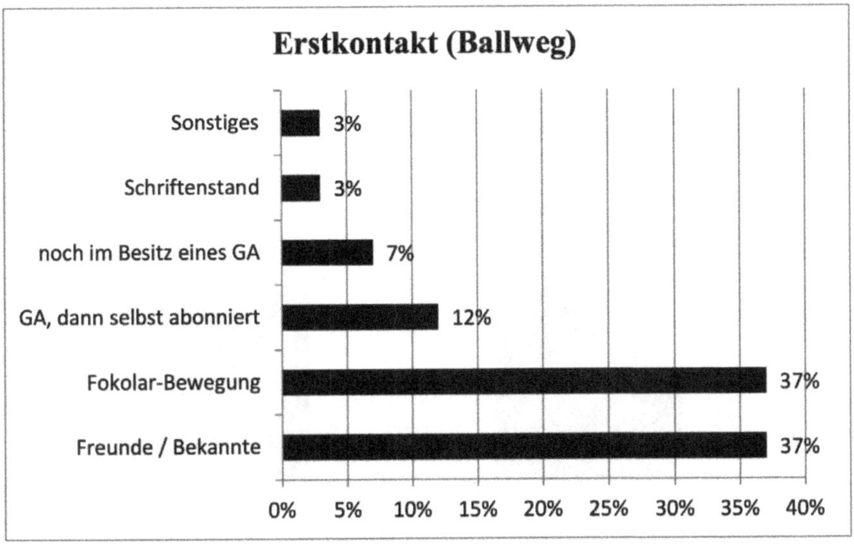

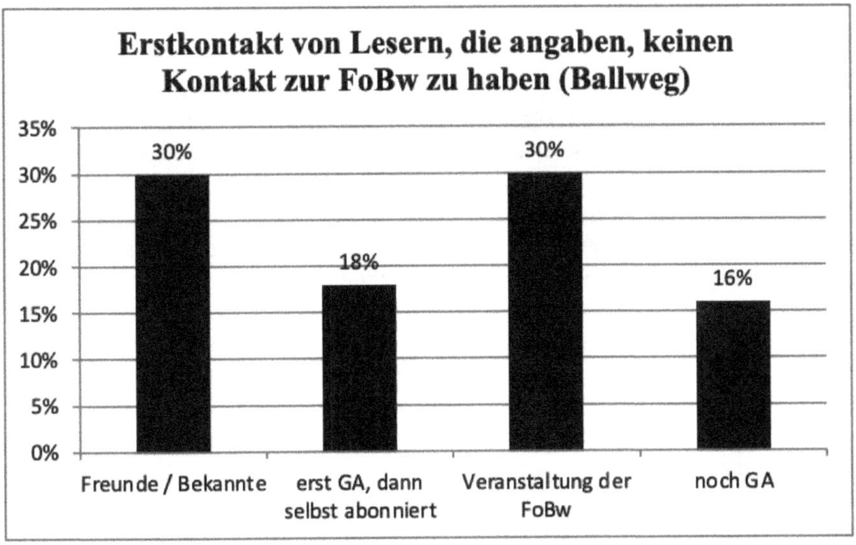

die Ballweg-Umfrage zurückgegriffen, in der den Teilnehmern der Studie die Frage gestellt wurde, ob sie im Kontakt zur FoBw stehen.[554]

Die diesbezüglich vorliegenden Zahlen wirken auf den ersten Blick eindeutig. Drei Viertel der Leserschaft stehen in einem regelmäßigen oder gelegentlichen

[554] Vgl. Markus Gebauer, Erstellen einer Marketing-Konzeption für Nonprofit-Organisationen am Beispiel der Zeitschrift Neue Stadt, 1990, 27; Gabi Ballweg, Neue Stadt – Leserbefragung, 1996, 12.

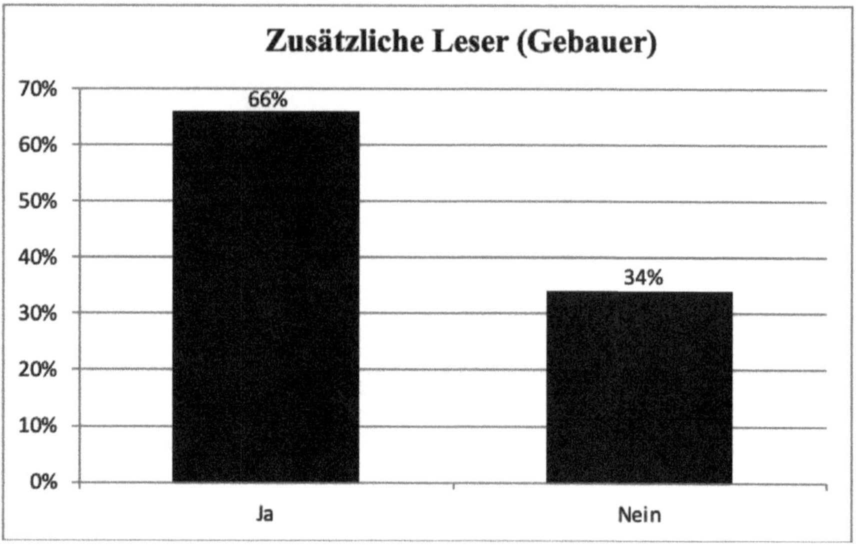

Kontakt zur Bewegung. Nur 23 % der Abonnenten besitzen keine Verbindung zur FoBw. Gemäß der Auswertung von Gabi Ballweg täusche jedoch dieser erste Eindruck, da in den vorliegenden Zahlen die Kategorie des Sammelabonnements nicht berücksichtigt werde. Diese hätten zum Zeitpunkt der Studie 1.973 Exemplare umfasst, was einen Anteil von 13 % aller Abonnements ausgemacht hätte. Demzufolge könne davon ausgegangen werden, dass ein durchaus ins Gewicht fallender Anteil der Leser keinen Kontakt zur FoBw gehabt habe. Diese Hypothese kann allerdings empirisch nicht geprüft und aufgrund ihrer spekulativen Ausgangsbasis kritisiert werden. Denn greift man auf die in der Leserbefragung ebenfalls gestellte Frage nach dem Erstkontakt von Lesern zurück, die mitgeteilt hatten, keinen Kontakt zu FoBw zu haben, ergibt sich folgendes Bild:[555] 30 % der Leser haben, obwohl sie angaben, nicht im Kontakt zur FoBw zu stehen, die ‚Neue Stadt' auf einer Veranstaltung der Bewegung kennengelernt. Demzufolge müssen sie entweder den zuvor bestehenden Kontakt abgebrochen haben oder es ist bei dieser Begegnung geblieben. Es ließe sich annehmen, dass die Freunde / die Bekannten Kontakt zur FoBw hatten. Allerdings kann dies nicht belegt werden. Insgesamt 34 % der Abonnenten sind einmal im Besitz eines Geschenkabonnements (GA) gewesen oder bezogen es noch, wobei sie dieses unter Umständen von Personen erhalten hatten, die der FoBw in irgendeiner Weise verbunden waren. Nur ein geringfügiger Anteil (6 %) kam dagegen mit der Zeitschrift am Schriftenstand oder auf sonstige Weise in Berührung.

Zudem stehen nicht nur hinter einem Sammelabonnement mehrere Leser, sondern auch hinter jedem einzelnen Abonnement. Bereits Markus Gebauer

[555] Vgl. Gabi Ballweg, Neue Stadt – Leserbefragung, 1996, 29.

stellte fest, dass in 66 % der Fälle hinter dem eigentlichen Abonnenten noch weitere Leser existieren. In der Familie sind es 1,9 Personen, im Freundeskreis drei weitere Personen und an Orten, an denen die ,Neue Stadt' öffentlich zugänglich ist, 5,5 weitere Personen. Im Durchschnitt würden, wie Markus Gebauer angibt, 3,2 Personen die Zeitschrift über den eigentlichen Besteller mitlesen. Auf ein geringfügig verändertes Resultat kommt auch die Ballweg-Umfrage, in der immerhin noch 61% anmerkten, dass neben ihnen selbst noch weitere Personen die Zeitung lesen würden, auch wenn der Durchschnitt mit 1,6 Personen deutlich niedriger ausfällt. Vor diesem Hintergrund ist die Aussage von Gabi Ballweg zwar nicht unzutreffend, jedoch dahingehend zu relativieren, dass die Mitleser, obwohl sie vielleicht nicht im direkten Kontakt zur FoBw standen, über den Besteller mit hoher Wahrscheinlichkeit in Berührung mit ihr gekommen sind.[556]

5.2.4.5 Dauer des Abonnements

9 % der Kunden hatten die Zeitschrift 1990 seit bereits über 20 Jahren bezogen und somit ihre Anfänge miterlebt. 29 % bekamen sie seit elf bis 20 Jahren. Außergewöhnlich hoch erscheint der Anteil der Kunden, der die ,Neue Stadt' erst seit weniger als drei Jahren bezog. Zu erklären ist diese Tatsache durch den besagten Einsatz Chiara Lubichs für die ,Neue Stadt' in den 1980er-Jahren, der kurzzeitig zu einem starken Anstieg der Abonnementszahlen führte. Ein etwas verändertes Bild zeigte sich deshalb im Jahr 1996[557], in dem die Leserschaft sich bereits zu 23,8 % aus Abonnenten zusammensetzte, die die Zeitschrift seit elf bis 20 Jahren bezogen. 19,1 % von ihnen hatten sie sogar bereits seit über 20 Jahren abonniert. Diese Entwicklung lässt den Rückschluss zu, dass die ,Neue Stadt' über einen sehr treuen Kundenstamm verfügte, der im Kern, wie man aufgrund der engen Verbindung zur FoBw annehmen kann, aus Fokolaren sowie Freunden der Bewegung bestand. Obwohl die ,Neue Stadt' damit auf die Zuverlässigkeit der Käufer zählen konnte, stand sie jedoch zunehmend vor dem Problem, dass ihre Kernkundschaft aus Gründen des Alterns abnahm. Ein mit 6,9 % geringer Anteil an Neukunden, den die Studie zum damaligen Zeitpunkt anführte, dürfte auf Dauer zu keiner Veränderung im Kundenstamm geführt haben. Ob in den nachfolgenden Jahren neue Zielgruppen erschlossen wurden, kann nicht gesagt werden. Gleich-

---

556 Vgl. Markus Gebauer, Erstellen einer Marketing-Konzeption für Nonprofit-Organisationen am Beispiel der Zeitschrift Neue Stadt, 1990, 29; Gabi Ballweg, Neue Stadt – Leserbefragung, 1996, 18, 40.

557 Diese Zahlen basieren auf einer Auswertung der Adressenliste der ,Neuen Stadt'. Die Leserbefragung weist diesen gegenüber Abweichungen auf: < 1 Jahr (3 %); 1-3 Jahre (19 %); 4-5 Jahre (17 %); 6-10 Jahre (22 %); 11-20 Jahre (24 %); > 20 Jahre (15 %) (vgl. Gabi Ballweg, Neue Stadt – Leserbefragung, 1996, 14).

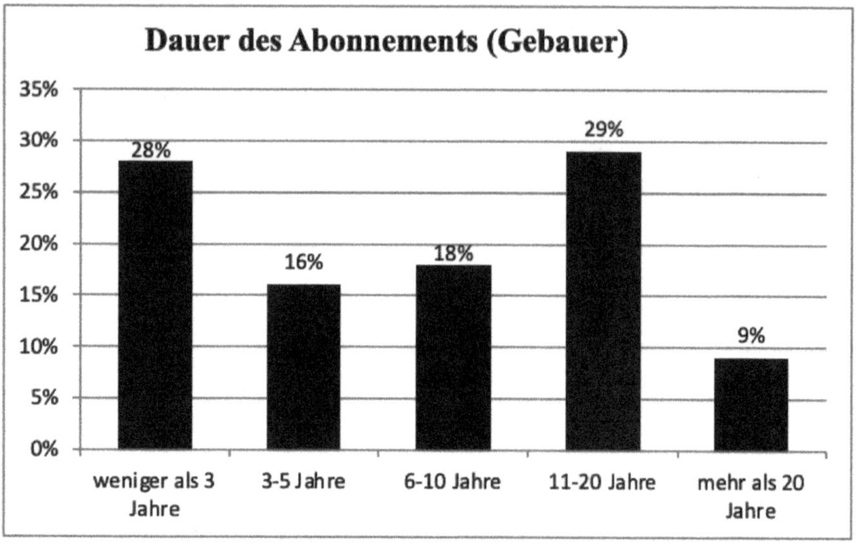

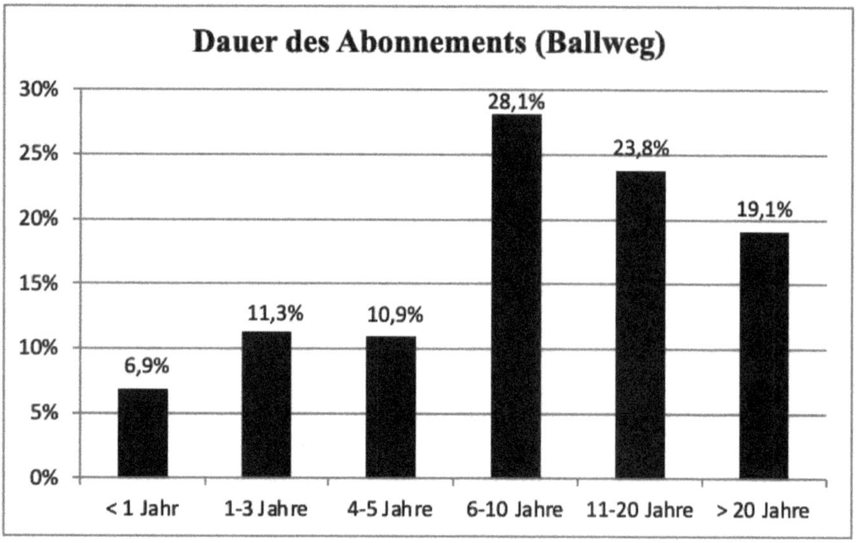

falls kann keine Aussage darüber getroffen werden, ob sich der Prozentsatz an Neukunden erhöhte.[558]

---

[558] Vgl. Markus Gebauer, Erstellen einer Marketing-Konzeption für Nonprofit-Organisationen am Beispiel der Zeitschrift Neue Stadt, 1990, 28; Gabi Ballweg, ‚Neue Stadt' – Leserbefragung, 1996, 9; Interview mit Gabi Ballweg und Joachim Schwind vom 7. August 2015 (Anhang Nr. 6).

5.2.4.6 *Alter der Leser*

Obwohl 1990 im Abonnentenkreis, sieht man von unter 14-Jährigen ab, alle Altersklassen vertreten waren, ragten zwei von ihnen hervor. Der Hauptteil (42 %) der Zeitschriftenbezieher war zwischen 40 und 59 Jahren alt. Bemerkenswert ist nichtdestotrotz, dass mit insgesamt 35 % ein sehr hoher junger Anteil existierte. Aber auch die über 60-Jährigen waren mit 23 % sehr gut vertreten. Legt man beide Studien nebeneinander und zieht einen Vergleich, lassen sich gegenüber 1990 keine gravierenden Veränderungen feststellen.[559] Vielmehr sind die Leser „dem natürlichen Prozeß entsprechend älter geworden und jüngere Personen konnten scheinbar nicht als Abonnenten gewonnen werden."[560] Betrachtet man jedoch die Altersstruktur jener Leser, die die ‚Neue Stadt' weniger als fünf Jahre abonniert haben, so lässt sich feststellen, dass „zu einem nicht unerheblichen Teil [Neuabonnenten] in den Altersgruppen unter 40 gewonnen"[561] worden waren. „Dies macht sich im Vergleich mit 1990 jedoch nicht in der Gesamtaltersstruktur bemerkbar."[562] Dies kann durch die sehr geringe Zahl der Neuabonnenten erklärt werden, die, wie die Studie ebenfalls zeigt, zu 74 % gelegentlichen (44 %) oder

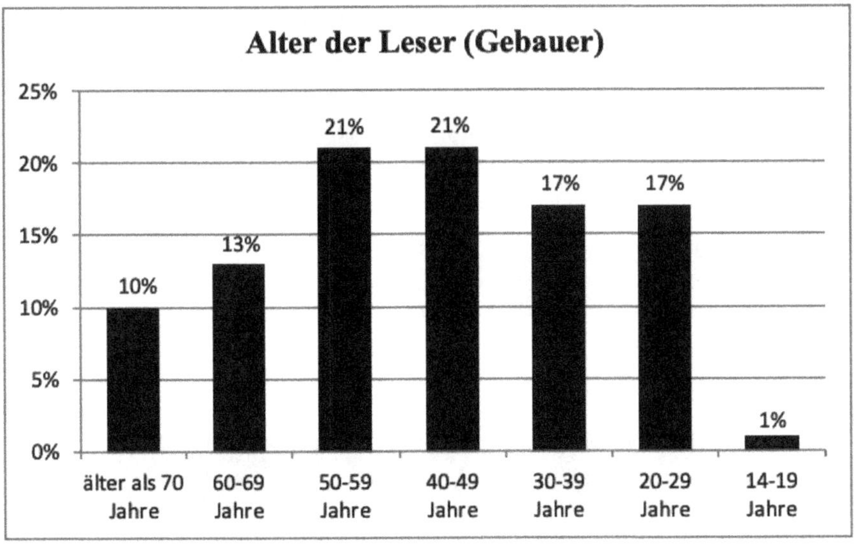

559 Vgl. Markus Gebauer, Erstellen einer Marketing-Konzeption für Nonprofit-Organisationen am Beispiel der Zeitschrift Neue Stadt, 1990, 44; Gabi Ballweg, Neue Stadt – Leserbefragung, 1996, 31.

560 Gabi Ballweg, Neue Stadt – Leserbefragung, 1996, 31.

561 Ebd., 35.

562 Ebd., 35.

regelmäßigen (30 %) Kontakt zur FoBw haben.[563] Schließt man in diesem Zusammenhang auf die FoBw, so bestätigt sich die bereits zuvor angedeutete Problematik, dass der Freundes- und Mitgliederkreis der Bewegung tendenziell älter wird. Eine konkrete Aussage lässt sich hierzu allerdings nicht tätigen, da für die geringe Anzahl von Neuabonnenten ebenfalls Faktoren wie das veränderte Medienverhalten der nachrückenden Generationen zu beachten sind, welches unter anderem durch eine geringere Bindungsbereitschaft gekennzeichnet ist.

5.2.4.7 Bezug weiterer Zeitschriften außer der ‚Neuen Stadt'

Schon 1990 eruierte Markus Gebauer, dass die Kunden neben der ‚Neuen Stadt' im Durchschnitt 2,2 (im Bundesdurchschnitt 4,4) weitere Zeitschriften abonniert hatten. So waren beispielsweise fast zwei Drittel (65 %) der Abonnenten Leser einer Kirchenzeitung. 55,5 % lasen parallel zur ‚Neuen Stadt' noch eine andere religiöse Zeitschrift, 31,3 % Fachzeitschriften und immerhin 14 % keine weitere Zeitschrift. Stellt man dieselbe Frage im Rahmen der Ballweg-Umfrage, ergibt sich ein noch eindeutigeres Bild.

Etwa 90 % der Leserschaft hatte 1996 noch weitere Zeitschriften und Zeitungen abonniert. 64 % lasen auch die Tageszeitung, 55 % die Kirchenzeitung, 45 % eine anderweitige religiöse Zeitschrift und 35 % eine Fachzeitschrift. Im Durchschnitt las laut Ballweg jeder Kunde weitere 4,2 Zeitschriften neben der ‚Neu-

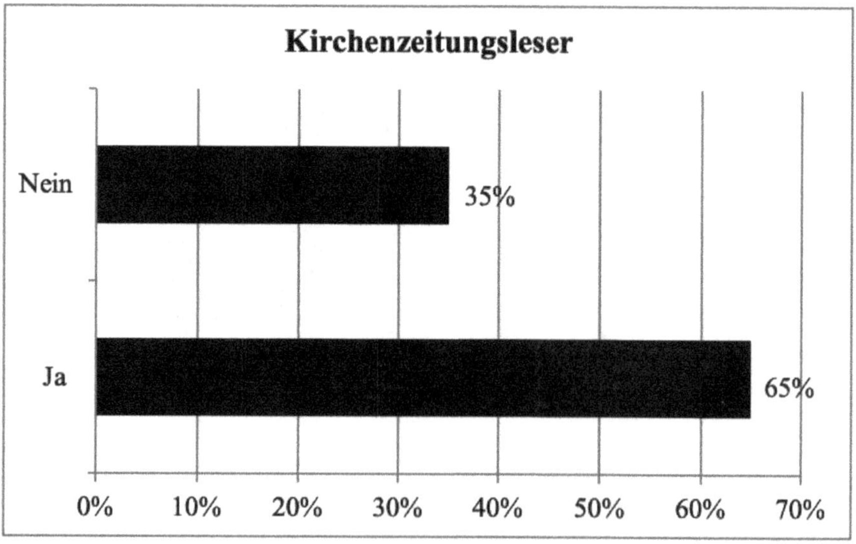

[563] Vgl. Gabi Ballweg, Neue Stadt – Leserbefragung, 1996, 31,36; Interview mit Gabi Ballweg und Joachim Schwind vom 7. August 2015 (Anhang Nr. 6).

en Stadt'. Diese Zahlen könnten nicht nur für eine relativ gute Bildung sprechen, über die die Kunden verfügten, sondern auch für einen sehr religiösen Hintergrund. Im Detail lässt sich diese Annahme aber nicht belegen. Sollte jedoch eine weitere Leserbefragung durchgeführt werden, wäre es sicherlich interessant zu wissen, zu welchen Anteilen sich die Abonnenten aus regelmäßigen bzw. gelegentlichen Kirchengängern oder Personen zusammensetzen, die keinen Kontakt mehr zur Kirche aufweisen.[564]

5.2.4.8 Der Familienstand der Abonnenten

Die meisten Kunden der ‚Neuen Stadt' leben in einer Ehe (46,7 %) oder sind unverheiratet (43 %). 7,4 % sind verwitwet und lediglich 2,9 % haben sich scheiden lassen. Ähnlich stellt sich das Ergebnis von 1996 dar, als 51 % in einer Ehe lebten, 41 % ledig, 5 % verwitwet und nur noch 2 % vom Partner geschieden waren.[565] Gerade die sehr geringe Anzahl der Geschiedenen lässt angesichts der Scheidungszahlen und der bisherigen Erkenntnisse eine römisch-katholische Kirchenbindung der Abonnenten vermuten. Diese Vermutung kann allerdings nicht belegt werden. Es wäre daher interessant, bei einer neuen Umfrage danach zu

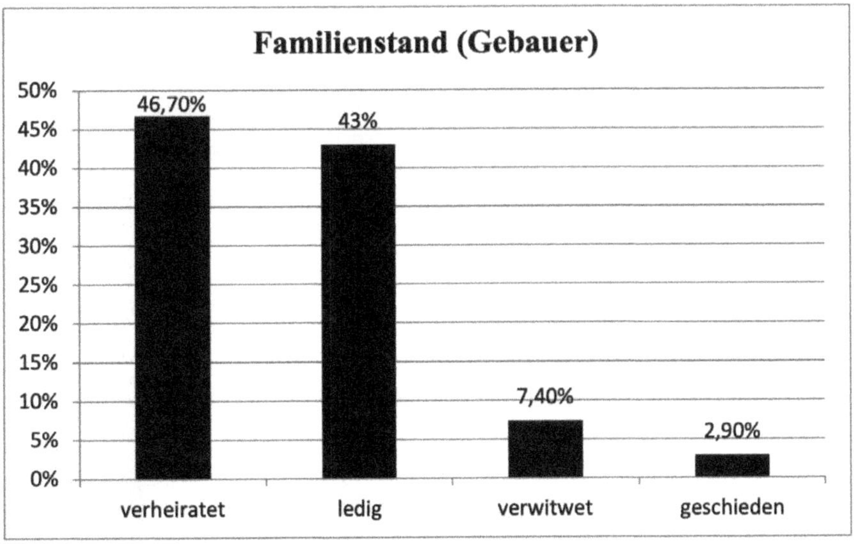

[564] Vgl. Gabi Ballweg, Neue Stadt – Leserbefragung, 1996, 19-20; Vgl. Markus Gebauer, Erstellen einer Marketing-Konzeption für Nonprofit-Organisationen am Beispiel der Zeitschrift Neue Stadt, 1990, 38-39.

[565] Vgl. Markus Gebauer, Erstellen einer Marketing-Konzeption für Nonprofit-Organisationen am Beispiel der Zeitschrift Neue Stadt, 1990, 45; Gabi Ballweg, Neue Stadt – Leserbefragung, 1996, 32.

fragen, inwiefern die Probanden sich der kirchlichen Morallehre verbunden wissen. Ob diese bei Atheisten und den verschiedenen Konfessionen unterschiedlich ausgeprägt ist, wäre eine zusätzliche Frage.

5.2.4.9 Die Konfession der Leserschaft der ‚Neuen Stadt'

Mit 95 % war die römisch-katholische Konfession in der Gebauer-Umfrage, trotz der ökumenischen Ausrichtung der FoBw, sehr stark vertreten. Lediglich 5 % der Leser waren nicht katholisch. 60 % von dieser sehr schwach vertretenen Gruppe waren evangelisch. Nicht unterschieden wurde von Gebauer, wie groß die Zahl der Lutheraner und Reformierten in dieser Gruppe gewesen ist. Ebenso unerwähnt bleibt die Anzahl der Mitglieder der orthodoxen Kirchen und der anglikanischen Kirche, deren minimale Größe durch die Tatsache zu erklären ist, dass im deutschsprachigen Zielgebiet der ‚Neuen Stadt' aufgrund des kirchengeschichtlichen Hintergrunds schwerpunktmäßig die katholische und evangelische Konfession vertreten sind.

Diese Folgerung wird durch die Ballweg-Umfrage bestätigt, in der die Leser der ‚Neuen Stadt' wie 1990 überwiegend die katholische Konfession (92,8 %) besaßen. Lediglich 3,8 % wiesen ein evangelisches Bekenntnis auf, womit vermutlich Lutheraner gemeint sind. Der Anteil der reformierten Christen betrug dagegen[566] 1,4 %. Die darüber hinaus noch bestehende Differenz von 1,9 % ist, insofern von

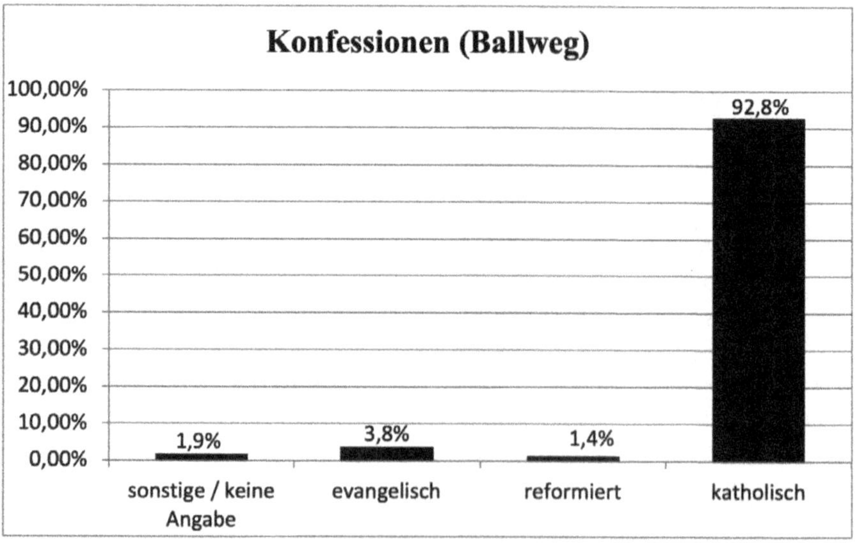

[566] Der in der Studie verwendete Begriff ‚evangelisch' ist nicht korrekt, da dieser im Deutschen ein Oberbegriff für lutherische, unierte und reformierte / calvinistische Christen ist. Allerdings dürften damit mehrheitlich Lutheraner gemeint sein, da diese im Einzugsgebiet der ‚Neuen Stadt' (Österreich, Deutschland und Schweiz) am meisten vertreten sind. Hinzu kommt, dass für

den Probanden Angaben gemacht wurden, nach dem Aufbau der Fragestellung der Studie auf freikirchliche, konfessionslose, andere Konfessionen oder Religionen zu verteilen. Konkrete Zahlen werden diesbezüglich nicht erwähnt.[567]

5.2.4.10 Der Beruf der Abonnenten

In der Gebauer-Umfrage aus dem Jahr 1990 waren 22,8 % der Abonnenten der ‚Neuen Stadt' Hausfrauen. Ferner war die Gruppe der Arbeiter / Angestellten und Erzieher / Seelsorger mit jeweils 21,6 % repräsentiert. Auffällig ist darüber hinaus der Anteil an Schülern / Studenten (8,2 %), die die ‚Neue Stadt' bezogen. Obwohl ihr Prozentsatz nicht sehr hoch ist, fanden sich Unternehmer / Selbstständige (7,1 %), Führungskräfte (5,5 %) und halbtags arbeitende Menschen unter den Abonnenten der ‚Neuen Stadt'. Im Großen und Ganzen ist daher zu konstatieren, dass die ‚Neue Stadt' ihrem eigenen Anspruch gerecht wurde und eine Zeitschrift für alle Bevölkerungsschichten war, auch wenn manche der angeführten Gruppen deutlich stärker vertreten waren. Gleiches gilt auch noch zum Zeitpunkt der Ballweg-Umfrage, in der vor allem die Kategorie der Rentner (21,5 %), der Hausfrau / des Hausmanns (17,2 %) und der Angestellten (21,5 %) herausragten. Eine

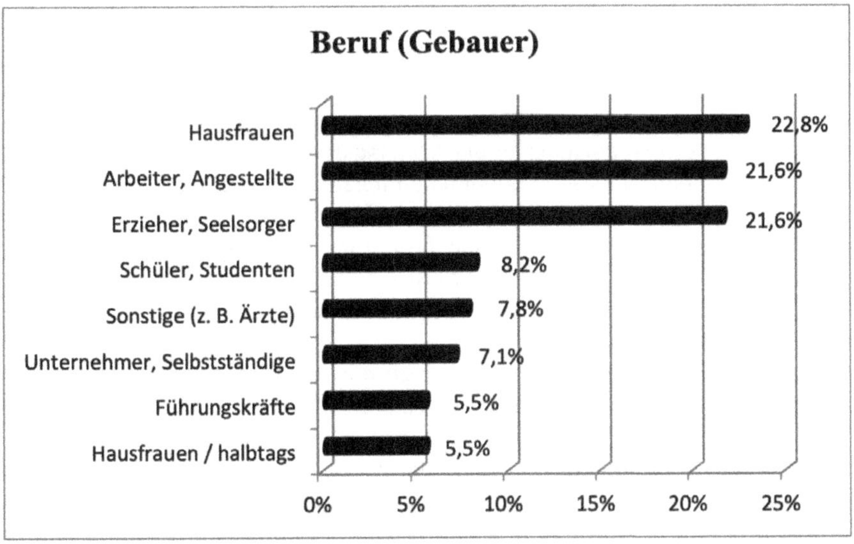

die reformierten Christen, die mehrheitlich in der Schweiz anzufinden sind, eine eigene Kategorie verwendet wurde.

[567] Vgl. Markus Gebauer, Erstellen einer Marketing-Konzeption für Nonprofit-Organisationen am Beispiel der Zeitschrift Neue Stadt, 1990, 46; Gabi Ballweg, Neue Stadt – Leserbefragung, 1996, 34. Die Studie von Ballweg kommt in der Frage nach den Konfessionen nicht ganz auf 100%. Dies ist vermutlich auf Rundungen zurückzuführen.

Ausnahme bildeten lediglich die Studenten und Auszubildenden. Ihr Anteil hatte sich gegenüber den aus dem Jahr 1990 gewonnenen Studienergebnissen stark verringert.[568] Es kann demzufolge festgehalten werden, dass der Einflussbereich der ‚Neuen Stadt' in den Jahren 1990 und 1996 alle Berufs- und Bevölkerungsgruppen durchdrang. Daraus lässt sich schlussfolgern, dass dies auch über die FoBw im jeweiligen Untersuchungszeitraum ausgesagt werden kann.

5.3 Die Fuldaer Bischofskonferenz und die Fokolar-Bewegung

Lange Zeit ungeklärt war die Frage, welche konkrete Rolle die Fuldaer Bischofskonferenz in der kirchenrechtlichen Entwicklung der FoBw eingenommen hat. Allerdings kann mit Bestimmtheit gesagt werden, dass die italienischen und deutschen Bischöfe miteinander korrespondierten. Diese teilweise zur Verfügung stehenden Quellen, welche speziell in den Nachlässen von Prälat Wolfgang Haendly und Julius Kardinal Döpfner zu finden sind, können zur Beantwortung der oben genannten Frage herangezogen werden. So kann einem Brief des ehemaligen Bischofs des Erzbistums München und Freising, Julius Kardinal Döpfner, an Titularerzbischof Alberto Castelli entnommen werden, dass der Kardinal von diesem eine Abschrift des Gutachtens der CEI erhalten hatte. Die Existenz des Briefs, in dem der Bischof von Genua, Giuseppe Kardinal Siri, Julius Kardinal Döpfner über das vorgesehene Verbot der FoBw informiert haben soll, wird in einem von Regina Betz mit Wolfgang Haendly geführten Interview aus dem Jahr 1987 erwähnt. Obwohl somit ein Indiz für den Vorgang des Briefwechsels besteht, bleibt die Frage nach dem konkreten Briefinhalt unbeantwortet, da dieser in den Nachlässen von Wolfgang Haendly und Julius Döpfner nicht auffindbar ist. Der Nachlass von Giuseppe Siri, der zur Klärung dieser offenen Frage beitragen könnte, ist gemäß der mündlichen Information des Direktors des Diözesanarchivs von Genua vom 12. Juli 2016, Paolo Fontana, weder gesichtet noch sind die bestehenden Schutzfristen abgelaufen.[569]

Dass die Fuldaer Bischofskonferenz sich mit der Thematik der FoBw in der Sitzung vom 29. bis 31. August 1961 auseinandersetzte, wird nicht nur durch die Tagesordnung, sondern ebenfalls durch eine von Erzbischof Julius Döpfner angefertigte Aktennotiz, die auf den 4. September 1961 datiert ist, belegt. Allerdings wird das Motiv, welches die Bischofskonferenz dazu veranlasste, sich mit dieser

---

[568] Vgl. Markus Gebauer, Erstellen einer Marketing-Konzeption für Nonprofit-Organisationen am Beispiel der Zeitschrift Neue Stadt, 1990, 47; Gabi Ballweg, Neue Stadt – Leserbefragung, 1996, 33. Die Studie von Ballweg und Gebauer kommen in der Frage nach dem Beruf der Abonnenten nicht ganz auf 100 %. Dies ist vermutlich auf Rundungen zurückzuführen.

[569] Vgl. Julius Döpfner, Schreiben an Titularerzbischof Alberto Castelli, 24.5.1961, 1; Julius Döpfner, Aktennotiz, 4.9.1961, 1; Wolfgang Haendly, Interview von Regina Betz mit Prälat Dr. Haendly, 1987, 4-5.

Thematik auseinanderzusetzen, in den Quellen nicht angeführt. Nahe liegt aber die Vermutung, dass die deutschen Bischöfe aufgrund der Ereignisse in Italien beabsichtigten, sich genauer über die FoBw zu informieren. Infolgedessen erteilte man dem Erzbischof von Freiburg, Hermann Schäufele (1958-1977)[570], die Aufgabe, sich mit dieser Angelegenheit zu befassen. Dieser wiederum beauftragte Spiritual Rudolf Herrmann mit der Anfertigung einer Zusammenstellung für die Berichterstattung bei der Fuldaer Bischofskonferenz. Unabhängig davon forderte Julius Döpfner, wie durch das von Regina Betz mit Wolfgang Haendly am 12. November 1987 geführte Interview nachgewiesen werden kann, diesen dazu auf, sich zu überlegen, wie gegen das bevorstehende Verbot vorgegangen werden könnte. Dieser traf sich schließlich am 14. August 1961 mit den anderen von den Ordinarien ernannten Assistenten Josef Koenen (Köln)[571], Josef Stimpfle (Dillingen / Augsburg), Rudolf Herrmann (St. Peter / Freiburg i. Br.) und dem General-Assistenten der FoBw Pasquale Foresi in Freiburg i. Br. Zusammen verfassten sie ein Gutachten über die FoBw. Obwohl das bei der Fuldaer Bischofskonferenz eingereichte Original nicht auffindbar ist, lässt sich der Inhalt aufgrund des im Nachlass von Hermann Schäufele gefundenen Entwurfs sehr gut rekonstruieren. Allerdings kann eine hundertprozentige Übereinstimmung mit dem Original nicht garantiert werden. Ferner besitzt der Entwurf keine Unterschrift, sodass nicht mit Sicherheit gesagt werden kann, wer der eigentliche Verfasser ist. Es liegt jedoch nahe, dass Rudolf Herrmann zusammen mit den genannten Personen dieses Gutachten entworfen hat und dieses durch Bischof Schäufele bei der Fuldaer Bischofskonferenz eingereicht worden ist.[572]

Der Gutachtenentwurf selbst weist eine zweiteilige Gliederung auf und beginnt mit einer Skizzierung der Gesamtlage der FoBw, die als aussichtsreich und positiv wahrgenommen wird. Konkrete Argumente, die einer Begründung dieser Sichtweise dienlich wären, werden allerdings nicht genannt. Kritisch dagegen äußert sich der Gutachtenentwurf gegenüber der angefertigten italienischen Stellungnahme, die neben Erzbischof Julius Döpfner auch dem Vorsitzenden der Fuldaer Bischofskonferenz, Erzbischof Joseph Frings, durch den Sekretär der CEI, Titularerzbischof Alberto Castelli, zugesandt worden war. Es wird bemängelt, dass dieses Schreiben weder die Meinung der CEI noch die Haltung des Heiligen Offiziums widerspiegle. Zudem stehe Castelli nicht in unmittelbarer Verbindung zur FoBw. Auch die Untersagung des Engagements von Priestern und Ordensleuten bei der FoBw sei lediglich eine „vorläufige Anweisung der italienischen Bischofs-

570 Vgl. Karl-Heinz Braun, Art. Schäufele, Hermann, 2002, 217-221.

571 Josef Koenen wurde 1909 in Remagen geboren. 1934 empfing er die Priesterweihe. Ab 1946 war er Direktor des Caritasverbandes in der Stadt Köln. Er starb im Jahr 2001 (vgl. Totenzettel des Prälaten Josef Koenen. In: Bestand ‚Sammlung Personalia' des Diözesanarchives Köln).

572 Vgl. Julius Döpfner, Aktennotiz, 4.9.1961, 1; Wolfgang Haendly, Zusammenfassung, 25.8.1961, 1-3; Unbekannter Verfasser, Gutachtenentwurf, 14.8.1961, 1-3; Joseph Frings, Tagesordnung der Fuldaer Bischofskonferenz, 12.7.1961, 1-3; Wolfgang Haendly, Interview von Regina Betz mit Prälat Dr. Haendly, 1987, 4-5.

konferenz an die Vorsitzenden der einzelnen Regionen"[573] gewesen, die nicht von allen Bischöfen veröffentlicht worden sei, da ihr im Grunde die rechtliche Basis fehle. Als Begründung hierfür wird die Tatsache genannt, dass die Thematik der FoBw direkt dem Heiligen Stuhl unterstehe und nicht der CEI:[574]

> „Alles, was die Fokolar-Bewegung betrifft, fällt nicht in den Zuständigkeitsbereich der italienischen Bischofskonferenz, sondern direkt des Heiligen Stuhles, an den sich die Bischöfe zwecks Informationen wenden können."[575]

Um diese Aussage korrekt interpretieren zu können, ist ein Exkurs über die Geschichte der CEI erforderlich: Die Idee einer Italienischen Bischofskonferenz kam, wie Luigi Bianco in seiner Promotion *La conferenza episcopale italiana* (2005) schreibt, erstmals 1946 auf. Auf der ersten Versammlung, welche vom 8. bis 10. Januar 1952 in Florenz veranstaltet wurde, trafen sich die Präsidenten der regionalen Bischofskonferenzen. Erstmals 1964 versammelten sich alle Bischöfe Italiens in Rom, um die Themen der dritten Sitzungsperiode des II. Vatikanums zu prüfen. Diese Versammlung wird von Luigi Bianco als Geburt der CEI als Vereinigung aller Bischöfe von Italien gedeutet. Darüber hinaus war in den verfassten Statuten von 1954 und 1959 keine spezifische Kompetenz der CEI definiert worden. Vielmehr beschränkte sich diese auf den Zuständigkeitsbereich der Bischöfe. Alle ihre Beschlüsse waren demzufolge nicht normativ, sondern hatten den Wert von Empfehlungen und Ratschlägen. Dies änderte sich mit den Statuten (Art. 11) aus dem Jahr von 1965, in denen festgelegt wurde, dass sich der Zuständigkeitsbereich der CEI auf alle Fragen, die die italienische Kirche betreffen, erstreckt. Ausgenommen sind lediglich jene Themen, die dem Heiligen Stuhl vorbehalten sind. Durch das Konzilsdekret *Christus dominus* wurde den Beschlüssen der Bischofskonferenzen der verschiedenen Länder eine Verbindlichkeit nur zugestanden, wenn es durch das allgemeine Recht bestimmt ist oder es eine spezielle Verfügung des Heiligen Stuhls, die dieser entweder auf Wunsch der Bischofskonferenz oder per *motu proprio* verkündet hat, vorschreibt.[576]

Vor diesem Hintergrund wird deutlich, warum von den Verfassern des Gutachtens der CEI die Entscheidungsbefugnis abgesprochen wurde. Des Weiteren ist zu berücksichtigen, dass die kirchenrechtliche Zuordnung der FoBw noch nicht geklärt war, da das Phänomen einer Bewegung mit offener Mitgliedschaft und Fokolaren noch nicht bearbeitet war. Der Päpstliche Rat für die Laien wurde erst

---

573 Unbekannter Verfasser, Gutachtenentwurf, 14.8.1961, 1.

574 Vgl. Unbekannter Verfasser, Gutachtenentwurf, 14.8.1961, 1-3; Julius Döpfner, Aktennotiz, 4.9.1961, 1.

575 „Tutto quello che riguarda il Movimento dei Focolari non e [sic!] de [sic!] competenza della Conferenza Epis-cole [sic!] Italiana, ma direttamente della Santa Sede, alla quale i Vescovi possono rivolgersi per informazioni." (Unbekannter Verfasser, Gutachtenentwurf, 14.8.1961, 1.)

576 Vgl. Luigi Bianco, La Conferenza Episcopale Italiana, 2005, 7-18, 165-169; Dekret über die Hirtenaufgabe der Bischöfe in der Kirche, 1966, 693-694; CD 38.

am 6. Januar 1967 durch das Motu proprio *Catholicam Christi Ecclesiam* versuchsweise gegründet[577]. Die Zuständigkeit der damaligen Kongregation für die Ordensleute und die Säkularinstitute ist ebenfalls zu verneinen, da es sich bei der FoBw weder um ein Ordensinstitut noch um ein Säkularinstitut handelt. Neben dieser ungeklärten Zuständigkeitsfrage ist die Tatsache zu beachten, dass die FoBw zu diesem Zeitpunkt nicht mehr auf die italienischen Bistümer beschränkt war. Vielmehr begann sie sich schon auf universalkirchlicher Ebene auszubreiten. Der Kompetenzbereich der CEI wäre damit auch unter diesen Bedingungen überschritten gewesen. Ferner stellt das Gutachten in seiner Schilderung der Umstände fest, dass durchaus eine größere Zahl von italienischen Bischöfen den aktiven Fokolaren in ihren Diözesen wohlwollend gegenüberstünden. Konkrete Namen werden aber nicht angeführt. Es wird dargelegt, dass die gegenwärtigen Schulungen für Fokolare weiterliefen und die Mariapoli des Jahres 1961 nicht verboten worden sei. Der Bewegung sei lediglich der Rat erteilt worden, mit weiteren Veranstaltungen zu pausieren, bevor nicht die anstehenden kirchenrechtlichen Entscheidungen getroffen worden seien.[578]

Der zweite Teil des Gutachtens thematisiert die Lage der FoBw in der Bundesrepublik Deutschland. Einleitend wird auf ein wachsendes Interesse deutscher Staatsbürger an der FoBw verwiesen. So wird im Gutachten vermerkt, dass 1957 eine unbestimmte kleinere Menge von Deutschen die Mariapoli besuchten. 1958 habe schließlich bereits eine gewisse Zahl von Deutschen, die vor allem aus den Diözesen Freiburg und Münster gekommen seien, an der Mariapoli teilgenommen. Aber auch aus Österreich und der Schweiz seien Personen angereist. Ein Jahr später haben sich laut dem Gutachten 1.000 deutsche Bürger in Fiera di Primiero aufgehalten. Im Jahr 1961 seien dann bereits mehrere Hundert Priester und einige Tausend Laien der Bewegung nahegestanden. Zudem ist die Rede von sieben Deutschen, die bereits der FoBw beigetreten seien, und 30 Frauen bzw. 20 Männern, die sich kurz vor dem Beitritt befinden würden. Inwiefern diese Zahlen zu diesem Zeitpunkt zutreffend waren, kann nicht gesagt werden. Es kann lediglich festgehalten werden, dass die FoBw auf ein breites Interesse in Deutschland stieß, wodurch, wie im Gutachten wohlwollend registriert wird, die Beschäftigung mit dem christlichen Glauben in den alltäglichen Lebensmittelpunkt gerückt worden sei. Anerkannt wird im Gutachten ebenfalls, dass von der FoBw für Zusammenkünfte und Projekte die Erlaubnis der zuständigen kirchlichen Verantwortlichen eingeholt worden sei und die Bewegung selbst nach einer kirchenrechtlichen Regelung verlangt habe. Der FoBw wird folglich durch das Gutachten eine Solidarisierung mit der katholischen Kirche, ein *Sentire cum Ecclesia*, bescheinigt.[579]

Die Erörterung der Thematik der FoBw in der Fuldaer Bischofskonferenz selbst kann durch die Notiz von Prälat Haendly, deren Authentizität durch die auf den

577 Vgl. Paul VI., Catholicam Christi Ecclesiam, 1967, 25-28.

578 Vgl. Wilhelm Schäffer, Erneuerter Glaube – verwirklichtes Menschsein, 1983, 121-125; Der Päpstliche Rat für die Laien, 1997, 6-8; Unbekannter Verfasser, Gutachtenentwurf, 14.8.1961, 1.

579 Vgl. ebd., 2-3.

14. September 1961 datierte Aktennotiz von Julius Döpfner bestätigt wird, rekonstruiert werden:[580]

> „Auf der Fuldaer Bischofskonferenz 1961 referierte Erzbischof Schäufele, Freiburg, etwa in der Linie der Besprechung vom 14.8.1961 in Freiburg, wie sie in der Notiz von Msgr. Dr. Haendly festgehalten ist."[581]

Der Inhalt des Vortrags von Bischof Schäufele orientierte sich demzufolge ungefähr am Wortlaut des Gutachtens. Allerdings nennt die Notiz noch einige kritische Aspekte, die im Gutachten fehlen. So wurde zum Ausdruck gebracht, dass es neben einer „organischere[n] Führung"[582] einer detaillierten Erarbeitung eines „Richtbildes und Zieles"[583] der FoBw und einer Änderung des Formats der Zeitschrift ‚Neue Stadt' bedürfe. Zudem hegten die Bischöfe den Wunsch, dass die in der ‚Neuen Stadt' veröffentlichten Ausgaben des ‚Wort des Lebens' für ein Jahr im Voraus angefertigt werden sollten, damit ein unvorbereiteter Eindruck verhindert und eine für die Spiritualität förderliche Struktur geschaffen werden könne. Diskutiert wurde ebenso, ob die in der FoBw übliche Anrede per *Du* beseitigt und der Wesenszug der FoBw auf die jeweilige Kultur in den Ländern Europas sowie Amerikas abgestimmt werden müsse. Diese Beanstandungen lassen sich sehr gut vor dem Hintergrund der Inkulturationsproblematik erklären, da durch die FoBw eine südländische Denkweise in Deutschland einzog. Diese folgt im Gegensatz zum deutschen Planungsbedürfnis plötzlichen Impulsen aus der Situation heraus. Insofern lassen sich die kritischen Worte der Bischöfe als eine Forderung nach Strukturiertheit und Einheitlichkeit verstehen. Anders zu erklären ist die Beanstandung der Anredeform. Die Anrede per *Du* erschien offenbar als unehrerbietig; war es doch zur damaligen Zeit unüblich, Priester mit *Du* anzusprechen. Die Kritik an der Erscheinungsform der Zeitschrift ‚Neue Stadt' ist dagegen auf das wenig ansprechende Format (1/4 einer Tageszeitung), welches sie von Oktober 1960 bis Dezember 1961 hatte, zurückzuführen.[584]

Trotz der angesprochenen Kritikpunkte kamen die deutschen Bischöfe zu einem sehr positiven Meinungsbild über die FoBw. Dies ist sicherlich durch den Umstand zu erklären, dass sich die Idee der Katholischen Aktion in Deutschland nicht durchgesetzt hatte. Das autonome Agieren von Laien(verbänden) bedurfte aufseiten der Bischöfe keiner Gewöhnung. Trotzdem übten sie sich in Zurückhaltung und baten ihre italienischen Kollegen, sie über die weiteren Entwicklungen

---

580 Vgl. Wolfgang Haendly, Zusammenfassung, 25.8.1961, 1-3; Julius Döpfner, Aktennotiz, 4.9.1961, 1.

581 Julius Döpfner, Aktennotiz, 4.9.1961, 1.

582 Wolfgang Haendly, Zusammenfassung, 25.8.1961, 2.

583 Ebd., 2.

584 Vgl. Zeitschrift Neue Stadt, 3. Jahrgang. Nr. 10 bis 11 des Jahres 1960; Zeitschrift Neue Stadt, 4. Jahrgang. Nr. 1 bis 12 des Jahres 1961; Wolfgang Haendly, Zusammenfassung, 25.8.1961, 1-3; Julius Döpfner, Schreiben an Titularerzbischof Alberto Castelli, 24.5.1961, 1; Unbekannter Verfasser, Gutachtenentwurf, 14.8.1961, 1-3; Teresa Parlasca, Chronik der Neuen Stadt, 2016, 1-3.

zu informieren. Die Legende, dass die deutschen Bischöfe durch ihr Gutachten ein Veto einlegten oder die Bewegung gerettet hätten, ist somit zu verneinen. Vielmehr warteten diese die Entscheidung des Heiligen Stuhls ab. Die Frage, inwiefern das Gutachten der Fuldaer Bischofskonferenz als Gegenvotum zum negativen Urteil der Kommission der CEI indirekt Geltung erlangte, kann erst nach der Einsichtnahme in die Akten des Heiligen Stuhls und der CEI beantwortet werden. Die in den Quellen gefundene Annahme, dass die FoBw ihre Approbation Julius Döpfner verdankt, ist somit zumindest offiziell nicht korrekt, auch wenn der Kardinal bestürzt über das Gutachten der CEI war.[585]

5.4 Bischof Klaus Hemmerle (1975-1994)

Eine herausragende Persönlichkeit der FoBw ist neben Chiara Lubich der ehemalige Bischof von Aachen und Religionsphilosoph Klaus Hemmerle (* 1929; † 1994). Speziell für die Entwicklung der FoBw in Deutschland ist es unumgänglich, Klaus Hemmerle zu thematisieren. Es ist daher beabsichtigt, auf der Grundlage des verfügbaren biografischen Materials seinen Lebenslauf kurz zu skizzieren. Mit dem Lebenslauf soll ein Nachvollzug der Denkweise von Klaus Hemmerle, die beispielsweise durch geschichtliche Ereignisse, seine Familie oder Bernhard Welte (* 1906; † 1983) geprägt wurde, gewährleistet werden. Es ist jedoch nicht das Anliegen dieser Arbeit, eine lückenlose Biografie zu präsentieren. Vielmehr stehen folgende Fragen im Mittelpunkt: Wann begegnete Klaus Hemmerle erstmals der FoBw? Welche Veränderung wurde in ihm selbst durch die Begegnung mit Chiara Lubich ausgelöst? Welche Bedeutung wurde ihm von der FoBw zugesprochen? Welche Bedeutung hat seine Persönlichkeit für die FoBw aus historisch-kritischer Perspektive? Ein zentrales Buch für die Beantwortung dieser Fragen ist das von Wilfried Hagemann verfasste Werk *Verliebt in Gottes Wort* (2008), in dem der Autor seine persönlichen Erfahrungen mit Klaus Hemmerle und die von ihm erhaltenen Informationen dokumentiert hat. Darüber hinaus steht eine umfangreiche Sekundärliteratur zur Verfügung. Speziell hervorgehoben seien an dieser Stelle die Dissertation von Matthias Fenski *Klaus Hemmerle und die Ökumene* (2002), in der seine Begegnung mit Chiara Lubich ausführlich angesprochen wird.[586]

---

585 Vgl. Wolfgang Haendly, Zusammenfassung, 25.8.1961, 1-3; Julius Döpfner, Schreiben an Titularerzbischof Alberto Castelli, 24.5.1961, 1; Unbekannter Verfasser, Gutachtenentwurf, 14.8.1961, 1; Erwin Iserloh, Innerkirchliche Bewegungen und ihre Spiritualität, 1979, 310-313; Klaus Schatz, Kirchengeschichte der Neuzeit II, 1999 165-168; Unbekannter Verfasser, Chronologie der Geschichte, 1998, 3; Ursula Tscheschner, Geschichte der Fokolar-Bewegung in Deutschland, 1998, 8; Wolfgang Haendly, Interview von Regina Betz mit Prälat Dr. Haendly, 1987, 4; Julius Döpfner, Aktennotiz, 4.9.1961, 1; Ursula Tscheschner, Geschichte der Fokolar-Bewegung in Deutschland, 1998, 6, 11-13.

586 Vgl. Johannes Vorlaufer, Art. Welte, Bernhard, 1998, 727-737; Josef Schreier, Art. Hemmerle, Klaus (1929-1994), 2002, 43-47.

5.4.1 Die Vita des Klaus Hemmerle

Klaus Hemmerle kam am 3. April 1929 als einziges Kind von Franz-Valentin und Maria Hemmerle (geb. Hummel) in Freiburg i. Br. auf die Welt. Seine schulische Laufbahn führte ihn über die Lessingschule auf das Berthold-Gymnasium, das er im Jahr 1947 mit dem Abitur abschloss. Das Studium der Theologie begann Klaus Hemmerle im Sommersemester des Jahres 1947 an der Albert-Ludwigs-Universität in Freiburg i. Br. Prägend wirkte sich während seiner Studienzeit vor allem die Begegnung mit Bernhard Welte aus, der zu dieser Zeit Professor für Christliche Religionsphilosophie war. Dessen „grundsätzlich und methodisch immer neu erkämpfte Offenheit für die Wirklichkeit"[587] habe gemäß Wilfried Hagemann eine fesselnde Wirkung auf Klaus Hemmerle gehabt.[588]

Nach dem Sommersemester 1951 beendete Klaus Hemmerle sein Theologiestudium. Zwischen September 1951 und Mai 1952 war er Seminarist im Priesterseminar St. Peter des Erzbistums Freiburg. Dort begegnete Hemmerle dem Spiritual Rudolf Herrmann, der unter anderem seine Spiritualität prägte. Auch nach seiner Priesterweihe, die am 25. Mai 1952 stattfand, stand Klaus Hemmerle weiterhin in Kontakt mit Rudolf Herrmann. Die darauffolgende Kaplanszeit verbrachte er in Donaueschingen, Kollnau und Rheinfelden. Anschließend wurde er ab dem 1. Mai 1954 für die Promotion mit dem Titel *Franz von Baaders philosophischer Gedanke der Schöpfung* (1957) bei Bernhard Welte freigestellt. Am 16. August 1956 wurde Klaus Hemmerle die Leitung der Katholischen Akademie Freiburg anvertraut. Seine Promotion beendete er erfolgreich am 18. Dezember 1957.[589]

Im Sommer 1961 endete die Zeit von Klaus Hemmerle als Direktor der Katholischen Akademie Freiburg. Sein Weg führte ihn zurück an die Universität Freiburg. Dort begann er unter der Obhut von Bernhard Welte an seiner Habilitation, die den Titel *Gott und das Denken nach Schellings Spätphilosophie* (1968) trägt, zu arbeiten. Gleichzeitig war er als wissenschaftlicher Assistent am Lehrstuhl von Bernhard Welte tätig. Nachdem er die Habilitation im Jahr 1967 beendet hatte, wurde Klaus Hemmerle die *Venia Legendi* für Religionsphilosophie und Dogmatik verliehen und er arbeitete als Privatdozent an der Universität Freiburg. Neben dieser Beschäftigung wurde er am 17. Juli 1967 zum ‚Geistlichen Direktor' des ‚Zentralkomitees der deutschen Katholiken' (ZdK) ernannt. Von 1968 bis 1975 übte er diese Tätigkeit parallel zu seiner akademischen Arbeit als Privatdozent für Fundamentaltheologie und Religionsphilosophie in Bonn (WS 1969/70 bis SoSe 1970) als Professor für Fundamentaltheologie in Bo-

[587] Wilfried Hagemann, Verliebt in Gottes Wort, 2008, 33.

[588] Vgl. Andreas Frick, Der dreieine Gott und das Handeln in der Welt, 1997, 432-434; Wolfgang Bader, Klaus Hemmerle, 2000, 37-40, 43-49; Matthias Fenski, Klaus Hemmerle und die Ökumene, 2002, 81-86; Wilfried Hagemann, Verliebt in Gottes Wort, 2008, 13-21, 33-36.

[589] Vgl. Andreas Frick, Der dreieine Gott und das Handeln in der Welt, 1997, 432-434; Wolfgang Bader, Klaus Hemmerle, 2000, 51-57 u. 60-62; Matthias Fenski, Klaus Hemmerle und die Ökumene, 2002, 81-86; Wilfried Hagemann, Verliebt in Gottes Wort, 2008, 33-48 u. 53-57.

chum (WS 1970/71 bis WS 1973/74) sowie als Professor für Christliche Religionsphilosophie in Freiburg (WS 1973/74 bis SoSe 1975) aus. Aber auch nach dieser Zeit blieb er, trotz seiner Tätigkeit als Bischof in Aachen (1975-1994), bis zu seinem Tod im Jahr 1994 dem ZdK als ‚Geistlicher Assistent' verbunden.[590]

5.4.2 Die Begegnung mit Chiara Lubich und der Fokolar-Bewegung

Bereits als Seminarist verspürte Klaus Hemmerle das Bedürfnis, durch seine zukünftige Tätigkeit in Christus aufzugehen. Ersichtlich wird dieses Anliegen von Klaus Hemmerle anhand folgenden Zitats aus einem Heftchen, das ihm in der Nacht vor der Priesterweihe von einem Freund gegeben wurde und sein Priesterbild bestimmen sollte:[591]

> „Das Wichtigste zur Frage des Priestertums steht im 11. Kapitel des 1. Korintherbriefes, wo zum ersten Mal im Neuen Testament die eucharistische Gemeindefeier erwähnt wird. Aber in dem ganzen Kapitel findet sich kein Wort über den Priester. Und es ist genau diese wichtigste Sache, die man von einem Priester sagen kann: Er muss ein Nichts sein, das in Jesus eine ganze Gemeinschaft macht. Seitdem hat diese Idee mich immer begleitet und mein Bild vom Priestertum bestimmt. Aber wenn man allein Nichts sein will, bringt man es schwerlich fertig."[592]

Klaus Hemmerle verspürte das Bedürfnis, sich in einer verbindlichen Form einer Gemeinschaft anzuschließen, deren Spiritualität sein Amtsverständnis widerzuspiegeln hätte. Sein Anliegen sollte er später im Charisma von Chiara Lubich erfüllt sehen. Entscheidend hierfür war die Begegnung von Rudolf Herrmann mit der FoBw auf der Mariapoli 1957. Dieser berichtete ihm nach seiner Rückkehr aus Italien von seiner Entdeckung. Klaus Hemmerle blickte in seinem Nachruf auf Rudolf Herrmann mit folgenden Worten auf diesen Moment des Erstkontakts mit der fokolarinischen Spiritualität zurück:[593]

---

[590] Vgl. Andreas Frick, Der dreieine Gott und das Handeln in der Welt, 1997, 432-434; Wolfgang Bader, Klaus Hemmerle, 2000, 79-99; Matthias Fenski, Klaus Hemmerle und die Ökumene, 2002, 81-86, 95-106; Wilfried Hagemann, Verliebt in Gottes Wort, 2008, 48-84.

[591] Vgl. Klaus Hemmerle, La vita che mi ha affascinato, 1995, 16-19; Matthias Fenski, Klaus Hemmerle und die Ökumene, 2002, 86-95.

[592] „La cosa più importante sul sacerdote sta scritta nel capitolo 11 della prima lettera ai Corinzi, dove per la prima volta nel Nuovo Testamento si parla della celebrazione eucaristica in una comunità. E in tutto il capitolo non si dice nulla del sacerdote. Ed è appunto questa la cosa più importante che si può dire del prete: egli deve essere un nulla che in Gesù fa una tutta la comunità. Da allora questa idea mi ha sempre accompagnato e ha determinato la mia immagine del sacerdozio. Ma se si vuol essere nulla da soli, difficilmente ci si riesce." (Klaus Hemmerle, La vita che mi ha affascinato, 1995, 16.)

[593] Vgl. Klaus Hemmerle, Bischof Klaus Hemmerle über Rudolf Herrmann, 1988, 14-17; Klaus Hemmerle, La vita che mi ha affascinato, 1995, 16-19; Klaus Hemmerle, Unser Lebensraum –

„Mich berührte tief, was Rudolf [Herrmann] als Kennzeichen dessen erzählte, was er bei der Mariapoli 1957 entdeckt hatte: Zunächst erschien es ihm ungewöhnlich und erinnerte ihn an Sekten oder Erweckungsbewegungen, daß da Laien und zumal Frauen über das Evangelium sprachen. Aber im Zuhören verwandelte sich ihm dieser Eindruck: Was sie sagten, war ganz und gar Evangelium, war geprägt vom absoluten Zurückstellen der eigenen Impulse hinter dem bedingungslosen Ja zur Kirche. Die Struktur des Dargebotenen war für ihn identisch mit der Struktur des Evangeliums selber, mit der Zentrierung in den Gott, der die Liebe ist und die Liebe fordert. Die Früchte (Bekehrung, Berufungen) und die Diskretion, mit welcher nicht eine äußere Verbreitung durch das Wort, sondern eine Bezeugung durch das Leben allein gefordert wurde, bedeuteten für ihn weitere Kriterien der Echtheit. Er faßte sofort das Wesentliche des Ideals in knappen Zügen zusammen, so daß es in seinem Glanz und seiner Tiefe den Hörer anging und überzeugte ...“[594]

Persönlich lernte Klaus Hemmerle die FoBw im Sommer 1958 kennen, als er zusammen mit anderen Freiburger Priestern die Mariapoli besuchte. Die dortige Atmosphäre imponierte ihm. Er nahm den Glauben der Teilnehmer an die persönliche und unbegrenzte Liebe Gottes wahr sowie das von ihnen praktizierte ‚Neue Gebot‘ Christi (Joh 13,34; 15,12), durch welches sie trotz ihrer Unterschiedlichkeit ihr Ziel, die Einheit, umzusetzen gedachten. Es offenbarte sich ihm eine neue Beziehung zu Gott:[595]

Es war eine Nähe und Gegenwart Gottes, wie ich sie trotz meiner intensiven theologischen Studien nie zuvor erlebt und ermessen hatte. (...) Zum ersten Mal habe ich da Gott wirklich erfahren. Schon während meines Studiums hatte ich einen Anstoß in diese Richtung erhalten. Einer der Professoren hatte uns aufgeschlossen, was Jesus eigentlich meinte, als er die Herrschaft Gottes ankündigte. Damals war mir deutlich geworden: Die Herrschaft Gottes ist nicht ein Reich, das man räumlich abgrenzen kann, auch nicht ein System von Wahrheiten und Geboten, sondern das ist Gott selbst. Gott ist nicht mehr ferner Horizont oder oberstes Prinzip, sondern in Jesus ist er in die Mitte dieser Welt hineingesprungen. Mir war klar geworden, er will auch die Mitte meines Lebens sein, so daß es gilt, alles

der Dreifaltige Gott, 1996, 296-305; Wolfgang Bader, Klaus Hemmerle, 2000, 69-71; Michael Böhnke, Einheit in Mehrursprünglichkeit, 2000, 51-52; Matthias Fenski, Klaus Hemmerle und die Ökumene, 2002, 86-95; Wilfried Hagemann, Verliebt in Gottes Wort, 2008, 48-56.

594 Klaus Hemmerle, Bischof Klaus Hemmerle über Rudolf Herrmann, 1988, 15-16.

595 Vgl. Klaus Hemmerle, Bischof Klaus Hemmerle über Rudolf Herrmann, 1988, 14-17; Klaus Hemmerle, La vita che mi ha affascinato, 1995, 16-19; Klaus Hemmerle, Unser Lebensraum – der Dreifaltige Gott, 1996, 296-305; Wolfgang Bader, Klaus Hemmerle, 2000, 69-71; Michael Böhnke, Einheit in Mehrursprünglichkeit, 2000, 51-52; Matthias Fenski, Klaus Hemmerle und die Ökumene, 2002, 86-95; Wilfried Hagemann, Verliebt in Gottes Wort, 2008, 48-56.

> von ihm her zu sehen, immer von ihm her zu handeln. Das hat mich nicht mehr losgelassen. Aber was sollte ich tun? Ich konnte diesen Gedanken in meinem Alltag nicht orten. Es fehlte mir die Brücke zwischen dem, was ich zutiefst ahnte, und dem, was mich ansonsten in Anspruch nahm. Hier auf der Mariapoli war auf einen Schlag diese Kluft geschlossen. Gott war einfach da. Er durchdrang unsere wechselseitigen Beziehungen. Unwiderstehlich wurde ich hineingerissen in dieses neue Leben. Ich erinnere mich, daß ich eines Nachts nicht schlafen konnte unter dem Eindruck dieser unmittelbaren Nähe Gottes. Ich dachte mir, auch die Jünger könnten Gott in der Begegnung mit Jesus nicht stärker erfahren haben. (...) Bisher hatte ich mir Gott meist vorgestellt als die Spitze des Weltbaus, als Fluchtpunkt aller Linien, als jenen Begriff, der selber gar nicht mehr als Begriff faßbar ist, weil wir stumm werden vor diesem Geheimnis. Hier aber, in Fiera, war dieses Geheimnis gewahrt, und doch war da mehr als bloß ein Geheimnis. Gott, der Vater ist, war erfahrbare Wirklichkeit. Wahrscheinlich hatte ich bis dahin noch nie in meinem Leben das Vaterunser so gebetet, die Anrede ‚Abba, Vater' so verstanden wie jetzt. Mit einem Mal erschien mir die Welt als der unendliche, aber bergende Raum, in dem Gott uns Vater ist und wir uns ihm anvertrauen, alles in seine Hände geben, ihm bedingungslos folgen dürfen. Mir war klar, das ist eine schwindelerregende Herausforderung, aber mehr noch eine faszinierende Entdeckung. Gott Vater war wie (...) als ob er noch den Weltraum selbst umfängt, so war dieser Raum, aus dem heraus (...) der vielfältige Klang ‚Gott ist Liebe' sich immer und immer wieder in dem einen Namen versammelt: Jesus.[596]

Klaus Hemmerles verstandesmäßige Einsicht,[597] „dass die Liebe entscheidend für das Christentum ist, unterscheidet sich radikal von der Erfahrung der gelebten gegenseitigen Liebe, die er bei der Mariapoli 1958"[598] machen sollte. Obwohl ihm als angehendem Religionsphilosophen die fokolarinische Frömmigkeit veraltet vorkam, fühlte er in sich trotz aller rationalen Vorbehalte das Bedürfnis, sich dem gelebten Evangelium zu öffnen. Durch diese Entscheidung sollte sein gesamtes späteres Denken geprägt werden. Das Aufeinandertreffen mit Chiara Lubich stellte demzufolge einen wesentlichen Wendepunkt seines Lebens dar, der für ihn sowohl ‚leise' als auch ‚radikal' gewesen ist. ‚Leise' war diese Wende für ihn, da er bereits zuvor bestrebt war, Jesus nachzufolgen. ‚Radikal' war diese Wende dagegen für ihn, da er sich in der Gemeinschaft mit den Mariapoliten in einer qualitativ neuwertigen Beziehung zu Gott wahrnahm.[599] *„Innere* Einheit in Gott und Einheit *aller* (...) [kamen] für ihn in einen existentiellen, unlösbaren Zusammen-

---

596 Klaus Hemmerle, Unser Lebensraum – der dreifaltige Gott, 1996, 296-299.
597 Vgl. Matthias Fenski, Klaus Hemmerle und die Ökumene, 2002, 86-95.
598 Ebd., 89.
599 Vgl. ebd., 89-90.

hang."[600] Matthias Fenski unterscheidet in diesem Zusammenhang zwischen zwei Aspekten, die die Gotteserfahrung beinhaltet:[601]

> „1. Wende im persönlichen Gottes- und damit Weltbild durch eine Gotteserfahrung: hin zur Einheit von Denken, Glauben und Wirklichkeit, und 2. Wende auf dem Weg von einer individuellen zu einer gemeinschaftlichen Lebensform und Spiritualität, die der Gotteserfahrung entspricht: hin zur Einheit von Denken, Glauben, Wirklichkeit *und gemeinschaftlichen Lebensvollzug*."[602]

Nach seiner Rückkehr nach Deutschland verfolgte Klaus Hemmerle zusammen mit Rudolf Herrmann die Absicht, an diese geistlichen Erfahrungen anzuknüpfen. Es entstand ein Kontakt zum Fokolar in Zürich, an dessen spirituellem Leben er aktiv teilnahm. Parallel formierte sich eine Gruppe aus Priestern um ihn und Rudolf Herrmann. Ihre Absicht bestand darin, „ein Herz und eine Seele" (Apg 4,32) zu bilden. Sie trafen sich wöchentlich, um von den Erfahrungen des Lebens aus dem Wort Gottes zu berichten sowie den Dienst an der Einheit zu praktizieren. Da sich die Gruppe nicht isolierte, sondern in Verbindung zu anderen Priestern (z. B. Josef Gleich und Johannes Heilkenbrinker) trat, die von der fokolarinischen Lebensweise angeregt worden waren, dauerte es nicht lange, bis es zu Priestertreffen kam.[603] „Durch gemeinsame Begegnung mit dem Wort der Schrift (‚Wort des Lebens'), geistlichen Austausch und Gütergemeinschaft übt[e] (...) [Klaus Hemmerle] immer mehr den Lebensstil der Spiritualität der Einheit ein."[604]

5.4.3 Die Bedeutung von Klaus Hemmerle für die Fokolar-Bewegung

Die Frage nach der Bedeutung von Klaus Hemmerle für die FoBw verlangt nach einer komplexen Antwort. Chiara Lubich selbst bezeichnete den ehemaligen Aachener Bischof in dem Zeitschriftenartikel *Klaus Hemmerle – sein Beitrag in der Fokolar-Bewegung* (2004) als Mitbegründer der italienischen Laienbewegung. Er brachte, wie Andreas Frick in seiner Dissertation *Der dreieine Gott und das Handeln in der Welt* (1998) korrekterweise festhält,[605] „sein philosophisches und theologisches Instrumentarium mit ein in das Leben der Bewegung; dieses Instrumentarium ist der Spiritualität der Einheit für ihre theologischen [sic!] Selbst-

600 Ebd., 91.
601 Vgl. ebd., 91.
602 Ebd., 91.
603 Vgl. Wolfgang Bader, Klaus Hemmerle, 2000, 69-77; Wilfried Hagemann, Verliebt in Gottes Wort, 2008, 48-52.
604 Matthias Fenski, Klaus Hemmerle und die Ökumene, 2002, 94.
605 Vgl. Chiara Lubich, Klaus Hemmerle – sein Beitrag in der Fokolar-Bewegung, 2004,10-13.

reflexion hilfreich geworden."[606] Durch die Tatsache, dass die Spiritualität Chiara Lubichs zur Grundlage des theologischen Denkens von Klaus Hemmerle wurde, gelangten umgekehrt Aspekte des fokolarinischen Charismas zur Entfaltung, die ohne sein Mitwirken gar nicht beachtet worden wären. Seine Leistung war es unter anderem, die theologischen Anregungen des Gründungscharismas aufgenommen und diese unter theologischen Gesichtspunkten erörtert zu haben.[607]

> „Es ist richtig gesagt worden, dass in Bischof Hemmerle verschiedene Qualitäten, verschiedene Charismen gewissermaßen verwirklicht waren, die normalerweise auf mehrere Personen verteilt sind: Er war ein sehr guter Hirte, der wahrhaft sein Leben für seine Schafe hingegeben hat; er war ein kundiger Theologe, erleuchtet und kreativ; zugleich ganz rechtgläubig und gleichzeitig fähig, der Bewegung dabei zu helfen, ihre charismatische Erfahrung in Lehre zu übersetzen, das Neue an ihr zu begreifen und zu beglaubigen, er war ein Kind des Evangeliums, also ein Fokolar, wie wir sagen; er war das Modell eines Priesters und Bischofs."[608]

Die 1990 von Chiara Lubich gegründete *Scuola Abbà*, welche das Ziel hat, den theologischen und philosophischen Gehalt der fokolarinischen Spiritualität zu erarbeiten, geht auf seinen 1985 gegenüber Chiara Lubich geäußerten Wunsch zurück,[609] „der Theologie, die das Charisma der Einheit in sich trägt, mit auf den Weg zu helfen."[610] Er kann somit als ein Begründer der *Scuola Abbà* bezeichnet werden, in deren Erstbesetzung er neben Pasquale Foresi, Piero Coda (* 1955), Marisa Cerini[611], Giuseppe Maria Zanghi (* 1929; † 2015)[612] und Andrea Balbo bis zu seinem Tod mitwirkte. Im Kontext dieses Kapitels sollen daher zunächst die verschiedenen theologischen Reflexionsansätze Hemmerles vorgestellt werden: (1.) die Einschätzung des Charismas der Einheit und der Gotteserfahrung

---

606 Andreas Frick, Der dreieine Gott und das Handeln in der Welt, 1998, 75.

607 Vgl. Andreas Frick, Der dreieine Gott und das Handeln in der Welt, 1998, 75-76; Chiara Lubich, Klaus Hemmerle – sein Beitrag zur Fokolar-Bewegung, 2004, 10-13; Wilfried Hagemann, Verliebt in Gottes Wort, 2008, 230-239.

608 „È stato detto giustamente che in Mons. Hemmerle si potevano cogliere varie qualità, vari carismi – se così si può dire – che ordinariamente vengono distribuiti a più persone: era un ottimo pastore, che ha donato veramente la vita per le proprie pecorelle; era un teologo esperto, luminoso e creativo; perfettamente ortodosso e contemporaneamente in grado di aiutare il Movimento a tradurre la sua esperienza carismatica in dottrina, di cogliere ed evidenziare le ‚cose nuove' che portava in sé; era un bambino evangelico, quindi un focolarino, come noi diciamo; era un modello di sacerdote e di vescovo." (Chiara Lubich, Il vescovo Hemmerle, un dono di Dio, 1995, 5.)

609 Vgl. Andreas Frick, Der dreieine Gott und das Handeln in der Welt, 1998, 75-76; Wilfried Hagemann, Verliebt in Gottes Wort, 2008, 230-239.

610 Aus der Mitschrift eines Gesprächs mit Giuseppe Zanghi am 2.1.1999. Das Original ist nicht auffindbar. Zitiert nach: Wilfried Hagemann, Verliebt in Gottes Wort, 2008, 230.

611 Marisa Cerini war eine der ersten Fokolarinnen aus Rom und lernte die fokolarinische Spiritualität 1949 kennen (vgl. Marisa Cerini, Gott ist Liebe, 1992, 5).

612 Vgl. Information von Joachim Schwind, 07.02.2022.

von Chiara Lubich durch Klaus Hemmerle; (2.) ‚Jesus, der Verlassene' (Mt 27,46; Mk 15,34) als Schlüssel zur Einheit (Joh 17,21); (3.) ‚Jesus in der Mitte' als gelebte Einheit; (4.) ‚Der Wille Gottes' (Lk 22,42) und die Spiritualität der Einheit; (5.) Christus und das Amt. Anschließend soll mit der Einkehr des Charismas der Einheit in den Kreis der Bischöfe ein weiterer Verdienst von Klaus Hemmerle genannt werden. Abgeschlossen wird dieser Teil mit einer kritischen Reflexion.[613]

5.4.3.1 Klaus Hemmerles Einschätzung des Charismas von Chiara Lubich

Im Vorwort des Buches *Mitten unter ihnen* (1989) nimmt Klaus Hemmerle folgende Einschätzung des Charismas von Chiara Lubich vor:

> „Die Gedanken von Chiara Lubich über Jesus in der Mitte stehen und stimmen in sich selbst. Sie markieren aber zugleich einen geschichtlichen Punkt: In der Kirche bricht ein Charisma auf, in welchem ihr Ursprung und ihre Substanz neu sichtbar, neu Gestalt, neu Lebensmöglichkeit werden. Und dieses Charisma entfaltet sein Licht und stellt sich hinein in den Kontext der Theologie. Erkenntnisse und Erfahrungen, die in der Mystik der großen christlichen Überlieferung von einzelnen gewonnen und auf den einzelnen zu formuliert wurden, wiederholen sich hier. Aber sie erhalten eine neue Dimension: Sie werden in Gemeinschaft gewonnen und auf Gemeinschaft zu formuliert. Der auferstandene und erhöhte Herr, der beim Vater lebt, lebt nicht nur im einzelnen Gläubigen, er wirkt auch nicht nur im Amt der Kirche, er lebt und wirkt zugleich als derselbe Herr in der Mitte derer, die sich in seinem Namen vereinen. Das ist Spiritualität, aber eine Spiritualität, die nicht neben Theologie und neben der Objektivität kirchlicher Gemeinschaft steht, sondern die lang vermißte Synthese schafft: persönlicher Vollzug und theologische Erkenntnis und kirchliche Gemeinschaft."[614]

Für die Analyse dieser Aussage von Klaus Hemmerle ist zunächst ein Exkurs über die Ekklesiologie vor dem II. Vatikanum vorzunehmen: Das zwischen 1850 und 1950 vorherrschende neuscholastische Bild der Kirche ist das einer *societas perfecta*[615]. Dieser Fachbegriff bezeichnet eine „vollkommene Gesellschaft"[616], die

---

[613] Vgl. Chiara Lubich, Klaus Hemmerle – sein Beitrag in der Fokolar-Bewegung, 2004, 10-13; Wilfried Hagemann, Verliebt in Gottes Wort, 2008, 230-239; Stefan Ulz, Dreifaltigkeit leben, 2019, 64; Stefan Tobler, Die Welt als Gottes Innerstes, 2020, 127; Information von Piero Coda, 17.05.2022.

[614] Chiara Lubich, Mitten unter ihnen, 4. Aufl., 1989, 7.

[615] Vgl. DH 3166-3167.

[616] Siegfried Wiedenhofer, Art. Societas perfecta, 3. Aufl., 2006, 681.

in sich vollständig rechtlich eigenständig ist und von Gott mit allen erforderlichen Mitteln (z. B. Amt und Sakramenten) versehen wurde, die sie benötigt, um ihr Ziel zu realisieren. Ihr liegt ein zu Beginn ihrer Entwicklung durch Gott gestiftetes hierarchisch-juridisches Amtssystem zugrunde, an dessen Spitze der Papst thront. Er verfügt durch das I. Vatikanum (1869/70) über einen universellen Jurisdiktionsprimat und, insofern er *ex cathedra* spricht, über die Eigenschaft der Unfehlbarkeit (Infallibilität). Neben den Bischöfen wird insbesondere durch seine Person die Einheit der Kirche im Glauben garantiert. Speziell der Gehorsam ihm gegenüber wird folglich „als *die* einheits- und identitätssichernde kirchliche Grundhaltung"[617] betrachtet. Gleichzeitig ist die Kirche aber auch eine Gesellschaft von Ungleichen (lat.: *societas inaequalis*), in der zwischen dem Kleriker- und Laienstand differenziert wird.[618] „Die Gläubigen sind die wohlbehüteten Schafe, für die ihre Hirten sorgen. Ihre Mitwirkung in der Verkündigung ist darauf beschränkt, das zu ‚bezeugen, was ihnen von den Hirten gelehrt worden ist."[619] Der Kleriker ist somit allein Subjekt kirchlichen Handelns. Ihm obliegt es, den Laien die Sakramente zu spenden und ihnen die geistliche Fürsorge zukommen zu lassen. Die Laien haben hingegen in ihrer Rolle als Empfänger eine Objektfunktion im kirchenrechtlichen Sinne inne.[620]

Angesichts dieses zeitgeschichtlichen Hintergrunds spricht Klaus Hemmerle dem Charisma von Chiara Lubich historische Bedeutung zu, da dieses nicht nur einen Wendepunkt des Verständnisses von Kirche markiert, sondern ebenfalls in auffälliger Weise mit den Texten des II. Vatikanischen Konzils übereinstimmt. Die bisher vorherrschende und im I. Vatikanum ihren Höhepunkt erreichende neuscholastische Ekklesiologie wird nach Klaus Hemmerle in den spirituellen Impulsen von Chiara Lubich abgelöst durch einen ekklesiologischen Ansatz, in dem es zur Vereinigung verschiedener kirchlicher Wesenszüge kommt. In diesem rückt der Aspekt der Gemeinschaft in den Vordergrund: Kirche sei dort, wo zwei oder drei im Namen Jesu zusammenkommen. An die Seite der vertikalen kirchlichen Dimension (Amt) tritt die horizontale Dimension (*Communio*). Es komme zur Verbindung von Subjektivität und Objektivität, Individuum und Gemeinschaft, Theorie und Leben.[621]

---

617 Medard Kehl, Art. Ekklesiologie. II. Signifikante Phasen der Geschichte der Ekklesiologie, 3. Aufl., 2006, 571.

618 Vgl. Ernst-Wolfgang Böckenförde, Religionsfreiheit, 1990, 116-127; Medard Kehl, Die Kirche, 1992, 354-366; Siegfried Wiedenhofer, Das katholische Kirchenverständnis, 1992, 159-164; Peter Neuner, Ekklesiologie – Die Lehre von der Kirche, 1995, 508-509; Medard Kehl, Art. II. Signifikante Phasen der Geschichte der Ekklesiologie, 3. Aufl., 2006, 569-572; Christian Mazenik, Katholisches Kirchenverständnis auf dem Weg, 2016, 95-100.

619 Peter Neuner, Der Laie und das Gottesvolk, 1988, 91.

620 Vgl. Gabriele Zinkl, Zwischen Heilssakrament und Management, 2011, 21-33; Peter Neuner, Ekklesiologie – Die Lehre von der Kirche, 1995, 509.

621 Vgl. Chiara Lubich, Mitten unter ihnen, 4. Aufl., 1989, 5-8; Klaus Hemmerle, Unser Lebensraum – der Dreifaltige Gott, 1996, 296-305; Andreas Frick, Der dreieine Gott und das Handeln in der Welt, 1998, 62-65.

5.4.3.2 *‚Jesus, der Verlassene' und seine Bedeutung für die Einheit*

Eine ausführliche Reflexion des verlassenen Jesus nimmt Klaus Hemmerle in seinem Buch *Wegmarken der Einheit* (1982) vor. Diese beginnt er, indem er den Grundzug des Denkens von Friedrich Schelling (* 1775; † 1854), der davon ausgeht, dass das „Denken (...) sich selbst gleich"[622] ist und zugleich über sich hinausgeht, weil es ‚ergriffen' [ist] vom Größeren als nur es selbst"[623], auf das Selbstverständnis des Menschen überträgt. Hiervon ausgehend stellt Hemmerle die Annahme auf, dass das Denken des neuzeitlichen Menschen auf ein ‚Mehr' ausgerichtet ist:[624]

> „Der Mensch ist unendlich größer als er selbst. Der Mensch lebt vom Mehr, lebt auf das Mehr zu. Man könnte die Formel wagen: Der Mensch ist sich selber gleich, indem er unendlich größer ist als er selbst."[625]

Die unterschiedlichen Formen des Denkens stimmen nach Hemmerle in ihrer Neigung zum ‚Mehr' überein. Die Frage, wo dieses ‚Mehr' zum Vorschein komme, beantwortet er mit dem Verweis auf die äußerste Liebe, die sich in der Hingabe des eigenen Lebens für den Nächsten offenbart (Joh 15,13). Hierin erkennt er das Maximum der christlichen Offenbarung: Gott, der durch die Hingabe seines Sohnes am Kreuz den Menschen die höchste Liebe zukommen lässt, befriedigt das menschliche Verlangen nach dem Äußersten.[626] Insofern konstatiert Hemmerle, dass die „wahre Tendenz zum Maximum (...) eine Tendenz zum Minimum [ist], zu jener göttlichen Selbstentäußerung, in der das sichtbar wird, was Gott wahrhaft ist: Liebe."[627] Jedoch erreiche der Mensch diese äußerste Liebe nicht aus eigener Kraft, sondern nur durch die Sendung und Hingabe Jesu. Dieser nehme in seiner Gottverlassenheit die Sünden aller Menschen auf sich und erlöse diese, sodass sie nicht mehr durch diese isoliert seien, sondern der Raum für eine neue Beziehung unter ihnen entstehe, in dessen Mitte Jesus trete. Allerdings sei es von Bedeutung, dass der Mensch an die Liebe glaube, sie lebe und sich in der Begegnung mit ihr stärke. Durch sein ganzheitliches ‚Ja' zum Verlassenen trete er in die

---

[622] Klaus Hemmerle, Gott und das Denken nach Schellings Spätphilosophie, 1968, 55.
[623] Ebd., 55.
[624] Vgl. Klaus Hemmerle, Wie Glauben im Leben geht, 1995, 220-225; Michael Leputsch, Intellectus fidei als intellectus unitatis, 2005, 34-41, 132-136; Klaus Hemmerle, Gott und das Denken nach Schellings Spätphilosophie, 1968, 53, 55; Hans Baumgartner, Art. Schelling, Friedrich Wilhelm Joseph v., 3. Aufl., 2006, 124.
[625] Klaus Hemmerle, Wie Glauben im Leben geht, 1995, 221.
[626] Vgl. Klaus Hemmerle, Wegmarken der Einheit, 1982, 29-33, 59-64; Klaus Hemmerle, Leben aus der Einheit, 1995, 135-155; Andreas Frick, Der dreieine Gott und das Handeln in der Welt, 1997, 68-71; Michael Leputsch, Intellectus fidei als intellectus unitatis, 2005, 132-136.
[627] Klaus Hemmerle, Wegmarken der Einheit, 1982, 32.

Nachfolge Jesu, realisiere die von ihm neu gestiftete Liebe und bereite auf diese Art und Weise der Einheit den Weg.[628]

> Gott ist die Liebe; Liebe ist Sich-Geben; Sich-Geben heißt Verlieren und Nichts-Werden; Nichtsein aber ist Ausdruck der Liebe, die Gott ist.[629]

Für Klaus Hemmerle erklärt sich demzufolge die Bedeutung des verlassenen Jesus für die Einheit durch dessen Funktion: „Jesus, der Gekreuzigte und Verlassene, ist der *Schlüssel zur Einheit*."[630]

5.4.3.3 ‚Jesus in der Mitte' und die Einheit

Der Leitgedanke, der das Denken von Klaus Hemmerle prägt, ist die Einheit, die er aus verschiedenen Blickwinkeln versucht zu erschließen. Eine erste Dimension der Einheit eröffnet sich ihm in der Anwesenheit Jesu unter jenen, die sich in seinem Namen treffen. Klaus Hemmerle bezeichnet diese Gegenwart Jesu als ein göttliches Geschenk. Allerdings betrachtet Hemmerle dieses Geschenk nicht als eine Selbstverständlichkeit, sondern als Gabe Gottes, für die der Mensch sich zu öffnen habe. Es bedarf demzufolge eines menschlichen Beitrags als Voraussetzung zur Realisierung von Einheit:[631]

> „Es kostet alle innere Anstrengung des Christseins, es kostet die ganze Radikalität des Christseins, um wirklich dem Raum zu geben, daß Er in unserer Mitte sein kann. Ich bin aber überzeugt, daß von innen her vieles, was an bloß institutioneller Fremde und objektiver Kälte in unserer Kirche ist, überwunden wird, wenn wir in vielen Gemeinschaften, in vielen Zellen und in vielen Gemeinden immer mehr versuchen, Räume zu schaffen, in denen wir sagen können: Ja, wir dürfen hoffen, daß Du in unserer Mitte bist."[632]

Eine zweite Dimension der Einheit betrifft einen trinitarischen Denkansatz Hemmerles, den er ausgehend vom kantischen Grundansatz ‚Ich denke' entwickelt:[633]

---

628 Vgl. Klaus Hemmerle, Wegmarken der Einheit, 1982, 29-33; 38-51; 59-64; Klaus Hemmerle, Leben aus der Einheit, 1995, 135-155; Andreas Frick, Der dreieine Gott und das Handeln in der Welt, 1997, 68-71; Michael Leputsch, Intellectus fidei als intellectus unitatis, 2005, 132-136.
629 Klaus Hemmerle, Leben aus der Einheit, 1995, 153.
630 Andreas Frick, Der dreieine Gott und das Handeln in der Welt, 1997, 68. Vgl. auch: Klaus Hemmerle, Der Himmel ist zwischen uns, 3. Aufl., 1978, 27-33.
631 Vgl. Klaus Hemmerle, Wegmarken der Einheit, 1982, 7-10; Andreas Frick, Der dreieine Gott und das Handeln in der Welt, 1998, 65-68.
632 Klaus Hemmerle, Leben aus der Einheit, 1995, 130.
633 Vgl. Andreas Frick, Der dreieine Gott und das Handeln in der Welt, 1998, 65-68.

> „Der neuzeitliche Grundansatz des ‚Ich denke' muß sich um das ‚Er', ‚Du' und ‚Wir' erweitern. Dem liegen vier christlich-elementare Erfahrungen zugrunde: Ich glaube an die Liebe – ‚er' liebt mich; ich frage nach dem Willen Gottes – ‚ich' bin verantwortlich; ‚du' bist mir so wichtig wie ich mir selbst – ich begegne in dir dem Herrn; ‚wir' wollen einander lieben, wie er uns geliebt hat – wir sind eins, und er ist in unserer Mitte. So zu leben bedeutet trinitarisch zu leben."[634]

Die menschliche Einheit resultiert gemäß Klaus Hemmerle aus der Verbindung mit der trinitarischen Einheit. Sie kommt durch Jesus Christus zustande, der die vermittelnde Instanz ist. Durch ihn und in ihm kommt es zur Beziehung zwischen Mensch und Gott. Der dazu von den Menschen zu beschreitende Weg ist, wie oben bereits ausführlich erklärt wurde, die alltägliche Kreuzesnachfolge. Durch sie werden die Menschen eins mit dem Sohn, der eins mit dem Vater ist. Da Jesus in seiner Menschwerdung sich jedoch in Beziehung zur gesamten Menschheit gesetzt hat, ergibt sich aus der Teilhabe an der trinitarischen Beziehung auch eine Einheit der Menschen untereinander. Diese spiegelt die trinitarische Einheit wider und ist somit ihre äußere Gestalt, durch die Jesus unter den Menschen lebendig wird.[635] Mit anderen Worten: „Wo Liebe, die Gott wirkt, auf Liebe, die Gott wirkt, trifft, und dies unter Menschen, da kann unter Menschen, da kann in ihrer Mitte der Sohn Gottes empfangen und geboren werden"[636] sowie Einheit entstehen.

5.4.3.4 Der ‚Wille Gottes' und die Spiritualität der Einheit

Klaus Hemmerle sieht es als gegeben an, dass sich die Frage des Menschen nach dem Sinn des Lebens nur befriedigend beantworten lässt,[637]

> „wenn es einen Willen Gottes gibt, der stärker ist als alle Mächte der Geschichte und des Kosmos, einen Willen Gottes, der persönlich ist und konkret, jedem einzelnen zugewendet, ihn begleitend auf jedem Schritt seines Lebens; einen Willen Gottes, der unendlich größer und erhabener ist als der Wille des Menschen und doch zu ihm spricht, seine freie Antwort sucht."[638]

---

634 Klaus Hemmerle, Leben aus der Einheit, 1995, 34-35.
635 Vgl. Klaus Hemmerle, Wegmarken der Einheit, 1982, 59-69; Klaus Hemmerle, Leben aus der Einheit, 1995, 109-131; Andreas Frick, Der dreieine Gott und das Handeln in der Welt, 1998, 65-68; Michael Böhnke, Einheit in Mehrursprünglichkeit, 2000, 136-152.
636 Klaus Hemmerle, Wegmarken der Einheit, 1982, 68.
637 Vgl. ebd., 74-76.
638 Ebd., 75-76.

Der Wille Gottes ist demzufolge eine Zuwendung, in der zum Ausdruck kommt, „was Gott *für uns* will."[639] Gleichzeitig ist der Wille Gottes aber auch eine Forderung, da Gott nicht nur das „Beste *für uns*"[640], sondern auch das „Beste *von uns*"[641] will. Die Verwirklichung seiner Liebe zum Menschen erfordert folglich gemäß Hemmerle eine ganzheitliche Entscheidung des Menschen für Gott, wie Jesus Christus sie getroffen hat. Demnach wolle Gott von den Menschen, dass sie mit ihm leben, sodass Christus in ihnen lebe (Gal 2,20). In die Nachfolge Jesu zu treten und dadurch mit ihm eins zu werden, verkörpert für Klaus Hemmerle somit, was der göttliche Wille von den Menschen und für die Menschen will. Denn sind die Menschen in Jesus,[642] „dann wird die Einheit zwischen dem Vater und dem Sohn im Heiligen Geist Maß, Modell und Kraft unserer [der Menschen] Einheit miteinander."[643] Wenn der Wille Gottes jedoch von den Menschen fordert, Jesus nachzufolgen, ist der sich daraus ergebende Anspruch das ‚Neue Gebot' Jesu: Einander zu lieben, wie er uns geliebt hat (Joh 13,34; 15,12). Dieser „Vollgestalt der Liebe"[644] begegnet man nach Klaus Hemmerle im verlassenen Jesus.[645]

5.4.3.5 Christus und das Amt

Der Ursprung des kirchlichen Amts ist nach Klaus Hemmerle kein nachträglicher Zusatz, der dem Evangelium angefügt wurde, sondern entspringt der Mitte des Evangeliums. Es gründet in der Bevollmächtigung (Lk 10,16) und Aussendung (Joh 20,21) der Jünger, die Jesus in die Welt hinausschickte, wie der Vater ihn in die Welt sandte. Damit greift er auf die theologische Argumentation des 1. Clemensbriefes zurück (1 Clem 42, 1-4). Auftrag der Apostel ist aber nicht nur, das Evangelium in der Welt zu verkünden. Sie übernehmen in der Kirche ebenso eine Leitungs-, Lehr- und Heiligungsfunktion. Weitergegeben wird ihre von Jesus verliehene Vollmacht durch die Apostolische Sukzession, die in ihrer hierarchischen Form zum Wesenskern der Kirche gehört. Sie wird vollzogen durch die Spendung des Geistes Jesu im Weihesakrament. Allerdings wird durch die Weihe die Freiheit des Menschen nicht eingeschränkt. Dies kann nach Hemmerle die Konsequenz haben, dass das Geheimnis des kirchlichen Amts, das Sichtbarwerden Christi im Bischof, beeinträchtigt wird. Obwohl somit die Weihe in ihrer Wirkung nicht geschmälert wird, ist es auch von der Antwort des Bischofs abhängig, in welchem Ausmaß sich das Sakrament entwickeln kann. Aus diesem Grunde fordert Klaus Hemmerle von den Bischöfen ein, dass diese durch ‚Jesus in ihrer Mitte' Jesus

[639] Ebd., 76.
[640] Ebd., 77.
[641] Ebd., 77.
[642] Vgl. ebd., 72-91.
[643] Ebd., 90.
[644] Ebd., 92.
[645] Vgl. ebd., 72-93.

in ihrem Dienst[646] „entdecken, verstehen und leben lernen."[647] Insofern dies gegeben sei, spiegle die hierarchische Amtsstruktur, die in ihrem Wesenskern dem trinitarischen Modell folge, die Einheit zwischen Vater, Sohn und Geist wider und sei für den einzigen Mittler Jesus als Sakrament für die Welt wahrnehmbar.[648]

5.4.3.6 Die Einkehr des Charismas der Einheit in den Kreis der Bischöfe

Ein Jahr nach seiner Weihe zum Bischof von Aachen bildete Klaus Hemmerle zusammen mit dem Bischof von Palmares (Brasilien), Acácio Rodrigues Alves (1962-2000), und dem Augsburger Bischof Josef Stimpfle einen Kreis, der beschloss, trotz der großen geografischen Trennung miteinander das Evangelium zu leben. Als einzige Lebensregel sollte ihnen das ‚Neue Gebot' Jesu dienen. Sie folgten damit einem Anspruch, den sie an ihre eigene Person als Bischof gestellt sahen:[649]

> „Die Nachfolger der Apostel müssen auch heute die ersten sein, die miteinander dieses Neue Gebot leben, die ein Netz der gegenseitigen Liebe weltweit knüpfen und so dafür Sorge tragen, daß – wie das Konzil es verlangt – die Kirche Zeichen und Sakrament der Einheit wird. Kollegialität aller Bischöfe in Einheit mit dem Papst, das darf keine bloß juristische Aussage bleiben, es muß Lebensform werden. Jeder muß das Bistum des nächsten und des fernsten Bischofs auf Erden genauso lieben wie sein eigenes Bistum."[650]

Die Einkehr des Charismas der Einheit in den Kreis der Bischöfe sollte demnach zu einer lebenspraktischen Umsetzung der Worte der Konzilsväter über die Kollegialität und Einheit der Bischöfe untereinander sowie mit dem Papst werden. Dementsprechend stand der ‚Pakt der Einheit' im Mittelpunkt der Zusammenkünfte. Speziell Klaus Hemmerle soll diesen gemäß der Auskunft von Bischof Paul Schruers (1989-2004) sehr konsequent gelebt haben.[651]

Ein erstes Bischofstreffen unter diesen Vorzeichen wurde 1977 veranstaltet. Zu diesem kamen zwölf Bischöfe aus unterschiedlichen Ländern (z. B. Deutsch-

---

646 Vgl. Chiara Lubich, Im Dienst an allen, 1978, 105; Klaus Hemmerle, Wegmarken der Einheit, 1982, 94-114; Andreas Merkt, Bischof, Pfarrgemeinderäte und Zölibat, 2014, 12-50.
647 Klaus Hemmerle, Wegmarken der Einheit, 1982, 95.
648 Vgl. Chiara Lubich, Im Dienst an allen, 1978, 105; Klaus Hemmerle, Wegmarken der Einheit, 1982, 94-114.
649 Vgl. Wilfried Hagemann, Verliebt in Gottes Wort, 2008, 191-195; Stefan Ulz, Dreifaltigkeit leben, 2019, 64; Ecclesia Catholica, Annuario Pontificio, 2001, 450.
650 Gianni Busellato, Bischof der Weltkirche, 1977, 28.
651 Vgl. Klaus Hemmerle, Brief an die ‚Freunde im Wort', 1977; Ecclesia Catholica, Annuario Pontificio, 2005, 288; Paul Schruers, Persönliches Zeugnis ohne Titel, 27.12.1994; Wilfried Hagemann, Verliebt in Gottes Wort, 2008, 191-195.

land, Italien, Brasilien). 1993 waren es bereits 81 Bischöfe. Bis zum Tod von Klaus Hemmerle entwickelte sich aus diesem Ansatz nach und nach eine Gruppe von Bischöfen, „die verbindlich aus dem Charisma der Einheit und in Verbindung mit Chiara Lubich leben wollten (...).“[652] Dies hatte zur Folge, dass 1998 der Zweig der Bischöfe in die Statuten der FoBw aufgenommen wurde.[653]

Allerdings blieb die von Klaus Hemmerle 1976 begonnene Initiative nicht auf die katholische Konfession beschränkt. Durch einen Impuls von Johannes Paul II. bekam diese 1980 einen ökumenischen Wesenszug. Die daraus resultierenden ökumenischen Bischofstreffen wurden ab 1982 in einem jährlichen Rhythmus an unterschiedlichen Orten (z. B. Rom, London, Istanbul und Ottmaring) veranstaltet.[654] „Im Mittelpunkt [dieser Treffen] stand immer das Referat von Chiara Lubich zu einem Aspekt der Spiritualität und das Koreferat eines nichtkatholischen Bischofs zum gleichen Thema aus der geistlichen Tradition seiner Kirche.“[655] Durch diese Vorgehensweise wurde einer rein katholischen Perspektive vorgebeugt und der Blick für die Fülle des behandelten Gesichtspunktes bewahrt. Ferner wurde bei diesen ökumenischen Bischofstreffen eine theoretische Einseitigkeit überwunden. Übereinstimmungen und Differenzen in der Lehre bestanden nicht mehr nur in der Theorie, sondern kamen im Leben jedes Einzelnen zum Ausdruck.[656]

> „Lehrgespräche haben ihren Rang und ihre Bedeutung, sie räumen Steine aus dem Weg und führen zu den Fundamenten. Aber diese Einkehrtage haben mir deutlich gemacht, daß die vorgegebene und geglaubte Einheit gelebt und erfahren werden kann, ohne daß bestehende Trennungen und Unterschiede zugedeckt werden.“[657]

Zudem kam es zu einem „Austausch geistlicher und pastoraler Erfahrung“[658] auf interkonfessioneller Ebene zwischen den Bischöfen.[659]

---

652 Wilfried Hagemann, Verliebt in Gottes Wort, 2008, 195.

653 Vgl. Bernhard Pree, Mitgliedschaft in kirchlichen Vereinigungen – Die Fokolar-Bewegung, 2000, 94-95; Wilfried Hagemann, Verliebt in Gottes Wort, 2008, 191-195; Klaus Hemmerle, Brief an die ‚Freunde im Wort‘, 1977; Paul Schruers, Persönliches Zeugnis ohne Titel, 1994. Die Teilnehmerzahl der Bischöfe ist dem Buch *Verliebt in Gottes Wort* von Wilfried Hagemann entnommen (vgl. Wilfried Hagemann, Verliebt in Gottes Wort, 2008, 192).

654 Vgl. Paul Schruers, Persönliches Zeugnis [Redemanuskript]; Ulli Büechl, Erstes Ökumenisches Bischofstreffen in Istanbul, 1985, 4; Ulli Büechl, Ökumenisches Bischofstreffen, 1987, 15; Wilfried Hagemann, Verliebt in Gottes Wort, 2008, 195-197; Unbekannt, Ein außerordentliches ökumenisches Ereignis, 1985, 22-23.

655 Wilfried Hagemann, Verliebt in Gottes Wort, 2008, 196.

656 Vgl. Ulli Büechl, Erstes Ökumenisches Bischofstreffen in Istanbul, 1985, 4; Severin Schmid, Bischof Klaus Hemmerle, 1994, 13-18; Wilfried Hagemann, Verliebt in Gottes Wort, 2008, 195-197; Klaus Hemmerle, Brief, 14.9.1989, 1-2; Klaus Hemmerle, Brief an Bischof Wanke, 28.3.1988, 1-2.

657 Martin Kruse, Den Reichtum Christi bei den anderen entdecken, 1994, 66.

658 Wilfried Hagemann, Verliebt in Gottes Wort, 2008, 196.

659 Vgl. Ulli Büechl, Erstes Ökumenisches Bischofstreffen in Istanbul, 1985, 4; Severin Schmid, Bischof Klaus Hemmerle, 1994, 13-18; Wilfried Hagemann, Verliebt in Gottes Wort, 2008, 195-

5.4.4 Kritische Reflexion

Die fokolarinische Spiritualität betrachtete Klaus Hemmerle nicht als eine Verbesserung der bestehenden Theologie. Darüber hinaus war er sich bewusst, dass die kollektiven Frömmigkeitsformen nicht die individuellen ersetzen können. Vielmehr war die Spiritualität der FoBw für ihn gelebte Theologie, die für ihn auf Augenhöhe neben die theoretische Theologie zu treten hatte:[660]

> „Chiara Lubich hat uns in eine Schule des Lebens genommen, aber diese Lebensschule ist zugleich auch eine Schule für die Theologie. Das Ergebnis ist nicht eine Verbesserung der Theologie, sondern gelebte Theologie aus dem Ursprung der Offenbarung."[661]

Diese Ansicht beruht auf der Erkenntnis, dass Theologie nicht nur eine Sache sei, mit der man sich ausschließlich theoretisch auseinanderzusetzen habe, sondern Denken und gelebter Glaube eine Symbiose einzugehen hätten, da der Glaube keinesfalls nur ein Ergebnis des Denkens darstelle.[662]

Kritischer zu betrachten ist dagegen seine Einschätzung des Charismas der Einheit. Dass in den spirituellen Impulsen von Chiara Lubich ein neues Kirchenverständnis anbricht, steht außer Frage. In welchem Ausmaß allerdings kann diesem Ansatz historische Bedeutung zugesprochen werden? Seinen Ursprung hat das Kirchenbild des II. Vatikanums in den Theorien von Johann Adam Möhler und John Henry Newman, die sich allerdings zunächst nicht durchsetzen konnte. Erst nach dem Ende des Ersten Weltkriegs im Jahr 1918 begann sich ab den 1920er-Jahren das Verständnis von Kirche zu ändern. Als Katalysator für die theologischen Aufbrüche jener Zeit fungierte die Neoromantik, welche zu einer zunehmenden Auseinandersetzung mit der Bibel, der Liturgie und der Tradition, bei der vor allem die Kirchenväter und mittelalterliche Theologen im Mittelpunkt des Interesses standen, führte. Diese Ansätze, die sich ebenfalls in Form von spirituellen Aufbrüchen und Erneuerungsbewegungen unter Gläubigen ausbreiteten, sind als Bemühungen um eine Antwort „auf die Fragen und zeitgenössischen Herausforderungen"[663] zu sehen. Kirche wurde nicht mehr nur als Heilsanstalt wahrgenommen, sondern als lebendige Gemeinschaft. Allerdings erreichten die daraus resultierenden philosophischen und theologischen Anregungen bereits in der Enzyklika *Mystici corporis* von Pius XII. ihren Höhepunkt. In dieser bezeichnet der

---

197.

[660] Vgl. Klaus Hemmerle, Wie Glauben im Leben geht, 1995, 17-26; Klaus Hemmerle, Unser Lebensraum – der dreifaltige Gott, 1996, 296-305; Michael Böhnke; Einheit in Mehrursprünglichkeit, 2000, 51-52, 163-167.

[661] Klaus Hemmerle, Unser Lebensraum – der dreifaltige Gott, 1996, 305.

[662] Vgl. Klaus Hemmerle, Wie Glauben im Leben geht, 1995, 17-26; Klaus Hemmerle, Unser Lebensraum – der dreifaltige Gott, 1996, 296-305; Michael Böhnke; Einheit in Mehrursprünglichkeit, 2000, 51-52, 163-167.

[663] Christian Mazenik, Katholisches Kirchenverständnis auf dem Weg, 2016, 102.

Papst die Kirche als Leib Christi. Teil des Leibes Christi werden die einzelnen Gläubigen durch die Taufe, in der sie mit dem göttlichen Lebensprinzip, dem Heiligen Geist, durchdrungen und auf organische Art und Weise mit Jesus Christus und mit den anderen Gliedern verbunden werden (1 Kor 12,12f.).[664] „Dieser pneumatologische Aspekt des organischen Aufbaus der Kirche ist aber nicht losgelöst oder isoliert vom hierarchischen Aufbau, sondern in ihn integriert und ihm untergeordnet"[665], da Christus durch die in der Apostolischen Sukzession stehenden Bischöfe, speziell durch den Bischof von Rom, die Kirche leitet und durch sie tätig wird. In der Enzyklika *Mystici corporis* kommt es somit zu einer Synthese zwischen Elementen des hierarchischen und mystischen Kirchenverständnisses. Es ist daher festzuhalten, dass der Gesichtspunkt der *Communio* durch die Entwicklung eines organischen Kirchenverständnisses bereits vor Chiara Lubich an Form gewann. Ihr Charisma ist folglich als Teil einer Entwicklung zu betrachten, der als ganzer historische Bedeutung zuzusprechen ist.[666]

Es ist daher an dieser Stelle danach zu fragen, worin der Beitrag von Chiara Lubichs Spiritualität zu diesem geschichtlichen Prozess konkret besteht. Die Antwort auf diese Frage findet sich in der Eigenart des fokolarinischen Charismas: Kennzeichnend für dieses sind das Leben aus dem Wort im Alltag (‚Wort des Lebens') und der Austausch der aus diesem Lebensvollzug resultierenden Erfahrungen in der Gruppe (‚Wort-des-Lebens-Kreise'), wodurch individueller und gemeinschaftlicher Glaubensvollzug miteinander verbunden werden. Darüber hinaus ist der spirituelle Ansatz des Charismas der Einheit durch seine lebensorientierte Prägung eine Ergänzung zur bis zu diesem Zeitpunkt vorherrschenden Theorie. Das fokolarinische Charisma schafft somit einerseits, wie Klaus Hemmerle korrekterweise feststellt, eine Synthese; anderseits wird durch diese Eigentümlichkeit eine biblische Kanalisierung vorgenommen. Ihren Ursprung hat diese in der Bibelbewegung genommen, welche spätestens mit der Enzyklika *Spiritus Paraclitus* (1920) von Benedikt XV. einsetzte und auf die Texte des II. Vatikanums maßgeblich Einfluss nehmen sollte.[667]

---

[664] Vgl. Peter Neuner, Ekklesiologie – Die Lehre von der Kirche, 1995, 510-511; Klaus Schatz, Kirchengeschichte der Neuzeit II, 3. Aufl., 1999, 154-161; Christoph Binninger, ‚Ihr seid ein auserwähltes Geschlecht', berufen zum Aufbau des Gottesreiches unter den Menschen, 2002, 657-666; Josef Pilvousek, Die katholische Kirche vom Ersten Weltkrieg bis zur Gegenwart, 2007, 276-287; Christian Mazenik, Katholisches Kirchenverständnis auf dem Weg, 2016, 101-118; Siegfried Wiedenhofer, Das katholische Kirchenverständnis, 1992, 167; Rudolf Michael Schmitz, Aufbruch zum Geheimnis der Kirche Jesu Christi, 1991, 9-94; Josef Günter Biemer, Leben als das Kennzeichen der wahren Kirche Jesu Christi: Zur Ekklesiologie von Johann Adam Möhler und John Henry Newman, 1996, 71-97; Stephan Ackermann, Kirche als Person, 2000, 96-99; Georg Bergner, Volk Gottes, 2018, 39-40.

[665] Christoph Binninger, ‚Ihr seid ein auserwähltes Geschlecht', berufen zum Aufbau des Gottesreiches unter den Menschen, 2002, 662.

[666] Vgl. ebd., 662-664.

[667] Vgl. Jörg Ernesti, Benedikt XV., 2016, 216; Christoph Binninger, ‚Ihr seid ein auserwähltes Geschlecht', berufen zum Aufbau des Gottesreiches unter den Menschen, 2002,657-666.

5.5 Die Entwicklung der vier Dialoge

In den verschiedenen bisher herausgegebenen Statuten des ‚Werkes Mariens' wird zwischen einem allgemeinen und einem spezifischen Ziel differenziert. Unter dem allgemeinen Ziel ist die Suche nach Vollkommenheit in der Liebe zu verstehen. Dass dieses Ziel keinen religiös-einengenden Wesenszug besitzt, lässt sich durch folgende Äußerung Chiara Lubichs belegen:[668]

> „Die Vollkommenheit in der Liebe anstreben heißt: für die Brüder ständig wachsende Liebe haben. Eine Liebe, die all jene anderen christlichen Werte in uns entwickelt, die ihr dienen. Sie gibt uns die wirkliche Armut, die wirkliche Reinheit, die wirkliche Demut, das selbstverständliche Durchhalten, die wirkliche Geduld ... In der Liebe vollendet sein – nicht nur denen gegenüber, die uns nahestehen, sondern allen gegenüber – heißt: das Schöne an allen Berufungen in der Kirche zu entdecken, das Gute aller Völker aufnehmen und mit einer entschlossenen Haltung zur universalen Brüderlichkeit und zum Frieden beitragen."[669]

Das spezifische Ziel der FoBw ist die Erfüllung des Einheitswunsches Jesu (Joh 17,21). Voraussetzung dafür ist das unbeirrte Bemühen um Vollkommenheit in der Liebe. Um das spezifische Ziel zu verwirklichen, praktiziert die FoBw einen vierfachen ‚Dialog der Liebe'[670]: (1.) der innerkirchliche Dialog[671]; (2.) der ökumenische Dialog; (3.) der interreligiöse Dialog; (4.) der Dialog mit Atheisten. Zu berücksichtigen ist in diesem Zusammenhang, dass der Mensch alleine nicht die Einheit bewirken kann, da diese gemäß Chiara Lubich zunächst Werk Gottes ist. Vielmehr kann er lediglich seinen Beitrag dazu beisteuern.[672] Auf den nachfolgenden Seiten sollen die Bemühungen der FoBw um den innerkirchlichen und ökumenischen Dialog dargestellt und eingeordnet werden. Hierfür werden zunächst kurz Entstehung und Entwicklung der geführten Dialoge auf der allgemeinen Ebene skizziert und anschließend deren konkrete Umsetzung in

---

[668] Vgl. Manfred Döbbeler, Die Fokolar-Bewegung, 1988, 156-160; Opera di Maria, Statuti generali, 1990, Art. 5-6; Opera di Maria, Statuti generali, 1995, Art. 5-6; Opera di Maria, Statuti generali, 1999, Art. 5-6; Opera di Maria, Statuti generali, 2007, Art. 5-6.

[669] Chiara Lubich, Bis wir alle eins sein werden, 1990, 22-23.

[670] Die fokolarinische Bezeichnung ‚Dialog der Liebe' ist von dem Fachbegriff ‚Dialog der Liebe' zu unterscheiden. Während unter ersterem die Art und Weise, wie die FoBw ihren Dialog praktiziert, zu verstehen ist, bezeichnetet letzterer die erste Phase (ab 1964) des Dialogs zwischen der katholischen Kirche und den orthodoxen Kirchen (vgl. Aloys Klein, Art. Ökumene. III. Systematisch-theologisch, 3. Aufl., 2006, 1023).

[671] Unter innerkirchlichem Dialog sind die Bemühungen der FoBw zu verstehen, die sich dem Ziel der Einheit in der katholischen Kirche widmen.

[672] Vgl. Chiara Lubich, Die Einheit, 1982, 9-10; Manfred Döbbeler, Die Fokolar-Bewegung, 1988, 156-160; Opera di Maria, Statuti generali, 1990, Art. 5-6; Opera di Maria, Statuti generali, 1995, Art. 5-6; Opera di Maria, Statuti generali, 1999, Art. 5-6; Opera di Maria, Statuti generali, 2007, Art. 5-6.

der Bundesrepublik Deutschland thematisiert. Da in Westdeutschland und in der DDR der interreligiöse Dialog im Untersuchungszeitraum keine Rolle spielte, wird er nicht behandelt. Anders verhält es sich mit dem Dialog der FoBw mit den Atheisten, für den zwar in der Bundesrepublik keine Quellen vorlagen, auf den aber schon aufgrund der gesellschaftlichen Verhältnisse im Rahmen des Teiles über die DDR eingegangen werden muss.

5.5.1 Der innerkirchliche Dialog

Der Dialog zwischen der römisch-katholischen Kirche und der FoBw war zwischen 1943 und 1962 geprägt durch die Prüfung der Bewegung durch das Hl. Offizium, in deren Rahmen seitens der CEI ein explizit negatives Gutachten vorgelegt wurde. Wie sich die Fuldaer Bischofskonferenz gegenüber der FoBw positionierte, wurde bereits angeführt. Dieses Thema hier erneut zu erörtern, ist folglich nicht vonnöten. Vielmehr sollen nun die Jahre 1962 bis 1990 betrachtet werden. Dazu soll der innerkirchliche Dialog zunächst im Allgemeinen und anschließend speziell in Deutschland an den Beispielen der Katholikentage und der Pfarrbewegung erörtert werden. Problematisch erweist sich diese methodische Vorgehensweise aufgrund der Tatsache, dass es wegen der bestehenden Schutzfristen nicht möglich ist, auf Dokumente, die in kirchlichen Archiven in Italien und Deutschland aufbewahrt werden, zuzugreifen. Demzufolge stehen für diesen Zeitraum schwerpunktmäßig fokolarinische Ausführungen zur Verfügung. Vereinzelt beinhalten diese jedoch Aussagen über die FoBw, die von Amtsträgern der katholischen Kirche getätigt wurden. So ist beispielsweise die von Paul VI. am 1. März 1964 gehaltene Ansprache in der Pfarrei S. Maria Conosolatrice in diesem Kontext zu erwähnen, in der er die fokolarinische Lebensweise würdigte, indem er ‚Jesus in der Mitte' als ein notwendiges Bindemittel (‚Zement') bezeichnete, durch das die organische Einheit des Leibes Christi geformt werde und dieser seine Wirkungskraft erhalte. Bischof Hemmerle bezeichnete ‚Jesus in der Mitte' im Vorwort des Buches *Mitten unter ihnen* (1989) von Chriara Lubich als das Bleibende von Kirche, hinter das Amt, Dogma und Sakramente am Ende der Weltzeiten zurücktreten werden. Der Dialog zwischen der katholischen Kirche und der FoBw kann diesen Aussagen zufolge als ein sich gegenseitig ergänzendes Miteinander charakterisiert werden. Diese Schlussfolgerung wird bestätigt durch die Worte von Papst Johannes Paul II., der in seiner Ansprache vom 19. August 1984 in Rocca di Papa das Miteinander von Kirche und FoBw betonte, indem er sagte:[673]

[673] Vgl. Guglielmo Boselli, È venuto a trovarci il papa, 1984, 34-37; Johannes Paul II., Tre esperienze di giovani d'oggi, 1984, 40-41; Chiara Lubich, Mitten unter ihnen, 4. Aufl., 1989, 5-8, 63-64.

„Ich sehe, dass ihr sehr authentisch jenes Bild von Kirche verfolgt, jene Definition ihrer selbst, die die Kirche im II. Vatikanischen Konzil vorgenommen hat.“[674]

Des Weiteren hob Johannes Paul II. den Radikalismus der Liebe hervor, den er laut eigener Aussage in den Reihen der FoBw entdeckt hatte, und brachte zum Ausdruck, dass er sich erhoffe, dass sich dieser durch die Bewegung auf die Kirche übertrage:[675]

„Ich wünsche mir, dass diese Straße dank euch der Kirche immer mehr offen steht.“[676]

Obwohl somit das Bild des innerkirchlichen Dialogs in den Quellen durch eine starke fokolarinische Perspektive geprägt wird, ist auf der Grundlage der vorliegenden Aussagen der Päpste hervorzuheben, dass auch diese das Miteinander von FoBw und Kirche zu schätzen wussten und als eine Bereicherung empfunden haben.

5.5.1.1 Der 87. Deutsche Katholikentag in Düsseldorf (1982)

Unter Katholikentagen sind heutzutage Veranstaltungen zu verstehen, die einerseits im Zeichen des christlichen Glaubensvollzugs stehen und andererseits als Plattform für den Meinungsaustausch der Christen untereinander sowie mit Vertretern anderer gesellschaftlicher Gruppen dienen. Ihr Ursprung ist in der bürgerlichen Revolution von 1848 zu finden, in deren Rahmen der ‚Katholische Verein Deutschlands‘ gegründet wurde, welcher neben der Beseitigung der sozialen Missstände sowohl die Freiheit der Kirche und Religion als auch die „geistliche und sittliche Bildung des Volkes“[677] als Ziel verfolgte. Diese Anliegen übernahmen zunächst auch die Katholikentage. Mit der Reichsgründung 1871 und dem Beginn des Kulturkampfs verlagerte sich der Schwerpunkt auf die Auseinandersetzung mit der kirchenfeindlichen Politik und dem Liberalismus. Nach dem Ende des Ersten Weltkriegs veränderte sich die politische Situation. Die Religions- und Kirchenfreiheit wurde durch die Weimarer Verfassung zugesichert. Von da an versuchten die Katholikentage, der Entchristlichung der Gesellschaft entgegenzuarbeiten.[678]

---

[674] *„Vedo che voi seguite molto autenticamente quella visione della Chiesa, quella autodefinizione che la Chiesa ha dato di se stessa nel Concilio Vaticano II.“* (Johannes Paul II., Tre esperienze di giovani d’oggi, 1984, 41.)

[675] Vgl. Guglielmo Boselli, È venuto a trovarci il papa, 1984, 34-37.

[676] *„Auguro che questa strada, grazie a voi, sia sempre più aperta per la Chiesa.“* (Johannes Paul II., Tre esperienze di giovani d’oggi, 1984, 41.)

[677] Heinz Hürten, Art. Katholikentage, 1989, 37.

[678] Vgl. Rudolf Morsey, Die Deutschen Katholikentage – Wie sie wurden, was sie sind, 1991, 1542-1557; Thomas Grossmann, Art. Katholikentage, 2006, 1339-1345.

Darüber hinaus war es ihnen ein Anliegen „neben religiöser Vertiefung innere Geschlossenheit zu vermitteln."[679] Drei weitere Einschnitte erfolgten in den Jahren zwischen 1948 und 1990: Eine erste markante Schwerpunktsetzung bildete sich nach Abschluss des II. Vatikanums und hatte die Umsetzung der Konzilsbeschlüsse zum Inhalt. Auf dem Essener Katholikentag (1968) machte sich erstmalig eine „Kirche von unten"[680] bemerkbar, und nach Abschluss der Würzburger Synode rückte die Ökumene in den Vordergrund. Dieser folgten bald die Themenschwerpunkte der Dritten Welt sowie der Friedens- und Umweltproblematik.[681]

Spätestens seit 1968, als mit Klaus Hemmerle ein Vertreter der FoBw zum ‚Geistlichen Direktor' des ZdK ernannt wurde, nahm das fokolarinische Charisma Einfluss auf die Gestaltung der Katholikentage. Darüber hinaus engagierten sich Vertreter der FoBw zunehmend auf diesen Veranstaltungen. So referierten beispielsweise auf dem Trierer Katholikentag (1970) mit Regina Betz und Wilfried Hagemann zwei Vertreter der FoBw über die Themen *Orden und Säkularinstitute in der Gemeinde* sowie *Gemeinde aus Menschen für Menschen*. Ein Höhepunkt dieses Miteinanders von römisch-katholischer Kirche und FoBw in der Bundesrepublik Deutschland war jedoch zweifellos der 87. Katholikentag in Düsseldorf, welcher unter dem Motto *Kehrt um und glaubt – erneuert die Welt* stand. Mit ihrem Erscheinen in Düsseldorf zeigte Chiara Lubich erstmals persönlich auf einem Katholikentag Präsenz. Inhalt ihres Referats vom 3. September 1982 mit dem Titel *Glaube – eine Entscheidung fürs Leben* war ihr persönliches Glaubenszeugnis, durch welches sie einen Weg aufzuzeigen gedachte, wie zwischen innerem Leben und äußerem Engagement eine Brücke gebaut werden kann. Einen Tag später, am 4. September 1982, hielt sie ein weiteres Referat zum Thema *Kehrt um und glaubt – erneuert die Welt*. Obwohl Chiara Lubich in den nachfolgenden Jahren nicht mehr persönlich auf den Katholikentagen in München (1984), Aachen (1986) und Berlin (1990) war, lässt sich weiterhin ein Engagement der FoBw nachweisen. Auf dem Katholikentag in Aachen referierten Mitglieder der FoBw zu den Themen Asylantenarbeit, Weltkirche / Mission und Ökumene. Ein Bericht über die Geschichte des ‚Ökumenischen Lebenszentrums Ottmaring' und die dort gemeinsam erlebten Erfahrungen folgte vier Jahre später in Berlin. Um den Umfang des fokolarinischen Beitrags zu den Katholikentagen korrekt bestimmen zu können, müsste man allerdings den Einfluss von Klaus Hemmerle auf das ZdK im Detail untersuchen. Diese Aufgabe würde jedoch eine eigene Monografie füllen und wird daher an dieser Stelle als ein Desiderat angeführt.[682]

---

679 Rudolf Morsey, Die Deutschen Katholikentage – Wie sie wurden, was sie sind, 1991, 1548.

680 Ebd., S. 1549.

681 Vgl. Rudolf Morsey, Die Deutschen Katholikentage – Wie sie wurden, was sie sind, 1991, 1542-1557; Thomas Grossmann, Art. Katholikentage, 2006, 1339-1345.

682 Vgl. P. Wittelmann, Katholikentag, 1970, 18-23; Chiara Lubich, Glaube – eine Entscheidung fürs Leben, 1982, 417-421; Wienfried Baetz, Die Tage in Düsseldorf, 1982, 14-15; Chiara Lubich, Aufgrund der gegenseitigen Liebe wird die Welt glauben, 1982, 4-8; Chiara Lubich, Die Einheit, 1982, 9-12; Ulli Büechl, Katholikentag Aachen, 1986, 12; Hiltrud Priebe, Bericht über 20 Jah-

5.5.1.2 *Die Pfarrbewegung*

Weitere Beispiele des Miteinanders der katholischen Kirche und der FoBw sind die einzelnen fokolarinischen Bewegungen (z. B. die Pfarrbewegung, die Bewegung ‚Neue Familien' und die Jugend-Bewegung). Aufgrund der relativ guten Quellenlage, die insbesondere für die DDR besteht, soll an dieser Stelle exemplarisch die Pfarrbewegung behandelt werden. Das Bestreben der Pfarrbewegung ist die Erneuerung kirchlicher Strukturen auf Pfarreiebene durch das Charisma der FoBw. Der Ausgangspunkt ihres Beitrags, wie Chiara Lubich in der Eröffnungsrede des ersten internationalen Kongresses der Pfarrbewegung im Jahr 1986 erörterte, ist das fokolarinische Zeugnis des gelebten Wortes. Aus diesem resultiere eine ‚Revolution des Evangeliums', die zu einer Neugestaltung zwischenmenschlicher Beziehungen führe, die die Menschen einen würde. Die so erreichte Einheit werde nicht nur dazu führen, dass ‚Jesus in der Mitte' Gestalt annehme, sondern auch die in den Sakramenten geschenkte Gnade genährt werde. Gleichzeitig lasse das Apostolat der Einheit Dialoge entstehen, durch die die Kräfte der unterschiedlichen Initiativen auf Pfarreiebene gebündelt werden könnten. Damit setze die Pfarrbewegung mit ihren Bemühungen an dem Bruch zwischen Evangelium und Kultur an, der von Paul VI. in *Evangelii nuntiandi* (1975) als „das Drama unserer Zeitepoche" (EN 20) bezeichnet wurde. Sie komme der Aufgabe nach, die das II. Vatikanum der Pfarrei zugewiesen hatte (vgl. AG 37), indem sie den christlichen Glauben durch ihr eigenes Glaubenszeugnis erfahrbar mache und dadurch zu einer vitalen Erneuerung der Pfarreien, zumindest im theoretischen Sinn, beitrage.[683]

Neben dem Apostolat der Fokolarini, dem Streben nach Einheit und dem Leben aus dem Wort der Heiligen Schrift heraus, zeichnet sich die Pfarrbewegung in der Alltagspraxis durch folgende Merkmale aus: Innerhalb der Pfarrei wird durch regelmäßige Treffen beabsichtigt, den Glauben gemeinschaftlich zu leben. Gemäß dem Einheitsziel der FoBw ist die Pfarrbewegung ökumenisch ausgerichtet. Es werden beispielsweise gemeinsame Bildungsveranstaltungen oder Gebetsstunden organisiert. Eine Abgrenzung der Pfarrbewegung vom Leben der Pfarrei wird abgelehnt, da es ihrem Ziel widersprechen würde. Unterschiede werden als Bereicherung wahrgenommen und Rivalitäten nicht gutgeheißen. Obwohl die Pfarrbewegung auf Pfarreiebene handelt, finden auch überdiözesane Begegnungen statt. Weiterhin gibt es in ihr keine konkrete Mitgliedschaft. Jeder kann sich unabhängig von seiner Konfession und Herkunft in ihr engagieren. Ungeachtet der Tatsache, dass in der Pfarrbewegung keine festen Regeln und Pflichten für die Mitglieder formuliert wurden, ist für sie eine bindende Anlehnung an die ka-

re Ökumenisches Lebenszentrum Ottmaring, 1991, 1682-1691; Wilfried Hagemann, Verliebt in Gottes Wort, 2008, 62-75.

683 Vgl. Chiara Lubich, Die Fokolar-Bewegung und die Pfarreien, 1986, 9-22, 24; Erich Garhammer, Dem Neuen trauen, 1996, 76-80; Karl-Heinz Selge, Neue geistliche Bewegungen in der Pfarrei als Konkretion von Communio?, 1992, 373-374.

tholische Kirche charakteristisch. Aus kirchenrechtlicher Sicht weist sie durch den Anschluss an die Statuten der FoBw Merkmale (Art. 125) des kanonischen Vereins (cc. 298-329 CIC 1983) auf. Zugleich ist für sie c. 216 CIC 1983, der es Laien erlaubt, Zusammenschlüsse mit apostolischen Vorhaben zu gründen, zutreffend.[684]

Eine Rekonstruktion der Entwicklung der Einflussnahme der Pfarrbewegung auf die verschiedenen Ebenen der deutschen Kirche ist schwierig, da keine Dokumentationen über ihre Arbeit vorgenommen wurden. Insofern ist festzuhalten, dass ein wesentlicher Einflussbereich der FoBw für die Bundesrepublik Deutschland nur sehr unscharf skizziert werden kann. Die externe Perspektive erlaubt demzufolge keine nähere Beurteilung darüber, inwiefern die fokolarinischen Bewegungen konkret zur Erneuerung innerhalb der katholischen Kirche Deutschlands beigetragen haben. Die von Wilhelm Schäffer in seiner Dissertation geäußerte Kritik, dass die Pfarrbewegung in den meisten Fällen mehr FoBw in der Pfarrei als Erneuerungsbewegung gewesen sei, ist auf dessen eigene Erfahrungen als Fokolar zurückzuführen.[685] Ob diese Feststellung im Allgemeinen angenommen werden kann, ist fragwürdig, da davon auszugehen ist, dass dieses Verhalten je nach Situation und zuständigen Pfarrern von Pfarrei zu Pfarrei unterschiedlich ausgefallen sein kann. Dass sich ‚Neue geistliche Bewegungen' von der Pfarrei abgrenzen und den Bezug zur ihr verlieren, stellt auch heute noch ein Problem dar. Im Schreiben *Iuvenescit ecclesia* (2015) der ‚Kongregation für die Glaubenslehre' wird aus diesem Grund unter anderem von den Bewegungen das Zeugnis einer wirklichen Gemeinschaft mit der Kirche eingefordert. Die ‚Neuen geistlichen Bewegungen' haben sich demzufolge mit ihren Bemühungen in den Dienst der Teilkirche zu stellen. Denn indem sie sich den Nachfolgern der Apostel verbunden wissen, stellen sie sich nicht nur in den Dienst der Sendung der Kirche, sondern wahren auch die Gemeinschaft mit dem Papst (vgl. LG 23), welcher das „sichtbare Prinzip und Fundament für die Einheit der Vielheit von Bischöfen und Gläubigen" (IE 21) verkörpert. Gleichzeitig wird dadurch vermieden, dass die ‚Neuen geistlichen Bewegungen' als Zufluchtsstätte für Menschen dienen, die vor den Herausforderungen der modernen Lebenswelt flüchten (vgl. IE 18-21).[686]

Angesichts der Tatsache, dass sich das Pfarreibild in den letzten Jahrzehnten stark verändert hat, stellt sich des Weiteren die Frage, inwiefern die Pfarrbewegung durch das Apostolat der Einheit im 21. Jahrhundert zu einer Erneuerung der Pfarrei beitragen kann. Um diese Frage zu beantworten, sind die gesellschaftlichen Bedingungen zu beachten, unter denen Menschen heutzutage leben.[687] Spätestens mit dem Beginn der Postmoderne wurde „die Idee der Ein-

[684] Vgl. Karl-Heinz Selge, Neue geistliche Bewegungen in der Pfarrei als Konkretion von Communio?, 1992, 374-376.

[685] Vgl. Wilhelm Schäffer, Erneuerter Glaube – verwirklichtes Menschsein, 1987, 179.

[686] Vgl. Marianne Tigges, Der Geist weht, wo er will, 1999, 225-226; Annegret Marenski, Die Gemeinschaft Sant'Egidio, 2021, 73.

[687] Vgl. Karl Gabriel, Christentum zwischen Tradition und Postmoderne, 1992, 121-202; Michael Ebertz, Aufbruch in der Kirche, 2003, 59-62; Herbert Haslinger, Lebensort für alle, 2005, 45-57.

heit als gesellschaftstragendes Prinzip aufgegeben (...).“[688] Kennzeichnend ist nun ein Globalismus, in dessen Gefolge es zu einer Pluralisierung, Individualisierung, Detraditionalisierung, Deinstitutionalisierung und paradoxerweise zu einer Homogenisierung des gesellschaftlichen Lebens gekommen ist. Menschen binden sich zunehmend weniger an soziale Institutionen und gestalten ihr Leben nach eigenen Wertvorstellungen und Bedürfnissen. Einheit in Form von klar definierten gemeinsamen Werten und Normen lässt der postmoderne Mensch im Gegensatz zu früheren geschichtlichen Zeitabschnitten vermissen. Freiheit, Verschiedenheit und Toleranz sind die Leitbilder, die die Postmoderne prägen. Obwohl Events (z. B. Nightfever) oder Bibelkreise große Zuläufe verzeichnen, ist die religiöse Glaubenspraxis oftmals aufgrund der geringen Bindungsbereitschaft auf das jeweilige Ereignis beschränkt. Gleichzeitig zeichnet sich durch diese Signaturen der Postmoderne aber auch die Entwicklung ab, dass Menschen durch die Vielzahl der Angebote, aus denen sie ihre Identität zusammensetzen könnten, erdrückt werden. Sie tendieren aus diesem Grund dazu,[689] „in einer klar strukturierten Religion mit einheitlichen, verbindlichen Vorgaben Lebensorientierung und Schutz [zu] suchen.“[690] Für Initiativen wie die Pfarrbewegung bietet sich daher die Möglichkeit, sich an der Erneuerung der Pfarrei zu beteiligen, insofern sie die individuellen Bedürfnisse des heutigen Menschen berücksichtigt und als Organisation des Teilsystems Religion[691] den Menschen beim Meistern der Kontingenz unterstützt, welche der Postmoderne immanent ist.[692]

In der aktuellen Diskussion wird auf zehn Spannungsfelder hingewiesen, die sich durch die Aktivität ‚Neuer geistlicher Bewegungen‘ in der Pfarrei ergeben können: (1.) Das Glaubenswissen ‚Neuer geistlicher Bewegungen‘ resultiert aus ihren spirituellen Erfahrungen. Ihre Spiritualität ist geprägt durch das dem zur jeweiligen Bewegung gehörende Charisma, welchem nicht zwangsläufig eine theologische Reflexion zugrunde liegt. Diese fehlende Wissenschaftlichkeit und Rationalität kann auf Außenstehende naiv wirken; (2.) der Einsatz von Bewegungspriestern in Pfarrgemeinden könnte ebenfalls Konfliktpotenzial bergen, in-

[688] Herbert Haslinger, Lebensort für alle, 2005, 50.
[689] Vgl. Herbert Haslinger, Lebensort für alle, 2005, 45-57; Marc Calmbach, Glaube und Religion, 2016, 352-354; Wolfgang Welsch, Postmoderne. I. Philosophisch, 2006, 455.
[690] Herbert Haslinger, Lebensort für alle, 2005, 48. Vgl. hierzu auch: Marc Calmbach, Glaube und Religion, 2016, 374-376.
[691] Die Systemtheorie von Niklas Luhmann (* 1927; † 1998) geht davon aus, dass sich das Gesamtsystem der Gesellschaft in eine Vielzahl von Teilsystemen (z. B. Religion, Wirtschaft, Politik usw.) untergliedern lässt, welche sich wiederum aus Teilsystemen zusammensetzen. Jedes einzelne Teilsystem übernimmt in diesem Kontext eine spezifische Funktion für das Gesamtsystem. Durch diese trägt es einerseits zur Stabilisation der Gesellschaft bei. Andererseits entlastet es andere Teilsysteme, da diese dann auf die Leistung des Teilsystems zurückgreifen können (vgl. Niklas Luhmann, Die Gesellschaft der Gesellschaft, 1997, 78, 743-776; Niklas Luhmann, Funktion der Religion, 1999, 9-71; Herbert Haslinger, Lebensort für alle, 2005, 53-57; Niklas Luhmann, Soziologische Aufklärung 1, 2008, 143-172; Walter Reese-Schäfer, Niklas Luhmann zur Einführung, 1999, 188-189).
[692] Vgl. Herbert Haslinger, Lebensort für alle, 2005, 45-57.

sofern durch diese, ob bewusst oder unbewusst, der Raum für andere Spiritualitätsrichtungen verengt wird und zu einem exklusiven spirituellen Anspruch führt; (3.) grundlegend für die ,Neuen geistlichen Bewegungen' ist die Gemeinschaftserfahrung. Allerdings darf die Gemeinschaft weder als Schutzort vor der Welt des 21. Jahrhunderts dienen noch sollte in ihr eine geistig-soziale Enge vorherrschen, die nur dazu führt, dass Menschen sich abwenden bzw. von der Pfarrei nicht wahrgenommen werden können. Eng damit verbunden ist auch die Gefahr, dass sich die ,Neuen geistlichen Bewegungen' zu geistlich-elitären Hochburgen entwickeln könnten, was es unbedingt zu verhindern gilt, indem sie in die Pfarrei bzw. Diözese integriert werden; (4.) die Mitglieder ,Neuer geistlicher Gemeinschaften' sehen sich vom Heiligen Geist geleitet. Sie wissen sich der Tradition verbunden und vertreten die Auffassung, dass die Resultate ihrer Bemühungen auf Gott zurückzuführen sind. Dieser Haltung gegenüber steht der moderne Christ, der auf seine eigene Leistung baut und sich weniger der Tradition bewusst ist; (5.) durch ihre größtenteils starke Geistorientierung besteht die Gefahr, dass die eigenen Erneuerungsbedürfnisse mit den tatsächlichen Anregungen des Heiligen Geistes verwechselt werden; (6.) die Bewegungen pflegen den Gehorsam gegenüber der Kirche. Im Vergleich zu ihrer Anfangsphase bekennen sie jedoch nur zurückhaltend ihre Standpunkte. Der moderne Christ dagegen lehnt das klassische Gehorsamsmodell ab; (7.) die ,Neuen geistlichen Bewegungen' ziehen Nutzen aus der Eventgesellschaft. Ihnen ist jedoch nicht immer bewusst, dass dadurch das Pfarreileben nicht zwangsläufig lebendiger wird; (8.) die ,Neuen geistlichen Bewegungen' bemühen sich um die Einheit des Christentums, ohne konfessionelle Grenzen zu überschreiten. Moderne Christen aus der Gemeinde oder kategorialen Seelsorge berücksichtigen die Grenzen nicht; (9.) während sich Christen in der heutigen Gemeinde weitgehend von religiösen Traditionen distanziert haben, pflegen die ,Neuen geistlichen Bewegungen' eine Spiritualität, die sich mit der (präkonziliaren) Volksfrömmigkeit verbinden lässt. Dies bietet Konfliktpotenzial, insofern es den Bewegungen nicht gelingt, sich den kulturellen Gepflogenheiten vor Ort anzupassen; (10.) das Leben der Mitglieder ,Neuer geistlicher Bewegungen' orientiert sich an einem Charisma. Sie „haben eine Vision von Kirche und Welt, an der sie tatkräftig mitbauen."[693] Demgegenüber steht die starke Kritik moderner Christen in Pfarreien.[694]

Dass die zehn genannten Spannungsfelder auch in der FoBw anzutreffen sind, kann nicht ausgeschlossen werden, auch wenn dafür keine eindeutigen Belege vorliegen. Zudem ist zu beprüchsichtigen, dass je nach Pfarrei ein unterschiedliches Konflikpotenzial vorliegt. So mag beispielsweise der auf dem Land lebende Christ kirchlichen Traditionen verbundener sein als Gläubige in urbanen Gegenden. Gleiches gilt für die Pluralität der Gesellschaft, die in den Städten sicherlich

693 Maria Widl, Das Volk Gottes auf dem Weg durch die Postmoderne, 2018, 201.

694 Vgl. Maria Widl, Das Volk Gottes auf dem Weg durch die Postmoderne, 2018, 201-203; Herbert Haslinger, Lebensort für alle, 2005, 50; Marianne Tigges, Der Geist weht, wo er will, 1999, 225-226; Annegret Marenski, Die Gemeinschaft Sant'Egidio, 2021, 72-77.

größer ausgeprägt ist als auf dem Land. Die Komplexität des Phänomens der Postmoderne gebietet daher an dieser Stelle voreiliges Schlussfolgern und Generalisieren bezüglich der Pfarrbewegung zu vermeiden sowie im Modus des Problematisierens zu verbleiben. Festzuhalten bleibt auch, dass von der Pfarrbewegung durchaus auch Impulse ausgehen können, die ein Miteinander in der Pfarrei (neu) beleben können. Zu beachten ist jedoch in diesem Zusammenhang die Tatsache, dass, wie bereits gezeigt wurde, die FoBw ihren Zenit bereits 1979 erreicht hatte.[695]

5.5.2 Der ökumenische Dialog

Ein erster Anhaltspunkt für das ökumenische Potenzial der FoBw ist in einer Aussage Chiara Lubichs aus dem Jahr 1948 zu finden:[696]

> „Geht nie auseinander, wenn ihr Euch noch nicht verstanden habt! Über allem steht die Einheit! In allem! Nach allem! Wenig zählen die Diskussionen, auch über die heiligsten Dinge, wenn wir nicht Jesus unter uns haben, wenn wir uns nicht so lieben, daß wir uns alles schenken."[697]

In dieser Äußerung Chiara Lubichs ist noch nicht explizit ein ökumenischer Charakterzug zu entdecken. Sie bezieht sich jedoch bereits auf das ‚Neue Gebot' Jesu, welches das Fundament des späteren ökumenischen Dialogs der FoBw darstellt. Schärfer umrissen sind das Prinzip der Liebe und das Ziel der Einheit dagegen in einer Bemerkung Chiara Lubichs, die von ihr während eines ökumenischen Treffens in Rocca di Papa im Jahr 1965 getätigt wurde:[698]

> „Wir sind nicht hier, um ein theologisches Streitgespräch zu führen, auch wenn man in der Liebe zur Wahrheit stehen muß. Wir sind nicht einmal hier, um zu beten, auch wenn wir, jeder für sich und alle miteinander, beten werden. Wir sind hier, um zu lieben. Und die Liebe soll so lebendig sein, so geläutert durch die (beständige) Kreuzigung unseres Ichs, daß jemand, der uns sieht, sagen kann: Es gibt weder Katholiken noch Lutheraner, noch Anglikaner noch Orthodoxe, alle sind *eins* in Christus, dem Herrn! (...)

---

695 Vgl. Annegret Marenski, Die Gemeinschaft Sant'Egidio, 2021, 77.

696 Vgl. Manfred Döbbeler, Die Fokolar-Bewegung, 1988, 177-185.

697 „Mai lasciatevi se non dopo esservi compresi. L'unità innanzitutto! In tutto! Dopo tutto! Poco contano le discussioni, le questioni anche più sante, se non diamo vita a Gesú tra noi, amandoci tanto da donarci *tutto*." (Judith Povilus, Gesú in Mezzo nel pensiero di Chiara Lubich, 1981, 105; Manfred Döbbeler, Die Fokolar-Bewegung, 1988, 177-178; Judith Povilus, Jesus in der Mitte, 2. Aufl., 1990, 78.) Der Brief vom 29. April 1948, auf den sich Judith Povilus an dieser Stelle bezieht, ist leider nicht auffindbar.

698 Vgl. Manfred Döbbeler, Die Fokolar-Bewegung, 1988, 177-185; Stefan Tobler, Jesu Gottverlassenheit als Heilsereignis in der Spiritualität Chiara Lubichs, 2002, 75-77.

> Wenn Christus geistig unter uns sein wird, wird er selbst feststellen können, wie schön es ist, wenn Brüder in Eintracht beisammen sind. Er wird uns Stunde für Stunde, Tag für Tag den Weg weisen; ihm allein müssen wir diese Zusammenkunft anvertrauen."[699]

Wie den zwei Zitaten zu entnehmen ist, war das Streben nach der Einheit stets ein wesentliches Element der FoBw. Jedoch verstanden die ersten Fokolare diese nicht von Beginn an in einem interkonfessionellen Sinn, sondern hatten anfänglich die Auffassung, dass sich die Realisierung des Charismas der Einheit auf die römisch-katholische Kirche beschränke. Auch Chiara Lubich und ihre Gefährtinnen waren demzufolge zunächst von der präkonziliaren exklusiven Haltung geprägt und stellten eine Gemeinschaft mit ‚Jesus in der Mitte' mit nichtkatholischen Christen in Frage. Eine ökumenische Ausrichtung der FoBw wurde daher von ihr zunächst explizit verneint. Diese Haltung änderte sich spätestens mit der Darmstädter Zusammenkunft, bei der sich Chiara Lubich mit Vertretern der evangelischen Marienschwestern und der ‚Bruderschaft vom gemeinsamen Leben' traf. Bezüglich der Datierung dieses bedeutenden Treffens gibt es gegensätzliche Angaben in den fokolarinischen Zeitschriften ‚Das Prisma', ‚Neue Stadt' und in dem Buch *Il Movimento dei Focolarini*. Gegen eine Datierung auf das Jahr 1960 spricht das Faktum, dass die sich für dieses Datum aussprechenden Artikel der Zeitschriften ‚Neue Stadt' und ‚Das Prisma' erst im Jahr 1998 erschienen sind. Für das Jahr 1961 ist die zeitliche Nähe der Artikel von Gabriella Fallacara[700] und R. Gim anzuführen, die 1965 bzw. 1967 veröffentlicht wurden. Berücksichtigt man in diesem Kontext noch den Artikel *Im Zeichen der Fußwaschung*, in dem ein zitierter Tagebuchauszug des evangelischen Pfarrers Klaus Heß (* 1907; † 1987)[701] das Ereignis auf den Januar 1961 datiert, so ist als Zeitpunkt der Darmstädter Zusammenkunft der Januar des Jahres 1961 anzunehmen. Die fehlerhafte Angabe

---

699 „Qui non siamo per polemizzare (non è un incontro per teologi) anche se si deve fare la verità nella carità. Qui non siamo nemmeno per pregare, anche se singolarmente e insieme pregheremo. Qui siamo per amare. E l'amore dovrà essere così ardente, cosí purificato della crocifissione del nostro io (continua, costante) che chi ci vede possa dire: 'Non c'è nè cattolico, né luterano, né anglicano, né ortodosso: sono tutti *uno* in Cristo Signore! (...) Allora Egli verrà fra noi spiritualmente e si renderà conto Lui stesso di quanto è bello e giocondo che i fratelli abitino insieme e ci guiderà ora per ora, giorno per giorno, suggerendo e compiendo Lui stesso questo convegno che a nessun altro che a Lui dobbiamo affidare." (Judith Povilus, Gesú in Mezzo nel pensiero di Chiara Lubich, 1981, 105; Manfred Döbbeler, Die Fokolar-Bewegung, 1988, 177-178; Judith Povlius, Jesus in der Mitte, 2. Aufl., 1990, 78.) Die Bandaufnahme von Pfingsten 1965, auf die sich Judith Povilus an dieser Stelle bezieht, ist leider nicht auffindbar.

700 Gabriella Fallacara ist eine italienische Fokolarin. Sie kam am 5. Mai 1930 als Tochter des italienischen Schriftstellers Luigi Fallacara auf die Welt, welcher ein Freund von Igino Giordani war. Mit der FoBw kam sie 1952 durch Silvana Veronesi in Kontakt. Neben ihrer Tätigkeit bei der *Città Nuova* engagierte sie sich ab 1967 für den ökumenischen Dialog der Bewegung. Von 1981 bis 2008 leitete sie das *Centro Uno* (vgl. Information von Maria Wienken, 28.1.2017).

701 Klaus Heß war ein Mitglied der ‚Bruderschaft vom gemeinsamen Leben'. Er wanderte 1954 in die Schweiz aus und zog 1968 nach Ottmaring (vgl. Information von Wilfried Hagemann und Marco Würgler, 24.11.2016).

des Jahres 1960 könnte durch einen Erinnerungsfehler verursacht worden sein, da die Begegnung relativ schnell nach dem Jahreswechsel erfolgte, sodass durch den zeitlichen Abstand das Jahr 1960 als Möglichkeit in Betracht gezogen wurde. Diese These wird durch die Artikel *Das Mögliche tun* und *Wenn die Einheit gelebt wird ...* bekräftigt, da in diesen als Zeitpunkt der Begegnung der 14. Januar 1961 angeführt wird.[702]

Durch den gegenseitigen Kontakt in Darmstadt wurden bestehende Stereotype unter den Teilnehmern abgebaut. Es kam zu einer neu entdeckten Wertschätzung der jeweils anderen Seite. Diese Einstellungsveränderung könnte aus psychologischer Sicht durch die so genannte ‚Kontakthypothese' erklärt werden, welche davon ausgeht, dass Vorurteile in der Begegnung abgebaut werden können. Voraussetzung dafür ist eine ungezwungene bzw. freundliche Umgebung, in der soziale Normen zu beachten sind, sodass innerhalb als auch unter den Gruppen ein gleicher Status vorherrscht. Darüber hinaus ist es von Bedeutung, dass der Mensch annimmt, „dass die Mitglieder der Fremdgruppe, die er kennenlernt, (...) *typisch für ihre Gruppe*"[703] sind, da sonst das Vorurteil weiterhin bestehen bleiben kann. Sind diese Bedingungen gegeben, bedarf es ferner eines gegenseitigen Abhängigkeitsverhältnisses (z. B. durch ein gemeinsames Ziel). Dieses ist im Fall der Darmstädter Zusammenkunft im spirituellen Ziel der Bewegungen zu finden: die Realisierung des Einheitswunsches Jesu (Joh 17,21). Allerdings wird durch diese Erklärung die Gestalt des verlassenen Jesus nicht berücksichtigt, welcher von Chiara Lubich in der ökumenischen Ausrichtung eine zentrale Rolle zugewiesen bekommt:[704]

> „Er ist es, der uns zu dem Abenteuer der Ökumene anhält und der uns den Mut gibt, in der Liebe alle Spaltungen zu überwinden, die vor allem durch mangelnde brüderliche Liebe im Laufe der Jahrhunderte entstanden sind. Aus Liebe zu ihm treten wir in Kontakt zu den anderen christlichen Konfessionen und lernen sie besser kennen; wir erfassen ihre besonderen Reichtümer, wir bringen ihnen Wertschätzung entgegen und entdecken, dass wir durch die gemeinsame Taufe alle wahrhaft Brüder und Schwestern sind."[705]

---

[702] Vgl. Gabriella Fallacara, Il Centro Uno, 1965, 129-134; R. Gim, Was ist Ottmaring?, 1967, 4-5; Bruna Tomasi, Die Spiritualität der Fokolar-Bewegung und ihr Beitrag zur Ökumene, 1983, 91-92; Heiner Romberg, Das Mögliche tun, 1987, 18-19; Manfred Döbbeler, Die Fokolar-Bewegung, 1988, 177-178, 182-183; Günther Rattey, Im Zeichen der Fußwaschung, 1991, 25-31; Rupert Reindl, Gelebte Einheit, 1992, 38-43; Michael Jasch, Wenn die Einheit gelebt wird ..., 1992, 20-21; Andrea Balbo, Sich vom Geist führen lassen, 1998, 26-31; Severin Schmid, Ein echter Geheimtipp, 1998, 21-22.

[703] Ebd., 507.

[704] Vgl. Elliot Aronson, Sozialpsychologie, 8. Aufl., 2014, 504-508; Tobias Greitemeyer, Sozialpsychologie, 2012, 121-123.

[705] „È lui ancora a lanciarci nell' avventura ecumenica e a darci il coraggio di oltrepassare con amore ogni spacco prodotto soprattutto dal disamore fraterno attraverso i secoli. È per amore a lui che, entrando in contatto con le altre confessioni cristiane, le conosciamo meglio, ne cog-

Indem sie dem Ruf von ‚Jesus, dem Verlassenen' folgte, war es Chiara Lubich möglich, die konfessionellen Grenzen zu überwinden und den Reichtum der anderen christlichen Konfessionen zu entdecken. Auf der Darmstädter Zusammenkunft erkannte sie infolgedessen das ökumenische Potenzial des Charismas der Einheit. Hatte sie sich zuvor noch gefragt, ob eine Gemeinschaft mit ‚Jesus in der Mitte' mit Nichtkatholiken überhaupt möglich sei, vertrat sie nun die Überzeugung, dass ‚Jesus, der Verlassene' das Kernstück der Ökumene sei, da die Präsenz ‚Jesu in der Mitte' aus der Praktizierung des Gebots der Liebe zum Nächsten resultiere, welches man mit Menschen jeder Konfession leben könne.[706]

Aus diesem neu definierten Einheitsverständnis entwickelte sich das Zeugnis des ökumenischen Dialogs, in dessen Verlauf es zu zahlreichen Zusammenkünften mit Repräsentanten anderer christlicher Konfessionen kam. Hervorzuheben sind an dieser Stelle die Zusammenkünfte Chiara Lubichs mit dem damaligen Erzbischof von Canterbury Michael Ramsey (1961-1974) als anglikanischem Vertreter im Jahr 1966 sowie mit dem orthodoxen Patriarchen Athenagoras I. (1948-1972), den sie 1967 erstmals traf. Michael Ramsey befürwortete Chiara Lubichs Absicht, im Raum der anglikanischen Kirche tätig zu werden und ihre Spiritualität dort in Umlauf zu bringen:[707]

> „Ihr habt der Kirche von England so viel zu geben (...), hier ist der Finger Gottes. Ihr könnt dieses Feuer in unsere Kirche bringen."[708]

Mit Athenagoras, der zweifellos zu den großen Persönlichkeiten der damaligen Ökumene gehörte, verband Chiara Lubich eine Art ‚Vater-Tochter-Beziehung'[709]. Von ihm lernte sie laut Eigenaussage die Liebe zu den kirchlichen Verantwortlichen und den verschiedenen Kulturen der Welt zu leben.[710]

---

liamo le ricchezze peculiari, le apprezziamo e ci scopriamo, per il battesimo comune, tutti veramente fratelli e sorelle." (Chiara Lubich, Gesù Abbandonato via all'ecumenismo, 1989, 9.)

706 Vgl. Judith Povilus, Gesú in Mezzo nel pensiero di Chiara Lubich, 1981, 106; Stefan Tobler, Jesu Gottverlassenheit als Heilsereignis in der Spiritualität Chiara Lubichs, 2002, 75-77. Die Bandaufnahmen vom 31.1.1969 (Rocca di Papa, vor Priestern) und vom 17.11.1965 (Liverpool, An eine Gruppe Anglikaner), auf die sich Judith Povilus an diesen Stellen bezieht, sind leider nicht auffindbar.

707 Vgl. Giuseppe Garagnani, Die Bewegung in England, 1981, 6-8; Manfred Döbbeler, Die Fokolar-Bewegung, 1988, 200-212; Michael Wittig, Art. Athenagoras I., Ökum. Patriarch, 3. Aufl., 2006, 1143; Carsten Peter Thiede, Art. Ramsey, Arthur Michael, 3. Aufl., 2006, 824; Stefan Ulz, Dreifaltigkeit leben, 2019, 65.

708 Giuseppe Garagnani, Die Bewegung in England, 1981, 8.

709 In der Literatur findet sich die Aussage, dass Chiara Lubich aufgrund ihrer engen Beziehung zu Athenagoras I. zur Mittlerin zwischen Paul VI. und dem orthodoxen Patriarchen wurde. Eine eingehende Untersuchung des Verhältnisses der drei Personen steht jedoch noch aus (vgl. Petra Steinmair-Pösel, Im Gravitationsfeld von Mystik und Politik, 2019, 249).

710 Vgl. Chiara Lubich, Chiara Lubich und die Fokolar-Bewegung, 1982, 58-60; Wilhelm Schäffer, Erneuerter Glaube – verwirklichtes Menschensein, 1983, S. 121-125; Manfred Döbbeler, Die Fokolar-Bewegung, 1988, 200-212.

„In seinem Inneren gab es keine Trennung mehr. Er hatte die volle Einheit der orthodoxen und der katholischen Kirche verwirklicht, auch wenn es die äußeren Umstände noch nicht erlaubten, diesen Weg sichtbar und bis zur letzten Konsequenz zu gehen."[711]

Ein Grund für diese sehr gute Beziehung zwischen Athenagoras I. und Chiara Lubich war der ‚Dialog der Liebe' (ab 1964)[712], den beide praktizierten. Gemäß Chiara Lubich nahm der Patriarch von Konstantinopel in der FoBw eine Möglichkeit wahr, diesen Dialog umzusetzen. Aus diesem Grund soll er sich selbst als ein ‚einfaches Mitglied' der FoBw gesehen haben.[713]

5.5.2.1 Das Centro Uno

Das *Centro Uno* ist die Organisationsschnittstelle des ökumenischen Engagements der FoBw. Es wurde 24. Mai 1961 in Rom eröffnet und somit ungefähr zum gleichen Zeitpunkt gegründet wie das ‚Sekretariat zur Förderung der Einheit der Christen', dessen Konstitution auf das Motu Proprio *Superno Dei nutu* (1960) von Johannes XXIII. (1958-1963)[714] zurückgeht[715]. Vorsitzender des *Centro Uno* war bis 1980 Igino Giordani. Nach dem Tod von Giordani wurde Gabriella Fallacara seine Nachfolgerin. Aufgabe dieser Einrichtung ist die Organisation von ökumenischen Veranstaltungen bzw. Begegnungen. Darüber hinaus dient es als Kontaktstelle zum Vatikanischen Einheitssekretariat, der kirchlichen Hierarchie und den Bischofskonferenzen sowie zu den zuständigen Vertretern anderer christlicher Konfessionen. Am *Centro Uno* selbst wurden bis einschließlich 1987 ökumenische Zusammenkünfte abgehalten. Zur 48. Ökumenischen Woche des Zentrums wurden alle Kirchen, die in Kontakt mit der FoBw waren, eingeladen. Laut Gabriella Fallacara sollen 570 Teilnehmer, die 14 verschiedenen Kirchen angehörten, aus 20 verschieden Ländern der Welt zu dieser Veranstaltung gekommen sein. Inwiefern diese Teilnehmerangaben historisch korrekt sind, kann allerdings heute nicht mehr nachgewiesen werden.[716]

---

711 Chiara Lubich, Chiara Lubich und die Fokolar-Bewegung, 1982, 59.

712 Vgl. Aloys Klein, Art. Ökumene. III. Systematisch-theologisch, 3. Aufl., 2006, 1022-1024.

713 Vgl. Chiara Lubich, Chiara Lubich und die Fokolar-Bewegung, 1982, 64.

714 Vgl. Giuseppe Alberigo, Art. Johannes XXIII., 3. Aufl., 2006, 952-955.

715 Vgl. Johannes XIII., Superno Dei nutu, 1960, 433-437.

716 Vgl. Gabriella Fallacara, Il Centro Uno, 1965, 129-134; Gabriella Fallacara, Centro Uno: 25 anni per l'unità dei cristiani, 1987, 42-46; Manfred Döbbeler, Die Fokolar-Bewegung, 1988, 184-185; Gabriella Fallacara, 48. Settimana ecumenica del Centro Uno, 1988, 6-8; Rupert Reindl, Gelebte Einheit, 1992, 38, 66-67; Ernst Ulz, Keine Reißbrett-Ökumene, 2003, 14-15; Heinrich Petri, Die römisch-katholische Kirche und die Ökumene, 1986, 138.

5.5.2.2 *Der ökumenische Dialog in der Bundesrepublik Deutschland*

In der Bundesrepublik Deutschland wurde der ökumenische Dialog schwerpunktmäßig mit Vertretern der evangelisch-lutherischen und der reformierten Kirchen geführt. Aber auch zu den orthodoxen Kirchen gab es Kontakte. Ihren Anfang nahmen die interkonfessionellen Kontakte bereits in Italien auf der Mariapoli 1955, die durch den reformierten Schweizer Hans Brütsch besucht wurde. Indirekt über ihn erlangten die Darmstädter Marienschwestern Kenntnis von der fokolarinischen Veranstaltung und besuchten diese im Jahr 1957. Vier Jahre später kam es zum besagten Aufeinandertreffen von Vertretern der FoBw, der ‚Vereinigung vom gemeinsamen Leben' und der Marienschwestern in Darmstadt. Diesem folgte 1961 eine weitere Begegnung in Violau / Augsburg. Aufgrund der in der Instructio *De motione oecumenica* (1949) getätigten Aussage, dass es die Pflicht der Bischöfe sei, die Ökumenische Bewegung wachsam zu verfolgen und zu unterstützen[717], benötigte man die Erlaubnis des Ortsordinarius für die Zusammenkunft, die durch den damaligen Bischof von Augsburg, Joseph Freundorfer (1949-1963), gewährt wurde. Dieser folgte im selben Jahr eine weitere ökumenische Begegnung in Neresheim (Baden-Württemberg). Auf dieser Veranstaltung waren etwa 200 Personen anwesend. Zudem ist es erwähnenswert, dass zum Abschluss der Zusammenkunft ein evangelischer Pfarrer einen Appell an seine Glaubensbrüder richtete. In diesem forderte er sie auf, die Liebe zu allen katholischen Christen zu leben und diese neu gefundene Freundschaft nicht zu verstecken. Weitere ökumenische Begegnungen folgten 1962 unter anderem in Alexandersbad (Oberpfalz) und an der Theologischen Hochschule von Neuendettelsau nahe Nürnberg. Ferner erlangte 1962 der amtierende evangelische Landesbischof und Ratsvorsitzende der Evangelischen Kirche in Deutschland (EKD), Hermann Dietzfelbinger (1967-1963), Kenntnis von der FoBw. Informiert durch Chiara Lubich wünschte er mehr über die Praxis vom ‚Wort des Lebens' und die FoBw zu erfahren. Als es aufgrund des gegenseitig gepflegten Verhältnisses 1967 zu einer weiteren Begegnung kam, äußerte er sich folgendermaßen:[718]

> „Ich sehe die verschiedenen Kirchen als viele Personen in einem Halbkreis an, die sich die Hände reichen: Sie sind eine von diesen Händen! (...)'Fräu-

---

[717] Pius XII., De motione oecumenica, 1950, 143

[718] Vgl. G. G., Muri che non arrivano però fino al cielo, 1962, 59-64; R. Gim, Was ist Ottmaring?, 1967, 4-5; Manfred Döbbeler, Die Fokolar-Bewegung, 1988, 186-196; Günther Rattey, Im Zeichen der Fußwaschung, 1991, 25-31; Rupert Reindl, Gelebte Einheit, 1992, 38-43; Ursula Tscheschner, Geschichte der Fokolar-Bewegung in Deutschland, 1998, 5; Jörg Ernesti, Ökumene im Dritten Reich, 2007, 18-25; Vittorio Fasciotti, Chronologie der Fokolar-Bewegung in Deutschland, 2016, 1955-1957/3, 1961/1-4; Peter Rummel, Art. Freundorfer, Joseph (1894-1963), 2002, 54-56; Aloys Klein, Art. Dietzfelbinger, Hermann, 3. Aufl., 2006, 227.

lein, beten Sie für mich, denn wenn es stimmt, dass sich die Hände nahe sind, sind sich die Körper noch fern!' "[719]

5.5.2.2.1 Die ,Vereinigung vom gemeinsamen Leben'

In der ersten Hälfte der 1960er-Jahre kam es in erster Linie zu Begegnungen zwischen den Mitgliedern der FoBw und der ,Vereinigung vom gemeinsamen Leben'. Die Entwicklung des ökumenischen Dialogs in Deutschland kann daher nicht ohne eine kurze Thematisierung dieser bruderschaftlichen Bewegung vonstattengehen. Das zur Bearbeitung dieser Thematik zur Verfügung stehende Quellenmaterial hält sich nicht nur in Grenzen, sondern ist in der Regel auch in seiner Beschaffenheit tendenziös. Da es an dieser Stelle jedoch nicht darum geht, die Geschichte der ,Vereinigung vom gemeinsamen Leben' lückenlos darzulegen, soll der Fokus auf folgende drei Fragen gerichtet werden: (1.) Woher kommt die ,Vereinigung vom gemeinsamen Leben'? (2.) Wie sieht ihr spiritueller Ansatz aus? (3.) Wie ist es zur Begegnung mit der FoBw gekommen?

Gemäß Klaus Heß und der Chronik des ,Schweizerischen Diakonievereins' ist der Ursprung der ,Vereinigung vom gemeinsamen Leben' mit den Diakonen Gotthilf Haug (* 1875; † 1951)[720] und Jakob Schelker (* 1868; † 1954)[721] im diakonisch-karitativen Bereich der reformierten Kirche zu finden, die sich ab 1899 in Zürich für Menschen in Not und die Beseitigung von gesellschaftlichen Mängeln einsetzte. Entsprechend ihrer christlichen Weltanschauung hätten die Gründer die Meinung vertreten, dass das Wort Gottes über die Fähigkeit verfüge, das menschliche Leid und bestehende Konflikte zu beheben. Doch seien sie sich ebenfalls bewusst gewesen, dass das christliche Zeugnis durch die bestehenden Spaltungen an Kraft eingebüßt hatte. Aus diesem Grund hätten sie die Einheit des Leibes Christi sowie die Durchdringung der verschiedenen gesellschaftlichen Bereiche durch das Reich Gottes zu ihrem Ziel erklärt. Sie plädierten für den Standpunkt, dass die Einheit kein menschliches Produkt sei,[722] „sondern dass sie im Opfer Jesu am Kreuz geschaffen wurde und vom Heiligen Geist vermittelt wird."[723] Um an der Wiederherstellung der Einheit mitzuwirken, sei es deshalb erforderlich, selbst

---

[719] „Io vedo le diverse chiese come tante persone disposte a semicerchio che si tendono le mani: lei è una di queste mani! (...) ,Signorina, preghi per me, perchè se è vero che le mani sono vicine, i corpi sono ancora lontani!'" (Manfred Döbbeler, Die Fokolar-Bewegung, 1988, 188.) Die Originalquelle ist leider nicht auffindbar.

[720] Vgl. Information von Walter Goll, 20.12.2016.

[721] Vgl. ebd.

[722] Vgl. Ursula Tscheschner, Sammlung – Dienst – Sendung, 1968, 4-7; Gerhard Hochgraeber, Sammlung – Dienst - Sendung, 1971, 1-12; Manfred Döbbeler, Die Fokolar-Bewegung, 1988, 186-196; Klaus Heß, Art. Entstehung, 2. Aufl., 1993, 3-5; Klaus Heß, Art. Selbstverständnis, 2. Aufl., 1993, 6-9; Günther Rattey, Die Bruderschaft vom gemeinsamen Leben, 2008,13-25; Michael Decker, Zeithintergrund, 2008, 91-97.

[723] Günther Rattey, Die Bruderschaft vom gemeinsamen Leben, 2008, 14.

umzukehren, auf die Leitung Gottes zu vertrauen, sich von konfessioneller Selbstdarstellung abzuwenden sowie die anderen christlichen Bekenntnisse um Vergebung zu bitten und zu lieben.[724] Erinnert man sich vor diesem Hintergrund an den spirituellen Ansatz der FoBw, so ist eine Schnittmenge festzustellen: Ziel beider Bewegungen ist es, die Einheit wiederherzustellen. Dafür wird von ihnen ein Weg der Liebe und Umkehr beschritten.

Im Jahr 1905 kristallisierte sich mit der ‚Bruderschaft vom gemeinsamen Leben' der erste von drei Zweigen heraus, die im Brüderhaus Philadelphia in Zürich ihren Sitz hatte. Die Mitglieder fühlten sich zu einem Leben in Armut, Gehorsamkeit und Reinheit berufen.[725] Die Namensgebung „sollte das Wiederaufleben des Geistes und der Art der alten Brüder anzeigen."[726] Diese hatten ihren Ursprung in den Niederlanden zum Ende des 14. Jahrhunderts. Die auf ihre Entstehung folgende relativ schnelle Verbreitung lässt sich durch ihr Wesen erklären, welches sich grundlegend von der monastischen Lebensweise unterschied und als *devotia moderna* bezeichnet wurde. So waren sie beispielsweise der Meinung,[727] „daß man ein frommes Leben auch in der Welt, ohne die Sicherung der Gelübde und der Klostermauern führen kann."[728] Dementsprechend erfolgte der Eintritt in die Bruderschaft ohne die feierliche Ablegung von Versprechen vor Gott. Vielmehr war es vollkommen ausreichend zu versichern, dass man keusch, einmütig und in Gemeinschaft (max. 24 Personen) leben würde.[729]

Kurz danach folgte der Bruderschaft eine ‚Schwesternschaft' und eine ‚Geschwisterschaft vom gemeinsamen Leben'. Während die Schwestern wie die Brüder ein an den drei evangelischen Räten (Jungfräulichkeit, Armut und Gehorsam)[730] orientiertes Leben führten, unterschieden sich die dem Zweig der Geschwister angehörenden Personen dadurch, dass sie in einer Ehe zu leben gedachten oder sich bereits einer solchen verbunden wussten,[731] „jedoch gemäß dem reformatorischen Anliegen des ‚allgemeinen Priestertums' nicht mehr in der Außenposition eines Drittordens, sondern gleichwertig in Verbindlichkeit und Verantwortung."[732] Bereits 1906 verbanden sich diese drei Sektionen zur ‚Körperschaft vom gemeinsamen Leben'. Die von der Körperschaft initiierte Gründung des ‚Schweizerischen Diakonievereins' erfolgte einerseits, um dem diakonischen Ziel Ausdruck zu verleihen. Andererseits wurde dadurch versucht, eine gemeinsame Grundlage für die verschiedenen Lebenswege zu bilden. Sitz des Diakonievereins wurde 1908 das Diakoniehaus St. Stephanus im Nidelbad in Rüschlikon. In den folgenden Jahren verbreitete sich der Diakonieverein. Speziell in der

[724] Vgl. ebd.,13-25.
[725] Vgl. Klaus Heß, Art. Entstehung, 2. Aufl., 1993, 3-5.
[726] Ebd., 4.
[727] Vgl. Robert Stupperich, Art. Brüder vom gemeinsamen Leben, 1981, 220-225.
[728] Ebd., 221.
[729] Vgl. ebd., 220-225.
[730] Vgl. Mt 19,12; 19,21; 20,26.
[731] Vgl. Klaus Heß, Art. Entstehung, 2. Aufl., 1993, 3-5.
[732] Günther Rattey, Die Bruderschaft vom gemeinsamen Leben, 2008, 13.

deutschsprachigen Schweiz entstand ein Netzwerk von Operationsbasen, die als Ausgangspunkt zur Erfüllung der Aufgabe des Diakonievereins fungierten.[733]

Nach Deutschland gelangten die ersten Zweige der Körperschaft nach dem Ende des Ersten Weltkriegs. Dort wurde vom Diakonieverein unter dem Vereinsnamen ‚Christentumsgesellschaft in Deutschland' am 1. Oktober 1919 die Diakonenstation St. Laurentius in Oberweiler (Badenweiler) gegründet. Teilweise sei man zu diesem Schritt gezwungen worden, da dem deutschen Bruder Fritz Glaser die Einreise in die Schweiz verweigert wurde. Der Grund für das Einreiseverbot ist vermutlich durch die politischen Verhältnisse nach dem Ersten Weltkrieg zu erklären. Darüber hinaus hätte man durch die Errichtung der Station Bruder Wilhelm Dürr, der seit Frühling 1900 dort anwesend gewesen sei, behilflich sein können. Die Frage, ob ausschließlich die beiden angeführten Motive ausschlaggebend für diese Entscheidung waren, kann mit dem vorliegenden Quellenmaterial nicht beantwortet werden.[734]

1924 folgte der deutsche Ableger der ‚Bruderschaft vom gemeinsamen Leben', der 1928 in Heidenheim das Brüderhaus St. Wunibald errichtete. Den Brüdern schlossen sich ein Schwesternhaus und einige Geschwisterhäuser an. Zusammen bildeten sie ab 1928 die ‚Vereinigung vom gemeinsamen Leben'. Eine weitere Entwicklung wurde zunächst durch die Vormachtstellung der NSDAP in Deutschland und den Niederlanden verhindert, da diese die Vereinigung verbot. Trotzdem kam es 1939 zu einer Begegnung mit Max-Josef Metzger, wodurch spätestens nach dem Kriegsende ein freundschaftliches Verhältnis mit der ‚Christkönigsgesellschaft'[735] entstand. 1947 wurde die Vereinigung neu gegründet und nannte sich von nun an ‚Vereinigung vom gemeinsamen Leben im Ökumenischen Christusdienst'. Das spirituelle Programm, die Diakonie am Leib Christi im Sinne von Eph 4,12 in priesterlicher, apostolischer, eucharistischer und ökumenischer Hinsicht, wurde damit Teil des Namens. In den Jahren nach 1949 entwickelte sich zwischen der Bruderschaft, der ‚Christkönigsgesellschaft' und der Marienschwesternschaft in Darmstadt eine Verbundenheit.[736]

---

[733] Vgl. Klaus Heß, Art. Entstehung, 2. Aufl., 1993, 3-5; Michael Decker, Zeithintergrund, 2008, 91-97.

[734] Vgl. Gerhard Hochgraeber, Sammlung – Dienst - Sendung, 1971, 1-9; Statuten der Christentumsgesellschaft in Deutschland, 1971, 13-15 (§ 1, 13); Heini Gut, Chronik des Schweizerischen Diakonievereins: von den Anfängen des Diakoniewerkes bis 1945, 1993, 102-103.

[735] Die ‚Christkönigsgesellschaft' wurde von Max-Josef Metzger 1917/19 als ‚Missionsgesellschaft vom Weißen Kreuz' gegründet. Mit der Einführung des Christkönigsfestes im Jahr 1925 erhielt es die Bezeichnung ‚Christkönigsgesellschaft'. Die Zentrale der ‚Christkönigsgesellschaft' ist in Meitingen bei Augsburg. Ihr Tätigkeitsbereich erstreckt sich auf soziales, pastorales und ökumenisches Engagement (vgl. Andreas Heinz, Art. Christkönig. I. Christkönigsfest, 3. Aufl., 2006, 1140; Karl Suso Frank, Art. Christkönig. II. Ordensgemeinschaften, 3. Aufl., 2006, 1140-1141).

[736] Vgl. Ursula Tscheschner, Sammlung – Dienst – Sendung, 1968, 4-7; Klaus Heß, Art. Ausbreitung, 2. Aufl., 1993, 10-11; Heini Gut, Chronik des Schweizerischen Diakonievereins: von den Anfängen des Diakoniewerkes bis 1945, 1993, 102-103; Klaus Heß, Art. Ökumenischer Christusdienst, 2. Aufl., 23-27; Michael Decker, Zeithintergrund, 2008, 91-97.

„Durch Tagungen und ein vierteljährliches Mitteilungsblatt (Quatemberbote) bildete sich ein großer Freundeskreis. In Nürnberg, Augsburg, München und einigen anderen Orten entstanden Gruppen der Geschwister und Brüder vom gemeinsamen Leben."[737]

Ab 1955 wohnten in Ottmaring in der Martinstraße 19 vier Familien der ‚Vereinigung vom gemeinsamen Leben'. Fünf Jahre später, am 19. Juni 1960, kam es zur ersten Begegnung der Bruderschaft mit der FoBw auf dem ‚Ökumenischen Kirchentag' in Rüschlikon (Thema: *Einheit der Kirche auf diakonischer Grundlage*) in der Schweiz am Zürichsee durch Pfarrer Josef Gleich, der auf dieser Veranstaltung zum Thema *Die Diakonie der Focolarini und die christliche Einheit* referierte. Beim Kirchentag handelt es sich um eine 1921 begonnene Initiative des ‚Schweizerischen Diakonievereins', die von ihrem Wesen als diakonische Plattform diente, auf der die verschiedenen Vertreter der Christenheit die Ökumene miteinander lebten und Fragen und Inhalte ihres Glaubens thematisierten.[738] Dieser ersten flüchtigen Bekanntschaft schloss sich im Januar 1961 das Treffen in Darmstadt an. Der sich aus dieser Begegnung ergebende Wunsch, einander näher kennenzulernen, erfüllte sich noch im September des Jahres 1961, als eine kleine Gruppe der Bruderschaft eine Romfahrt unternahm. Dieser Reise folgten zwischen 1962 und 1965 weitere Fahrten nach Rom, wo sie unter anderem von Johannes XXIII. und Kardinal Augustin Bea SJ (* 1881; † 1968) empfangen wurden, dem seit 1960 amtierenden Präsidenten des ‚Sekretariats zur Förderung der Einheit der Christen'. Gleichzeitig wurde das Verhältnis von Bruderschaft und FoBw durch weitere Begegnungen gepflegt. So besuchten beispielsweise ungefähr 20 Personen der Bruderschaft die Mariapoli in Wattens (Österreich) und 1964 referierte Chiara Lubich vor evangelischen und katholischen Christen über ‚Jesus in der Mitte'. Das sich dadurch immer mehr ergebende Vertrauensverhältnis sowie das beiderseitige Streben nach Einheit waren die Voraussetzungen für die Idee des gemeinsamen Projekts eines ökumenischen Lebenszentrums, das in den nachfolgenden Jahren umgesetzt werden sollte.[739]

---

[737] Michael Decker, Zeithintergrund, 2008, 93. Vgl. auch: Anne Decker, Ökumenischer Christusdienst 1928 – 1948 – 1998, 1998, 5.

[738] Vgl. Gebhard Frei, Zum Thema des Kirchentages, 16.10.1959; Jakob Schelker, Sitzungs-Protokoll des Kirchentagsausschusses, 4.2.1960; Klaus Hess, Ökumenischer Kirchentag 1960, 1960 15-16; Josef Gleich, Eindrücke vom ökumenischen Kirchentag in Rüschlikon, 1960, 13-14; Marco Würgler, 75 Jahre Ökumenischer Kirchentag im Nidelbad, 1996, 27-30. Darüber hinaus wurde das Staatsarchiv des Kantons Zürich am 30.11.2016 konsultiert. Als Ergebnis konnte festgehalten werden, dass in den Protokollen des Kirchenrates der evangelisch-reformierten Landeskirche 1959 und 1960 jegliche Hinweise auf einen ‚Ökumenischen Kirchentag' in Rüschlikon fehlen. Als Ansprechpartner stand Herr Martin Leonhard zur Verfügung.

[739] Vgl. R. Gim, Was ist Ottmaring?, 1967, 4-5; Alfred Hartl, 20 Jahre Ökumenisches Lebenszentrum Ottmaring, 1988, 7-9; Joachim Schwind, Damit die Welt glaubt, 1989, 8-11; Günther Rattey, Im Zeichen der Fußwaschung, 1991, 25-31; Severin Schmid, Ein echter Geheimtipp, 1998, 21-22; Heinz-Albert Raem, Art. Bea, Augustin, 2006, 3. Aufl., 105-106; Michael Decker; Zeithintergrund, 2008, 91-97.

5.5.2.2.2 Das ‚Ökumenische Lebenszentrum Ottmaring'

Für die Rekonstruktion der Geschichte des Ökumenischen Lebenszentrums Ottmaring e. V. in Ottmaring kann auf eine Reihe von Mitteilungsblättern zurückgegriffen werden, die ab Dezember 1966 von den Projektträgern, der FoBw und der ‚Vereinigung vom gemeinsamen Leben', zur Information über die Projektfortschritte an den Freundeskreis verschickt worden sind. Diese stehen in engem zeitlichem Kontext zu den Projektvorgängen. Ergänzend hierzu stehen Zeitschriften- und Zeitungsartikel zur Verfügung. Gerade durch letztere Gattung, die eine gewisse Unabhängigkeit gegenüber den anderen Quellen aufweist, lassen sich Ereignisse historisch verifizieren. Zudem kann auf Schreiben und Äußerungen der kirchlichen Vertreter zurückgegriffen werden.

Seinen Anfang nahm das Projekt des ‚Ökumenischen Lebenszentrums' 1963 mit der Errichtung eines Fokolars in dem Augsburger Bischofshaus auf Anregung des Bischofs Josef Stimpfle. Der Augsburger Bischof selbst pflegte zu diesem Zeitpunkt bereits eine freundschaftliche Beziehung zur ‚Bruderschaft vom gemeinsamen Leben', die er auf einem Treffen zwischen katholischen und evangelischen Pfarrern kennengelernt hatte. Im März des Jahres 1965 entstand schließlich die Idee des ‚Ökumenischen Lebenszentrums Ottmaring'. Einer Einladung Chiara Lubichs folgend, reiste am 16. März 1965 eine kleine Gruppe der Bruderschaft nach Loppiano, welches in der Nähe von Florenz liegt. Dort besichtigten sie die sich gerade entwickelnde Siedlung der FoBw.[740] Unter den Mitgliedern der Bruderschaft „wurde damals die Vision eines ökumenischen Lebenszentrums wieder aktuell, und man wollte sie bei dieser Gelegenheit Chiara Lubich unterbreiten."[741] Nachdem die Gründerin der FoBw ihre Bereitschaft signalisiert hatte, kristallisierte sich Ottmaring als geeigneter Standort heraus, da dort bereits seit 1955 Vertreter der Bruderschaft wohnten und ausreichend Baugrund zur Verfügung stand. Um keine Zeit zu verlieren, wurde, nachdem die Zustimmung der zuständigen Bischöfe Josef Stimpfle und Hermann Dietzfelbinger vorlag, im Anschluss schnell eine Vereinssatzung formuliert. In dieser wurde der Dienst an der Einheit zwischen den christlichen Konfessionen als Vereinszweck definiert. Als grundlegende Aufgabe des ‚Ökumenischen Lebenszentrums' wurde die Förderung der Einheit durch ökumenische Veranstaltungen und Zusammenkünfte festgelegt. Die Vereinsgründung selbst vollzog man im Juli 1965. Parallel wurde eine Programmschrift verfasst, die nach schriftlicher Absegnung durch den kirchlichen Vertreter vor Ort an die Öffentlichkeit weitergereicht wurde. Ziel des ‚Ökumenischen Lebenszentrums' sollte es sein, die bereits bestehende Einheit sichtbar werden zu lassen, ohne die konfessionellen Lehrunterschiede zu missachten. Von Bischof

---

[740] Vgl. Manfred Döbbeler, Die Fokolar-Bewegung, 1988, 186-196; Joachim Schwind, Damit die Welt glaubt, 1989, 8-11; Günther Rattey, Im Zeichen der Fußwaschung, 1991, 25-31; Rupert Reindl, Gelebte Einheit, 1992, 74-78; Michael Jasch, Wenn die Einheit gelebt wird ..., 1992, 20-21; Michael Decker; Ökumenisches Lebenszentrum Ottmaring, 2008, 98-104.

[741] Michael Decker, Ökumenisches Lebenszentrum Ottmaring, 2008, 98.

Josef Stimpfle wurde dem Projekt aus diesem Grund ein Modellcharakter zugesprochen:[742]

> „In der ganzen Christenheit ist die Sehnsucht nach der Einheit der Kirche aufgebrochen. Das Volk von heute weiß, daß es seinen Herrn glaubwürdiger bezeugen kann, wenn es in der Einheit verbunden ist, wie sie Jesus vor seinem Hingang vom Vater erbeten hat: (...) Er [‚Jesus in der Mitte'] allein ist das Fundament und zugleich die Hoffnung für das Ökumenische Lebenszentrum Ottmaring. Möge es wie eine Stadt auf dem Berge sein, die allen sichtbar wird, denen das Anliegen der einen Kirche im Herzen brennt."[743]

In ähnlicher Weise äußerte sich Landesbischof Hermann Dietzfelbinger über das ‚Ökumenische Lebenszentrum Ottmaring':

> „Jeder redliche Schritt, der die Erneuerung und Stärkung der Gemeinschaft in der getrennten Christenheit fördert, muß dankbar begrüßt werden. Doch kann es keine wahre Einigung der Christen geben, die am Kreuze Christi vorbeiführt. (...) Sein Kreuz hat einigende Kraft. Im Glauben an den Gekreuzigten und Auferstandenen können wir über alle trennenden Gräben hinweg Gemeinschaft finden, wo immer wir auf seine Stimme hören und ihm folgen. (...) Das ökumenische Lebenszentrum [sic!] sehe ich als einen solchen Schritt an, der im Glauben an den Gekreuzigten und Auferstandenen, in der Kraft seiner Liebe und in der Zuversicht christlicher Hoffnung gewagt wird."[744]

Im Jahr 1966 erfolgten weitere vorbereitende Projektarbeiten. So wurden mit dem Einverständnis von Bischof Stimpfle die nötigen Grundstücke mit einer circa 12.000 qm großen Baufläche dem Verein Ökumenisches Lebenszentrum Ottmaring e. V. übergeben. Konkrete Fakten zu diesem Vorgang können nicht genannt werden, da kirchliche Dokumente hierfür nicht zur Verfügung stehen. Die Finanzierung des Baugrunds erfolgte gemäß dem Mitteilungsblatt Nr. 1 mittels Erb-

---

[742] Vgl. Ökumenisches Lebenszentrum Ottmaring, Satzungen, 1965, 1-3; Ökumenisches Lebenszentrum Ottmaring, Satzungen, 1972; Manfred Döbbeler, Die Fokolar-Bewegung, 1988, 186-196; Joachim Schwind, Damit die Welt glaubt, 1989, 8-11; Alfred Hartl, 20 Jahre Ökumenisches Lebenszentrum Ottmaring, 1988; 7-9; Günther Rattey, Im Zeichen der Fußwaschung, 1991, 25-31; Hiltrud Priebe, Bericht über 20 Jahre Ökumenisches Lebenszentrum Ottmaring, 1991, 1689-1691; Michael Jasch, Wenn die Einheit gelebt wird ..., 1992, 20-21; Rupert Reindl, Gelebte Einheit, 1992, 74-78; Michael Decker; Ökumenisches Lebenszentrum Ottmaring, 2008, 98-104.

[743] Josef Stimpfle, Wort zum Programm des Ökumenischen Lebenszentrums Ottmaring, 1965, 1.

[744] Hermann Dietzfelbinger, Grußwort zur Gründung des Ökumenischen Lebenszentrums in Ottmaring, 1965, 1-2.

pacht. Diese Veräußerungsform war jedoch bereits 1947 durch das Kontrollratsgesetz Nr. 45 Art. X 2 verboten worden. Es ist daher davon auszugehen, dass von den Verfassern (Aldo Stedile und Klaus Heß) des Mitteilungsblattes Nr. 1 das Erbbaurecht, welches in der Alltagssprache als Erbpacht bezeichnet wird, gemeint ist. Bei diesem wird gegen die Zahlung eines Erbbauzinses dem Erbbaurechtnehmer erlaubt, auf dem Grundstück ein Gebäude zu bauen. Der dazu notwendige Vertrag wurde am 27. Oktober 1966 notariell beurkundet und mit dem 1. Januar 1967 wirksam. Nur am Rande erwähnt werden im ersten Mitteilungsblatt die Probleme, welche bis zum Abschluss des Erbbaurechtsvertrags zu bewältigen waren. So waren zahlreiche Verhandlungen mit den Eigentümern der infrage kommenden Grundstücke notwendig, deren Ergebnisse zunächst nicht akzeptabel waren, da sie für den Verein Ökumenisches Lebenszentrum Ottmaring e. V. vermutlich nicht finanzierbar waren. Dieser war im Wesentlichen auf Spenden und auf Darlehen angewiesen, die der Freundeskreis, die evangelische Kirche und die katholische Kirche zur Verfügung stellten. Selbst nach dem Angebot der Diözese mussten noch Grundstücke unter den Besitzern ausgetauscht werden,[745] bis „auf Grundstücken der Kirchenstiftung St. Michael Ottmaring mit dem Bau der ersten Häuser begonnen werden konnte."[746]

Der damit anstehende erste Spatenstich erfolgte am 2. April 1967. Zu den Feierlichkeiten kamen mehrere Hundert Freunde der beiden Bewegungen. Neben Bischof Josef Stimpfle war aus Italien Erzbischof Alessandro Gottardi von Trient (1963-1987) anwesend. Landesbischof Hermann Dietzfelbinger war dagegen verhindert und wurde vertreten. In der anschließenden Bauphase wurden, wie den verschiedenen Quellen übereinstimmend zu entnehmen ist, drei Häuser errichtet: ein weiteres Familienhaus für die Bruderschaft und ein Männer- und Frauenfokolar. Das ‚Ökumenische Lebenszentrum' bestand demnach zu Beginn aus vier Häusern. Gleichzeitig reisten Repräsentanten des Lebenszentrums zu diversen evangelischen Gemeinschaften (z. B. ‚Darmstädter Marienschwestern', ‚Bruderschaft vom Kreuz' und ‚Christusbruderschaft Selbitz'). Nach etwas mehr als einem Jahr Bauzeit kam es am 23. Juni 1968 zur Einweihungsfeier des ‚Ökumenischen Lebenszentrums Ottmaring'. Diese wurde von ungefähr tausend Menschen besucht, die aus anderen Bundesländern, Österreich, Holland, England, Italien und der Schweiz angereist waren. Eine konkrete Angabe der Teilnehmerzahl sowie deren Verteilung auf die genannten Bundesländer und Staaten ist den Quellen nicht zu entnehmen. Allerdings befanden sich unter den Teilnehmenden mit den Bischöfen Josef Stimpfle und Giuseppe Marafini (1964-1973), der als De-

[745] Vgl. Ökumenisches Lebenszentrum Ottmaring, Mitteilungsblatt Nr. 1, 1966, 1; Ökumenisches Lebenszentrum Ottmaring, Mitteilungsblatt Nr. 6, 1968, 1-3; Michael Decker, Ökumenisches Lebenszentrum Ottmaring, 2008, 98-104; Helmut von Oefele, Handbuch des Erbbaurechts, 5. Aufl., 2012, 1.36; Kontrollratsgesetz Nr. 45, in: http://www.verfassungen.de/de/de45-49/kr-gesetz45.htm (26.11.2015, 11:20 Uhr); Norbert Dautzenberg: Art. Erbbaurecht, in: http://wirtschaftslexikon.gabler.de/Definition/erbbaurecht.html (29.11.2015, 14:34 Uhr).

[746] Michael Decker, Ökumenisches Lebenszentrum Ottmaring, 2008, 102.

legierter der CEI angereist war, offizielle Vertreter der katholischen Kirche. Aber auch Gesandte der orthodoxen, anglikanischen, evangelischen und methodistischen Kirche waren auf der Eröffnungsfeier anwesend. Kardinal Augustin Bea ließ ein Grußwort verlesen. In diesem hob er die Bedeutung des Zeugnisses des ‚Ökumenischen Lebenszentrums' hervor. Er verwies darauf, dass die Wiederherstellung der Einheit eine Aufgabe der ganzen Kirche sei (vgl. UR 5) und aus diesem Grund es sowohl der Bemühungen der theologischen Fachleute als auch der Laien bedürfe. Denn je besser man das Evangelium begreife und im Alltag zu leben versuche, so Augustin Bea, desto eher realisiere sich die Einheit, da man Christus zunehmend gleicher werde. Je mehr man aber Christus gleiche, umso größer werde die gegenseitige Liebe und damit die Einheit unter den Christen (vgl. UR 7).[747]

Dem sechsten Mitteilungsblatt, das auf den November 1968 datiert ist, kann entnommen werden, dass in den Monaten nach der offiziellen Eröffnung das Lebenszentrum von zahlreichen Menschen besucht wurde. Diese hätten unterschiedlichen Religionen, Ständen, Ländern und Altersgruppen angehört: Familien, Schulklassen, Priester(anwärter), Christen, Juden und Muslime, die aus Deutschland, Europa und anderen Kontinenten stammten, seien nach Ottmaring bei Augsburg gekommen. Diese fast schon überschwänglich vorgetragenen Informationen sind jedoch aus historisch-kritischer Sicht zu relativieren. So wie das Mitteilungsblatt es schildert, gewinnt man den Eindruck, dass die ganze Welt nach Ottmaring gereist und in Begeisterung ausgebrochen ist. Vielmehr ist davon auszugehen, dass die meisten Besucher aus Deutschland oder den angrenzenden Ländern anreisten. Auch der Besuch durch nichtchristliche Menschen ist gewiss als ein eher selteneres Vorkommnis zu betrachten. Fakt ist jedoch, dass aufgrund des Wunsches vieler Teilnehmer der Eröffnungsfeier am 24. November 1968 ein weiterer ökumenischer Tag der Begegnung angesetzt wurde. Diesem folgten in den darauffolgenden Jahren weitere Begegnungstage dieser Art, die einmal pro Jahr veranstaltet wurden und bis 1971 in den Mitteilungsblättern erwähnt werden.[748]

---

[747] Vgl. Ökumenisches Lebenszentrum Ottmaring, Mitteilungsblatt Nr. 5, 1; Ökumenisches Lebenszentrum Ottmaring, Mitteilungsblatt Nr. 2, 1-2; Ökumenisches Lebenszentrum Ottmaring, Mitteilungsblatt Nr. 4, 1967, 1-2; R. Gim, Was ist Ottmaring?, 1967, 4-5; F. Dielmann, Ökumene – diesmal mit Spaten, 1967, 12-14; Augustin Bea, Grußwort von Kardinal Augustin Bea bei der Einweihung des Ökumenischen Lebenszentrums Ottmaring, 23.6.1968, 1-2; R. Gim, Eine Demonstration ...,1968, 4-10; Unbekannter Verfasser; Ziel ist Einheit der Christen, 1978; Alfred Hartl, 20 Jahre Ökumenisches Lebenszentrum Ottmaring, 1988, 7-9; Manfred Döbbeler, Die Fokolar-Bewegung, 1988, 186-196; Günther Rattey, Im Zeichen der Fußwaschung, 1991, 25-31; Hiltrud Priebe, Bericht über 20 Jahre Ökumenisches Lebenszentrum Ottmaring, 1991, 1689-1691; Rupert Reindl, Gelebte Einheit, 1992, 74-78; Michael Decker, Ökumenisches Lebenszentrum Ottmaring, 2008, 98-104; Ecclesia Catholica, Annuario Pontificio, 1973, 557; Ecclesia Catholica, Annuario Pontificio, 1989, 657; Ecclesia Catholica, Annuario Pontificio, 1974, 568; Ekkart Sauser, Art. Gottardi, Alessandro Maria, 2002, 651-652.

[748] Vgl. Ökumenisches Lebenszentrum Ottmaring, Mitteilungsblatt Nr. 6, 1968, 1-3; Ökumenisches Lebenszentrum Ottmaring, Mitteilungsblatt Nr. 8, 1969, 1-2; Ökumenisches Lebenszen-

Über die nachfolgenden Jahre hinweg wurde die anfängliche Siedlung immer mehr vergrößert. Ausschlaggebend für diese Ausweitung waren neben dem Zuzug von Personen und Familien aus dem Freundeskreis auch eigene Bauvorhaben. Das sich daraus ergebende Wachstum des ‚Ökumenischen Lebenszentrums Ottmaring' führte dazu, dass es im Jahr 1991 28 Häuser umfasste, in denen zu diesem Zeitpunkt ungefähr 140 Menschen wohnten. Diese hätten sich nach Angaben von Gerhard Bauer (* 1941)[749] und Günther Rattey (* 1935)[750] aus Mitgliedern und Sympathisanten der FoBw und der ‚Vereinigung vom gemeinsamen Leben' zusammengesetzt. Fünf Familien hätten sogar ihre Arbeitsstelle und ihr bisheriges Eigenheim aufgelöst und seien um des Lebenszentrums willen nach Ottmaring umgezogen. Zudem seien immer wieder junge Menschen nach Ottmaring gekommen, um an der Erfahrung des Lebenszentrums für eine gewisse Zeitspanne teilzuhaben.[751]

Sicherlich soll dem ‚Ökumenischen Lebenszentrum' in seiner bisherigen Historie aufgrund seines Modellcharakters eine gewisse Anziehungskraft nicht abgesprochen werden. Es ist ein Ort des gelebten Miteinanders, eine Gemeinschaft von Gemeinschaften und aufgrund des Modellcharakters eine ‚Stadt auf dem Berge' (Mt 5,14), wie es sich Bischof Josef Stimpfle auf der Eröffnungsfeier wünschte. Durch das Lebenszentrum wird offenbar, welche Einheit trotz der noch bestehenden konfessionellen Gegensätze praktiziert werden kann. Die aus dieser Besonderheit resultierende Anziehungskraft kann aufgrund der Neuheit und der damaligen Einzigartigkeit der Einrichtung speziell in den ersten drei Jahrzehnten sehr groß gewesen sein. Kaum zum Zuge kommen dagegen in den Quellen kritische Stimmen, wodurch ein idealistisches Bildnis vom ‚Ökumenischen Lebenszentrum' gezeichnet wird. Dass dieses jedoch auch mit Krisen zu kämpfen hat-

---

trum Ottmaring, Mitteilungsblatt Nr. 9, 1970, 1-2; Ökumenisches Lebenszentrum Ottmaring, Mitteilungsblatt Nr. 10, 1971, 1-4.

749 Gerhard Bauer ist ein Fokolarpriester, der die FoBw 1963 kennenlernte und ihr 1972 verbindlich beitrat. Von 1976 bis 1980 wirkte er an der Initiation des COMECE mit. Zwischen 1980 und 1987 arbeitete er als geistlicher Rektor am ZdK. Anschließend war er unter anderem in der Priesterseelsorge tätig und wirkte als Spiritual des Priesterseminars des Augsburger Bistums (vgl. Information von Wilfried Hagemann und Gerhard Bauer, 24.11.2016).

750 Günther Rattey ist seit 1957 Mitglied der ‚Bruderschaft vom Kreuz'. 1962 wurde er Mitglied des Brüderhauses lediger Brüder der ‚Bruderschaft vom Kreuz' und in den 1960er-Jahren trat er der ‚Christentumsgesellschaft in Deutschland' bei. Er ist seit 1968 Mitarbeiter im ‚Ökumenischen Lebenszentrum Ottmaring' und seit 1973 hauptamtlich als ökumenischer Diakon des bruderschaftlichen Werkes tätig. 15 Jahre lang war er zudem Sekretär des Vorstands der ‚Christentumsgesellschaft' (vgl. Information von Walter Goll, 20.12.2016).

751 Vgl. Manfred Erren, Kritische Mitteilungen zur sogenannten Fokolar-Bewegung, 1971; Ökumenisches Lebenszentrum Ottmaring, Mitteilungsblatt Nr. 10, 1971, 1-4; Ökumenisches Lebenszentrum Ottmaring, Mitteilungsblatt Nr. 11, 1972, 1-5; Ökumenisches Lebenszentrum Ottmaring, Mitteilungsblatt Nr. 12, 1973, 1-6; Alfred Hartl, 20 Jahre Ökumenisches Lebenszentrum Ottmaring, 1988, 7-9; Günther Rattey, Im Zeichen der Fußwaschung, 1991, 25-31; Hiltrud Priebe, Bericht über 20 Jahre Ökumenisches Lebenszentrum Ottmaring, 1991, 1689-1691; Rupert Reindl, Gelebte Einheit, 1992, 74-78; Michael Decker; Ökumenisches Lebenszentrum Ottmaring, 2008, 98-111.

te, zeigt speziell ein Blick auf die interne Entwicklung des Miteinanders: Gemäß eigenen Angaben durchlief das Verhältnis der FoBw und der ‚Vereinigung vom gemeinsamen Leben' drei Phasen: Die erste Phase war geprägt durch eine gegenseitige Begeisterung vom Anderen, in der das ‚Ökumenische Lebenszentrum' errichtet wurde. Dieser folgte eine zweite Phase, in der durch die konfessionelle Verschiedenheit das Bild vom Anderen zerbrach und die daraus resultierenden Missverständnisse in einer Aufgabe des Wunschdenkens endeten. Beide Seiten erkannten die unterschiedlichen Vorstellungen von Einheit und mussten die Tatsache akzeptieren, dass sich FoBw und die ‚Vereinigung vom gemeinsamen Leben' nicht vereinen ließen. Beendet wurde diese problematische Entwicklung im Jahr 1988 durch die Annahme der konfessionell bedingten Andersartigkeit des Anderen. Dadurch wurden die bis zu diesem Zeitpunkt existierenden Verschiedenheiten nicht mehr als solche negativ wahrgenommen, sondern im Sinne einer positiven Ergänzung registriert. Es kam in der Folge zu einem beiderseitigen Perspektivenwandel, durch den die dritte Phase eingeleitet wurde.[752] Diese war laut einem Fokolarpriester geprägt durch eine „Ehrfurcht vor dem Geheimnis des anderen."[753]

5.5.2.2.3 Die ökumenischen Sommertreffen

Etwa zur gleichen Zeit wie das ‚Ökumenische Lebenszentrum Ottmaring' entfaltete sich die Idee eines ökumenischen Sommertreffens, da sowohl die Bruderschaft als auch die FoBw sich nicht nur einmal im Jahr auf der Mariapoli zu treffen beabsichtigten. Der Sinn dieser Sommertreffen war daher eine gelebte Ökumene. Bereits 1966 wurde das erste Sommertreffen in der in Niederbayern gelegenen Stadt Viechtach für den Zeitraum einer Woche organisiert. Diese Veranstaltung wurde von ungefähr 400 Teilnehmern besucht. Unter diesen befanden sich Vertreter der ‚Christusbruderschaft Selbitz', der evangelischen Marienschwesternschaft, der ‚Jesusbruderschaft' und der ‚Christusträger'. Die FoBw selbst wurde vertreten von Chiara Lubich und einigen der ersten Fokolare. Von kirchlicher Seite waren die Bischöfe Josef Stimpfle und Rudolf Graber (1962-1982)[754] mit 30 Priestern gegenwärtig. Der evangelische Landesbischof wurde vertreten durch Oberkirchenrat Hermann Greifenstein (* 1912; † 1988)[755]. Aus den Mitteilungsblättern geht hervor, dass weitere Treffen solcher Art in den Jahren 1968 (Kempten),

---

752 Vgl. Josef Stimpfle, Wort zum Programm des Ökumenischen Lebenszentrums Ottmaring, 1965, 1; Unbekannter Verfasser, Einheit in Christus, 1980; Günther Rattey, Im Zeichen der Fußwaschung, 1991, 25-31; Günther Rattey, Fruchtbare Ent-täuschung, 2008, 107-108.

753 Günther Rattey, Fruchtbare Ent-täuschung, 2008, 108.

754 Vgl. Karl Hausberger, Art. Graber, Rudolf (1903-1992), 2002, 457-460.

755 Hermann Greifenstein war ein evangelisch-lutherischer Pfarrer. Von 1937-1939 war er als Religionslehrer am Alten Realgymnasium in München tätig. Zwischen 1939 und 1952 wirkte er als Studentenpfarrer in Erlangen-Neustadt IV und von 1952-1962 als Pfarrer und Dekan in Regensburg-Neupfarrkirche (untere Stadt). Von 1962-1980 war er als Kollegialmitglied im Landeskirchenrat mit dem Titel Oberkirchenrat beschäftigt. Am 1. Juli 1980 trat er in den Ruhestand

1970 (Würzburg)[756], 1972 (Kempten) und 1979 (Ottmaring) veranstaltet wurden. Darüber hinaus wurden in der Regel jährlich über Pfingsten Reisen unter anderem nach Rom, Assisi und in die Dolomiten unternommen und in regelmäßigen Abständen immer wieder ökumenische Begegnungen realisiert, die im Einzelnen hier jedoch nicht thematisiert werden sollen. Zum ersten Jahrestag der Einweihung des ‚Ökumenischen Lebenszentrums' kamen in Ottmaring um die 600 Personen zusammen. Das Lebenszentrum selbst brachte sich im Jahr 1971 beim ‚Ökumenischen Pfingsttreffen' in Augsburg speziell bei der Zusammenkunft von katholischen und evangelischen Orden mit ein, woraus der bis heute existierende ‚Ökumenische Schwesternkreis'[757] in Augsburg entstand. War die Zeit um 1960 noch gekennzeichnet durch das gegenseitige Kennenlernen, kristallisierte sich mit dem Beginn des Baus des ‚Ökumenischen Lebenszentrums Ottmaring' und den ökumenischen Sommertreffen eine neue Phase im Verhältnis der beiden Bewegungen heraus, die sich durch eine intensive Zusammenarbeit für den Dienst an der Einheit auszeichnete.[758]

5.5.2.2.4 Das ‚Ökumenische Begegnungszentrum Ottmaring'

Die 1970er-Jahre sind einerseits geprägt durch eine Ausbreitung des Lebenszentrums, da immer mehr Personen nach Ottmaring zogen und sich dort niederließen. Bereits 1977 war die Bewohnerzahl des Lebenszentrums auf ungefähr 100

ein. (vgl. LAELKB: Vorarbeiten zum Bayerischen Pfarrerbuch. Nürnberg. Die Information teilte am 27.12.2016 Annemarie Müller dem Verfasser mit).

[756] Für das ökumenische Sommertreffen im Jahr 1970 werden zwei verschiedene Orte in den Mitteilungsblättern 9 (Fulda) und 10 (Würzburg) angegeben. Diese Widersprüchlichkeit ist vermutlich durch eine nach dem Versand von Mitteilungsblatt 9 vollzogene Verlegung des Veranstaltungsortes zu erklären (vgl. Ökumenisches Lebenszentrum Ottmaring, Mitteilungsblatt Nr. 9, 1970, 1-3; Ökumenisches Lebenszentrum Ottmaring, Mitteilungsblatt Nr. 10, 1971, 1-4).

[757] Der ‚Ökumenische Schwesternkreis' entstand 1971 im Rahmen des ‚Ökumenischen Pfingsttreffens' in Augsburg. Die Spiritualität dieses Kreises ist durch das gemeinsame Gebet, das Lesen der Bibel, das Feiern ökumenischer Gottesdienste und Pflege der Einheit geprägt. Darüber hinaus beabsichtigen sie, neben ihren eigenen Ordensgründern und ihrer eigenen Geschichte die Ordensgemeinschaften anderer Schwestern kennenzulernen (vgl. Information von Sr. Claudiana Huber, 30.1.2017).

[758] Vgl. Ökumenisches Lebenszentrum Ottmaring, Mitteilungsblatt Nr. 1, 1966, 1; Ökumenisches Lebenszentrum Ottmaring, Mitteilungsblatt Nr. 4, 1967, 1-2; Ökumenisches Lebenszentrum Ottmaring, Mitteilungsblatt Nr. 6, 1968, 1-3; Regina Betz, Kein frommes Hobby, 1968, 4-10; Ökumenisches Lebenszentrum Ottmaring, Mitteilungsblatt Nr. 7, 1969, 1-3; Ökumenisches Lebenszentrum Ottmaring, Mitteilungsblatt Nr. 8, 1969, 1-2; Ökumenisches Lebenszentrum Ottmaring, Mitteilungsblatt Nr. 9, 1970, 1-3; Ökumenisches Lebenszentrum Ottmaring, Mitteilungsblatt Nr. 10, 1971, 1-4; Ökumenisches Lebenszentrum Ottmaring, Mitteilungsblatt Nr. 11, 1972, 1-5; Unbekannter Verfasser, Die Ökumene ist keine Idylle, 1972; Ökumenisches Lebenszentrum Ottmaring, Mitteilungsblatt Nr. 12, 1973, 1-6; Ökumenisches Lebenszentrum Ottmaring, Mitteilungsblatt, 1977, 1-2; Ökumenisches Lebenszentrum Ottmaring, Mitteilungsblatt, 1979, 1-2; Bruna Tomasi, Die Spiritualität der Fokolar-Bewegung und ihr Beitrag zur Ökumene, 1983, 92-94; Michael Jasch, Wenn die Einheit gelebt wird ..., 1992, 20-21; Walter Pollmer, Ökumenische Sommertreffen, 2008, 102; Michael Decker, Ökumenisches Lebenszentrum Ottmaring, 2008, 105-106.

Personen gewachsen. Andererseits ist die Zeit der 70er-Jahre geprägt durch eine zweite Bauphase, in der zum einen Wohnhäuser gebaut wurden, wie z. B. das Haus ‚Agape' der Freiwilligen Frauen (1978)[759], und zum anderen mit dem Begegnungszentrum ein großes ökumenisches Projekt vor Ort gestartet wurde. Der Gedanke an die Errichtung einer Tagungsstätte taucht erstmals im Mitteilungsblatt Nr. 9 (1970) auf. Als Motiv wird in den Quellen eine kontinuierlich zunehmende Teilnehmerzahl bei den Begegnungen sowie ein länderübergreifendes Einzugsgebiet (Italien, Österreich, Schweiz und Belgien) genannt. Diese Aussage ist jedoch vor dem Hintergrund der Eigenwahrnehmung zu verstehen und deshalb kritisch zu hinterfragen. Trotz der noch relativen Neuheit des ‚Ökumenischen Lebenszentrums Ottmaring' können Schwankungen zwischen einzelnen Veranstaltungen nicht ausgeschlossen werden. Vielmehr ist es wahrscheinlicher, dass die Veranstaltungen in Ottmaring eine Größe erreichten, die den Bau einer Tagungsstätte mit Übernachtungsmöglichkeiten, Speisesaal und unterschiedlich großen Tagungsräumlichkeiten notwendig erscheinen ließen, um einen besseren organisatorischen Ablauf gewährleisten zu können. Das Begegnungszentrum sollte Raum für ungefähr 400 Personen bieten. Zudem sollten bis zu hundert Übernachtungsmöglichkeiten[760] geschaffen werden. Die Gesamtkosten dafür beliefen sich auf ca. 1.800.000 DM, wobei die tatsächlichen Kosten des Projekts den Quellen nicht zu entnehmen sind. Bevor mit der Errichtung des Begegnungszentrums begonnen werden konnte, sollten 500.000 DM gesammelt werden und weitere 500.000 DM durch Kredite parat stehen. Ob dieser Finanzierungsplan im Detail auf diese Weise umgesetzt wurde, kann aufgrund der Quellenlage nicht belegt werden. Auch kann nicht gesagt werden, in welcher Höhe die ‚Deutsche Bischofskonferenz' (DBK) sich an der Finanzierung des Projekts beteiligte. Laut Bischof Josef Stimpfle soll sie die Baumaßnahmen „mit einer sehr ansehnlichen Summe"[761] unterstützt haben.[762]

---

[759] Vgl. Anhang Nr. 9: ‚Ökumenischen Lebens- und Begegnungszentrum Ottmaring' (Stand 1998). Die Eckdaten der wichtigsten Einrichtungen des Ökumenischen Lebens- und Begegnungszentrums können dem Anhang Nr. 9 entnommen werden.

[760] Die in den Quellen angegebenen Zahlen unterliegen Schwankungen. So wird beispielsweise im Mitteilungsblatt Nr. 11 mit 40 Übernachtungsmöglichkeiten und Räumlichkeiten für 300 Personen geplant. Eine genaue Angabe der Größe der Räumlichkeiten und des Zimmerkontingents kann daher nicht gemacht werden (vgl. Ökumenisches Lebenszentrum Ottmaring, Mitteilungsblatt 9, 1970, 1-2; Ökumenisches Lebenszentrum Ottmaring, Mitteilungsblatt 11, 1972, 1-5; Ökumenisches Lebenszentrum Ottmaring, Mitteilungsblatt, 1976, 1).

[761] Josef Stimpfle, Bischof Stimpfle (Augsburg) über Ottmaring beim ökumenischen Bischofstreffen in Istanbul 1984, 1.

[762] Vgl. Ökumenisches Lebenszentrum Ottmaring, Mitteilungsblatt 9, 1970, 1-2; Ökumenisches Lebenszentrum Ottmaring, Mitteilungsblatt 10, 1971, 1-4; Ökumenisches Lebenszentrum Ottmaring, Mitteilungsblatt 11, 1972, 1-5; Ökumenisches Lebenszentrum Ottmaring, Mitteilungsblatt 12, 1973, 1-7; Rudolf Thoma, Alternative Ottmaring, 1976, 16-19; Ökumenisches Lebenszentrum Ottmaring, Mitteilungsblatt, 1976, 1; Ökumenisches Lebenszentrum Ottmaring, Mitteilungsblatt, 1977, 1; Josef Stimpfle, Bischof Stimpfle (Augsburg) über Ottmaring beim ökumenischen Bischofstreffen in Istanbul 1984, 1; Michael Decker, Ökumenisches Lebenszentrum Ottmaring, 2008, 105-106.

Begonnen wurde mit dem Bau des ‚Ökumenischen Begegnungszentrums Ottmaring' im Jahr 1974. Nach zwei Jahren Bauzeit wurde der Gebäudekomplex am 1. Mai 1976 durch den Augsburger Bischof Josef Stimpfle und Landesbischof Johannes Hanselmann (1975-1994)[763] im Rahmen eines Gottesdienstes eingeweiht. Die Festrede mit dem Titel *Alternative Ottmaring* wurde vom Aachener Bischof Klaus Hemmerle vorgetragen, der betonte, dass Ottmaring für ihn „keine Ökumene der ‚Paritätlichkeiten' [sic!]"[764], sondern der Brüderlichkeit darstelle. Das durch diesen Festakt eröffnete ‚Ökumenische Begegnungszentrum Ottmaring' bestand zu diesem Zeitpunkt aus zwei Gästehäusern, Foyer, Kapelle, Küche, Speise- und Jugendräumen sowie einem Tagungssaal. Bereits am 10. Februar 1976 war das ‚Ökumenische Begegnungszentrum Ottmaring' als Gesellschaft mit beschränkter Haftung (GmbH) in das Handelsregister eingetragen worden, wie dem entsprechenden Auszug vom 16. März 1976 zu entnehmen ist. Als Firmengegenstand wurde die ökonomische Führung einer Tagungsstätte für religiöse Begegnungen und Bildungsveranstaltungen genannt. Der dazu notwendige Gesellschaftsvertrag wurde am 18. November 1975 ausgefertigt. Diesem ist zu entnehmen, dass das Stammkapital der Ökumenischen Begegnungszentrum GmbH 25.000 DM umfasste, welches sich auf drei Gesellschafter verteilte: (1.) Frau Gertraud Friedrich (1.000 DM); (2.) der Verein Ökumenisches Lebenszentrum Ottmaring e. V. (12.000 DM); (3.) der Verein Gemeinschaft der Fokolare e. V. (12.000 DM). Auf den ersten Blick gewinnt man daher den Eindruck, dass die ‚Vereinigung vom gemeinsamen Leben' bestenfalls geringfügig beteiligt war. Dies ist allerdings nur bedingt richtig, da Dieter Fürst (* 1918; † 1997)[765], welcher ein Mitglied der ‚Vereinigung vom gemeinsamen Leben' war, die Handlungsbefugnis für die Anteile des Ökumenischen Lebenszentrums Ottmaring e. V. besaß. Die FoBw und die ‚Vereinigung vom gemeinsamen Leben' waren somit im Besitz der gleichen Stimmenzahl (1 Stimme = 1.000 DM). Schon am 16. Dezember 1976 kam es zu einer Erhöhung des Stammkapitals um 50.000 DM auf 75.000 DM. Gertraud Friedrich beteiligte sich an dieser Erhöhung mit 2.000 DM, der Verein Ökumenisches Lebenszentrum Ottmaring e. V. mit 24.000 DM und der Verein Gemeinschaft der Fokolare e. V. mit 24.000 DM. Diese neuen Geschäftsanteile partizipierten am Gewinn und Verlust des ‚Ökumenischen Begegnungszentrums Ottmaring' vom 1. Januar 1976 an.[766]

---

[763] Vgl. Evangelisch-Lutherische Kirche in Bayern: Geschichte der Evangelisch-Lutherischen Kirche in Bayern, in: http://www.bayern-evangelisch.de/wir-ueber-uns/geschichte.php (19.12.2016, 16:56 Uhr).

[764] Rudolf Thoma, Alternative Ottmaring, 1976, 16.

[765] Dieter Fürst war ein Mitglied der ‚Christentumsgesellschaft in Deutschland' und ein Gründer der Kreuzbruderschaft. Er zog zusammen mit Klaus Heß 1968 nach Ottmaring (vgl. Information von Wilfried Hagemann, Marco Würgler und Walter Goll, 24.11.2016).

[766] Vgl. Ökumenisches Lebenszentrum Ottmaring, Mitteilungsblatt 12, 1973, 1-6; Ökumenisches Lebenszentrum Ottmaring, Mitteilungsblatt 13, 1974, 1-7; Ökumenisches Lebenszentrum Ottmaring, Mitteilungsblatt, 1976, 1; Kopie des Gesellschaftsvertrages, 18.11.1975; Kopie des Gesellschaftsvertrages, 16.12.1976; Auszug aus dem Handelsregister, 16.3.1976; Rudolf Thoma,

5.5.2.2.5 Das ‚Ostkirchliche Institut' in Regensburg

Im Jahr 1966 fasste die DBK den Beschluss, eine Kommission einzuberufen, deren Aufgabe es sein sollte, einen Dialog mit den orthodoxen Kirchen zu führen, um bestehende Differenzen zu überwinden. Die Leitung dieser Kommission wurde dem Regensburger Bischof Rudolf Graber anvertraut. Seine Arbeit nahm dieser 1967 mit einer Reise nach Konstantinopel auf, wo er den Patriarchen Athenagoras I. aufsuchte. Diese Begegnung kann als der Arbeitsbeginn des Regensburger ‚Ostkirchlichen Instituts' angesehen werden, obwohl dieses zu diesem Zeitpunkt lediglich als Idee existierte. Ferner besuchte Bischof Rudolf Graber auf seiner Reise den bulgarischen Patriarchen Kiril (1953-1971)[767] und den jugoslawischen Patriarchen German (1958-1990)[768]. In den Gesprächen mit den Patriarchen wurde eine ökumenische Kooperation vereinbart, welche ein Stipendienprogramm für ein Postdiplomstudium, Symposien über beide Seiten betreffende Fragen des Glaubens und Lebens sowie die Übersendung von Zeitschriften umfasste. Gemeinsames Ziel war es, die Annäherung der Kirchen des Ostens und Westens zu fördern, sodass die bereits seit mehreren Jahrhunderten bestehende Trennung mit der Zeit überwunden werden könnte.[769]

Auf der Grundlage dieser Vereinbarung wurde bis 2008 zahlreichen orthodoxen Studenten die Möglichkeit eingeräumt, die katholische Kirche näher kennenzulernen und deutsche Sprachkenntnisse zu erwerben bzw. zu vertiefen. Zu der konkreten Anzahl der Stipendiaten werden von Albert Rauch (* 1933; † 2015)[770] in den Aufsätzen *50 Jahre Begegnung mit den Kirchen des Ostens* (2008) und *Über 40 Jahre Kontakt zur Orthodoxie* (2008) unterschiedliche Angaben getätigt. Während der erste Aufsatz von mehr als 500 Stipendiaten spricht, geht der zweite von mehr als 800 Stipendiaten aus. Seit dem Jahr 1976 diente das frühere Kapuzinerkloster als Internat, in dem die Studenten während ihres Aufenthalts wohnen konnten. Der ökumenische Beitrag des ‚Ostkirchlichen Instituts' ist folglich in der Förderung der Begegnung unterschiedlicher Kulturen zu sehen, durch die es sowohl zur Vertiefung der Kontakte zwischen den autokephalen orthodoxen Kirchen kam als auch eine wechselseitige Offenheit für den ökumenischen Dialog wachsen konnte. Darüber hinaus wurden in den Symposien die Gemein-

---

Alternative Ottmaring, 1976, 16-19; Ökumenisches Lebenszentrum Ottmaring, Mitteilungsblatt, 1977, 1-2; Michael Decker, Ökumenisches Lebenszentrum Ottmaring, 2008, 106.

767 Vgl. Hans-Dieter Döpmann, Kirche in Bulgarien von den Anfängen bis zur Gegenwart, 2006, 76-79.

768 Vgl. Klaus Buchenau, Orthodoxie und Katholizismus in Jugoslawien 1945-1991, 2004, 17.

769 Vgl. Albert Rauch, Regensburg und die Kirchen des Ostens, 1973, 118-122; Albert Rauch, 15 Jahre im Dienste der Einheit, 1981, 67-73; Nikolaus Wyrwoll, Das Ostkirchliche Institut in Regensburg, 1992, 53-56; Albert Rauch, Vom Dialog zum Trialog, 2004, 319-327; Albert Rauch, Das Ostkirchliche Institut, 2008, 112-114; Albert Rauch, 50 Jahre Begegnung mit den Kirchen des Ostens, 2008, 318-322; Regina Betz, Immer im Aufbruch, immer getragen, 2014, 99.

770 Vgl. Albert Rauch: Traueranzeige, in: https://www.mittelbayerische-trauer.de/traueranzeige/dr-albert-rauch/40449713 (24.06.2019, 16:31 Uhr).

samkeiten und Unterschiede der orthodoxen und katholischen Konfession herausgearbeitet. Die Stipendiaten hatten dadurch die Möglichkeit, ihre Kenntnisse sowohl über die eigene als auch über die katholische Konfession zu vertiefen. Auch wurden Studienfahrten (z. B. nach Rom) zu Einrichtungen und Klöstern der katholischen Kirche angeboten. Die FoBw selbst wirkte am ‚Ostkirchlichen Institut' ab 1968 in Person von Linda Schuster[771], welche die erste dort tätige Fokolarin war, mit. Diese Zusammenarbeit erfolgte zunächst noch in einem ehrenamtlichen Rahmen. Erst in den Jahren danach waren Fokolarinnen am ‚Ostkirchlichen Institut' angestellt. Zu ihrem Aufgabenbereich gehörten Verwaltungsarbeiten, das Abhalten von Sprachunterricht, die Haus- und Gästebetreuung sowie die Vorbereitung und Begleitung der Symposien, Jubiläen und Stipendiatenreisen. Auf diese Weise beteiligten sich die Fokolarinnen an der Integration und Inkulturation der orthodoxen Studenten. Weitgehend unklar bleibt hingegen, wie es zu dieser Kooperation kam. Durch ein Interview mit Zeitzeuginnen konnte lediglich in Erfahrung gebracht werden, dass Bischof Rudolf Graber sich offenbar an Chiara Lubich wandte. Er bat sie, zur Unterstützung von Albert Rauch ein Fokolar in Regensburg zu eröffnen, das sich ausschließlich in den Dienst des ‚Ostkirchlichen Instituts' stellen sollte. Das Motiv, welches den ehemaligen Regensburger Bischof zu diesem Schritt bewegte, konnte nicht geklärt werden, da in den Archiven der FoBw in Ottmaring keine schriftlichen Quellen diesbezüglich zu finden sind. Auch das Archiv in Fribourg (Schweiz) wurde kontaktiert, das die Akten des ‚Ostkirchlichen Instituts' aus Regensburg übernommen hat. Allerdings sind die dort vorhandenen Akten noch nicht inventarisiert. Darüber hinaus sind bedeutende Zeitzeugen, wie zum Beispiel der langjährige Leiter des ‚Ostkirchlichen Instituts' Albert Rauch, bereits verstorben. Eine Einsichtnahme in den Privatnachlass von Bischof Rudolf Graber, der zur Klärung dieser Fragen beitragen könnte, ist nicht möglich, da dieser nicht für die Öffentlichkeit bestimmt ist.[772]

5.5.2.2.6 Die ‚Ökumenische Schule' in Ottmaring

Die Quellenlage zur ‚Ökumenischen Schule' ist außerordentlich gut. Speziell die Skripten zu den einzelnen Vorlesungen ermöglichen neben der Datierung der einzelnen Kurse eine Beantwortung der Fragen nach dem Programm, dem Ziel, der Zielgruppe und dem Gründungsmotiv dieses Projekts. Hinzu kommt, dass er-

---

771 Linda Schuster ist eine in Regensburg lebende Fokolarin. Sie gehört der Bewegung seit 1962 als Fokolarin an (vgl. Interview mit Linda Schuster und Gudrun Kraft vom 8. April 2016 (Anhang Nr. 7)).

772 Vgl. Albert Rauch, Ein Ort gelebter Ökumene, 1976, 24; Albert Rauch, 15 Jahre im Dienste der Einheit, 1981, 67-73; S. Sch., Ökumene mit orthodoxen Christen, 1981, 8; Nikolaus, Wyrwoll, Das Ostkirchliche Institut in Regensburg, 1992, 53-56; Albert Rauch, Vom Dialog zum Trialog, 2004, 319-327; Albert Rauch, Das Ostkirchliche Institut, 2008, 112-114; Albert Rauch, 50 Jahre Begegnung mit den Kirchen des Ostens, 2008, 318-327; Interview mit Linda Schuster und Gudrun Kraft vom 8. April 2016 (Anhang Nr. 7); Regina Betz, Immer im Aufbruch, immer getragen, 2014, 99-103.

gänzend auf Zeitschriftenartikel (z. B. in der ‚Neuen Stadt'), die parallel verfasst wurden, zurückgegriffen werden kann, sodass eine beinahe lückenlose Rekonstruktion möglich ist: Die Idee einer ‚Ökumenischen Schule' in Ottmaring nahm ihren Anfang während des Deutschlandbesuchs von Chiara Lubich, der vom 13. bis zum 20. September 1981 dauerte. In dieser Zeit traf sie sich mit den katholischen Bischöfen Klaus Hemmerle und Josef Stimpfle sowie dem evangelischen Landesbischof Hermann Dietzfelbinger. Zusammen entwickelten sie die Idee der ‚Ökumenischen Schule' in Ottmaring, die sich methodisch durch eine auf der fokolarinischen Spiritualität basierenden theologischen Reflexion auszeichnen sollte. Das heißt, dass die Präsenz von ‚Jesus in der Mitte' Bedingung für ein erfolgreiches Lehren und Lernen sein sollte, sodass dieser als eigentlicher Lehrer (Mt 23,10) in Erscheinung treten würde. Der für die Schule benötigte Lehrkörper setzte sich aus Mitgliedern und Freunden der FoBw (Bischöfe, Pfarrer, Professoren und Fokolare) zusammen. Kriterium, um an der ‚Ökumenischen Schule' lehren zu dürfen, war die Offenheit gegenüber dem Einheitsgedanken. Darüber hinaus trafen sich die Referenten in einem Arbeitskreis, in dem die ausgearbeiteten Vorträge, welche den Kollegen zuvor zum Studium zugesandt worden waren, gründlich besprochen und fertiggestellt wurden. Diese Art der Arbeit wurde von Bischof Klaus Hemmerle folgendermaßen umschrieben:[773]

> „Es muss für uns unmöglich sein, die Kirche des anderen nicht zu lieben. Und das ist für mich sozusagen das Kostbarste an der Ökumenischen Schule. Auf dieser Beziehungsebene haben wir dann einen besseren Einstieg in die Wahrheit. Das ersetzt nicht die theologische Arbeit, sondern ermöglicht sie vielmehr. Denn sonst würde ich Formel gegen Formel setzen und nicht verstehen, warum der andere so denkt. Vielmehr muß ich lernen, meine eigene Position liebend zu erklären, den anderen und sein Warum des Andersseins verstehen lernen, dann habe ich von innen her Wege, die Wahrheit zu vermitteln und aufzuschließen und einen gegenseitigen Zuwachs an der Wahrheitserkenntnis zu ermöglichen."[774]

Zu Beginn des ersten Kurses im Juni 1982[775] wurden die gehaltenen Referate und Teile der Diskussionen auf Video aufgenommen. Bei Abwesenheit eines Vortra-

---

[773] Vgl. Unbekannter Verfasser, Begegnungen mit ökumenischen Vorzeichen, 1981, 4-7; Josef Stimpfle, Gemeinsame Quellen und Wurzeln unseres Glaubens, 1982, 1-2; Monika-Maria Wolff, Ökumenische Schule Ottmaring, 1983, 20-21; Aldo Stedile, Die ökumenischen Schulen des Werkes, 1987, 8-9; Alfred Hartl, Ökumenische Schule Ottmaring, 1987, 20-22; Alfred Hartl, 20 Jahre Ökumenisches Lebenszentrum Ottmaring, 1988, 7-9; Manfred Döbbeler, Die Fokolar-Bewegung, 1988, 186-196; Heiner Romberg, Nur einer ist euer Lehrer, 1991, 32-35; Hiltrud Priebe, Bericht über 20 Jahre Ökumenisches Lebenszentrum Ottmaring, 1991, 1689-1691; Joan Patricia Back, Il contributo del Movimento dei Focolari alla koinonia ecumenica, 1998, 239-241.

[774] Alfred Hartl, Ökumenische Schule Ottmaring, 1987, 21.

[775] Manfred Döbbeler terminiert den Beginn des ersten Kurses der ‚Ökumenischen Schule' auf den 16. Juni 1982. Monika-Maria Wolff gibt dagegen den 3. Juni 1982 als Termin an. Welche

genden wurde die Videoaufzeichnung bereits vor der Veranstaltung vorgenommen. Durch diesen Einsatz von modernen Medien, der auch in den nachfolgenden Kursen beibehalten wurde, konnte im Verlauf eines Jahres ein Kurs 15- bis 30-mal angeboten werden. Dadurch wurde es bis zu 1.700 Personen jährlich ermöglicht, die ,Ökumenische Schule' zu besuchen. Joan Back berichtet in ihrer Dissertation *Il contributo del Movimento dei Focolari alla koinonia ecumenica* (1998) von einem Jahresdurchschnitt von 1.000 bis 1.700 Teilnehmern. Der erste Kurs wurde nach den Angaben von Back 28-mal angeboten und von 1.500 Teilnehmern besucht. Eine konkrete Aussage über die Teilnehmerzahlen an den Kursen kann heute aber aufgrund fehlender Quellendaten leider nicht mehr getätigt werden, sodass nicht gesagt werden kann, ob die von Joan Back angegebenen Daten zutreffen. Die Teilnehmerzahlen sind daher wegen ihres spekulativen Charakters mit Vorsicht zu betrachten. Gleiches ist bezüglich der Herkunft und der Konfessionen der Teilnehmer zu sagen, da nicht mehr rekonstruiert werden kann, aus welchen Bereichen Deutschlands diese anreisten und welchen Kirchen sie angehörten. Fest steht jedoch, dass trotz der meistens medial gehaltenen Vorträge ein qualitativer Lerneffekt bewahrt wurde, da in diesen Fällen theologisch ausgebildete Assistenten damit beauftragt wurden, neben ihrer Moderationstätigkeit für die Teilnehmer eine Verbindung zwischen Erstaufführung und Wiederholung herzustellen und dadurch eine intensive Auseinandersetzung zu ermöglichen.[776]

Das Motiv für die Errichtung einer ,Ökumenischen Schule' ist in den veränderten Umständen, mit denen die FoBw sich in diesem Zeitraum konfrontiert sah, zu finden. Nicht mehr nur Katholiken gehörten ihr an, sondern auch zunehmend mehr Mitglieder anderer christlicher Konfessionen. Chiara Lubich reagierte auf diese Entwicklung mit der Gründung der ,Ökumenischen Schule'. Mit dieser beabsichtigte sie, den Mitgliedern der FoBw das notwendige Wissen zu vermitteln, sodass diese nicht nur die Chance hatten, die gegenseitige Liebe zu leben, sondern auch Wissen über die Glaubensbeheimatung des Nächsten erwerben konnten. Es wurde erkannt, dass eine lediglich praktisch gelebte Ökumene eine Engführung nach sich ziehen würde, durch die die theologischen Unterschiede vernachlässigt worden wären. Zum anderen sollte die ,Ökumenische Schule' der Arbeit an der Einheit der Kirchen dienen. Chiara Lubich hielt es deshalb für erforderlich, den Mitgliedern das notwendige Wissen für einen erfolgreichen Dialog zu vermitteln,

---

der beiden Angaben korrekt ist, lässt sich heute nicht mehr sagen (vgl. Monika-Maria Wolff, Ökumenische Schule Ottmaring, 1983, 20-21; Manfred Döbbeler, Die Fokolar-Bewegung, 1988, 186-196).

776 Vgl. Josef Stimpfle, Gemeinsame Quellen und Wurzeln unseres Glaubens, 1982, 1-2; Aldo Stedile, Die ökumenischen Schulen des Werkes, 1987, 7-13; Monika-Maria Wolff, Ökumenische Schule Ottmaring, 1983, 20-21; Alfred Hartl, Ökumenische Schule Ottmaring, 1987, 20-22; Alfred Hartl, 20 Jahre Ökumenisches Lebenszentrum Ottmaring, 1988, 7-9; Manfred Döbbeler, Die Fokolar-Bewegung, 1988, 186-196; Hiltrud Priebe, Bericht über 20 Jahre Ökumenisches Lebenszentrum Ottmaring, 1991, 1689-1691; Heiner Romberg, Nur einer ist euer Lehrer, 1991, 32-35; Joan Patricia Back, Il contributo del Movimento dei Focolari alla koinonia ecumenica, 1998, 239-241.

um sie in die Lage zu versetzen, an der ökumenischen Grundlagenarbeit mitzuwirken. Obwohl die Zielgruppe, die mit dem Projekt angesprochen werden sollte, somit primär die Mitglieder und Freunde der FoBw umfasste, schlossen die Projektverantwortlichen eine Öffnung nach außen nicht aus. Speziell für Landesbischof Johannes Hanselmann, den Nachfolger des im Jahr 1984 verstorbenen Hermann Dietzfelbinger, war die Rezeption von ökumenischen Dokumenten in den Gemeinden eine Herzensangelegenheit. Diesem eigenen Anspruch konnte die ‚Ökumenische Schule' allerdings nie wirklich gerecht werden. In der Realität reichten die Kapazitäten nur für den engen Kreis der FoBw aus. Manfred Döbbeler vermerkte sogar in einer Fußnote seiner Magisterarbeit, die er 1988 verfasste, dass es ausschließlich Mitgliedern der FoBw möglich gewesen sei, die ‚Ökumenische Schule' zu besuchen. Zwar erwähnte er, dass diese Einschränkung nur vorübergehend gegolten habe, doch noch 1991 sei die Frage unbeantwortet gewesen, wie eine Ausweitung der Zielgruppe umgesetzt werden könnte.[777]

Bis in das Jahr 1990 erfolgten sechs aufeinander aufbauende Sitzungen der ‚Ökumenischen Schule' in Ottmaring. Begonnen wurde zunächst 1982 mit einem Rückblick auf den Ausgangspunkt der Kirche, wodurch die gegenseitigen Gemeinsamkeiten in den Vordergrund gerückt wurden. Der Augsburger Bischof Josef Stimpfle, welcher der ‚Ökumenischen Schule' als Präsident vorstand, referierte über die Idee der ‚Ökumenischen Schule', die Person und das Werk Jesu. Ihm folgten der Landesbischof Hermann Dietzfelbinger und der evangelisch-lutherische Pfarrer Dieter Fürst mit Beiträgen zur Reformationsgeschichte, in denen die Geschichte der evangelisch-lutherischen Kirchen bis in das 20. Jahrhundert dargelegt wurde. Anschließend hielt der Augsburger Professor Hanspeter Heinz einen Vortrag über die Geschichte der katholischen Kirche von der Reformation bis ins 20. Jahrhundert. Den Schlusspunkt dieser ersten Sitzung setzte Wilfried Hagemann, der über die Entwicklung der Ökumenische Bewegung sprach. Der Schwerpunkt wurde somit in der ersten Sitzung auf den Dialog zwischen der katholischen Kirche und den evangelisch-lutherischen Kirchen gelegt. Dieser Kurs wurde bis zur vierten Sitzung der ‚Ökumenischen Schule' im Jahr 1985/86 beibehalten: Gemäß dem Fahrplan wurde im zweiten Kurs (1983/84) die geschichtlich-theologische Grundlegung vollendet. Ausgehend von diesem Fundament setzte man sich im dritten (1984/85) und vierten Kurs mit aktuellen Problemen und kirchentrennenden Punkten (z. B. Amtsverständnis) auseinander. Erst der fünfte Kurs (1987/88) brachte eine Behandlung des Dialogs mit der anglikanischen Kirche, den reformierten Kirchen und den Kirchen des Ostens mit sich. Nach die-

---

[777] Vgl. Unbekannter Verfasser, Begegnungen mit ökumenischen Vorzeichen, 1981, 4-7; Josef Stimpfle, Gemeinsame Quellen und Wurzeln unseres Glaubens, 1982, 1; Bruna Tomasi, Die Spiritualität der Fokolar-Bewegung und ihr Beitrag zur Ökumene, 1983, 92-94; Monika-Maria Wolff, Ökumenische Schule Ottmaring, 1983, 20-21; Alfred Hartl, 20 Jahre Ökumenisches Lebenszentrum Ottmaring, 1988, 7-9; Manfred Döbbeler, Die Fokolar-Bewegung, 1988, 186-196; Heiner Romberg, Nur einer ist euer Lehrer, 1991, 32-35; Hiltrud Priebe, Bericht über 20 Jahre Ökumenisches Lebenszentrum Ottmaring, 1991, 1689-1691; Aloys Klein, Art. Dietzfelbinger, Hermann, 3. Aufl., 2006, 227.

ser Grundlagenarbeit kam im anschließenden sechsten Kurs (1989/90), der am 24. / 25. Juni 1989 erstmals veranstaltet wurde, mit der Gottesmutter Maria ein durchaus kontrovers diskutiertes Thema zum Zuge. Behandelt wurde dieses aus drei verschiedenen Perspektiven: (1.) Über die Marienverehrung und Marienfrömmigkeit in der orthodoxen Kirche und Theologie referierte Vasilios von Aristi, welcher 1976 zum Vikarbischof geweiht worden war[778]; (2.) über Maria im Glauben der Kirche hielt Oberkirchenrat Walter Rupprecht (1971-1983)[779] einen Vortrag; (3.) zum Thema Maria in der Sicht der katholischen Kirche und Theologie sprach Bischof Klaus Hemmerle. Diese Vorgehensweise ermöglichte den Zuhörern auf der einen Seite, ihre Blicke zunächst auf bisherige Gemeinsamkeiten zu richten. Hätte man mit den kontrovers diskutierten Punkten, wie z. B. dem Amtsverständnis oder der Mariologie, begonnen, wäre die Entwicklung eines Bewusstseins für die bereits vorhandenen Übereinstimmungen schwieriger gewesen. Nicht die Diskussion unterschiedlicher theologischer Auffassungen sollte im Zentrum der ‚Ökumenischen Schule' stehen, sondern die Aufgabe,[780] „der Fülle des schon gemeinsamen Glaubens den Weg ins Leben zu bahnen."[781] Auf der anderen Seite berücksichtigte die ‚Ökumenische Schule' bei der Auswahl der Themen die ökumenische Problematik des jeweiligen Landes, wodurch das neu erworbene Wissen von den Teilnehmern sehr gut im Alltag angewendet werden konnte.[782]

Neben der ‚Ökumenischen Schule' in Ottmaring entstanden im Verlauf der 1980er-Jahre weitere Schulen dieser Art. Bereits bevor Chiara Lubich die ‚Ökumenische Schule' in Ottmaring ins Leben rief, ging von ihr im Sommer 1981 der Impuls für eine ‚Ökumenische Schule' in England aus. In dieser wurde zunächst schwerpunktmäßig der katholisch-anglikanische Dialog durch entsprechende Themen, wie z. B. die Reformation in England, behandelt. Im selben Jahr stieß Chiara Lubich auch in der Schweiz die Gründung einer ‚Ökumenischen Schule' an, die sich unter anderem mit dem Dialog zwischen der reformierten und der katholischen Kirche beschäftigte. Aber auch in Brasilien, Argentinien, den USA, Italien und Frankreich (Straßburg) wurden ökumenische Kurse gegeben. Im letzteren Fall wurden sie auf der Grundlage des Programms der ‚Ottmaringer Schule' angeboten.[783]

---

778 Vgl. Griechisch-Orthodoxe Metropolie von Deutschland: Vikarbischöfe, in: http://www.orthodoxie.net/index.php?id=14 (14.12.2016, 10:26).

779 Vgl. Evangelisch-Lutherische Kirche Bayern: Regionalbischof. Vorgänger, in: http://www.schwaben-evangelisch.de/regionalbischof/vorgaenger.html (14.12.2016, 10:32 Uhr).

780 Vgl. Unbekannter Verfasser, Studienprogramm der ‚Ökumenischen Schule Ottmaring', 1-4; Kursskripte der ‚Ökumenischen Schule Ottmaring' der Jahrgänge 1982/83 bis 1989/90 (Kurs 1 bis 6); Josef Stimpfle, Gemeinsame Quellen und Wurzeln unseres Glaubens, 1982, 1-11; Monika-Maria Wolff, Ökumenische Schule Ottmaring, 1983, 20-21; Alfred Hartl, Ökumenische Schule Ottmaring, 1987, 20-22; Manfred Döbbeler, Die Fokolar-Bewegung, 1988, 186-196; Heiner Romberg, Nur einer ist euer Lehrer, 1991, 32-35; Joan Patricia Back, Il contributo del Movimento dei Focolari alla koinonia ecumenica, 1998, 239-241.

781 Monika-Maria Wolff, Ökumenische Schule Ottmaring, 1983, 21.

782 Vgl. Aldo Stedile, Die ökumenischen Schulen des Werkes, 1987, 11-13.

783 Vgl. Aldo Stedile, Die ökumenischen Schulen des Werkes, 1987, 11-13; Alfred Hartl, Ökumenische Schule Ottmaring, 1987, 20-22; Manfred Döbbeler, Die Fokolar-Bewegung, 1988, 186-

5.5.2.2.7 Die Verleihung des ‚Augsburger Friedenspreises'

Ein Höhepunkt des von der FoBw geführten ökumenischen Dialogs war die Verleihung des ‚Augsburger Friedenspreises' am 23. August 1988 an Chiara Lubich, welche nach Bischof Hermann Kunst[784] (1985) die zweite Preisträgerin war. Am 3. Dezember 1980 hatte der Augsburger Stadtrat die Entscheidung getroffen, zukünftig im Kontext des Friedensfestes den ‚Augsburger Friedenspreis' zu verleihen. Dadurch erfuhr das seit 1650 existierende ‚Augsburger Friedensfest', welches 1950 zum offiziellen Feiertag für den Stadtkreis erklärt worden war, eine Aufwertung. Ausgezeichnet werden mit dem Friedenspreis seitdem Personen, die sich durch ihren Einsatz für Toleranz und Frieden zwischen den Kulturen und den Religionen hervorgetan haben.[785] Dotiert war der Preis mit einer Summe von 25.000 DM. Zudem wurden den Preisträgern eine Medaille und eine Ehrenurkunde überreicht.[786]

Die Jury, welche sich für Chiara Lubich als Preisträgerin entschied, setzte sich aus Vertretern der evangelisch-lutherischen Landeskirche, der katholischen Kirche sowie der Stadt Augsburg zusammen. Die für die Auszeichnung notwendigen Voraussetzungen sah die Jury in der ökumenischen Tragweite der FoBw auf vierfache Weise gegeben: (1.) mit dem gelebten Zeugnis einer geistigen Ökumene und deren Wirkungskraft; (2.) die Wiederentdeckung des Lebens aus dem Wort der Heiligen Schrift und damit einem zentralen Anliegen der Kirchen der Reformation; (3.) das Zeugnis der Liebe, wie es unter anderem im ‚Ökumenischen Lebenszentrum Ottmaring' praktiziert wird; (4.) das Zeugnis des Auferstandenen, das in der FoBw durch das Leben mit ‚Jesus in der Mitte' gegeben wird.[787]

Der damalige Bundeskanzler der Bundesrepublik Deutschland, Helmut Kohl (1982-1998)[788], bezeichnete das Lebenswerk von Chiara Lubich im doppelten Sinne als Friedensarbeit, da durch den konfessionellen Dialog nicht nur Gemeinsamkeiten des christlichen Glaubens erfahrbar wurden und ein Wir-Gefühl unter

---

204; Joan Patricia Back, Il contributo del Movimento dei Focolari alla koinonia ecumenica, 1998, 237-244.

784 Bischof Hermann Kunst (* 1907; † 1999) war zwischen 1956 und 1972 erster evangelischer Militärbischof der Bundeswehr. Zudem war er zwischen 1949 und 1977 Bevollmächtigter des Rates der Evangelischen Kirche in Deutschland (EKD) am Sitz der Bundesregierung in Bonn (vgl. Geschichte der CDU: Hermann Kunst, in: https://www.kas.de/web/geschichte-der-cdu/personen/biogramm-detail/-/content/hermann-kunst (22.8.2018, 09:58). Für eine Auseinandersetzung mit Bischof Hermann Kunst siehe die Dissertation *Ein klerikales Jahrzehnt?* (2014) von Kristian Buchna, in der der Werdegang des kirchenpolitischen Akteurs thematisiert wird.

785 Vgl. Auskunft des Friedensbüros der Stadt Augsburg vom 11. März 2021.

786 Vgl. Ulrike Albrecht, Die Augsburger Friedensgemälde 1651-1789, 1983, 16-17; Severin Schmid, Preis zum Augsburger Friedensfest 1988 an Chiara Lubich, 1988, S. 6-12, 22-27; Etienne Francois, Die unsichtbare Grenze, 1991, 153-167; Ulrich Müllegger, Das Hohe Friedensfest zu Augsburg – Ursprung und Geschichte, 1997, 17-24; Wolfram Baer, Art. Friedensfest, 2. Aufl., 1998, 413-414; Helmut Gier, 350 Jahre Augsburger hohes Friedensfest, 2000, 137.

787 Vgl. Severin Schmid, Preis zum Augsburger Friedensfest 1988 an Chiara Lubich, 1988, S. 6-19, 22-27.

788 Vgl. Hans Peter Schwarz, Helmut Kohl, 2. Aufl., 2012, 307-855.

Christen entstanden sei, sondern es auch durch die Treffen der FoBw zu einer interkulturellen Verständigung gekommen sei, die als Voraussetzung für Frieden und Einheit verstanden werden könne.[789]

Die Bedeutung des bisher von der FoBw geführten ökumenischen Dialogs wurde durch die Verleihung des Augsburger Friedenspreises in einem höchsten Maß von kirchlichen und weltlichen Vertretern gewürdigt. Chiara Lubich selbst verstand die ihrer Person zukommende Auszeichnung als Bekräftigung des von der gesamten FoBw beschrittenen Weges der Einheit, den sie als Magna Charta der FoBw bezeichnete. An dieser Stelle drängt sich nun die Frage nach einer konkreten Einordnung der Bedeutung des ökumenischen Dialogs der FoBw auf, deren Beantwortung mit einem Zitat der Jury, das die Wahl der Preisträgerin begründet, begonnen werden soll:[790]

> „Indem Chiara Lubich die Liebe ans Licht rückte, trug sie wesentlich zum geistlichen Fortschritt vieler Menschen aus den verschiedensten religiösen Denominationen bei. Ihr Beitrag zum Aufbau der Einheit ist eine der wichtigsten Verwirklichungen für die aktuellen Beziehungen zwischen den Kirchen und Religionen."[791]

Diese Einschätzung der Jury gibt sehr gut die Bedeutung des ökumenischen Beitrags der FoBw wieder. Die Wortwahl berücksichtigt einerseits, dass Chiara Lubich zweifelsfrei zu dem tragenden Kreis der Personen gehört, die im 20. Jahrhundert die Ökumene am stärksten geprägt haben. Andererseits beachtet die Aussage der Jury, dass neben Chiara Lubich weitere Personen durch ihre ökumenischen Bemühungen einen signifikanten Einfluss auf die Annäherung der christlichen Konfessionen hatten. Beispielhaft sei für diese Papst Paul VI. angeführt, der unter anderem durch seine zahlreichen Reisen ökumenische Impulse setzte. In diesem Kontext soll speziell seine Pilgerreise nach Jerusalem im Jahr 1964 hervorgehoben werden, die neben dem Besinnen auf die Anfänge der Kirche und die Ursprünge des Glaubens ein ökumenisches Ziel hatte: die Zusammenkunft mit Athenagoras I. Dieses Aufeinandertreffen des römisch-katholischen Pontifex mit dem Ökumenischen Patriarchen von Konstantinopel in Jerusalem setzte einen Neuanfang für die Beziehung mit der orthodoxen Kirche, der in einen ‚Dialog der Liebe' mündete. Dieser führte unter anderem zur Aufhebung der gegenseitigen Verurteilung von 1054, welche seitdem das Verhältnis zwischen der katholischen und orthodoxen Kirche stark beeinträchtigt hatte.[792]

---

[789] Vgl. Severin Schmid, Preis zum Augsburger Friedensfest 1988 an Chiara Lubich, 1988, S. 22-27; Hans Breuer, Für eine Welt ohne Haß und Intoleranz, 1997, 81-83.

[790] Vgl. Severin Schmid, Preis zum Augsburger Friedensfest 1988 an Chiara Lubich, 1988, 41-48; Chiara Lubich, Alle sollen eins sein – unsere Magna Charta, 1997, 97-102.

[791] Severin Schmid, Preis zum Augsburger Friedensfest 1988 an Chiara Lubich, 1988, 32-33.

[792] Vgl. Jörg Ernesti, Paul VI., 2015, 101-106; Karl-Heinz Dejung, Ökumenische Gemeinschaft im Wandel der Zeiten, 2016, 222; Karl-Heinz Dejung, Ökumenische Gemeinschaft im Wandel der Zeiten, 2016, 222; Lukas Vischer, Die ökumenische Bewegung und die Römisch-katholische

6. Teil: Die Fokolar-Bewegung in der DDR

6.1 Von den Anfängen bis in das Jahr 1990

Im Gegensatz zur Bundesrepublik Deutschland lassen sich die Wege, auf denen die FoBw in DDR kam, eindeutiger identifizieren. Diese Tatsache schließt allerdings nicht aus, dass es noch andere Zugänge zum sozialistischen Arbeiterstaat gab. Die Entwicklung des ‚Werkes Mariens' in der DDR ist in vier Phasen zu unterteilen, auf die nun eingegangen werden soll.

6.1.1 Die Anfänge der Fokolar-Bewegung (1957-1962)

Von der schwierigen Lage der Christen in den Ländern des sowjetischen Machtbereichs hatten die Fokolare bereits Mitte der 50er-Jahre Kenntnis und versuchten, Verbindungen dorthin aufzubauen. Ein erster Kontakt in die DDR entwickelte sich durch den Oratorianer Hans Lubsczyk, der von Regina Betz während seines Romaufenthalts zur Mariapoli eingeladen worden war. Obwohl Lubsczyk dieser Einladung nicht Folge leisten konnte, da sein Visum endete, kam es bereits zwei Monate darauf zu einer Begegnung mit Aldo Stedile. Hans Lubsczyk teilte Aldo Stedile mit, dass es seiner Ansicht nach unbedingt nötig sei, dass das Ideal der FoBw den Weg in die DDR finde. Als geeignete Gelegenheiten dafür nannte er Berlin und die Leipziger Messe. Vermutlich im Jahr 1959 kam Heinz Schürmann (* 1913; † 1999)[793] über Johannes Heilkenbrinker in Kontakt mit der FoBw. Speziell ihm und Wolfgang Trilling (* 1925; † 1993)[794] war in den ersten Jahren die Verbreitung des Charismas unter den Theologiestudenten und Priestern zu verdanken. Von der Staatssicherheit wurde Heinz Schürmann als Mitbegründer der FoBw in der DDR betrachtet. Bereits im Herbst 1957 sollen sich Freunde der FoBw und Oratorianer in der St. Laurentius-Kirche der Oratorianer in Leipzig begegnet sein. Nicht nur Erfurt diente somit von Anfang an als Zentrum für die Verbreitung der FoBw in der DDR, wie von der Staatssicherheit anfangs zum Teil angenommen

---

Kirche, 1974, 443, 446; Heinrich Petri, Die römisch-katholische Kirche und die Ökumene, 1986, 156.

[793] Heinz Schürmann war ab 1953 Professor für Neues Testament in Erfurt. Er wurde 1978 von der Lehrtätigkeit entbunden und pensioniert (vgl. Christoph Schmitt, Art. Schürmann, Heinz, 2001, 1300-1310).

[794] Wolfgang Trilling war ein katholischer Theologe und Neutestamentler. Er hatte von 1968 bis 1970 den zweiten Lehrstuhl für Neues Testament am Erfurter-Philosophisch-Theologischen Seminar inne. Ab 1971 dozierte er am Evangelischen Theologischen Seminar in Leipzig (vgl. Christoph Schmitt, Art. Trilling, Wolfgang, 2001, 1396-1401).

wurde. Auch Leipzig und Westberlin sind in diesem Zusammenhang zu berücksichtigen.[795]

Im Frühjahr 1958 reisten Aldo Stedile und Valeria Ronchetti[796] zur Veranstaltungszeit der Leipziger Messe in die DDR ein. Dort beabsichtigten sie den Bürgern der DDR von der Spiritualität der FoBw und ihren damit erlebten Erfahrungen zu berichten. Die Anzahl der Menschen, die bei diesen Kleingruppentreffen der FoBw begegneten, wird auf einige Hundert geschätzt. Inwiefern diese Angabe zutrifft, lässt sich nicht überprüfen. Um die so entstandenen Kontakte zu pflegen, reisten die Fokolare bis 1960 immer wieder zum Zeitpunkt der Leipziger Messe in die DDR. Aus Gründen der Sicherheit und um den DDR-Bürgern eine Kontaktmöglichkeit anzubieten, wurde nach Rücksprache mit den Oratorianern und Kardinal Döpfner 1960 der Entschluss gefasst, dass das Fokolar in Westberlin eingerichtet werden solle. Dieses widmete sich von Dezember 1959 / Anfang 1960 bis Herbst 1961 / Anfang 1962 ausschließlich den Anliegen der DDR-Bürger. Obwohl das Bestehen des Fokolars geheim gehalten wurde, wurde es in dieser Zeit regelmäßig von Seminaristen, Pfarrern und Laien besucht. Die regelmäßigen Kontrollen zwischen den Grenzen der Stadt führten zu der Erkenntnis, dass es notwendig sei, ein Fokolar in der DDR zu errichten. Gleichzeitig ersuchten die Bischöfe Otto Spülbeck CO und Alfred Bengsch (1961-1979) zwischen 1960 und 1962[797] Chiara Lubich darum, Fokolare in die Bistümer Dresden-Meißen und Berlin zu senden. Motiv für diese Bitte war neben Ärztemangel, der in den katholischen Krankenhäusern St. Hedwig (Berlin) und St. Elisabeth (Leipzig) aufgrund der Westflucht vieler Ärzte bestand, auch ein geistlicher Aufbruch, den die Bischöfe sich durch das Charisma der Einheit versprachen. „Das Fokolar sollte Bezugspunkt und Zentrum materieller und geistiger Unterstützung für die Menschen in der ehemali-

---

[795] Vgl. Andrea Wilke, Leben und Ausbreitung der Fokolarbewegung in der DDR, 1994, 5-7; Vittorio Fasciotti, Chronologie der Fokolar-Bewegung in Deutschland, 2016, 1957-1957/2; Juliane Bittner, Jenseits der Mauer, 1992, 13-14; Lucia Degasperi , Die Geschichte der Fokolarbewegung in der DDR und die Ausbreitung in die sozialistischen Länder, 1999, 1; Unbekannt, Die Geschichte der Fokolar-Bewegung in der der DDR und die Ausbreitung in die sozialistischen Nachbarländer, 1; Unbekannt, Die Geschichte der Fokolar-Bewegung in der ehemaligen DDR und die Entwicklung von Zwochau, 2005, 1; Gretel Pasieka, Mosaiksteine für die Geschichte unserer Zone, 1; Wolfram Zilske, Zur Geschichte des ‚Werkes Mariens' in Ost-Berlin, 4; Unbekannt, Stichpunkte, 1-2; Joachim Schwind, Beitrag von Chiara Lubich für die Einheit der Völker im Osten, 2000, 2; Clemens Behr, Hinter der Mauer, 2011, 23; Unbekannt, Geschichte der Fokolar-Bewegung in der DDR, 2002, 1; MfS AIM 2767/89, Bd. 2, 54; MfS HA XX/4 2504, 28; Ursula Tscheschner, Chronik der Geschichte in Deutschland, 1998, 1; Margreth Frisch, Notizie di Margreth Frisch, zona di Lipsia/Germania, 1; Unbekannt, ‚Frau, siehe dein Sohn', 1998, 20; Wolfram Zilske, Grundriß zur Geschichte des ‚Werkes Mariens' (Fokolar-Bewegung) in der DDR (1957-1990), 2000, 4.

[796] Das MfS ging davon aus, dass Aldo Stedile mit Chiara Lubich zusammen die Frühjahrsmesse in Leipzig 1958 besuchte. Diese Aussage erscheint jedoch als unzutreffend, da in allen anderen Quellen von Valeria Ronchetti die Rede ist (vgl. MfS HA XX/4 370-375, 74).

[797] Laut den vorliegenden Quellen wandte sich Otto Spülbeck CO 1960 an Chiara Lubich. Bengsch folgte 1961. Allerdings kann diese Zuordnung nicht mit letzter Sicherheit belegt werden. Es steht lediglich fest, dass beide Bischöfe in diesem Zeitraum an Chiara Lubich herantraten.

gen DDR sein."[798] Welche konkrete Rolle der tschechoslowakische Bischof Hnilica im Rahmen des Aufbaus der FoBw und deren Verbreitung in der DDR einnahm, konnte nicht festgestellt werden. Sein Mitwirken kann jedoch nicht ausgeschlossen werden, denn nach den Informationen der Staatssicherheit war er die Person, von der der Impuls und die Instruktionen ausgingen, nachdem seine Pläne für die FoBw in den Ländern des Ostblocks durch Alfredo Kardinal Ottaviani gebilligt worden waren. Der FoBw kam dieses Ersuchen der Bischöfe entgegen, da die Bewegung das Apostolat in atheistischen Ländern für sich entdeckt hatte. 1962 sollte es infolge dieser Entwicklung schon drei Fokolare in der DDR geben: Jeweils ein Männerfokolar in Berlin und Leipzig sowie ein Frauenfokolar in Leipzig. Gegründet wurde das erste Fokolar am 12. Mai 1961 in Leipzig. Es bestand mit Enzo Fondi, für den 1964 Roberto Saltini kam, und Guiseppe Santanchè (* 1925; † 2018)[799] aus zwei italienischen Ärzten. Beide arbeiteten am St. Elisabeth-Krankenhaus. Am 6. Januar 1962[800] zog Margreth Frisch (* 1922; † 1999)[801] zusammen mit ihrer Arzthelferin Elisabeth Klose[802] und Natalia Dallapiccola nach Leipzig. Dort wohnten sie in der Marschnerstraße 23. Das erste Frauenfokolar in der DDR war damit gegründet. Im selben Jahr kamen mit Maria Genova, Anna Fratta (* 1933; † 2021) und Giuseppe Tradigo drei weitere Ärzte, die am St. Hedwig-Krankenhaus in Ostberlin arbeiteten. 1963 folgte Giuseppe Di Giacomo, der aber bereits 1964 von Berlin nach Erfurt wechselte, um dort am Katholischen Nepomuk-Krankenhaus zu arbeiten. Dass der Wohnsitzwechsel keineswegs reibungslos verlief, zeigt das Beispiel von Natalia Dallapiccola. Sie wurde zunächst in das Aufnahmezentrum Fürstenwalde bei Berlin gebracht. Dort musste sie sich einem Verhör unterziehen. Es sollte herausgefunden werden, ob sie eine Spionin war oder aufrührerische ideologische Absichten verfolgte. Obwohl die Einreise von Ärzten aufgrund des Notstands ohne große Schwierigkeiten verlief, offenbart dieses Beispiel die Problematik, der die Fokolare sich ausgesetzt sahen. Auf der einen Seite waren sie durch ihre medizinische Ausbildung erwünscht. Auf der anderen Seite versuchte man, sie zu kategorisieren: Waren sie nun westliche Kommunisten oder doch Kapitalisten?[803]

---

798 Joachim Schwind, Beitrag von Chiara Lubich für die Einheit der Völker im Osten, 2000, 2.

799 Guiseppe Santanchè legte den Grundstein für die Anästhesieabteilung im Leipziger St. Elisabeth-Krankenhaus, deren Chefarzt er am 1. Juli 1969 wurde. Diese Leistung ist vor dem Hintergrund, dass der Bereich des Facharztes für Anästhesiologie erst im Jahr 1956 in der DDR zugelassen wurde, personelle Unterstützung und die medizinische Ausrüstung (z. B. Geräte) fehlten, als herausragend einzustufen (vgl. Jörg Raumanns, Fokolare am St. Elisabeth-Krankenhaus Leipzig, 2015, 392-393; Information von Gabi Ballweg, 16.05.2022).

800 Der Beginn des Mietverhältnisses wurde auf den 1. Februar 1962 festgelegt (vgl. Mietvertrag zwischen Christa Krägelin und Dr. M. Frisch vom 22. Januar 1962, 1).

801 Vgl. Lucia Degasperi, Wegbereiterin für das Ideal, 55-56. Margreth Frisch trat 1960 in das Fokolar ein (vgl. Lucia Degasperi, Wegbereiterin für das Ideal, 60-61).

802 Elisabeth Klose kehrte 1968 in die Bundesrepublik Deutschland zurück. Sie heiratete später (vgl. Wolfram Zilske, Zur Geschichte des ‚Werkes Mariens' in Ost-Berlin, 2).

803 Vgl. Enzo Fondi, Relazione Attivita' del Movimento dei Focolari nella DDR dall'estate 1962 al febbraio 1963, 1-3; MfS AP 5858/71, 14, 38; Lucia Degasperi, Wegbereiterin für das Ideal,

6.1.2 Die Ausbreitung der Fokolar-Bewegung (1962-1969)

Die in den kommenden Jahren zunehmende Verbreitung des fokolarinischen Charismas in der DDR lässt sich nicht durch ein systematisches Apostolat erklären. Vielmehr ist an dieser Stelle auf das für die Fokolare typische Leben aus dem Wort Gottes heraus zu verweisen. Als Person, die insbesondere zur Verbreitung des Charismas der Einheit beitrug, ist Heinz Schürmann zu nennen.[804] „Nachdem er in Münster das Ideal kennengelernt hatte, berichtete er in Erfurt sowohl den Studenten am Philosophisch-Theologischen Studium als auch den Priestern, die

61-64, 67-68; Andrea Wilke, Leben und Ausbreitung der Fokolarbewegung in der DDR, 1994, 5-7; Vittorio Fasciotti, Chronologie der Fokolar-Bewegung in Deutschland, 2016, 1958/3, 1959, 1959/3-1959/4, 1960/3, 1961-1961/4, 1962; Mietvertrag zwischen Christa Krägelin und Dr. M. Frisch vom 22.1.1962, 1; Aufenthaltsgenehmigung Natalia Dallapiccola (Einweisungsnummer 826787); Aufenthaltsgenehmigung Elisabeth Klose (Einweisungsnummer 826786); Jörg Raumanns, Fokolare am St. Elisabeth-Krankenhaus Leipzig, 2015, 392; Juliane Bittner, Jenseits der Mauer, 1992, 14-15; Lucia Degasperi, Die Geschichte der Fokolarbewegung in der DDR und die Ausbreitung in die sozialistischen Länder, 1999, 1-2; Unbekannt, Die Geschichte der Fokolar-Bewegung in der DDR und die Ausbreitung in die sozialistischen Nachbarländer, 1; Roswitha Beyer, Erfahrungsbericht, 2-10; Unbekannt, Stichpunkte, 1-2; Roswitha Beyer, Roswitha Beyer erzählt die Geschichte von Mercedes und Anne Kathrin Gonzales-Guntin, 2000, 14; Sigrid Mayerhofer, Erfahrungsbericht, 2010, 7, 9-10, 14; Ursula Tscheschner, Es begann am 10. Mai 1926, 7-8; Dorothee Wanzek, Zur Freude auch von Nichtchristen, 2002, 2-3; Wolfram Zilske, Zur Geschichte des ‚Werkes Mariens' in Ost-Berlin, 2-3; Unbekannt, Erneuerung für Ost und West, 1991; Unbekannt, Entwicklung der Kontakte des Werkes Mariens mit der Öffentlichkeit, 1; Ernst Pfeiffer, Arbeitsvertrag zwischen dem St. Elisabeth-Krankenhaus Leipzig und Giuseppe Santanchè, 1964, 1-2; Unbekannt, Überblick über den gegenwärtigen Stand der Fokolar-Bewegung, 2; Dorothee Wanzek, Ihre Arztpraxis hatte Ausstrahlung; Ursula Tscheschner, Chronik der Geschichte in Deutschland, 1998, 3-4, Ursula Tscheschner, Geschichte der Fokolar-Bewegung in Deutschland, 1998, 6; Giuseppe Di Giacomo, Erfahrung Ostdeutschlands für den Kongress der Pfarrbewegung, 1991, 1; Wolfram Zilske, Diplomarbeit König, 2007, 2; Gretel Pasieka, Mosaiksteine für die Geschichte unserer Zone, 1-2; Margreth Frisch, Notizie di Margreth Frisch, zona di Lipsia/Germania, 1-2; Unbekannt, Informationen über die Fokolarbewegung am 15.6.2005 im Seniorenkreis der Liebfrauengemeinde in Leipzig-Lindenau, 1; Joachim Schwind, Beitrag von Chiara Lubich für die Einheit der Völker im Osten, 2000, 1-2; Clemens Behr, Hinter der Mauer, 2011, 23-25; Unbekannt, Geschichte der Fokolar-Bewegung in der DDR, 2002, 1-3; Andrea Pasieka, Erfahrungsbericht, 1; Giuseppe Santanchè, Bericht, 1; Unbekannt, Lebenslauf Natalia Dallapiccola, 1996, 1; Rat der Stadt Leipzig, Brief an Margreth Frisch, 4.10.1961, 1; Marlies Neumann, Storia di Marlies, 6; Unbekannt, Geschichte der Zone, 2008, 1-3; Unbekannt, Die Geschichte der Fokolar-Bewegung in der ehemaligen DDR und die Entwicklung von Zwochau, 2005, 1-2; Unbekannt, Bericht an Kardinal Bengsch, 1971, 2; MfS AP 5858/71, 9, 38; Chiara Lubich, Rede von Chiara Lubich über die Bewegung im Osten, 20-21; Unbekannt, Breve historie [sic!] della vita dell'ideale nella DDR, 1-2; Martin Bräuer, Art. Bengsch, Alfred (1921-1979), 2016, 85-88; MfS AP 12718/92, 2; Ursula Tscheschner, Geburt des Berliner Fokolares, 2004, 1-4; MfS HA XX/4 370-375, 74; Ursula Tscheschner, Entstehung des Berliner Fokolares, 2004, 1, 4; MfS BV Eft AOPK 1657/86, 29; Wolfram Zilske, Zur Geschichte des ‚Werkes Mariens' in Ost-Berlin, 5; Dorothee Wanzek, Zur Freude auch von Nichtchristen, 2002; Fokolar-Bewegung: Anna Fratta 1933-2021, in: https://www.focolare.org/en/news/2021/10/05/the-wisdom-of-the-meek/ (06.05.2022, 14:33 Uhr).

[804] Vgl. Andrea Wilke, Leben und Ausbreitung der Fokolarbewegung in der DDR, 1994, 7-8; Lucia Degasperi, Die Geschichte der Fokolarbewegung in der DDR und die Ausbreitung in die sozialistischen Länder, 1999, 2; Unbekannt, Stichpunkte, 1-2; Wolfram Zilske, Grundriß zur Geschichte des ‚Werkes Mariens' (Fokolar-Bewegung) in der DDR (1957-1990), 2000, 4.

dem ‚Ring' angehörten, seine Erfahrungen."[805] Der ‚Ring' war laut Andrea Wilke, die sich auf eine mündliche Mitteilung von Heinz Schürmann bezieht, ein diözesanübergreifender Priesterkreis, der das Ziel verfolgte, gerade die Spiritualität jener Gemeindemitglieder zu fördern, die „geistlich nicht tief genug angesprochen werden"[806] konnten.[807]

Durch den ‚Ring', in dem unterschiedliche gesellschaftliche Schichten vertreten waren, fanden zahlreiche Laien und Priester den Weg zur FoBw. Darüber hinaus kamen auch die Seminaristen des Priesterseminars in Erfurt (z. B. der spätere Bischof Joachim Reinelt) durch Heinz Schürmann und Wolfgang Trilling mit der Bewegung in Kontakt. Die daraus resultierende Bedeutung der Priester für die Ausbreitung der FoBw in der DDR begründet Andrea Wilke durch eine von ihr durchgeführte Studie, die ergab, dass „ ca [sic!] 60 % der Internen des Werkes selbiges durch einen Priester kennengelernt"[808] haben. Der Klerus nahm somit im Rahmen der Ausbreitung der FoBw in der DDR eine wichtige Rolle ein, obwohl die Priester auch jene Gruppe darstellten, die sich nach dieser zu Beginn vorhandenen großen Anteilnahme später wieder am meisten distanzierte. Der Grund für diese Entwicklung war laut Wilke keinesfalls ausschließlich in einer Absage an die fokolarinische Spiritualität zu finden. Vielmehr seien auch „berufliche Verpflichtungen"[809] dafür ausschlaggebend gewesen, dass manche Priester nicht in der Lage waren, sich in die FoBw einzubringen.[810]

Eine ähnliche Entwicklung vollzog sich im Kreis der Oratorianer. Durch sie kam die Spiritualität der FoBw in die DDR und sie setzten sich anfangs stark mit ihr auseinander. Nach dem Abschied Wolfgang Trillings vom Werk Philip Neris (* 1515; † 1595) kam es jedoch zum gegenteiligen Prozess.[811]

> „Die, beiderseits z. T. polemisch dargelegten, entgegengesetzten Grundeinstellungen, die sich besonders am Ereignis der Meißener Diözesansynode festmachen lassen, führten letztendlich zu gegenseitiger Distanz, was aber unter Einzelnen den Fortbestand freundschaftlicher Beziehungen nicht ausschloß."[812]

805 Andrea Wilke, Leben und Ausbreitung der Fokolarbewegung in der DDR, 1994, 7-8.
806 Ebd., 8.
807 Vgl. ebd., 8.
808 Ebd., 8.
809 Ebd., 8.
810 Vgl. Andrea Wilke, Leben und Ausbreitung der Fokolarbewegung in der DDR, 1994, 7-9; Joseph Gülden, Bericht über die Focolarini an Julius Döpfner, 12.7.1960; 2; Vittorio Fasciotti, Chronologie der Fokolar-Bewegung in Deutschland, 2016, 1960/3; MfS HA XX/4 2504, 28; MfS AIM 2767/89, Bd. 2, 54.
811 Vgl. Andrea Wilke, Leben und Ausbreitung der Fokolarbewegung in der DDR, 1994, 10-11; Gretel Pasieka, Mosaiksteine für die Geschichte unserer Zone, 1; Thomas Gandlau, Art. Neri, Filippo, 1993, 608-611.
812 Andrea Wilke, Leben und Ausbreitung der Fokolarbewegung in der DDR, 1994, 11.

Weitaus schwieriger gestaltete sich die Ausbreitung der FoBw unter den Laien. Die Italiener, die bis 1962 in die DDR gekommen waren, hatten zunächst die deutsche Sprache zu erlernen. Darüber hinaus waren sie durch ihre Berufstätigkeit stark beansprucht. Hinzu kam, dass zu Beginn der Ausbreitungsphase Vorsicht geboten war. Öffentliche Aktivitäten wurden aus diesem Grund vermieden.[813]

> „Anfangs trafen wir uns im Auto, in Parks oder in Wäldern, die nahe der Stadt lagen. Mit der Zeit sahen wir dann auch Möglichkeiten, uns in ihren [gemeint sind die Kontakte] Wohnungen oder in Pfarrhäusern zu treffen."[814]

Wie in der Bundesrepublik Deutschland spielten für die Verbreitung der FoBw in der DDR vor allem zunächst persönliche Kontakte eine wichtige Rolle. Auf diese Weise lernte zum Beispiel das Ehepaar Alfred und Sigrid Mayerhofer[815], welche „die ersten verheirateten Fokolare in der DDR"[816] waren, die Bewegung kennen. Um die bestehenden Fokolare etablierten sich Kreise, in denen die fokolarinische Spiritualität praktiziert wurde. Diese standen auch untereinander in Verbindung und trugen maßgeblich zur Verbreitung der Bewegung bei.[817]

Als am 13. August 1961 die Mauer errichtet wurde, drohte der Kontakt zum Fokolar in Westberlin abzubrechen, was ein Leben des fokolarinischen Ideals nicht nur erschwert, sondern in der DDR eventuell auch zum Erliegen gebracht hätte. Zudem war das bereits in Leipzig existierende Männerfokolar kaum jemandem bekannt. Gleiches trifft auf die Gründung des Frauenfokolars in Leipzig zu, das im Januar 1962 errichtet worden war. Trotz dieser Umstände breitete sich die FoBw in der DDR weiter aus. Nachdem bereits 1962 ein Männerfokolar in Ostberlin eröffnet worden war, wurde 1964 ein Männerfokolar in Erfurt errichtet. Hinzu kam, dass ab diesem Jahr die Anzahl der Eintritte in die Sektion der Fokolarinnen zunahm. Infolgedessen wurde 1968 ein zweites Frauenfokolar in Leipzig

[813] Vgl. Giuseppe Di Giacomo, Germania est: L'amore oltrepassa il muro, 1992, 91; Andrea Wilke, Leben und Ausbreitung der Fokolarbewegung in der DDR, 1994, 9; Jörg Raumanns, Fokolare am St. Elisabeth-Krankenhaus Leipzig, 2015, 392; Juliane Bittner, Jenseits der Mauer, 1992, 14-15.

[814] „Dapprima ci troviamo in auto, nei giardini o nei boschi adiacenti alla città; poi, col passare del tempo, e rendendoci conto che è possibile, nei loro appartamenti o nelle case parrocchiali." (Giuseppe Di Giacomo, Germania est: L'amore oltrepassa il muro, 1992, 91.) Vgl. hierzu auch: Unbekannt, Geschichte der Zone, 2008, 4-5.

[815] Vgl. Alfred Mayerhofer wurde 1926 in Nürnberg geboren. Über seine Frau Sigrid, die 1958 auf der Leipziger Messe erstmals in Kontakt mit der FoBw kam, lernte er 1958 die italienische Bewegung kennen (vgl. MfS AP 4846/92, 66; Sigrid Mayerhofer, Erfahrungsbericht, 2010, 1-18).

[816] Andrea Wilke, Leben und Ausbreitung der Fokolarbewegung in der DDR, 1994, 9.

[817] Vgl. Roswitha Beyer, Erfahrungsbericht, 2-9; Unbekannt, Die Geschichte der Fokolar-Bewegung in der DDR und die Ausbreitung in die sozialistischen Nachbarländer, 1999, 2; Sigrid Mayerhofer, Erfahrungsbericht, 2010, 9; Andrea Pasieka, Erfahrungsbericht, 2-3; Juliane Bittner, Jenseits der Mauer, 1992, 14-15; Andrea Wilke, Leben und Ausbreitung der Fokolarbewegung in der DDR, 1994, 9-10; Unbekannt, Sigrid Mayerhofer erzählt beim Abendbrot – Einige Auszüge davon, 1999, 1-4; Jörg Raumanns, Fokolare am St. Elisabeth-Krankenhaus Leipzig, 2015, 392.

gegründet. Diesem folgte 1969 eines in Berlin. Die ersten Fokolare, die aus der DDR stammten, waren Roswitha Beyer und Wolfram Zilske, die sich 1969 durch ewige Gelübde gebunden hatten. Es kann daher festgehalten werden, dass sich die FoBw spätestens Ende der 1960er-Jahre in der DDR etabliert hatte. Insgesamt wurden in der DDR bis 1990 zwölf Fokolare gegründet. Davon waren acht Frauen- und vier Männerfokolare. Hinzu kommen mindestens sechs Priesterfokolare, die nach Aktenlage vor 1981 gegründet worden sein müssen. Allerdings wurden bis 1990 auch wieder Fokolare geschlossen, so das Frauenfokolar in Halle im Jahr 1971. 1991 existierten schließlich noch neun Fokolare auf dem Gebiet der ehemaligen DDR.[818]

6.1.3 Die Konsolidierung der Fokolar-Bewegung (1970-1985)

Nachdem sich die FoBw Ende der 1960er Jahre in der DDR etabliert hatte, folgte ab ungefähr 1970 eine Phase, in der sie begann, sich nach innen und außen zu festigen. Dafür lassen sich mehrere Anzeichen anführen. Ein erster Anhaltspunkt ist in den regelmäßigen Veranstaltungen der FoBw zu sehen. Nachdem bereits zwischen 1961 und 1963 einzelne Veranstaltungen, die der Begegnung dienten, organisiert wurden, fanden ab 1966 inoffizielle Mariapolis[819] statt. Die erste Mariapoli, die öffentlich kundgegeben wurde, wurde vom 15. bis 19. Juli 1970 in Berlin-Weißensee veranstaltet. Der Beweggrund für diesen Schritt war nach Giuseppe Santanchè, dass die Staatssicherheit sich nach dem ‚Werk Mariens' erkundigte. Unter diesem Gesichtspunkt ist die Predigt von Kardinal Bengsch auf der Mariapoli zu verstehen, in der er betonte, dass die FoBw zur katholischen Kirche gehöre. Damit wurde öffentlich kundgetan, dass es sich bei der FoBw nicht um eine revolutionär-ideologische Bewegung handelte. Dieser Schritt sollte eine wichtige Voraussetzung für die weitere Entwicklung der FoBw in der DDR werden. Zudem berichtete unter anderem das *St. Hedwigsblatt* erstmals über die Mariapoli in Berlin-Weißensee. In der Ausgabe dieses katholischen Kirchenblattes vom 22. November wurde die FoBw vorgestellt. Der Zeitungsartikel war ein

---

[818] Vgl. Joachim Schwind, Beitrag von Chiara Lubich für die Einheit der Völker im Osten, 2000, 2; Juliane Bittner, Jenseits der Mauer, 1992, 15; Andrea Wilke, Leben und Ausbreitung der Fokolarbewegung in der DDR, 1994, 12, 32; Lucia Degasperi, Die Geschichte der Fokolarbewegung in der DDR und die Ausbreitung in die sozialistischen Länder, 1999, 2; Roswitha Beyer, Erfahrungsbericht, 5; Georg Wypler, Bericht an den Generalvikar, 18.3.1987, 1; Hans Lubsczyk, Jahresbericht über den Stand des Werkes Mariens und seine Tätigkeit, 1981, 2-6; Unbekannt, Erneuerung für Ost und West, 1991; Ruth Nocke, Erfahrungsbericht, 1; Andrea Pasieka, Erfahrungsbericht, 21; Wolfram Zilske, Zur Geschichte des ‚Werkes Mariens' in Ost-Berlin, 4, 9; Sigrid Mayerhofer, Erfahrungsbericht, 2010, 10; siehe Anhang Nr. 1, 4, 5.

[819] Die Mariapolis wurden in der DDR als Familienexerzitien bezeichnet, da auf diese Weise das Versammlungsgesetz (§ 5) umgangen werden konnte und die Treffen beim Staat nicht gemeldet werden mussten (vgl. Siegfried Mampel, Die sozialistische Verfassung der Deutschen Demokratischen Republik, 2. Aufl., 1982, 714-722; Wolfgang Leist, Versammlungsrecht und Rechtsextremismus, 2003, 35-39).

Nachtrag zum zuvor erschienen Beitrag über die Mariapoli in Berlin-Weißensee. Man stellte sich die Frage, „was das ‚Werk Mariens' sei."[820] Der Artikel schildert den Ursprung der FoBw und geht in Form eines Interviews auf einzelne Kritikpunkte ein, die gegenüber der FoBw geäußert worden waren. So wurde der FoBw beispielsweise Enthusiasmus vorgeworfen. Ausdrücklich wurde daher erwähnt, dass die Bewegung von der katholischen Kirche anerkannt worden war. Durch den Zeitungsartikel sollte somit die Bewegung vor kircheninternen Kritikern in Schutz genommen werden. Der Mariapoli in Berlin-Weißensee folgten in jährlichen Abständen weitere Mariapolis. Als Veranstaltungsorte für Mariapolis in der DDR dienten kirchliche Räume (z. B. Coelicum in Erfurt). Ab 1983/84 kam es infolge der Ausbreitung der FoBw dazu, dass jährlich zwei Mariapolis – in den meisten Fällen in Berlin und Erfurt – bis 1990 veranstaltet wurden. Lediglich für das Jahr 1987 lässt sich nur eine Mariapoli nachweisen. Neben diesen Großveranstaltungen, die zum Teil von über tausend Personen besucht wurden, organisierte man aber auch kleinere Zusammenkünfte wie Jugendtreffen, Einkehrtage für Familien oder Regionaltreffen.[821]

Aber auch in weiteren sozialistischen Ländern verbreitete sich die FoBw. Erste Kontakte entstanden ungefähr ab 1962 durch persönliche Begegnungen. Das Apostolat der FoBw umfasste im Verlauf der 1960er-Jahre nicht nur die DDR, sondern auch die Sowjetunion und deren Satellitenstaaten (vor allem Tschechoslowakei, Polen und Ungarn). Es entstanden Arbeitsgruppen, die sich speziell dieser Aufgabe widmeten. Durch diese Vorgehensweise sollte die FoBw in der DDR in den nachfolgenden Jahren eine Brückenfunktion für die osteuropäischen Länder einnehmen. Dieser Expansionsprozess führte dazu, dass auch Personen aus diesen Ländern seit ungefähr 1966 auf Veranstaltungen der FoBw immer mehr

---

[820] Unbekannt, Was ist das Werk Mariens (Fokolare)?, 1970.

[821] Vgl. Unbekannt, Familientreffen des ‚Werkes Mariens' (Fokolare), 1970; Unbekannt, Die Geschichte der Fokolar-Bewegung in der ehemaligen DDR und die Entwichlung von Zwochau, 2005, 2; Andrea Wilke, Leben und Ausbreitung der Fokolarbewegung in der DDR, 1994, 14-15; Unbekannt, Was ist das Werk Mariens (Fokolare)?, 1970; Lucia Degasperi, Die Geschichte der Fokolarbewegung in der DDR und die Ausbreitung in die sozialistischen Länder, 1999, 2; Wolfram Zilske, Zur Geschichte des ‚Werkes Mariens' in Ost-Berlin, 3, 6; Hans Lubsczyk, Jahresbericht über den Stand des Werkes Mariens und seine Tätigkeit, 1981, 11; Unbekannt, Geschichte der Fokolar-Bewegung in der DDR, 2002, 3-6; MfS AIM 2767/89, Bd. 2, 54; Eberhard Pabsch, Daten Zone Leipzig, 1-4; Wolfram Zilske, Grundriß zur Geschichte des ‚Werkes Mariens' (Fokolar-Bewegung) in der DDR (1957-1990), 2000, 4, 12, 14; Hans Lubsczyk, Jahresbericht über den Stand des Werkes Mariens und seine Tätigkeit, 1981, 11-12; Unbekannt, Bericht an Kardinal Bengsch, 1971, 6-8; Sigrid Mayerhofer, Sigrid – Teil II / Zeittafel, 2011, 1-5; Unbekannt, Breve historie [sic!] della vita dell'ideale nella DDR, 2; Unbekannt, Entwicklung der Kontakte des Werkes Mariens mit der Öffentlichkeit, 1-2; Giuseppe Di Giacomo, Erfahrung Ostdeutschlands für den Kongress der Pfarrbewegung, 4; Joachim Schwind, Beitrag von Chiara Lubich für die Einheit der Völker im Osten, 2000, 2; Andrea Pasieka, Erfahrungsbericht, 16, 21; Unbekannt, Bericht über die Mariapoli an die Bischöfe, 17.8.1985, 1; Juliane Bittner, Fokolar-Bewegung: Mariapoli in Erfurt, 8; Unbekannt, Mariapoli in Magdeburg, 1977, 1; W. H., Familienexerzitien des Werkes Mariens, 20.7.1984; MM, Das Evangelium vorgelebt, 14.8.1987, 4; Werner Henning, Mitwirken an einer ‚Zivilisation der Liebe', 28-29.7.1984.

zugegen waren. Zwischen 1967 und 1969 wurden in Leipzig Mariapolis für die Bürger der osteuropäischen Länder organisiert. 1968 und 1969 wurden die ersten Mariapolis in der Tschechoslowakei veranstaltet. 1969 und 1970 folgten weitere in Polen. Aus Gründen der Vorsicht wurden Begegnungen im Rahmen von Urlaubsreisen unternommen. Veranstaltungen fanden abseits der Gesellschaft statt. Trotz dieser Achtsamkeit wusste die Staatssicherheit nachweislich seit 1966 von den Kontakten der Bewegung zu den Bürgern anderer sozialistischer Länder. Die Bestrebungen der Fokolare, in diesen Ländern den Aufbau der Bewegung voranzutreiben, waren ihr daher nicht unbekannt. 1974 wurde in Krakau das erste Frauenfokolar in Polen gegründet. Ein Männerfokolar, das unter anderem von Roberto Saltini mit eröffnet wurde, folgte 1979[822]. Die Länder Polen, Tschechoslowakei und Ungarn wurden im Verlauf der Konsolidierungsphase zu eigenständigen Zonen erklärt. Abgesehen von der DDR bestanden schließlich 1991 zwölf Fokolare in den ehemaligen Ländern des Ostblocks: sechs in Jugoslawien, eines in Bulgarien, eines in Polen und vier in Ungarn. Das Fokolar in Litauen, das 1990 gegründet wurde, wird in den Quellen nicht berücksichtigt. Es ist aus diesem Grund nicht auszuschließen, dass noch weitere Fokolare existierten.[823]

---

[822] Vgl. Information von Roberto Saltini, 16.8.2019.

[823] Vgl. Unbekannt, Bericht an Kardinal Bengsch, 1971, 5; MfS HA XX/4 1573, 3; MfS AP 5858/71, 5, 9-12, 39, 65, 80; MfS HA XX/4 419, 65-68; Wolfram Zilske, Grundriß zur Geschichte des ‚Werkes Mariens' (Fokolar-Bewegung) in der DDR (1957-1990), 2000, 10-11, 17; Lucia Degasperi, Die Geschichte der Fokolarbewegung in der DDR und die Ausbreitung in die sozialistischen Länder, 1999, 2-3; Margreth Frisch, Mit Natalia in Budapest, 1; Unbekannt, Stichpunkte der ersten Kontakte nach Polen, 1; Sigrid Mayerhofer, Sigrid – Teil II / Zeittafel, 2011, 1-4; Unbekannt, Stichpunkte zur Geschichte des Mariapolizentrums, 1; Unbekannt, Erneuerung für Ost und West, 1991; Unbekannt, Chronologische Überblicke, 1-4; Unbekannt, Breve historie [sic!] della vita dell'ideale nella DDR, 1-2; Unbekannt, Überblick über den gegenwärtigen Stand der Fokolar-Bewegung, 5; Giuseppe Di Giacomo, Erfahrung Ostdeutschlands für den Kongress der Pfarrbewegung, 4; Giuseppe Santanchè, Monatsbericht an den Koordinierungsrat der violetten Zone Nord männlicher Teil, November 1983, 4; Giuseppe Santanchè, Monatsbericht an den Koordinierungsrat der violetten Zone Nord männlicher Teil, Februar 1984, 1-2; Giuseppe Santanchè, Monatsbericht an den Koordinierungsrat der violetten Zone Nord männlicher Teil, Juli 1985, 1; Giuseppe Santanchè, Monatsbericht an den Koordinierungsrat der violetten Zone Nord männlicher Teil, Juni 1986, 1-2; Giuseppe Santanchè, Monatsbericht an den Koordinierungsrat der violetten Zone Nord männlicher Teil, August 1986, 2; Ruth Nocke, Erfahrungsbericht, 1; Joachim Schwind, Beitrag von Chiara Lubich für die Einheit der Völker im Osten, 2000, 2; Clemens Behr, Hinter der Mauer, 2011, 23-25; Andrea Pasieka, Erfahrungsbericht, 21; Kap, Auch im Polizisten Jesus begegnen, 1998; Giuseppe Santanchè, Bericht, 1; Chiara Lubich, Rede von Chiara Lubich über die Bewegung im Osten, 19-23; Unbekannt, Bericht über die Mariapoli an die Bischöfe, 17.8.1985, 1; Giuseppe Santanchè, Monatsbericht an den Koordinierungsrat der violetten Zone Nord männlicher Teil, November 1984, 1-2; Unbekannt, Geschichte der Fokolar-Bewegung in der DDR, 2002, 6-7; Andrea Wilke, Leben und Ausbreitung der Fokolarbewegung in der DDR, 1994, 15; Unbekannt: Gottes Verheißung greifbar machen, in: https://www.tdh-online.de/archiv_1996_bis_2007/artikel/4307.php (31.05.2019, 11:33 Uhr); Unbekannt, Entwicklung der Kontakte des Werkes Mariens mit der Öffentlichkeit, 2; Monika Hohl, Lucia bedeutet: die Leuchtende, 2005, 18; Juliane Bittner, Fokolar-Bewegung: Mariapoli in Erfurt, 8; Dorothee Wanzek, Zur Freude auch von Nichtchristen, 2002; Unbekannt, Geschichte der Zone, 2008, 5.

Ein weiterer Aspekt, den man als Zeichen der Konsolidierung interpretieren kann, ist das öffentliche Auftreten der FoBw mittels Publikationen. Dies geschah erstmals 1961. Nachdem die Ärzte in die DDR eingewandert waren, wurde das ‚Wort des Lebens' auf dem Postweg an Personen verschickt und persönlich verteilt, die mit der FoBw in Kontakt standen. Kurz nachdem Enzo Fondi und Giuseppe Santanchè in die DDR gekommen waren, wurde das ‚Wort des Lebens' im *Tag des Herrn* veröffentlicht. Das auf dem Postweg versendete ‚Wort des Lebens' wurde zunächst durch Schreibmaschinen, danach im Ormigabzug (Matrizendrucker) und zuletzt durch eine Wachsmatrize vervielfältigt. Außer auf fokolarinischen Veranstaltungen war das ‚Wort des Lebens' in Pfarreien zu erhalten. Weiterhin wurde die Gemeinschaft durch die Zeitschrift *Die Mariapoli geht weiter* gepflegt, die im Selbstverlag herausgegeben wurde. In dieser war nicht nur das ‚Wort des Lebens' enthalten, sondern auch aktuelle, historische, theologische und spirituelle Themenfelder – insbesondere die Spiritualität der FoBw – wurden bedient. Außerdem war es möglich, auf den Begegnungen Broschüren zu kaufen. So konnten die interessierten Personen durch die Publikationen mit der Bewegung verbunden bleiben und die familiäre Atmosphäre innerhalb der FoBw gepflegt werden. Der interne Kreis hielt durch das sogenannte *Collegamento*, bei dem es sich um eine Konferenzschaltung vom Zentrum des Werkes aus handelt, untereinander Kontakt. Obwohl eine unmittelbare Teilnahme der Fokolare aus der DDR am *Collegamento* nicht möglich war, wurden diese durch Boten informiert, sodass das *Collegamento* in Schriftform vervielfacht werden konnte. Hilfe fanden die Fokolare bei den Bischöfen, die die Fokolare nicht nur unterstützten, indem sie Vervielfältigungsgeräte organisierten, sondern auch teilweise den Druck übernahmen. Die FoBw wurde in kirchlichen Rundschreiben und Amtsblättern erwähnt. 1977 wurde im St. Benno-Verlag das Buch mit dem Titel *Ja, Ja – nein, nein* von Chiara Lubich veröffentlicht. 1981 folgte mit *Größer als unser Herz* ein zweites Buch von ihr. In den 70er- und 80er-Jahren wurde neben bewegungsinternen Zeitschriften auch in Regional- sowie Kirchenzeitungen (z. B. St. *Hedwigsblatt*, *Tag des Herrn*, *Thüringer Tageblatt* und *Der Neue Weg*) über die FoBw berichtet. Aber auch Parteizeitungen (z. B. *Die Union*) thematisierten unter anderem das Programm der Veranstaltungen und informierten über die Hintergründe der Bewegung.[824]

[824] Vgl. Andrea Wilke, Leben und Ausbreitung der Fokolarbewegung in der DDR, 1994, 16-17; Wolfram Zilske, Grundriß zur Geschichte des ‚Werkes Mariens' (Fokolar-Bewegung) in der DDR (1957-1990), 2000, 12-13; Unbekannt, Entwicklung der Kontakte des Werkes Mariens mit der Öffentlichkeit, 1-2; Alfred Bengsch, Amtliche Mitteilungen des Bischöflichen Ordinariates 108 Berlin. Nr. 33: Errichtung des ‚Werkes Mariens' als Pia Unio, 1977, 39; Gerhard Schaffran, Bestätigung der Vertreter der Fokolar-Bewegung, 11.2.1987, 1; Wolfram Zilske, Diplomarbeit König, 2007, 2-3; Hans Lubsczyk, Jahresbericht über den Stand des Werkes Mariens und seine Tätigkeit, 1981, 10; MM, Das Evangelium vorgelebt, 14.8.1987, 4; Werner Henning, Mitwirken an einer ‚Zivilisation der Liebe', 28-29.7.1984; Unbekannt, Was ist das Werk Mariens (Fokolare)?, 1970; Unbekannt, Kehrt um und glaubt – erneuert die Welt, 2.10.1982, 157; Unbekannt, Der Priester soll ‚Mann des Dialogs' sein, 26.6.1982, 1; Bistum Dresden-Meißen, Rundschreiben, 1966, Nr. 91; MfS BV Ddn AOP 1131/70, 75; Unbekannt, Veranstaltungen der Fokolare-Bewegung, 1986.

Dass die FoBw in dieser Phase Fuß gefasst hatte, lässt sich auch der Tatsache entnehmen, dass bis spätestens 1972 neben den Bewegungen (z. B. ‚Neue Familie' oder Gen-Bewegung) weitgehend alle Sektionen des Werkes sich herausgebildet hatten. Einen Einblick in die verschiedenen Zweige gewährt der Jahresbericht von 1981: 34 Fokolare und Fokolarinnen bildeten den Kern der Bewegung. Sie stellen zusammen mit den verheirateten Fokolaren (47) und Fokolarpriestern[825] (30) das stützende Gerüst der Bewegung dar. Angegliedert an diese Sektionen waren 71 Freiwillige, zwölf freiwillige Priester und 87 Gen, die die größte Gruppierung der Fokolare darstellten. Hinzu kommen neun Gen's, die auf dem Weg zum Priestertum waren. Vier von ihnen befanden sich im Vorseminar in Magdeburg. Fünf besuchten das Seminar in Erfurt. Ungeklärt ist die konkrete Zahl jener Personen, die der Sektion der Ordensleute angehörten. Dass Ordensleute in einem mehr oder weniger verbindlichen Maß am Leben der FoBw teilnahmen, geht nicht nur aus einem Bericht für Bischof Bengsch zum Stand der FoBw hervor, sondern kann auch aufgrund der Rolle des Oratoriums angenommen werden. Auch gehörten Protestanten und Orthodoxe, wie noch zu zeigen ist, zum Kreis der Bewegung. Das Wachstum der FoBw in der DDR hatte zur Folge, dass im Jahr 1972 je ein Zonenrat für den Frauen- und Männerzweig gegründet wurde. Dieser setzte sich aus den Delegierten des Koordinierungszentrums in Rom und je einem Vertreter der einzelnen Sektionen zusammen.[826]

6.1.4 Die Zeit des Umbruchs in der DDR (1986-1990)

In den Jahren zwischen 1980 und 1990 nahmen die Missstände in der DDR zu.[827]

> „Die Zentralisierung aller Ressourcen in den Händen der SED-Spitze verlieh dieser zwar eine ungeheure Machtfülle, doch zugleich wurde sie dadurch besonders leicht angreifbar. Jede Kritik und jede Abweichung von der vorherrschenden Norm traf unmittelbar die für alles verantwortliche Machtzentrale. Hinzu kam die als Legitimationsersatz dienende Lehre von der führenden Rolle der SED. Ihretwegen konnte sich die Partei auf keine Kritik einlassen, weil sie damit grundsätzlich hinterfragbar geworden wäre."[828]

---

825 Sowohl die Zahl der Fokolarpriester als auch der freiwilligen Priester weist im Jahresbericht eine Unstimmigkeit auf. Es ist daher nicht auszuschließen, dass es in der Summe nur 29 Fokolarpriester und elf freiwillige Prieser waren (vgl. Hans Lubsczyk, Jahresbericht über den Stand des Werkes Mariens und seine Tätigkeit, 1981, 5, 19).

826 Vgl. Hans Lubsczyk, Jahresbericht über den Stand des Werkes Mariens und seine Tätigkeit, 1981, 3-7, 17, 19; Unbekannt, Bericht an Kardinal Bengsch, 1971, 2-5; Giuseppe Santanchè, Monatsbericht an den Koordinierungsrat der violetten Zone Nord männlicher Teil, Juni 1986, 1; Clemens Behr, Hinter der Mauer, 2011, 23-25.

827 Vgl. Hedwig Richter, Die DDR, 2009, 89.

828 Ebd., 89.

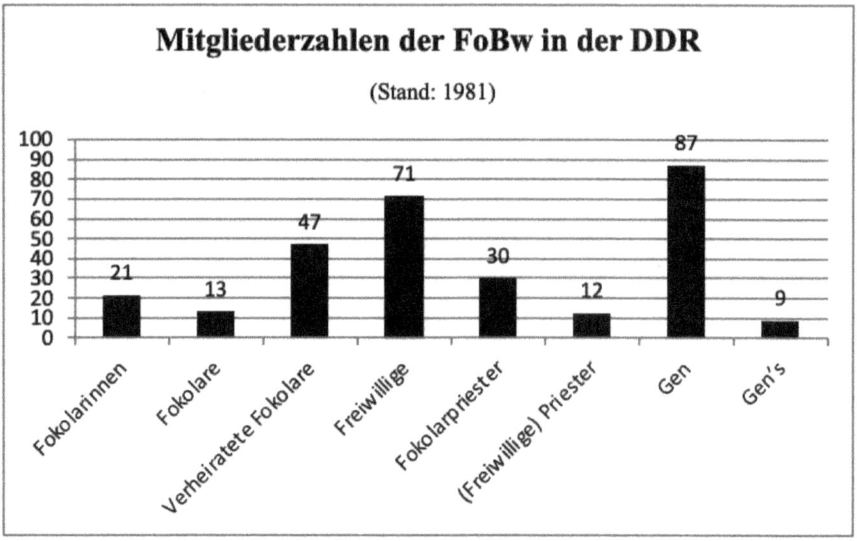

Durch diese Umstände wurde nicht nur das Volk isoliert, sondern auch gesellschaftliche Impulse nicht aufgegriffen, die aufgrund der mangelnden Fähigkeit der Regierung zur Selbstkorrektur an zerstörerischem Potenzial gewannen. Gleichzeitig führte die Instabilität des Austauschsystems, das den Bürgern, insofern sie loyal waren, Versorgung und Privilegien garantierte, dazu, dass die Zahl jener zunahm, die aus der DDR flohen. Hinzu kam der wirtschaftliche Notstand. Reformen waren nicht abzusehen. Gegenüber der von Michail Gorbatschow (* 1931) initiierten Politik von Perestroika (Umbau) und Glasnost (Offenheit, Transparenz) zeigte sich die SED-Spitze unnachgiebig. In Folge dieser gesellschaftlichen Situation wurden viele Menschen nicht nur benachteiligt, sondern auch verhaftet und sahen sich einer sozialen Isolation ausgesetzt. Auch wenn es kirchliche Anregungen und Hilfen gab, kann nicht verschwiegen werden, dass auch von kirchlicher Seite negative Reaktionen in Bezug auf Ausreisewillige geäußert wurden. Obwohl im Januar 1989 Erich Honecker (* 1912; † 1994) die Aussage traf, dass die Mauer noch in hundert Jahren existieren würde, kam es am 9. November 1989 zum Fall der Mauer und am 3. Oktober 1990 zur Wiedervereinigung Deutschlands.[829]

Bereits 1976 hatte sich im internen Bereich der Bewegung eine Veränderung ergeben, da Natalia Dallapiccola die DDR verließ. Sie wurde nach Rom zurückversetzt, wo sie sich dem Aufgabengebiet des Dialogs mit den Weltreligionen widmete. Damit war der Knotenpunkt zwischen der FoBw in der DDR und dem Zent-

[829] Vgl. Hedwig Richter, Die DDR, 2009, 89-97; Hermann Weber, Die DDR 1945-1990, 5. Aufl., 2012, 98, 103-104, 112-113; Ignaz Lozo, Gorbatschow, 2021, 28; Norbert Pötzl, Erich Honecker, 2002, 17, 365.

rum in Rom vakant geworden. Lucia Degasperi[830] (* 1938; † 2003) sollte nun diese Position einnehmen. Diese beantragte am 4. April 1984 die Einreise- und Aufenthaltsgenehmigung in der DDR. Sie sollte dort offiziell als Sekretärin von Giuseppe Santanchè arbeiten. Am 24. Juni 1985 erhielt sie die Einreiseerlaubnis. Etwas mehr als zwei Monate später, am 1. September 1985, passierte sie die Grenze, hatte jedoch einen vierwöchigen Aufenthalt im Aufnahmelager in Molkenberg bei Fürstenwalde abzuleisten. Darüber hinaus wurden Mitte der 1980er-Jahre von der Bewegung vielerorts Mariapolizentren gebaut. Auch in der DDR verfolgte die FoBw die Absicht, ein Mariapolizentrum zu errichten. Nachdem die Regierung sich 1986 damit einverstanden erklärt hatte, dass mit Hilfe finanzieller Mittel aus dem Westen ein Haus gebaut werden sollte, begann die Suche nach einem geeigneten Grundstück. Unterstützt wurde die FoBw in ihrem Vorhaben durch die Bischöfe. Im Jahr 1987 verkündeten die Verantwortlichen ihre Pläne auf der Mariapoli in Erfurt. Obwohl sich in den nachfolgenden Jahren verschiedene Angebote ergaben, fehlte entweder die staatliche Bewilligung oder das Grundstück eignete sich aus der Sicht der Bewegung nicht. Erst 1991 fand die Bewegung in der DDR mit dem einstigen Bildungshaus der Diözese in Zwochau einen passenden Standort. Bischof Nowak stellte es der Bewegung samt Einrichtung zunächst zur Verfügung. 1992 verkaufte er es der FoBw. Von Beginn an dachte die Bewegung daran, das Gebäude zu erweitern, um ein Mariapolizentrum zu errichten. Für das dafür nötige Nachbargrundstück erhielt die FoBw 1993 die Kaufzusage. Im selben Jahr erfolgte noch der Grundbucheintrag. Nachdem im Dezember 1995 der Bauantrag eingereicht worden war, wurde am 24. Juli 1996 mit dem Bau begonnen. Am 7. März 1998 konnte schließlich das Begegnungszentrum *Unità* durch Bischof Nowak eingeweiht werden.[831]

---

[830] Lucia Degasperi wurde 1938 in Roveré della Luna, das nahe bei Trient liegt, geboren. Sie war ab 1960 Fokolarin und lebte von 1961-1985 in der Bundesrepublik Deutschland. 2002 wurden sie und Giuseppe Di Giacomo von der Republik Italien mit dem Orden *Cavaliere d'Italia* ausgezeichnet. Sie starb am 10. Dezember 2003 (vgl. Monika Hohl, Lucia bedeutet: die Leuchtende, 5, 8, 19, 31; Lucia Degasperi, Die Zeit, die Du mir lässt, Herr ..., 1995, 43; Fausto Brunetti, Brief von Fausto Brunetti an Lucia Degasperi, 11. April 2002, 1).

[831] Vgl. Marlies Neumann, Storia di Marlies, 16; Unbekannt, Entwicklung der Kontakte des Werkes Mariens mit der Öffentlichkeit, 1-2; Lucia Degasperi, Brief an den Vorsitzenden der Abteilung für innere Angelegenheiten, 4. April 1984, 1; Monika Hohl, Lucia bedeutet: die Leuchtende, 5, 12-16, 20, 31; Wolfram Zilske, Zur Geschichte des ‚Werkes Mariens' in Ost-Berlin, 6; Unbekannt, Geschichte der Zone, 2008, 7; Unbekannt, Lebenslauf Natalia Dallapiccola, 1996, 1; Unbekannt, Lebenslauf von Lucia Degasperi, 1996, 1; Giuseppe Santanchè, Monatsbericht an den Koordinierungsrat, Juni 1986, 1; Giuseppe Santanchè, Monatsbericht an den Koordinierungsrat der violetten Zone Nord männlicher Teil, August 1986, 2; Unbekannt, Geschichte der Fokolar-Bewegung in der DDR, 2002, 10-11; Unbekannt, Stichpunkte zur Geschichte des Mariapolizentrums, 1-3; Unbekannt, Die Geschichte der Fokolar-Bewegung in der ehemaligen DDR und die Entwicklung von Zwochau, 2005, 3; Chiara Lubich, Mariapolizentrum – ein Heim für alle, 1987, 4; Unbekannt: Gottes Verheißung greifbar machen, in: https://www.tdh-online.de/archiv_1996_bis_2007/artikel/4307.php (31.05.2019, 11:33 Uhr); Lucia Degasperi, Die Zeit, die Du mir lässt, Herr ..., 1995, 43-44.

Die politisch-gesellschaftlichen Veränderungen gingen an der FoBw nicht spurlos vorüber. Die Umbrüche eröffneten in zweifacher Hinsicht neue Freiheiten für die Mitglieder der Bewegung. Obwohl bereits Anfang der 1980er-Jahre Mitglieder vereinzelt an Veranstaltungen (wie z. B. die Teilnahme an der Generalversammlung) der Bewegung teilnahmen, bewirkten die Umbrüche, dass die bisher vorherrschende Isolation aufgehoben wurde. 1989 konnten die Fokolare aus der DDR erstmals das Jahrestreffen der FoBw in Castelgandolfo besuchen. Damit verbunden war nicht nur für viele eine erste Begegnung mit Chiara Lubich auf den Veranstaltungen, sondern auch mit Fokolaren aus anderen Ländern. Ein Jahr später besuchte eine Gruppe von Fokolaren Loppiano. Darüber hinaus reisten 1990 180 Jugendliche aus der DDR zum Genfest in Rom. Im gleichen Jahr wurde noch ein Jugendtreffen der Fokolare in der Polytechnischen Oberschule (POS) in Leipzig ausgerichtet. Waren derartige Veranstaltungen zuvor nur in geschlossenen Räumen möglich, konnten sie nun auch in der Öffentlichkeit veranstaltet werden, wie Bischof Reinelt (1988-2012) verkündete:[832]

> „Nun sind solche Treffen auch in den Neubaugebieten und auf den Plätzen unserer Städte möglich. Ihr könnt die geschlossenen Räume verlassen und solltet allen von der geeinten Welt künden."[833]

Ungeachtet der Tatsache, dass sich die FoBw bereits vor der Wende im Ostblock verbreitet hatte, eröffnete der Fall der Mauer neue Möglichkeiten, die ehemalige Sowjetunion zu erschließen. Es zog die Fokolare bis nach Sibirien und in die Mongolei. Als Beispiel für diese Entwicklung kann das erste gesamteuropäische Treffen der FoBw in Kattowitz im Jahr 1991 genannt werden. Auf diesem wurde die Gründung von vier Mariapolizentren bekannt gegeben, die in Leipzig, Polen, Jugoslawien und der Tschechoslowakei errichtet werden sollten. Neben zahlreichen Bischöfen aus der früheren UdSSR nahmen an dieser Begegnung ungefähr 6.000 Personen teil. Unter den anwesenden Personen befand sich auch der damalige Prager Erzbischof Kardinal Miloslav Vlk (1991-2010), der sich von den ‚Neuen geistlichen Bewegungen' einen Beitrag zur Überwindung des spirituel-

[832] Vgl. Sekretär der Berliner Bischofskonferenz, Beschlüsse der Berliner Bischofskonferenz, 14.7.1982, 1; Berliner Bischofskonferenz, Beschlüsse der Berliner Bischofskonferenz, 1984, 1; Opilio Rossi, Brief an Joachim Kardinal Meisner, 18.11.1983, 1; Unbekannt, 180 Jugendliche aus der DDR nahmen am ‚Genfest '90' teil, 1990, 4; Margreth Frisch, Notizie di Margreth Frisch, zona di Lipsia/Germania, 10; Unbekannt, Geschichte der Zone, 2008, 7; Unbekannt, 25 Jugendliche aus Thüringen, 1990; Lucia Degasperi; Die Geschichte der Fokolarbewegung in der DDR und die Ausbreitung in die sozialistischen Länder, 1999, 2-3; Monika Hohl, Lucia bedeutet: die Leuchtende, 2005, 18; Roswitha Beyer, Erfahrungsbericht, 11; Sigrid Mayerhofer, Sigrid – Teil II / Zeittafel, 2011, 4; Juliane Bittner, Hoffnung auf eine geeinte Welt, 1990, 7; Nikolaus Timpe, Die Geschichte der Pfarrei-Bewegung in Ostdeutschland, 2013, 39-40; Bernd Schäfer, Art. Reinelt Joachim, 2000, 690; Ecclesia Catholica, Annuario Pontificio, 2012, 221; Ecclesia Catholica, Annuario Pontificio, 2013, 220.

[833] Juliane Bittner, Hoffnung auf eine geeinte Welt, 1990, 7.

len Vakuums, zur intensiveren Beschäftigung mit dem Glauben und zum Frieden unter den verschiedenen Völkern erhoffte.[834]

6.2 Die Perspektive des Ministeriums für Staatssicherheit

Das MfS war ein Überwachungs- und Kontrollapparat, der infolge angeblicher Spionage- und Saboteuraktivitäten des Westens am 8. Februar 1950 gegründet wurde. Damit hatte die DDR eine Einrichtung gegründet, die im Sinne der inneren Machtabsicherung als „Schild und Schwert der Partei"[835] diente. Zum Aufgabenbereich des MfS gehörte daher zunächst die ständige Kontrolle sowie Unterdrückung der Bewohner der DDR. Doch bereits am 26. Mai 1952, als das MfS die Leitung der Grenzpolizei übernahm, erfolgte eine Erweiterung des Zuständigkeitsbereichs. Ab 1953 gehörte auch der als Hauptabteilung XV konstituierte Auslandsnachrichtendienst zum MfS, dem die Auslandsspionage als Aufgabe zugeordnet war. Spätestens ab den Jahren 1952/53 oblag dem MfS damit auch die Aufklärung und die Abwehr von Sabotageakten gegen den Staat. Bis zur Wende sollte es als Herrschaftsinstrument für die Sozialistische Einheitspartei Deutschlands (SED) von größter Bedeutung sein. Das MfS observierte Veranstaltungen, Personen und Parteimitglieder unter anderem durch Inoffizielle Mitarbeiter (IM) oder Offiziere in besonderem Einsatz (OibE). Dabei betraf die Bespitzelung nicht nur die Opposition, sondern auch zentrale Bereiche wie das Militär, die Wirtschaft oder Bildungseinrichtungen. Aber auch Entführungen organisierte das MfS. Um die politische Wahrnehmung der FoBw in der DDR zu ergründen, muss folglich danach gefragt werden, welche Perspektive das MfS von der Bewegung hatte. Zur Beantwortung dieser Frage sollen zunächst mit dem ‚Operativ-Vorgang Kloster', dem IM-Vorgang ‚Scharf' sowie den Stasiakten der Mitglieder verschiedene Dokumente des MfS herangezogen werden. Diese Fallbeispiele sollen im weiteren Verlauf dieses Punkts zunächst auf ihre Erkenntnisse über die FoBw hin analysiert werden. Zum Abschluss ist es beabsichtigt, ein Resümee, das unter Bezugnahme auf die einzelnen Fallbeispiele die Perspektive der Staatssicherheit widerspiegelt, zu erstellen.[836]

---

[834] Vgl. Unbekannt, Erneuerung für Ost und West, 1991; Nadezhda Beljakova, Es gibt keinen Gott, 2016, 225-233; Wolfram Zilske, Grundriß zur Geschichte des ‚Werkes Mariens' (Fokolar-Bewegung) in der DDR (1957-1990), 2000, 17; Dorothee Wanzek, Zur Freude auch von Nichtchristen, 2002; Ecclesia Catholica, Annuario Pontificio, 1991, 535; Ecclesia Catholica, Annuario Pontificio, 1992, 540; Ecclesia Catholica, Annuario Pontificio, 2010, 582-583.

[835] Hedwig Richter, Die DDR, 2009, 21.

[836] Vgl. Klaus Schroeder, Der SED-Staat, 1998, 104-105, Klaus Schroeder, Der SED-Staat, 3. Aufl., 2013, 93, 95, 558, 561564; Hedwig Richter, Die DDR, 2009, 21-22; BStU: Das MfS-Lexikon, in: https://www.bstu.de/mfs-lexikon/ (22.8.2019, 12:58 Uhr); Hermann Weber, Die DDR 1945-1990, 5. Aufl., 2012, 31.

6.2.1. Der ‚Operativ-Vorgang Kloster'

6.2.1.1 Der Verlauf des ‚Operativ-Vorgang Kloster'

Das MfS hatte am 2. Juni 1966 von dem ‚Geheimen Mitarbeiter' (GM) Küster die Information erhalten, dass es innerhalb der katholischen Kirche eine Bewegung namens *Focolarini* gebe, „die nach konspirativen Methoden arbeitet."[837] Daraufhin wurde am 18. November 1966 der ‚Operativ-Vorgang Kloster' eingeleitet. Da keine Informationen zur FoBw vorlagen, entstand beim MfS der Verdacht, „daß es sich hier um eine kirchliche Untergrundorganisation handelt."[838] In der Folge wurden, um Klarheit über die Bewegung und ihre Mitglieder zu erlangen, die GM Heier, Salem und Matern auf die FoBw angesetzt. Speziell Franz Heier wurde aufgrund seiner guten Beziehungen zu den kirchlichen Verantwortungsträgern beauftragt, die FoBw zu observieren. Ihm war es laut MfS möglich, das Zentrum in Leipzig zu infiltrieren und eine Vertrauensbasis zu den Verantwortungsträgern der FoBw in der DDR aufzubauen. So erhielt das MfS seine Informationen vor allem aus seinen Untersuchungsergebnissen und Interpretationen.[839]

Der Verdacht, dass die Mitglieder der FoBw konspirative Methoden anwendeten, findet sich erstmals in einem Sachstandbericht, der auf den 13. Februar 1967 datiert ist. Am 29. November 1967 wurde Franz Heier von einem Pfarrer darüber informiert, dass die FoBw den Kommunismus ablehne. Daraus schloss er, dass die Bewegung Ziele verfolge, die nicht im Sinne des Staates seien. Diese Vermutung verfestigte sich bei Franz Heier im Verlauf des ‚Operativ-Vorgang Kloster'. Er war davon überzeugt, dass die Einreise der italienischen Ärzte nur unter dem Vorwand des Ärztemangels geschehen war. In Wirklichkeit, so wird im Sachstandbericht vom 16. Januar 1968 festgehalten, habe die FoBw bis 1967 beabsichtigt, die Bewegung unter den Bischöfen bekannt zu machen. In Zusammenarbeit mit diesen verfolge sie das Ziel, die Bewegung in der DDR zu etablieren. Darüber hinaus war es für Franz Heier offensichtlich, dass die Fokolarini gezielt versuchten, Personen aus akademischen Kreisen zu gewinnen, um diese nach ihrer Ausbildung in führenden Positionen zu platzieren. Hinter dem italienischen Spitznamen *Clari* vermutete er ein Pseudonym, das Giuseppe Santanchè aufgrund seiner führenden Rolle innerhalb der FoBw verwende. Dass es sich bei dem Namen ‚Werk Mariens' um keinen Decknamen handelte, war dem GM zunächst ebenfalls nicht bewusst. Erst später erkannte Heier, dass die FoBw offiziell den Namen ‚Werk Mariens' führte und die Bezeichnung ‚FoBw' aus dem Volksmund stammte. Die Gewohnheit der Bewegungsmitglieder, sich nur mit Vornamen anzusprechen, verfolgte er argwöhnisch. Den Standpunkt, dass die FoBw konspirativen Tätigkeiten

837 MfS BV Ddn AOP 1131/70, 34.
838 Ebd., 131.
839 Vgl. ebd., 34, 83, 96, 131.

nachgehe, sollte Heier aufgrund der genannten Anhaltspunkte bis zum Ende des ‚Operativ-Vorgang Kloster' beibehalten.[840]

Durch die Infiltration des in Leipzig vermuteten Zentrums erhoffte sich das MfS / der GM Heier nicht nur, mehr über die Struktur und die Arbeitsmethoden der FoBw, sondern auch über die Funktion und die Bedeutung der eingereisten Italiener zu erfahren. In einer Tonbandabschrift vom 18. August 1967 wurden in ihnen „Instruktoren, Mönche"[841] gesehen, die als Mitarbeiter der Gründerin Chiara Lubich in den verschiedenen Ländern tätig seien. Als der GM Franz Heier sich am 13. / 14. Januar 1968 in Leipzig aufhielt, nahm er Natalia Dallapiccola als wichtigste Person im dortigen Kreis wahr. Bereits zuvor hatte er erfahren, dass sie die erste Gefährtin von Chiara Lubich war und unter den Bewegungsmitgliedern als Mitbegründerin der FoBw galt. Natalia habe, wie man ihm sagte, lange mit Chiara Lubich in Rom zusammengewohnt. Sie sei auf Anweisung der Gründerin in die DDR gekommen, um die FoBw in den sozialistischen Ländern (Polen, CSSR, Ungarn und DDR) zu errichten. Da er von Natalia Dallapiccolas Status und ihrer Leitungsfunktion in Kenntnis gesetzt worden war, betrachtete er ihre Rolle als Putzfrau in der Praxis von Margreth Frisch als Tarnung.[842]

Die Sympathisanten und Mitglieder beschrieb der GM Salem in seinem Bericht vom 14. April 1967 als „besonders fanatische religiöse Schwärmer, die sich durch besonders tiefe Religiösität [sic!], Einsatzbereitschaft und Opferbereitschaft auszeichnen."[843] Ihre fromme Lebenseinstellung würde auch innerkirchlich als rückständig wahrgenommen. Der GM Matern betrachtete die FoBw in seinem Bericht vom 27. April 1967 als eine „Kirchliche Kampfgruppe"[844], die die katholische Kirche vor der Einwirkung des Atheismus bewahren solle. Sie würden dort tätig, wo der Bischof sie hinsende (z. B. in der Seelsorge, der Jugenderziehung oder Krankenhäusern). Neben diesen Eindrücken der beiden GM enthalten die Berichte Hinweise, dass Außenstehende sich einerseits von der FoBw distanzierten, da sie ihr italienisch-österreichisches Wesen als mysteriös wahrnahmen. Ungeachtet dessen wurde auch bemerkt, dass neben den Bischöfen Bengsch und Spülbeck CO auch Kleriker zu den Sympathisanten und Mentoren der Bewegung gehörten.[845]

Informationen über die Geschichte der FoBw finden sich zunächst in einem Bericht des GM Matern, der auf den 27. April 1967 datiert ist. In diesem wurde die Bezeichnung ‚Fokolar-Bewegung' mit „Die Brennenden"[846] übersetzt. Ebenfalls erhielt der GM die Information, dass es sich bei der FoBw nicht um einen Orden, sondern um eine Vereinigung handele. Diese sei durch Frauen aus der

[840] Vgl. ebd., 34, 61- 62, 77-78, 84-85, 96-97.
[841] Ebd., 51.
[842] Vgl. ebd., 51, 62, 70, 75, 83-85, 131.
[843] Ebd., 40.
[844] Ebd., 44.
[845] Vgl. ebd., 40, 44, 54, 62, 68, 84, 96, 97.
[846] Ebd., 44.

Katholischen Aktion gegründet worden. Als Gründerin der Bewegung machte schließlich der GM Heier eine Person namens „Hyara“[847] ausfindig. Im ersten Sachstandbericht vom 6. September 1967, der auf die Berichte der GM folgte, wurde die FoBw vom MfS als kirchliche Vereinigung eingeordnet, die nach der „Vertiefung der religiösen Zugehörigkeit zur katholischen Kirche und dem bedingungslosen Gehorsam gegenüber derselben“[848] trachte. Ferner ist im Bericht die Rede von einer kleinen Stadt in Südtirol mit dem Namen „Maria Voli“[849], die eine klösterliche Eigenart besitze. In den nachfolgenden Berichten teilte Franz Heier dem MfS mit, dass die FoBw vor ungefähr 20 Jahren großen Zuspruch erfahren habe. Seit 1957 hätte sie europaweit an Mitgliedern gewonnen. Zu diesen gehörten sowohl Geistliche als auch Laien, die in einem unterschiedlichen Grad an die Bewegung gebunden seien. Dass die FoBw in den 1940er-Jahren in Südtirol gegründet worden war, erfuhr das MfS am 15. Januar 1968. Der am 16. Januar desselben Jahres verfasste Sachstandbericht führt das Jahr 1940 an. Die Stifterin, so wurde im Bericht festgehalten, sei vom Papst angewiesen worden, die FoBw weltweit zu verbreiten.[850]

Über die Entwicklung der FoBw in der DDR lag dem MfS zu Beginn des ‚Operativ-Vorgang Kloster‘ lediglich die Information vor, dass es in Görlitz Mitglieder der FoBw gebe. Bereits im September 1967 war sich die Staatssicherheit im Klaren darüber, dass es sich bei dem Säkularinstitut Ancillae[851] und der FoBw um zwei verschiedene Institute[852] handelte. Ausschlaggebend für die weiteren Interpretationen der Mitarbeiter der Staatssicherheit war folgende Definition, die von einem nicht genannten Mitarbeiter geschrieben wurde:[853]

> „Sie (die Focolarini-Bewegung) will nicht so sehr eine neue Organisation, als vielmehr eine Bewegung im Geist der Liebe und Eintracht sein: Sie möchte christliches Leben der Gemeinschaft in die heutige Gesellschaft hineintragen.“[854]

Auf der Grundlage dieser Definition entstand beim MfS der Eindruck, dass die FoBw die Intention verfolge, ihre Idee von einer Zentrale aus in den sozialistischen Staaten zu verbreiten. Dazu diente nach Ansicht des Informanten die Grün-

---

847 Ebd., 51, 54.

848 Ebd., 54.

849 Ebd., 54.

850 Vgl. ebd., 44, 51, 54, 57, 79, 83, 96, 28.

851 Das Säkularinstitut Ancillae wurde 1946 errichtet. Wie die Fokolare beabsichtigen die Mitglieder, ihr Leben Gott zu weihen. Als Vorbild dient ihnen dazu Maria (vgl. Säkularinstitut Ancillae: Info über uns, in: https://www.ancillae.de/info-ueber-uns.html (23.07.2019, 16:18 Uhr).

852 Das MfS erfuhr durch den GM Heier, dass zwischen dem Säkularinstitut Ancillae und der FoBw zu unterscheiden ist. Ob das Ministerium zuvor nicht zwischen der FoBw und dem Säkularinstitut differenzierte, geht aus den Akten nicht hervor (vgl. MfS BV Ddn AOP 1131/70, 52-51).

853 Vgl. MfS BV Ddn AOP 1131/70, 64, 103.

854 Ebd., 64.

dung von Kreisen. Das MfS erkannte, dass die FoBw es vermied, in der Öffentlichkeit in Erscheinung zu treten. Die Mariapoli, die zum Zeitpunkt organisiert wurde, hatte nach der Meinung des MfS das Ziel, Personen für die Idee der FoBw zu gewinnen und diese für ihre Ziele zu benutzen. Darüber hinaus war die Staatssicherheit darüber informiert, dass der Aufbau der FoBw in der DDR ab 1961 mit dem Zuzug von italienischen Ärzten seinen Anfang genommen hatte. Diese wurden als Organisatoren angesehen, die die Ausbreitung der Bewegung in der DDR im Auftrag des Zentrums vorantreiben sollten. Ebenso wurde die grundlegende Rolle der Oratorianer in diesem Prozess wahrgenommen. Leipzig wurde nach Ansicht der Staatssicherheit als Ausgangspunkt bzw. Zentrum gewählt, da die FoBw durch die Leipziger Messe und den in der Stadt existierenden Tourismus die Möglichkeit erhalten würde, unbemerkt tätig zu werden. Als Studentenstadt brachte Leipzig gemäß der Auffassung der Stasi zudem die Chance für eine Ausbreitung über die verschiedenen Universitäten der DDR mit. Der Verfasser vermutete eine sehr große Einflussnahme der Fokolarini in pädagogischen, medizinischen und kirchlichen Bereichen der Gesellschaft. Sowohl die touristische als auch die universitäre Ebene sollten dafür verwendet werden, dass die FoBw in der DDR und den anderen sozialistischen Ländern Fuß fassen könnte.[855]

> „Es konnte außerdem erarbeitet werden, daß enge Kontakte zwischen den Anhängern der Bewegung der DDR und der CSSR bestehen. Die Tätigkeit der Anhänger und Freunde der Bewegung in der DDR ist darauf gerichtet, einmal innerhalb der DDR die bestehenden Ansätze der Ausbreitung der Idee zu forcieren und andererseits durch die Ausnutzung des Touristenverkehrs in die sozialistischen Länder zu helfen, die Idee der Bewegung auch dort zu verbreiten."[856]

Von einem Mitglied der FoBw erhielt Franz Heier die Auskunft, dass die FoBw in nahezu allen sozialistischen Ländern auf ein breites Interesse der dort lebenden Bürger stieß. Ferner war das Ministerium darüber informiert, dass Fokolare in den Bistümern Berlin und Dresden-Meißen sowie dem Erzbischöflichen Amt Görlitz gegenwärtig waren. Als Mentor der FoBw galt Alfred Bengsch. Um ein vollständiges Bild von der FoBw, ihrer Struktur und Arbeitsweise zu erhalten, empfahl der Verfasser des Berichts, die operative Bearbeitung fortzuführen.[857]

6.2.1.2 Der Abschlussbericht des Franz Heier

Am 22. März 1970 vertrat Franz Heier in seinem letzten Bericht an das MfS den Standpunkt, dass sich bei den Fokolaren alles um die Liebe drehe. Sowohl Gott

---

855 Vgl. ebd., 64-68, 70, 85, 96-97.
856 Ebd., 68.
857 Vgl. ebd., 68, 70-71, 79, 89, 97.

als auch Jesus Christus seien für sie die Liebe und der Mensch habe den Auftrag, diese zu erwidern. Die Bewegung habe das Ziel, die Liebe zu realisieren, indem man Christus im Nächsten liebe. Die FoBw sei davon überzeugt, dass sich ihr dadurch die Menschen – auch Kommunisten und Atheisten – öffnen würden. Diese würden dann erkennen, dass ihr Ideal durch die FoBw und ihre Mitglieder umgesetzt werde. Das Vorhaben, dadurch „dominierend in der Gesellschaft, der Welt zu sein"[858], hielt der Stasi-Mitarbeiter für abenteuerlich. Doch nahm er an, dass dieser Plan wegen der strikten Bindung der FoBw an die Kirchen zum Scheitern verurteilt sein dürfte.[859]

Über die Zusammenkünfte berichtete Heier, dass die Mitglieder der FoBw in der DDR aus allen gesellschaftlichen Schichten, insbesondere aber aus den gebildeten, stammten. Als Leiter der FoBw in der DDR amtierten nach seiner Meinung die Italiener. Als Inhalte der Begegnungen führte Heier religiöse Vorträge, Lieder und Erfahrungsberichte von Mitgliedern über das Leben mit dem Ideal an. Franz Heier persönlich missfielen die verheimlichten Reisetätigkeiten in die CSSR bzw. nach Polen, das Verschweigen des Namens FoBw und Beratungen, die auf Veranstaltungen stattfanden, deren Sinn ihm nicht bekannt war. Ungeachtet der Tatsache, dass er keine konkreten politischen Positionierungen in Erfahrung bringen konnte, vermutete er eine antikommunistische Haltung in der Bewegung. Obwohl es sich nicht belegen ließ, nahm er an, dass mit dem von der Bewegung betriebenen Aufwand die Kirche ein gewinnbringendes Ziel verfolge. Er ging davon aus, dass sich die FoBw innerhalb und außerhalb der Kirche massiv ausbreiten würde, insofern sie ihre Ideale konsequent verfolge. Als Barrieren, die dieser Ausbreitung entgegenstehen könnten, führte er die Priester an, von denen die Mehrzahl dies seiner Meinung nach verhindern wollte. Da die Bewegung in den öffentlichen Medien laut Heier nicht in Erscheinung trat, äußerte er die Vermutung, dass die Bewegung gar nicht bekannt sein wolle. Offen blieb für ihn die Frage, wie die Italiener die deutsche und italienische Ausgabe der ‚Neuen Stadt' erhielten. Zum Abschluss des Berichts plädierte Franz Heier für eine Überwachung des Frauen- und Männerfokolars in Leipzig.[860]

6.2.1.3 Der Abschlussbericht des Ministeriums für Staatssicherheit

Der ‚Operativ-Vorgang Kloster' endete mit einem Abschlussbericht des MfS, der auf den 18. März 1970 datiert ist. Darin wurde festgehalten, dass es durch Franz Heier gelungen sei, die FoBw zu infiltrieren. Da Heier es geschafft habe, ein Vertrauensverhältnis zu den Verantwortungsträgern der FoBw aufzubauen, und sich seine Informationen bestätigt hätten, ging das MfS von deren Korrektheit aus. Die Meinung, dass es sich bei der FoBw um eine Gruppe fanatischer

[858] Ebd., 124
[859] Vgl. ebd., 124.
[860] Vgl. ebd., 124-125.

Katholiken handle, blieb bestehen. Der Fanatismus beziehe sich jedoch lediglich auf den religiösen Bereich und zeige sich auf ihren Versammlungen. Auf diesen würden überwiegend „religiöse Lieder vorgetragen, Sprüche aufgesagt und von jedem darüber gesprochen, welche gute Taten er anderen Menschen gegenüber getan hat."[861] Darüber hinaus gelangte die Staatssicherheit zu der Einsicht, dass die FoBw weder gezielt um Mitglieder werbe noch plane, „eine größere Organisation innerhalb der kath. Kirche aufzubauen, die sowohl das Mißfallen kirchlicher Würdenträger als auch des Staates hervorrufen könnte."[862] Auch wurde eine Einstellung, die den Wunsch verfolge, dem Sozialismus zu schaden, im Abschlussbericht verneint. Vielmehr wurde den Mitgliedern der FoBw eine Gleichgültigkeit gegenüber den politischen Streitpunkten attestiert. Sie beschäftigten sich eher mit innerkirchlichen Problemen. Trotzdem wurde im Bericht nicht ausgeschlossen, dass von der Zentrale in Leipzig auch nichtreligiöse Aktivitäten vorbereitet werden könnten. Für diese, so wurde angenommen, könnte die Bewegung als Tarnung dienen. Da die FoBw nicht, wie ursprünglich gemutmaßt wurde, staatsfeindlich aktiv war, wurde der ‚Operativ-Vorgang Kloster' eingestellt. Allerdings wurden die im Verlauf des Vorgangs identifizierten Personen (z. B. Natalia Dallapiccola) weiterhin durch Franz Heier überwacht.[863]

6.2.2 Der IM-Vorgang ‚Scharf'

Weitere Informationen über die FoBw lassen sich aus dem IM-Vorgang mit dem Decknamen ‚Scharf' gewinnen. Carl Scharfenberger wurde, wie dem Auskunftsbericht des MfS vom 18. November 1964 zu entnehmen ist, am 16. Dezember 1964 zum Priester geweiht. Ab dem 30. September 1967 arbeitete er in der Pfarrei ‚Unbefleckte Empfängnis' in Berlin-Karlshorst. Scharfenberger war laut Information des MfS Mitglied von *Pacem in Terris*. Schon seit 1967 hatte das MfS Kenntnis davon, dass die FoBw Interesse an Scharfenberger zeigte, aufgrund des Ratschlags eines „höheren Würdenträgers"[864], nach dessen Ansicht Scharfenberger über den Status eines Sympathisanten hinaus sei. 1968 erfuhr es, dass Carl Scharfenberger die Räume seiner damaligen Pfarrei ‚Zum Heiligen Geist' in Buckow (Märkische Schweiz) der FoBw für Veranstaltungen zur Verfügung gestellt hatte. Als 1969 eine Person versuchte, „Material der Katholischen Focolare - Bewegung"[865] einzuschmuggeln, sollte dieses an Scharfenberger weitergegeben werden. Obwohl diese Vorkommnisse die Aufmerksamkeit des MfS erregten, wurde Carl Scharfenberger als staatstreu eingeschätzt. Zu diesem Zeitpunkt lag der Staatssicherheit bereits die Information vor, dass die FoBw 1944/45 in Italien entstanden war und

861 Ebd., 132.
862 Ebd., 132.
863 Vgl. ebd., 131-133.
864 MfS AIM 2767/89, Bd. 1, 12.
865 Ebd., 11-12.

in der DDR den Namen ‚Werk Mariens' führte. Ihre Mitglieder wurden als fanatische Katholiken gesehen, die sich rücksichtslos für die „‚Weltverbesserung durch gelebtes Christentum'"[866] einsetzten.[867]

Der Bericht eines IM bezeichnet Carl Scharfenberger dagegen „als [einen] ‚unverbesserlichen Utopisten', der ‚Reformer-Ideen' zu nicht zu verwirklichenden Theorien entwickelt und auch noch fest an diese Theorien glaubt."[868] Der IM führt an, dass Scharfenberger Beziehungen „zu verschiedenen Gruppen von ‚Reformern' und ‚Modernisierern' und ‚Weltverbesserern' vom Schlage"[869] der FoBw pflege und deren Überzeugungen teile. Allerdings würden seine Ansichten unter seinen Kollegen nicht auf fruchtbaren Boden fallen. Außerdem vertrat der IM den Standpunkt, dass Scharfenberger nicht bewusst sei, welche weitreichenden kirchlichen und staatlichen Konsequenzen seine Denkansätze haben könnten.[870]

Das MfS betrachtete Scharfenberger zunächst als einen unbelehrbaren Befürworter des katholischen Glaubens, dessen Wesen durch gelassene, intelligente, aufgeschlossene, aber auch besorgte Art geprägt war. Es war der Staatssicherheit bekannt, dass Carl Scharfenberger „in allen Einsatzorten sofort mit der Bildung kleinerer Kreise unter fast allen Bevölkerungsschichten begann und großen Wert auf eine aktive Arbeit dieser Kreise legte."[871] Das MfS wusste, dass diese Vorgehensweise bezeichnend für die FoBw ist. Es plante, mittels der „Ausnutzung einer guten Legende"[872] an Carl Scharfenberger heranzutreten, um ihn als IM zu gewinnen. Dazu sollte er zunächst mit dem Schleuser und dem eingeschleppten Material konfrontiert werden. Ihm sollte vor Augen geführt werden, dass er wissen müsse, dass die katholische Kirche mit einem solchen Vorgehen nicht einverstanden sei und er mit entsprechenden Folgen von kirchlicher Seite zu rechnen habe. Ziel war es einerseits, Name, Herkunft und Aktivitäten der FoBw zu klären. Andererseits beabsichtigte das MfS das Einverständnis des Kandidaten für weitere Treffen zu erlangen, die in regelmäßigen Abständen von drei bis vier Wochen stattfinden sollten.[873]

Auf den 13. Januar 1970 datiert der Bericht über das erste Kontaktgespräch des MfS mit Carl Scharfenberger. Als das MfS ihn mit dem Schleuser konfrontierte, gab er sich ahnungslos, tat vielmehr seine Absicht kund, diesen Vorwurf Kardinal Bengsch mitzuteilen. Dieses Vorhaben ließ er laut der Staatssicherheit fallen, als er auf die unangenehmen Konsequenzen verwiesen wurde, die ihm dadurch drohen könnten. In der Folge teilte Scharfenberger den Mitarbeitern des MfS grundlegende Informationen mit: Sie erfuhren von ihm, dass der italienische Begriff ‚Focolarini' mit dem deutschen Wort ‚Familie' übersetzt werden könne und die

866 Ebd., 66.
867 Vgl. ebd., 11-12, 64-68.
868 Ebd., 57.
869 Ebd., 57.
870 Vgl. ebd., 57.
871 Ebd., 69.
872 Ebd., 69.
873 Vgl. ebd., 69-70.

Bewegung aus Italien stamme. Typisch für die FoBw sei das Leben des Glaubens. Das bedeute, so Scharfenberger weiter, „für seinen Nachbarn da sein, alles für die Kirche, im Sinne der Kirche zu tun.“[874] Darüber hinaus wurde den Mitarbeitern des MfS erklärt, dass die FoBw weder eine Sekte noch ein Geheimbund, sondern eine für das Leben und die Welt aufgeschlossene Bewegung sei, die den Namen ‚Werk Mariens‘ führe. Allerdings räumte Scharfenberger ein, dass der Verdacht des Sektierertums entstehen könne. Der Bewegung würden allerdings nicht viele Personen angehören. Außerdem habe die FoBw Probleme, die Vorbehalte, die im Kreis der Gläubigen und Kleriker bestehen würden, zu bewältigen. Das Anliegen der FoBw sei, erklärte Scharfenberger im Gespräch, der sich gegenüber den Mitarbeitern des MfS als Sympathisant zu den Zielen der FoBw bekannte, dem gesellschaftlichen Mangel an Liebe und Vertrauen entgegenzuwirken, der für die Auseinandersetzungen auf der Welt verantwortlich sei. Dazu bilde man in der FoBw Großfamilien, in denen die Menschen durch die Teilhabe am Schmerz und Glück des Anderen zu einer Einheit würden. Dass der Sozialismus Privateigentum durch Gemeineigentum ersetze, bezeichnete Scharfenberger als einen ersten Schritt in die richtige Richtung. Jedoch war er der Meinung, dass diesem weitere (z. B. in der Wirtschaft) zu folgen hätten. Die Veränderungen, die durch das II. Vatikanum in der Kirche erfolgt waren, wurden von Scharfenberger begrüßt. Dieses hätte an die Ziele der FoBw angeknüpft, wodurch sich die Kirche aus der derzeitigen schwierigen Lage befreien könne.[875]

Im Anschluss an das Kontaktgespräch schätzte das MfS Carl Scharfenberger als „einen äußerst intelligenten, fanatisch-gläubigen Menschen“[876] und herausragenden Theologen ein, der sich kritisch-positiv gegenüber dem Sozialismus positioniere. Notiert wurde auch, dass Scharfenberger die DDR als sein Heimatland bezeichnete. Um mehr Informationen zu erhalten, entschloss sich das MfS zu folgenden Maßnahmen:[877]

> „Mit dem Kandidaten ‚Scharf‘ werden weitere Kontaktgespräche gefuhrt [sic!], in denen vor allen Dingen, ausgehend von der Focolarini-Bewegung, auf den Kreis ‚Pacem in terris‘ eingegangen wird, da in diesem Kreis solche Fragen wie die ‚kritische Bejahung des Sozialismus‘ und die Maßnahmen der ‚kirchlichen Opposition‘ besprochen werden.“[878]

Carl Scharfenberger sollte in diesem Zusammenhang als „Abschöpfungsquelle“[879] dienen, durch die sich das MfS Erkenntnisse über die Aktivitäten der FoBw, die Verantwortungsträger und die Beziehungen der Bewegung außerhalb der DDR

874 Ebd., 82.
875 Vgl. ebd., 80-86.
876 Ebd., 86.
877 Vgl. ebd., 86-89.
878 Ebd., 88.
879 Ebd., 107.

erhoffte. Es verfolgte einerseits die Strategie, Scharfenberger „unter der Legende der ‚fachlichen Beratung' zur ehrlichen, offenen Zusammenarbeit zu gewinnen."[880] Andererseits sollte er mit aktuellen Ereignissen konfrontiert werden, durch die im Gespräch Informationen gewonnen werden sollten. Auch sah das MfS die Möglichkeit gegeben, „über den IM gezielte Desinformationen, bzw. Gerüchte im Rahmen von Zersetzungsmaßnahmen und Differenzierungsaktionen in Umlauf zu setzen."[881] Obwohl der Staatssicherheit bewusst war, dass sich Scharfenberger bei seinen Vorgesetzten rückversicherte bzw. sich zumindest diese Option offenhielt, bewertete es die Zusammenarbeit nach Abschluss des IM-Vorgangs am 27. März 1989 positiv:[882]

> „Er [Carl Scharfenberger] betrachtete die Zusammenarbeit mit dem MfS stets als ‚Beratung der Staatsorgane der DDR' zur Klärung bzw. zum Verständnis kirchlicher Begriffe und Zusammenhänge.
>
> In den Gesprächen äußerte er sich stets aufgeschlossen und sehr ausführlich zu den angesprochenen Problemen, bestand aber darauf, daß ihm nur solche Fragen gestellt werden, die er auch beantworten könne. (z.B. keine kircheninternen Probleme)."[883]

Anhaltspunkte, die auf eine Dekonspiration schließen ließen, lagen der Stasi bis zum Ende der Zusammenarbeit nicht vor.[884]

Im Verlauf der 19-jährigen Zusammenarbeit zwischen Carl Scharfenberger und dem MfS kam es zu mehreren Kontaktgesprächen, in denen er nicht nur als Person registriert wurde, die eine „kritische Bejahung des Sozialismus"[885] vertrat, sondern auch als Anhänger der FoBw. Auch brachte Scharfenberger zum Ausdruck, „daß die Ideale der Bewegung und damit seine Ideale mit denen des sozialistischen Staates der DDR weitgehenst [sic!] übereinstimmen [würden]."[886] Als Beispiele brachte er den Respekt vor der Persönlichkeit des Menschen, die verantwortungsbewusste Erziehung und die Bemühungen um eine intensive Verbundenheit der Menschen zum Ausdruck. Darüber hinaus vertrat er den Staatpunkt, dass die Ideale der FoBw den Verpflichtungen der katholischen Kirche entsprechen. Die fokolarinische Idee der Großfamilien verglich das MfS im zweiten Kontakt mit der Konvergenztheorie. Namen allerdings, die das MfS zu erfahren hoffte, erwähnte Scharfenberger im Verlauf des Vorgangs laut den MfS-Mitarbeitern sehr bedacht. Da es in der FoBw üblich ist, sich mit dem Vornamen anzuspre-

880 Ebd., 101.
881 Ebd., 181.
882 Vgl. ebd., 101, 107, 174, 175, 181-183.
883 Ebd., 175.
884 Vgl. ebd., 174.
885 MfS AIM 2767/89, Bd. 2, 8.
886 Ebd., 6.

chen, vermutete das MfS, dass der IM Scharfenberger nur bedingte Kenntnisse von den Nachnamen hatte. Zu Absichten der katholischen Kirche äußerte er sich in den Gesprächen mit der Staatssicherheit, wie in den Berichten des MfS festgehalten wurde, nur lückenhaft.[887]

In einem Treffbericht vom 24. August 1970 wird erwähnt, dass der IM Scharfenberger die Mariapoli in Berlin-Weißensee im Jahr 1970 besucht hatte. Als die Staatssicherheit Scharfenberger in diesem Zusammenhang aufsuchte, berichtete der IM von seinen Eindrücken. Auf dieser Informationsgrundlage verstand die Stasi die Mariapoli als eine Veranstaltung, die dem „Erfahrungsaustausch des Einzelnen und der verschiedenen Gruppen über ihr Leben im Sinne der Bewegung“[888] dient. Sie erfuhr in diesem Zusammenhang, dass man sich von der FoBw eine Art geistlichen Aufbruch erhoffte, zahlreiche Kleriker der FoBw aber noch reserviert begegneten. Nach Scharfenberger war die FoBw an die Öffentlichkeit getreten und ihr aufgrund des Ideals des gelebten Christentums ein großer Respekt entgegengebracht worden, sodass die Anhängerschaft stetig zunahm. Darüber hinaus bekam das MfS die Information, dass die Bewegung dazu beitragen sollte, die Pfarreien aus ihrer (geistigen) Trägheit herauszuholen. Außerdem wurde die Stasi darüber unterrichtet, dass die FoBw im „kirchlichen Leben“ der Stadt Leipzig eine zentrale Rolle einnahm. Der Auftritt von Kardinal Bengsch auf der Mariapoli in Berlin Weißensee wurde als eine vorsichtige Öffnung seiner Person gegenüber der FoBw interpretiert.[889]

Auf den 7. Februar 1974 datiert ein Bericht über die Mariapoli in Erfurt. Diese wird als erste „Großveranstaltung mit öffentlichem Charakter“[890] der FoBw gesehen. Die Wahl des Veranstaltungsortes führte das MfS zum einen auf die Bedeutung der Stadt Erfurt für die FoBw zurück. Nach den Informationen des MfS hatte im dortigen Priesterseminar die Bewegung ihren Ursprung. Zum anderen war Erfurt aus Dankbarkeit gegenüber Bischof Aufderbeck (1962-1982) gewählt worden, der nach dem Kenntnisstand des MfS ein Mentor der FoBw war. Laut dem Bericht wurde auf der Mariapoli durch die Mitglieder festgestellt, dass die Bewegung nicht nur gewachsen sei, sondern sich in der DDR auch etabliert habe. Nun werde von der FoBw das Ziel verfolgt, an Stabilität zu gewinnen. Scharfenberger erläuterte den Mitarbeitern der Stasi, dass die FoBw durch Geistliche und Laien geleitet werde. Ebenso war sich der Geheimdienst darüber im Klaren, dass diese Personen „ordensähnliche Gelübde“[891] ablegten und die Priester zusätzlich von ihren Bischöfen für den Dienst in der FoBw freigestellt worden waren.

---

887 Vgl. MfS AIM 2767/89, Bd. 2, 5-6, 15, 22-23, 61.
888 Ebd., 13.
889 Vgl. ebd., 13-14.
890 Ebd., 54.
891 Ebd., 55.

Giuseppe Santanchè, Giuseppe Tradigo und Natalia Dallapiccola vertraten nach Kenntnis des MfS das Zentrum in Rom.[892]

Als die DDR im Jahr 1974 ihre Verfassung änderte, wurde in Art. 6 (2) hinzugefügt, dass die DDR ein „untrennbarer Bestandteil der sozialistischen Staatengemeinschaft"[893] ist. Dies führte zwangsweise dazu, dass das Vereinigungsgebot (Art. 8 (2) der Verfassung von 1968)[894] gestrichen wurde. Damit wurde das Bündnis zwischen UdSSR und DDR als endgültig feststehend erklärt. Durch den IM Scharfenberger erlangte das MfS Kenntnis davon, dass im katholischen Dekanat Berlin-Lichtenberg dieses Vorgehen des Staates von zwei Jesuiten und dem Dekan Hans-Joachim Rupprecht kritisiert wurde. Alle waren der Meinung, dass die katholische Kirche der DDR dadurch genötigt werde, sich definitiv von der Bundesrepublik Deutschland zu distanzieren. Sie hielten dieses Unterfangen für hoffnungslos, da Bindungen existieren würden, die man nicht auflösen könne. Als Beispiel nannten sie die FoBw, die man aufgrund ihrer länderübergreifenden Verbreitung und Einheit nicht isolieren könne.[895]

Zwei letzte Berichte wurden am 13. Januar 1977 und am 3. Januar 1980 verfasst. Im ersten wurde nochmals auf den Ursprung, den Namen ‚Focolarini' und das Ideal der Bewegung eingegangen. Scharfenberger, der inzwischen als IMV bezeichnete wurde, erklärte den Mitarbeitern des MfS, dass die FoBw in Anschluss an den Zweiten Weltkrieg von drei Frauen gegründet worden sei. Weiter wurde von ihm der Begriff ‚Focolarini' auf das lateinische Wort ‚Focus' zurückgeführt, das „mit ‚Herd' oder ‚Feuerchen' [zu übersetzen sei]."[896] Der amtskirchliche Begriff, sagte Scharfenberger den Mitarbeitern der Stasi, sei ‚Werk Mariens'. Als Ideal der Fokolare führte er Gott und den gelebten Glauben an. Dass die FoBw in den kirchlichen Kreisen nicht gerne gesehen war, führte Scharfenberger einerseits auf einen Neid zurück, der im disziplinierten Glaubensleben der Bewegungsmitglieder gründe. Andererseits sah er durch die Diasporasituation der Kirche das Problem gegeben, dass nur ein nicht ins Gewicht fallender Teil der katholischen Christen sich für das fokolarinische Charisma entscheide, wodurch Vorurteile unter den Laienchristen und Klerikern kaum beseitigt werden könnten. Ein Wachstum der Anhängerschaft der FoBw erwartete er fürs Erste nicht. Den Bericht abschließend erläuterte Scharfenberger den fokolarinischen Begriff ‚Fa-

---

[892] Vgl. MfS AIM 2767/89, Bd. 2, 54-55; Johannes Kreuzenbeck, Art. Aufderbeck, Hugo, 2009, 66-69.

[893] Friedrich-Ebert-Stiftung, Die Verfassung der DDR, 1987, 13.

[894] In der Verfassung der DDR aus dem Jahr 1949 wird in Art. 1 Deutschland als eine *„unteilbare demokratische Republik"* (zitiert nach: Herwig Roggemann, Die DDR-Verfassungen, 1989, 64.) bezeichnet. Dies änderte sich mit der Verfassung aus dem Jahr 1968, in der von zwei verschiedenen Kulturen und Staaten die Rede ist. In der Verfassung aus dem Jahr 1974 wurden schließlich alle Anführungen des Begriffs der deutschen Nation entfernt (vgl. Herwig Roggemann, Die DDR-Verfassungen, 1989, 64-67).

[895] Vgl. MfS AIM 2767/89, Bd. 2, 56; Friedrich-Ebert-Stiftung, Die Verfassung der DDR, 1987, 12-15; Horst Hildebrandt, Die deutschen Verfassungen des 19. und 20 Jahrhunderts, 11. Aufl., 1979, 237, 239.

[896] MfS AIM 2767/89, Bd. 2, 76.

milien'. Er sagte den Mitarbeitern des MfS, dass man sich in diesen in einem kleinen Kreis von zwei bis drei Personen / Familien zum Austausch von Erfahrungen treffe, die die Anhänger seit der letzten Begegnung gemacht hätten. Auch gebe es jedes Jahr eine Großveranstaltung der FoBw. Zudem schloss er aus, dass es in der DDR Priester gebe, die in besonderem Maße für die Bewegung verantwortlich seien. Im Bericht vom 3. Januar 1980 wurde Scharfenberger mit der Existenz eines Hauses der FoBw in Birkenwerder und eines Zentrums in Hoyerswerda konfrontiert. In beiden Fällen gab er sich ahnungslos.[897]

6.2.3 Die Stasiakten von Mitgliedern der Fokolar-Bewegung

Ein weiterer Zugang zur Perspektive des MfS auf die FoBw sind die einzelnen Akten ihrer Mitglieder. Da nicht jede einzelne Stasiakte berücksichtigt werden kann, wird in diesem Zusammenhang auf Unterlagen von Fokolaren und Sympathisanten der Bewegung zurückgegriffen, die eine tragende Rolle eingenommen haben.

6.2.3.1 Joachim Reinelt

Joachim Reinelt wurde am 20. Februar 1988 zum Bischof des Bistums Dresden-Meißen ernannt. Für seine Person liegt eine Akte vor, die im Rahmen seiner Ernennung zum Bischof angefertigt wurde. In dieser wurde er als eine Person eingeschätzt, die sehr viel Wert auf eine objektive, offene und produktive Beziehung zwischen Staat und Kirche lege. Reinelt unterstrich laut dem Bericht „die gemeinsamen humanistischen ethischen Anliegen von Marxisten und Christen in den Fragen des Friedens und der sozialen Gerechtigkeit."[898] Sein Standpunkt gegenüber dem Staat wurde als nicht einschätzbar vermerkt. Als beachtenswert wurde seine Mitgliedschaft in der FoBw empfunden, die er während seiner Zeit im Priesterseminar durch Schürmann kennengelernt habe. Seine Glaubenshaltung ordnete das MfS als sehr konservativ ein. Genauere Ausführungen werden diesbezüglich nicht vorgenommen. Obwohl er von der Staatssicherheit als sehr kirchentreu wahrgenommen wurde, wurde ihm aufgrund seiner Mitgliedschaft bei den Fokolaren eine eigene Meinung unterstellt. Diese Annahme wurde vom MfS durch eine ablehnende Haltung einiger Kleriker gegenüber der Bewegung begründet.[899]

Eine konkrete Stellungnahme des MfS zur FoBw fehlt in der Akte. Die Gründung der Bewegung wurde vom MfS auf das Jahr 1943 datiert. Nach Information der Staatsicherheit zählte die Bewegung eine Anhängerschaft von 6.000 Personen. Die Bezeichnung ‚Focolari' wird mit ‚Herdgemeinschaften' übersetzt. Die

[897] Vgl. ebd., 76-79, 101.
[898] MfS HA XX/4 2504, 8.
[899] Vgl. ebd., 8, 10, 28, 30.

FoBw war gemäß dem Bericht in der Regel in Gruppen aktiv, die lediglich drei Personen umfassen. Sie widmen sich der Erneuerung der Gemeindearbeit und auch dem Dialog mit den Atheisten. Das Zentrum der Bewegung wurde in Rom verortet und die Mariapoli als Treffen der Bewegung registriert. Laut Stasi fehlten der Bewegung sowohl Statut als auch organisatorische Strukturen. Notiert wurde die Sympathie und Unterstützung, die sowohl von Kardinal Meisner als auch von Johannes Paul II. der Bewegung entgegengebracht wurden. Von Bischof Braun (1970-1990) soll „sie als Gegengewicht zum ‚Aktionskreis Halle' ins Spiel gebracht [worden sein],"[900] um die politische Tätigkeit dieser Gruppe auszugleichen.[901]

6.2.3.2 *Die italienischen Ärzte: Akten und Notizen*

Neben Bischof Joachim Reinelt ist auf die Akten der in die DDR übergesiedelten italienischen Ärzte einzugehen. Die für Anna Fratta zur Verfügung stehenden Unterlagen aus dem Jahr 1964 sind nur insofern interessant, da in ihnen festgehalten wird, dass Kontakte von ihr zu Organisationen nicht bekannt sind. Der Akte von Giuseppe Tradigo ist zu entnehmen, dass er sich keine Vergehen zuschulden hat kommen lassen. Sein Verhalten wird als rücksichtsvoll und aufmerksam beschrieben. Über das Ausmaß von Tradigos Verbindungen zur katholischen Kirche lagen der Staatssicherheit keine Informationen vor. Enzo Fondi wird in seiner Akte als kompetenter und verlässlicher Fachmann gewürdigt, der am 12. Mai 1961 zusammen mit Giuseppe Santanchè in die DDR gekommen sei. Er habe unter Santanchè bis 1964 am Elisabeth-Krankenhaus in Leipzig gearbeitet. Seine acht Westberlinfahrten, die er zusammen mit Santanchè unternahm, wurden vom MfS registriert. Auf die Mitgliedschaft von Enzo Fondi, Giuseppe Santanchè und Roberto Saltini, der am 14. Juli 1964 als Nachfolger von Enzo Fondi in die DDR gekommen war, wird in einer Akte vom 24. Oktober 1966 angespielt. In dieser wird vermerkt, dass die Ärzte abgeschieden leben und keine Aufmerksamkeit erregten. Neben der guten fachlichen Arbeit, die allen attestiert wurde, nahm die Staatssicherheit an, dass sie vom Vatikan angewiesen wurden, in die DDR überzusiedeln. Giuseppe Santanchè nahm laut der Staatssicherheit die führende Rolle in Leipzig ein. Von dort unterhalte er zahlreiche Kontakte in andere sozialistische Länder. Auch wenn der Stasi die Kontaktpersonen unbekannt waren, fielen die stetigen Reisen der Ärzte nach Westberlin auf. Gleiches gilt für die Fahrten von Santanchè und Saltini nach Polen und in die CSSR. Genauso wurde die freundschaftliche Beziehung von Santanchè und Saltini zu Alfred Mayerhofer

[900] Ebd., 10. Zum ‚Aktionskreis Halle' siehe die Dissertation von Sebastian Holzbrecher *Der Aktionskreis Halle* (2014).
[901] Vgl. MfS HA XX/4 2504, 1, 8, 10, 28, 30; Franz Kalde, Art. Braun, Johannes, 2011, 158-161.

und seiner Ehefrau, die beide den Sicherheitsorganen der CSSR nicht fremd waren, bemerkt.[902]

Zur Person von Giuseppe Di Giacomo liegen verschiedene IM-Berichte vor. Der IM Th. Degen identifizierte ihn als Mitglied der FoBw. Er schrieb ihm die Rolle des Leiters der FoBw im Bereich Erfurt zu. Über die politisch-ideologische Einstellung von Di Giacomo konnte der IM Degen keine Auskunft geben, da dieser über diese Themen nicht sprach. Über die Ziele und Praktiken der FoBw war sich der IM zunächst nicht im Klaren. Allerdings wurden die Kontakte von Giuseppe Di Giacomo zu den italienischen Ärzten in Leipzig wahrgenommen. Auch findet sich in der Akte von Giuseppe Di Giacomo eine Stellungnahme von Degen zur FoBw. In einem Bericht vom 19. Februar 1986 teilte der IM mit, dass die FoBw zur katholischen Kirche gehöre. Das Ziel der Bewegung war seiner Ansicht nach, auf der Basis des christlichen Glaubens und der Heiligen Schrift durch die eigene Lebensführung Hoffnung und Freude zu vermitteln. Die FoBw ordnete er als ungefährlich ein, schloss aber nicht aus, dass es inoffiziell staatsfeindliche Aktivitäten geben könnte. Widersprüchlich ist, dass die FoBw in einem weiteren Vermerk derselben Akte nicht der katholischen Kirche zugeordnet wurde. Der Name des Verfassers wurde zudem nicht vermerkt. Es kann daher nicht gesagt werden, ob es sich ebenfalls um den IM Degen handelte. Inhaltlich wurde versucht, eine Struktur der FoBw zu entwerfen, die sich am aktuellen Erkenntnisstand orientierte. Als Kern der Bewegung wurden die unverheirateten Ordensbrüder identifiziert, deren Lebensführung mit der von Mönchen verglichen wurde. Um diesen Kern herum wurden die unverheirateten Ordensbrüder, die in der Gesellschaft ihren Beruf ausübten, und die Jugendlichen der Bewegung eingeordnet. Die dritte Ebene bildeten die verheirateten Ordensbrüder, die innerhalb der Gesellschaft einer Arbeit nachgingen. Die vierte Ebene setzte sich aus Freunden, Bekannten und Mitgliedern anderer Konfessionen zusammen. Nicht bekannt war dem Verfasser, welche Rolle die Frau in dieser Struktur einnahm. Die FoBw wurde als selbstständige Konfession bezeichnet, die nicht zur katholischen Kirche gehört. In der Akte von Giuseppe Di Giacomo liegt noch ein mündlicher Bericht des IM Andreas Frenzel vor. Laut der Information des IM lebte di Giacomo seit 1963 in der DDR. Frenzel sah in ihm einen Leiter der FoBw. Die Persönlichkeit des fokolarinischen Arztes beschrieb er als „sehr verschlossen und zurückhaltend“[903]. Außerdem sei der Arzt „unnahbar“[904], willensstark und tatkräftig. Allerdings war ihm nicht bekannt, ob und in welchem Umfang Giuseppe Di Giacomo auf Anordnung der katholischen Kirche tätig war.[905]

---

[902] Vgl. MfS AKK 10566/77, 8, 10-11; MfS AP 12250/66, 21; MfS AP 5858/71, 14, 38, 39, 79-80; MfS HA XX/4 419, 32-33; 66-67; MfS 12718/92, 2; MfS HA XX/4 370-375, 49-50.

[903] MfS BV Eft AOPK 1657/86, 29.

[904] Ebd., 29.

[905] Vgl. MfS BV Eft AOPK 1657/86, 24-29; MfS Allg. P. 12250/66, 21; MfS AKK 1055/77, 8; MfS AP 12718/92, 2; MfS AP 5858/1, 38-39, 50.

6.2.3.3 Natalia Dallapiccola und Margreth Frisch

Auch Natalia Dallapiccola und Margreth Frisch wurden vom MfS beobachtet. Bei der Italienerin interessierte sich die Staatssicherheit insbesondere für ihre „politische[n] Einstellung[en], Verbindungen nach Westdeutschland, Westberlin und dem kapitalistischen Ausland und Verbindungen zu Kirchenkreisen“[906]. Der Staatssicherheit war bekannt, dass Dallapiccola als unterstützende Arbeitskraft von Margreth Frisch 1962 nach Leipzig gekommen war. Aufgrund der Sprachschwierigkeiten Dallapiccolas kam es laut dem vorliegenden Bericht zu keinen Berührungen mit Menschen außerhalb der Arztpraxis. In einem Verhör wurde der Kontakt von Natalia Dallapiccola zu einem Spanier, der als westlicher Spion aktiv gewesen sein soll, streng überprüft. Ihn und seine Frau hatte sie in Fürstenwalde kennengelernt. Auch Margreth Frisch, von der das MfS wusste, dass sie zur FoBw gehört, wurde aufgrund ihres Kontakts zum Spion verhört. Sowohl Dallapiccola als auch Frisch verneinten es, von der Tätigkeit des Bekannten Kenntnisse gehabt zu haben. Im Falle von Dallapiccola ergaben die Untersuchungen, dass keine „Feindtätigkeit[en]“[907] vorlagen. Ob dies auch für Margreth Frisch zutrifft, kann den vorliegenden Akten nicht entnommen werden.[908]

6.2.4 Die Kenntnisse über die Fokolar-Bewegung in der DDR

Durch einen Geheimen Informanten (GI) wusste das MfS, dass Repräsentanten der FoBw, namentlich genannt werden Aldo Stedile und Chiara Lubich, die Leipziger Messe bereits seit Frühjahr 1958 nutzten, um Vorträge zu halten. Ebenfalls ging die Stasi davon aus, dass die FoBw ab der Frühjahrsmesse 1959 plante, die Bewegung in der DDR aufzubauen. Durch den GI, der an Plänen der FoBw unmittelbar beteiligt war, war das MfS darüber informiert, dass die FoBw 1960 begann, ihr Vorhaben umzusetzen. Laut dem GI beabsichtigte man dadurch, „die Forderung des politischen Klerikalismus nach Widerstand und Verbreitung einer Neuordnung“[909] zu erfüllen. Nachdem sich die Beteiligten über das Thema in der Pastoralkonferenz ausgetauscht hätten, seien Kleriker und Laien ausgewählt worden, um diese zur Schulung nach Westberlin in die Uhlandstraße zu senden. Alle Ausgewählten hätten zusichern müssen, den Willen Gottes zu realisieren. Ungeachtet der Tatsache, dass sich die kirchliche Hierarchie über das Risiko des Vorhabens bewusst gewesen sei, „wurde der GI beauftragt, die grundlegenden Gedanken unter der Streichung von politischen Aussagen über den Leitungskalender 1960/61“[910] bekanntzugeben. Die Beteiligten verfolgten das Ziel, durch die FoBw

[906] MfS GH 30/66, 363.
[907] Ebd., 381.
[908] Vgl. MfS GH 30/66, 362-388; MfS AP 12172/92, 5-7.
[909] MfS HA XX/4 370-375, 72.
[910] Ebd., 75.

in der DDR die „Kampfkraft der kath. Kirche“[911] gegen den Kommunismus zu fördern und somit ihren Einfluss in der Gesellschaft zu stärken. Allerdings ging der GI davon aus, dass zu diesem Zeitpunkt noch nicht viele Kreise der FoBw bestanden. Jedoch kämen zahlreiche religiöse und nichtreligiöse Bürger, die den Sozialismus missbilligten, zur katholischen Kirche.[912]

Auf der Grundlage der Informationen, die dem MfS aus dem Kreis der Westberliner Kleriker vorlagen, nahm es an, dass die FoBw sich trotz der schwierigen Umstände gut entfaltet habe. Unter den Mitgliedern der FoBw waren nach der Ansicht der Stasi vor allem Personen aus „Kreisen der Intelligenz“[913] vertreten. Aber auch Bürger aus dem Arbeiterstand waren den Stasiakten zufolge im Mitgliederkreis der Bewegung zu finden. Neben Männern und Frauen gehörten speziell Jugendliche zur FoBw. Kleriker dagegen rekrutierte die FoBw aus dem Kreis der Seminaristen des Erfurter Priesterseminars, wobei eine strikte Auswahl erfolge. Nur vertrauenswürdige Seminaristen würden angesprochen. Sie sollten nach Ansicht des MfS dazu befähigt werden, in den Pfarreien neue „Focolarini-Gruppen“[914] zu gründen und schon existierende zu unterweisen. Generell bemühe sich die FoBw sehr darum, dass ihre Tätigkeiten nicht entdeckt würden. Mögliche Anwärter würden daher in Augenschein genommen und Schritt für Schritt in die Bewegung eingeführt.[915]

Das MfS war sich bewusst, dass sich das Zentrum der FoBw in Leipzig befand. Es vermutete, dass die FoBw Leipzig als Standort ausgewählt hatte, um sowohl über wichtige Verkehrswege innerhalb der DDR und in andere sozialistische Länder zu verfügen als auch um eine gute Begegnungsplattform zu besitzen. Es war für die Staatssicherheit kein Geheimnis, dass die Mitglieder der FoBw in Österreich in die CSSR reisten, um dort Kontakte zu gewinnen, diese zu pflegen und den dortigen Personen religiöse Literatur, Heilmittel und finanzielle Hilfen zukommen zu lassen. Neue Mitglieder, die auf diese Weise von der FoBw geworben würden, versuchten dann, auf privatem Weg oder im Rahmen einer Urlaubsreise nach Österreich zu gelangen. Allerdings vertrat das MfS den Standpunkt, dass die FoBw in der CSSR keinesfalls schon etabliert sei, sondern dass sich die Bewegung noch nach Personen umsehe, die diese Aufgabe übernehmen könnten. Aber auch die Urlaubsreisen, die Mitglieder der FoBw von der DDR aus in die sozialistischen Länder (z. B. Ungarn, CSSR, Polen) unternahmen, wurden bemerkt. Dass diese als Tarnung dienten, war der Stasi bekannt. Aufgrund der Aktivität der FoBw in anderen sozialistischen Ländern kamen Vertreter des MfS und des Innenministeriums der CSSR am 28. Mai 1966 zu der Auffassung, dass es einer Kooperation hinsichtlich der Fragestellung nach den Zielen, Kontaktwegen und den staatsfeindlichen

[911] Ebd., 75.
[912] Vgl. ebd., 72, 74-76.
[913] Ebd., 33.
[914] Ebd., 48.
[915] Vgl. ebd., 33-34, 47-48, 276.

Aktivitäten bedürfe. Mitglieder der FoBw sollten daher von den Dienststellen der Staatssicherheiten beider Länder überwacht werden.[916]

6.2.5 Die Kenntnisse über die Fokolare in der Bundesrepublik Deutschland

Als Mentoren der FoBw in Westdeutschland identifizierte die Staatssicherheit speziell Joseph Frings und Julius Döpfner, die sich in den 1950er-Jahren darum bemüht hätten, ein Arbeitsgebiet für die Bewegung in der Bundesrepublik zu finden. Beide Kardinäle hätten sich dadurch mehr Erfolg im Kampf gegen den Kommunismus erhofft. Umgehend seien deshalb genügend Kleriker nach Rom abgestellt worden, um dort eine Ausbildung bei der FoBw zu durchlaufen. Aber auch in Johannes Heilkenbrinker sah das MfS einen Mentor, der das Ziel hatte, die Verbreitung der FoBw dadurch zu unterstützen, dass er die von ihm betreuten Seminaristen an die Bewegung heranführte. Kardinal Döpfner habe, nachdem er sich eingehend mit der FoBw beschäftigt habe, erlaubt, dass sich die Bewegung in der DDR ausbreite. Auf ihren Einsatz in der DDR würden die Personen, so nahm das MfS an, in Berlin-Wilmersdorf (Ludwigkirchplatz) sowie in Berlin-Schöneberg (Wittenbergplatz) vorbereitet werden. Bis zum 13. August 1961 vermutete die Staatssicherheit das Zentrum der FoBw für die DDR in Berlin-Wilmersdorf. Im Anschluss daran habe die FoBw des Westens die Leipziger Messen benutzt, um der Bewegung in der DDR beizustehen. Erste Fokolare in der Bundesrepublik waren nach der Kenntnis des MfS in Köln und in Freiburg i. Br. errichtet worden, wobei vermutet wurde, dass sich das Zentrum der Bewegung in Köln befand. Dass sich die Kölner Fokolare in der Moltkestraße 83 in Köln-Longerich befanden, war dem MfS bekannt. Ein Zentrum der FoBw für Norddeutschland vermutete es „400 km von Hannover entfernt."[917] Nach Köln verortete das MfS auch die Zentralen der Zeitschrift ‚Neue Stadt' und der ‚Ostpriesterhilfe'. Es war darüber aufgeklärt, dass in Ottmaring ein ‚Ökumenisches Lebens- und Begegnungszentrum' der Bewegung entstanden war. Auch über die ‚Ökumenische Schule', die nach dem Kenntnisstand des MfS im Jahr 1982 in Ottmaring ins Leben gerufen wurde, oder das Engagement der FoBw in der ‚Ostpriesterhilfe' liegen in den Akten Informationen vor. Diesen entnahm das Ministerium verschiedene Veröffentlichungen, beispielsweise der ‚Neuen Stadt'. Über die weltweiten Aktivitäten der FoBw und deren Entwicklung lagen der Behörde jedoch, wenn man von der Geschichte der Bewegung in Italien absieht, keine ausführlichen Kentnisse vor.[918]

---

916 Vgl. MfS HA XX/4 419, 32-33, 44-45; 62; 65-66, 71, 193; MfS HA XX/4 370-375, 33, 41, 47-48, 59, 276; MfS AP 4846/92, 64; MfS HA XX/4 1573, 3.

917 MfS HA XX/4 370-375, 47. Auf welches Zentrum der FoBw das MfS sich bezieht, konnte nicht nachvollzogen werden. Nähere Anhaltspunkte finden sich in der Akte nicht.

918 Vgl. MfS HA XX/4 370-375, 31-32, 41, 45-47, 91, 262-263, -275- 276, 278-279; MfS HA XX/4 419, 32.

6.2.6 Anfänge in Italien, Spiritualität und Struktur

Der Wissensstand des MfS war, dass die Krankenschwester Chiara Lubich in Südtirol die FoBw gegründet hatte. In den Akten wurden als mögliche Gründungszeitpunkte die Jahre 1943, 1944 und 1945 notiert. Allerdings wurde auch vermerkt, dass die FoBw erst (in den Jahren) nach dem Krieg entstanden sei. Das Gründungsmotiv sah das MfS in der Suche nach einem Sinn im Leben angesichts des Elends des Zweiten Weltkriegs. Chiara Lubich habe ihr Studium abgebrochen, um ihr Leben Gott zu widmen. Durch eine an der Bibel orientierte Lebensweise habe sich die erste Gruppe dazu entschlossen, am Aufbau einer christlicheren Welt mitzuwirken. Dazu beabsichtigten sie, dem Vorbild Jesu zu folgen und die Nächstenliebe durch den Dienst in der Krankenpflege zu verwirklichen. Auf diese Weise sei eine Gruppe junger Frauen entstanden, von denen immer mindestens zwei in einer Gütergemeinschaft zusammenleben. Dem Beispiel der Frauen seien auch junge Männer gefolgt und hätten in einem Hühnerstall ein Fokolar eröffnet. Allerdings sei die FoBw von manchen als Sekte angesehen worden bzw. zunächst eine humanistisch-karitative Bewegung gewesen, die sich durch Enthusiasmus auszeichnete. Die Hierarchie habe die Bewegung aufmerksam beobachtet und die meisten Bischöfe hätten sich gegen sie ausgesprochen. Angesichts dessen habe die katholische Kirche über ein Verbot der FoBw nachgedacht, zum Teil sei sie auch verboten worden. Einige Bischöfe hatten jedoch laut der Stasi das Potenzial der FoBw im Kampf gegen den Kommunismus entdeckt. Als die Hierarchie erkannt habe, dass die Bewegung nicht bedrohlich für die „Aufgabe des Klerus“[919] sei, hätten die Bischöfe die Bewegung gefördert. Als Fürsprecher der FoBw wurde in den Akten Kardinal Ottaviani festgehalten, der zuvor ein strikter Gegner der FoBw gewesen sei. Den Perspektivenwechsel von Ottaviani führte das MfS auf die Bemühungen von Kardinal Latini[920] und Riccardo Lombardi SJ zurück, die ihn auf die Aktivitäten der FoBw gegen den Kommunismus aufmerksam gemacht hätten. Es sei erkannt worden, dass die FoBw ein geeignetes Werkzeug sei, um die kirchlichen Interessen in der Gesellschaft durchzusetzen und den Kommunismus bzw. Atheismus zu bekämpfen. 1950/51 sei die FoBw durch Pius XII. approbiert worden. Im Widerspruch dazu wird in einem undatierten Auszug festgehalten, dass Johannes XXIII. die Bewegung als Orden anerkannte. Mit der Einwilligung der Bischöfe und dem Engagement von Geistlichen verbreitete sich die Bewegung gemäß der Information der Staatssicherheit nach 1957 über Italien hinaus. Angeführt wurden in diesem Zusammenhang unter anderem Spanien, die Bundesrepublik Deutschland, Österreich und Belgien. Aber auch in der DDR, der CSSR und in Ungarn hatte die FoBw nach der Information der Stasi bereits Fuß gefasst, obwohl die Bewegung das geheim halte. Ein wichtiger Befürworter

[919] MfS HA XX/4 419, 29.

[920] Die Existenz eines Kardinals namens Latini konnte nicht nachgewiesen werden. Eventuell ist Giovanni Montini, der spätere Papst Paul VI., gemeint. Diese Annahme ist jedoch spekulativ und lässt sich nicht belegen.

diesbezüglich sei Bischof Hnilica SJ. Ungeachtet der erwähnten Anerkennung der FoBw durch Pius XII. wird in einer undatierten Akte niedergeschrieben, dass die Bewegung formell keine Bewegung der katholischen Kirche sei. Die Aktivitäten der FoBw seien auch durch ein im Juli 1965 von Paul VI. ausgestelltes Dekret erlaubt worden.[921]

Den Namen „Focolarini"[922], der von der Staatssicherheit unter anderem mit „Herdfeuer"[923] übersetzt wurde, verstand das MfS in einem symbolischen Sinne. Er bezeichne die Flamme des Glaubens und der christlichen Nächstenliebe, die nie ausgehen und von „Herdfeuer"[924] zu „Herdfeuer"[925] immer weitergetragen werden solle. Die Struktur der FoBw bildeten nach dem Verständnis des MfS einzelne „Zellen"[926]. Bedeutsam sei hierfür die Bibelstelle Mt 18,20. Der „Zellenarbeit"[927] würde die Erkenntnis der FoBw zugrunde liegen, dass die individuelle Beschäftigung mit Menschen effektiver sei und eher einen Erfolg erwarten ließe. Die einzelnen Fokolare[928] würden „sich auf Familienbasis, auf der Basis eines gemeinsamen Arbeitsplatzes, der Hausgemeinschaftsbasis oder, dem Ursprung nach, der Wohngemeinschaftsbasis, aufbauen."[929] Die Bewohner eines Fokolars würden nach folgendem Lebensprinzip, das auch Teil ihres Gelübdes sei, leben:[930] „An erster Stelle steht Gott und dann mein Wohl und das des anderen."[931] Dem Orden könnten neben Ordensleuten und Priestern auch Laien beitreten. Inzwischen gebe es in einer Stadt namens „Marinopolis"[932] (Italien), die das Zentrum der FoBw sei, sehr viele Häuser. Die dortigen Bewohner würden je „nach dem Stand der [sic!] Bekenntnis"[933] Gütergemeinschaft praktizieren. Jedoch steht in den Akten ebenfalls, dass das Zentrum der FoBw in der Stadt Grottaferrata (Rom) sei, wo sich auch die Zentrale der Zeitschrift *Città Nuova* befinde. Die Verantwortlichen für die Frauen- und Männersektion seien Chiara Lubich und Giulio Marchesi. Darüber hinaus organisiere die FoBw für ihre Mitglieder drei verschiedene Arten von Fortbildungen: (1.) eine Fortbildung namens Focolare, die fünf bis sechs Monate umfasse; (2.) eine sechstägige Fortbildung, die Mariapoli genannt wird und ortsunabhängig veranstaltet werde; (3.) eine Versammlung, die einen Tag andauere und jeden Sonntag im Jahr abgehalten werde. Außerdem habe die FoBw neben einer in Bau befindlichen Universität, die sich in der Umgebung von Trient

921 Vgl. MfS HA XX/4 419, 28-29; MfS HA XX/4 370-375, 27-28, 38-41, 72-73, 276; MfS HA XX/4 1573, 2.
922 MfS HA XX/4 370-375, 28.
923 Ebd., 28.
924 Ebd., 28.
925 Ebd., 28.
926 Ebd., 28.
927 Ebd., 28.
928 Vgl. ebd., 27-29, 41-42.
929 Ebd., 29.
930 Vgl. ebd., 72-74.
931 Ebd., 73.
932 Ebd., 74.
933 Ebd., 73.

befinde, in Rom ein „Stift"[934]. In diesem würden Studenten zu „‚Zirkularen'"[935] zusammengeführt, denen je ein „Kapo"[936] vorstehen würde. Jedes „‚Zirkular'"[937] bestehe aus acht bis zehn Personen. Die Personen würden unterschiedlichen beruflichen Tätigkeiten nachgehen, um Geld für das gesamte „‚Zirkular'"[938] zu verdienen. Zwei bis drei, so die Erkenntnis der Staatsicherheit, würden jedoch stets zu Hause bleiben und für die Haushaltsführung sorgen. Abends würden sich die Bewohner gemeinsam mit der Weltanschauung der Fokolare auseinandersetzen. In Folge der Ausweitung der Bewegung würden zentrale Veranstaltungen organisiert werden.[939]

6.2.7 Die Perspektive des Ministeriums für Staatssicherheit

Anhand der Akten der FoBw hat sich gezeigt, dass die FoBw von Beginn an von der Stasi beobachtet wurde. Über ihre Mitarbeiter gelang es der Staatssicherheit, die Bewegung zu infiltrieren und bis in den inneren Kreis vorzudringen. Die damalige Annahme der Fokolare, dass sie von der Staatssicherheit nicht wahrgenommen wurden, trifft daher nicht zu. Es stellt sich daher zu Recht die Frage, welche Perspektive das MfS von der FoBw hatte. Eine erste Antwort auf diese Frage findet sich bereits in der Monografie *gott.los.heute* (2013) von Franz Kronreif:

> „Die anfängliche Skepsis der Behörden schlug in Wertschätzung um, bis hin zu staatlichen Auszeichnungen. Joachim Reinelt, der Bischof von Dresden, der die Fokolar-Bewegung als Jugendlicher kennengelernt hatte, betont, dass die Fokolare die ‚Kunst der Enkulturation' beherrscht hätten und so einen erstaunlichen Bewegungsspielraum zugestanden bekommen hätten. Die Stasi-Akten und der Schriftverkehr zwischen der DDR-Staatssicherheit und dem CSSR-Innenministerium zeichnen ein beredtes Bild. Während die CSSR warnte, dass Tschechen gruppenweise nach Leipzig reisten und dort christlich infiziert würden, betonte die Stasi die politische Ungefährlichkeit und das hohe sozialistische Arbeitsethos der Fokolare."[940]

Franz Kronreif beruft sich in diesem Zusammenhang offenbar lediglich auf den ‚Operativ-Vorgang Kloster'. Zumindest werden in seinem Literaturverzeichnis keine weiteren Stasiakten als Quellen angeführt. Vor dem Hintergrund des ‚Operativ-Vorgang Kloster' die These aufzustellen, dass die anfängliche Skepsis des MfS in

934 Ebd., 29.
935 Ebd., 42.
936 Ebd., 42.
937 Ebd., 42.
938 Ebd., 42.
939 Vgl. MfS HA XX/4 370-375, 28-30, 41-43, 72-74; MfS HA XX/4 419, 30-31.
940 Franz Kronreif, gott.los.heute, 2013, 141.

Wertschätzung umschlug, ist historisch nicht ganz korrekt bzw. nicht differenziert genug. Die Akte zeigt sehr wohl, dass die Stasi sich misstrauisch gegenüber der FoBw positionierte. Schließlich bekam sie von ihren IM die Informationen, dass die Bewegung mit konspirativen Methoden arbeite und den Kommunismus nicht gutheiße. Zwar erkannte die Staatssicherheit im Abschlussbericht des ‚Operativ-Vorgang Kloster', dass von der FoBw keine Feindtätigkeiten ausgehen würden, keinesfalls aber trifft dies auf den IM Franz Heier zu, der den Verdacht des Antikommunismus nicht aufgab. Obwohl sich somit Anhaltspunkte für einen Perspektivenwechsel finden lassen, zeigt die systematische Untersuchung der Akten, dass die Staatssicherheit und ihre Mitarbeiter nie vollkommen ausschlossen, dass von der FoBw auch nichtreligiöse Aktivitäten ausgehen könnten, wie der ‚Operativ-Vorgang Kloster' ebenfalls vor Augen führt:[941]

> „Es besteht jedoch die Möglichkeit, daß von der Zen rale [sic!] in Leipzig eine andere als religiöse Tätigkeit organisiert wird, und die Vocolarini-Bewegung [sic!] nur als Abdeickung [sic!] dient."[942]

Der Verdacht der Konspiration durchzieht genauso wie der Gesichtspunkt des religiösen Fanatismus, den das MfS der FoBw zuschrieb, alle Stasiakten. Ein Grund dafür könnte zum einen die Tatsache sein, dass kirchliche Veranstaltungen von der Anmelde- und Erlaubnispflicht für Versammlungen ausgenommen waren. Für die Gegner des politischen Systems bot diese Gesetzeslücke daher die Möglichkeit, sich im Rahmen der kirchlichen Zusammenkünfte zu treffen. Es ist folglich zwischen einem direkten und indirekten Verdacht gegenüber der Bewegung zu unterscheiden, wobei nicht immer deutlich gesagt werden kann, was der Fall ist. Zum anderen versuchte die Staatssicherheit, wie der IM-Vorgang ‚Scharf' zeigte, durch die Überwachung der FoBw an Informationen über Gruppierungen zu gelangen, von denen sie annahm, dass sie staatsfeindlich tätig waren. Korrekt ist, dass in den Personenakten die Zurückgezogenheit, fachliche Kompetenz der Ärzte und die politische Neutralität der Fokolar-Mitglieder hervorgehoben wird. Es kann daher durchaus von einer ‚Kunst der Enkulturation', die in der FoBw vorherrschte, gesprochen werden. Die Aussage von Bischof Reinelt, dass die Bewegung von der Behörde aus diesem Grund eine außergewöhnliche Bewegungsfreiheit zugesprochen bekam, muss hinterfragt werden. Zumindest zum Teil steht sie im Widerspruch zu seiner Aussage aus dem Jahr 1990, in der er betonte, dass Veranstaltungen der FoBw nicht mehr in geschlossenen Räumen stattfinden müssten. Allerdings war es der FoBw beispielsweise möglich, größere Veranstaltungen zu organisieren, Bücher von Chiara Lubich zu publizieren und Reisen, über deren Zweck die Stasi informiert war, zu unternehmen. Dass die Staatssicherheit ein hohes sozialistisches Arbeitsethos bei der FoBw wahrnahm, konnte nicht be-

941 Vgl. MfS BV Eft AOPK 1657/86, 27.
942 MfS BV Ddn AOP 1131/70, 132.

legt werden, erscheint jedoch als schlüssig. So lässt sich durch den IM-Vorgang ‚Scharf' und die Stasiakten von Bischof Reinelt belegen, dass die Mitglieder der Bewegung Gemeinsamkeiten hervorhoben. Zutreffend ist außerdem, dass das MfS und das Innenministerium der CSSR eng zusammenarbeiteten, um über Ziele, Kontakte und staatsfeindliche Aktivitäten informiert zu bleiben. Es ist folglich davon auszugehen, dass beide Staaten die FoBw als möglichen Gefahrenherd betrachteten. Das Motiv und die Befürchtungen der CSSR, die Kronreif nennt, wurden aufgrund der Themenabgrenzung der vorliegenden Arbeit nicht detaillierter untersucht.[943]

Die Informationen, die das MfS über die FoBw in der Bundesrepublik besaß, sind grundsätzlich korrekt. So wusste die Stasi von der Existenz des Frauenfokolars in Westberlin. Allerdings befand sich dieses am Bundesring im Bezirk Tempelhof und nicht in Berlin-Wilmersdorf. Gleiches gilt für das 1961 gegründete Männerfokolar in Berlin. Dass das MfS hinter dem Frauenfokolar in Westberlin das Zentrum der FoBw für die DDR vermutete, ist im Grunde richtig, diente dieses doch bis Herbst 1961 ausschließlich als Kontaktstelle für interessierte DDR-Bürger. Da das Frauenfokolar anschließend auch für Westberlin geöffnet wurde, erscheint die Annahme der Staatssicherheit, dass sich die Zentrale der FoBw für die DDR nicht mehr in Westberlin befand, als schlüssig. Ob aber der von der Stasi angenommene 13. August 1961 diesen Wendepunkt markiert, muss hinterfragt werden. Die Vermutung, dass anschließend die Messen in Leipzig als Verbindungsweg zur FoBw in der DDR dienten, lässt sich nicht ausschließen. Allerdings gab es zu diesem Zeitpunkt bereits die ersten Fokolare in der DDR, die den Bürgern als Anlaufstelle dienten. Auch muss davon ausgegangen werden, dass Berlin weiterhin als Verbindungsweg genutzt wurde. Darauf verweisen die zahlreichen Fahrten der Mitglieder nach Berlin.

Über die Anfänge der FoBw in Italien war die Staatssicherheit einigermaßen aufgeklärt, auch wenn sich hier wieder Unstimmigkeiten finden. So werden für das Gründungsjahr in den Akten zahlreiche Jahresangaben vermerkt, die sowohl ansatzweise zutreffen als auch komplett falsch sind. Gleiches gilt für die kirchenrechtliche Entwicklung der FoBw. Das MfS erkannte richtig, dass die Bischöfe in Italien Bedenken gegenüber der Bewegung hatten. Ein Grund dafür war auch der in den Akten angeführte Enthusiasmus. Auch trifft zu, dass die FoBw von manchen als Sekte betrachtet wurde. Bezüglich der Approbation stehen sich in den Akten Pius XII. und Johannes XXIII. gegenüber. Beide sollen die FoBw anerkannt haben. Paul VI. soll die Aktionen der Bewegung nochmals erlaubt haben. Die antikommunistischen Tätigkeiten werden im kirchenrechtlichen Prozess als zentraler Punkt dargestellt, der die Hierarchie dazu bewegte, ihren Standpunkt gegenüber der FoBw zu ändern und diese zu fördern. Durchaus richtig ist die Information der Stasi, dass das erste Männerfokolar in einem Hühnerstall gegründet wurde und

[943] Vgl. MfS AP 5858/71, 14, 38, 39; Wolfgang Leist, Versammlungsrecht und Rechtsextremismus, 2003, 37; Siegfried Mampel, Die sozialistische Verfassung der Deutschen Demokratischen Republik, 2. Aufl., 1982, 718.

das Zentrum der Fokolare sich in Grottaferrata befand, jedoch zog dieses 1964 nach Rocca di Papa um. Die vorgenommene Einschätzung des MfS, die aus dem Jahr 1969, war somit zum Zeitpunkt ihrer Anfertigung nicht mehr aktuell.[944]

Ferner war das MfS über die Struktur und das Charisma unterrichtet. Diese Informationen sind jedoch geprägt durch die Interpretationen der Stasimitarbeiter. Das MfS erkannte durchaus, dass für das Leben in den Fokolaren die Bibelstelle Mt 18,20 und die Gütergemeinschaft charakteristisch sind. Die Rolle der Bibel, die diese in der Spiritualität der FoBw einnimmt, wurde erfasst. Gleiches gilt für die Interpretation des Begriffs ‚Fokolar' und die Lebensweise der Personen im Fokolar. Allerdings lässt die geschilderte Auffassung ihr begrenztes theologisches Verständnis erkennen. Bezüglich der Struktur der FoBw wusste das MfS, dass der Kern der FoBw durch die einzelnen Fokolare gebildet wird, auch wenn sie diese als Zellen bezeichneten. Weiterhin findet sich im ‚Operativ-Vorgang Kloster' ein Vermerk, in dem die einzelnen Sektionen der Bewegung voneinander abgegrenzt werden. Es wird in diesem Kommentar zwischen einem inneren (verheirateten und unverheirateten Fokolare) und äußeren Kreis (Freunde und Freiwillige) differenziert. Während die Freunde als Personen eingeordnet wurden, die an der Bewegung unverbindlich teilnehmen, verstand das MfS die Freiwilligen als „die eigentlichen ‚Werber' der Bewegung."[945] Die Staatssicherheit nahm sie als Mitglieder war, die sich leidenschaftlich der FoBw widmeten. Die unverheirateten Fokolare sind nach dem Verständnis der Staatssicherheit jene Personen, die in einem Fokolar leben und die Gütergemeinschaft praktizieren. Als Fokolar wird in diesem Schriftstück eine Gemeinschaft verstanden, die sowohl klösterliche als auch familiäre Merkmale aufweist. Die verheirateten Fokolare würden dagegen das Ziel verfolgen, die Einheit in der Familie zu pflegen, „damit sie eine ‚kleine Kirche', ein Abbild der Familie von Nazareth werden."[946] Darüber hinaus wird noch auf die Sektion der Fokolarpriester eingegangen, die die Spiritualität der FoBw leben würden. Den Anschein eines Widerspruchs erweckt vor diesem Hintergrund, dass die FoBw in den Akten einerseits als Orden und andererseits als Bewegung eingeordnet wird. Eine kirchliche Bewegung besaß für das MfS, je nach theologischem Vorwissen des Stasimitarbeiters, oftmals dieselben Merkmale wie ein Orden, was auf eine mangelhafte Kenntnis kirchenrechtlicher Begrifflichkeiten schließen lässt. Unklar ist dagegen, was das MfS unter der Bezeichnung ‚Stift' und den dazu gehörenden Zirkularen versteht. Nicht klar umrissen werden in den Akten die Fortbildungen, die die FoBw laut der Stasi für ihre Mitglieder organisierte. Ausgenommen ist lediglich die Mariapoli, die das MfS unter anderem als Fortbildung, aber auch als Werbeveranstaltung interpretierte.[947]

Zusammenfassend lässt sich folglich sagen, dass das Wissen der Staatssicherheit sich nicht nur auf die DDR und die Aktivitäten der FoBw in anderen Ländern

---

[944] Vgl. MfS HA XX/4 370-375, 40,42; Information von Wilfried Hagemann, 27.7.2021.
[945] MfS BV Ddn AOP 1131/70, 65.
[946] Ebd., 66.
[947] Vgl. ebd., 64-67.

des Ostblocks, über die sie von Anfang an und teilweise sehr gut informiert war, beschränkte. Es umfasste auch die Ursprünge und Entwicklungen der Bewegung in Italien und in der Bundesrepublik Deutschland. Der Staatssicherheit lag ein Bild von der FoBw vor, das einerseits aufgrund der subjektiven Eindrücke durch Widersprüche und Unstimmigkeiten geprägt war. Andererseits waren die Erkenntnisse der Mitarbeiter zum Teil falsch oder lassen sich heute nicht mehr zuordnen. Jedoch kann ein im Ansatz richtiges Verständnis der Spiritualität, Struktur und Entwicklung nachgewiesen werden. Insofern ist die Feststellung von Franz Kronreif, dass das MfS „äußerlich"[948] über die FoBw gut Bescheid wusste, korrekt, aber nicht differenziert genug. Er berücksichtigt in seinen Ausführungen nicht, dass sich in den Interpretationen der Staatssicherheit eine im Ansatz richtige Deutung der Spiritualität, Struktur und Entwicklung nachweisen lässt. Von einer theologischen Durchdringung kann jedoch keinesfalls die Rede sein. Es ist deshalb festzuhalten, dass sich bei der Staatssicherheit auch ein innerer Erkenntnisprozess vollzog, der einerseits vor allem in theologischer Hinsicht relativ schnell an seine Grenzen gelangte. Andererseits wurde die FoBw vom MfS zunehmend nicht mehr als eine kirchliche Kampftruppe wahrgenommen, die mit konspirativen Methoden arbeitet, sondern als eine religiöse Bewegung der katholischen Kirche, deren Anliegen es nach Ansicht der Stasi war, den christlichen Einfluss in den kommunistischen Ländern zu stärken. Insbesondere der Verdacht, dass es unter dem Deckmantel der FoBw eventuell zu staatsfeindlichen Aktivitäten kommen könnte, wurde allerdings nie aufgegeben.[949]

6.3 Die Fokolar-Bewegung und die Berliner Bischofskonferenz

Wie bereits kurz erwähnt wurde, siedelten Mitglieder der FoBw auf die Bitte der Bischöfe Spülbeck CO und Bengsch in die DDR über. Die Würdenträger erhofften sich dadurch nicht nur einen spirituellen Aufbruch, sondern auch dem bestehenden Ärztemangel an den katholischen Krankenhäusern in Berlin und Leipzig entgegenwirken zu können. Eine positive Einstellung der beiden gegenüber der FoBw ist damit offensichtlich, wenngleich ihr nicht alle Bischöfe, die ihren Sitz in der DDR hatten, so zugetan waren. Weiterhin existiert ein Bericht über die FoBw, der von Josef Gülden (* 1907; † 1993) und Hans Lubsczyk für die BOK zwischen dem 6. und 12. Juni 1960 verfasst wurde. In diesem sprach sich Lubsczyk für die Bewegung aus. Seiner Ansicht nach waren die spirituellen Ansätze (z. B. ‚Jesus, der Verlassene' und der Einheitswunsch Jesu) besonders hilfreich für die Situation der katholischen Kirche in der DDR. Als möglichen Aufgabenbereich für die FoBw nannte er die Bibelarbeit. Aber auch eine Zusammenarbeit mit dem ‚Ring' stellte

948 Franz Kronreif, gott.los.heute, 2013, 141.
949 Vgl. MfS BV Ddn AOP 1131/70, 64.

er zur Debatte. Auch betonte er, dass sich die FoBw in die bestehenden kirchlichen Strukturen einzubringen habe und auch dazu bereit sei. Das Frauenfokolar in Westberlin sollte seiner Ansicht nach weiterhin nur einem kleinen Personenkreis zugänglich sein, bis die religiöse Ausrichtung der FoBw in der Öffentlichkeit bekannt sei und sich die Zusammenarbeit mit der Bewegung bewährt habe. Allerdings äußerte er Bedenken darüber, ob sich die Existenz des Frauenfokolars noch lange geheim halten ließe. Er stellte daher seinen oben genannten Vorschlag infrage und schlug als Alternative vor, „eine offene Begegnungsmöglichkeit für Interessierte (...) über den beauftragten Priester (Dr. Haendly)"[950] zu erwägen.[951]

Bisher ungeklärt war die Frage, wie sich die BOK bzw. die spätere Berliner Bischofskonferenz (BBK)[952] gegenüber der FoBw positionierte. Eine erste Stellungnahme lässt sich der Sitzung der BOK vom 12. bis 13. Juli 1960 entnehmen. Den Beratungen der versammelten Bischöfe lag der von Hans Lubsczyk und Josef Gülden verfasste Bericht über den Entwicklungsprozess der FoBw in den Jurisdiktionsgebieten der DDR zugrunde. Die Ergebnisse, zu denen die BOK auf dieser Sitzung kam, können einem von Bischof Julius Döpfner am 21. Juli 1960 verfassten Brief an den Geistlichen Rat Josef Gülden indirekt entnommen werden. Der Brief ist in zwei Teile untergliedert. Der erste Teil des Briefs enthält die von der Ordinarienkonferenz getroffenen Entscheidungen: Als Assistenten der FoBw für die Jurisdiktionsgebiete der katholischen Kirche in der DDR wurden der Geistliche Rat Gülden (Leipzig), Prof. Heinz Schürmann (Erfurt) und Prälat Hugo Aufderbeck (Magdeburg) ernannt. Sie sollten für die ordnungsgemäße Entwicklung der FoBw sorgen sowie Berichte erstellen. Begründet wird diese Wahl mit der Beziehung der genannten Personen zur FoBw. Sie hatten die Frühphase der Bewegung in der DDR persönlich miterlebt bzw. pflegten einen engen Kontakt zu den Fokolaren in Leipzig. Prof. Schürmann sollte den Wachstumsprozess der FoBw in Erfurt sowohl aufgeschlossen als auch kritisch verfolgen. Prälat Hugo Aufderbeck, der damals „als Leiter der Arbeitsgemeinschaft der Seelsorgsreferenten"[953] tätig war, sollte sich darum kümmern, dass sich die Fokolare in das bestehende pastorale System eingliedern. Die BOK betonte zudem, dass es durch die Ernennung der

[950] Josef Gülden, Bericht über die Fokolare an Döpfner, 6.6-12.6.1960, 3.

[951] Vgl. Josef Gülden, Bericht über die Fokolare an Döpfner, 6.6-12.6.1960, 1-3; Information von Eberhard Thieme, 17.05.2022.

[952] Die BOK wurde am 12. Juli 1950 von Pius XII. gegründet, um in der DDR eine effiziente und gut organisierte Kirchenführung garantieren zu können. Die pastoralen Anforderungen, der steigende Einfluss der Verwaltungen in Berlin und die politisch-ideologische Orientierung des Staates hatten diesen Schritt unumgänglich gemacht. Allerdings war die BOK zu diesem Zeitpunkt ausschließlich ein pastorales Beratungsorgan, dem die wesentlichen Amtsinhaber des katholischen Jurisdiktionsbereichs in der DDR angehörten. Am 26. Oktober 1976 versetzte man sie von einer *auctoritas regionalis* der Fuldaer Bischofskonferenz in den Rang einer *auctoritas territorialis* mit dem Namen Berliner Bischofskonferenz. Bereits am 11. Mai 1976 waren die Gebiete der Apostolischen Administratoren zu Bistümern erhoben worden (vgl. Roland Cerny-Werner, Vatikanische Ostpolitik und die DDR, 2011, 305-306; Josef Pilvousek, Die katholische Kirche in der DDR, 2014, 307-312).

[953] Julius Döpfner, Brief an den Geistlichen Rat Josef Gülden, 21.7.1960, 1.

drei genannten Personen weder den Mitgliedern des Leipziger Oratoriums noch anderen Priestern verboten sei, weiterhin in Verbindung zur FoBw zu stehen.[954]

Im zweiten Teil des Briefs wird festgehalten, dass der von Lubsczyk vorgelegte Bericht zu einem positiven Urteil kam. Er weckte bei den Bischöfen die Zuversicht, dass die Bewegung für die kirchliche Situation in der DDR hilfreich sein könnte. Obwohl die Bischöfe somit zu einer ersten wertschätzenden Betrachtung gelangten, äußerte Döpfner in seinem Schreiben an Josef Gülden auch Einwände, die er jedoch nicht als endgültige Urteile verstanden wissen wollte. Vielmehr beabsichtigte Döpfner, durch seine kritischen Anmerkungen auf mögliche Gefahren hinzuweisen:[955] Kritisiert wurde „die zu starke Mischung der männlichen und weiblichen Mitglieder (...) sowie die ungeklärte Einbeziehung von Ordensleuten und Priestern in die Bewegung."[956] Die Bischöfe waren darüber informiert, dass sich eine Kommission der CEI mit diesen „institutionellen Fragen"[957] beschäftigte. Der Entscheidungsprozess der CEI sollte bei der beginnenden Entwicklung der FoBw in der DDR berücksichtigt werden. Noch im Protokoll der BOK vom 3./4. Juli 1961 findet sich der Hinweis, dass mit der FoBw aufgrund der Vorgänge in Italien zurückhaltend umgegangen werden sollte. Es verwundert daher nicht, dass Julius Döpfner Heinz Schürmann mittels eines Briefs im Juli 1961 dazu aufforderte, den Aktionsradius der FoBw zu beschränken. Überdiözesane Begegnungen sollten nicht genehmigt werden. Weiter erschien es Julius Döpfner ratsam, die Bewegung „auf ihr theologisches und psychologisches Fundament hin sorgsam zu beobachten und gefährliche Ansätze in dieser Richtung von vornherein auszuschließen."[958] Darüber hinaus waren Julius Döpfner aus zuverlässigen Quellen kritische Anmerkungen zur Spiritualität der FoBw zugetragen worden. In diesen wurden die fokolarinischen Ideale der Liebe und Einheit als zu wenig geerdet und überprüfbar beschrieben. Das Ziel der Einheit erschien aus diesem Grund zu unkonkret. Auch wurde der Vorwurf des Enthusiasmus geäußert, wie ihn zuvor schon die CEI den Mitgliedern der FoBw gemacht hatte. Die Frömmigkeitspraxis war den Kritikern zu sehr auf die subjektive Erfahrung und deren Austausch ausgerichtet. Auch den unter den Mitgliedern praktizierten Erfahrungsaustausch betrachteten sie skeptisch. Darüber hinaus sollte das in Westberlin gegründete Fokolar auf Vorschlag von Hans Lubsczyk zunächst geheim gehalten werden, bis der religiöse Wesenszug der FoBw in der DDR bestätigt und die weitere Zusammenarbeit mit dem Fokolar geklärt war. Diese Ansicht teilten die Bischöfe. Für jene Personen, die an der Bewegung Interesse bekundeten, sollte es die Möglichkeit geben, über den Ordinariatsrat Msgr. Dr. Haendly Kontakt aufzunehmen. Des Weiteren hält

954 Vgl. ebd., 1-2.

955 Vgl. Julius Döpfner, Brief an den Geistlichen Rat Josef Gülden, 21.7.1960, 2; Unbekannt, Bericht an Kardinal Bengsch, 1971, 2; MfS AIM 2767/89, Bd. 2, 54-55.

956 Julius Döpfner, Brief an den Geistlichen Rat Josef Gülden, 21.7.1960, 2.

957 Ebd., 2.

958 Ebd., 3.

der Bericht von Hans Lubsczyk zur Arbeitsweise der FoBw in den Jurisdiktionsgebieten der DDR laut Julius Döpfner Folgendes fest:[959]

> „Die Focolarini sind bereit, alle ihre äußeren Formen, die sie entwickelt haben, um der Vermittlung ihrer Spiritualität willen in unseren Raum hinein aufzugeben."[960]

Die Bischöfe der Berliner Ordinarienkonferenz (BOK) befürworteten dieses Vorgehen. „Spaltung, Gruppenbildung oder geistliche Überhitzung"[961] (z. B. im ‚Ring' oder dem Priesterseminar in Erfurt) sollten ihrer Meinung nach unbedingt verhindert werden. Stattdessen sollte sich die FoBw mit ihrer Spiritualität in die bereits bestehenden kirchlichen Strukturen in der DDR einbringen. Dass dies gelang, kann durch den Bericht *Die Verwirklichung der Gedanken vom Corpus Christi mysticum seit der Bibeltagung im Juli 1960* belegt werden. Von besonderer Bedeutung ist in diesem Dokument folgende Erkenntnis:[962]

> „Es hat sich gezeigt, daß die vorgetragenen Gedanken nicht in einer unkontrollierbaren Weise sich ausbreiten, sondern daß die Realisierung die Tendenz hat, in die Tiefe zu gehen. Religiöse Fehlhaltungen, die etwa zu befürchten waren, sind nicht festzustellen. Am fruchtbarsten scheinen die Gedanken vom Corpus Christi mysticum zu werden, wenn sie schon bestehende Gemeinschaften der Kirche erfassen (Studentengemeinde Leipzig, Jugendgruppen, Theologen, Erfurt)."[963]

Demnach ließen sich die einzelnen Kreise der FoBw vom Gedanken des *Corpus Christi Mysticum* immer mehr durchdringen und wurden sich seiner bewusst. Auf diese Weise trugen sie zum Aufbau des Leibes Christi bei.

Zwischen Sommer 1962 und Februar 1963 ernannte Alfred Bengsch aus der weiblichen und männlichen Sektion der Fokolare jeweils einen Verantwortlichen für das Gebiet der DDR. Indem Mitglieder der Bewegung von diesen Verantwortlichen geprüft und offiziell anerkannt werden konnten, sollte die Authentizität der FoBw gewährleistet werden. Ferner informierte Bengsch Enzo Fondi über folgende Beschlüsse der BOK: (1.) In jeder wichtigen Stadt der DDR sollte ein Fokolar gegründet werden; (2.) um dies zu erreichen, sollte man diejenigen Laien heraus-

---

959 Vgl. Julius Döpfner, Brief an den Geistlichen Rat Josef Gülden, 21.7.1960, 2-4; Julius Döpfner, Brief an Heinz Schürmann, 6.7.1961, 1; Protokoll der BOK, 3./4.7.1961.

960 Julius Döpfner, Brief an den Geistlichen Rat Josef Gülden, 21.7.1960, 4.

961 Ebd., 4.

962 Vgl. Julius Döpfner, Brief an den Geistlichen Rat Josef Gülden, 21.7.1960, 2, 4; Unbekannt, Die Verwirklichung der Gedanken vom Corpus Christi mysticum seit der Bibeltagung im Juli 1960, 1.

963 Unbekannt, Die Verwirklichung der Gedanken vom Corpus Christi mysticum seit der Bibeltagung im Juli 1960, 1.

suchen und begleiten, die am geeignetsten waren; (3.) die Anzahl der Mitglieder eines Fokolars sollte sicherheitshalber begrenzt bleiben.[964]

Am 16. Juni 1966, folgt man dem Schreiben von Bischof Schaffran (1970-1987) vom 11. Februar 1987, erfolgte die Approbation der FoBw als *Pia Unio* im Bistum Dresden-Meißen. Das entsprechende Rundschreiben (Nr. 91), auf welches sich Schaffran bezieht, bestätigt diesen Vorgang jedoch nicht. Vielmehr wird darin nur von einem Apostolischen Werk gesprochen, welchem im Bistum Dresden-Meißen Alfred Mayrhofer und Hans Lubsczyk vorstanden. Dass die FoBw zur Kirche gehöre, wurde erstmals 1970 vom Berliner Bischof, Alfred Kardinal Bengsch, auf der Mariapoli betont:[965]

> „Ihr steht in der Gemeinschaft der ganzen Kirche ..., und ich möchte euch wünschen, daß ihr heute diese große Gemeinschaft, die Kirche, seht und froh seid, in ihr zu stehen. Ich möchte euer Werk und euer Beginnen segnen, und ich möchte euch wünschen, daß diese Tage Gnade und Frucht bringen in den kommenden Wochen und Monaten zum Heil der ganzen Kirche und vor allem hier bei uns."[966]

Einem MfS-Bericht, der im Rahmen des IM-Vorgangs ‚Scharf' am 7. Februar 1974 erstellt wurde, lässt sich entnehmen, dass sich nicht alle Bischöfe gegenüber der FoBw positiv positioniert hatten:[967]

> „In den letzten Jahren ist es auch der Bewegung gelungen, das Mißtrauen ihrer Arbeit gegenüber der [sic] Bischöfe zu überwinden. So reicht die Skala von direkter Unterstützung, zum Beispiel durch Bischof Aufderbeck und Braun, bis zur wohlwollenden Duldung im Amtsbereich Huhn und Theissing, die beide entschiedene Gegner der Bewegung waren."[968]

1974 wurde der Plan, eine offizielle Führungsspitze der FoBw in der DDR zu etablieren, aus unbekannten Gründen, obwohl einige Bischöfe ihn befürworteten, von der BOK abgelehnt. Erst 1977 approbierte Alfred Bengsch die FoBw als *Pia Unio* im Bistum Berlin. Im Bistum Erfurt wurde sie vermutlich in den 1980er-Jahren anerkannt, wie der Brief des damaligen Generalvikars von Erfurt, Georg Sterzinsky, zeigt. In diesem fragte den Berliner Generalvikar Theodor Schmitz nach den Folgen der Anerkennung der FoBw als *Pia Unio*. Ungeachtet dieser Tatsache

---

964 Vgl. Enzo Fondi, Relazione Attività del Movimento dei Focolari nella DDR dall'estate 1962 al febbraio 1963, 1.

965 Vgl. Gerhard Schaffran, Bestätigung der Vertreter der Fokolar-Bewegung, 11.2.1987, 1; Unbekannt, Familientreffen des ‚Werkes Mariens' (Fokolare), 1970; Bistum Dresden-Meißen, Rundschreiben, 1966, Nr. 91.

966 Unbekannt, Familientreffen des ‚Werkes Mariens' (Fokolare), 1970; Martin Lätzel, Art. Schaffran, Gerhard, 2005, 1233-1234.

967 Vgl. MfS AIM 2767/89, Bd. 2, 54-55.

968 Ebd., 55.

sind in Stasiunterlagen noch 1984 Indizien zu finden, dass die Bewegung von der Mehrzahl der Bischöfe lediglich gebilligt und nur von einer geringen Anzahl gefördert wurde.[969]

Vereinzelte Briefe aus den 1960er- bis 1980er-Jahren weisen darauf hin, dass die Bischöfe zumindest zeitweise das Engagement sowie die Teilhabe von Geistlichen an der FoBw mit Skepsis verfolgten. Den Oberhirten war zu Ohren gekommen, dass jene, die der FoBw nahestanden, angeblich ihre Verpflichtungen (z. B. in der Seelsorge) vernachlässigen würden. Einzelne negative Beispielfälle können der Korrespondenz entnommen werden. Allerdings deuten Indizien darauf hin, dass es sich um Einzelfälle handelte, da die Priester der FoBw aufgrund ihrer Zuverlässigkeit von der Kirche sehr geschätzt wurden. Darüber hinaus verfolgten sie mit Sorge, dass zunehmend Geistliche bzw. Seminaristen beabsichtigten, in einem Fokolar zu leben. Durch die Mitgliedschaften von Priestern in Fokolargemeinschaften schien für die Bischöfe einerseits eine zu geringe Wertschätzung des Priestertums einherzugehen, wenn sie wie im Fall von Hans Lubsczyk im Fokolar lebten, ohne diesem vorzustehen. Andererseits gibt es Indizien dafür, dass die FoBw es versäumt hatte, die Bischöfe sowohl über den Beitritt von Priestern in das Fokolar als auch über die Strukturen des ‚Werkes Mariens' ausreichend aufzuklären. Denn es handelte sich bei diesen nicht ausschließlich um Diözesanpriester, die auch heute noch eine eigene Sektion in der FoBw bilden. Vielmehr waren diese Priester zu einem großen Teil Laien(fokolare)[970] gewesen, die sich bereits vor ihrem Eintritt in das Priesterseminar durch Gelübde an die FoBw gebunden hatten. Sie verspürten ebenfalls die Berufung zum Priestertum und waren gemäß den Statuten einer Ausbildung in einem Priesterseminar nachgegangen. Für die FoBw freigestellt, lebten sie in einem Fokolar. 1980 wurde hinsichtlich dieser Problematiken weitgehend eine Übereinkunft mit Chiara Lubich und ihren Mitarbeitern getroffen. Den priesterlichen Verpflichtungen sollte auf der einen Seite ein Vorrang zugestanden werden. Auf der anderen Seite kam man darüber überein,[971] dass „junge Männer, die zuerst als Berufung das Priestertum verspürten, im Normalfall nicht für ein Leben in der Gemeinschaft berufen sei-

---

969 Vgl. Alfred Bengsch, Nr. 33: Errichtung des ‚Werkes Mariens' als Pia Unio, 1977; MfS AIM 2767/89, Bd. 2, 60; MfS-HA XX/4 1573, 2; Georg Sterzinsky, Brief an Theodor Schmitz, 18.8.1981, 1.

970 Hans Lubsczyk erwähnt in seinem Brief an Giuseppe Santanchè, dass es im gesamten Werk 25 Fokolarpriester und fünf freigestellte Diözesanpriester gab. Ob sich diese Zahl auf das gesamte Werk in der DDR oder das weltweite Werk bezieht, wird nicht explizit gesagt. Ersteres lässt sich aufgrund der scheinbar geringen Zahl vermuten (vgl. Hans Lubsczyk, Brief an Giuseppe Santanchè, 22.12.1980, 1).

971 Vgl. Hugo AufderBeck, Brief an Hans Lubsczyk, 20.6.1972, 1-2; Unbekannt, Registrat zu den Ausführungen von Domvikar Elsner, 16. November 1970, 1; Gerhard Schaffran, Brief an Giuseppe Santanchè, 10.6.1980, 1; Unbekannt, Brief an Bischof, 1-2; Unbekannt, Besuch bei Weihbischof Weinhold, 1980, 1-2; Hans Lubsczyk, Brief an Giuseppe Santanchè, 22.12.1980, 1-2; Unbekannt, Brief an Bischof Schaffran, 6.1.1981, 1-2; Unbekannt, Bericht über das Gespräch mit Bischof Huhn, 27.8.1973, 1; Statuto della Pia Associazione Maschile ‚Opera Maria', Art. 9-11.

en.“[972] Über Sonderfälle sollte der jeweilige Diözesanbischof informiert und das weitere Vorgehen mit ihm besprochen werden. Auch kann belegt werden, dass interessierten Priestern die Teilnahme an Priesterschulen der FoBw gewährt wurde, insofern sie ihre Verpflichtungen nicht vernachlässigten.[973]

Am 7. / 8. Juni 1982 befürwortete die BBK, dass die Verantwortlichen der FoBw Reiseanträge für die Teilnahme an Veranstaltungen, die in Rom stattfanden, beantragen konnte. Allerdings mussten diese „den Generalkapiteln der weiblichen Ordensgenossenschaften entsprechen“[974]. Der Antrag dafür war am 23. Mai 1982 bei der BBK eingegangen. Mit der Gleichstellung der FoBw mit anderen Ordensgenossenschaften war es nun möglich, dass alle zwei bis drei Jahre zwei Teilnehmer, die Mitarbeiter im kirchlichen Dienst waren, die Generalversammlung am Zentrum der Bewegung besuchen konnten. Dadurch konnten 1984 durch die BBK Reiseanträge für die Generalversammlung der Bewegung gestellt werden. Auch Reiseanträge zu spirituellen Schulungszwecken, die von der FoBw jährlich veranstaltet wurden, lassen sich finden. Ob diese gewährt wurden, obwohl sie nicht Kapitelversammlungen entsprachen, kann nicht gesagt werden.[975]

6.4 Die Entwicklung der vier Dialoge

6.4.1 Innerkirchlicher Dialog

Der innerkirchliche Dialog der FoBw in der DDR ist geprägt durch die wechselseitige Beziehung zwischen den Bischöfen und den Fokolaren. Dieser Aspekt wurde bereits im Kapitel über die Perspektive der Berliner Bischofskonferenz dargelegt. Nicht thematisiert wurden bisher die verschiedenen Bewegungen der FoBw, die sich ebenfalls in der DDR entfalteten. So wurden von der Bewegung ‚Neue Familien‘ im Jahr 1981 verschiedene Veranstaltungen, auf denen die Themen der christlichen Erziehung, der Ehevorbereitung, der verantwortlichen Elternschaft sowie der Familienplanung behandelt wurden, angeboten. Die ‚Bewegung für eine Neue Gesellschaft‘ beschäftigte sich im selben Jahr unter anderem mit Themen der Arbeit, der Medizin und des zwischenmenschlichen Dialogs in der Arbeit. Die Interessenten hatten dadurch die Möglichkeit, sich darüber zu informieren, wie sie ihr Christsein in der atheistischen Gesellschaft realisieren könnte. Allerdings bietet es sich in diesem Zusammenhang an, sich auf die Pfarrbewegung zu

[972] Gerhard Schaffran, Brief an Giuseppe Santanchè, 10.6.1980, 1. Bischof Schaffran zitiert an dieser Stelle Chiara Lubich und ihre Mitarbeiter.
[973] Vgl. ebd., 1.
[974] Sekretariat der Berliner Bischofskonferenz, Beschlüsse der Berliner Bischofskonferenz, 14.7.1982, 1.
[975] Vgl. Sekretariat der Berliner Bischofskonferenz, Beschlüsse der Berliner Bischofskonferenz, 14.7.1982, 1; Berliner Bischofskonferenz, Beschlüsse der Berliner Bischofskonferenz, 1984, 1; Opilio Rossi, Brief an Joachim Kardinal Meisner, 18.11.1983, 1.

konzentrieren, da für sie ausreichend Quellenmaterial vorliegt. Dazu kann auf das im Selbstverlag erstellte Heft *Die Geschichte der Pfarrei-Bewegung in Ostdeutschland* und auf einzelne Berichte der Fokolare zurückgegriffen werden. In diesen Dokumenten findet sich folgende Sicht auf die Geschehnisse:[976]

Die Pfarrbewegung begann sich in der DDR im Jahr 1969 zu formen. Ausgelöst durch den Umstand, dass der bisherige Priester Johannes Cibis, vermutlich aufgrund einer Heirat, zum 29. Juni 1969 aus dem kirchlichen Dienst ausgeschieden war, herrschte in der Gemeinde von Kahla (Thüringen) angeblich eine bedrückte Stimmung vor. Sein Nachfolger Norbert Jensch, der am 1. August 1969 seinen Dienst angetreten hatte, stand vor der Aufgabe, die Gemeinde zusammenzuführen und aufzurichten. Aufgrund dieser Situation hatten Fokolarpriester, die dem Ideal des verlassenen Jesus folgten, sich dazu entschlossen, die einzelnen Gemeindemitglieder in Zweiergruppen zu besuchen. Sie informierten sich über die Sorgen sowie Wünsche der Gemeindemitglieder, überbrachten die Grüße von Norbert Jensch und sprachen Einladungen für ein gemeinsames Fest in der Gemeinde aus. Infolge dieser Bemühungen bildete sich nicht nur ein Kreis, der Interesse am Charisma der FoBw zeigte, sondern es fand sogar ein Gemeindemitglied auch den Weg ins Fokolar. Zum *spiritus rector* der damit einsetzenden Pfarrbewegung wurde der pensionierte Pfarrer Johannes Aßmann (* 1909; † 2006), der bereits 1961 mit der FoBw in Kontakt gekommen war. Aufgrund seines Rentnerstatus konnte er ab 1974 an den Priestertreffen der Bewegung in Rom teilnehmen. Dadurch hatte er eine Brückenfunktion inne, durch die es den anderen Mitgliedern der FoBw möglich war, am Leben des Werkes teilzuhaben.[977]

Indem man sich bemühte, die Ideale ‚Einheit' und ‚Jesus in der Mitte' in den und unter den Pfarreien zu realisieren, nahmen Einfluss und Ausbreitung der Pfarrbewegung allmählich zu. In den einzelnen Gemeinden gewann man neue Sympathisanten, unter denen auch spätere Fokolare waren. Das Ziel, die Pfarrei mittels des Charismas der Einheit zu verwandeln und so eine besondere Qualität der Gegenwart Jesu zu bewirken, begann sich zu verwirklichen.[978]

> „Pfarr-Bewegung heißt nicht: Hauptsache, es bewegt sich etwas, das ist wohl klar. Nicht die Pfarrei ist die beste, in der am meisten los ist. In einer

[976] Vgl. Hans Lubsczyk, Jahresbericht über den Stand des Werkes Mariens und seine Tätigkeit, 1981, 13-15; Giuseppe Santanchè, Esperienza della Germania or. per [sic!] il Congresso Mov. Parrocchiale, 1981, 4-5; Unbekannt, Breve relazione della DDR dal 15 febbraio 81 al 15 aprile 1981, 5; Giuseppe Santanchè, Monatsbericht an den Koordinierungsrat der violetten Zone Nord männlicher Teil, November 1981, 2.

[977] Vgl. Klaus Timpe, Die Geschichte der Pfarrei-Bewegung in Ostdeutschland, 2013, 2-4; Schriftliche Auskunft von Birgit Mitzscherlich, Leiterin des Diözesanarchivs des Bistums Dresden-Meißen, 21.6.2018; Thomas Kriesel, Pfarrer i.R. Johannes Aßmann verstorben, in: https://www.bistum-magdeburg.de/aktuelles-termine/presse-archiv/archiv-2006/pfarrer-i.r.-johannes-assmann-verstorben.html (13.06.2019, 14:39 Uhr).

[978] Vgl. Klaus Timpe, Die Geschichte der Pfarrei-Bewegung in Ostdeutschland, 2013, 4-6.

Pfarrei gedeiht nur so viel, wie sie eins ist. Eins bedeutet: Einheit mit dem Pfarrer, Einheit der Leute in der Pfarrei, Einheit mit Jesus in der Mitte."[979]

Als ein wichtiger Bestandteil dieser Entwicklung wurde die Einheit unter den Pfarrern selbst betrachtet. Die Einheit unter ihnen und die der Gläubigen mit den Priestern bzw. den Bischöfen galt als Voraussetzung für die Präsenz ‚Jesu in der Mitte'. Die Pfarrer eines Fokolars pflegten daher durch regelmäßige Begegnungen die Einheit untereinander. Ihre Treffen waren durch einen spirituellen und pastoralen Erfahrungsaustausch, die Erörterung von Themen des gemeinsamen Lebens und eine geistliche Übung geprägt. Die Pfarrer organisierten für ihre Pfarreien Veranstaltungen (z. B. Einkehrtage, Kurse, ‚Wort-des-Lebens-Kreise', Credoabende), auf denen die Gemeindemitglieder die fokolarinische Lebensweise kennenlernten bzw. die Möglichkeit hatten, mit den Pfarrern die Einheit zu leben. Ab den 1980er-Jahren kam es auch zu gemeinsamen Zusammenkünften der Verantwortlichen, wodurch eine Vernetzung auf der Ebene der DDR entstand. Helfer, die „sich für das Wohl des anderen (in der Pfarrei) einsetzt[en], ohne die besonderen Verpflichtungen der Freiwilligen oder Gen zu übernehmen"[980], wurden *impegnati* genannt. Die nötigen Kenntnisse und Fertigkeiten für ihre Arbeit wurden ihnen durch die Pfarrer vermittelt. Zu ihrer Ausbildung gehörte die Auseinandersetzung mit der fokolarinischen Spiritualität, der Gestalt des Werkes und den Aspekten des Lebens. Von 1985 bis 1987 fanden in Altenburg und Berlin sogenannte ‚Offene Treffen' der Pfarrbewegung statt, die von Personen aus allen Bistümern der DDR besucht wurden und nicht auf Mitglieder der FoBw beschränkt waren. 1988 schließlich hielt durch die Weihe von Joachim Reinelt zum Bischof von Dresden-Meißen die Pfarrbewegung Einzug in den Kreis der DDR-Bischöfe. Mit dem Fall der Mauer änderte sich das Leben für die Mitglieder der Pfarrbewegung schlagartig. 1989 wurde zum letzten Mal ein „Animatoren-Treffen"[981] in Altenburg veranstaltet. Ein Jahr später fuhr bereits eine Gruppe zum Treffen der externen und internen Engagierten nach Rom. Westliche und östliche Pfarrbewegung hatten damit begonnen, sich zu vereinigen.[982]

Es kann aufgrund der dargestellten geschichtlichen Entwicklung der Pfarrbewegung exemplarisch festgestellt werden, dass die FoBw sich auf die Festigung des Gemeindelebens innerhalb der katholischen Kirche konzentrierte. Das Leben aus dem Wort der Heiligen Schrift war für diese Arbeit richtungsweisend. Die fokolarinische Spiritualität, die von den Mitgliedern der FoBw und deren Bewegungen ausging, belebte und festigte Gemeinden in ihrem katholischen Glauben.

---

979 Ursula Lehmann auf der Mariapoli 1984, zitiert nach: Klaus Timpe, Die Geschichte der Pfarrei-Bewegung in Ostdeutschland, 2013, 5.

980 Ebd., 17. Dieses Zitat beruht auf einer Definition von Chiara Lubich.

981 Ebd., 35.

982 Vgl. Klaus Timpe, Die Geschichte der Pfarrei-Bewegung in Ostdeutschland, 2013, 6-39; Hans Lubsczyk, Jahresbericht über den Stand des Werkes Mariens und seine Tätigkeit, 1981, 19-21; Unbekannt, Terminkalender, 1986, 11; Unbekannt, Pfarrei – immer wie gehabt?, 1985, 7; D. K., Auf großer Fahrt: Altenburg – Rom, 1990.

Für die Katholiken ergab sich eine neue Sicht auf das atheistische Umfeld, die es ihnen ermöglichte, mit Diskriminierungen seitens des Systems umzugehen. Zu berücksichtigen ist jedoch, dass die Informationen der Quellen auf subjektiven Eindrücken beruhen. Ablehnende Haltungen, Rückschläge in der Entwicklung und Kritik kommen in ihnen kaum zum Ausdruck, abgesehen von wenigen Verweisen auf kritische Äußerungen, die beispielsweise im Falle des zweiten ‚Offenen Treffens' im Jahr 1986 in Altenburg die fehlende Einheit / Abstimmung auf der Veranstaltung beanstandeten. Obwohl die FoBw von Anfang an für den ökumenischen Dialog und den Dialog mit den Atheisten offen war, folgte sie durch diesen Arbeitsschwerpunkt *ad intra* ganz der Richtlinie der Bischöfe, wie anhand des Ausmaßes der anderen Dialoge ersichtlich wird.[983]

Wie bereits in den kritischen Reflexionen zur Pfarrbewegung im Kapitel über die FoBw in der Bundesrepublik Deutschland zur Sprache kam, darf keinesfalls angenommen werden, dass sich eine Pfarrei über Nacht in eine lebendige christliche Gemeinde verwandelte. Die Absicht, festgefahrene Abläufe zu verändern, benötigt nicht nur Zeit, sondern kann auch scheitern. Auch stellt sich die Frage, wie sich die Pfarrbewegung nach der Versetzung eines Priesters in der Gemeinde entwickelte. Hatte die aufgebaute Einheit Bestand oder ist sie durch den Weggang des Pfarrers zerbrochen? Gerade vor dem Hintergrund, dass die Jurisdiktion des Priesters bzw. des Priesterteams auf die entsprechenden Pfarreien beschränkt ist (cc. 517 § 1; 533 § 1 CIC 1983), könnte ein Wechsel in eine andere Pfarrei weitreichende Konsequenzen gehabt haben. Dies gilt insbesondere dann, wenn der Nachfolger der FoBw reserviert gegenüberstand. Ein weiteres Problemfeld ist die Koordination der Pfarrbewegung mit anderen Bewegungen. Obwohl es nicht die Absicht der Pfarrbewegung ist, mit anderen Gruppierungen in der Pfarrei zu konkurrieren oder andere spirituelle Bewegungen auszuschließen, ist es fraglich, ob dies in der Praxis immer berücksichtigt wurde. Hinzu kommt, dass angespannte Situationen nicht auf dem Rechtsweg bewältigt werden konnten. Die Lösung oblag der Verantwortung der jeweiligen Protagonisten, da ein Raum vorliegt, der nicht durch rechtliche Bestimmungen geregelt ist. Ausschlaggebend ist für die Pfarrbewegung nicht ihr rechtlicher Status, sondern die Erfahrung Gottes in ihrer Mitte. Eine rechtlich geregelte Mitgliedschaft und normative Vorgaben können Menschen, die so etwas suchen, dort nicht finden. Ferner haben manche Laien in der Pfarrbewegung das Bedürfnis, dass den Bibelkreisen Priester vorsitzen. Dass Laien diese Begegnungen leiten, ihre Spiritualität selbstständig pflegen, war, wie Karl-Heinz Selge in seinem Artikel aus dem Jahr 1992 schreibt, nicht selbstverständlich. Inwiefern dies für die heutige Zeit noch zutrifft, muss offenbleiben. Fakt ist aber, dass es in der Pfarrbewegung nicht von Bedeutung ist, ob ein Kleriker oder ein Laie die Gruppenleitung übernimmt.[984]

---

983 Vgl. Reinhard Henkys, Die DDR-Kirchen als ökumenische Partner, 199; Klaus Timpe, Die Geschichte der Pfarrei-Bewegung in Ostdeutschland, 2013, 8, 18, 22.

984 Vgl. Karl-Heinz Selge, Neue geistliche Bewegungen in der Pfarrei als Konkretion von Communio?, 1992, 374-375.

6.4.2 Der ökumenische Dialog

6.4.2.1 Der Stand der Forschung und interkonfessionelle Situation

„Eine übergreifende Beschreibung, Analyse und Einordnung der ökumenischen Beziehungen und Entwicklungen in der SBZ/DDR von 1945 bis 1989 steht bislang noch aus."[985] Obwohl es bereits erste Studien gibt, beispielsweise die Dissertationen von Sebastian Holzbrecher sowie Katharina Seifert über den *Aktionskreis Halle* (2015) und die Ökumenische Vollversammlung in der DDR (2000), stellt dieses Thema ein Desiderat der kirchlichen Zeitgeschichte dar. Durch die wissenschaftliche Aufarbeitung des ökumenischen Dialogs der FoBw in der DDR kann ein weiterer kleiner Beitrag zur Geschichte der Ökumene in der DDR geleistet werden. Bevor auf die ökumenischen Bemühungen der Fokolare eingegangen wird, ist es hilfreich, noch einen kurzen Überblick über die interkonfessionelle Situation in der SBZ/DDR zu geben: Erste ökumenische Ansätze situationsbedingter Art ergaben sich infolge der durch den Zweiten Weltkrieg ausgelösten Fluchtbewegungen. Durch sie nahm der Anteil der Katholiken auf dem Gebiet der sowjetischen Besatzungszone deutlich zu. Es kam zu einer konfessionellen Durchmischung. Aus dieser Situation resultierte eine örtliche interkonfessionelle Kooperation, die gerade für die Katholiken von Bedeutung war. Mit der Verbesserung der sozialen Lage ließ die interkonfessionelle Zusammenarbeit jedoch für Stück für Stück nach und es erfolgte ein Rückzug in den Bereich der eigenen Konfession. Erst gegen Ende der 1950er-Jahre lebte die Ökumene wieder auf. Dieser Aufbruch ist auf persönliche Initiativen einiger Personen (z. B. aus dem evangelisch-katholischen Briefkreis, der Aktion Sühnezeichen und der Una-Sancta-Bewegung) zurückzuführen. Innerhalb des Kreises der Bischöfe sind jedoch unterschiedliche Standpunkte zur Ökumene festzustellen. Während Persönlichkeiten wie Wilhelm Weskamp oder Julius Döpfner reges Interesse an der Ökumene zeigten, äußerte Bengsch kirchenpolitische Zweifel. Der Ökumenereferent der BOK, Weihbischof Rintelen, vertrat den Standpunkt einer Rückkehrökumene. Im Verlauf der 1960er- und 1970er-Jahre öffnete sich die Leitungsebene der katholischen Kirche allmählich für die Ökumene. 1966 wurde neben der Ökumenischen Arbeitsstelle der Ökumenisch-Theologische Arbeitskreis ins Leben gerufen, der sich am Beispiel des Jaeger-Stählin-Kreises ausrichtete. 1968 wurde die evangelisch-katholische Konsultativgruppe gegründet, die sich „der gegenseitigen Unterrichtung, gemeinsamen Meinungsbildung und Absprachen in für beide Seiten wichtigen Fragen"[986] widmete. In die 1970 errichtete Arbeitsgemeinschaft Christlicher Kirchen (ACK) brachten sich unter anderem alle Kirchen des Bundes der evangelischen Kirchen ein. Die katholische Kirche war jedoch kein Vollmitglied der ACK, sondern be-

---

[985] Sebastian Holzbrecher, Der Aktionskreis Halle, 2015, 223.

[986] Hans-Martin Moderow, Ökumene in der DDR, 1987, 265.

gnügte sich mit einer Beobachterrolle. Die Aufgabe der ACK bestand unter anderem darin, gemeinsame Veranstaltungen vorzubereiten und Projekte wie die interkonfessionellen Studienseminare umzusetzen. Auf katholischer Seite entstand 1971 eine Ökumenische Kommission der BOK, die sich ab 1976 in einem zweijährigen Zyklus mit der Ökumenischen Kommission des Bundes der evangelischen Kirchen in der DDR (BEK) zusammensetzte. Auch die Pastoralsynode, die zwischen 1973 und 1975 veranstaltet wurde, thematisierte die Ökumene. Die Vorgaben des Konzilsdekretes *Unitatis redintegratio* sollten auf Pfarreiebene umgesetzt werden. Man verfolgte die Absicht, Impulse für ökumenische Bemühungen sowohl in praktischer als auch theoretischer Hinsicht zu setzen. Ökumenisches „Denken und Handeln"[987] sollte für richtig erklärt und unterstützt werden.[988]

Es lässt sich daher sagen, dass die Basisökumene – gestärkt durch die Repressionen des staatlichen Systems – in der DDR durchaus ausgeprägt war. Allerdings ist es, auch wenn die „konfessionelle Selbstbezogenheit"[989] in Folge der Diasporasituation abnahm, nicht geklärt, ob sich die Basisökumene flächendeckend über die DDR erstreckte oder nur auf die Großstädte begrenzt war. Dass die Ökumene in der DDR aufgrund der Diasporasituation der katholischen Kirche ein städtisches Phänomen war, erscheint jedoch schlüssig. Darüber hinaus stellt sich weiterhin die Frage nach der Qualität der Basisökumene. Tatsache ist allerdings, dass auf der Leitungsebene der evangelischen und katholischen Kirche in der DDR die Ökumene trotz der genannten Beispiele durch eine „deutliche Zurückhaltung"[990] gekennzeichnet war. Die Gründe dafür liegen auf der einen Seite in der unterschiedlichen politischen Positionierung. Während die evangelische Kirche sich zu einer Zusammenarbeit mit dem Staat entschloss, entschied sich die katholische zunächst für einen Primat der Neutralität. Auf der anderen Seite hat diese Zurückhaltung darin ihren Grund, dass die Bischöfe angesichts des Rückgangs der Kirchenmitglieder darauf bedacht waren, die katholische Identität der Gemeinden und der Seelsorge zu bewahren. Gleiches gilt für die evangelischen Kirchen, die aufgrund ihrer gesellschaftlichen Abgeschnittenheit und ihrer Vielfalt, „was theologische Diskussion, Zusammenarbeit und Organisation der Gemeinschaft"[991] betrifft, „sehr stark mit sich selbst beschäftigt"[992] waren. Nicht zu überwindende theologische Barrieren kamen erschwerend hinzu. Gemeinsam tätig wurden die Kirchen nach Jahren des geistlich-praktischen Ökumenismus jedoch erst im Jahr 1988/89 mit der ‚Ökumenischen Versammlung für Gerechtigkeit, Frieden und

---

[987] Zitiert nach: Heinz-Albert Raem, Die ökumenische Bewegung, 1994, 199.

[988] Vgl. Sebastian Holzbrecher, Der Aktionskreis Halle, 2015, 223-228; Horst Dähn, Konfrontation oder Kooperation?, 1982, 181-182; Josef Pilvousek, Die katholische Kirche in der DDR, 2014, 9-10; Heinz-Albert Raem, Die ökumenische Bewegung, 1994, 196-199; Reinhard Henkys, Die DDR-Kirchen als ökumenische Partner, 1982, 196-201; Herbert Heinecke, Konfession und Politik in der DDR, 2001, 388-400.

[989] Herbert Heinecke, Konfession und Politik in der DDR, 2001, 397.

[990] Reinhard Henkys, Die DDR-Kirchen als ökumenische Partner, 199.

[991] Ebd., 196.

[992] Ebd., 196.

Bewahrung der Schöpfung in der DDR'. Einem Vergleich mit den ökumenischen Bemühungen innerhalb der Bundesrepublik hält die Ökumene in der DDR aus diesem Grund bei Weitem nicht stand.[993] Korrekterweise stellt daher Herbert Heinecke fest, „dass die Entwicklung der Ökumene in der DDR – wohl weniger wegen eines fehlenden guten Willens als wegen der institutionellen und weltkirchlichen Rahmenbedingungen – hinter den Erwartungen und teilweise auch hinter den Möglichkeiten zurückgeblieben ist."[994] Dies ist sicherlich auch darauf zurückzuführen, dass die evangelische Kirche mehr Einsatz für die Ökumene als die katholische Kirche zeigte. Diese war weder zu einem solchen Ausmaß an Ökumene imstande, wie es die evangelische Kirche war, noch hielt sie es für angemessen.[995]

6.4.2.2 Der ökumenische Dialog der Fokolar-Bewegung in der DDR

Auch in der DDR verfolgte die FoBw aktiv die Intention, sich neben der konfessionellen auch für die ökumenische Einheit einzusetzen. Es lassen sich Kontakte zu orthodoxen Christen, die bis zum Patriarchen in Moskau reichten, und vor allem zu evangelischen Christen belegen. Bereits 1962 entstanden Beziehungen der FoBw zu Christen der evangelischen Landeskirchen. An der Zusammenkunft der katholischen Geistlichen eines Dekanats nahmen neben Fokolarpriestern auch evangelische Pfarrer teil. Der Dialog nimmt damit seinen Anfang in einer Zeit, in der sich die katholische Kirche bereits vorsichtig für die Ökumene zu öffnen begonnen hatte. In seiner Art ist er typisch für den ökumenischen Dialog der FoBw. Durch persönliche Kontakte verbreitete sich die Spiritualität unter Christen anderer Konfessionen. Evangelische und katholische Christen begegneten sich auf den Veranstaltungen der FoBw und in Gottesdiensten, für die zum Teil auch die evangelischen Kirchen Räumlichkeiten zur Verfügung stellten. Ohne dieses Entgegenkommen hätten die Mariapolis, deren Teilnehmerzahl stetig zunahm, nicht veranstaltet werden können. Auch entwickelte sich durch diese Zusammenarbeit zwischen den Mitgliedern der evangelischen Landeskirchen und der FoBw eine Basisökumene. Während der Mariapoli 1970 waren Mitglieder der evangelischen Kirche anwesend, worüber Bischof Schönherr (1972-1981) von den Fokolaren unterrichtet wurde. Zwischen 1972 und 1976 wurden durch die FoBw evangelische Familientreffen organisiert. Ab 1976 soll es keine Mariapoli mehr ohne evangelische Teilnehmer gegeben haben, deren Anzahl kontinuierlich wuchs. Waren es anfangs nur einzelne Personen, so ist dem Jahresbericht von 1981 zu entnehmen, dass circa 10 % aller Personen, die an der Erfurter Maria-

---

993 Vgl. Sebastian Holzbrecher, Der Aktionskreis Halle, 2015, 227-228; Horst Dähn, Konfrontation oder Kooperation?, 1982, 182; Heinz-Albert Raem, Die ökumenische Bewegung, 1996, 196-198; Reinhard Henkys, Die DDR-Kirchen als ökumenische Partner, 1982, 196-201; Herbert Heinecke, Konfession und Politik in der DDR, 2001, 388-400.

994 Herbert Heinecke, Konfession und Politik in der DDR, 2001, 399.

995 Vgl. Sebastian Holzbrecher, Der Aktionskreis Halle, 2015, 228.

poli im Jahr 1980 teilnahmen, evangelisch gewesen sein sollen. Gleiches gilt für die Mariapoli des Jahres 1985. Für die Mariapoli in Görlitz ein Jahr später ging man sogar von einem Umfang von 15 % evangelischer Teilnehmer aus. Laut dem *Thüringer Tageblatt* besuchten 1987 900 Christen die Mariapoli in Erfurt, unter denen zahlreiche evangelische und orthodoxe Christen gewesen sein sollen. Diese Prozentsätze sind selbstverständlich nicht absolut zu setzen. Vielmehr beruhen sie auf Spekulationen. Allerdings lassen die Teilnehmerzahlen auf einen in seiner Tendenz steigenden Dialog schließen, durch den der gemeinsame Glaube in spirituell-lebenspraktischer Hinsicht gepflegt wurde. Grenzen der Ökumene wurden berücksichtigt, indem es auf den Mariapolis eigene Gottesdienste für Angehörige anderer Konfessionen gab. Die Mitgliedschaft in der Sektion der verheirateten Fokolare ist für eine baptistische Familie sowie das Ehepaar Heinrich und Ruth Nocke nachweisbar. Letztere gehörten, nachdem sie erstmals 1962 mit der FoBw in Kontakt gekommen waren, seit 1969 zu dieser Sektion. Heinrich Nocke hatte auf evangelischer Seite die Rolle eines *spiritus rector* der FoBw der DDR inne. So organisierte er in Kooperation mit den Fokolaren Treffen für evangelische Christen. Der enge Bezug der Familie Nocke zur FoBw wird auch dadurch deutlich, dass der Sohn von Heinrich und Ruth Nocke der erste evangelische Fokolar[996] in der DDR wurde. Aber auch zu den Freiwilligen der Bewegung und der Sektion der Ordensleute (z. B. Diakonissen) zählten evangelische Christen. Der Dialog umfasste nicht nur evangelische Laien, sondern auch Amtsinhaber in der DDR. Bischöfe und Generalsuperintendenten evangelischer Landeskirchen förderten das Charisma der Fokolare und berücksichtigten es in ihrer persönlichen Lebensführung sowie in ihren pastoralen Tätigkeiten. Neben Albrecht Schönherr, Bischof der evangelischen Kirche in Berlin-Brandenburg für den Bereich DDR, kann auch sein Nachfolger Gottfried Forck (1981-1991) als Beispiel angeführt werden. Am 25. Juni 1985 traf sich Giuseppe Santanchè mit Bischof Forck. Er hatte die Absicht, mit dem evangelischen Bischof über das Thema der Mariapoli zu sprechen, die Beziehung zu ihm zu vertiefen und die Kontakte zur evangelischen Kirche zu erweitern. Es wird berichtet, dass Bischof Forck über die Treffen von Chiara Lubich mit den verschiedenen Vertretern der christlichen Konfessionen informiert gewesen sei. Darüber hinaus habe er nicht nur die kennzeichnenden Merkmale des ökumenischen

[996] Nichtkatholiken können Mitglieder der FoBw sein. Allerdings muss die Katholizität der Bewegung gewahrt bleiben. Dies kann sichergestellt werden, indem bestimmte Positionen nur von Katholiken besetzt werden. Da die Fokolarinnen und Fokolare den Kern der FoBw darstellen und ihnen die Leitungspositionen vorbehalten sind, gibt es für Nichtkatholiken Beschränkungen. Sie können nicht das Amt der Präsidentin und des Kopräsidenten einnehmen (vgl. Bernhard Pree, Mitgliedschaft in Kirchlichen Vereinigungen – Die Fokolar-Bewegung, 2000, 105-108). „Die Zugehörigkeit zur katholischen Kirche ist ebenfalls Voraussetzung für die Wählbarkeit in das Zentrum des Werkes, da es die Einheit des gesamten Werkes zum Ausdruck bringt, in allen Teilen des Werkes den Geist der Einheit aufrechterhält und fördert.“ (Ebd., 108.) Auch die Zonendelegierten, die für die Einheit der FoBw in der Zone verantwortlich sind, müssen Mitglied der katholischen Kirche sein. Ist dies gegeben, erscheint es durchaus als möglich, dass Nichtkatholiken das Amt des Fokolarverantwortlichen innehaben (vgl. ebd., 108-109).

Dialogs der FoBw, sondern auch deren Spiritualität gekannt. Insbesondere aber habe ihm das Engagement der Mitglieder des Werkes gefallen, in der täglichen Praxis auf unterschiedliche Weise in einem Gespräch mit Gott zu leben. Er habe zugesagt, zur Mariapoli zu kommen und dort für die evangelischen Teilnehmer die Liturgie zu zelebrieren. Die entsprechenden Aussagen von fokolarinischer Seite lassen sich durch eine verschriftlichte Tonbandaufnahme von Superintendent Bransch, der 1987 als einziger geistlicher Amtsträger aus der DDR am ökumenischen Bischofstreffen in Rom teilnahm, im Ansatz bestätigen.[997]

Obwohl somit nachgewiesen werden kann, dass die Fokolare sich durchaus um einen Dialog mit den evangelischen Amtsinhabern bemüht haben, blieb dieser weitgehend auf die spirituelle und praktische Ebene beschränkt. Belegt werden kann, dass die Fokolare mit Prof. Dr. Ulrich Kühn (* 1932, † 2012), der ein Mitbegründer des 1966 ins Leben gerufenen Ökumenisch-Theologischen Arbeitskreises war, in Kontakt standen. In welchem Ausmaß die FoBw sich an diesem Arbeitskreis beteiligte, ist ungewiss. Die Bischöfe und Superintendenten der evangelischen Kirche förderten die ökumenischen Aktivitäten der FoBw. Dass von den ökumenischen Bemühungen der Fokolare in der DDR weiterführende Impulse für einen Dialog auf der Leitungsebene der Kirche ausgingen, ist unwahrscheinlich. Vielmehr muss davon ausgegangen werden, dass die Ökumene weitgehend auf Veranstaltungen in kleineren und größeren Städten und private Begegnungen beschränkt war. Ein qualitativ engerer ökumenischer Bezug in Form einer Mitgliedschaft in der FoBw ist für nichtkatholische Christen nur in Einzelfällen fest-

[997] Vgl. Hans Lubsczyk, Die Geschichte der Ecumene [sic!] in Leipzig und Ex-DDR, 1991, 1-2; Unbekannt, 30 Jahre Ökumene in der DDR, 1-5; Günther Bransch, Tonbandaufnahme, 21.12.1987, 1-5; Mathias Makert; Ökumene – Erfahrungen im Werk Mariens aus der Sicht eines evangelischen Christen nach 10-jährigen Kontakten, 1-2; Unbekannt, Ökumene – Bericht, 1987, 1; Unbekannt, ‚Frau, siehe dein Sohn', 1998, 18; Hans Lubsczyk, Jahresbericht über den Stand des Werkes Mariens und seine Tätigkeit, 1981, 22-24; Andrea Wilke, Leben und Ausbreitung der Fokolarbewegung in der DDR, 1994, 18-19; Unbekannt, Geschichte der Zone, 2008, 5; A. M., Ein König, ein König, der wollen wir sein!, 1987, 23; Dorothee Wanzek, Zur Freude auch für Nichtchristen, 2002; 3; MM, Das Evangelium vorgelebt, 1987, 4; Ruth Nocke, Erfahrungsbericht, 2; Werner Henning, Mitwirken an einer ‚Zivilisation der Liebe', 1984, 4; Unbekannt, Auf daß sie alle eins seien, 1973; W. H., Familienexerzitien des Werkes Mariens, 1984, 3; Unbekannt, Familientreffen des ‚Werkes Mariens' (Fokolare), 1970; Unbekannt, Die Einheit aufbauen, 1983; Unbekannt, Bericht über die Mariapoli an die Bischöfe, 1985, 3; Unbekannt, Bericht über die Mariapoli in Görlitz, 1986, 5; Giuseppe Santanchè, Monatsbericht an den Koordinierungsrat der violetten Zone Nord männlicher Teil, Juli 1985, 1; Giuseppe Santanchè, Monatsbericht an den Koordinierungsrat der violetten Zone Nord männlicher Teil, Juni 1985, 1; Unbekannt, Die Geschichte der Fokolar-Bewegung in der ehemaligen DDR und die Entwicklung von Zwochau, 2005, 3; Heike Vesper, Erfahrung Heike Vesper, 1997, 1-2; Giuseppe Santanchè, Bericht an das Zentrum des Werkes, Dezember 1990, 3; Giuseppe Santanchè, Brief an Chiara Lubich, 21.1.1982, 9-10; Margreth Frisch, Notizie di Margreth Frisch, zona di Lipsia/Germania, 1-14; Unbekannt, Zona – Lipsia, 1; Unbekannt, Ökumene – Bericht, 24.9.1987, 1987, 1; M. F., Ökumene-Erfahrungen, 1; Erika Schmidt, Ökumene-Erfahrungen, 1; Hartmut Felsberg, Art. Forck, Gottfried, 2012, 451-455; Ehrhart Neubert, Art. Schönherr, Albrecht, 2000, 762-763; Christian Sachse, Den Menschen eine Stimme geben, 2009, 43-48; Heinrich Nocke, Alles ist Gnade, 1996, 26-27.

zustellen. Mit anderen Worten: Auch für die Aktivitäten der FoBw ist der konfessionsübergreifende Dialog nicht zu vergleichen mit dem in der Bundesrepublik Deutschland. Weder lässt sich der Bau von Lebens- und Begegnungszentren, auch wenn im letzteren Fall bereits angedacht, noch die Existenz einer Ökumenischen Schule oder ökumenischer Bischofstreffen feststellen. Erstes Ziel der FoBw in der DDR war der Aufbau und die Festigung der katholischen Gemeinden, die durch die Diasporasituation in der DDR und die kirchenfeindliche Einstellung des Systems an Leben und Anzahl der Gläubigen verloren hatten. Dieser Schwerpunkt war ganz im Sinne der Bischöfe, die in Bezug auf die Ökumene selbst Zurückhaltung walten ließen und sich mehr binnenkatholischen Themen zuwandten.[998]

6.4.3 Der Dialog mit den Atheisten

6.4.3.1 Anfänge und Entwicklung

Der Dialog mit den Menschen guten Willens gehört gemäß den Statuten (Kap. 2 Art. 6) zu den Aufgaben der FoBw. Seine Entwicklung darzustellen, ist aufgrund der sowohl auf internationaler als auch auf nationaler Ebene schlechten Quellenlage sehr schwierig. Für die Rekonstruktion des Dialogs stehen schwerpunktmäßig nur die Magisterarbeit von Manfred Döbbeler sowie das 2013 publizierte Buch *gott.los.heute* von Franz Kronreif[999] zur Verfügung. Die Ausgangsbasis für einen solchen Dialog ist im Charisma Lubichs in der Verlassenheit Jesu zu finden, die am stärksten in jenen Menschen wahrzunehmen ist, die Gott fernstehen. Der Dialog mit den Atheisten ist für Lubich daher so essenziell, dass sich an dessen Charakteristikum, der liebevollen Annahme des leidenden Jesus im Nächsten, die anderen drei Dialoge orientieren. Chiara Lubich geht folglich davon aus,

[998] Vgl. Unbekannt, 30 Jahre Ökumene in der DDR, 5; Unbekannt, ‚Frau, siehe dein Sohn', 1998, 18; Andrea Wilke, Leben und Ausbreitung der Fokolarbewegung in der DDR, 1994, 19; Giuseppe Santanchè, Monatsbericht an den Koordinierungsrat der violetten Zone Nord männlicher Teil, Juli 1985, 1; Giuseppe Santanchè, Monatsbericht an den Koordinierungsrat der violetten Zone Nord männlicher Teil, Juni 1985, 1; Horst Dähn, Konfrontation oder Kooperation?, 1982, 181-182; Unbekannt, Brief an Chiara Lubich, 21. 1.1982, 9-10; Ulrich Kühn, Ulrich Kühn, 1998, 103, 109; Sächsische Akademie der Wissenschaften zu Leipzig: Ulrich, Kühn, Prof. Dr. theol, in: https://www.saw-leipzig.de/de/mitglieder/kuehnu (18.04.2019, 15:07 Uhr); Margreth Frisch, Notizie di Margreth Frisch, zona di Lipsia/Germania, 11-13; Reinhard Henkys, Die DDR-Kirchen als ökumenische Partner, 1982, 199.

[999] Franz Kronreif lernte die FoBw 1968 kennen und ist seit Herbst 1969 ein Fokolar. Von Herbst 1992 bis zum Ende des Jahres 2005 war er verantwortlich für die FoBw in Österreich. Zwischen 2007 und 2014 war er am internationalen Zentrum in Rom zuständig für den Dialog mit Menschen nichtreligiöser Weltanschauung. Seit dem Jahr 2014 gehört er zum dreiköpfigen Komitee des sich herausbildenden Dialogs zwischen dem Vatikan und der Europäischen Linken. Er vertritt dort die FoBw, die Dialogpartner im Sinne eines ‚facilitators' ist (vgl. Information von Franz Kronreif, 06.12.2016).

dass die Atheisten das Zeugnis der Einheit benötigen, um Gott wahrzunehmen. Dazu ist es ihrer Ansicht nach nötig, dass man zum Nächsten eine „absichtslose Liebe“[1000] lebt und sich dadurch mit ihm eins macht. Neben diesem spirituellen Motiv haben sowohl persönliche Entwicklungen, die aus alltäglichen Begegnungen resultierten, als auch Bestärkungen seitens der Kirche zur Genese des Dialogs mit den Atheisten beigetragen, dessen Beginn bereits in die Anfangsjahre der FoBw datiert wird. So kämpfte beispielsweise Chiara Lubichs Bruder Gino Lubich während des Kriegs an der Seite kommunistischer Partisanen. Anschließend war er für die kommunistische Zeitung *l'Unità* tätig und bis 1956 Mitglied der PCI.[1001]

Seitens der Kirche vertraute Papst Pius XII. am 21. Mai 1953 der Bewegung Gebiete an, die insbesondere durch den Atheismus gefährdet waren. Um welche Gebiete es sich handelte, lässt sich der Arbeit von Manfred Döbbeler nicht entnehmen. Ein Jahr später lernten Priester aus Osteuropa die FoBw kennen. Sie sahen in der fokolarinischen Spiritualität einen Weg, dem dort vorherrschenden Atheismus zu begegnen. Des Weiteren war der Atheismus ein Grund, der dazu führte, dass die Sektion der Freiwilligen entstand. In den Statuten von 1962 wurde als spezifisches Ziel die Realisierung des Einheitswunsches Jesu genannt, in dessen Kontext die FoBw eine spezielle Aufmerksamkeit dem Atheismus zu widmen hatte. 1964 war Chiara Lubich von Paul VI. gebeten worden, sich neben dem ökumenischen Dialog nun auch um ein Gespräch mit den Atheisten zu bemühen. 1978 hatte man das *Centro del dialogo per i lontani* und fünf Jahre später die *Scuola per il Dialogo con la Cultura contemporanea* gegründet, deren Funktion die aktive Auseinandersetzung mit dem Atheismus und die Schulung der Mitglieder der FoBw ist. Inwiefern diese geschichtlichen Daten zutreffend sind, konnte auf der Grundlage der vorliegenden Quellen, die von Manfred Döbbeler in seiner Magisterarbeit verwendet wurden, nicht verifiziert werden. Allerdings werden sie im Ansatz in den Monografien von Stefan Tobler und Franz Kronreif bestätigt.[1002]

6.4.3.2 Der Dialog mit den Atheisten in der DDR

In den zur Verfügung stehenden Quellen ist ein Dialog der Fokolare mit Atheisten in der DDR kaum verzeichnet. Trotzdem ist aufgrund der atheistisch geprägten

---

[1000] Franz Kronreif, gott.los.heute, 2013, 143.

[1001] Vgl. Manfred Döbbeler, Die Fokolar-Bewegung, 1988, 229-233; Opera di Maria, Statuti generali, 1990, Art. 6; Gusti Oggenfuss, Ein anspruchsvolles Programm, 1991, 5; Chiara Lubich, Jesus der Verlassene und die Einheit, 2. Aufl., 1992, 108-109; Piero Lazzarin, Gino Lubich Giornalista, 2017, 73-74, 79; Giacomo Massarotto, Gino Lubich Partigiano, 2017, 35-46; Opera di Maria, Statuti generali, 1995, Art. 6; Opera di Maria, Statuti generali, 1999, Art. 6; Opera di Maria, Statuti generali, 2007, Art. 6; Franz Kronreif, gott.los.heute, 2013, 140-145; Petra Steinmair-Pösel, Im Gravitationsfeld von Mystik und Politik, 2019, 250.

[1002] Vgl. Manfred Döbbeler, Die Fokolar-Bewegung, 1988, 231-234; Stefan Tobler, Jesu Gottverlassenheit als Heilsereignis in der Spiritualität Chiara Lubichs, 2002, 383; Franz Kronreif, gott.los.heute, 2013, 140.

Umgebung, in der die Christen zu leben hatten, anzunehmen, dass es zu Dialogen kam. Diese These wird gestützt durch vereinzelte Indizien, die darauf verweisen, dass auf den Veranstaltungen der FoBw Atheisten zugegen waren. Auf die Charakteristik des Dialogs selbst lässt sich aus der politischen Neutralität, die die Stasiakten als Grundhaltung der Fokolare vermerken, schließen. Wie ist diese unvoreingenommene Einstellung zu deuten?[1003]

Bereits Kardinal Konrad von Preysing hatte die Priester am 20. Dezember 1947 angewiesen, politische Meinungsäußerungen zu unterlassen. Gemäß seinem Erlass kam dieses Recht nur den Bischöfen zu:[1004]

> „Nur die Gesamtheit der Bischöfe Deutschlands ist berechtigt, Erklärungen zu Zeitfragen im Namen der katholischen Kirche Deutschlands abzugeben. Für den Bereich seines Bistums ist in analoger Weise der Bischof zuständig, derartige Erklärungen abzugeben. Sollten seitens weltlicher Stellen von den meiner Jurisdiktion unterstehenden kirchlichen Dienststellen Erklärungen zu Zeitfragen eingefordert oder erbeten werden, die als Stellungnahme der katholischen Kirche gewertet werden könnten, so ersuche ich, mit dem Hinweis auf diesen Erlass und die ihm zugrunde liegende Rechtslage, eine solche Erklärung nicht abzugeben."[1005]

Kardinal Döpfner bestätigte den Preysing-Erlass am 26. November 1957. Obwohl damit ein einheitliches Handeln der katholischen Kirche gewährleistet werden konnte, hatte dies zur Folge, dass „der Weg der ostdeutschen Katholiken in die politische Nischenexistenz vorgezeichnet"[1006] war.[1007]

Kardinal Alfred Bengsch verfolgte bis zu seinem Tod 1979 die Linie einer konsequenten Trennung zwischen Kirche und dem diktatorischen Staat der DDR, der bis zu seinem Zusammenbruch 1989 seine ideologische und kirchenfeindliche Haltung nicht aufgab:[1008]

[1003] Vgl. Juliane Bittner, Fokolar-Bewegung: Mariapoli in Erfurt, 8; Giuseppe Santanchè, Monatsbericht an den Koordinierungsrat der violetten Zone Nord männlicher Teil, März 1984, 4; Giuseppe Santanchè, Esperienza della Germania or. per [sic!] il Congresso Mov. Parrocchiale, 1981, 5.

[1004] Vgl. Martin Ehm, Die kleine Herde – die katholische Kirche in der SBZ und im sozialistischen Staat DDR, 2007, 50-51.

[1005] Konrad von Preysing, Erklärungen zu Zeitfragen im Namen der katholischen Kirche Deutschlands, 1992, 22.

[1006] Wolfgang Tischner, Katholische Kirche in der SBZ/DDR 1945-1951, 2001, 111.

[1007] Vgl. Ehm, Die kleine Herde – die katholische Kirche in der SBZ und im sozialistischen Staat DDR, 2007, 51, XXII-XXIII; Wolfgang Tischner, Katholische Kirche in der SBZ/DDR 1945-1951, 2001, 110-111.

[1008] Vgl. Martin Ehm, Die kleine Herde – die katholische Kirche in der SBZ und im sozialistischen Staat DDR, 2007, 33-35, 39-45, 64-76, 85-88, 94-101, 136-195.

> „Der Christ sitzt in der Löwengrube. Er wird den Löwen aber weder streicheln noch am Schwanz ziehen."[1009]

Leitend war für die Amtszeit von Kardinal Bengsch das Prinzip der „politischen Abstinenz"[1010], wodurch er ein „Mindestmaß an Loyalität gegenüber dem Staat"[1011] zeigte, indem er von kritischen Stellungnahmen in der Öffentlichkeit absah. Die Position der katholischen Kirche begann sich erst nach seinem Tod zu ändern. Mit Bischof Schaffran als BBK-Vorsitzendem setzte eine „staatsfreundlichere Linie"[1012] ein. Eine „gesellschaftliche Öffnung"[1013] lässt sich speziell in der Kirchenpolitik von Bischof Joachim Wanke (1994-2012) vorfinden. Unter dem Nachfolger Schaffrans als BBK-Vorsitzendem, Bischof Joachim Meisner, wurde ab 1982 zunehmend eine „kämpferisch-kritische"[1014] Kirchenpolitik verfolgt.[1015] „Spätestens 1988 dominierte dann in der BBK jedoch nicht mehr die Frage nach dem *Ob* sondern nach dem *Wie* von gesellschaftlicher Mitverantwortung."[1016]

Vor diesem Hintergrund kann einerseits davon ausgegangen werden, dass die Fokolare im Dialog mit den Vertretern des atheistischen Weltbilds der Richtlinie der Bischöfe folgten, da sie stets um eine Einheit mit diesen bemüht waren. Andererseits sollte die Anwesenheit der italienischen Fokolare bzw. der Bewegung in der DDR nicht gefährdet werden. Ein unbefangenes Auftreten wurde als Voraussetzung dafür angesehen. Beachtet werden muss in diesem Zusammenhang auch die Art und Weise des Dialogs der Fokolare. Dieser zielt nicht auf eine Überzeugung des Gegenübers im Gespräch, sondern zeichnet sich im Sinne des spirituellen Ansatzes des verlassenen Jesus durch ein aktives Zuhören sowie Eingehen auf die Bedürfnisse des Anderen aus. Der Dialog der Fokolare mit der atheistischen Bevölkerung ist vor diesem Hintergrund zu sehen. Ihre Absicht war es nicht, gegen den Kommunismus vorzugehen, sondern ganz im Sinne der Bischöfe und des Laienapostolats zum Aufbau des Leibes Christi beizutragen.[1017]

1009 Zitiert nach: Josef Pilvousek, Die katholische Kirche in der DDR, 2014, 20.

1010 Bernd Schäfer, Staat und katholische Kirche in der DDR, 1998, 166.

1011 Ebd., 166.

1012 Martin Ehm, Die kleine Herde – die katholische Kirche in der SBZ und im sozialistischen Staat DDR, 2007, 108.

1013 Ebd., 114.

1014 Martin Ehm, Die kleine Herde – die katholische Kirche in der SBZ und im sozialistischen Staat DDR, 2007, 109.

1015 Vgl. Martin Ehm, Die kleine Herde – die katholische Kirche in der SBZ und im sozialistischen Staat DDR, 2007, 98-118; Bernd Schäfer, Staat und katholische Kirche in der DDR, 1998, 166; Bistum Erfurt: Bischof em. Dr. Joachim Wanke, in: https://www.bistum-erfurt.de/bistum_erfurt/bischoefe/bischof_em_joachim_wanke/ (06.05.2022, 14:06).

1016 Martin Ehm, Die kleine Herde – die katholische Kirche in der SBZ und im sozialistischen Staat DDR, 2007, 117-118.

1017 Vgl. J. R., Pfarrbewegung – ein Neubeginn in der Pfarrei, 1986, 16-17; Josef Pilvousek, Von der ‚Flüchtlingskirche' zur katholischen Kirche in der DDR, 2001, 35; Unbekannt, Bericht über die Mariapoli an die Bischöfe, 1985, 3.

7. Teil: Resümee

Ein wesentlicher Forschungsertrag konnte durch diese Dissertation im Rahmen der Kapitel über die Anfänge der FoBw in Italien sowie ihre Entwicklung und Breitenwirkung in der Bundesrepublik Deutschland und der DDR erzielt werden. Diese Ergebnisse sollen nun kurz dargestellt werden. Zum Abschluss ist ein Ausblick über die gegenwärtige Situation und die Herausforderungen, die sich der FoBw stellen, geplant.

7.1 Die Anfänge der Fokolar-Bewegung in Italien

Erste Ansätze ihres Charismas wurden Chiara Lubich durch das Loretoereignis im Jahr 1939 bewusst, in dem sich die Grundidee des Fokolars widerspiegelt. Als Gründungstag der FoBw wird jedoch in der Literatur im Allgemeinen der 7. Dezember 1943 angegeben, der Tag, an dem die Gründerin der FoBw ihr Leben Gott weihte. Im Rahmen dieser Arbeit konnte belegt werden, dass dieses Datum durchaus seine Berechtigung hat. Allerdings war Chiara Lubich zu diesem Zeitpunkt keinesfalls der gesamte Umfang ihres Charismas bewusst. Vielmehr sollte sich dieses in den darauffolgenden Jahren erst langsam herauskristallisieren. Auch wurde deutlich, dass das Charisma der Einheit, in dem der Gemeinschaftsgedanke eine zentrale Rolle einnimmt, in der existenziellen Erfahrung der Vergänglichkeit des Lebens seinen Ursprung hat. Die fokolarinische Spiritualität ist kein Ergebnis theologischer Reflexionen. Inwieweit Chiara Lubich als Mitglied der Katholischen Aktion durch das in der Zwischenkriegszeit vorherrschende neue Kirchenbewusstsein geprägt war, lässt sich nur schwer sagen. Obwohl mit dem Gemeinschaftsaspekt und dem Bibelbezug Indizien für typische Elemente der Liturgischen Bewegung und der Bibelbewegung vorliegen, gibt es keine konkreten Hinweise, die ausdrücklich für oder gegen eine Einflussnahme sprechen. Fest steht jedoch, dass die Spiritualität Teil der Entwicklung des neuen Kirchenverständnisses und Glaubensleben ist, wie ausführlich im Rahmen der Reflexion der Einschätzung von Chiara Lubichs Charismas durch Klaus Hemmerle dargelegt wurde.[1018]

Mit dem Jahr 1949 verbindet die langjährige Präsidentin der FoBw einen neuen Abschnitt in der Entwicklung der FoBw. Sie erkannte, „daß sie Trägerin eines von Gott initiierten Werkes sein sollte."[1019] Im Verlauf der Mariapolis in den 1950er-Jahren bildeten sich schließlich die letzten Konturen von Chiara Lubichs Spiritualität heraus. Die Zeitschrift ‚Neue Stadt' wurde gegründet, deren Namensgebung allerdings nicht geklärt werden konnte. Zudem begann in dieser Phase

[1018] Vgl. Hyun-Chang Park, Laien auf dem Weg der Evangelisation, 2006, 10-11; Hans Kreidler, Eine Theologie des Lebens, 1988, 19-22.
[1019] Wilhelm Schäffer, Erneuerter Glaube – verwirklichtes Menschsein, 1987, 124.

für die Bewegung eine Zeit der Prüfung, in deren Verlauf die Kommission der CEI empfahl, die FoBw aufzulösen. Lediglich die Bischöfe Montini und Parente sollen mit *experiantur* gestimmt haben. Dieser Zwiespalt, der in der CEI vorherrschte, spiegelt sehr gut die damalige Situation in der Kirche wider, in der sich zwei Kirchenbilder und religiöse Lebensgefühle gegenüberstanden: (1.) hierarchisches versus charismatisches Kirchenbild; (2). objektive versus subjektive Frömmigkeit. Der Episkopat befürchtete einen Autoritätskonflikt, der aus seiner Sicht zu einem Autoritätsverlust hätte führen können. Diese Gefahr sah er durch die FoBw gegeben. Das Urteil der CEI lautete daher, dass die FoBw „von einem falschen naturalistischen Mystizismus infiziert ist"[1020], der nicht mehr zu beheben sei. Diesem negativen Votum stand eine grundsätzlich positive Haltung des Vatikans gegenüber. Für den Standpunkt des Vatikans konnte durch ein neues Indiz, dem zufolge die Kurie der FoBw ihre antikommunistischen Bemühungen anrechnete, eine mögliche Erklärung gefunden werden. Gestützt wird diese Hypothese auch durch die Forschungen von Manfred Döbbeler, der sich auf ein Treffen von Chiara Lubich mit Pius XII. am 21. Mai 1953 beruft, bei dem der Pacelli-Papst den Fokolaren drei Gebiete in Italien anvertraut haben soll, die von Atheismus bedroht waren. Chiara Lubichs Beschreibung der Begegnung mit dem Papst lässt sich diese Aussage Döbbelers allerdings nur interpretativ entnehmen. Trotz des teilweise sehr heftigen Widerstands wurde der Männerzweig der FoBw am 23. März 1962 *ad experimentum* approbiert. Der Frauenzweig sollte ein Jahr später folgen.

Obwohl es nicht der Forschungsschwerpunkt dieser Arbeit ist, führten die vorgenommenen Recherchen hinsichtlich der Apostolischen Visitation, die von 1962 bis 1964 andauerte, zu neuen Erkenntnissen. Als kirchlicher Assistent amtierte in dieser Phase Agatangelo da Langasco. In seinem Abschlussbericht sprach sich der Kapuziner für die FoBw aus. Die vom Heiligen Stuhl genehmigten Statuten waren seiner Ansicht nach von der Bewegung und ihren Mitgliedern akzeptiert worden, wodurch der Gehorsam gegenüber der Lehre und Disziplin der Kirche zum Ausdruck kommen würde. Allerdings sah Agatangelo da Langasco noch die Notwendigkeit, sich wissenschaftlich mit der Spiritualität der Fokolare auseinanderzusetzen und einheitliche Bedingungen für die Teilnahme von Ordensleuten und Priestern an Veranstaltungen der Mariapolis zu finden. Auch hielt er es für erforderlich, dass der spirituelle Aspekt der Einheit bei der Rechtsform der FoBw berücksichtigt werden müsse. Dies betrachtete Pater Agatangelo als noch nicht gegeben. Einen sehr kritischen Standpunkt nahm der Kapuziner gegenüber der unter den Mitgliedern der FoBw konsequent praktizierten ‚Abtötung des Geistes' ein, da er befürchtete, dass sie sich auf Dauer zu viel abverlangen würden. Dagegen begrüßte er den steigenden Einfluss der Priester in der FoBw, durch den er sowohl den Einfluss Chiara Lubichs begrenzt als auch eine bessere Ausbildung für die Priester gewährleistet sah.

[1020] Wolfgang Haendly, Übersetzung des Gutachtens der Italienischen Bischofskonferenz, 17.10.1961, 2.

Mit dem Abschluss der Apostolischen Visitation am 5. Dezember 1964 wurde die FoBw als *Pia unio* mit besonderen Statuten anerkannt und der Konzilskongregation zugeordnet. Diese billigte zwei Jahre später einen Koordinierungsrat, wodurch die Einheit zwischen Männer- und Frauensektion gefördert werden sollte. Dem Anliegen von Agatangelo da Langasco wurde damit entsprochen. Am 21. Dezember 1978 entschied Johannes Paul II., dass der Päpstliche Laienrat von nun an für die FoBw als Ansprechpartner dienen sollte. 1990 approbierte die Kirche die Bewegung schließlich als universalkirchliche Vereinigung von Gläubigen. Die letzten Änderungen der Statuten erfolgten 1998 im Rahmen der Gründung der Sektion der Bischöfe und 2007.

7.2 Die Fokolar-Bewegung in der Bundesrepublik Deutschland

Die Geschichte der FoBw in der Bundesrepublik Deutschland lässt sich in drei Phasen unterteilen. Die erste Phase, die Anfänge in der Bundesrepublik (1949-1957), beginnt mit den Mariapolis, die in den 50er-Jahren in den Dolomiten veranstaltet wurden. Es konnte festgestellt werden, dass in diesem Zeitraum erste deutsche Bürger mit der FoBw in Berührung kamen. Zentral für die weitere Ausbreitung war das Fokolar in Innsbruck, das 1953 gegründet wurde. 1956 lernte Regina Betz die FoBw kennen. 1957 kam Hans Lubsczyk mit der Bewegung in Berührung. Durch ihn erfuhr Hans Heilkenbrinker von der FoBw. Damit sind drei zentrale Personen genannt, durch die die FoBw nach Deutschland kam. Ausschlaggebend waren persönliche Kontakte. Die Teilnehmer der Mariapolis erzählten nach ihrer Rückkehr von ihren Erfahrungen in den Dolomiten, wodurch immer mehr Personen aus deutschsprachigen Gebieten das Charisma der Einheit kennenlernten. Mit den Darmstädtern Marienschwestern kamen bereits 1957 auch Protestanten nach Fiera di Primiero. Gleichzeitig reisten Fokolare nach Deutschland, wo sie vom Charisma Chiara Lubichs erzählten. Aus diesen Berichten ergab sich ein Impuls, der Personen anregte, die Fokolare kennenzulernen.

Die zweite Phase, die Phase der Etablierung (1958-1965), beginnt mit der Gründung des Männerfokolars in Köln, der ersten Niederlassung in der Bundesrepublik. Gleichzeitig besuchten ab 1958 zunehmend größere Gruppen die Mariapolis. 1959 sollen es 2.000 deutschsprachige Mariapoliten gewesen sein. Auch wurden erste Veranstaltungen (z. B. Priestertreffen) in Deutschland organisiert. 1959 wurde ein Frauenfokolar in Köln gegründet. Ein Jahr später folgte das Frauenfokolar in Westberlin. 1961 errichtete die FoBw ein Frauenfokolar in München und jeweils ein Männerfokolar in Berlin und München. Nachdem 1962 auch das Frauenfokolar in Westberlin für die Bürger der Bundesrepublik geöffnet wurde, bestanden nun sechs Fokolare in drei Städten Deutschlands. Spätestens 1965 war der Etablierungsprozess abgeschlossen und die FoBw begann sich auszubreiten. Diese letzte Phase sollte von 1966 bis 1990 andauern. Entwicklungen über den

Untersuchungszeitraum hinaus wurden in diesem Zusammenhang lediglich angedeutet. Aufgrund der schlechten Quellenlage konnte die Entwicklung nur für die norddeutschen ‚Zonetten' Hannover und Hamburg erarbeitet werden.

Die FoBw ist, so lässt sich festhalten, über die letzten 70 Jahre hinweg zu einer bedeutenden Größe in der katholischen Kirche der Bundesrepublik Deutschland geworden. Das fokolarinische Charisma hat insbesondere über Klaus Hemmerle in den Kreis der Bischöfe Einzug gehalten. Ausgehend von dem ersten Fokolar in Köln entstand ein Netzwerk von Fokolaren[1021]. 1990 existierten, insofern Schließungen, Umzüge und Neueröffnungen berücksichtigt werden, 23 Fokolare nachweislich. Mit der Wiedervereinigung wurden unter anderem Fokolare zusammengelegt, sodass sich die Anzahl der Fokolare änderte. 1998 sollen schließlich 38 Fokolare in Deutschland bestanden haben, die jedoch nicht alle nachgewiesen werden konnten. Darüber hinaus wurde nach dem ‚Ökumenischen Lebens- und Begegnungszentrum Ottmaring' mit dem Bau des ‚Mariapolizentrums Frieden' in Solingen begonnen, das 1981 eröffnet wurde. Allerdings folgten den Anfängen, der Etablierung und Expansion der FoBw in der Bundesrepublik Deutschland inzwischen Phasen der Stagnation sowie des Rückgangs. Als Anzeichen für diese Entwicklung können unter anderem sowohl die vorgenommene Zusammenlegung von Zonen als auch die Auflösung von Fokolaren interpretiert werden. Aktuell bestehen jedoch noch 34 Fokolare in Deutschland.[1022]

Das Kapitel über die Zeitschrift ‚Neue Stadt' lieferte eine soziologische Perspektive der FoBw, aus der sich ergeben hat, dass die Abonnenten der Zeitschrift größtenteils in einem engeren (z. B. Fokolare) oder lockereren Bindungsverhältnis (z. B. Freundeskreis) zur FoBw stehen. Davon ausgehend seien die zentralen Ergebnisse dieses Kapitels kurz vorgestellt: (1.) Aus der Entwicklung der Abonnentenkurve konnte der Schluss gezogen werden, dass der Zulauf zur Bewegung seinen Höhepunkt im Jahr 1979 erreichte und in den nachfolgenden Jahren in den deutschsprachigen Ländern zurückging; (2.) es zeigte sich, dass die Abonnenten der ‚Neuen Stadt' größtenteils Laien sind. Nichtsdestotrotz interessieren sich auch Kleriker und Ordensangehörige in nicht zu unterschätzender Zahl für die Spiritualität der FoBw; (3.) wie aufgrund der Bevölkerungsanzahl zu erwarten war, stammen die meisten deutschsprachigen Abonnenten der ‚Neuen Stadt' aus der Bundesrepublik Deutschland. Deutlich abgeschlagen folgen Österreich und die Schweiz; (4.) speziell für die Bundesrepublik Deutschland konnte ausgehend von der Abonnentenverteilung für das Jahr 1990 festgestellt werden, dass weniger Personen die ‚Neue Stadt' beziehen, je nördlicher das Bundesland liegt. Ausnahmen sind Nordrhein-Westfalen und Niedersachsen. Erklärt werden könnte diese Tendenz durch die konfessionelle Zugehörigkeit und die Bevölkerungsanzahl der jeweiligen Bundesländer; (5.) die Kreise der FoBw setzen sich in der Bundesrepublik Deutschland, Österreich und der Schweiz zu über 90 % aus Katholiken zusam-

[1021] Die angegebene Zahl der Fokolare ist nicht vorbehaltlos zu verstehen. Abweichungen können nicht ausgeschlossen werden.

[1022] Vgl. Hans Karl Pesch, Der laute Ruf nach dem Stillen, 1990 (Anhang Nr. 8); Anhang Nr. 1.

men. Der Rest besteht größtenteils aus lutherischen und reformierten Christen; (6.) in der FoBw sind in den deutschsprachigen Ländern Angehörige aller Bevölkerungsschichten und Altersklassen vertreten. Sie verfügen über eine verhältnismäßig gute Bildung und besitzen einen religiösen Hintergrund.

Bezüglich der kirchenrechtlichen Entwicklung der FoBw konnte der Standpunkt der deutschen Kirche eindeutig bestimmt werden. Im Auftrag der Fuldaer Bischofskonferenz ließ Bischof Schäufele im Jahr 1961 ein Gutachten erstellen. In dessen erstem Teil wird zunächst eine kritische Position gegenüber dem Beschluss der Kommission der CEI eingenommen. Im zweiten Teil wird auf die Gesamtlage der FoBw in der Bundesrepublik eingegangen. Die Bischöfe äußern sich grundsätzlich positiv gegenüber der FoBw. Als eine mögliche Erklärung für diesen Standpunkt lässt sich erwähnen, dass sich die deutschen Bischöfe nicht mehr an das selbstständige Handeln der Laien gewöhnen mussten, da sich die römische Idee der Katholischen Aktion in Deutschland nie wirklich durchsetzen konnte. Ungeachtet dieser Tatsache äußerte die Fuldaer Bischofskonferenz jedoch auch einige Kritikpunkte. Die Bischöfe forderten neben einer „organischere[n] Führung“[1023] ein Leitbild von der Bewegung ein. Darüber hinaus waren die Bischöfe der Ansicht, dass die Ausgaben des ‚Wort des Lebens‘ nicht spontan ausgewählt werden sollten, sondern jeweils ein Jahr im Voraus bereitliegen sollten. Es war ihnen somit ein großes Anliegen, dass eine gewisse Struktur und Einheitlichkeit in der Bewegung vorherrschen. Weitere Kritikpunkte waren die Anrede per *Du*, die als unehrerbietig gegenüber Priestern empfunden wurde, sowie die wenig ansprechende Form der Zeitschrift ‚Neue Stadt‘. Nicht herausgefunden werden konnte, in welchem Umfang das Gutachten der Fuldaer Bischofskonferenz als Gegenvotum zur CEI in Rom Geltung erlangen konnte. Den vorliegenden Akten kann lediglich entnommen werden, dass die Bischöfe beabsichtigten, die Entscheidung des Heiligen Stuhls abzuwarten und ihre italienischen Kollegen darum baten, sie über die weiteren Entwicklungen zu informieren.

Um ihr spezifisches Ziel zu verwirklichen, führt die FoBw einen innerkirchlichen, ökumenischen und interreligiösen Dialog. Hinzu kommt der Dialog mit den Atheisten. Es konnte jedoch festgestellt werden, dass diese Dialogformate in der Bundesrepublik Deutschland keinesfalls gleichermaßen ausgeprägt waren, sondern Schwerpunkte auf dem innerkirchlichen und den ökumenischen Gesprächen lagen. Für den innerkirchlichen Dialog wurde das Engagement der Fokolare auf kirchlichen Veranstaltungen angeführt und die Pfarrbewegung exemplarisch aufgegriffen. Allerdings lagen in beiden Fällen kaum Quellen vor. Als überragender Beitrag der FoBw in der Bundesrepublik Deutschland ist im Gegensatz dazu der ökumenische Dialog zu bestimmen. Obwohl die FoBw keinesfalls von Beginn an ökumenisch ausgerichtet war, trug sie von Anfang an ein derartiges Potenzial in sich. Dieses entfaltete sich nach dem Darmstädter Treffen im Jahr 1961. Die FoBw beteiligte sich in Person von Chiara Lubich aktiv an der ökumenischen

[1023] Wolfgang Haendly, Zusammenfassung des Prälaten Haendly, 25.8.1961, 2.

Annäherung. Die Art ihrer interkonfessionellen Bemühungen sind insbesondere dem geistlichen, praktischen und sozialkaritativen Ökumenismus zuzuordnen. Aber auch im Bereich des theologischen Ökumenismus wurde die FoBw aktiv. In der Bundesrepublik Deutschland baute sie ein Lebens- (1968) und Begegnungszentrum (1976) in Ottmaring, wirkte am ‚Ostkirchlichen Institut' in Regensburg mit und trug mit der ‚Ökumenischen Schule' zur Bildung in der Konfessionskunde bei. Für ihre Bemühungen um die Einheit wurde Chiara Lubich 1988 der Augsburger Friedenspreis verliehen. Es steht angesichts dieser Leistungen außer Frage, dass die FoBw im 20. Jahrhundert zu den zentralen Laienbewegungen gehörte, die sich in der Ökumene engagierten. Damit stellt sich jedoch gleichzeitig die Frage, welche Rolle und Bedeutung der FoBw in der Ökumene zukünftig zukommen wird.[1024]

Noch im Verlauf des II. Vatikanums wurden von der katholischen Kirche ökumenische Kontakte aufgenommen. Die daraus resultierenden ökumenischen Gespräche führten dazu, dass zahlreiche entzweiende Lehren aufgearbeitet wurden und theologische Annäherungen sowie Übereinstimmungen erreicht wurden. Als Beispiel sei an dieser Stelle nur auf die *Gemeinsame Erklärung zur Rechtfertigungslehre* (1999) [1025]verwiesen. In den Dokumenten *Das Herrenmahl* (1978), *Das geistliche Amt in der Kirche* (1981) und den *Lima-Dokumenten* (1982)[1026] lassen sich weitere Konsenspunkte sowie erlangte Annäherungen finden. Über den aktuellen Stand der ‚Ökumenischen Bewegung' existieren dagegen divergierende Standpunkte. Nicht wenige vertreten die Ansicht, dass die Ökumene nach einer anfänglichen Phase der Euphorie und des Enthusiasmus inzwischen durch Ernüchterung und Resignation geprägt ist. Sie konstatieren eine Stagnation der ökumenischen Bestrebungen und die bestehenden Differenzen (z. B. das Amtsverständnis) erscheinen ihnen (zumindest in näherer Zukunft) als unüberwindlich. Gleichzeitig wird die Auffassung vertreten, dass die Ökumene zu einem Dialog von Experten verkommen ist, der jedweden Praxisbezug zum Alltag vermissen lässt.[1027]

> „Dieser sieht allzu häufig tatsächlich auch so aus, daß entweder die Anliegen der Ökumene keine wirkliche Bedeutung besitzen oder aber die tradierten Konfessionsgrenzen so weit verwässert erscheinen, daß nicht einmal mehr ganz klar ist, worin das einstige ‚ökumenische Problem' denn eigentlich bestand."[1028]

[1024] Petro Müller, Für ein gutes Miteinander der Kirchen – ein kleiner ökumenischer ‚Knigge', 2014, 86.

[1025] Vgl. Gemeinsame Erklärung zur Rechtfertigungslehre des Lutherischen Weltbundes und der Katholischen Kirche, 2003, 419-430.

[1026] Vgl. Michael Kappes, Art. Lima-Papier (Lima 1982), 3. Aufl., 2006, 935.

[1027] Vgl. Matthias Lutz-Bachmann, Tritt die Ökumene auf der Stelle?, 1991, 1763-1774; Robert Zollitsch, Zur Zukunft der Ökumene – Perspektiven aus der Sicht der Deutschen Bischofskonferenz, 2010, 32-33.

[1028] Matthias Lutz-Bachmann, Tritt die Ökumene auf der Stelle?, 1991, 1763.

Andere wiederum vertreten die Meinung, dass keinesfalls von einem ökumenischen Stillstand die Rede sein kann, sondern die Ökumenische Bewegung in eine neue Phase eingetreten sei. Diese sei zwar bei Weitem nicht mehr so sehr von Fortschritten geprägt wie die ökumenische Aufbruchsphase nach dem II. Vatikanischen Konzil, doch ein langsamer ökumenischer Fortschritt ließe sich trotz vermeintlicher Rückschläge und scheinbar nicht zu meisternder Differenzen nicht verneinen.[1029]

Damit jedoch die christlichen Konfessionen zum göttlichen Geschenk der Einheit finden, ist es weiterhin erforderlich, sich auf die gemeinsame Quelle des Glaubens zu besinnen, einen Weg der Umkehr, der Demut und Liebe zu wählen. Denn es bringt die Christen der Einheit nicht näher, wenn man die Augen vor den Problemen verschließt und die Schuld an den konfessionellen Trennungen den anderen zuschiebt. Des Weiteren ist die Existenz eines gemeinsamen Zeugnisses für die bereits bestehende Einheit von Bedeutung. Nicht umsonst erachtete das II. Vatikanum die geistliche Ökumene als das Herz der ökumenischen Bewegung (UR 8).[1030]

> „Mit Freundeskreisen hat die Ökumene vor dem Konzil angefangen; vor allem mit Freundeskreisen, Gemeinschaften, Lebenszentren kann sie heute wieder neu Schwung aufnehmen."[1031]

Vor diesem Hintergrund lässt sich konstatieren, dass der FoBw eine signifikante Rolle in der gegenwärtigen und zukünftigen Ökumene zuzusprechen ist. Durch die ihrer Spiritualität innewohnenden Aspekte der selbstlosen Liebe, Demut und Umkehr folgt sie einerseits dem Appell der Konzilsväter, welche forderten, dass Kirche „immerfort den Weg der Buße und Erneuerung" (LG 8) zu beschreiten habe. Das Wesen ihrer Spiritualität beinhaltet den Eigenanspruch, als „Anwälte der Wahrheit in der Position des Anderen"[1032] zu dienen. Darüber hinaus leistet die FoBw durch die gelebte Ökumene Pionierarbeit, durch die sie auf der einen Seite ein Zeugnis für die bereits bestehende Einheit gibt und auf der anderen Seite die nicht vorhandene Einheit schmerzhaft wahrnehmbar wird. Gerade die Pflege des gemeinsamen christlichen Erbes ist in seiner Bedeutung für die Ökumenische Bewegung nicht zu unterschätzen, weil es die Vitalität eines im Verlauf des 20. Jahrhunderts gewandelten Verständnisses bzw. Verhältnisses zu anderen Kirchen wachhält. Wären die Christen sich nicht mehr bewusst, dass sie mehr eint

---

[1029] Vgl. Aloys Klein, Fehlende Entschlossenheit?, 1991, 1774-1781; Matthias Lutz-Bachmann, Tritt die Ökumene auf der Stelle?, 1991, 1763-1774; Robert Zollitsch, Zur Zukunft der Ökumene – Perspektiven aus der Sicht der Deutschen Bischofskonferenz, 2010, 32-33.

[1030] Vgl. Aloys Klein, Fehlende Entschlossenheit?, 1991, 1774-1781; Kurt Koch, Bleibende Aufgaben für die Ökumene aus katholischer Sicht, 2005, 312-315; Robert Zollitsch, Zur Zukunft der Ökumene – Perspektiven aus der Sicht der Deutschen Bischofskonferenz, 2010, 34-35.

[1031] Walter Kapser, Wege zur Einheit der Christen, 2012, 586.

[1032] Ebd., 297.

als trennt, würden über kurz oder lang nicht nur divergierende Lehren entstehen, sondern auch die Ökumenische Bewegung zum Erliegen kommen.[1033]

7.3 Die Fokolar-Bewegung in der DDR

Die Geschichte der FoBw in der DDR lässt sich in vier Phasen unterteilen. Die erste Phase beginnt 1958 und endet 1962. In dieser Zeitspanne entstanden erste Kontakte der Bewegung in die DDR. Die Fokolare besuchten erstmals im Frühjahr 1958 die Leipziger Messe. Speziell die Bischöfe Bengsch und Spülbeck CO sprachen sich dafür aus, dass die FoBw in die DDR kommen sollte. Beide erhofften sich durch die FoBw einerseits einen geistlichen Aufbruch in den Pfarreien. Andererseits war es ihnen ein Anliegen, dem Ärztemangel, der sowohl am St. Hedwig-Krankenhaus in Ostberlin als auch am St. Elisabeth-Krankenhaus in Leipzig vorherrschte, abzuhelfen. Insgesamt verlegten acht Ärzte der Fokolare ihren Wohnsitz in die DDR. Neben den Leipziger Messen diente bis 1961 gerade das Frauenfokolar in Westberlin als eine wichtige Anlaufstelle. Anfang 1961 wurde schließlich das erste Fokolar in der DDR gegründet. Zwischen 1962 und 1970 begann sich die FoBw in der DDR auszubreiten. Wesentliche Personen dieses Prozesses waren Hans Lubsczyk, Heinz Schürmann und Wolfgang Trilling. Sie waren von Beginn an Wegbereiter des Charismas der Einheit in der DDR. Mit diesen Personen sind auch die beiden Gruppen genannt, die Oratorianer und Diözesanpriester, die anfangs sehr viel zur Verbreitung der FoBw beigetragen haben. Beide sollten sich später wieder von der FoBw distanzieren. 1969 legten die ersten beiden Fokolare, die aus der DDR stammten, ihre ewigen Gelübde ab. Darüber hinaus wurden mit Erfurt (1964) und Halle (1965) weitere Fokolare gegründet.

1970 begann die dritte Phase, die bis 1985 andauerte. In diesem Zeitraum sollte sich die Bewegung nach innen und außen festigen. Dafür konnten verschiedene Anzeichen ausgemacht werden: (1.) Nachdem bereits ab 1966 in jährlichen Abständen inoffiziell Mariapolis organisiert wurden, wurde die erste offizielle Mariapoli 1970 in Berlin-Weißensee veranstaltet. Auf dieser wurde betont, dass die FoBw zur katholischen Kirche gehört. In den nachfolgenden Jahren sollten in jährlichen Abständen weitere Mariapolis folgen; (2.) über die FoBw wurde ausführlich in den öffentlichen Medien berichtet; (3.) nachdem bereits in den Anfangsjahren Kontakte in die Sowjetunion und deren Satellitenstaaten geknüpft worden waren, kamen ab 1966 zunehmend Personen aus diesen Ländern zu Veranstaltungen der Fokolare in die DDR. Zugleich wurden dort Mariapolis organisiert. 1974 wurde in Polen das erste Frauenfokolar gegründet. 1991 sollte es schließlich zwölf Fokolare in den ehemaligen Ländern des Ostblocks geben; (4.) die FoBw publizierte im Selbstverlag. Vom St. Benno Verlag wurden die Bücher *Ja, Ja – nein, nein* und

[1033] Vgl. Hermann Dietzfelbinger, Interview mit Landesbischof Hermann Dietzfelbinger, 1981, 1-2; Kurt Koch, Bleibende Aufgaben für die Ökumene aus katholischer Sicht, 2005, 312-315; Walter Kapser, Wege zur Einheit der Christen, 2012, 586, 292-298, 585-588.

Größer als unser Herz von Chiara Lubich herausgegeben; (5.) bis spätestens 1972 hatten sich die einzelnen Sektionen der FoBw vollständig entwickelt.

Die letzte Entwicklungsphase der FoBw in der DDR umfasst den Zeitraum zwischen 1985 und 1990. Bereits 1976 verließ mit Natalia Dallapiccola die Ansprechpartnerin des Zentrums in Rom die DDR. Ihre Nachfolgerin wurde Lucia Degasperi, die 1985 in die DDR umzog. Ab 1986 verfolgte die FoBw das Ziel, ein Mariapolizentrum zu errichten, welches allerdings erst 1998 fertiggestellt wurde. Aber auch in politischer Hinsicht ergaben sich Veränderungen für die Bewegung. Zu Beginn der 1980er-Jahre war es nur vereinzelt möglich, am Leben des Gesamtwerkes teilzuhaben. Diese Situation sollte sich jedoch nach und nach ändern, sodass sich für die Bewegungsmitglieder mehr Gelegenheiten dazu ergaben. Spätestens mit dem Mauerfall im Jahr 1989 war die FoBw in der DDR nicht mehr isoliert vom restlichen ‚Werk Mariens'. In der DDR selbst wurde es für die FoBw möglich, sich nun problemlos öffentlich zu treffen. Darüber hinaus nutzte die FoBw ihre bereits vorhandenen Kontakte, um sich nun in den Ländern des Ostblocks weiter auszubreiten. In der DDR selbst entstanden bis 1990 zwölf Fokolare. Im Zuge der Wiedervereinigung verringerte sich die Anzahl der Fokolare allerdings wieder.

Eine zentrale Frage, die sich aufgrund der Gegenwart der FoBw in einem den christlichen Glauben unterdrückenden Staat stellte, war, welche Perspektive das MfS auf die Bewegung hatte. Anhand der vorliegenden Akten konnte herausgearbeitet werden, dass darin die Mitglieder der FoBw als fanatische Katholiken beschrieben werden. Darüber hinaus war die Staatsicherheit gerade in den ersten Jahren der Meinung, dass die FoBw mit konspirativen Methoden arbeite. Von diesem Standpunkt kam sie zunehmend ab, gab den Verdacht allerdings nie vollkommen auf. Ein Grund dafür könnte zum einen die Tatsache sein, dass kirchliche Veranstaltungen von der Anmelde- und Erlaubnispflicht für Versammlungen ausgenommen waren. Für die Gegner des politischen Systems bot diese Gesetzeslücke daher die Möglichkeit, sich im Rahmen der kirchlichen Zusammenkünfte zu treffen. Zum anderen versuchte die Staatssicherheit, wie der IM-Vorgang ‚Scharf' zeigte, durch die Überwachung der FoBw an Informationen über Gruppierungen zu gelangen, von denen sie annahm, dass sie staatsfeindlich tätig waren. Obwohl somit nicht zwangsweise die FoBw unter dem Verdacht der Konspiration stand, kann keinesfalls von einer Wertschätzung der FoBw gesprochen werden, wenn auch in den Akten die politische Neutralität und fachliche Kompetenz der italienischen Ärzte hervorgehoben werden. Speziell über die Aktivitäten der FoBw in der DDR war das Ministerium sehr gut informiert. Es besaß außerdem ein umfangreiches Wissen über die FoBw in der Bundesrepublik Deutschland und Italien sowie über die Spiritualität und Struktur der Bewegung. Allerdings waren die Kenntnisse des MfS abhängig von den Interpretationen der IM. Aus diesem Grund widersprechen sich die Informationen des MfS zum Teil oder lassen sich nicht immer zuordnen. Obwohl die Perspektive der Staatssicherheit oberflächlich war, lässt sich in den Akten im Ansatz ein theologisches Verständnis der spirituellen und strukturellen Ausrichtung der FoBw belegen. Von einem intellektuellen Nachvollzug im Detail kann jedoch nicht die Rede sein.[1034]

Es konnte belegt werden, dass die BOK sich grundsätzlich positiv gegenüber der FoBw positionierte. Die Bischöfe hatten die Hoffnung, dass die FoBw mit ihrer Spiritualität hilfreich für die Situation der Kirche in der DDR sein könnte. Ungeachtet dessen zeigten sie auch Skepsis. Die ungeklärte Struktur der Bewegung und die kirchenrechtlichen Entwicklungen in Italien bewegten sie dazu, einen abwartenden Standpunkt einzunehmen. Laut einer Stasiakte soll die FoBw mehr Gegner als Befürworter unter den kirchlichen Führungspersönlichkeiten gehabt haben. Laut einer Information von Julius Döpfner warfen unbekannte Personen der FoBw Enthusiasmus vor und beanstandeten, dass das Ziel der Einheit zu wenig greifbar sei. Deshalb erschien es Döpfner noch 1961 ratsam, die Bewegung zu beobachten und hinsichtlich ihrer psychologischen und theologischen Grundlagen zu prüfen. Auch die Ausbreitung der FoBw sollte zunächst beschränkt bleiben. Einer Meinung waren die Bischöfe mit Lubsczyk, dass die Existenz des Westberliner Fokolars zunächst nicht bekannt gegeben werden sollte. Die Zusammenarbeit sollte zunächst geklärt werden, sodass sich die Fokolare in die bereits bestehenden kirchlichen Strukturen einbringen konnten. Zwischen 1962 und 1963 beschloss die BOK, in jeder großen Stadt der DDR ein Fokolar zu gründen. Der bisherige Wissensstand, dass die FoBw 1966 im Bistum Dresden-Meißen anerkannt wurde, konnte widerlegt werden. Erst 1977 wurde die Bewegung im Bistum Berlin als *Pia Unio* approbiert. Das Bistum Erfurt folgte vermutlich in den 1980er-Jahren. Ob es in den anderen Bistümern auch zu Approbationen kam, konnte den vorliegenden Quellen nicht entnommen werden. 1982 sprach sich die BBK dafür aus, dass der FoBw wie anderen Orden das Recht zugestanden werden sollte, Reiseanträge zu stellen. Damit konnten die Mitglieder an Veranstaltungen der Bewegung teilnehmen, die den Generalkapiteln der Orden entsprachen.

Bezüglich des ökumenischen Dialogs der FoBw in der DDR konnte festgestellt werden, dass dieser in seinem Ausmaß keinesfalls mit dem in der Bundesrepublik vergleichbar ist. Obwohl sich zunehmend auch Mitglieder der evangelischen Landeskirchen auf Veranstaltungen in Städten fanden, blieb der Dialog mit anderen Konfessionen auf eine minimale Basisökumene beschränkt. Es bestätigte sich damit die These, dass dem geistlichen Aufbruch in den Pfarreien eine größere Priorität eingeräumt wurde als dem ökumenischen Dialog. Diese Schwerpunktsetzung ist sicherlich einerseits situationsbedingt, da sowohl die katholische Kirche als auch die evangelischen Landeskirchen mit den Repressionen des politischen Systems zu kämpfen hatten und somit mehr mit sich selbst beschäftigt waren. Andererseits trug auch die atheistische Gesellschaft auf jeden Fall dazu bei, dass es zunächst galt, den katholischen Pfarreien Stabilität zu verleihen. Als Beispiel dafür wurden die Bemühungen der Pfarrbewegung in der DDR angeführt und

1034 Vgl. Wolfgang Leist, Versammlungsrecht und Rechtsextremismus, 2003, 37; Siegfried Mampel, Die sozialistische Verfassung der Deutschen Demokratischen Republik, 2. Aufl., 1982, 718.

reflektiert. Nicht bestätigt hat sich dagegen die Vermutung, dass es aufgrund der in der DDR vorherrschenden atheistischen Weltanschauung zu einem ausgeprägten Dialog mit Menschen kam, die eine Existenz Gottes verneinten. In den vorliegenden Quellen gibt es für einen solchen Dialog eigentlich keine Indizien. Ein möglicher Grund dafür ist, dass die Fokolare sich an der Richtlinie der Bischöfe orientierten, die bis zu Beginn der 1980er-Jahre einen Primat der Neutralität verfolgten. Sicher ist jedoch, dass die Anwesenheit der Bewegung und ihrer Mitglieder nicht gefährdet werden sollte. Eine ideologische Konfrontation galt es daher zu vermeiden. Ein Desiderat bleibt die Erfassung der Ausbreitung der FoBw in die ehemaligen Länder des Ostblocks und nach Asien.

7.4 Ausblick

Zweifellos ist Benedikt XVI. Recht zu geben, wenn er das Glaubenszeugnis der Italienerin aus Trient hervorhebt und sich dafür ausspricht, dass das Charisma der Einheit weiter gepflegt werden sollte. Chiara Lubich war eine Pionierin des christlichen Glaubens im 20. Jahrhundert. Speziell in der Bundesrepublik Deutschland kam ihr Einsatz für die Einheit der Christen zur Geltung. In der DDR leisteten die Fokolare einen Beitrag zur Stabilisation des Glaubens unter Christen. Aber auch im interreligiösen Dialog sowie im Gespräch mit Atheisten bemühte sich die FoBw um Verständigung. 1977 wurde Chiara Lubich für ihr Engagement mit dem ‚Templeton-Preis für den Fortschritt der Religionen' ausgezeichnet und 1988 wurde ihr der Augsburger Friedenspreis verliehen[1035]. Auf der einen Seite steht somit eine große Mystikerin des 20. Jahrhunderts, deren Leitsatz es war, den Menschen durch die Neuevangelisierung des eigenen Lebens zu ermöglichen, das Evangelium zu lesen und neu zu schreiben. Auf der anderen Seite steht aber auch eine viel kritisierte Person. Im Rahmen der offiziellen Eröffnung des Seligsprechungsprozesses für Chiara Lubich am 27. Januar 2015 nahmen diese Stimmen wieder zu. Sektenartige Tendenzen sollen in der FoBw vorherrschen.[1036]

Es wird kritisiert, dass in der FoBw ein integralistisches Verständnis des Verhältnisses zwischen Christentum und Gesellschaft besteht. Unter Integralismus ist eine Haltung zu verstehen, die es aufgrund einer negativen Weltsicht ablehnt,

[1035] Bei diesen Auszeichnungen handelt es sich um eine kleine Auswahl. So war Chiara Lubich Ehrenpräsidentin der Weltkonferenz der Religionen für den Frieden und erhielt unter anderem im Jahr 2000 das Große Bundesverdienstkreuz der Bundesrepublik Deutschland (vgl. Stefan Ulz, Dreifaltigkeit leben, 2019, 71-74).

[1036] Vgl. Benedikt XVI.: Chiara Lubich, als Vorbild für Barmherzigkeit, Treue und missionarischen Eifer, in: https://de.zenit.org/articles/benedikt-xvi-chiara-lubich-vorbild-fur-barmherzigkeit-treue-und-missionarischen-eifer/ (27.07.2016, 12:14 Uhr); Wilhelm Schäffer, Erneuerter Glaube – verwirklichtes Menschsein, 1983, 173; Karl Heinz, Fleckenstein, Templeton-Preisträgerin Chiara Lubich, 1997, 4-7; Stefan Ulz, Dreifaltigkeit leben, 2019, 57; 71-74; Petra Steinmair-Pösel, Im Gravitationsfeld von Mystik und Politik, 2019, 275; Gordon Urquhart, Im Namen des Papstes, 1995, 22, 38-39, 42-43; Annegret Marenski, Die Gemeinschaft Sant'Egidio, 2021, 68-69.

das religiöse Denken der entsprechenden Zeit anzupassen. Dies trifft speziell auf den Modernismus zu. Es handelt sich um einen religiösen Totalitarismus, der sich dafür einsetzt, dass alle gesellschaftlichen Bereiche der kirchlichen Entscheidungsvollmacht unterstehen. Sicherlich kann aufgrund mancher spirituellen Ansätze der FoBw (z. B. die sieben Aspekte) der Eindruck entstehen, dass es das Ziel der Bewegung ist, eine christliche Gesellschaft nach kirchlichen Richtlinien zu gründen. Die Schwachstelle dieses Vorwurfs ist die unpolitische Haltung, durch die sich die FoBw in ihrer Geschichte auszeichnete. Die Intention der italienischen Laienbewegung ist die Neuevangelisierung der Gesellschaft durch das eigene Glaubenszeugnis und der damit verbundene Dienst an ihr. Ob es zu integralistischen Ansichten speziell innerhalb der Bewegungsbasis kommt und in welchem Ausmaß dies geschieht, kann weder eindeutig belegt noch widerlegt werden.[1037]

Weitere Vorwürfe, die gegenüber der FoBw geäußert werden, sind der Antirationalismus, der Antiintellektualismus, Sentimentalismus und Fundamentalismus. Chiara Lubich und ihre ersten Gefährtinnen führten gerade in der Anfangszeit ein stark an der Bibel orientiertes Glaubensleben. Obgleich sie dem Bischof eine Erklärung zum ‚Wort des Lebens' vorlegten, um Fehlinterpretationen zu vermeiden, kann nicht davon ausgegangen werden, dass die Gefahr eines wortwörtlichen Verständnisses der Perikopen gebannt war. Auch wenn die Bewegung inzwischen eine die Spiritualität förderliche Struktur für die Herausgabe des ‚Wort des Lebens' etabliert hat, ist die Auslegung der Bibelstelle abhängig vom Verständnis des Einzelnen. Damit stellen die oben genannten Vorwürfe Gefahren dar, wie hier am Beispiel des ‚Wort des Lebens' dargelegt, die mit Blick auf die Basis innerhalb der FoBw nicht unterschätzt werden sollten. Dies gilt ebenfalls für den kirchlicherseits scharf kritisierten Enthusiasmus, der in der Geschichte der Bewegung unter den Mitgliedern und Symphatisanten zum Vorschein kam. Zu berücksichtigen ist in diesem Kontext jedoch auch, dass die italienische Laienbewegung spätestens ab den 1950er-Jahren begann, ihr Charisma zu reflektieren. Personen wie der Aachener Bischof Klaus Hemmerle, Pasquale Foresi, Igino Giordani und Giuseppe Zanghi schlossen sich der FoBw an und stießen einen Reflexionsprozess an. Dieser führte unter anderem zur Gründung der *Scuola Abbà*. Trotz der Rolle, die die Erfahrung mit dem Wort der Heiligen Schrift im Alltag einnimmt, verschloss sich die FoBw folglich in ihrer Geschichte nicht der Vernunft.[1038]

Des Weiteren beanstanden Kritiker, dass autoritäre Tendenzen in der italienischen Laienbewegung existieren würden. Es ist nicht von der Hand zu weisen, dass auch in der FoBw der Gehorsam eine signifikante Rolle einnimmt. Die Fokolare legen ein Gehorsamsgelübde ab, in dem sie versprechen, im Vorstehenden

---

[1037] Vgl. Wilhelm Schäffer, Erneuerter Glaube – verwirklichtes Menschsein, 1983, 173-174; Chiara Lubich, Einheit als Lebensstil, 3. Aufl., 1989, 65-67; Franz Stegmann, Art. Integralismus, 3. Aufl., 2006, 549; Petra Steinmair-Pösel, Im Gravitationsfeld von Mystik und Politik, 2019, 275; Giuseppe Bernardi, I Focolarini: Da oggi la città di dio, 1978, 248.

[1038] Vgl. Wilhelm Schäffer, Erneuerter Glaube – verwirklichtes Menschsein, 1983, 174-175; Giuseppe Bernardi, I Focolarini: Da oggi la città di dio, 1978, 248.

den Vertreter Gottes wahrzunehmen und sich mit dessen Willen ‚einszumachen'. Jedoch betont das Charisma der Einheit eine dem Nächsten dienende Liebe. Dies gilt insbesondere für die Präsidentin. Die Gefahr des Autoritarismus besteht in der FoBw folglich dort, wo die dem Nächsten dienende Liebe sich in eine Liebe wandelt, die Hörigkeit einfordert. Dass diese Gefahr für die FoBw komplett auszuschließen ist, ist unwahrscheinlich. Außer Frage steht jedoch, dass der Gehorsam gegenüber der Kirche und deren Vertretern in der Geschichte der FoBw eine bedeutende Rolle einnahm. Er war ein gewichtiger Faktor im Rahmen der kirchlichen Anerkennung der italienischen Laienbewegung. Zwischenzeitlich warf Wilhelm Schäffer der Laienbewegung vor, dass sie sich der katholischen Kirche uneingeschränkt unterworfen habe, wodurch ihr erneuernder Impuls verloren gegangen sei. Konstruktive Kritik an der Kirche sei ihr fremd geworden. Dieser Standpunkt kann an dieser Stelle lediglich festgehalten werden. Generell sollte jedoch Gehorsam nicht mit Kirchenhörigkeit verwechselt werden. Vielmehr sind die Ausgangspunkte der Erneuerungsimpulse der ‚Neuen geistlichen Bewegungen' die Pflege des apostolischen Glaubens und die Loyalität zur Kirche.[1039]

Darüber hinaus führt Wilhelm Schäffer einige binnenkritische Gesichtspunkte an, die aus seinen Erfahrungen als Fokolar resultieren. Diese basieren laut ihm überwiegend auf ‚Verzerrungen des Ideals', die zwar nicht im Allgemeinen für die FoBw gelten, doch immer wieder mal vorkommen können. So vermutet Schäffer, dass vor allem in der Gen-Bewegung psychologische Wachstumsprozesse missachtet werden. Aber auch für andere Zweige der FoBw kann diese Problematik nicht komplett ausgeschlossen werden. Fakt ist, dass das Charisma der Einheit ein herausforderndes Sinn- und Wertesystem vom Menschen verlangt. Um sich selbst dem verlassenen Jesus öffnen zu können und sich mit dem Nächsten ‚einszumachen', bedarf es eines Reifungsprozesses. Der Mensch hat zuerst selbst Liebe zu erfahren und auf die Liebe Gottes vertrauen zu lernen. Psychischer Zwang hätte hier fatale Folgen. Ein gutes Beispiel sind die Bibelkreise, in denen die Teilnehmer von ihren Erfahrungen mit dem gelebten Wort berichten. Insofern ein Mitglied der Gruppe gezwungen wird, von Erlebnissen zu berichten, die es eigentlich gerne für sich behalten würde, besteht die Gefahr des ‚Seelenstriptease'. Es sollte jedem gestattet sein, sich in seinem eigenen Tempo mit dem Charisma der Einheit vertraut zu machen. Dasselbe gilt auch für den Umgang mit der menschlichen Sexualität, spricht sich doch Chiara Lubich in ihrem Buch *An die Gen* (1977) für ein am Vorbild Mariens orientiertes, jungfräuliches und ganz Gott gewidmetes Leben aus. Es besteht die Gefahr, dass dieses Ideal zur Ideologie verkommt, insofern durch Konformitätsdruck psychologische Wachstumsprozesse beeinflusst werden. Ebenso ist das spezifische Ziel der FoBw, den Einheitswunsch Jesu zu verwirklichen, an dieser Stelle zu hinterfragen. Chiara Lubich fordert zu einem steten ‚Einsmachen' auf, um zu einer Einheit in Christus und

---

[1039] Vgl. Giuseppe Bernardi, I Focolarini, 1978, 248; Wilhelm Schäffer, Erneuerter Glaube – verwirklichtes Menschsein, 1983, 175-176; Foresi Pasquale, Einladung zum Christsein, 1978, 93-94; Gordon Urquhart, Im Namen des Papstes, 1995, 62-64.

einem völlig übereinstimmenden Handeln sowie Denken zu gelangen. Die Gefahr ist, dass durch diese hohe Erwartungshaltung Einheitszwänge entstehen, die zur Aufgabe der eigenen Individualität führen können. Durch die daraus resultierende Ideologie der Einheit wird der ursprüngliche Gedanke, eine Einheit, die sich an der Trinität orientiert, ins Negative verkehrt. Um dem vorzubeugen, bedarf es einerseits eines ‚Sich-Einbringens' der eigenen Personen; andererseits ist die Bereitschaft notwendig, sich für den Gegenüberstehenden aufzuopfern. Es handelt sich um einen dynamischen Prozess, zu dessen Erfolg beide Komponenten gewahrt bleiben sollten. Neben diesen Gefahren, die auf der Missachtung von Wachstumsprozessen und Konformitätsdruck beruhen, ist auch auf die Problematik des Verhältnisses von Ortskirche und Bewegung einzugehen. Dass dies mit Spannungen verbunden sein kann, wurde bereits ausführlich im Kapitel über den innerkirchlichen Dialog erörtert. Aus diesem Grund sei nur kurz auf die Gefahr des mangelnden Miteinanders durch das Bewahren der eigenen Identität oder ein elitäres Verständnis am Beispiel der Pfarrbewegung eingegangen. So kann der Vorwurf, dass diese, wenn auch nicht verallgemeinert werden darf, mancherorts mehr Pfarrbewegung in der FoBw als Erneuerungsbewegung in der Pfarrei ist, nicht von der Hand gewiesen werden.[1040]

Gordon Urquhart[1041], der von 1967 bis 1976 Mitglied der Bewegung war, kritisiert neben den bereits angeführten Kritikpunkten, in denen sich zum Teil auch seine Meinung wiederfindet, noch eine vermeintliche Identifikation zwischen der Bewegung und Gott, durch die bei Mitgliedern die Angst geweckt werde, dass sie sich von Gott abwenden würden, wenn sie aus der FoBw austreten. Darüber hinaus wirft Urquhart der FoBw noch eine militante Mission vor. Diese verfolge das Ziel der Eingliederung in die Gemeinschaft. Es handelt sich hierbei um binnenkritische Gesichtspunkte, die nicht überprüft werden konnten. Diesen kann nur entgegnet werden, dass laut Chiara Lubich gelte, den Nächsten einfach zu lieben. Eine Liebe aber, die Interessen verfolgt, ist laut ihr keine echte Liebe mehr. Erst wenn das Gegenüber frage, so Lubich, sei es an der Zeit, Rede und Antwort zu stehen (vgl. 1 Petr 3,15b). Die Zeit spielt nach Lubich dabei keine Rolle. Gemäß diesen Aussagen der Trienterin handelt es sich um eine indirekte Evangelisierung, die sich durch das Leben des christlichen Glaubens vollzieht und den Mitmenschen weder belehren noch die Entscheidungsfreiheit nehmen will. Allerdings handelt es sich auch um einen idealistischen Ansatz, dessen alltägliche exakte Umsetzung unrealistisch erscheint.[1042]

[1040] Vgl. Chiara Lubich, An die Gen, 2. Aufl., 1977, 122-123; Wilhelm Schäffer, Erneuerter Glaube – verwirklichtes Menschsein, 1983, 176-179; Gordon Urquhart, Im Namen des Papstes, 1995, 43, 63, 72; Annegret Marenski, Die Gemeinschaft Sant'Egidio, 2021, 69.

[1041] Es wird auf eine Auswahl der Kritikpunkte von Gordon Urquhart eingegangen. Eine systematische Auseinandersetzung kann in dieser Arbeit nicht erfolgen.

[1042] Vgl. Chiara Lubich, Chiara Lubich und die Fokolar-Bewegung, 1982, 37-38; Chiara Lubich, Einheit als Lebensstil, 3. Aufl., 1989, 65-67; Petra Steinmair-Pösel, Im Gravitationsfeld von Mystik und Politik, 2019, 275; Gordon Urquhart, Im Namen des Papstes, 1995, 41, 51, 49-51.

Aktuell wird Chiara Lubich von dem Jesuiten Jean-Marie Hennaux vorgeworfen, dass sie sich als Mittlerin zwischen Gott und den Mitgliedern der FoBw sieht. Er führt dafür folgende Aussagen an:[1043]

> „Jede Seele der Fokolare hat ein Ausdruck von mir zu sein und nichts anderes. Mein Wort enthält all jene der Fokolarinnen und Fokolare. Ich fasse sie alle zusammen. Wenn ich so auftrete, haben sie sich von mir erzeugen zu lassen, mit mir zu kommunizieren. Auch ich habe ihnen wie Jesus zu sagen: ‚Und wer mein Fleisch ißt ... Um das Leben zu leben, das Gott ihnen gegeben hat, müssen sie von Gott genährt werden, der in meiner Seele lebt. Ihre Haltung mir gegenüber muss ein Nichts der Liebe sein, das nach meiner Liebe ruft."[1044]

Zweifellos ruft die Kritik von Hennaux starke Bedenken hervor, da es durchaus zu den Merkmalen von Sekten gehört, dass sie über eine sehr autoritäre Struktur verfügen und ihnen eine (charismatische) Person vorsteht, die vorgibt, im alleinigen Besitz der Wahrheit zu sein. Allerdings ist zu berücksichtigen, dass die Kritik von Hennaux sich auf einen einzigen Text stützt. Um jedoch zu einem standfesten Urteil zu kommen, bedarf es einer systematisch-theologischen Untersuchung der Texte von Chiara Lubich. Dies kann jedoch im Rahmen dieser Arbeit nicht geleistet werden und stellt ein Desiderat der Forschung dar. Auch sollte bei der Urteilsbildung bedacht werden, dass oft ehemalige Mitglieder sich aufgrund persönlicher Enttäuschungen kritisch äußern. Im Fall von Gordon Urquhart handelt es sich um Vorwürfe, die auf persönlichen Erfahrungen, die negativer Natur sind, basieren. Sein Buch *Im Namen des Papstes* (1995) ist keine Fallstudie, was bei der von ihm geäußerten Kritik zu beachten ist. Dass es sich bei der FoBw nicht um eine Sekte handelt, begründet Michael Hochschild durch die Tatsache, dass das Charisma der Einheit innerkirchlich verortet ist. Auch wenn die italienische Laienbewegung kirchlich approbiert wurde, bedeutet dies aber nicht, dass die genannten Vorwürfe niemals existent waren oder nicht problematisch sind. In den einzelnen Quellen, die dieser Arbeit zugrunde liegen, lassen sich durchaus vereinzelt Indizien für einen Personenkult um Lubich finden, wie ihn auch Urquhart erwähnt. Einzelne Mitglieder betrachten die Gründerin als Prophetin. Belegen lässt sich durch das

---

[1043] Vgl. Jean-Marie Hennaux, Les mouvements au regard de la théologie et de la spiritualité, 2017, 115-128; Klaus Wengst, Das Johannesevangelium, 2019, 216. Da die Orginalquelle, auf die sich Hennaux bezieht, nicht vorliegt, fehlt der konkrete Zusammenhang. Die Aussagen sind daher unter Vorbehalt zu verstehen.

[1044] „Chaque âme des Focolari doit être une expression de moi et rien d'autre. Ma Parole contient toutes celles des focolarines et des focolarini. Je les synthétise tous. Lorsque j'apparais ainsi, ils doivent donc se laisser générer par moi, communier avec moi. Moi aussi, comme Jésus, je dois leur dire: ‚Celui qui mange ma chair ...' Pour vivre la Vie que Dieu leur a donnée, ils doivent se nourrir du Dieu qui vit dans mon âme. Leur attitude devant moi doit être un rien d'amour qui appelle mon amour." (Zitiert nach: Jean-Marie Hennaux, Les mouvements au regard de la théologie et de la spiritualité, 2017, 116.)

Gutachten der Kommission der CEI der ausgelassene Enthusiasmus, der der FoBw ebenso von Gordon Urquhart zur Last gelegt wird. Letztendlich gilt aber, dass es sich bei den angeführten Punkten oftmals um Kritik handelt, die auf einer Binnenperspektive beruht. Nur einzelne Kritikpunkte konnten mit Hilfe der vorliegenden Quellen verifiziert oder falsifiziert werden. Die dargestellten Vorwürfe können daher nicht abschließend beurteilt werden. Zudem sollte man sich davor in Acht nehmen, von einzelnen Vorfällen auf die gesamte Bewegung zu schließen.[1045]

Bis auf wenige Ausnahmen hat die Gründungsgeneration der FoBw der Tod ereilt. Chiara Lubich selbst starb im Alter von 88 Jahren am 14. März 2008 in Rocca di Papa. Obwohl sie versuchte, die FoBw mit einer beständigen Basis zu versehen, durch welche die weitere Existenz und die Übergabe des Charismas an die nachfolgenden Generationen gesichert werden sollten, ist die Problematik der seit dem Ableben der Gründerin bestehenden Übergangsphase noch nicht bewältigt. Es ist eine allgegenwärtige Herausforderung für die aktuellen Mitglieder, das Charisma Chiara Lubichs an die nachkommenden Generationen weiterzureichen. Ungeachtet der Tatsache, dass sich die Fokolare dieser Aufgabe bewusst sind, kann keinesfalls bereits von einer erfolgreichen Bewältigung gesprochen werden. Es ist in dieser Angelegenheit Hanspeter Heinz zuzustimmen, der sich wie folgt dazu äußert:

> „Wenn die Gründungsphase an ihr natürliches Ende gekommen ist, muß eine Gemeinschaft erwachsen werden, neue Entscheidungsgremien und andere Institutionen aufbauen. Dabei sollte die Übergabe des ‚Betriebes' rechtzeitig erfolgen. Entscheidend bleibt dann: Gibt es Mitsprache und Kritik der Mitglieder gegenüber der Gründergestalt zu ihrer Lebenszeit und zum Führungsgremium, ist das erwünscht?"[1046]

Diese Aussage gilt zweifelsfrei auch für die FoBw und damit für Chiara Lubich. Allerdings bedarf es nicht nur einer Offenheit von den Fokolaren, sondern auch einer objektiv geführten und belegbaren Kritik. Dieses Vorgehen gehört sich schon aufgrund der Achtung, die Chiara Lubich aufgrund ihres Einsatzes für den Frieden und die Einheit unter den Völkern der Erde gebührt.

[1045] Vgl. Petra Steinmair-Pösel, Im Gravitationsfeld von Mystik und Politik, 2019, 275; Hansjörg Hemminger, Was ist eine Sekte?, 1995, 15; Rüdiger Hauth, Art. Sekten, 2000, 98, 100; Annegret Marenski, Die Gemeinschaft Sant'Egidio, 2021, 69; Michael Hochschild, Neue geistliche Gemeinschaften und Bewegungen – Prototypen einer Kirche als sozialem Netzwerk, 2000, 115; Ruth Nocke, Erfahrungsbericht, 1; Lucia Degasperi, Die Geschichte der Fokolarbewegung in der DDR und die Ausbreitung in die sozialistischen Länder, 1999, 3; Gordon Urquhart, Im Namen des Papstes, 1995, 38-39, 41, 61.

[1046] Hanspeter Heinz, Reflexion und Reform tun not, 1999, 630-631.

Literaturverzeichnis

1. Quellen

1.1 Ungedruckte Quellen

Archiv Ottmaring

Auszug aus dem Handelsregister, 16.3.1976. Begegnungszentrum. DOK 4.

Bea, Augustin: Grußwort von Kardinal Augustin Bea bei der Einweihung des Ökumenischen Lebenszentrums Ottmaring, 23.6.1968. Speciale Ottmaring ab 1960.

Betz, Regina: Erste deutsche Kontakte mit der Fokolar-Bewegung. FOK 2. Storia Germania.

Dies.: Geschichte des Ideals in Deutschland. FOK 2. Storia Germania.

Dies.: Meine Geschichte – Diesmal anders!, 2001. FOK 2. Storia Germania.

Bold, Johannes: Brief an Ursula Tscheschner / Südwestgeschichte für Chiara, 1998. FOK 2. Storia Germania.

Bretfeld, Helga: Erfahrungsbericht. FOK 2. Storia Germania.

Dietzfelbinger, Hermann: Grußwort zur Gründung des Ökumenischen Lebenszentrums in Ottmaring, 1965. Speciale inizi Ottmaring dal 1960.

Ders.: Interview mit Landesbischof Hermann Dietzfelbinger, 1981. ÖLZ Gästebuch.

Fasciotti, Vittorio: Vittorio Fasciotti erzählt seine Erfahrung in Deutschland im ersten Fokolar in Köln-Longerich, 1999. FOK 2. Storia Germania.

Fokolar-Bewegung: Fokolar-Bewegung in Deutschland, Österreich und der Schweiz, 2019. Storia Germania.

Gleich, Josef: Interview mit Pfarrer Josef Gleich, 1992. FOK 2. Storia Germania.

Heilkenbrinker, Johannes: Pater Hans Heilkenbrinker erzählt aus den ersten Zeiten des Ideals in Deutschland, 1988. FOK 2. Storia Germania.

Hercher, Rosemarie: Geschichte Nürnbergs – Anfangszeiten. FOK 2. Storia Germania.

Herrmann, Rudolf: Interview von Dr. Rudolf Herrmann mit Regina Betz und Helga Maria Rademacher, 1987. FOK 2. Storia Germania.

Kegler, Theo: Erfahrungsbericht, 1998. FOK 2. Storia Germania.

Ders.: Erinnerungen an die ersten Jahre in Deutschland, 1998. FOK 2. Storia Germania.

Kelz, Georg: Erfahrungsbericht. FOK 2. Storia Germania.

Kopie des Gesellschaftsvertrages, 16.12.1976. Begegnungszentrum. DOK 4.

Kopie des Gesellschaftsvertrages, 18.11.1975. Begegnungszentrum. DOK 4.

Ökumenisches Lebenszentrum Ottmaring: Mitteilungsblatt, 1976. ÖLZ. Jahresrundbriefe ab 1966.

Dass.: Mitteilungsblatt, 1977. ÖLZ. Jahresrundbriefe ab 1966.

Dass.: Mitteilungsblatt, 1979. ÖLZ. Jahresrundbriefe ab 1966.
Dass.: Mitteilungsblätter Nr. 1-2 und 4-13, 1966-1974. ÖLZ. Jahresrundbriefe ab 1966.
Dass.: Satzungen, 19. März 1972. ÖLZ Satzungen.
Dass.: Satzungen, 5. Juli 1965. ÖLZ Satzungen.
Pedrelli, Elody: Abschrift und Übersetzung der Tonbandaufzeichnung ‚Elody', 1998. FOK 2. Storia Germania.
Schilgen, Magdalena: Erfahrungsbericht (Blockschrift). FOK 2. Storia Germania.
Dies.: Handschriftlicher Erfahrungsbericht, 1998. FOK 2. Storia Germania.
Schlütter, Georg: Erfahrungsbericht. FOK 2. Storia Germania.
Ders.: Meine Begegnung mit dem Ideal in der Studenten- und Kaplanszeit, 1993. FOK 2. Storia Germania.
Sievers, Helmut: Wie ich die Fokolare kennenlernte, 1999. FOK 2. Storia Germania.
Stimpfle, Josef: Bischof Stimpfle (Augsburg) über Ottmaring beim ökumenischen Bischofstreffen in Istanbul 1984. ÖLZ Gästebuch.
Ders.: Wort zum Programm des Ökumenischen Lebenszentrums Ottmaring, 1965. Speciale inizi Ottmaring dal 1960.
Tscheschner, Ursula: Berlin – Ottmaring, 1998. FOK 2. Storia Germania.
Dies.: Berlin. FOK 2. Storia Germania.
Dies.: Die Anfänge der Bewegung in Deutschland, 1998. FOK 2. Storia Germania.
Dies.: Interview mit Adalbert Hienerwadel, 1998. FOK 2. Storia Germania.
Dies.: Wie habe ich die Fokolar-Bewegung kennengelernt. FOK 2. Storia Germania.
Unbekannt: Storia del Movimento in Germania dal 1972. 50 Jahre Fokolar-Bewegung. FOK 2. Storia Germania.
Unbekannter Verfasser: Berlin (Franziska Renner, Pino Tradico und Theo Kegler). FOK 2. Storia Germania.
Unbekannter Verfasser: Chronologie der Geschichte. Storia Germania.
Waha, Elfriede: Fokolare in Deutschland (1961-1998). FOK 2. Storia Germania.

Archiv der Redaktion ‚Neue Stadt', Ottmaring

Ballweg, Gabi: Neue Stadt – Leserbefragung. Durchgeführt im September / Oktober 1996.
Neue Stadt: Standardreport vom 14.10.1995.
Parlasca, Teresa: Chronik der Neuen Stadt, 2016.
Zeitschrift Neue Stadt: 3. Jahrgang. Nr. 10 bis 11 des Jahres 1960.
Zeitschrift Neue Stadt: 4. Jahrgang. Nr. 1 bis 12 des Jahres 1961.

Archiv des ‚Schweizerischen Diakonievereins', Rüschlikon

Frei, Gebhard: Zum Thema des Kirchentages, 16.10.1959. Ordner Nr. 27, SDV – Akten, Kirchentage 1960-1977.
Schelker, Jakob: Sitzungs-Protokoll des Kirchentagsausschusses, 4.2.1960. Ordner Nr. 27, SDV – Akten, Kirchentage 1960-1977.

Archiv Zwochau, Männer- und Frauenfokolar

Aufenthaltsgenehmigung Elisabeth Klose (Einweisungsnummer 826786). In: DFBO Archiv Zwochau / Frauenfokolar / 1. Focolare-Marschnerstr. in der DDR (Scan).

Aufenthaltsgenehmigung Natalia Dallapiccola (Einweisungsnummer 826787). In: DFBO Archiv Zwochau / Frauenfokolar / 1. Focolare-Marschnerstr. in der DDR (Scan).

Aufderbeck, Hugo: Brief an Hans Lubscyk, 20.6.1972. In: Archiv Zwochau / Männerfokolar / Geschichte des Werkes in der DDR und erste Zeiten (Gino Lubich) (Scan).

Bengsch, Alfred: Amtliche Mitteilungen des Bischöflichen Ordinariates 108 Berlin. Nr. 33: Errichtung des ‚Werkes Mariens' als Pia Unio, 1977. Dokumentationsgut / Zonengeschichte DDR.

Bericht über das Gespräch mit Bischof Huhn, 27.8.1973. Archiv Zwochau / Männerfokolar / Geschichte des Werkes in der DDR und erste Zeiten (Gino Lubich) (Scan).

Berliner Bischofskonferenz: Beschlüsse der Berliner Bischofskonferenz, 1984. In: Archiv Zwochau / Männerfokolar / Chronik (Scan).

Beyer, Roswitha: Erfahrungsbericht. In: DFBO Archiv Zwochau / Frauenfokolar / Mediothek / Storia Germania (Scan).

Dies.: Roswitha Beyer erzählt die Geschichte von Mercedes und Anne Kathrin Gonzales-Guntin, 2000. In: DFBO Archiv Zwochau / Frauenfokolar / Mediothekt / Storia Germania (Scan).

Bittner, Juliane: Fokolar-Bewegung: Mariapoli in Erfurt. In: St. Hedwigsblatt (1990), S. 8.

Bransch, Günther: Tonbandaufnahme, 21.12.1987. Archiv Zwochau / Frauenfokolar / Mediothek (Scan).

Brunetti, Fausto: Brief an Lucia Degasperi, 11. April 2002. In: Archiv Zwochau / Frauenfokolar / Storia della Zona (Scan).

Degasperi, Lucia: Brief an den Vorsitzenden der Abteilung für innere Angelegenheiten, 4. April 1984. In: Archiv Zwochau / Männerfokolar / Chronik (Scan).

Dies: Die Geschichte der Fokolar-Bewegung in der DDR und die Ausbreitung in die sozialistischen Länder, 1999. In: Archiv Zwochau / Frauenfokolar / Mediothek / Storia Germania (Scan).

Di Giacomo, Giuseppe: Erfahrung Ostdeutschlands für den Kongress der Pfarrbewegung, 1991. In: Archiv Zwochau / Männerfokolar / Werk Mariens in der DDR in der Presse / Vita di Zona (Scan).

Ders.: Esperienza della Germania or. per [sic!] il Congresso Mov. Parrocchiale, 1981.

Döpfner, Julius: Brief an Heinz Schürmann, 6.7.1961. Archiv Zwochau / Männerfokolar / Chronik (Scan).

Ders.: Brief an Joseph Gülden, 21.7.1960. Archiv Zwochau / Frauenfokolar / Mediothek (Scan).

Frisch, Margreth: Mit Natalia in Budapest. In: Archiv Zwochau / Frauenfokolar / Storia della Zona (Scan).

Dies.: Notizie di Margreth Frisch, zona di Lipsia/Germania. In: DFBO Archiv Zwochau / Frauenfokolar / Mediothek / Storia Germania (Scan).

Dies: Notizie di Margreth Frisch, zona di Lipsia/Germania. In: Archiv Zwochau / Frauenfokolar / Mediothek / Storia Germania (Scan).

Hohl, Monika: Lucia bedeutet: die Leuchtende. Lucia Degasperi. In: dem Leben entgegen / Heft 1. Archivbibliothek / Personengeschichte / Sammeltitel, S. 5-32.

Lubich, Chiara: Brief an Opilio Rossi, 4.1.1979. In: Archiv Zwochau / Männerfokolar / Schriftwechsel / Storia Opera anni 1960-1970.

Dies: Rede von Chiara Lubich über die Bewegung im Osten. In: Archiv Zwochau / Männerfokolar / Anfänge und Entwicklung DDR (Scan).

Lubscyk, Hans: Brief an Giuseppe Santanchè, 22. Dezember 1980.

Ders.: Die Geschichte der Ecumene in Leipzig und Ex-DDR, 1991. In: Archiv Zwochau / Frauenfokolar / Mediothek (Scan).

Ders.: Jahresbericht über den Stand des Werkes Mariens und seine Tätigkeit, 1981. Dokumentationsgut / Zonengeschichte / DDR.

M. F.: Ökumene – Erfahrungen. In: Archiv Zwochau / Frauenfokolar / Mediothek (Scan).

Markert, Mathias: Ökumene – Erfahrungen (kath. – ev.) im Werk Mariens aus der Sicht eines ev. Christen nach 10-jährigen Kontakten. In: Archiv Zwochau / Frauenfokolar / Mediothek (Scan).

Martin, Andreas: Besuch bei Bischof Weinhold, 1980. In: Archiv Zwochau / Männerfokolar / Geschichte des Werkes in der DDR und erste Zeiten (Gino Lubich) (Scan).

Mayerhofer, Sigrid: Erfahrungsbericht, 2010. In: Archiv Zwochau / Frauenfokolar / Mediothek / Storia Germania (Scan).

Dies.: Sigrid – Teil II / Zeittafel. In: Archiv Zwochau / Frauenfokolar / Mediothek / Storia Germania (Scan).

Dies.: Sigrid Mayerhofer erzählt beim Abendbrot – Einige Auszüge davon. Archiv Zwochau / Frauenfokolar / Mediothek / Storia Germania (Scan).

Mietvertrag zwischen Christa Krägelin und Dr. M. Frisch, 22.1.1962. In: Archiv Zwochau / Frauenfokolar / Mediothek / Storia Germania (Scan).

Neumann, Marlies: Storia di Marlies. In: Archiv Zwochau / Frauenfokolar / Storia della zona (Scan).

Nocke, Ruth: Erfahrungsbericht. In: Archiv Zwochau / Frauenfokolar / Mediothek / Storia Germania (Scan).

Pabsch, Eberhard: Daten Zone Leipzig. In: Archiv Zwochau / Männerfokolar / Allgemein (Scan).

Palazzini, Pietro: Brief an Padre Abdate, 31.1.1967. In: Archiv Zwochau / Männerfokolar / Schriftwechsel / Storia opera anni 1960-1970 (Scan).

Pasieka, Andrea: Erfahrungsbericht. In: Archiv Zwochau / Frauenfokolar / Mediothek / Storia Germania (Scan).

Pasieka, Gretel u. a.: Mosaiksteine für die Geschichte unserer Zone. In: DFBO Archiv Zwochau / Frauenfokolar / Mediothek / Storia Germania (Scan).

Peiffer, Ernst: Arbeitsvertrag zwischen dem St. Elisabeth-Krankenhaus Leipzig und Giuseppe Santanchè, 1964. In DFBO Archiv Zwochau / Männerfokolar / Clari (Scan).

Pietro, Palazzini: Brief an Agostino Meyer OSB, 27.10.1965. In: Archiv Zwochau / Männerfokolar / Schriftwechsel / Storia Opera anni 1960-1970 (Scan).

Rat der Stadt Leipzig: Brief an Margreth Frisch, 4.10.1961. In: Archiv Zwochau / Frauenfokolar / Mediothek / Storia Germania (Scan).

Rossi, Opilio: Brief an Chiara Lubich, 3.1.1979. In: Archiv Zwochau / Männerfokolar / Schriftwechsel / Storia Opera anni 1960-1970 (Scan).
Ders.: Monatsbericht an den Koordinierungsrat der violetten Zone Nord männlicher Teil, November 1983. In: Archiv Zwochau / Männerfokolar / Relazioni fatte Clari / 1983 (Scan).
Ders.: Brief an Joachim Kardinal Meisner, 18.11.1983. Archiv Zwochau / Männerfokolar / Chronik / Dokumente (Scan).
Santanchè, Giuseppe: Bericht, Dezember 1990. In: Archiv Zwochau / Männerfokolar / Relazione fatte Clari / 1990 (Scan).
Ders.: Bericht. In: Archiv Zwochau / Frauenfokolar / Mediothek / Storia Germania (Scan).
Ders.: Breve relazione della DDR dal 15 febbraio 81 al 15 aprile 1981. In: Archiv Zwochau / Männerfokolar / Relazioni fatte Clari / 1981.
Ders.: Brief an Chiara Lubich, 21.1.1982. In: Archiv Zwochau / Männerfokolar / Relazione fatte Clari / Briefe (Scan).
Ders.: Monatsbericht an den Koordinierungsrat der violetten Zone Nord männlicher Teil, Juli 1985. Archiv Zwochau / Männerfokolare / Relazioni fatte Clari / 1985 (Scan).
Ders.: Monatsbericht an den Koordinierungsrat der violetten Zone Nord männlicher Teil, Februar 1984. Archiv Zwochau / Männerfokolare / Relazioni fatte Clari / 1984 (Scan).
Ders.: Monatsbericht an den Koordinierungsrat der violetten Zone Nord männlicher Teil, November 1984. In: Archiv Zwochau / Männerfokolare / Relazioni fatte Clari / 1984 (Scan).
Ders.: Monatsbericht an den Koordinierungsrat der violetten Zone Nord männlicher Teil, Juli 1985. In: Archiv Zwochau / Männerfokolare / Relazioni fatte Claria / 1985 (Scan).
Ders.: Monatsbericht an den Koordinierungsrat der violetten Zone Nord männlicher Teil, Juni 1985. In: Archiv Zwochau / Männerfokolare / Relazioni fatte Clari / 1985 (Scan).
Ders.: Monatsbericht an den Koordinierungsrat der violetten Zone Nord männlicher Teil, März 1984. Archiv Zwochau / Männerfokolare / Relazioni fatte Clari / 1984 (Scan).
Ders.: Monatsbericht an den Koordinierungsrat der violetten Zone Nord männlicher Teil, November 1981. Archiv Zwochau / Männerfokolar / Relazioni fatte Clari / 1981 (Scan).
Ders.: Monatsbericht an den Koordinierungsrat der violetten Zone Nord männlicher Teil, Juni 1986. In: Archiv Zwochau / Männerfokolare / Relazioni fatte Clari / 1986 (Scan).
Ders.: Monatsbericht an den Koordinierungsrat der violetten Zone Nord männlicher Teil, August 1986. In: Archiv Zwochau / Männerfokolare / Relazioni fatte Clari / 1986.
Schaffran, Gerhard: Bestätigung der Vertreter der Fokolar-Bewegung, 11.2.1987. In: Archiv Zwochau / Frauenfokolar / Storia della zona.
Ders.: Brief an Giuseppe Santanchè, 10.6.1980. In: Archiv Zwochau / Männerfokolar / Geschichte des Werkes in der DDR und erste Zeiten (Gino Lubich).
Schmidt, Erika: Ökumene – Erfahrungen. In: Archiv Zwochau / Frauenfokolar / Mediothek (Scan).
Schwind, Joachim: Beitrag von Chiara Lubich für die Einheit der Völker im Osten. Berlin als Drehscheibe aller Aktivitäten. In: Archiv Zochau / Frauenfokolar / Mediothek / Storia Germania (Scan).

Sekretär der Berliner Bischofskonferenz: Beschlüsse der Berliner Bischofskonferenz, 14.7.1982. In: Archiv Zwochau / Frauenfokolar / Mediothek.
Timpe, Klaus: Die Geschichte der Pfarrei-Bewegung in Ostdeutschland, 2013. In: Archivbibliothek / Pfarrbewegung.
Tscheschner, Ursula: Es begann am 10. Mai 1926. In: Archiv Zwochau / Frauenfokolar / Mediothek / Storia Germania (Scan).
Dies.: Chronik der Geschichte in Deutschland, 1998. In: Archiv Zwochau / Männerfokolar / Geschichte des Werkes in der DDR und erste Zeiten (Scan).
Dies.: Entstehung des Berliner Fokolares, 2004. In: Archiv Zwochau / Frauenfokolar / Mediothek / Storia Germania (Scan).
Dies.: Geburt des Berliner Fokolares, 2004. In: Archiv Zwochau / Frauenfokolar / Mediothek / Storia Germania (Scan).
Dies.: Geschichte der Fokolar-Bewegung in Deutschland, 1998 (Ergänzungen bis 2008). In: Archiv Zwochau / Männerfokolar / Geschichte des Werkes in der DDR und erste Zeiten (Scan).
Unbekannt: 30 Jahre Ökumene in der DDR. In: Archiv Zwochau / Frauenfokolar / Mediothek (Scan).
Unbekannt: Bericht an Kardinal Bengsch, 1971. Archiv Zwochau / Männerfokolar / Mediothek (Scan).
Unbekannt: Bericht über die Mariapoli an die Bischöfe, 17.8.1985. In: Archiv Zwochau / Männerfokolar / Mariapoli (1985 – 1989) (Scan).
Unbekannt: Bericht über die Mariapoli an die Bischöfe, 1985.
Unbekannt: Bericht über die Mariapoli in Görlitz, 1986.
Unbekannt: Bericht über die Mariapoli in Görlitz, 1986. In: Archiv Zwochau / Männerfokolar / Mariapoli (1985-1986).
Unbekannt: Breve historie [sic!] della vita dell'ideale nella DDR. In: Archiv Zwochau / Männerfokolar / Chronik (Scan).
Unbekannt: Brief an Bischof Schaffran, 6. Januar 1981.
Unbekannt: Brief an Bischof. In: Archiv Zwochau / Männerfokolar /Bischöfe.
Unbekannt: Brief an Gerhard Schaffran, 6.1.1981. In: Archiv Zwochau / Männerfokolar / Geschichte des Werkes in der DDR und erste Zeiten (Gino Lubich) (Scan).
Unbekannt: Chronologische Überblicke. In: Archiv Zwochau / Männerfokolar / Chronik (Scan).
Unbekannt: Die Geschichte der Fokolar-Bewegung in der ehemaligen DDR und die Entwicklung von Zwochau, 2005. In: Archiv Zwochau / Frauenfokolar / Storia della zona (Scan).
Unbekannt: Die Verwirklichung der Gedanken vom Corpus Christi mysticum seit der Bibeltagung im Juli 1960. In: Archiv Zwochau / Frauenfokolar / Mediothek.
Unbekannt: Entwicklung der Kontakte des Werkes Mariens mit der Öffentlichkeit. In: Archiv Zwochau / Männerfokolar / Chronik (Scan).
Unbekannt: Frau, siehe dein Sohn, 1998. In: Archiv Zwochau / Frauenfokolar / Storia della zona.

Unbekannt: Geschichte der Fokolar-Bewegung in der DDR, 2002. In: Archiv Zwochau / Frauenfokolar / Storia Germania (Scan).
Unbekannt: Geschichte der Zone, 2008. In: Archiv Zwochau / Frauenfokolar / Storia della zona (Scan).
Unbekannt: Informationen über die Fokolarbewegung am 15.6.2005 im Seniorenkreis der Liebfrauengemeinde in Leipzig-Lindenau. In: Archiv Zwochau / Frauenfokolar / Mediothek / Storia Germania (Scan).
Unbekannt: Lebenslauf Natalia Dallapiccola, 1996. In: Archiv Zwochau / Frauenfokolar / Mediothek / Storia Germania (Scan).
Unbekannt: Lebenslauf Natalia Dallpiccola, 1996. In: Archiv Zwochau / Frauenfokolar / Mediothek / Storia Germania (Scan).
Unbekannt: Lebenslauf von Lucia Degasperi, 1996. In: Archiv Zwochau / Frauenfokolar / Mediothek / Storia Germania (Scan).
Unbekannt: Mariapoli in Magdeburg, 1977. In: Archiv Zwochau / Männerfokolar / Geschichte des Werkes in der DDR und erste Zeiten (Gino Lubich) (Scan).
Unbekannt: Ökumene – Bericht, 24.9.1987. In: Archiv Zwochau / Frauenfokolar / Mediothek (Scan).
Unbekannt: Registrat zu den Ausführungen von Domvikar Elsner, 16.11.1970. Archiv Zwochau / Männerfokolar / Geschichte des Werkes in der DDR und erste Zeiten (Gino Lubich) (Scan).
Unbekannt: Stichpunkte der ersten Kontakte nach Polen. In: Archiv Zwochau / Frauenfokolar / Mediothek / Storia Germania (Scan).
Unbekannt: Stichpunkte zur Geschichte des Mariapolizentrums. In: Archiv Zwochau / Männerfokolar / Chronik (Scan).
Unbekannt: Stichpunkte. Archiv Zwochau / Frauenfokolar / Mediothek / Storia Germania (Scan).
Unbekannt: Überblick über den gegenwärtigen Stand der Fokolar-Bewegung, 1972. In: Archiv Zwochau / Männerfokolar / Bischöfe (Scan).
Vesper, Heike: Erfahrung Heike Vesper, 1997. In: Archiv Zwochau / Frauenfokolar / Mediothek (Scan).
Wanzek, Dorothee: Ihre Arztpraxis hatte Ausstrahlung. Margreth Frisch verhalf der Fokolarbewegung zur Ausbreitung in der DDR. In: Archiv Zwochau / Männerfokolar / Geschichte des Werkes in der DDR und erste Zeiten (Scan).
Wypler, Georg: Bericht an den Generalvikar, 18.3. 1987. In: Archiv Zwochau / Männerfokolar / Chronik / Dokumente (Scan).
Zilske, Wolfram: Grundriß zur Geschichte des ‚Werkes Mariens', 2000. In: Archiv Zwochau / Männerfokolar / Anfänge und Entwicklung DDR (Scan)
Ders.: Zur Geschichte des ‚Werkes Mariens' in Ostberlin. In: Archiv Zwochau / Männerfokolar / Anfänge und Entwicklung DDR (Scan).

Archiv der Behörde des Bundesbeauftragten für die Stasiunterlagen, Berlin

Lfd. Nr.	Archivsignatur	Bd.	Seite(n)	Deckblätter	Anzahl Seiten
4	MfS AP 12172/92		1; 5-10	1	7
6	MfS BV Eft AOPK 1657/86		24-29; 33; 34; 42; 63; 64	1	11
7	MfS AP 5858/71		5; 9-12; 14; 15; 38; 39; 50; 65; 72; 79; 80; 85; 88-90	1	18
8	MfS AP 4846/92		55; 56; 64; 66	1	4
8	MfS BV Ddn AOP 1131/70		34; 40; 44; 51-54; 57; 58; 61; 62; 64-68; 70-80; 83-91; 94; 96-98;102-110; 112; 113; 116; 124; 125; 128-133	1	60
9	MfS GH 30/66	3	362-365; 374; 381; 386-388	1	9
10	MfS 12718/92		2	1	1
11	MfS AIM 2767/89	I	2-8: 11-15; 33; 57-60; 64-70; 80-88; 100-102; 107; 109; 111; 129; 133; 134; 174-177; 181-185	1	50
12	MfS AIM 2767/89	II	2-11; 13-15: 17_26; 29-35; 37; 54-61; 76-81; 99-103	1	50
13	MfS HA XX/4 1573		2; 3	1	2
14	MfS HA XX/4 370-375		27-35; 38-54; 57; 59; 72-76; 91; 130; 135; 140; 154; 187-189; 262-280	1	60
15	MfS HA XX/4 2504		1; 8; 10; 28; 30	1	5
16	MfS HA XX/4 419		24-26; 44-47; 51; 52; 60-73; 189; 192; 193; 195-197	1	35

Akten der Staatssicherheit aus dem Archiv der FoBw in Zwochau					
	MfS AKK 10556/77		8; 10-11	1	3
	MfS Allg. P. 12250/66		20-21; 23-25; 28-30	1	9

Deutschlandarchiv der Fokolar-Bewegung, Ottmaring

Betz, Regina: Mein Leben in Rußland. Vortrag am 1. Febr. 2009 in Ottmaring an meinem 88. Geburtstag. In: Dokumentationsgut. Zonengeschichte, Violette Zone, Textziffer 3 Russland.

Degasperi, Lucia: Wegbereiterin für das Ideal. In: dem Leben entgegen. Heft 1. Archivbibliothek. Personengeschichte.

Fasciotti, Vittorio: Chronologie der Fokolar-Bewegung in Deutschland, Stand 2016. Archivbibliothek.

Gälli, Anton: Città Nuova / Neue Stadt. Zusammenfassende Wiedergabe für die Leser deutscher Sprache aus der Nummer vom 20.9.1957 (Vervielfältigung). Archivbibliothek.

Giordani, Igino: Storia del Movimento dei Focolari I. Rocca di Papa: 1977.

Ders.: Storia del Movimento dei Focolari II. Rocca di Papa: 1978.

Ders.: Storia del Movimento dei Focolari III. Rocca di Papa: 1978.

Haendly, Wolfgang: Interview von Regina Betz mit Prälat Dr. Haendly, 1987. Dokumentationsgut, Personengeschichte, DDR, Haendly.

Kursskripte der ‚Ökumenischen Schule Ottmaring' der Jahrgänge 1982/83 bis 1989/90 (Kurs 1 bis 6).

Lubich, Chiara: Brief an Johannes Heilkenbrinker: Carissimi Fratelli della Germania che vivete ed amate l'ideale, 2. August 1959. Textdokumentation des Männerfokolars Hannover, Chiara 1958-1965.

Dies.: Discorso di Chiara Lubich al XIX Congresso Eucaristico Nazionale. Pescara 15.09.1977. In: Deutschland-Archiv der FoBw Ottmaring, Bestandsgruppe Männer-Fokolar Nürnberg. Ordner: 1977-1979.

Oswald, Peter: Geschichtliche Angaben zur Zonette Hannover, 2007. Dokumentationsgut, Werkgeschichte in Westdeutschland ohne DDR, Zonettengeschichte Hannover.

Schweers, Helmut: Eckpunkte zur Geschichte der Zonette Hamburg, 2005. Dokumentationsgut, Werkgeschichte in Westdeutschland ohne DDR, Zonettengeschichte Hamburg.

Ders.: Vorstellung der Zonette Hamburg, 2005. Dokumentationsgut, Werkgeschichte in Westdeutschland ohne DDR, Zonettengeschichte Hamburg.

Stedile, Aldo: Die ökumenischen Schulen des Werkes. In: Redemanuskript der ‚Ökumenischen Schule Ottmaring', Kurs 5 1987/88, S. 7-15. Archivbibliothek.

Stimpfle, Josef: Gemeinsame Quellen und Wurzeln unseres Glaubens. In: Redemanuskript der ‚Ökumenischen Schule Ottmaring', Kurs 1 1982/83, S. 1-11. Archivbibliothek.

Tomasi, Bruna: Die Spiritualität der Fokolar-Bewegung und ihr Beitrag zur Ökumene. In: Redemanuskript der ‚Ökumenischen Schule Ottmaring', Kurs 2 1983/84, S. 81-102. Archivbibliothek.

Tscheschner, Ursula: Geschichte der Fokolar-Bewegung in Deutschland, 1998. Dokumentationsgut, Werkgeschichte in Westdeutschland ohne DDR, Gesamtdarstellungen.

Dies.: Hannover, 1998. In: Deutschlandarchiv der Fokolar-Bewegung. Ottmaring. Dokumentationsgut, Werkgeschichte in Westdeutschland ohne DDR, Zonettengeschichte Hannover.

Unbekannter Verfasser: Studienprogramm der ‚Ökumenischen Schule Ottmaring'. Übersicht über die Themen der Kurse 1 (1982/83) bis 8 (2001/02). Archivbibliothek.

Wieneke, Marlis: Eine Familie wächst ... Augenblicke im Leben der Zone Hannover, Stand 1986. Dokumentationsgut, Werkgeschichte in Westdeutschland ohne DDR, Zonettengeschichte Hannover.

Zilske, Wolfram (Bearbeiter): Zonetten – Chronik Hannover, 2012. Dokumentationsgut, Werkgeschichte in Westdeutschland ohne DDR, Zonettengeschichte Hannover.

Ders.: Diplomarbeit König, 2007. Dokumentationsgut, Zonengeschichte DDR.

Ders.: Grundriß zur Geschichte des ‚Werkes Mariens' (Fokolar-Bewegung) in der DDR (1957-1990), 26.1.2000. Dokumentationsgut, Werkgeschichte 2. Deutschland.

Diözesanarchiv des Erzbistums Freiburg

Frings, Joseph: Tagesordnung der Fuldaer Bischofskonferenz, 12.7.1961. In: Nachlass des Bischofs Hermann Schäufle des Bistumarchivs Freiburg (NB 11 – Karton 100-3).

Unbekannter Verfasser: Gutachtenentwurf, 14.8.1961. In: Nachlass des Bischofs Hermann Schäufle des Bistumarchivs Freiburg (NB 11 – Karton 100-3).

Diözesanarchiv des Bistums Dresden-Meißen

Bistum Dresden-Meißen: Rundschreiben Nr. 91, 16.6.1966.

Diözesanarchiv des Erzbistums Berlin

Döpfner, Julius: Schreiben an Titularerzbischof Alberto Castelli, 24.5.1961. In: Nachlass Prälat Haendly des Bistumsarchivs Berlin (DAB V / 9–107).

Ders.: Aktennotiz, 4.9.1961. In: Nachlass Prälat Haendly des Bistumsarchivs Berlin (DAB V / 9–107).

Haendly, Wolfgang: Zusammenfassung, 25.8.1961. In: Nachlass Prälat Haendly des Bistumsarchivs Berlin (DAB V / 9–107).

Diözesanarchiv des Erzbistums Köln

Totenzettel des Prälaten Josef Koenen. In: Bestand ‚Sammlung Personalia' des Diözesanarchivs Köln.

Diözesanarchiv des Erzbistums München-Freising

Erren, Manfred / Erren, Adele: Kritische Mitteilungen zur sogenannten Fokolar-Bewegung. In: Nachlass von Bischof Julius Kardinal Döpfner des Diözesanarchives München-Freising (45 Foc / 1967-1976).

Haendly, Wolfgang: Übersetzung des Gutachtens der Italienischen Bischofskonferenz, 17.10.1961. In: Nachlass von Bischof Julius Kardinal Döpfner des Diözesanarchives München-Freising (45 Foc / 1960-1965).

Ciriaci, Pietro: Brief an Giuseppe Siri, 28.3.1962. In: Nachlass von Bischof Julius Kardinal Döpfner des Diözesanarchives München-Freising (45 Foc / 1962).

Palazzini, Pietro: Brief an Stanislao Amilcare Battistelli, 7.9.1962. In: Nachlass von Bischof Julius Kardinal Döpfner des Diözesanarchives München-Freising (45 Foc / 1962).

Diözesanarchiv des Bistums Erfurt

Gülden, Joseph / Lubszyk, Hans: Bericht über die Focolarini an Julius Döpfner, 12.7.1960. In: A VIII c 22, Focolarini, 1960-1989.

Protokoll der Berliner Ordinarienkonferenz, 3. / 4. Juli 1961.

Sterzinsky, Georg: Brief an Theodor Schmitz, 18.8.1981. In: A VIII c 22, Focolarini, 1960-1989.

Klaus-Hemmerle-Archiv, Ottmaring

Hemmerle, Klaus: Brief an die ‚Freunde im Wort', Advent 1977. Klaus-Hemmerle-Nachlassverwaltung, Ordner Rundbriefe: Weihnachten, Ostern, Freunde im Wort, Schule. Register: Briefe an die ‚Freunde im Wort'.

Schruers, Paul: Persönliches Zeugnis [Redemanuskript]. Klaus-Hemmerle-Nachlassverwaltung, Ordner Zeugnisse über Klaus Hemmerle anlässlich seines Todes. Register: Katholische Bischöfe.

Ders.: Persönliches Zeugnis ohne Titel, 27.12.1994. Klaus-Hemmerle-Nachlassverwaltung, Ordner Zeugnisse über Klaus Hemmerle. Register: Persönliche Zeugnisse katholischer Bischöfe.

Landeskirchliches Archiv der Evangelisch-Lutherischen Kirche in Bayern

LAELKB: Vorarbeiten zum Bayerischen Pfarrerbuch. Nürnberg. Information vom 27.12.2016 von Annemarie Müller erhalten.

Archiv der Kapuziner, Genua (Italien)

Ciriaci, Pietro: Brief an Agatangelo da Langasco, 28.3.1962. In: Nachlass Agatangelo OFMCap. Nomina ad assistente del Movimento Focolarini.

Ders.: Brief an Giuseppe Siri, 28.3.1962. Nachlass Agatangelo OFMCap. Corrispondenza con Sacra Congregazione del Concilio 1962-1964.

Ders.: Dekret der Konzilskongregation, 5.12.1964. In: Nachlass Agatangelo OFMCap. Corrispondenza con Sacra Congregazione del Concilio (1962-1964).

Da Langasco, Agatangelo: Brief an Montini, 22.2.1963. In: Nachlass Agatangelo OFMCap. Corrispondenza con Sacra Congregazione del Concilio (1962-1964).

Ders.: Brief an Pietro Ciriaci, 6.4.1962. In: Nachlass Agatangelo OFMCap. Nomina ad assistente del Movimento Focolarini.

Ders.: Primo Relazione dell'Assistente P. Agatangelo da Langasco, 9.10.1964. In: Nachlass Agatangelo OFMCap. Prima Relazione al vescovo Pietro Palazzini.

Ders.: Relazioni sul Movimento die Focolari. In: Nachlass Agatangelo OFMCap. Movimento Focolarini Rapporti con la sacra Congregazione del Concilio. 1961-1965.

Fondi, Enzo: Relazione Attivita' del Movimento dei Focolari nella DDR dall'estate 1962 al febbraio 1963. In: Nachlass Agatangelo OFMCap. Relazione attivité svolte a Hellsinki 1962 e nella DDR 1962-1963.

Foresi, Pasquale: Brief an Agatangelo da Langasco infolge des Abschlusses der Apostolischen Visitation, 15.12.1964. In: Nachlass Agatangelo OFMCap. Corrispondenza con don Pasquale Foresi (1963-1965).

Ministro Generale O.F.M.Cap: Brief der Curia Generalis FF. Minorum Capuccinorum, 5. Juni 1951. In: Nachlass Agatangelo OFMCap. Corrispondenza di p. Agatangelo con Chiara Lubich / P. Casimiro / don Foresi (1949-1965).

Opera di Maria: Premesse, 1963. In: Nachlass Agatangelo OFMCap. Dati statistici – Autunno 1963.

Dass.: Statistiche sezione maschile, 1963. In: Nachlass Agatangelo OFMCap. Dati statistici – Autunno 1963.

Dass.: Statistiche sezione femminile, 1963. In: Nachlass Agatangelo OFMCap. Dati statistici – Autunno 1963.
Ottaviani, Alfredo: Brief von Alfredo Ottaviani an Pietro Ciriaci, 23. März 1962. In: Nachlass Agatangelo OFMCap. Corrispondenza con Sacra Congregazione del Concilio (1962-1964).
Palazzini, Pietro: Brief an Stanislao Battistelli, 7.9.1962. In: Nachlass Agatangelo OFMCap. Corrispondenza con Sacra Congregazione del Concilio (1962-1964).
Parente, Pietro: Brief an Pietro Ciriaci, 23.3.1962. In: Nachlass Agatangelo OFMCap. Corrispondenza con Sacra Congregazione del Concilio (1962-1964).
Statuto della Pia Associazione Maschile ‚Opera Maria'. In: Nachlass Agatangelo OFMCap. Movimento Focolarini. Progetto Statuti 1961.
Unbekannt: Brief an das Allgemeine Kommissariat der Kapuziner, 4.4.1951. In: Nachlass Agatangelo OFMCap. Corrispondenz di p. Agatangelo con Chiara Lubich / P. Casimiro / don Foresi (1949-1965).
Unbekannt: Brief vom Allgemeinen Kommissariat der Kapuziner, 25.3.1951. In: Nachlass Agatangelo OFMCap. Corrispondenz di p. Agatangelo con Chiara Lubich / P. Casimiro / don Foresi (1949-1965).

Päpstlicher Rat der Laien

Werk Mariens – Fokolar-Bewegung: Allgemeines Statut. In der vom Päpstlichen Rat für die Laien mit Dekret vom 15. März 2007 (Aktenzeichen 522/07/S-61/A-23) anerkannten Fassung.

1.2 Mündliche Quellen

Interview mit Gabi Ballweg und Joachim Schwind vom 7. August 2015 (Anhang Nr. 6).
Interview mit Linda Schuster und Gudrun Kraft vom 8. April 2016 (Anhang Nr. 7).

1.3 Gedruckte Quellen

Arnaldo, Diana: Die Bewegung der Fokolare. München u. a.: Neue Stadt 1975.
Baetz, Winfried.: Die Tage in Düsseldorf. In: Neue Stadt 10 (1982), S. 14-15.
Bahlmann, Christian: Die Entdeckung meines Lebens. In: Neue Stadt 12 (1998), S. 17-19.
Balbo, Andrea: Sich vom Geist führen lassen. Ein Gespräch über die Anfänge der Fokolar-Bewegung. In: Das Prisma 1 (1998), S. 26-31.
Behr, Clemens: Hinter der Mauer. In: Neue Stadt 7/8 (2011), 23-25.
Benedikt XV.: Spiritus Paraclitus. In: AAS 12 (1920), S 385-442.
Benning, Hermann: Gen Rosso. Kurzporträt der internationalen Band. München u. a.: Neue Stadt 1981.
Betz, Regina: Immer im Aufbruch, immer getragen. Erinnerungen. München u. a.: Neue Stadt 2014.

Dies.: Kein frommes Hobby. In: Neue Stadt 11 (1968), S. 4-10.
Bittner, Juliane u. a.: Jenseits der Mauer. In: Neue Stadt 1 (1992), S. 13-16.
Dies.: Hoffnung auf eine geeinte Welt. In: Tag des Herrn, 40. Jg., Nr. 25, 24. Juni 1990, S. 7.
Boselli, Guglielmo: 30 Jahre danach. Die Fokolare-Bewegung, in: Neue Stadt 4 (1974), S. 17-20.
Ders.: È venuto a trovarci il papa. In: Città Nuova 17 (1984), S. 34-37.
Ders.: La formula di Citta' nuova. In: Città Nuova 13 (1986), S. 52-57.
Breuer, Hans: Für eine Welt ohne Haß und Intoleranz. In: Menacher, Peter (Hg.): Gelebtes Miteinander. Der Preis Augsburger Friedensfest und seine ökumenischen Impulse. Augsburg: Wißner 1997, S. 81-83.
Busellato, Gianni: Bischof der Weltkirche. In: Neue Stadt 12 (1977), S. 28-30.
Calmbach, Marc: Glaube und Religion. In: Calmbach, Marc u. a.: Wie ticken Jugendliche? Lebenswelten von Jugendlichen im Alter von 14 bis 17 Jahren. Wiesbaden: Springer 2016, S. 335-376.
Clemens von Rom. Epistola ad corinthios. Brief an die Korinther. Übersetzt und eingeleitet von Gerhard Schneider. In: Brox, Norbert u. a. (Hg.): Fontes Christiani. Bd. 15. Freiburg i. Br. u. a.: Herder 1994.
D. K. / G. W.: Auf großer Fahrt. In: Altenburger Wochenblatt, Jg. x, Nr. x, 6. April 1990.
De Luca, Graziella: Zwischen Traum und Wirklichkeit. In: Squarzon, Clara / Sievers, Helmut (Hg.): Damals als alles anfing ... Zürich u. a.: Neue Stadt 1985, S. 43-53.
Decker, Kerstin: Leute in Leipzig. In: Leipziger Volkszeitung, 108. Jg., Nr. 129, 06.06.2002, S. 19.
Decker, Michael: Ökumenisches Lebenszentrum Ottmaring. In: Decker, Michael / Schmid, Severin (Hg.): Ökumenisches Lebenszentrum Ottmaring. München u. a.: Neue Stadt 2008, S. 91-111.
Ders.: Zeithintergrund. In: Decker, Michael / Schmid, Severin (Hg.): Ökumenisches Lebenszentrum Ottmaring. München u. a.: Neue Stadt 2008, S. 91-111.
Degasperi, Lucia: Die Zeit, die Du mir lässt, Herr ... Leben in Grenzsituationen. In: Das Prisma 7 (1995), Heft 2, S. 43-47.
Dekret über das Apostolat der Laien Apostolicam actuositatem. In: AAS 58 (1966), S. 837-864.
Dekret über die Hirtenaufgabe der Bischöfe in der Kirche. In: AAS 58 (1966), S. 673-696.
Denzinger, Heinrich / Hünermann, Peter (Hg.): Kompendium der Glaubensbekenntnisse und kirchlichen Lehrentscheidungen. 43. Aufl. Freiburg i. Br. u. a.: Herder 2010.
Di Giacomo, Giuseppe: Germania est: L'amore oltrepassa il muro. In: Raggio, Adolfo (Hg.): Nuova evangelizzazione e parrocchia. Una proposta di vita. Roma: Città Nuova 1992, S. 90-96.
Die Bibel. Einheitsübersetzung der Heiligen Schrift. Altes und Neues Testament. Hg. im Auftrag der Bischöfe Deutschlands u. a. Freiburg u. a.: Herder 2016.
Die Dokumente des Zweiten Vatikanischen Konzils. Konstitutionen, Dekrete, Erklärungen. In: Hünermann, Peter u. a. (Hg.). Herders Theologischer Kommentar zum Zweiten Vatikanischen Konzil. Bd. 1. Freiburg i. Br. u. a.: Herder 2009.
Dielmann, F.: Ökumene – diesmal mit Spaten. In: Neue Stadt 10 (1967), S. 12-14.

Dogmatische Konstitution über die Kirche. In: AAS 57 (1965), S. 5-67.
Ecclesia Catholica: Annuario Pontificio. Città del Vaticano: Libreria Editrice Vaticana 1987.
Dies.: Annuario Pontificio. Città del Vaticano: Libreria Editrice Vaticana 2016.
Dies: Annuario Pontificio. Città del Vaticano: Libreria Editrice Vaticana 2017.
Dies.: Annuario Pontificio. Città del Vaticano: Libreria Editrice Vaticana 2010.
Dies.: Annuario Pontificio. Città del Vaticano: Libreria Editrice Vaticana 2011.
Dies.: Annuario Pontificio. Città del Vaticano: Libreria Editrice Vaticana 2013.
Dies.: Annuario Pontificio. Città del Vaticano: Libreria Editrice Vaticana 1991.
Dies.: Annuario Pontificio. Città del Vaticano: Libreria Editrice Vaticana 1947.
Dies.: Annuario Pontificio. Città del Vaticano: Libreria Editrice Vaticana 1988.
Dies.: Annuario Pontificio. Città del Vaticano: Libreria Editrice Vaticana 1989.
Dies.: Annuario Pontificio. Città del Vaticano: Libreria Editrice Vaticana 2001.
Dies.: Annuario Pontificio. Città del Vaticano: Libreria Editrice Vaticana 1974.
Dies.: Annuario Pontificio. Città del Vaticano: Libreria Editrice Vaticana 2005.
Dies.: Annuario Pontificio. Città del Vaticano: Libreria Editrice Vaticana 1992.
Dies.: Annuario Pontificio. Città del Vaticano: Libreria Editrice Vaticana 1972.
Dies.: Annuario Pontificio. Città del Vaticano: Libreria Editrice Vaticana 1971.
Dies.: Annuario Pontificio. Città del Vaticano: Libreria Editrice Vaticana 1973.
Dies.: Annuario Pontificio. Città del Vaticano: Libreria Editrice Vaticana 2006.
Dies.: Annuario Pontificio. Città del Vaticano: Libreria Editrice Vaticana 1999.
Dies.: Annuario Pontificio. Città del Vaticano: Libreria Editrice Vaticana 2007.
Dies.: Annuario Pontificio. Città del Vaticano: Libreria Editrice Vaticana 2012.
Dies.: Annuario Pontificio. Città del Vaticano: Libreria Editrice Vaticana 1993.
Fallacara, Gabriella: Centro Uno: 25 anni per l'unità dei cristiani. In: Città Nuova 2 (1987), S. 42-46.
Dies.: Il Centro Uno. In: Il Movimento dei Focolari. Roma: Città Nuova 1965, S. 129-134.
Fleckenstein, Karl-Heinz: Templeton-Preisträgerin Chiara Lubich. In: Neue Stadt 5 (1977), S. 4-7.
Fokolar-Bewegung (Hg.): Neue Stadt 3 (1966); Neue Stadt 2 (1969); Neue Stadt 3 (1969).
Dies.: die bewegung der focolare [sic!]. München: Neue Stadt 1966.
Foresi, Pasquale: Dein Wort sein. 3. Aufl. München u. a.: Neue Stadt 1975.
Ders.: Gespräche im Fokolar. 2. Aufl. München: Neue Stadt 1968.
Ders.: Il Movimento dei Focolari e la Chiesa. In: Lubich, Gino (Hg.): Intervista al Movimento dei Focolari. Roma: Città Nuova 1975, S. 151-155.
Ders.: Jünger Christi. In: Diana, Arnaldo (Hg.): Die Bewegung der Fokolare. München u. a: Neue Stadt 1975, S. 20-34.
Ders.: Perché nacque ‚Città nuova'. In: Città Nuova 12 (1976), S. 18-19.
Gälli, Anton: Geschichte der Neuen Stadt. In: Neue Stadt 1/2 (1965), S. 5-10.
Ders.: Mariapoli 1963 – Wattens / Tirol. In: Neue Stadt 4 (1963), S. 61-77.
Ders.: Einladung zum Christsein. München u. a.: Neue Stadt 1978.
Gemeinschaft der Fokolare (Hg.:) Wo zwei oder drei ...: die Fokolar-Bewegung. Entstehung – Spiritualität – Initiativen. 4. Aufl. München u. a.: Neue Stadt 1992.

Gemeinsame Erklärung zur Rechtfertigungslehre des Lutherischen Weltbundes und der Katholischen Kirche. In: Meyer, Harding u. a. (Hg.): Dokumente wachsender Übereinstimmung. Sämtliche Berichte und Konsenstexte interkonfessioneller Gespräche auf Weltebene. Bd. 3. Paderborn: Bonifatius 2003, S. 419-430.

Gim, R.: Eine Demonstration ... In: Neue Stadt 8/9 (1968), S. 4-10.

Ders.: Was ist Ottmaring? In: Neue Stadt 2 (1967), S. 4-5.

Giordani, Igino: Come conobbi i Focolari. In: Fokolar-Bewegung (Hg.): Il Movimento dei Focolarini. Rom: Città Nuova 1965, S. 77-78.

Ders.: Erinnerungen. Ein Schriftsteller und Politker erzählt. München u. a.: Neue Stadt 1991.

Ders.: Geistliches Tagebuch 1941-1968. München u. a.: Neue Stadt 1981.

Ders.: Ich war der erste verheiratete Fokolar. In: Diana, Arnaldo: Die Bewegung der Fokolare. München u. a.: Neue Stadt 1975, S. 37-42.

Ders.: Per costruire la Citta' Nuova. In: Città Nuova 10 (1986), S. 43.

Giuseppe, Bernardi: I Focolarini: Da oggi la città di dio. In: Attualità 12 (1978), S. 247-250.

Gröber, Conrad: Nationalkirche? Ein aufklärendes Wort zur Wahrung des konfessionellen Friedens. 2. Aufl. Freiburg i. Br.: Herder 1935.

Guardini, Romano: Vom Sinn der Kirche. Fünf Vorträge. 4. Aufl. Mainz: Matthias-Grünewald-Verlag 1955.

Hartl, Alfred: Ökumenische Schule Ottmaring. In: Neue Stadt 10 (1987), S. 20-22.

Heiliges Offizium: De Participatione catholicorum societati ‚ad Procurandam christianitatis unitatem'. In: AAS 11 (1919), S. 309.

Dass.: De participatione catholicorum societati ad procurandam christianitatis unitatem. In: AAS 11 (1919), S. 309.

Dass.: De motione oecumenica. In: AAS 42 (1950), S. 142-147.

Hemmerle, Klaus: Der Himmel ist zwischen uns. 3. Aufl. München u. a.: Neue Stadt 1978.

Ders.: Einheit als Lebensstil. In: Feiter, Reinhard (Hg.): Die Alternative des Evangeliums. Beiträge zu gesellschaftlichen Fragen (Ausgewählte Schriften, Bd. 3). Freiburg i. Br. u. a.: Herder 1995, S. 114-130.

Ders.: Gott und das Denken nach Schellings Spätphilosophie. Freiburg i. Br. u. a.: Herder 1968.

Ders.: In Jesus ein Vater durch das Evangelium. In: Stadel, Klaus u. a. (Hg.): Klein und Eins. Spiritual Rudolf Hermann. Buchenheim: Buchheimer Dr.- und Verlagsgesellschaft 1998, S. 47-52.

Ders.: La vita che mi ha affascinato. In: GEN'S 1 (1995), S. 16-19.

Ders.: Leben aus der Einheit. Eine theologische Herausforderung. Freiburg i. Br. u. a.: Herder 1995.

Ders.: Unser Lebensraum – Der dreifaltige Gott. Die Gotteserfahrung von Chiara Lubich. In: Feiter, Reinhard (Hg.): Gemeinschaft als Bild Gottes (Ausgewählte Schriften, Bd. 5). Freiburg i. Br. u. a.: Herder 1996, S. 296-305.

Ders.: Wegmarken der Einheit. München u. a.: Neue Stadt 1982.

Ders.: Wie Glauben im Leben geht. Schriften zur Spiritualität. München u. a.: Neue Stadt 1995.

Henning, Werner: Mitwirken an einer ‚Zivilisation der Liebe'. In: Die Union, 39. Jg., Nr. 177, 28.-29.7.1984.
Hildebrandt, Horst (Hg.): Die deutschen Verfassungen des 19. und 20. Jahrhunderts. Paderborn u. a.: Ferdinand Schöningh.
Ignatius von Antiochien: Brief an die Römer. Aus dem amerikanischen Englisch übersetzte und für die deutsche Ausgabe redaktionell bearbeitet von Gisela Koester. Hrsg. von Helmut Koester. München: Kaiser 1990.
Jasch, Michael: Wenn die Einheit gelebt wird ... In: Neue Stadt 11 (1992), S. 20-21.
Johannes Paul II.: Catechesi Tradendae. In: AAS 71 (1979), S. 1277-1340.
Ders.: Nachsynodales Apostolisches Schreiben Christifideles Laici von Papst Johannes Paul II. über die Berufung und Sendung der Laien in die Kirche und Welt (Verlautbarungen des Apostolischen Stuhls, Nr. 87). Herausgegeben vom Sekretariat der Deutschen Bischofskonferenz. Bonn 1998.
Ders.: Christifideles laici. In: AAS 81 (1989), S. 393-521.
Ders.: Tre esperienze di giovani d'oggi. In: Città Nuova 17 (1984), S. 40-41.
Johannes XXIII.: Ad Petri Cathedram. In: AAS 51 (1959), S. 497-531.
Ders.: Superno Dei nuto. In: AAS 52 (1960), S. 433-437.
Kap: Auch im Polizisten Jesus begegnen. Fokolare waren schon zu sozialistischen Zeiten im Osten aktiv. In: Tag des Herrn, Nr. 48, 29. November 1998.
Kongregation für die Glaubenslehre: Schreiben Iuvenescit Ecclesia. An die Bischöfe der katholischen Kirche über die Beziehung zwischen hierarchischen und charismatischen Gaben im Leben und in der Sendung der Kirche. In: Verlautbarungen des Apostolischen Stuhls, Nr. 205, 15.5.2016.
Kruse, Martin: Den Reichtum Christi bei den anderen entdecken. In: Das Prisma, Sonderheft Klaus Hemmerle (1994), S. 66-67.
Leitner, Martin: Handbuch des katholischen Kirchenrechts. Regensburg: Josef Kösel & Friedrich Pustet 1921.
Leo XIII.: Annum Sacrum. In: ASS 31 (1898-99), S. 646-651.
Ders.: Graves de communi re. In: ASS 33 (1900-01), S. 385-395.
Ders.: Officiorum ac munerum. In: ASS 29 (1896-97), S. 388-400.
Lombardi, Riccardo: Für eine bessere Welt. Meitingen: Kyrios 1964.
Lubich, Chiara. Wir haben an die Liebe geglaubt. Die Entdeckung eines neuen Lebensweges. In: NSt 5 (1980), S. 9-11.
Dies.: An die Gen. 2. Aufl. München u. a.: Neue Stadt 1977.
Dies.: Chiara Lubich und die Fokolar-Bewegung. Gespräche mit der Gründerin. München u. a.: Neue Stadt 1982.
Dies.: Das ist meine Erfahrung. In: Neue Stadt 6 (1977), S. 18-21.
Dies.: La spiritualità del Movimento. In: Il Movimento dei Focolari. Roma: Città Nuova 1965, S. 21-63.
Dies.: Alle sollen eins sein – unsere Magna Charta. In: Menacher, Peter (Hg.): Gelebtes Miteinander. Der Preis Augsburger Friedensfest und seine ökumenischen Impulse. Augsburg: Wißner 1997, S. 97-102.
Dies.: Bis wir alle eins sein werden. 14. Aufl. München u. a.: Neue Stadt 1990.

Dies.: Das irdische Paradies. In: Bader Wolfgang (Hg.): Über die Zeit hinaus. München u. a: Neue Stadt 1976, S. 10-12.
Dies.: Der Schrei der Gottesverlassenheit. München u. a.: Neue Stadt 2001.
Dies.: Der Wille Gottes. Betrachtungen über das Ja des Menschen zu seinem Schöpfer. 3. Aufl. München u. a.: Neue Stadt 1990.
Dies.: Die Fokolar-Bewegung und die Pfarreien. In: Hagemann, Wilfried (Hg.): Pfarrgemeinden im Aufbruch. Dokumentation des ersten internationalen Kongresses der Pfarrbewegung am 3. und 4. Mai 1986 in Rom. München u. a.: Neue Stadt 1986.
Dies.: Die Fokolar-Bewegung und die Pfarreien. In: Neue Stadt 5 (1986), S. 12-15 u. 24.
Dies.: Die Geschichte der Fokolar-Bewegung. In: Squarzon, Clara / Sievers, Helmut (Hg.): Damals als alles anfing ... Zürich u. a.: Neue Stadt 1985, S. 88-96.
Dies.: Die Spiritualität der Fokolar-Bewegung und ihre Auswirkungen im Leben des Priesters. In: Assmus, Dietlinde: Gemeinsam für die Menschheit. Dokumentation des Internationalen Kongresses für Diözesanpriester (Neue Stadt-Dokumentation, Bd. 2). München: Neue Stadt 1998, 28-42.
Dies.: Die Welt in Farben. Aspekte christlichen Lebens. München u. a: Neue Stadt 1977.
Dies.: Die Welt wird eins. Franca Zambonini im Gespräch mit der Gründerin der Fokolar-Bewegung. 2. Aufl. München u. a.: Neue Stadt 1992.
Dies.: Einheit als Lebensstil. Aus der Geschichte der Fokolar-Bewegung. 3. Aufl. München u. a.: Neue Stadt 1989.
Dies.: Für eine geeinte Welt. Gespräche mit Jugendlichen. München u. a: Neue Stadt 1990.
Dies.: Gesù Abbandonato via all'ecumenismo. In: Città Nuova 3 (1989), S. 9.
Dies.: Glaube – eine Entscheidung fürs Leben. In: ZdK (Hg.): Kehrt um und glaubt – erneuert die Welt (Der Deutsche Katholikentag, Bd. 87,2). Paderborn: Bonifatius 1982, S. 417-421.
Dies.: Il vescovo Hemmerle, un dono di Dio. In: GEN'S 1 (1995), S. 5.
Dies.: Im Dienst an allen. Meditationen über die Gegenwart Jesu in den Verantwortlichen der Kirche. München u. a.: Neue Stadt 1978.
Dies.: Im Menschen Christus erkennen. 2. Aufl. München u. a.: Neue Stadt 1980.
Dies.: In Brot und Wein. Die Eucharistie – Sakrament der Gemeinschaft. 5. Aufl. München u. a.: Neue Stadt 1989.
Dies.: Ja oder Nein. 2. Aufl. Müchen u. a: Neue Stadt 1977.
Dies.: Jesus der Verlassene und die Einheit. Die Grundzüge der Fokolar-Spiritualität. 2. Aufl. München u. a.: Neue Stadt 1992.
Dies.: Klaus Hemmerle – sein Beitrag in der Fokolar-Bewegung. In: Das Prisma 2 (2004), S. 10-13.
Dies.: L'histoire de l'ideal. In: Pochet, Michel (Hg.): Dialogue avec Chiara Lubich. Paris: Nouvelle cité 1983, S. 16-51.
Dies.: La comunità Cristiana. In: Fides 10 (1948), S. 297-280.
Dies.: La Spiritualité de l'unité. In: Pochet, Michel (Hg.): Dialogue avec Chiara Lubich. Paris: Nouvelle cité 1983, S. 101-127.
Dies.: La vita, un viaggio. Roma: Città Nuova 1984.
Dies.: Leben aus dem Wort. 3. Aufl. München u. a.: Neue Stadt 1980.

Dies.: Mitten unter ihnen. 4. Aufl. München u. a.: Neue Stadt 1989.
Dies.: Non conosco che cristo e cristo crocifisso. In: Vandeleene, Michel (Hg): La dottrina spirituale. Roma: Città Nuova 2006, S. 152-153.
Dies.: Scritti Spirituali III. Tutti uno. Roma: Città Nuova 1979.
Dies.: Seiner Liebe folgen. Ein Weg zum erfüllten Menschsein. 2. Aufl. München u. a.: Neue Stadt 1984.
Dies.: Spiel mit göttlichen Rollen. 2. Aufl. München u. a.: Neue Stadt 1978.
Dies.: Verlieren können. Meditationen. 8. Aufl. München u. a.: Neue Stadt 1990.
Dies.: Worauf kommt es an? Meditationen. 10. Aufl. München u. a: Neue Stadt 1990.
Dies.: Worte, die das Leben verändern. Gedanken zu Worten aus der Heiligen Schrift. Bd. 2. München u. a: Neue Stadt 1982.
Dies.: Zeichen seiner Gegenwart. Wege zur Gotteserfahrung. 2. Aufl. München u. a.: Neue Stadt 1979.
Dies.: Cosi' nacque il focolare. In: Lubich, Gino (Hg.): Intervista al Movimento dei Focolari. Roma: Città Nuova 1975, S. 9-18.
Lubich, Gino: Con Citta' Nuova ai vecchi tempi. In: Città Nuova 13 (1986), S. 38-45.
Lucarini, Spartaco: Amare questo nostro tempo. In: Città Nuova 13 (1986), S. 44-45.
MM: Das Evangelium vorgelebt. 16. Erfurter ‚Mariapoli' vereinte rund 900 Freunde des ‚Werkes Mariens'. In: Thüringer Tageblatt, Jg. x, Nr. 190, 14.8.1987, S. 4.
Möhler, Johann Adam: Die Einheit der Kirche oder das Prinzip des Katholizismus. Darmstadt: WBG 1957.
Ders.: Symbolik oder Darstellung der dogmatischen Gegensätze der Katholiken und Protestanten nach ihren öffentlichen Bekenntnisschriften. 5. Aufl. Köln / Olten: Jakob Hegner 1958.
Ders.: Lectures on the Present Position of Catholics in England. London u. a.: Longmans, Green and CO 1899.
Ders.: Entwurf einer Zustimmungslehre (Ausgewählte Werke, Bd. 7). Mainz: Matthias-Grünewald-Verlag 1962.
Ders.: Historical Sketches. Bd. 1. London u. a.: Longmans, Green and CO 1908.
Ders.: On Consulting the Faithful in Matters of Doctrine. London: Collins 1986.
Nocke, Heinrich: Alles ist Gnade. Streif- und Schlaglichter aus dem Leben eines evangelischen Pfarrers in der Fokolar-Bewegung. In: Charisma 4 (1996), S. 24-32.
Parlasca, Teresa: Was die Welt noch nicht wusste. In: Neue Stadt 1 (2008), S. 10-12.
Paul Cordes: Drei Päpste – Mein Leben. Freiburg i. Br. u. a.: Herder 2014.
Paul VI.: Catholicam Christi Ecclesiam. In: AAS 59 (1967), S. 25-28.
Ders.: Marialis cultus. In: AAS 66 (1974), S. 113-168.
Ders.: Evangelii nuntiandi. In: AAS 68 (1976), S. 5-76.
Pius X.: Il fermo proposito. In: ASS 37 (1904/05), S. 741-767.
Ders.: Quam Singulari. In: AAS 2 (1910), S. 577-583.
Ders.: Sacra Tridentina synodus. In: ASS 38 (1905/06), S. 400-409.
Ders.: Tra le sollecitudini. In: ASS 36 (1903-1904), S. 329-339.
Pius XI.: De communibus actionis catholicae principiis et fundamentis: In: AAS 20 (1928), S. 384-387.

Ders.: In: Caritate Christi compulsi. In: AAS 24 (1932), S. 177-194.
Ders.: Ingravescentibus malis. In: AAS 29 (1937), S. 373-380.
Ders.: Mortalium animos. In: AAS 20 (1928), S. 5-16.
Pius XI.: Quas primas. In: AAS 17 (1925), S. 593-610.
Ders.: Ubi arcano Dei. In: AAS 14 (1922), S. 673-700.
Pius XII.: Bis saeculari die. In: AAS 40 (1948), S. 393-402.
Ders.: Cum compertum. AAS 40 (1948), S. 257.
Ders.: De motione oecumenica. In: AAS 42 (1950), S. 142-147.
Ders.: Haurietis aquas. In: AAS 48 (1956), S. 309-353.
Ders.: Mediator dei. In: AAS 39 (1947), S 521-595.
Ders.: Provida mater ecclesia. In: AAS 39 (1947), S. 114-125
Ders.: Munificentissimus deus. In: AAS 42 (1950), S. 753-771.
Ders.: Mystici corporis. In: AAS 35 (1943), S. 193-248.
Ders.: Preghiera di consacrazione al cuore immacolato di Maria. In: AAS 34 (1942), S. 345-346.
Ders.: Allocutiones. In: AAS 43 (1951), S. 784-794.
Pollmer, Walter: Ökumenische Sommertreffen. In: Decker, Michael / Schmid, Servin (Hg.): Ökumenisches Lebenszentrum Ottmaring. München u. a.: Neue Stadt 2008, S. 102.
Priebe, Hiltrud u. a.: Bericht über 20 Jahre Ökumenisches Lebenszentrum Ottmaring. In: Zentralkomitee der Deutschen Katholiken (Hg.): Wie im Himmel so auf Erden. 90. Deutscher Katholikentag vom 23. bis 27. Mai 1990 in Berlin. Bd. 2. Paderborn: Bonifatius 1991, S. 1682-1691.
Rahner, Karl / Vorgrimler, Herbert: Kleines Konzilskompendium. Sämtliche Texte des Zweiten Vatikanischen Konzils. 35. Aufl. Freiburg i. Br. u. a.: Herder 2008.
Rattey, Günther u. a.: Im Zeichen der Fußwaschung. Ökumenisches Lebenszentrum Ottmaring. In: Das Prisma 2 (1991), S. 25-31.
Ders.: Die Bruderschaft vom gemeinsamen Leben. In: Decker, Michael / Schmid, Severin (Hg.): Ökumenisches Lebenszentrum Ottmaring. München u. a.: Neue Stadt 2008, S. 13-25.
Ders.: Fruchtbare Ent-täuschung. In: Decker, Michael / Schmid, Severin (Hg.): Ökumenisches Lebenszentrum Ottmaring. München u. a.: Neue Stadt 2008, S. 107-108.
Ratzinger, Josef: Kirchliche Bewegungen und ihr theologischer Ort. In: Wolf, Peter (Hg.): Lebensaufbrüche. Geistliche Bewegungen in Deutschland. Vallendar-Schönstatt: Patris 2000, S. 23-56.
Raumanns, Jörg: Fokolare am St. Elisabeth-Krankenhaus Leipzig. In: Ärzteblatt Sachsen 9 (2015), S. 392-394.
Rohbasser, Anton: Heilslehre der Kirche. Dokumente von Pius IX. bis Pius XII. Freiburg: Paulusverlag 1953.
Romberg, Heiner: „Nur einer ist euer Lehrer“. Ökumenische Schule Ottmaring. In: Das Prisma 2 (1991), S.32-35.
Ders.: Das Mögliche tun. In: Neue Stadt 8 (1987), S. 18-19.
Schlink, Basilea: Ökumenische Marienschwesternschaft. Weg und Auftrag. 3. Aufl. Darmstadt / Eberstadt: Oekumenische Marienschwesterschaft 1959.

Dies.: Wie ich Gott erlebte ... Sein Weg mit mir durch sieben Jahrzehnte. Darmstadt-Eberstadt: Evangelische Marienschwesternschaft 1975.

Schmid, Severin: Bischof Klaus Hemmerle. In: Neue Stadt 3 (1994), S. 13-18.

Ders.: Ein echter Geheimtipp. In: Neue Stadt 1 (1998), S. 21-22.

Ders.: Preis zum Augsburger Friedensfest 1988 an Chiara Lubich (Neue Stadt-Dokumentation, Bd. 1). München u. a.: Neue Stadt 1988.

Schwind, Joachim: Damit die Welt glaubt. In: Neue Stadt 1 (1989), S. 8-11.

Ders.: Eine Zeitung für eine neue Stadt. In: Neue Stadt 1 (2008), S. 4-6.

Ders.: Leidenschaftlich kulturell. Giuseppe Maria Zanghi – Peppuccio (16.12.1929 – 23.1.2015). In: Mariapoli 2 (2015), S. 11.

Strobel, Ferdinand: Schweizer Jesuitenlexikon. Zürich: Schweizer Provinz SJ 1986.

Suenens, Léon: Worum es geht. In: Diana, Arnaldo (Hg.): Die Bewegung der Fokolare. München u. a: Neue Stadt 1975, S. 7-8.

Tecilla, Marco: Auf der Suche nach dem Leben. In: Squarzon, Clara / Sievers, Helmut (Hg.): Damals als alles anfing ... Zürich u. a.: Neue Stadt 1985, S. 54-67.

Thoma, Rudolf: Alternative Ottmaring. In: Neue Stadt 6 (1976), S. 16-19.

Tscheschner, Ursula: Sammlung – Dienst – Sendung. In: Neue Stadt 4 (1968), S. 4-7.

Ulz, Ernst / Zanzucchi, Michele: Keine Reißbrett-Ökumene. In: Neue Stadt 5 (2003), S. 14-15.

Unbekannt: 25 Jugendliche aus Thüringen. Treffen zu internationalem katholischen Genfest in Rom, in: Thüringer Tageblatt, Jg. x, Nr. 92, 20. April 1990, S. x.

Unbekannt: Auf daß sie alle eins seien. Von evangelischen und katholischen Christen, die gemeinsam „im Werk Mariens" leben. In: Die Kirche, 28. Jg., Nr. 3, 21.1.1973, S. 1.

Unbekannt: Die Einheit aufbauen. Katholische und evangelische Christen bei „Familienexerzitien". In: Die Kirche, 38. Jg., Nr. 38, 18. September 1983, S. x.

Unbekannt: Erneuerung für Ost und West. In: L'osservatore romano 21 (1991), S. 4.

Unbekannt: Familientreffen des ‚Werk Mariens' (Fokolare). In: St. Hedwigsblatt, 17. Jg., Nr. x, 2. August 1970, S. x..

Unbekannt: Familientreffen des ‚Werks Mariens' (Fokolare). In: Tag des Herrn, x. Jg., Nr. x, 19. September 1970.

Unbekannt: Kehrt um und glaubt – erneuert die Welt. In: Tag des Herrn, Jg. 32, Nr. 20, 2.10.1982, S. 157.

Unbekannt: Veranstaltungen der Fokolare-Bewegung. In: Die Union, x. Jg., Nr. 177, 1.10.1986, S. x.

Unbekannt: Was ist das Werk Mariens (Fokolare)? In: St. Hedwigsblatt, 17. Jg., Nr. 22, November 1970, S. x.

Unbekannt: Der Priester soll ‚Mann des Dialogs' sein. Treffen der weltweit verbreiteten Fokolar-Bewegung – Teilnahme von ökumenischen Gästen. In: Thüringer Tageblatt, x. Jg., Nr. 48, 26.6.1982, S. 1.

Unbekannter Verfasser: 40 Jahre Neue Stadt. In: Neue Stadt 1 (1998), S. 13-15.

Unbekannter Verfasser: Begegnungen mit ökumenischen Vorzeichen. In: Neue Stadt 11 (1981), S. 4-7.

Unbekannter Verfasser: Die Ökumene ist keine Idylle. In: Allgäuer Zeitung, 09.08.1972. Archiviert in Archiv Ottmaring. Presse Ottmaring ab 1966.
Unbekannter Verfasser: Einheit in Christus. In: Oldenburgische Volkszeitung, 25.01.1980. Archiviert in Archiv Ottmaring. Presse Ottmaring ab 1966.
Unbekannter Verfasser: Ziel ist Einheit der Christen. In: Friedberger Allgemeine, Nr. 165, 28.07.1978. Archiviert in Archiv Ottmaring. Presse Ottmaring ab 1966.
Veronesi, Silvana u. a. (Hg.): Die Fokolar-Bewegung. Entstehung – Geistliche Grundlinien – Initiativen. München u. a.: Neue Stadt 1993.
Von Preysing, Konrad: Erklärungen zu Zeitfragen im Namen der katholischen Kirche Deutschlands. In: Lange, Gerhard (Hg.): Katholische Kirche – Sozialistischer Staat DDR. Dokumente und öffentliche Äußerungen 1945–1990. Leipzig: Benno-Verlag 1992, S. 22.
W. H.: Familienexerzitien des Werkes Mariens. Fokolarbewegung: In der Liebe die Menschwerdung entdecken – Konzelebration in Erfurt. In: Thüringer Tageblatt, x. Jg., Nr. 170, 20. Juli 1984, S. x.
Wanzek, Dorothee: Zur Freude auch für Nichtchristen. Vor 40 Jahren kam die Fokolarbewegung nach Ostdeutschland. In: Tag des Herrn, 52. Jg., Nr. x, 2002, S. x.
Wittelmann, P.: Katholikentag. In: Neue Stadt 11 (1970), S. 18-23.
Wolff, Monika-Maria / Köppl, Heinz: Ökumenische Schule Ottmaring. In: Neue Stadt 3 (1983), S. 20-21.
Zeitschrift ‚Neue Stadt'. 3. Jg. Nr. 10 bis 11 des Jahres 1960.
Zeitschrift ‚Neue Stadt'. 4. Jg. Nr. 1 bis 12 des Jahres 1961.

1.4 Im Selbstverlag publizierte Quellen

Archiv des ‚Schweizerischen Diakonievereins', Rüschlikon

Gleich, Josef: Eindrücke vom ökumenischen Kirchentag in Rüschlikon. In: Sammlung - Dienst - Sendung 9 (1960), S. 13-14.
Hess, Klaus: Ökumenischer Kirchentag 1960. In: Sammlung - Dienst - Sendung 7 (1960), S. 15-16.
Würgler, Marco: 75 Jahre Ökumenischer Kirchentag im Nidelbad. In: Schweizerischer Diakonieverein (Hg.): 90 Jahre Schweizerischer Diakonieverein. Rüschlikon: 1996, S. 27-30.

Archiv Ottmaring

Cerini, Marisa: Gott ist die Liebe. Reflexionen über die Liebe Gottes in der Erfahrung und im Gedankengut von Chiara Lubich. Memmingen: MZ 1992. Archivbibliothek.
Ott, Alois: Mariapoli 1959 – ein Erlebnisbericht. In: Halb-Jahresbericht und Focolarinibericht, 11. November 1959. FOK 2. Storia Germania, S. 2-8.
Ders.: Mariapoli 1959 und die Deutschen. In: Halb-Jahresbericht und Focolarinibericht, 11. November 1959. FOK 2. Storia Germania, S. 8-10.

Archiv der Redaktion ‚Neue Stadt', Ottmaring

Büechl, Ulli: Erstes Ökumenisches Bischofstreffen in Istanbul. In: Heute 1 (1985), S. 4.

Dies.: Katholikentag Aachen. In: Heute 5/6 (1986), S. 12.

Dies.: Ökumenisches Bischofstreffen. In: Heute 10-11 (1987), S. 15.

G. G.: Muri che non arrivano però fino al cielo. In: Mariapoli 4 (1962), S. 59-64.

Hemmerle, Klaus: Bischof Klaus Hemmerle über Rudolf Herrmann. In: Heute 9/10 (1988), S. 14-17.

Unbekannter Verfasser: Fokolare in Deutschland. In: Mariapoli 3 (1991), S. 23-24.

Deutschlandarchiv der Fokolar-Bewegung Ottmaring

Decker, Anne: Ökumenischer Christusdienst 1928 – 1948 – 1998. Friedberg-Ottmaring: Vereinigung vom gemeinsamen Leben im Ökumenischen Christusdienst 1998. Archivbibliothek.

Degasperi, Lucia: Wegbereiterin des Ideals. Margreth Frisch. In: dem Leben entgegen. Heft 1: 2005, S. 55-79.

Fallacara, Gabriella: 48. Settimana ecumencia del Centro Uno. In: Mariapoli (itl. Ausgabe) 3/4 (1988), S. 6-8. Archivbibliothek.

Garagnani, Giuseppe: Die Bewegung in England (Interview mit Maria Ponticaccia und Dimitri Bregant). In: Heute 6 (1981), S. 6-8. Archivbibliothek.

Gut, Heini: Chronik des Schweizerischen Diakonievereins: von den Anfängen des Diakoniewerkes bis 1945. Rüschlikon: Schweizerischer Diakonieverein 1993. Dokumentationsgut. Institutionsgeschichte ÖLZ / Bruderschaft.

Heß, Klaus: Art. Ausbreitung. In: Christentumsgesellschaft / Bruderschaft vom gemeinsamen Leben (Hg.): Die Bruderschaft vom gemeinsamen Leben. Geschichte und Bekenntnis. 2. Aufl. Stuttgart: Quell-Verlag 1993, S. 10-11. Archivbibliothek.

Ders.: Art. Entstehung. In: Christentumsgesellschaft / Bruderschaft vom gemeinsamen Leben (Hg.): Die Bruderschaft vom gemeinsamen Leben. Geschichte und Bekenntnis. 2. Aufl. Stuttgart: Quell-Verlag 1993, S. 3-5. Archivbibliothek.

Ders.: Art. Ökumenischer Christusdienst. In: Christentumsgesellschaft / Bruderschaft vom gemeinsamen Leben (Hg.): Die Bruderschaft vom gemeinsamen Leben. Geschichte und Bekenntnis. 2. Aufl. Stuttgart: Quell-Verlag 1993, S. 23-27. Archivbibliothek.

Ders.: Art. Selbstverständnis. In: Christentumsgesellschaft / Bruderschaft vom gemeinsamen Leben (Hg.): Die Bruderschaft vom gemeinsamen Leben. Geschichte und Bekenntnis. 2. Aufl. Stuttgart: Quell-Verlag 1993, S. 6-9. Archivbibliothek.

Hochgraeber, Gerhard: Sammlung – Dienst – Sendung. Unser Weg. Vortrag zur Jahresversammlung der Christentumsgesellschaft in Deutschland 1971 in Leitershofen / Augsburg. Archivbibliothek.

Lubich, Chiara: Aufgrund der gegenseitigen Liebe wird die Welt glauben. In: Heute, 9/10 (1982), S. 4-8. Archivbibliothek.

Dies.: Die Einheit. In: Heute, 9/10 (1982), S. 9-12. Archivbibliothek.

Oggenfuss, Gusti: Ein anspruchsvolles Programm. In: Leben 4 (1991), S. 4-5. Archivbibliothek.

Opera di Maria: Statuti generali. Roma: Città Nuova 1990. Archivbibliothek.

Dies.: Statuti generali. Roma: Città Nuova 1995. Archivbibliothek.
Dies.: Statuti generali. Roma: Città Nuova 1999. Archivbibliothek.
Dies.: Statuti generali. Roma: Città Nuova 2007. Archivbibliothek.
Sch., S.: Ökumene mit orthodoxen Christen. In: Heute, 3 (1981), S. 8. Archivbibliothek.
Statuten der Christentumsgesellschaft in Deutschland. In: Hochgraeber, Gerhard: Sammlung – Dienst – Sendung. Unser Weg. Vortrag zur Jahresversammlung der Christentumsgesellschaft in Deutschland 1971 in Leitershofen / Augsburg. In: Deutschlandarchiv der Fokolar-Bewegung. Ottmaring, S. 13-15. Archivbibliothek.
Werk Mariens – Fokolar-Bewegung: Allgemeines Statut. Als interne Schrift herausgegebene deutsche Fassung aus dem Jahr 2007. Archivbibliothek.
Dass.: Richtlinien der Sektion der Fokolare. 2008. Archivbibliothek. Statuten und Richtlinien.
Dass.: Richtlinien der Sektion der Fokolare. 1990. Archivbibliothek. Statuten und Richtlinien.

Archiv Zwochau, Männer- und Frauenfokolar

A. M.: Ein König, ein König, der wollen wir sein! In: Die Mariapoli geht weiter! 6 (1987), S. 22-23.
J. R.: Pfarrbewegung – ein Neubeginn in der Pfarrei. In: Die Mariapoli geht weiter! 4 (1986), S. 16-17.
N.ST.: Wie ist die Mariapoli entstanden? In: Die Mariapoli geht weiter! 5 (1983), S. 9-11.
Unbekannt: 180 Jugendliche aus der DDR nahmen am ‚Genfest '90' teil. In: Die Mariapoli geht weiter! 2 (1990), S. 4-6.
Unbekannt: Ein außerordentliches ökumenisches Ereignis: Die Mariapoli geht weiter! 4 (1985), S. 22-23.
Unbekannt: Mariapolizentrum – ein Heim für alle. In: Die Mariapoli geht weiter! 10 (1987), S. 4.
Unbekannt: Pfarrei – immer wie gehabt? In: Die Mariapoli geht weiter! 10 (1985), S. 7.
Unbekannt: Terminkalender. In: Die Mariapoli geht weiter! 2 (1986), S. 11.

1.5 Internetquellen

Austria: Bevölkerung nach dem Religionsbekenntnis und Bundesländern 1951-2000, in: http://www.statistik.at/web_de/statistiken/menschen_und_gesellschaft/bevoelkerung/volkszaehlungen_registerzaehlungen_abgestimmte_erwerbsstatistik/bevoelkerung_nach_demographischen_merkmalen/022885.html (31.08. 2016, 09:34 Uhr).
Benedikt XVI.: Chiara Lubich, als Vorbild für Barmherzigkeit, Treue und missionarischen Eifer, in: https://de.zenit.org/articles/benedikt-xvi-chiara-lubich-vorbild-fur-barmherzigkeit-treue-und-missionarischen-eifer/ (27.07.2016, 12:14 Uhr).
Bistum Erfurt: Bischof em. Dr. Joachim Wanke, in: https://www.bistum-erfurt.de/bistum_erfurt/bischoefe/bischof_em_joachim_wanke/ (06.05.2022, 14:06).
BStU: Das MfS-Lexikon, in: https://www.bstu.de/mfs-lexikon/ (22.8.2019, 12:58 Uhr).

Ernesti, Jörg / Dahlke, Benjamin: Ökumenische Bewegung, in: http://www.bibelwissenschaft.de/stichwort/100276/ (16.03.2021, 22:59 Uhr).

Erzbistum Köln: Joachim Kardinal Meisner – Erzbischof von Köln, in: https://www.erzbistum-koeln.de/erzbistum/alterzbischof_meisner/lebenslauf/ (27.07.2016, 16:05 Uhr).

Evangelisch-Lutherische Kirche Bayern: Regionalbischof. Vorgänger, in: http://www.schwaben-evangelisch.de/regionalbischof/vorgaenger.html (14.12.2016, 10:32 Uhr).

Evangelisch-Lutherische Kirche in Bayern: Geschichte der Evangelisch-Lutherischen Kirche in Bayern, in: http://www.bayern-evangelisch.de/wir-ueber-uns/geschichte.php (19.12.2016, 16:56 Uhr).

Fokolar-Bewegung: Anna Fratta 1933-2021, in: https://www.focolare.org/en/news/2021/10/05/the-wisdom-of-the-meek/ (06.05.2022, 14:33 Uhr).

Fokolar-Bewegung: Die Präsidentin, in: http://www.focolare.org/de/la-presidente/ (28.11.2016, 11:43 Uhr).

Fokolar-Bewegung: Seligsprechungsprozess für Chiara Lubich eröffnet, in: https://www.focolare.org/press/de/news/2015/01/19/chiara-lubich-a-frascati-lapertura-della-causa-di-beatificazione/ (27.07.2016, 15:52 Uhr).

Fokolar-Bewegung: Teens for Unity, in: http://www.focolare.org/de/movimento-dei-focolari/gruppierungen/rpu/ (07.11.2018, 11:00 Uhr).

Geschichte der CDU: Hermann Kunst, in: https://www.kas.de/web/geschichte-der-cdu/personen/biogramm-detail/-/content/hermann-kunst (22.8.2018, 09:58 Uhr).

Griechisch-Orthodoxe Metropolie von Deutschland: Vikarbischöfe, in: http://www. orthodoxie.net/index.php?id=14 (14.12.2016, 10:26 Uhr).

Kirche im Bistum Aachen: Fokolar-Bewegung, in: http://geistliche-gemeinschaften.kibac.de/fokolarbewegung (05.04.2014, 12:00 Uhr).

Kirchliches Außenamt des Moskauer Patriarchats: His Holiness Cyril, Patriarch of Moscow and all Russia, in: http://orthodoxeurope.org/page/3/4.aspx (17.11.2006, 11:22 Uhr).

Kontrollratsgesetz Nr. 45, in: http://www.verfassungen.de/de/de45-49/kr-gesetz45.htm (26.11.2015, 11:20 Uhr).

Kriesel, Thomas: Pfarrer i.R. Johannes Aßmann verstorben, in: https://www.bistum-magdeburg.de/aktuelles-termine/presse-archiv/archiv-2006/pfarrer-i.r.-johannes-assmann-verstorben.html (13.06.2019, 14:39 Uhr).

Ostkirchliches Institut: Mitarbeiter des Instituts, in: http://www.oki-regensburg.de/mitarb.htm (08.02.2017, 11:49 Uhr).

Panse, Jens: Markanter Exeget des Philosophischen Studiums verstorben, in: https://idw-online.de/de/news250214 (25.07.2016, 15:15 Uhr).

Pius XI.: Non abbiamo bisogno, in: http://w2.vatican.va/content/pius-xi/en/encyclicals/documents/hf_p-xi_enc_29061931_non-abbiamo-bisogno.html (15.12.2015, 16:29 Uhr).

Rauch, Albert: Traueranzeige, in: https://www.mittelbayerische-trauer.de/traueranzeige/dr-albert-rauch/40449713 (24.06.2019, 16:31 Uhr).

Sächsische Akademie der Wissenschaften zu Leipzig: Ulrich, Kühn, Prof. Dr. theol., in: https://www.saw-leipzig.de/de/mitglieder/kuehnu (18.04.2019, 15:07 Uhr).

Säkularinstitut Ancillae: Info über uns, in: https://www.ancillae.de/info-ueber-uns.html (23.07.2019, 16:18 Uhr).

Statistik Austria: Bevölkerung nach dem Religionsbekenntnis und Bundesländern 1951-2000, in: http://www.statistik.at/web_de/statistiken/menschen_und_gesellschaft/bevoelkerung/volkszaehlungen_registerzaehlungen_abgestimmte_erwerbsstatistik/bevoelkerung_nach_demographischen_merkmalen/022885.html (31.08. 2016, 09:34 Uhr).

Statistik Austria: Bevölkerungsstand, in: http://www.statistik.at/web_de/statistiken /menschen_und_gesellschaft/bevoelkerung/volkszaehlungen_registerzaehlungen_abgestimmte_erwerbsstatistik/bevoelkerungsstand/index.html (12.12.2016, 12:23 Uhr).

Unbekannt: Gottes Verheißung greifbar machen, in: https://www.tdh-online.de/archiv_1996_bis_2007/artikel/4307.php (31.05.2019, 11:33 Uhr).

Zenit: Chiara Lubich bewegt die Massen: Zeugnisse zum Tod der Gründerin der Fokolare aus aller Welt, in: https://de.zenit.org/articles/chiara-lubich-bewegt-die-massen-zeugnisse-zum-tod-der-grunderin-der-fokolare-aus-aller-welt/ (13.12.2020, 23:35 Uhr).

2. Sekundärliteratur

Alberigo, Giuseppe: Art. Italien I. Kirchengeschichte. In: LThK, Bd. 6. 3. Aufl., Freiburg i. Br. u. a.: Herder 2006, Sp. 655-693.

Ders.: Art. Johannes XXIII. In: LThK, Bd. 5. 3. Aufl. Freiburg i. Br. u. a.: Herder 2006, Sp. 952-955.

Ders.: Art. Ruffini, Ernesto. In: LThK, Bd. 8. 3. Aufl. Freiburg i. Br. u. a.: Herder 2006, Sp. 1348-1349.

Albrecht, Ulrike: Die Augsburger Friedensgemälde 1651-1789. Eine Untersuchung zum evangelisch-lutherischen Lehrbild einer Reichsstadt. München: 1983.

Anuth, Bernhard: Kirchliche Bewegungen zwischen Universalkirche und Teilkirchen: kanonistische Perspektiven. In: Gerettet durch Begeisterung: Reform der katholischen Kirche durch pfingst-charismatische Religiosität? Freiburg i. Br. u. a.: Herder 2018, S. 44-92.

Aronson, Elliot u. a.: Sozialpsychologie. 8. Aufl. München: Pearson Studium 2014.

Aubert, Roger: Art. Pius IX. In: LThK, Bd. 8. 3. Aufl. Freiburg i. Br. u. a.: Herder 2006, Sp. 330-333.

Ders.: Art. Pius IX. In: LThK, Bd. 8. 3. Aufl. Freiburg i. Br. u. a.: Herder 2006, Sp. 330-333.

Ders.: Art. Pius VII. In: LThK, Bd. 8. 3. Aufl. Freiburg i. Br. u. a.: Herder 2006, Sp. 327-329.

Ders.: Art. Pius X. In: LThK, Bd. 8. 3. Aufl. Freiburg i. Br. u. a.: Herder 2006, Sp. 333-335.

Ders.: Die Theologie während der ersten Hälfte des 20. Jahrhunderts. In: Vorgrimmler, Herbert / Gucht Vander, Robert (Hg.): Bilanz der Theologie im 20. Jahrhundert. Perspektiven, Strömungen, Motive in der christlichen und nichtchristlichen Welt. Bd. 2. Freiburg i. Br. u. a.: Herder 1969, 7-70.

Aymans, Winfried: Art. Vereinigungswesen, kirchliches Vereinigungswesen. In: Hearing, Stephan / Schmitz, Heribert: Lexikon des Kirchenrechts. Freiburg i. Br. u. a.: Herder 2004, Sp. 973-975.

Back, Joan Patricia: Il contributo del Movimento dei Focolari alla koinonia ecumenica. Rom: Città Nuova 1988.

Bader, Wolfgang / Hagemann, Wilfried: Klaus Hemmerle. Grundlinien eines Lebens. München u. a.: Neue Stadt 2000.

Baer, Wolfram: Art. Friedensfest. In: Grünsteudel, Günther u. a. (Hg.): Augsburger Stadtlexikon. 2. Aufl. Augsburg: Perlach 1998, S. 413-414.

Baier, Ronny: Art. Van Straaten, Werenfried. In: BBKL, Bd. 22. Nordhausen: Traugott Bautz 2003, Sp. 1324-1330.

Balthasar, Hans Urs von: Gottbereitetes Leben. Der Laie und der Rätestand. Nachfolge Christi in der heutigen Welt. Einsiedeln / Freiburg i. Br.: Johannes 1993.

Bäumer, Remigius: Art. Gasparri, Pietro. In: LThK, Bd. 4. 3. Aufl. Freiburg i. Br. u. a.: Herder 2006, Sp. 297.

Baumgartner, Hans: Art. Schelling, Friedrich Wilhelm Joseph v. In: LThK, Bd. 9. 3. Aufl. Freiburg i. Br. u. a.: Herder 2006, Sp. 124-127.

Bausenhart, Guido: Theologischer Kommentar zum Dekret über das Apostolat der Laien Apostolicam actuositatem. In: Hünermann, Peter / Hilberath, Bernd Jochen (Hg.): Herders Theologischer Kommentar zum Zweiten Vatikanischen Konzil. Freiburg i. Br. u. a.: Herder 2005, S. 1-123.

Bautz, Friedrich: Art. Alacoque, Marguerite-Marie. In: BBKL, Bd. 1. Hamm (Westf.): Traugott Bautz 1990, Sp. 72-73.

Ders.: Art. Faulhaber, Michael von. In: BBKL, Bd. 1. Hamm (Westf.): Traugott Bautz 1990, Sp. 1599-1600.

Ders.: Art. Couturier, Paul. In: BBKL, Bd. 1. Hamm (Westf.): Traugott Bautz 1990, Sp. 1143-1144.

Ders.: Art. Gertrud, die Große, von Helfta, Zisterzienserin, Heilige. In: BBKL, Bd. 2. Hamm (Westf.): Traugott Bautz 1990, Sp. 231-232.

Ders.: Art. Gröber, Conrad, Erzbischof von Freiburg im Breisgau. In: BBKL, Bd. 2. Hamm (Westf.): Traugott Bautz 1990, Sp. 353-354.

Ders.: Art. Brent, Charles Henry. In: BBKL, Bd. 1. Hamm: Traugott Bautz 1990, Sp. 741-743.

Becher, Paul: Art. Katholische Aktion. In: LThK, Bd. 5. 3. Aufl., Freiburg i. Br. u. a.: Herder 2006, Sp. 1347-1348.

Beilner, Wolfgang: Die Bibelbewegung. Ihre Geschichte, ihre Bedeutung für das Konzil und ihre bleibenden Anliegen für die Zukunft. In: Bibel und Liturgie 69 (1996), S. 136-139.

Beljakova, Nadezhda u. a.: Es gibt keinen Gott. Kirchen und Kommunismus. Eine Konfliktgeschichte. Freiburg i. Br. u. a.: Herder 2016.

Berger, Rupert: Art. Liturgische Bewegung. In: Berger, Rupert: Pastoralliturgisches Handlexikon. 5. Aufl. Freiburg i. Br. u. a.: Herder 2013, S. 263-264.

Bergner, Georg: Volk Gottes. Entstehung, Rezeption und Aktualität einer ekklesiologischen Leitmetapher (Bonner Dogmatische Studien, Bd. 58). Würzburg: Echter 2018.

Bernardi, Giuseppe: I Focolarini: Il Regno-Attualità 12 (1978), S. 247-250.

Bianco, Luigi: La Conferenza Episcopale Italiana. Profilo storico e giuridico. Roma: Pontificiae Universitatis Gregorianae 2005.

Biemer, Günter: Leben als Kennzeichen der wahren Kirche Jesu Christi: Zur Ekklesiologie von Johann Adam Möhler und John Henry Newman. In: Wagner, Harald (Hg.): Johann Adam Möhler (1796-1838). Kirchenvater der Moderne (Konfessionskundliche Schriften des Johann-Adam-Möhler-Instituts, Nr. 20). Paderborn: Bonifatius 1996, S. 71-97.

Binninger, Christoph: ‚Ihr seid ein auserwähltes Geschlecht', berufen zum Aufbau des Gottesreiches unter den Menschen. Die Laienfrage in der katholischen Diskussion in Deutschland um 1800 bis zur Enzyklika ‚Mystici Corporis' (1943) (Münchener Theologische Studien, Bd. 61). St. Ottilien: EOS 2002.

Bittner, Juliane: Chance der Vielfalt. Die Fokolar-Bewegung in Deutschland. In: Herder Korrespondenz 58 (2004), S. 628-633.

Borengässer, Norbert: Art. Wolter, Rudolf und Ernst. In: BBKL, Bd. 14. Hamm (Westf.): Traugott Bautz 1998, Sp. 55-62.

Böckenförde, Ernst: Religionsfreiheit. Die Kirche in der modernen Welt (Schriften zu Staat – Gesellschaft – Kirche, Bd. 3). Freiburg i. Br. u. a.: Herder 1990.

Böhnke, Michael: Einheit in Mehrursprünglichkeit. Eine kritische Analyse des trinitarischen Ansatzes im Werk von Klaus Hemmerle (Bonner dogmatische Studien, Bd. 33). Würzburg: Echter 2000.

Börsig-Hover, Magdalena: Romano Guardini (1885-1968). Wegbereiter des 21. Jahrhunderts (Ad Fontes, Bd. 5). Frankfurt a. M.: Peter Lang 2009.

Bosworth, Richard: Mussolini. London u. a.: Great Britain 2002.

Boyer, Charles: Christliche Einheit und ökumenische Bewegung. Die Situation vor dem Zweiten Vatikanischen Konzil. Aschaffenburg: Pattloch 1960.

Brandner, Tobias: Einheit gegeben – verloren – erstrebt. Denkbewegungen von Glauben und Kirchenverfassung. Göttingen, Vandenhoeck & Ruprecht 1996.

Bräuer, Martin: Art. Bengsch, Alfred (1921-1979). In: BBKL, Bd. 37. Hamm (Westf.): Traugott Bautz 2016, Sp. 85-88.

Braun, Karl-Heinz: Art. Schäufele, Hermann (1913-1976). In: Gatz, Erwin (Hg.): Die Bischöfe der deutschsprachigen Länder 1945-2001. Ein biographisches Lexikon. Berlin: Duncker & Humblot 2002, S. 386-394.

Buchenau, Klaus: Orthodoxie und Katholizismus in Jugoslawien 1945-1991 (Balkanologische Veröffentlichungen, Bd. 40). Wiesbaden: Harrassowitz 2004.

Buchna, Kristian: Ein klerikales Jahrzehnt? Kirche, Konfession und Politik in der Bundesrepublik der 1950er Jahre (Historische Grundlagen der Moderne, Bd. 11). Baden-Baden: Nomos 2014.

Busquet, Cinto: Incontrarsi nell'Amore. Una lettura cristiana di Nikkyō Niwano: Rom: Città Nouva 2009.

Callebaut, Bernhard: La nascita dei Focolari. Storia e sociologia di un carisma (1943-1965). Rom: Città Nuova 2017.

Cernik, Berthold: Das Augustiner-Chorherrenstift Klosterneuburg. Statistische und geschichtliche Daten. 2. Aufl. Wien: Floridus 1958.

Cerny-Werner, Roland: Vatikanische Ostpolitik und die DDR. Göttingen: V & R unipress 2011.

Conzemius, Victor: Art. Paul VI. In: LThK, Bd. 7. 3. Aufl. Freiburg i. Br. u. a.: Herder 2006, Sp. 1524-1526.

Cordes, Paul: Mitten in unserer Welt. Kräfte geistlicher Erneuerung. Freiburg i. Br. u. a.: Herder 1987.

Ders.: Neue geistliche Bewegungen in der Kirche. In: Erzbischöfliches Generalvikariat Köln (Hg.): Kirche und Medien. Neue geistliche Bewegungen in der Kirche. Neuss: Neusser Druckerei 1984, S. 40-77.

Costa, Armando: I vescovi di Trento. Trento: Edizioni Diocesane 1977.

Courth, Franz: Art. Aufnahme Mariens in den Himmel I. Theologie- und dogmengeschichtlich. In: LThK, Bd. 1. 3. Aufl. Freiburg i. Br. u. a.: Herder 2006, Sp. 1216-1218.

Dahlke, Benjamin / Stefan Kopp: Interkonfessionelle Begegnung und Liturgische Bewegung. Zu einigen Aufbrüchen in der Zwischenkriegszeit. In: Redtenbacher, Andreas (Hg.): Liturgie als Gnade und Rechtfertigung. Pius Parsch und die Liturgische Bewegung in ökumenischer Perspektive. Freiburg i. Br. u. a.: Herder, S. 23-50.

Daigeler, Eugen: Liturgische Bildung als Weg zur tätigen Teilnahme bei Pius Parsch (Pius-Parsch-Studien, Bd. 5). Würzburg: Echter 2006.

Dainelli, Luca: Ricordo di un grande sacerdote italiano: Padre Giacomo Martegani S.J. In: Rivista di Studi Politici Internazionali 3 (1981), S. 395-411.

Dähn, Horst: Konfrontation oder Kooperation? Das Verhältnis von Staat und Kirche in der SBZ/DDR 1945-1980 (Studien zur Sozialwissenschaft, Bd. 52). Opladen: Westdeutscher Verlag 1982.

Damberg, Wilhelm: Art. Keller, Michael (1896-1961). In: Gatz, Erwin (Hg.): Die Bischöfe der deutschsprachigen Länder 1945-2001. Ein biographisches Lexikon. Berlin: Duncker & Humblot 2002, S. 408-411.

Dantonel, Frédérique: Art. Adenauer Konrad. In: BBKL, Bd. 33. Nordhausen: Traugott Bautz 2012, Sp. 4-12.

Dassmann, Ernst: Kirchengeschichte II/2. Theologie und innerkirchliches Leben bis zum Ausgang der Spätantike. Stuttgart: Kohlhammer 1999.

De Battaglia, Franco: Wo alles anfing. In Trient auf den Spuren von Chiara Lubich. München u. a.: Neue Stadt 2013.

De Pater, Wim: Theologische Sprachlogik. München: Kösel 1971.

Deckers, Daniel: Der Kardinal. Karl Lehmann. Eine Biographie. München: Pattloch 2002.

Dejung, Karl-Heinz / Rüppell, Gert: Ökumenische Gemeinschaft im Wandel der Zeiten. Interkulturelle und interreligiöse Perspektiven der ökumenischen Bewegung. Berlin: EB-Verlag 2016.

Di Ruberto, Michele: Scritti del Cardinal Pietro Parente (dal 1933 al 1976). Roma: Città Nuova 1976.

Dienst, Karl: Art. Evangelische Marienschwesternschaft. In: LThK, Bd. 3. 3. Aufl. Freiburg i. Br. u.a.: Herder 2006, Sp. 1047-1048.

Döbbeler, Manfred: Die Fokolar-Bewegung. Entstehung und Entwicklung. Universität Hannover, 1988 (Magisterarbeit). In: Deutschlandarchiv der Fokolar-Bewegung. Archivbibliothek (unveröffentlicht).

Döpmann, Hans-Dieter: Kirche in Bulgarien von den Anfängen bis zur Gegenwart (Schriften der Deutsch-Bulgarischen Gesellschaft zur Förderung der Beziehungen zwischen Deutschland und Bulgarien e. V. / 1: Bulgarische Bibliothek / Neue Folge, Bd. 11). München: Biblion 2006.

Döring, Heinrich: Der ökumenische Aufbruch im 20. Jahrhundert. In: Urban, Hans Jörg / Wagner, Harald (Hg.) Handbuch der Ökumene. Bd. 2. Paderborn: Bonifatius 1986, S. 15-52.

Drohgetti, Armando (Hg.): L'unità si fa storia. Pasquale Foresi e il Movimento dei Focolari. Roma: Città Nuova 2015.

Ebertz, Michael: Aufbruch in der Kirche. Anstöße für ein zukunftfähiges Christentum. Freiburg i. Br. u. a.: Herder 2003.

Eder, Manfred: Art. Schmaus, Michael. In: BBKL, Bd. 9. Hamm (Westf.): Traugott Bautz 1995, Sp. 72-73.

Eggenberger, Oswald: Art. Die Fokolar-Bewegung. In: Schmid, Georg / Schmid, Georg Otto (Hg.): Kirchen, Sekten, Religionen. Religiöse Gemeinschaften, weltanschauliche

Gruppierungen und Psycho-Organisationen im deutschen Sprachraum. 7. Aufl. Zürich: Theologischer Verlag 2003, S. 44-45.
Ehm, Martin: Die kleine Herde – die katholische Kirche in der SBZ und im sozialistischen Staat der DDR (Beiträge zu Theologie, Kirche und Gesellschaft im 20. Jahrhundert, Bd. 12). Berlin: Lit 2007.
Ernesti, Jörg: Benedikt XV. Papst zwischen den Fronten. Freiburg i. Br. u. a.: Herder 2016.
Ders.: Kleine Geschichte der Ökumene. Freiburg i. Br. u. a.: Herder 2007.
Ders.: Leo XIII. Papst und Staatsmann. Freiburg i. Br. u. a.: Herder 2019.
Ders.: Max Josef Metzger (1887-1944) – Katholischer Pionier der Friedensbewegung und des Ökumenismus. In: Groll, Thomas / Ansbacher, Walter (Hg.): Jahrbuch. 50. Jahrgang. Lindenberg: Josef Fink 2016, S. 423-456.
Ders.: Ökumene im Dritten Reich. Paderborn: Bonifatius 2007.
Ders.: Paul VI. Die Biographie. Freiburg i. Br. u. a.: Herder 2015.
Faber, Eva Maria: Art. Guardini, Romano. In: LThK, Bd. 6. 3. Aufl. Freiburg i. Br. u. a.: Herder 2006, Sp. 1087-1088.
Fameree, Joseph / Routhier, Gilles: Yves Congar. Leben – Denken – Werk. Freiburg i. Br. u. a.: Herder 2016.
Favale, Agostino: I Focolarini. In: Favale, Agostino (Hg.): Movimenti ecclesiali contemporanei. Dimensioni storiche teologico-spirituali ed apostoliche (Studia di teologia pastorale, Bd. 12). 4. Aufl. Roma: LAS 1991, S. 208-237.
Ders.: I Focolarini. In: Favale, Agostino (Hg.): Movimenti ecclesiali contemporanei. Dimensioni storiche teologico-spirituali ed apostoliche (Biblioteca di scienze religiose, Bd. 92). 4. Edition. Roma: LAS, 1991, S. 207-237.
Felsberg, Hartmut: Art. Forck, Gottfried. In: BBKL, Bd. 33. Nordhausen: Traugott Bautz 2012, Sp. 451-455.
Fenski, Matthias: Klaus Hemmerle und die Ökumene. Weggemeinschaft mit dem dreieinen Gott (Paderborner Theologische Studien, Bd. 32). Paderborn u. a.: Ferdinand Schöningh 2002.
Ferracci, Luca: Charles Brent and the Faith and Order Project: From Its Origins to the Lausanne Conference of 1927. In: Ferracci, Luca (Hg.): A History of the Desire for Christian Unity. Ecumenism in the Churches (19th-21st Century). Volume 1. Dawn of Ecumenism. Leiden u. a.: Brill 2021, S. 615-639.
Fleckenstein, Gisela / Schmiedl, Joachim: Ultramontanismus in der Diskussion. In: Fleckenstein, Gisela / Schmiedl, Joachim (Hg.): Ultramontanismus. Tendenzen in der Forschung (Einblicke, Bd. 8). Paderborn Bonifatius 2005, S. 7-19.
Fouilloux, Etienne: Die katholische Frömmigkeit. In: Mayeur, Jean-Marie (Hg.): Die Geschichte des Christentums. Erster und Zweiter Weltkrieg. Demokratien und totalitäre Systeme (1914-1958). Bd. 12. Freiburg u. a.: Herder 1992, S. 238-302.
Francois, Etienne: Die unsichtbare Grenze. Protestanten und Katholiken in Augsburg 1648-1806 (Abhandlungen zur Geschichte der Stadt Augsburg, Bd. 33). Sigmaringen: Jan Thorbecke 1991.
Frank, Karl Suso: Art. Christkönig. II. Ordensgemeinschaften. In: LThK, Bd. 2. 3. Aufl. Freiburg i. Br. u. a.: Herder 2006, Sp. 1140-1141.

Frick, Andreas: Der dreieine Gott und das Handeln in der Welt. Christlicher Glaube und ethische Öffentlichkeit im Denken Klaus Hemmerles (Studien zur systematischen Theologie, Bd. 24). Würzburg: Echter 1998.

Friedrich-Ebert-Stiftung (Hg.): Die Verfassung der DDR. Ein Machtinstrument der SED. Bonn: Neue Gesellschaft 1987.

Gabriel, Karl: Christentum zwischen Tradition und Postmoderne (Quaestiones disputatae, Bd. 141). Freiburg i. Br. u. a.: Herder 1992.

Gallagher, Jim: A woman's work: Chiara Lubich. A biography of the focolare movement and its founder. Glasgow: Fount Paperbacks London 1997.

Galli, M.: Ausweitung und Verinnerlichung des Laienapostolates. Rückblick auf den zweiten Weltkongreß in Rom. In: Orientierung. Katholische Blätter für weltanschauliche Information, 20 (1957), S. 213-216.

Gandlau, Thomas: Art. Neri, Filippo. In: BBKL, Bd. 6. Hamm (Westf.): Traugott Bautz 1993, Sp. 808-611.

Ganzer, Klaus: Art. Iserloh, Erwing. In: LThK, Bd. 5. 3. Aufl. Freiburg i. Br. u. a.: Herder 2006, Sp. 615-616.

Ders.: Art. Paul IV. In: LThK, Bd. 7. 3. Aufl., Freiburg i. Br. u. a.: Herder 2006, Sp. 1522-1523.

Ders.: Art. Pius IV. In: LThK, Bd. 8. 3. Aufl., Freiburg i. Br. u. a.: Herder 2006, Sp. 324-325.

Garhammer, Erich: Dem Neuen trauen. Perspektiven künftiger Gemeindearbeit. Graz u. a.: Styria 1996.

Gebauer, Markus: Erstellen einer Marketing-Konzeption für Nonprofit-Organisationen am Beispiel der Zeitschrift Neue Stadt. Fachhochschule Augsburg 1990. In: Archiv der Redaktion ‚Neue Stadt' (unveröffentlicht).

Gelmi, Josef: Art. De Gasperi (D.) (Degasperi), Alcide. In: LThK, Bd. 3. 3. Aufl. Freiburg i. Br. u. a.: Herder 2006, Sp. 45.

Ders.: Art. Garibaldi, Giuseppe. In: LThK, Bd. 4. 3. Aufl., Freiburg i. Br. u. a.: Herder 2006, Sp. 292-293.

Ders.: Art. Ottavani, Alfredo. In: LThK, Bd. 7. 3. Aufl., Freiburg i. Br. u. a.: Herder 2006, Sp. 1217-1218.

Ders.: Art. Pius VI. In: LThK, Bd. 8. 3. Aufl. Freiburg i. Br. u. a.: Herder 2006, Sp. 326-327.

Ders.: Art. Pius XI. In: LThK, Bd. 8. 3. Aufl. Freiburg i. Br. u. a.: Herder 2006, Sp. 335-337.

Ders.: Art. Pius XII. In: LThK, Bd. 8. 3. Aufl. Freiburg i. Br. u. a.: Herder 2006, Sp. 337-338.

Ders.: Art. Risorgimento. In: LThK, Bd. 8. 3. Aufl., Freiburg i. Br. u. a.: Herder 2006, Sp. 1199-1200.

Gerosa, Libero: Art. Basisgemeinschaften. In: LThK, Bd. 2. 3. Aufl. Freiburg i. Br. u. a.: Herder 2006, Sp. 75.

Giacomo, Martina: Art. Lombardi, Riccardo. In: LThK, Bd. 6. 3. Aufl. Freiburg i. Br. u. a.: Herder 2006, Sp. 1044.

Gier, Helmut (Hg.): 350 Jahre Augsburger hohes Friedensfest. Ausstellung der Staats- und Stadtbibliothek Augsburg. Augsburg: Hofmann-Druck 2000.

Gilmour, David: Auf der Suche nach Italien. Eine Geschichte der Menschen, Städte und Regionen von der Antike bis zur Gegenwart. 2. Aufl. Stuttgart: Klett-Cotta 2013.

Gnilka, Joachim: Das Matthäusevangelium. II. Teil. Freiburg i. Br. u. a.: Herder 1988.

Greitemeyer, Tobias: Sozialpsychologie (Grundriss der Psychologie, Bd. 18). Stuttgart: Kohlhammer 2012.

Grieco, Gianfranco u. a.: P. Leone Veuthey, O.F.M.Conv. (1896-1974). Un maestro di dottrina e di vita. Roma: Miscellanea Francescana 1995.

Große Kracht, Klaus: Die Stunde der Laien? Katholische Aktion in Deutschland im europäischen Kontext 1920-1960 (Veröffentlichungen der Kommission für Zeitgeschichte, Bd. 129). Paderborn: Ferdinand Schöningh 2016.

Grossmann, Thomas: Art. Katholikentage. In: LThK, Bd. 5. 3. Aufl. Freiburg i. Br. u. a.: Herder 2006, Sp. 1339-1345.

Hagemann, Wilfried: Verliebt in Gottes Wort. Leben, Denken und Wirken von Klaus Hemmerle, Bischof von Aachen. Würzburg: Echter 2008.

Ders.: Vielfalt in der Einheit. Zur Spiritualität der Fokolare. In: Geist und Leben 52 (1979), S. 218-227.

Hartl, Alfred: 20 Jahre Ökumenisches Lebenszentrum Ottmaring. Eine Bilanz. In: Erneuerung in Kirche und Gesellschaft 3 (1988), S. 7-9.

Haslinger, Herbert: Lebensort für alle. Gemeinde neu verstehen. Düsseldorf: Patmos 2005.

Haudel, Matthias: Gotteslehre. Die Bedeutung der Trinitätslehre für Theologie, Kirche und Welt. 2. Aufl. Göttingen: Vandenhoeck & Ruprecht 2018.

Hausberger, Karl: Art. Graber, Rudolf (1903-1992). In: Gatz, Erwin (Hg.): Die Bischöfe der deutschsprachigen Länder 1945-2001. Ein biographisches Lexikon. Berlin: Duncker & Humblot 2002, S. 457-460.

Häussling, Angelus: Art. Schott, Anselm. In: LThK, Bd. 9. 3. Aufl. Freiburg i. Br. u. a.: Herder 2006, Sp. 242-243.

Hauth, Rüdiger: Art. Sekten. In: TRE, Bd. 31. Berlin / New York: Walter de Gruyter 2000, S. 96-103.

Hegge, Christoph: Rezeption und Charisma. Der theologische und rechtliche Beitrag Kirchlicher Bewegungen zur Rezeption des Zweiten Vatikanischen Konzils (Forschungen zur Kirchenrechtswissenschaft, Bd. 29). Würzburg: Echter 1999.

Heinecke, Herbert: Konfession und Politik in der DDR. Das Wechselverhältnis von Kirche und Staat zwischen evangelischer und katholischer Kirche. Leipzig: Evangelische Verlagsanstalt 2002.

Heinz, Andreas: Art. Christkönig. I. Christkönigsfest. In: LThK, Bd. 2. 3. Aufl. Freiburg i. Br. u. a.: Herder 2006, Sp. 1140.

Heinz, Hanspeter: Impulse für die Gemeindepastoral aus geistlichen Bewegungen. In: Lebendige Seelsorge 31 (1980), S. 220-223.

Ders.: Reflexion und Reform tun not. Was die kirchlichen Bewegungen in Deutschland bewegen. In: Herder-Korrespondenz 53 (1999), S. 626-631.

Hemminger, Hansjörg: Was ist eine Sekte? Erkennen – Verstehen – Kritik. Mainz: Matthias-Grünewald-Verlag 1995.

Henkys, Reinhard: Die DDR-Kirchen als ökumenische Partner. In: Henkys Reinhard (Hg.): Die evangelischen Kirchen in der DDR. Beiträge zu einer Bestandsaufnahme. München: Christian Kaiser Verlag 1982, S. 172-212.

Hennaux, Jean-Marie: Les mouvements au regard de la théologie et de la spiritualité. I. La conception de l'unité chez Chiara Lubich. In: Hanssens, Vincent (Hg.): De l'emprise à la liberté. Dérives sectaires au sein de l'Église. Tèmoignages et réflexions. Wavre: Éditions mols 2017, S. 115-129.

Heß, Christian: „Ohne Christus, ohne tiefstes Christentum ist Krieg". Die Christkönigsthematik als Leitidee im kirchlich-gesellschaftlichen Engagement Max Josef Metzgers (Konfessionskundliche und kontroverstheologische Studien, Bd. 79). Paderborn: Bonifatius 2016.

Heyer, Friedrich: Art. Mercier, Désiré. In: BBKL, Bd. 5. Hamm (Westf.): Traugott Bautz 1993, Sp. 1291-1293.

Hilberath, Bernd Jochen: Art. Eucharistie, Eucharistiefeier II. Historisch-theologisch. In: LThK, Bd. 3. 3. Aufl. Freiburg i. Br. u. a.: Herder 2006, Sp. 946-948.

Hochschild, Michael: Neue geistliche Gemeinschaften und Bewegungen – Prototypen einer Kirche als sozialem Netzwerk. In: Sociologia internationalis, Bd. 38 (2000), S. 115-139.

Holzbrecher, Sebastian: Der Aktionskreis Halle. Postkonziliare Konflikte im Katholizismus der DDR (Erfurter Theologische Studien, Bd. 106). Würzburg: Echter 2015.

Höslinger, Norbert: Der Lebensweg von Pius Parsch. In: Höslinger, Norbert / Maas-Ewerd, Theodor (Hg.): Mit sanfter Zärtlichkeit. Pius Parsch und die biblisch-liturgische Erneuerung. Klosterneuburg: Österreichisches Katholisches Bibelwerk 1979, S. 13-78.

Hünermann, Peter: Theologischer Kommentar zur dogmatischen Konstitution über die Kirche Lumen gentium. In: Hünermann, Peter / Hilberath, Bernd Jochen (Hg.): Herders Theologischer Kommentar zum Zweiten Vatikanischen Konzil. Freiburg i. Br. u. a.: Herder 2009, S. 365-372 u. 397-401.

Hürten, Heinz: Art. Katholikentage. In: TRE, Bd. 18. Berlin / New York: Walter de Gruyter 1989, S. 37-40.

Iserloh, Erwin: Die Geschichte der ökumenischen Bewegung. In: Jedin, Hubert / Repgen, Konrad (Hg.): Handbuch der Kirchengeschichte. Die Weltkirche im 20. Jahrhundert. Bd. 7. Freiburg i. Br. u. a.: Herder 1979, S. 458-473.

Ders.: Innerkirchliche Bewegungen und ihre Spiritualität. In: Jedin, Hubert / Repgen, Konrad (Hg.): Handbuch der Kirchengeschichte. Die Weltkirche im 20. Jahrhundert. Bd. 7. Freiburg i. Br. u. a.: Herder 1979, S. 301-337.

Jankowiak, Grzegorz: Volk Gottes vom Leib Christi her. Das eucharistische Kirchenbild von Joseph Ratzinger in der Perspektive der Ekklesiologie des 20. Jahrhunderts (Bamberger Theologische Studien, Bd. 28). Frankfurt a. M. u.a.: Peter Lang 2005.

Joosten, Christoph: Das Christkönigsfest. Liturgie im Spannungsfeld zwischen Frömmigkeit und Politik. Tübingen u. a.: Francke 2002.

Jorissen Hans: Art. Berengar von Tours. In: LThK, Bd. 2. 3. Aufl. Freiburg i. Br. u. a.: Herder 2006, Sp. 244-246.

Ders.: Art. Transsubstantiation. I. Theologie- und dogmengeschichtlich. In: LThK, Bd. 10. 3. Aufl. Freiburg i. Br. u. a.: Herder 2006, Sp. 177-180.

Kalde, Franz: Art. Braun, Johannes. In: BBKL, Bd. 32. Hamm (Westf.): Traugott Bautz 2011, Sp. 158-161.

Kappes, Michael: Art. Lima-Papier (Lima 1982). In: LThK, Bd. 6. 3. Aufl. Freiburg i. Br. u. a.: Herder 2006, Sp. 935.

K.N.: Geistliche Bewegungen: Weltkongreß im Vatikan. In: Herder-Korrespondenz 52 (1998), S. 332-334.

Kasper, Walter: Wege zur Einheit der Christen. Schriften zur Ökumene I (Gesammelte Schriften / Walter, Kasper, Bd. 14). Freiburg i. Br. u. a: Herder 2012.

Kehl, Medard: Art. II. Signifikante Phasen der Geschichte der Ekklesiologie. In: LThK, Bd. 3. 3. Aufl. Freiburg i. Br. u. a.: Herder 2006, Sp. 569-572.

Ders.: Die Kirche. Eine katholische Ekklesiologie. Würzburg: Echter 2012.

Ders.: Die Kirche. Eine katholische Ekklesiologie. Würzburg: Echter 1992.

Klein, Aloys.: Art. Ökumene. III. Systematisch-theologisch. In: LThK, Bd. 7. 3. Aufl. Freiburg i. Br. u. a.: Herder 2006, Sp. 1022-1024.

Ders.: Art. Dietzfelbinger, Hermann. In: LThK, Bd. 3. 3. Aufl. Freiburg i. Br. u. a.: Herder 2006, Sp. 227.

Ders.: Fehlende Entschlossenheit? In: Zentralkomitee der Deutschen Katholiken (Hg.): Wie im Himmel so auf Erden. Bd. 2. Paderborn: Bonifatius 1991, S. 1774-1781.

Ders.: Art. Jaeger, Lorenz. In: In: LThK, Bd. 5. 3. Aufl. Freiburg i. Br. u. a.: Herder 2006, Sp. 707.

Kinnamon, Michael: Assessing the Ecumenical Movement. In: Briggs, John u. a. (Hg.): A History of the Ecumenical Movemet. Vol. 3. Geneva: WCC Publications 2004, S. 51-81.

Knittel, Franz: Vielen ein Bruder. In: Stadel, Klaus u. a. (Hg.): Klein und Eins. Spiritual Rudolf Herrmann. Buchenheim: Buchheimer Dr.- und Verlagsgesellschaft 1998, S. 29-38.

Knoch, Otto: Die Katholiken und die Bibel. Ein Gang durch die Geschichte. In: ThPQ 136 (1988), S. 239-251.

Koch, Kurt: Bleibende Aufgaben für die Ökumene aus katholischer Sicht. In: Thönissen, Wolfgang (Hg.): Unitatis redintegratio. 40 Jahre Ökumenismusdekret – Erbe und Auftrag (Konfessionskundliche Schriften des Johann-Adam-Möhler-Instituts, Nr. 23). Paderborn: Bonifatius 2005, S. 287-315.

Köhler, Oskar: Art. Leo XIII. In: LThK, Bd. 6. 3. Aufl. Freiburg i. Br. u. a.: Herder 2006, Sp. 828-830.

Kolozs, Martin: Karl Rahner. Innsbrucker Jahre. Innsbruck: Wagner 2014.

Kreidler, Hans: Eine Theologie des Lebens. Grundzüge im theologischen Denken Karl Adams (Tübinger theologische Studien, Bd. 29). Mainz: Matthias-Grünewald-Verlag 1988.

Kreuzenbeck, Johannes: Art. Aufderbeck, Hugo. In: BBKL, Bd. 30. Nordhausen: Traugott Bautz 2009, Sp. 66-69.

Kronreif, Franz: gott.los.heute. Samen des Wortes in einer säkularen Welt. Roma: Città Nuova 2013.

Krüger, Hanfried: Leben und Wirksamkeit des Ökumenischen Rates der Kirchen. In: Fey, Harold (Hg.): Geschichte der ökumenischen Bewegung 1948-1968 (Theologie der Ökumene, Bd. 13). Göttingen: Vandenhoeck & Ruprecht 1974, S. 47-91.

Ders.: Wesen und Wirken des Ökumenischen Rates der Kirchen. In: Urban, Hans Jörg / Wagner, Harald (Hg.) Handbuch der Ökumene. Bd. 2. Paderborn: Bonifatius 1986, S. 64-79.

Ders.: Werden und Wachsen des Ökumenischen Rates der Kirchen. In: Urban, Hans Jörg / Wagner, Harald (Hg.) Handbuch der Ökumene. Bd. 2. Paderborn: Bonifatius 1986, S. 53-63.

Kühn, Ulrich: Ulrich Kühn. In: Henning, Christian / Lehmkühler, Karsten (Hg.): Systematische Theologie der Gegenwart in Selbstdarstellungen. Tübingen: Mohr 1998, S. 103-119.

Landersdorfer, Anton: Art. Döpfner, Julius (1906-1977). In: Gatz, Erwin (Hg.): Die Bischöfe der deutschsprachigen Länder 1945-2001. Ein biographisches Lexikon. Berlin: Duncker & Humblot 2002, S. 217-221.

Ders.: Art. Ratzinger, Joseph (* 1927). In: Gatz, Erwin (Hg.): Die Bischöfe der deutschsprachigen Länder 1945-2001. Ein biographisches Lexikon. Berlin: Duncker & Humblot 2002, S. 394-396.

Langasco, Cassiano: P. Agatangelo carpaneto da Langasco, O.F.M. Cap: 1904-1976. Genova: Scuola Tip. Del Sorriso Francescano 1977.

Latourette, Kenneth: Die ökumenische Bedeutung der Missionsbewegung und des Internationalen Missionsrates. In: Rouse, Ruth / Neill, Stephen: Geschichte der Ökumenischen Bewegung 1517-1548 (Theologie der Ökumene, Bd. 6). 1. Teil. 2. Aufl. Göttingen: Vandenhoeck & Ruprecht 1963, S. 483-556.

Ders.: Ecumenical bearings of the Missionary Movement and the International Missionary Council. In: Rouse, Ruth / Neill, Stephen: A history of the Ecumenical Movement. 1517-1948. Volume I/II. 4. Aufl. Geneva: WCC Publications 1993, S. 353-402.

Lätzel, Martin: Art. Schaffran, Gerhard. In: BBKL, Bd. 25. Hamm (Westf.): Traugott Bautz 2005, Sp. 1233-1234.

Lazzarin, Piero: Gino Lubich Giornalista. In: Massarotto, Giacomo / Lazzarin, Piero (Hg.): Gino Lubich partigiano e giornalista. Trento: Il Margine 2017, S. 65-110.

Lehmann, Karl: Art. Rahner, Karl I. Leben. In: LThK, Bd. 8. 3. Aufl. Freiburg i. Br. u. a.: Herder 2006, Sp. 805-806.

Ders.: Neue geistliche Bewegungen. Mainz: Bischöfliches Ordinariat 1987.

Ders.: Neuere geistliche Gemeinschaften und Bewegungen im Leben der Kirche. In: Valentin, Friederike / Schmitt, Albert (Hg.): Lebendige Kirche. Neue geistliche Bewegungen. Mainz: Matthias-Grünewald-Verlag 1988, S. 15-29.

Leist, Wolfgang: Versammlungsrecht und Rechtsextremismus. Die rechtlichen Möglichkeiten, rechtsextremistische Demonstrationen zu verbieten oder zu beschränken. Hamburg: Dr. Kovač 2003.

Leputsch, Michael: Intellectus fidei als intellectus unitatis. Zum Vernunftbegriff bei Klaus Hemmerle (Religion – Kultur – Recht, Bd. 4). Frankfurt a. M. u. a.: Peter Lang 2005.

Lies, Lothar: Gottes Herz für die Menschen. Elemente der Herz-Jesu-Frömmigkeit morgen. Innsbruck / Wien: Tyrolia-Verlag 1996.

Limburg, Hans: Art. Herz Jesu, Herz-Jesu-Verehrung I. Geschichte. LThK, Bd. 5. 3. Aufl. Freiburg i. Br. u. a.: Herder 2006, Sp. 51-53.

Löffler, Peter: Collegium Ludgerianum in Münster 1849-1971 (Geschichte und Kultur, H. 6). Münster: Regensberg 1979.
Lohmann, Hartmut: Art. Lombardi, Riccardo In: BBKL, Bd. 5. Hamm (Westf.): Traugott Bautz 1993, Sp. 196-197.
Lozo, Ignaz: Gorbatschow. Der Weltveränderer. Darmstadt: WBG 2021.
Luhmann, Niklas: Die Gesellschaft der Gesellschaft. 1. Bd. Frankfurt a. M.: Suhrkamp 1997.
Ders.: Die Gesellschaft der Gesellschaft. 2. Bd. Frankfurt a. M.: Suhrkamp 1997.
Ders.: Funktion der Religion. 5. Aufl. Frankfurt a. M.: Suhrkamp 1982.
Ders.: Soziologische Aufklärung 1. Aufsätze zur Theorie sozialer Systeme. 8. Aufl. Wiesbaden: Verlag für Sozialwissenschaften 2009.
Lupi, Maria: Loreto. 1) Stadt u. Wallfahrt. In: LThK, Bd. 6. 3. Aufl. Freiburg i. Br. u. a.: Herder 2006, Sp. 1052-1053.
Lutz-Bachmann: Tritt die Ökumene auf der Stelle? In: Zentralkomitee der Deutschen Katholiken (Hg.): Wie im Himmel so auf Erden. Bd. 2. Paderborn: Bonifatius 1991, S. 1763-1774.
Mampel, Siegfried: Die sozialistische Verfassung der Deutschen Demokratischen Republik. 2. Aufl. Frankfurt a. M.: Alfred Metzner 1982.
Marenski, Annegret: Die Gemeinschaft Sant'Egidio. Empirische Studie zu den Grundzügen ihres christlich-spirituellen Lebens. Glauben leben – Welt gestalten (Theologie des geistlichen Lebens, Bd. 6). Berlin: LIT 2021.
Margerie, Bertrand de: Histoire doctrinale du culte au *coeur de Jésus*. Paris: Mame 1992.
März, Christian: Art. Spülbeck, Otto Wilhelm Johannes. In: Neue Deutsche Biographie 24 (2010), S. 769.
Maas-Ewerd, Theodor: Art. Liturgische Bewegung. In: LThK, Bd. 6. 3. Aufl. Freiburg i. Br. u. a.: Herder 2006, Sp. 992-993.
Massarotto, Giacomo: Gino Lubich Partigiano. In: Massarotto, Giacomo / Lazzarin, Piero (Hg.): Gino Lubich partigiano e giornalista. Trento: Il Margine 2017, S. 9-62.
Mattes, Anton: Herz-Jesu-Verehrung in der Neuzeit – im Bannkreis der hl. Margareta Maria Alacoque. Aschaffenburg: Pattloch 1982.
Mazenik, Christian: Katholisches Kirchenverständnis auf dem Weg. Kirche als Familie Gottes in der Pluralität der Kirchenmetaphern. Paderborn: Ferdinand Schöningh 2016.
McCue: II. Der Westen. In: Raitt, Jill (Hg.): Geschichte der christlichen Spiritualität. Bd. 2. Hochmittelalter und Reformation. Würzburg Echter 1995, S. 434-446.
Melloni, Alberto: A history of the desire for Christian unity. Vol. 1. Dawn of Ecumenism. Leiden / Boston: Brill 2021.
Menke, Karl-Heinz: Fleisch geworden aus Maria. Die Geschichte Israels und der Marienglaube der Kirche. Regensburg: Pustet 1999.
Merkt, Andreas: Bischof, Pfarrgemeinderäte und Zölibat. In: Wurst, Gregor u. a. (Hg.): Reformen in der Kirche. Historische Perspektiven. Freiburg i. Br. u. a.: Herder 2014, S. 12-50.
Moderow, Hans-Martin: Ökumene in der DDR. In: Moderow, Hans-Martin (Hg.): Orientierung Ökumene. Ein Handbuch. 2. Aufl. Berlin: 1987, S. 257-271.

Moore, John: Herz-Jesu-Verehrung in Deutschland. Religiöse, soziale und politische Aspekte einer Frömmigkeitsform. Petersberg: Michael Imhof Verlag 1997.

Morsey, Rudolf: Die Deutschen Katholikentage – Wie sie wurden, was sie sind. In: ZdK (Hg.): Wie im Himmel so auf Erden. 90. Deutscher Katholikentag vom 23. bis 27. Mai 1990 in Berlin. Teil II. Paderborn: Bonifatius 1991, S. 1542-1557.

Müllegger, Ulrich: Das Hohe Friedensfest zu Augsburg – Ursprung und Geschichte. In: Menacher, Peter (Hg.): Gelebtes Miteinander. Der Preis Augsburger Friedensfest und seine ökumenischen Impulse. Augsburg: Wißner 1997, S. 17-24.

Müller, Paul-Gerhard: Die römisch-katholische Bibelbewegung und ihre Vorgeschichte. In: Berger, Teresa / Geldbach, Erich (Hg.): Bis an die Enden der Erde. Zürich: Benzinger 1992, S. 38-69.

Müller, Petro: Für ein gutes Miteinander der Kirchen – ein kleiner ökumenischer Knigge. In: Pastoralblatt für die Diözesen Aachen, Berlin, Essen, Hildesheim, Köln, Osnabrück 62 (2010), S. 203-206.

Neubert, Ehrhart: Art. Schönherr, Albrecht. In: Hoffmann, Dieter u. a. (Hg.): Wer war wer in der DDR? Ein biographisches Lexikon. Berlin: Ch. Links 2000, S. 762-763.

Neuhaus, Elisabeth: Geistliche Gemeinschaften. Bewegungen (in) der Kirche. In: Pastoralblatt für die Diözesen Aachen, Berlin, Essen, Hildesheim, Köln, Osnabrück 55 (2003), S. 40-45.

Neuner, Peter: Der Laie und das Gottesvolk. Frankfurt a. M.: Josef Knecht 1988.

Ders.: Ekklesiologie – Die Lehre von der Kirche. In: Beinert, Wolfgang (Hg.): Glaubenszugänge. Lehrbuch der Katholischen Dogmatik. Bd. 2 Paderborn u. a.: Ferdinand Schöningh 1995, S. 508-511.

Ders.: Ökumenische Theologie. Die Suche nach der Einheit der christlichen Kirchen. Darmstadt. WBG 1997.

Nientiedt, Klaus: Geistliche Aufbrüche. Neue Gemeinschaften in der Kirche. In: Herder-Korrespondenz 40 (1986), S. 428-433.

Oefele, Helmut von / Winkler, Karl: Handbuch des Erbbaurechts. 5. Aufl. München: C. H. Beck 2012.

Oeldemann, Johannes: Einheit der Christen – Wunsch oder Wirklichkeit? Kleine Einführung in die Ökumene. Regensburg: Friedrich Pustet 2009.

Oschlies, Wolf: Art. Johannes, Paul II., Papst. In: BBKL, Bd. 38. Nordhausen: Traugott Bautz 2017, Sp. 759-782.

Osner, Maria: Art. Congar, Yves, OP. In: LThK, Bd. 2. 3. Aufl. Freiburg i. Br. u. a.: Herder 2006, Sp. 1295-1296.

Palese, Salvatore: Presentazione. In: Sportelli, Francesco (Hg.): Diario dell'arcivescovo Enrico Nicodemo a Bari (Per la storia della Chiesa di Bari, Bd. 20). Bari: Edipuglia 2003, S. 7-9.

Park, Hyun-Chang: Laien auf dem Weg der Evangelisation. Die „Gemeinschaft Christliches Lebens" als geistliche Bewegung (Studien zur Theologie und Praxis der Seelsorge, Bd. 66). Würzburg: Echter 2006.

Pepels, Werner: Marketing. 4. Auflage. München u. a.: Oldenburg 2004.

Petri, Heinrich: Die römisch-katholische Kirche und die Ökumene. In: Urban, Hans Jörg / Wagner, Harald (Hg.) Handbuch der Ökumene. Bd. 2. Paderborn: Bonifatius 1986, S. 95-168.

Pilvousek, Josef: Die katholische Kirche vom Ersten Weltkrieg bis zur Gegenwart. In: Wolf, Hubert / Bremer, Thomas (Hg.): Ökumenische Kirchengeschichte, Bd. 3. Von der Französischen Revolution bis 1989. Darmstadt: WBG 2007, S. 271-349.

Ders.: Die katholische Kirche in der DDR. Beiträge zur Kirchengeschichte Mitteldeutschlands. Münster: Aschendorff 2014.

Ders.: Von der ‚Flüchtlingskirche' zur katholischen Kirche in der DDR. Historische Anmerkungen zur Entstehung eines mitteldeutschen Katholizismus. In: Rahner, Johanna / Schambeck, Mirjam (Hg.): Zwischen Integration und Ausgrenzung. Migration, religiöse Identität(en) und Bildung – theologisch reflektiert. Berlin: Lit 2011, S. 21-43.

Pollak, Gertrud: Säkularinstitute. I. Entstehungsgeschichte und theologisches Proprium. In: LThK, Bd. 8. 3. Aufl. Freiburg i. Br. u. a.: Herder 2006, Sp. 1465-1466.

Poschmann, Andreas: Das Leipziger Oratorium. Liturgie als Mitte einer lebendigen Gemeinde (Erfurter Theologische Studien, Bd. 81). Leipzig: Benno-Verlag 2001.

Pötzl, Norbert: Erich Honecker. Eine deutsche Biographie. Stuttgart u. a.: Deutsche Verlagsanstalt 2002.

Povilus, Judith: Gesú in Mezzo nel pensiero di Chiara Lubich. Genesi, contenuti e attualità di un tema della sua spiritualità. Roma: Città Nuova 1981.

Dies.: Jesus in der Mitte. Jesu Gegenwart unter den Menschen in der Fokolar-Spiritualität. 2. Aufl. München u. a.: Neue Stadt 1990.

Pree, Bernhard: Mitgliedschaft in kirchlichen Vereinigungen – Die Fokolar-Bewegung (Linzer Kanonistische Beiträge, Bd. 9). Linz: Rudolf Trauner 2000.

Raem, Heinz-Albert: Art. Bea, Augustin. In: LThK, Bd. 2. 3. Aufl. Freiburg i. Br. u. a.: Herder 2006, Sp. 105-106.

Ders.: Die ökumenische Bewegung. In: Gatz, Erwin (Hg.): Katholiken in der Minderheit. Diaspora – Ökumenische Bewegung – Missionsgedanke (Geschichte des kirchlichen Lebens, Bd. III). Freiburg u. a.: Herder 1994, S. 196-201.

Raffelt, Albert: Art. Bérulle, Pierre de. In: LThK, Bd. 2. 3. Aufl. Freiburg i. Br. u. a.: Herder 2006, Sp. 306.

Ders.: Art. Journet, Charles. In: LThK, Bd. 5. 3. Aufl. Freiburg i. Br. u. a.: Herder 2006, Sp. 1020.

Ratzinger, Georg: Mein Bruder, der Papst. München: Herbig 2011.

Ratzinger, Joseph: Kirchliche Bewegungen und ihr theologischer Ort. In: Internationale katholische Zeitschrift Communio 27 (1998), S. 431-448.

Ders.: Volk und Haus Gottes in Augustins Lehre von der Kirche (Münchener Theologische Studien, Bd. 7). St. Ottilien: EOS 1992.

Rauch, Albert: 50 Jahre Begegnung mit den Kirchen des Ostens. In: Schneider, Michael (Hg.): Wachsam in der Liebe. FS für Patriarch Gregorios III. (Koinonia – Oriens, Bd. 54). Kisslegg: Fe-Medienverlag 2008, S. 317-331.

Ders.: Ein Ort gelebter Ökumene. In: Regensburger Bistumsblatt 45 Jg., Nr. 27, S. 24.

Ders.: Regensburg und die Kirchen des Ostens. In: Grötsch, Hermann (Hg.): Almanach des Bistums Regensburg. Regensburg: Walhalla und Praetoria 1973, S. 118-122.

Ders.: Vom Dialog zum Trialog. In: Madsen, Anna M. (Hg.): Glaube und Denken. Die Bedeutung der Theologie für die Gesellschaft. FS für Hans Schwarz. Frankfurt a. M. u. a.: Peter Lang 2004, S. 319-327.

Ders. u. a.: Das Ostkirchliche Institut. Über 40 Jahre Kontakte zur Orthodoxie. In: Boeckh, Katrin / Smolorz, Roman P. (Hg.): Osteuropa in Regensburg. Institutionen der Osteuropa-Forschung in Regensburg aus ihrer historischen Perspektive (Regensburger Studien, Bd. 13). Regensburg: Stadtarchiv Regensburg 2008, S. 112-132.

Ders.: 15 Jahre im Dienste der Einheit. In: Mai, Paul (Hg.): Dienen in Liebe. Rudolf Graber, Bischof von Regensburg. München / Zürich: Schnell und Steiner 1981, S. 67-73.

Reese-Schäfer, Walter: Niklas Luhmann zur Einführung. Hamburg: Junius 1999.

Reindl, Rupert: Gelebte Einheit. Der Beitrag der Fokolar-Bewegung zum katholisch-evangelischen Dialog unter besonderer Berücksichtigung des Ökumenischen Lebenszentrums Ottmaring. Universität Wien 1992 (Diplomarbeit). In: Deutschlandarchiv der Fokolar-Bewegung. Archivbibliothek (unveröffentlicht).

Reiterer, Albert: Gesellschaft in Österreich. Struktur und sozialer Wandel im globalen Vergleich. 3. Aufl. Wien: Facultas 2003.

Riccardi, Andrea: Johannes Paul II. Die Biografie. Würzburg: Echter 2012.

Richter, Hedwig: Die DDR. Paderborn: Schöningh 2009.

Rivinius, Karl Josef: Art. Keppler, Paul Wilhelm von. In: BBKL, Bd. 1. Hamm (Westf.): Traugott Bautz 1992, Sp. 322-327.

Robertson, Edwin: Chiara. 2. Aufl. Rom: Città Nuova 1979.

Robles, Vincenzo: Da sentinella della verità a pellegrino dell'annunzio: l'itinerario di un Vescovo (Bari 1953-1973). In: Riccardi, Andrea (Hg.): Enrico Nicodemo a Bari (1953-1973). Un vescovo meridionale tra modernizzazione e concilio. Bari: Edipuglio 1989, S. 57-116.

Roggemann, Herwig: Die DDR-Verfassungen. Einführung in das Verfassungsrecht der DDR. Grundlagen und neuere Entwicklung (Die Gesetzgebung der sozialistischen Welt, Bd. 7). 4. Aufl. Berlin: Berlin-Verlag 1989.

Roll, Dieter: Art. Christlicher Verein junger Menschen (CVJM). In: LThK, Bd. 2. 3. Aufl. Freiburg i. Br. u. a.: Herder 2006, Sp. 1158.

Rouse, Ruth: Freie Vereinigungen und die Wandlung des ökumenischen Klimas. In: Rouse, Ruth / Neill, Stephen: Geschichte der Ökumenischen Bewegung 1517-1548 (Theologie der Ökumene. Bd. 6). 1. Teil. 2. Aufl. Göttingen: Vandenhoeck & Ruprecht 1963, S. 422- 482.

Dies.: Voluntary movements and the changing ecumenical climate. In: Rouse, Ruth / Neill, Stephen: A history of the Ecumenical Movement. 1517-1948. Volume I/II. 4. Aufl. Geneva: WCC Publications 1993, S. 309-349.

Rummel, Peter: Art. Freundorfer, Joseph (1894-1963). In: Gatz, Erwin (Hg.): Die Bischöfe der deutschsprachigen Länder 1945-2001. Ein biographisches Lexikon. Berlin: Duncker & Humblot 2002, S. 54-56.

Ders.: Art. Stimpfle, Josef (1916-1996). In: Gatz, Erwin (Hg.): Die Bischöfe der deutschsprachigen Länder 1945-2001. Ein biographisches Lexikon. Berlin: Duncker & Humblot 2002, S. 56-58.

Sachse, Christian: Den Menschen eine Stimme geben. Bischof Gottfried Forck und die Opposition in der DDR. Berlin: Wichern 2009.

Sauser, Ekkart: Art. Gottardi, Alessandro Maria. In: BBKL, Bd. 20. Nordhausen: Traugott Bautz 2002, Sp. 651-652.

Ders.: Art. Schott, Friedrich August, P. Anselm OSB. In: BBKL, Bd. 9. Hamm (Westf.): Traugott Bautz 1995, Sp. 809-812.

Ders.: Art. Stimpfle, Josef. In: BBKL, Bd. 20. Hamm (Westf.): Traugott Bautz 2002, Sp. 1436-1439.

Schäfer, Bernd: Art. Reinelt Joachim. In: Hoffmann, Dieter u. a. (Hg.): Wer war wer in der DDR? Ein biographisches Lexikon. Berlin: Ch. Links 2000, S. 690.

Schäfer, Bernd: Staat und katholische Kirche in der DDR (Schriften des Hannah-Arendt-Instituts für Totalitarismusforschung, Bd. 8). Köln u. a.: Böhlau 1998.

Schäfer, Erich: Grundlagen der Marktforschung. 4. Aufl. Köln / Opladen: Westdeutscher Verlag 1966.

Schäffer, Wilhelm: Erneuerter Glaube – verwirklichtes Menschsein. Die Korrelation von Glauben und Erfahrung in der Lebenspraxis christlicher Erneuerung (Studien zur praktischen Theologie, Bd. 28). St. Ottilien: EOS 1983.

Schatz, Klaus: Allgemeine Konzilien – Brennpunkte der Kirchengeschichte. 2. Aufl. Paderborn: Ferdinand Schöningh 2008.

Ders.: Art. Ultramontanismus, ultramontan. In: LThK, Bd. 10. 3. Aufl. Freiburg i. Br. u. a.: Herder 2006, Sp. 360-362.

Ders.: Art. Vatikanische Konzilien A. I Vaticanum. In: LThK, Bd. 10. 3. Aufl. Freiburg i. Br. u. a.: Herder 2006, Sp. 556-561.

Ders.: Kirchengeschichte der Neuzeit II. 3. Aufl. Düsseldorf: Patmos 1999.

Scheffczyk, Leo / Ziegenaus, Anton: Katholische Dogmatik. Der Gott der Offenbarung: Gotteslehre. Bd. 2. Aachen: MM-Verlag 1996.

Ders.: Art. Herz Jesu, Herz-Jesu-Verehrung II. Systematisch-theologisch. In: LThK, Bd. 5. 3. Aufl. Freiburg i. Br. u. a.: Herder 2006, Sp. 53-54.

Ders.: Grundzüge der Entwicklung der Theologie zwischen dem Ersten Weltkrieg und dem Zweiten Vatikanischen Konzil. In: Jedin, Hubert / Repgen, Konrad (Hg.): Handbuch der Kirchengeschichte. Bd. VII. Freiburg i. Br. u. a.: Herder 1979, S. 263-301.

Scheuchenpflug, Peter: Johann Michael Sailers Impulse für die Katholische Bibelbewegung in Deutschland. In: Klerikerblatt 81 (2001), Nr. 9, S. 196-200.

Schick, Ludwig: Die neue geistliche Bewegung – eine ordnungsekklesiale Aufgabe. In: Boekholt, Peter / Riedel-Spangenberger, Ilona (Hg): Iustitia et Modestia. Festschrift für Hubert Socha zur Vollendung seinens 65. Lebensjahres. München: Don Bosco 1998, S. 249-262.

Schilson, Arnon: Art. Guéranger, Prosper-Louis-Pascal. In: LThK, Bd. 4. 3. Aufl. Freiburg i. Br. u. a.: Herder 2006, Sp. 1091-1092.

Schlögel, Herbert: Kirche – Moral – Spiritualität (Studien der Moraltheologie, Bd. 18). Münster u. a.: Lit 2001.
Schmeiser, Norbert: Art. Giordani, Igino. In: BBKL, Bd. 40. Hamm (Westf.): Traugott Bautz 2019, Sp. 290-296.
Schmitt, Christoph: Art. Klein, Wilhelm. In: BBKL, Bd. 33. Nordhausen: Traugott Bautz 2012, Sp. 746-749.
Ders.: Art. Trilling, Wolfgang. Katholischer Theologe und Neutestamentler. In: BBKL, Bd. 18. Hamm (Westf.): Traugott Bautz 2001, Sp. 1396-1401.
Ders.: Schürmann, Heinz. Theologe, Neutestamentler. In: BBKL, Bd. 18. Hamm (Westf.): Traugott Bautz 2001, Sp. 1300-1310.
Schmitz, Rudolf Michael: Aufbruch zum Geheimnis der Kirche Jesu Christi. Aspekte der katholischen Ekklesiologie des deutschen Sprachraumes von 1918 bis 1943 (Münchener Theologische Studien, Bd. 46). St. Ottilien: EOS 1991.
Schnell, Rainer: Methoden der empirischen Sozialforschung. 10. Aufl. München u. a.: Oldenburg 2011.
Schreier, Josef: Art. Hemmerle, Klaus (1929-1994). In: Gatz, Erwin (Hg.): Die Bischöfe der deutschsprachigen Länder 1945-2001. Ein biographisches Lexikon. Berlin: Duncker & Humblot 2002, S. 43-47.
Schroeder, Klaus: Der SED-Staat. Geschichte und Strukturen der DDR 1949-1990. München: Bayerische Landeszentrale für politische Bildungsarbeit 1998.
Schroeder, Klaus: Der SED-Staat. Geschichte und Strukturen der DDR 1949-1990. 3. Aufl. Köln u. a.: Böhlau 2013.
Schulz, Winfried: Art. Heiligsprechung. In: LThK, Bd. 4. 3. Aufl. Freiburg i. Br. u. a.: Herder 2006, Sp. 1328-1334.
Schürmann, Heinz: Das Lukasevangelium 2. Teil. Freiburg i. Br. u. a.: Herder 1994.
Schwaab, Ulrich: Art. Stählin, Wilhelm. In: BBKL, Bd. 10. Hamm (Westf.): Traugott Bautz 1995, Sp. 1115-1120.
Schwaiger, Georg: Art. Benedikt XV. In: LThK, Bd. 2. 3. Aufl. Freiburg i. Br. u. a.: Herder 2006, Sp. 209.
Ders.: Art. Benedikt, Päpste: Benedikt XV. In: LThK, Bd. 2. 3. Aufl. Freiburg i. Br. u. a.: Herder 2006, Sp. 209-210.
Schwaiger, Georg: Art. Clemens XIII. In: LThK, Bd. 2. 3. Aufl. Freiburg i. Br. u. a.: Herder 2006, Sp. 1226.
Ders.: Art. Gregor XVI. In: LThK, Bd. 4. 3. Aufl. Freiburg i. Br. u. a.: Herder 2006, Sp. 1023-1024.
Schwahn, Barbara: Der Ökumenische Arbeitskreis evangelischer und katholischer Theologen von 1946 bis 1975 (Forschungen zur systematischen und ökumenischen Theologie, Bd. 74). Göttingen: Vandehoeck und Ruprecht 1996.
Schwarz, Hans Peter: Helmut Kohl. Eine politische Biographie. 2. Aufl. München: Deutsche Verlags-Anstalt 2012.
Seifert Katharina: Glaube und Politik. Die Ökumenische Versammlung in der DDR 1988/1999 (Erfurter theologische Studien, Bd. 78). Leipzig: Benno-Verlag 2000.

Selge, Karl-Heinz: Neue geistliche Bewegungen in der Pfarrei als Konkretion von Communio? Kanonistische Überlegungen am Beispiel der ‚Pfarrbewegung'. In: Pastoralblatt für die Diözesen Aachen, Berlin, Essen, Hildesheim, Köln, Osnabrück 44 (1992), S. 373-377.

Sievernich, Michael: Art. Basisgemeinde. I. Begriff. In: LThK, Bd. 2. 3. Aufl. Freiburg i. Br. u. a.: Herder 2006, Sp. 72.

Sportelli, Francesco: La Conferenza Episcopale Italiana (1952-1972). Galantina: Congedo 1994.

Stafin, Roman: Eucharistie als Quelle der Gnade bei Pius Parsch (Pius-Parsch-Studien, Bd. 2). Würzburg: Echter 2004.

Stegmann, Franz: Art. Christlich-soziale Bewegungen. In: LThK, Bd. 2. 3. Aufl. Freiburg i. Br.: Herder 2006, Sp. 1159-1161.

Ders.: Art. Christlich-soziale Bewegungen. In: LThK, Bd. 2. 3. Aufl. Freiburg i. Br. u. a.: Herder 2006, Sp. 1159-1161.

Ders.: Art. Integralismus. In LThK, Bd. 5., 3. Aufl. Freiburg i. Br. u. a.: Herder 2006, S. 549-550.

Steinmair-Pösel, Petra: Im Gravitationsfeld von Mystik und Politik. Christliche Sozialethik im Gespräch mit Maria Skobtsova, Dorothee Sölle und Chiara Lubich (Gesellschaft – Ethik – Religion, Bd. 16). Paderborn: Ferdinand Schöningh 2019.

Stupperich, Robert: Art. Brüder vom gemeinsamen Leben. In: TRE, Bd. 7. Berlin / New York: Walter de Gruyter 1981, S. 220-225.

Thamer, Hans-Ulrich: Adolf Hitler. Biographie eines Diktators. München: C. H. Beck 2017.

Thiede, Carsten Peter: Art. Ramsey, Arthur Michael. In: LThK, Bd. 8. 3. Aufl. Freiburg i. Br. u. a.: Herder 2006, Sp. 824.

Tigges, Marianne: Art. Geistliche Gemeinschaften und Bewegungen. In: Praktisches Lexikon der Spiritualität. Freiburg i. Br. u. a.: Herder 1988, S. 474-475.

Dies.: Der Geist weht, wo er will – Zur Spiritualität neuer geistlicher Gemeinschaften und Bewegungen. In: Lebendiges Zeugnis, 54 (1999), S. 217-228.

Dies.: Art. Geistliche Gemeinschaften und Bewegungen. I. Katholische. In: LThK, Bd. 4. 3. Aufl. Freiburg i. Br. u. a.: Herder 2006, Sp. 386-387.

Dies.: Neue geistliche Gemeinschaften und Bewegungen – eine Anfrage an Berufung und Sendung der Kirche heute. In: Tigges, Marianne (Hg.): Neue geistliche Gemeinschaften und Bewegungen. Altenberge: Oros 1998, S. 42-64.

Tischner, Wolfgang: Katholische Kirche in der SBZ/DDR 1945-1951. Die Formierung einer Subgesellschaft im entstehenden sozialistischen Staat (Veröffentlichungen der Kommission für Zeitgeschichte, Bd. 90). Paderborn u. a.: Ferdinand Schöningh 2001.

Tobler, Stefan: Jesu Gottverlassenheit als Heilsereignis in der Spiritualität Chiara Lubichs. Ein Beitrag zur Überwindung der Sprachnot in der Soteriologie (Theologische Bibliothek Töpelmann, Bd. 115). Berlin / New York: Walter de Gruyter 2002.

Ders.: Die Welt als Gottes Innerstes. Die sozialethische Dimension in der mystischen Erfahrung Chiara Lubichs. In: Klissenbauer, Irene u. a. (Hg): Menschenrechte und Gerechtigkeit als bleibende Aufgaben. Beiträge aus Religion, Theologie, Ethik, Recht und

Wirtschaft. Festschrift für Ingeborg G. Gabriel. Göttingen: Vandenhoeck & Ruprecht 2020, S. 123-138.
Tomkins, Oliver: Die Römisch-Katholische Bewegung und die ökumenische Bewegung. 1910-1948. In: Rouse, Ruth / Neill, Stephen (Hg.): Geschichte der Ökumenischen Bewegung 1517-1948 (Theologie der Ökumene, Bd. 6). 2. Teil. 2. Aufl. Göttingen: Vandenhoeck & Ruprecht 1973, S. 364-384.
Ders.: The Roman Catholic Church and the Ecumenical Movement. 1910-1948 The roman catholic church and the ecumenical movement. In: Rouse, Ruth / Neill, Charles: History of the Ecumenical Movement. 1517-1948. Bd. 1. Geneva: WCC Publications 2004, S. 677-225.
Torno, Armando: PortarTi il mondo fra le braccia. Vita di Chiara Lubich. Rom: Città Nuova 2011.
Trippen, Norbert: Art. Frings, Josef, Kard. (1946). In: LThK, Bd. 4. 3. Aufl. Freiburg i. Br. u. a: Herder 2006, Sp. 159.
Ulz, Stefan: Dreifaltigkeit leben. Trinitarische Anthropologie bei Chiara Lubich. Würzburg: Echter 2019.
Vischer, Lukas: Die ökumenische Bewegung und die Römisch-katholische Kirche. In: Fey, Harol (Hg.): Geschichte der ökumenischen Bewegung 1948-1968 (Theologie der Ökumene, Bd. 13). Göttingen: Vandenhoeck & Ruprecht 1974, S. 406-459.
Visser 't Hooft, Willem: Die allgemeine ökumenische Entwicklung seit 1948. In: Fey, Harol (Hg.): Geschichte der ökumenischen Bewegung 1948-1968 (Theologie der Ökumene, Bd. 13). Göttingen: Vandenhoeck & Ruprecht 1974, S. 13-46.
Vogl, Wolfgang: Zur Spiritualität der Eucharistischen Anbetung nach dem Zweiten Vatikanum. In: Liturgisches Jahrbuch 64 (2014), S. 114-130.
Vorlaufer, Johannes: Art. Welte, Bernhard. In: BBKL, Bd. 13. Herzberg: Traugott Bautz, Sp. 727-737.
Vorster, Hans: Art. Söderblom, Nathan. In: LThK, Bd. 9. 3. Aufl. Freiburg i. Br. u. a.: Herder 2006, Sp. 684.
Voss, Gerhard: Art. Marienverehrung I. Historisch-theologisch. In: LThK, Bd. 6. 3. Aufl. Freiburg i. Br. u. a.: Herder 2006, Sp. 1378-1379.
Walser, Sebastian: Art. Lubich, Chiara. In: BBKL, Bd. 42 (2021). Herzberg: Traugott Bautz, Sp. 856-866.
Ders.: Art. Foresi Pasquale. In: BBKL, Bd. 43 (2021). Herzberg: Traugott Bautz, Sp. 592-597.
Ders.: Art. Schlink, Basilea (Klara). In: BBKL, Bd. 42 (2021). Herzberg: Traugott Bautz, Sp. 1314-1319.
Ders.: Sr. Basilea Schlink (1904-2001). Die Darmstädter Marienschwestern – „Mortificatio als Spirale zur Heiligung". In: Vogl, Wolfgang / Walser, Sebastian (Hg.): Geistliche Frauen des 20. Jahrhunderts. Neu- und Wiederentdeckungen (Theologie des geistlichen Lebens, Bd. 1). Münster: Lit 2020, S. 234-253.
Walter, Peter: Die deutschsprachige Dogmatik zwischen den beiden Vatikanischen Konzilien untersucht am Beispiel der Ekklesiologie. In: Wolf, Hubert (Hg.): Die katholisch-theologischen Disziplinen in Deutschland 1870-1962. Ihre Geschichte, ihr Zeitbezug. Paderborn u. a.: Schöningh 1999, S. 129-163.

Wassilowsky, Günther: Universales Heilssakrament Kirche. Karl Rahners Beitrag zur Ekklesiologie des II. Vatikanums (Innsbrucker theologische Studien, Bd. 59). Innsbruck / Wien: Tyrolia 2001.

Weber, Herrmann, Die DDR 1945-1990. 5. Aufl. München: Oldenbourg 2012.

Weiss, Bardo: Art. Christusfrömmigkeit. In: Schütz, Christian (Hg.): Praktisches Lexikon der Spiritualität. Freiburg u. a.: Herder 1988, Sp. 189-198.

Weiße, Wolfram: Praktisches Christentum und Reich Gottes. Die ökumenische Bewegung Life and Work 1919-1937. Göttingen, Vandenhoeck & Ruprecht 1991.

Welsch, Wolfgang: Art. Postmoderne. I. Philosophisch. In: LThK, Bd. 8. 3. Aufl. Freiburg i. Br. u. a.: Herder 2006, Sp. 455-456.

Wengst, Klaus: Das Johannesevangelium (Theologischer Kommentar zum Neuen Testament, Bd. 4). Stuttgart: Kohlhammer 2019.

Wenzel, Knut: Das Zweite Vatikanische Konzil. Eine Einführung. Freiburg i. Br. u. a.: Herder 2014.

Widl, Maria: Das Volk Gottes auf dem Weg durch die Postmoderne. Eine kleine Pastoraltheologie. Ostfildern: Matthias Gründewald Verlag 2018.

Wiedenhofer, Siegfried: Art. Societas perfecta. In: LThK, Bd. 9. 3 Aufl. Freiburg i. Br. u. a.: Herder 2006, Sp. 681-682.

Ders.: Das katholische Kirchenverständnis. Ein Lehrbuch der Ekklesiologie. Graz u. a.: Styria 1992.

Wilke, Andrea: Leben und Ausbreitung der Fokolarbewegung in der DDR, 1994. In: Deutschlandarchiv der Fokolar-Bewegung. Archivbibliothek. Zonengeschichte DDR (unveröffentlicht).

Wittig, Michael: Art. Athenagoras I., Ökum. Patriarch. In: LThK, Bd. 1. 3. Aufl. Freiburg i. Br. u. a.: Herder 2006, Sp. 1143.

Wolf, Hubert: Der Syllabus errorum (1864). Oder: Sind katholische Kirche und Moderne unvereinbar? In: Weitlauff, Manfred u. a. (Hg): Kirche im 19. Jahrhundert. Regensburg: Pustet 1998, S. 115-139.

Wyrwoll, Nikolaus: Das Ostkirchliche Institut in Regensburg. In: Preißl, Edda (Hg.): Die Oberpfalz – Brücke zum Osten (Bayerischer Nordgautag: Festschrift, Bd. 29). Kallmünz: Laßleben 1992, S. 53-56.

Zanzucchi, Michele: In fuga per la verità. Pasquale Foresi – La biografia. Prima Parte (1929-1954). Roma: Città Nuova 2020.

Zollitsch, Robert: Zur Zukunft der Ökumene – Perspektiven aus der Sicht der Deutschen Bischofskonferenz. In: Frank, Günther / Käuflein, Albert (Hg.): Ökumene heute. Freiburg i. Br. u. a.: Herder 2010, S. 14-35.

Anhang

Nr. 1: Die Fokolare in der Bundesrepublik Deutschland (1958-1992) und der DDR

In der Bundesrepublik Deutschland und der DDR eröffnete Fokolare[1047]			
Zone	**Art des Fokolars**	**Ort des Fokolars**	**Gründungsdatum**
Heidelberg	FF	Karlsruhe[1048]	1966-1969
	FF	Heidelberg-Wieblingen	1969
	MF	Heidelberg	1974
	FF	Stuttgart	1985
	FF	Frankfurt a. M. (Schwalbach)	1978

[1047] Vgl. Ursula Tscheschner, Berlin, 2-3; Magdalena Schilgen, Erfahrungsbericht (Blockschrift), 1; Theo Kegler, Erinnerungen an die ersten Jahre in Deutschland, 1; Rosemarie Hercher, Geschichte Nürnbergs – Anfangszeiten, 1-2; Elfriede Waha, Fokolare in Deutschland (1961-1998), 1-5; Andrea Wilke, Leben und Ausbreitung der FoBw in der DDR, 1994, 32; Neue Stadt, 3 (1966); Neue Stadt, 2 (1969); Neue Stadt, 3 (1969); Marlis Wieneke, Eine Familie wächst ..., Stand 1986, 13-15; Unbekannter Verfasser, Fokolare in Deutschland, 1991, 23-24; Ursula Tscheschner, Geschichte der Fokolar-Bewegung in Deutschland, 1998, 1-7; Wolfram Zilske, Geschichtliche Angaben zur Zonette Hannover, 2007, 1; Ursula Tscheschner, Hannover, 1998, 2; Ursula Tscheschner, Die Anfänge der Bewegung in Deutschland, 1998, 10-11; Unbekannter Verfasser, Chronologie der Geschichte, 1998, 1-5; Hermann Schweers, Eckpunkte zur Geschichte der Zonette Hamburg, 2005, 1; Helmut Schweers, Vorstellung der Zonette Hamburg, 2005, 1; Peter Oswald, Geschichtliche Angaben zur Zonette Hannover, 2007, 1; Interview mit Linda Schuster und Gudrun Kraft vom 8. April 2016 (Anhang Nr. 7); Vittorio Fasciotti, Chronologie der Fokolar-Bewegung in Deutschland, 2016, 1958-1969/2; Wolfram Zilske, Zur Geschichte des ‚Werkes Mariens' in Ost-Berlin, 2-7; Wolfram Zilske, Diplomarbeit König, 2007, 1-2; Fokolar-Bewegung, Jahresbericht über den Stand des Werkes Mariens und seine Tätigkeit, 1981, 2; Andrea Pasieka, Erfahrungsbericht, 12, 21; Unbekannt, Die Geschichte der Fokolarbewegung in der DDR und die Ausbreitung in die sozialistischen Nachbarländer, 1999, 2; Opera di Maria, Statistiche sezione maschile, 1963, 2; Ruth Nocke, Erfahrungsbericht, 2; Joachim Schwind, Beitrag von Chiara Lubich für die Einheit der Völker im Osten, 2000, 2; Unbekannt, La Storia del Movimento in Germania, 1-8; Sigrid Mayerhofer, Sigrid Mayerhofer, 2010, 14; Georg Wypler, Bericht an den Generalvikar des Bistums Dresden-Meißen vom 18. März 1987, 1; Unbekannt, 30 Jahre Ökumene in der DDR, 5; Unbekannt, Geschichte der Fokolar-Bewegung in der DDR, 2002, 1-4; Unbekannt, Storia del Movimento in Germania dal 1972, 1-4; Ursula Tscheschner, Entstehung des Berliner Fokolares, 1.

[1048] Das Frauenfokolar in Karlsruhe zieht 1969 nach Heidelberg (vgl. Ursula Tscheschner, Geschichte der Fokolar-Bewegung in Deutschland, 1998, 9-10).

Leipzig[1049]	FF	Westberlin[1050]	1959-1990
	MF	Westberlin	1961-1990
	FF	Ostberlin	1968/69-1990
	PF	Ostberlin / Schwerin	vor 1981
	MF	Ostberlin	1965-1990
	MF	Erfurt	1964-2004
	FF	Erfurt	1974
	PF	Erfurt	vor 1981
	FF	Görlitz	1976-1990[1051]
	PF	Görlitz	vor 1981
	FF	Leipzig[1052] (ZZF)	1962-1969 1976-1993
	FF	Hohen Neuendorf (ZZF)	1969-1976
	FF	Leipzig	1969
	MF	Leipzig	1961-1997
	MF	Leipzig (ZZM)	1968-1994
	FF	Magdeburg	1983-1994
	PF	Magdeburg	vor 1981
	FF	Rostock	1988-1994
	FF	Dresden	1990
	FF	Halle	1965-1971
	2 PF	Dresden-Meißen	vor 1981

1049 Insofern berücksichtigt wird, dass das Frauenfokolar von Görlitz nach Dresden umzieht und das Zonenzentrum der Frauen für kurze Zeit nicht mehr in Leipzig, sondern in Hohen Neuendorf war, lassen sich 12 Fokolare nachweisen, die in der DDR gegründet wurden (s. Anhang Nr. 1).

1050 Das Frauen- und Männerfokolar in Westberlin gehörte bis 1990 zu den Zonen der Bundesrepublik Deutschland. Am 1. Januar 1991 wurden sie zusammengelegt. Es bestanden nur noch ein Frauen- und ein Männerfokolar in Berlin, die von nun an zur Zone Leipzig gehörten. (vgl. Wolfram Zilske, Diplomarbeit König, 2007, 1-2).

1051 Das Frauenfokolar in Görlitz wurde 1990 nach Dresden verlegt (vgl. Wolfram Zilske, Diplomarbeit König, 2007, 2).

1052 In einem Bericht an den Generalvikar aus dem Jahr 1987 ist nur von einem Priester-, Frauen- und Männerfokolar in Leipzig die Rede. Laut dem Jahresbericht 1981 existieren allerdings zwei Frauen und Männerfokolaren in Leipzig (vgl. Georg Wypler, Bericht an den Generalvikar des Bistums Dresden-Meißen, 1987, 1; Fokolar-Bewegung, Jahresbericht über den Stand des Werkes Mariens und seine Tätigkeit, 1981, 2).

München	FF	München	1960
	MF	München	1961/1962
	FF	Nürnberg	~1980/81
	MF	Nürnberg	~1980/81
	FF	Regensburg	6. Januar 1968
Ottmaring[1053]	FF	Ottmaring (Friedberg)	1968
	MF	Ottmaring (Friedberg)	1968
	FF	Augsburg	1988/89[1054]
	FF	Augsburg	1967
	MF	Augsburg	1965
	MF	Augsburg (Bischofssitz)	1963
Solingen	FF	Hamburg	1989
	PF	Hamburg	1987
	FF	Hannover	1976
	MF	Hannover	1978/79
	FF	Köln	1959
	MF	Köln	1958
	FF	Münster	1979
	MF	Münster	1992
	MF	Solingen[1055]	1982
	FF	Solingen	1981

[1053] Mit der Eröffnung des ‚Ökumenischen Lebenszentrums' in Ottmaring werden in Augsburg ein Frauen- und Männerfokolar aufgelöst und anschließend in Ottmaring neu gegründet. Es konnte nicht herausgefunden werden, welche Augsburger Fokolare dies betroffen hat (vgl. Elfriede Waha, Fokolare in Deutschland (1961-1998), 1-5).

[1054] Im Rahmen der Verleihung des ‚Augsburger Friedenspreises' an Chiara Lubich zieht ein Frauenfokolar aus Ottmaring nach Augsburg um (vgl. Elfriede Waha, Fokolare in Deutschland (1961-1998), 1-5).

[1055] Die Daten zu den Fokolaren in Solingen beruhen auf einer mündlichen Information von Hermann Doerpinghaus, 16.8.2019.

Nr. 2: Statistik des Männerzweiges – Herbst 1963 (Bundesrepublik Deutschland)[1056]

<table>
<tr><th>Stadt</th><th>Fok</th><th>DP</th><th>Po</th><th>An</th><th>PoAn</th><th>Fw</th><th>Sym</th></tr>
<tr><td>München</td><td>5</td><td>16</td><td rowspan="3">50</td><td>1</td><td rowspan="3">60</td><td rowspan="3">125</td><td rowspan="3">10.000</td></tr>
<tr><td>Köln</td><td>5</td><td>2</td><td>1</td></tr>
<tr><td>Westberlin</td><td>3</td><td>2</td><td>0</td></tr>
</table>

Nr. 3: Statistik des Frauenzweiges – Herbst 1963 (Bundesrepublik Deutschland)[1057]

<table>
<tr><th>Stadt</th><th>Fok</th><th>Po</th><th>An</th><th>PoAn</th><th>Fw</th><th>Sym</th></tr>
<tr><td>München</td><td>4</td><td rowspan="3">45</td><td>2</td><td rowspan="3">42</td><td rowspan="3">300</td><td rowspan="3">10.500</td></tr>
<tr><td>Köln</td><td>6</td><td>1</td></tr>
<tr><td>Westberlin</td><td>4</td><td>0</td></tr>
</table>

Nr. 4: Statistik des Männerzweiges – Herbst 1963 (DDR)[1058]

Stadt	Fok	DP	Po	An	PoAn	Fw	Sym
2 Fokolare	4	30	5	1	12	100	1.500

Nr. 5: Statistik des Frauenzweiges – Herbst 1963 (DDR)[1059]

Stadt	Fok	Po	An	PoAn	Fw	Sym
2 Fokolare	6	10	1	20	150	2.000

[1056] Vgl. Opera di Maria, Statistiche sezione maschile, 1963, 2; Opera di Maria, Premesse, 1963, 1-3.
[1057] Vgl. Opera di Maria, Statistiche sezione femminile, 1963, 2; Opera di Maria, Premesse, 1963, 1-3.
[1058] Vgl. Opera di Maria, Statistiche sezione maschile, 1963, 2.
[1059] Vgl. Opera di Maria, Statistiche sezione femminile, 1963, 2.

Nr. 6: Interview mit Gabi Ballweg und Joachim Schwind vom 7. August 2015

1. Allgemeines

Vielleicht kommen wir am Anfang des Interviews zu ein paar persönlichen Fragen: Wie heißen Sie? In welcher Beziehung stehen Sie zur FoBw und zur ‚Neuen Stadt'? Seit wann arbeiten Sie für die ‚Neue Stadt'?

G. B.: Ich heiße Gabi Ballweg. Ich gehöre zu einer Fokolargemeinschaft in Ottmaring und arbeite seit dem 1. Mai 2006 als Redakteurin für die ‚Neue Stadt'. 1996 führte ich als Honorarkraft für die ‚Neue Stadt' eine Leserbefragung durch.

J. S.: Ich heiße Joachim Schwind und lebe hier in Ottmaring seit 1990 in einer Fokolargemeinschaft. Dies ist auch der Zeitpunkt, an dem ich bei der ‚Neuen Stadt' begonnen habe. Ich war von 1990 bis 1995 Redakteur der Zeitschrift; war ab 1997 Chefredakteur der ‚Neuen Stadt' und ab Ende 1999 zusätzlich Geschäftsführer des Verlags ‚Neue Stadt'. Die Chefredaktion habe ich 2012 an Herrn Clemens Behr abgegeben.

2. Entwicklung der Abonnentenkartei

Welche Abonnements bietet die ‚Neue Stadt' dem Leser und können Sie diese definieren?

J. S.: Die ‚Neue Stadt' bietet dem Leser ein ganz normales Abonnement, das dieser auf unbefristete Zeit abschließt. Das bedeutet, dass er die Zeitschrift früher elfmal und jetzt zehnmal im Jahr bezieht. Dieses Abonnement endet durch Kündigung oder Tod und es macht den größten Teil unserer Abonnements aus. Man kann ein solches Abonnement aber ebenfalls befristet für zwölf Monate abschließen. Des Weiteren kann man ein Geschenkabonnement für jemand anderen unbefristet oder befristet mit denselben Konditionen abschließen. Es gibt darüber hinaus das sogenannte Weihnachtsgeschenkabonnement, welches darin besteht, dass die Dezember-Ausgabe mit einem kleinen Geschenk gratis zugestellt wird und dann für ein Jahr lang befristet oder unbefristet die Ausgaben zugestellt werden. Es gibt Sammelabonnements. Dies sind einfach nur mehrere Abonnements, die von einer einzigen Person oder Institution ohne besondere Konditionen bezogen werden. Es gibt noch ein sogenanntes Patenabonnement, das von bedürftigen Personen oder Institutionen bezogen wird, die signalisieren, dass sie sich das Abonnement der ‚Neuen Stadt' nicht bezahlen können. Wir finanzieren dieses Abonnement aus einem Patenfond, für den wir jedes Jahr zu Spenden aufrufen. Dann gibt es noch das Fokolarabonnement, welches ein Abonnement für die Fokolargemeinschaften ist, die ein Zeitschriftenabonnement bezahlen und dazu weitere drei bis vier Zeitschriften als Werbeexemplare bekommen.

Die Abonnentenkartei weist von 1967 bis 1972 Januar ein konstantes Wachstum auf. Wie ist dieses zu erklären?

J. S.: Ich muss grundsätzlich zu allen Interpretationen der Abonnentenstatistik sagen, dass wir so gut wie keine gesicherten Daten besitzen. Alles was wir dazu sagen können, ist spekulativ, sind Erfahrungswerte und Eindrücke, die einer strengen empirischen Überprüfung vermutlich nicht standhalten oder die man auch noch einmal genauer verifizieren müsste.

Der erste Anstieg bis 1971/72 ist vermutlich einem beständigen Wachstum der FoBw geschuldet. Diese Aussage wäre allerdings zu überprüfen anhand von Mitgliederzahlen oder Teilnehmerzahlen der großen Veranstaltungen. Aber es ist die Zeit des ersten Wachstums der FoBw in Deutschland und die Abonnentenanzahl verlief schon immer relativ gleichförmig zur Entwicklung der FoBw.

Von 1972 auf 1973 erfolgt ein Sprung von 7.870 auf 13.295 Abonnements, sodass man fast von einer Verdoppelung reden könnte. Gibt es hierfür einen bestimmten Grund?

J. S.: Diese Frage kann ich leider nicht beantworten. Vermutungen wären, dass es zu dieser Zeit eine aktivere Abonnementkampagne gegeben hat und / oder einen Wechsel in der Vertriebsleitung. Aber diese Antwortversuche sind reine Spekulation.

Das Jahr 1979 stellt den Wendepunkt in der bisher sehr gut verlaufenen Abonnemententwicklung der ‚Neuen Stadt' dar. Was führte zu der Regression, die 1987 mit 14.308 Abonnenten in den bisherigen Tiefpunkt mündete?

J. S.: Auch über die Gründe dieser Genese kann ich nur spekulieren. Eine Erklärung, die wir bereits öfters für diese Entwicklung herangezogen haben, die aber nicht zu belegen ist, wäre die Einführung eines sogenannten Handzettels mit dem ‚Wort des Lebens'. Bis dahin war das ‚Wort des Lebens', ein zentral in der FoBw weltweit ausgewählter Bibelspruch mit einem meistens von Chiara Lubich versehenen Kommentar, der im deutschen Sprachraum exklusiv in der ‚Neuen Stadt' erhältlich war. Es wurde dann ein frei verfügbarer und verteilbarer Handzettel eingeführt, der vermutlich Abonnenten gekostet hat, da man auch außerhalb der Zeitschrift das ‚Wort des Lebens' gratis beziehen konnte. Ferner könnte es sein, dass in dieser Zeit eine leichte Stagnation der Ausbreitung der FoBw einsetzt.

Könnte die Einführung der neuen Medien ein Grund sein?

J. S.: Dies ist denkbar, aber in keiner Weise überprüfbar. Zudem kommen die neuen Medien auch erst etwas später. Man müsste dies verifizieren mit einem Vergleich der Abonnement- und Leseentwicklung anderer Medien. Eine Verbindung zu den neuen Medien ist meiner Ansicht nach so einfach nicht herzustellen.

Ab 1988 ist wieder ein Abonnementanstieg verzeichnet, der sich bis 1991 weiter entfaltet und in diesem Jahr mit 18.808 Abonnements den Höchststand erreicht. Gibt es für diese Genese einen speziellen Grund?

J. S.: Dies ist eine der wenigen Entwicklungen, für die es meiner Einschätzung nach einen relativ präzisen Grund gibt. In den Jahren 1988 bis 1990 hat sich Chiara Lubich persönlich um die Entwicklung der Zeitschrift in Spanien, Frankreich und Deutschland gekümmert, wo die Abonnentenzahlen rückläufig waren und der Fortbestand der Zeitschriften bedroht war. Chiara Lubich hat in diesen drei Jahren die Verantwortlichen im Sommer eingeladen und mit ihnen Strategien besprochen, mit dem Ziel, die Verbreitung der Zeitschrift zu stärken. Daraus sind für Deutschland, Österreich und die Schweiz intensive Abonnementkampagnen entwickelt worden: durch den Versuch vieler Mitglieder der FoBw, neue Abonnenten zu gewinnen; zum Teil auch durch die Selbstverpflichtung von Abonnenten, die gesagt haben, wir bestellen eine Zeitschrift für uns und beziehen eine zweite, die wir verteilen können. Das erklärt diesen ziemlich intensiven Abonnementanstieg. Auch die Sammelabonnements von Priestern, Gemeinden und Institutionen, die der FoBw verbunden waren, sind in dieser Zeit ziemlich stark angestiegen.

Obwohl in den darauffolgenden Jahren dieses Ergebnis für den Zeitraum von April 1992 (19.139 Abonnements) bis Juni 1992 (18.837) nochmals überboten wird, setzt allmählich ein Abschwung ein, der bis zum Ende des hier erfassten Zeitraums (1967-1996) anhält. Durch welche Faktoren lässt sich diese Entwicklung erklären?

J. S.: Auch hierfür haben wir keine gesicherten Daten. Wir konnten teilweise feststellen, dass eine Reihe von Abonnements, die dem etwas kräftigen und zum Teil künstlichen Anstieg Ende der 1980er- und Anfang der 1990er-Jahre geschuldet waren, irgendwann wieder weggebrochen sind. Beispielsweise sind Doppel- und Dreifachabonnements von einzelnen Mitgliedern der FoBw, die irgendwann gesagt haben, dass sie sich das nicht mehr leisten können, weggefallen. Die Stammleserschaft ist insgesamt älter geworden und zum Teil sind Kunden verstorben. Es beginnt somit auch ein biologischer Faktor zu wirken. Ferner gibt es sicherlich in dieser Zeit, aber ich nehme an, dass dies bereits um 1979/80 beginnt, eine Stagnation in den Kernmitgliedschaftsbereichen der FoBw. Dies muss nicht unbedingt die Ränder betroffen haben, aber eher die Bereiche, die dazu tendieren, sich mit einem Abonnement einer Zeitschrift indirekt an eine Institution wie die FoBw zu binden. Ich denke, dass die regressive Entwicklung Anfang der 1980er-Jahre eine logische Fortentwicklung des Abschwungs ist, der bereits Ende der 1970er-Jahre eingesetzt hat. Statistisch und nachprüfbar sind diese Aussagen allerdings nicht erfasst.

3. Studien

1990 waren 57 % der Kunden weiblich und 28 % männlich. Die restlichen 15 % verteilten sich auf Familien (10 %) und Institutionen (5 %). Ähnlich ist das Verhältnis mit einem Anteil von 50 % Frauen, 30 % Männern, 9 % Familien und 7 % Institutionen 1996. Ist die FoBw eine Frauendomäne?

J. S.: Nein! Wir müssen differenzieren, da wir von Abonnentenzahlen reden. Man müsste nachprüfen, warum mehr Frauen als Männer eine Zeitschrift beziehen und ob sich dies in gleicher Weise in der Leserschaft widerspiegelt. Wir haben in beiden Untersuchungen festgestellt, dass es eine größere Anzahl von Lesern der ‚Neuen Stadt' gibt. Wir dürfen daher in der Regel davon ausgehen, dass dort, wo eine verheiratete Frau die Zeitschrift abonniert hat, zu einem gewissen Anteil auch der Mann mitliest. Warum eher Frauen als Männer die Zeitschrift abonniert haben, haben wir nie festgestellt. Ich würde aber daraus noch keinen einfachen Rückschluss auf die Verbreitung der FoBw unter Männern und Frauen ziehen. Allerdings gab es in vielen, aber nicht allen, Kernberufungen der FoBw schon immer einen etwas höheren Frauenanteil. Wie sich dies in den offenen Bereichen widerspiegelt, lässt sich statistisch nicht leicht erfassen. Ich würde an dieser Stelle warnen vor einer zu leichten Übertragung von Abonnentenzahlen auf Leser und von Lesern auf Mitglieder der FoBw.

G. B.: Ich würde die Aussagen von Herrn Schwind unterstreichen und vor allem nochmals darauf hinweisen, dass wir keinen direkten Zusammenhang zwischen Mitgliedern der FoBw und Abonnenten der ‚Neuen Stadt' nachweisen können. Auch heute noch nicht. Wir können nicht sagen, dass es eine Mitgliederzeitschrift ist. Die ‚Neue Stadt' wollte immer offen sein. Aus Rückmeldungen wissen wir, dass wir auch sehr viele Leser in anderen Bewegungen und Gemeinschaften haben.

Lediglich 8 % der Männer waren in der Studie von 1990 Laien. Wodurch lässt sich der hohe geistliche bzw. geringe laizistische männliche Anteil in einer Laienbewegung erklären?

J. S.: Auch hier reden wir von Abonnenten und es klingt ein wenig so, als ob man Männer mit Laien gleichsetzen würde. Auch die Frauen, die die Zeitschrift abonniert haben, sind Laien und viele der Institutionen sowie der Familien. Aber auch wenn der Anteil der Abonnements, die von Priestern / Klerikern gemacht wurden, sicherlich höher ist als dies einem statistischen Gesamtwert in der Bevölkerung entspricht, kann man daraus nichts über die Anteile von Klerikern in der FoBw ableiten.

In den Studien von 1990 und 1996 kommt jeweils eine absolute Mehrheit (63 % / 68 %) der Kunden aus der Bundesrepublik. Ist dies ausschließlich durch die Bevölkerungsdichte der jeweiligen Länder zu erklären?

J. S.: Ich finde, dass diese Frage in die falsche Richtung führt. Im Vergleich zur jeweiligen Gesamtbevölkerung sind die Schweiz und Österreich unter den Abonnenten überrepräsentiert. Die Bundesrepublik kommt im Vergleich somit schlechter weg. Es mag darüber hinaus für das Verhältnis Deutschland – Österreich eine Rolle spielen, dass Österreich ein überwiegend katholisches Land ist, und wir in Deutschland eine andere konfessionelle Aufteilung haben. Über die konfessionelle Bindung ist vielleicht noch zu sprechen, aber Tatsache ist, dass unsere Leserschaft zu einem großen Teil katholisch ist. Dadurch lässt sich erklären, warum Österreich im Verhältnis zur Bevölkerungsdichte eher stärker in der Abonnentenstatistik vertreten ist. Bezüglich der Schweiz fällt mir hierzu keine Erklärung ein. Eigentlich müsste sie mit diesem konfessionellen Argument eine niedrigere Abonnentenanzahl aufweisen. Aber ich weiß nicht, woher es kommt, dass dies nicht der Fall ist.

G. B.: Es sind alles Spekulationen. Meiner Ansicht nach hat es auch mit der Leser-Blatt-Bindung zu tun. Die Redaktion war immer in Deutschland angesiedelt, was u. a. zur Folge hatte, dass die Redakteure tendenziell eher hierzulande im Umfeld der FoBw bekannt waren, woraus auch eine stärkere Beziehung zur Leserschaft resultiert. Es hat auch etwas mit dem Sprachempfinden zu tun. Auch heute noch braucht es mehr Anstrengungen, schweizerische und österreichische Themen zu berücksichtigen. Vom Gefühl her ist man mehr in Deutschland zu Hause und muss den Blick weiten. Es erklärt aber nicht, dass wir im Verhältnis zur Bevölkerungsdichte mehr Abonnenten in Österreich und der Schweiz besitzen. Lediglich wenn wir die absoluten Zahlen anschauen, haben wir mehr Kunden in Deutschland, aber nicht im Verhältnis zur Bevölkerungsanzahl. Es gibt demzufolge viele Fragezeichen, die sich diesbezüglich auftun. Aber die Themenfindung und die Präsenz vor Ort spielt innerhalb der Bewegung sicher eine Rolle.

2 % der Kunden aus den deutschsprachigen Ländern kamen 1990 aus der DDR. Wie bezogen diese bis einschließlich 1990 die ‚Neue Stadt'?

J. S.: Ich denke, dass man den Zeitpunkt nicht auf 1990, sondern 1989 setzen müsste. Vor dem Fall der Mauer dürfte es keine Abonnenten in der DDR gegeben haben. Es gab regelmäßig Freunde, die Besuche machten und die Zeitschrift, auch ältere Exemplare, mit in die DDR gebracht haben. Dies war meinem Wissen nach die einzige Bezugsmöglichkeit. Eine systematische Verteilung der ‚Neuen Stadt' in der DDR gab es nicht. Es gab auch keine wirklichen Abonnenten.

Ist der sehr geringe Abonnentenanteil aus der DDR durch politische Hintergründe zu erklären?

J. S.: Es gab keine Versuche und auch nicht den Anspruch, vor der Wende die Zeitschrift in der DDR zu verbreiten. Dies mag auch politische Hintergründe gehabt haben, aber es lag ebenfalls an der anderen Ausrichtung der FoBw in der DDR, die ihre Aktivität und Verbreitung stärker in der katholischen Kirche gesucht hat. Ferner wollte die FoBw in der DDR nicht in Erscheinung treten als eine Bewegung, die in irgendeiner Weise vom Ausland beeinflusst und gesteuert ist, und demzufolge wäre eine aus dem Westen stammende Zeitschrift absolut kontraproduktiv gewesen.

Welche Institutionen aus der DDR abonnierten die ‚Neue Stadt'?

J. S.: Dies war zwar vor meiner Zeit, aber mir ist nie eine Institution aus der DDR untergekommen, die die ‚Neue Stadt' abonniert hatte, und mir würde auch keine einfallen.

Hat es einen speziellen Grund, dass nur in der DDR mehr Männer (56 %) als Frauen (43 %) die ‚Neue Stadt' lasen?

J. S.: Woher kommt diese Zahl? Von den wenigen nach 1990? Das ist ein absolut unzuverlässiger Minimalanteil von den ersten neuen Abonnenten. Ich glaube, dass diese Zahl statistisch nicht belastbar ist.

Stellt man die Studie von 1990 der Studie von 1996 gegenüber, bemerkt man einen Abonnentenzugang in Deutschland (5 %) und der Schweiz (3 %) sowie einen Rückgang in Österreich (–4 %). Lassen sich diese Verschiebungen durch die Wiedervereinigung Deutschlands erklären?

J. S.: Ich habe dafür keine Erklärung.

G. B.: Ich habe ebenfalls keine Erklärung für diese Entwicklung.

Inwiefern wirkte sich die Wiedervereinigung Deutschlands auf die deutsche Abonnentenkartei aus?

J. S.: Es gab einen kleinen Abonnentenzuwachs in Deutschland. Im Verhältnis zur Bevölkerungszahl war dieser jedoch gering, da die religiöse Bindung in den Gebieten der früheren DDR sehr viel niedriger als in Westdeutschland war. Wenn man den Abonnentenzuwachs ins Verhältnis zu der aus der Wiedervereinigung Deutschlands resultierenden neuen Gesamtbevölkerungszahl setzt, dann ist sicherlich das Abonnentenverhältnis erheblich niedriger geworden, weil es nicht im gleichen Maße einen Abonnentenzuwachs gegeben hat.

G. B.: Von den Rückmeldungen, die wir bis heute von den neuen Bundesländern bekommen, wissen wir, dass es lange gebraucht hat, bis wir als Zeitschrift im Bereich der FoBw im Osten angekommen sind, da Druckerzeugnisse aus dem Westen nicht selbstverständlich im Osten Einzug gehalten haben. Diese Aussage ist aber spekulativ und beruht auf persönlichen Begegnungen, Rückmeldungen und Anfragen.

Markus Gebauer konstatierte 1990 bezüglich der Verteilung der Abonnenten auf die Bundesländer ein Süd-Nord-Gefälle. Wie ist dieses zu erklären?

J. S.: Ich würde nicht von Gefälle sprechen. Wenn man die konfessionelle Verteilung in Deutschland betrachtet, ergibt sich ein relativ eindeutiges Bild, auf dem die Protestanten eher im Norden und die Katholiken eher im Süden aufzufinden sind. Wenn man neben dieser Perspektive berücksichtigt, dass ein Großteil der Kunden der ‚Neuen Stadt' katholisch ist, erklärt sich dieses Bild. Die konfessionelle Herkunft wäre somit zumindest ein Erklärungsfaktor. Darüber hinaus müsste man religionssoziologische Untersuchungen dazu in Beziehung setzen, mit deren

Hilfe man zu prüfen hätte, ob es insgesamt ein Nord-Süd- / Süd-Nord-Gefälle in der konfessionellen Bindung gibt.

Gemäß der Studie von 1996 hatten 23 % der Leser keinen Kontakt zur FoBw. Gabi Ballweg ging jedoch aufgrund der Tatsache, dass in der Studie die Personen, die über Sammelabonnements erreicht werden, nicht erfasst wurden, davon aus, dass ein durchaus ins Gewicht fallender Anteil der Leser keinen Kontakt zur FoBw hat. Ist diese Aussage nicht zu undifferenziert, da einerseits der Besteller des Sammelabonnements zu hoher Wahrscheinlichkeit in Verbindung zur FoBw steht und andererseits hinter dem Einzelabonnenten ebenfalls mehrere Leser stehen können, die keinen direkten Kontakt zur FoBw haben?

G. B.: Selbstverständlich ist diese Frage und ihre Deutung schwierig. Zum einen heißt „kein Kontakt zur FoBw" bei den meisten Abonnenten, dass sie außer einem Erstkontakt keine regelmäßigen Kontakte zur FoBw hatten. Für uns ist auch der Kontakt mit der ‚Neuen Stadt' ein Kontakt zur FoBw. Es ist schwierig, da die Beantwortung der Frage, auch wenn diese klar formuliert scheint, auf einem persönlichen Empfinden beruht, welches wir nicht erfassen können. Dies ist meines Erachtens auch der Leserumfrage von 1996 zu entnehmen. Viele hatten angegeben, dass sie keinen Kontakt zur FoBw haben, aber trotzdem gesagt, dass sie bei einem Treffen die ‚Neue Stadt' kennengelernt haben. Folglich hatten sie zumindest bei diesem Treffen einen Kontakt. Wir konnten aber mit relativer Sicherheit sagen, dass die Kunden, welche zum damaligen Zeitpunkt Sammelabonnements bezogen, diese oftmals in den Pfarreien, Gemeinden und Praxen ausgelegt hatten. Bei diesen, die öffentlich ausgelegen haben, können wir normalerweise davon ausgehen, dass kein persönlicher Kontakt mit der FoBw vorgelegen hat. Nicht mit Sicherheit, das stimmt; aber die Wahrscheinlichkeit, dass diese Leser keinen Kontakt zur FoBw haben, ist größer, als wenn die Zeitschrift durch eine Person, die im Innenraum der FoBw lebt, an eine andere Person weitergegeben wird. Es sind Vermutungen. Aber wir hatten durch die Auslageorte (Gemeinden, Pfarreien, Praxen) Anhaltspunkte für die These, dass die Sammelabonnements eine viel größere Reichweite besitzen. Zudem ist die FoBw an sich ein weites Feld. Wann gehört jemand zur FoBw? Nicht nur die Personen, die in einem streng definierten Innenraum leben, sondern auch Menschen, die nur eine freundschaftliche Beziehung mit der FoBw verbindet, zählen zu dieser. Es ist schwierig. Man kann alles anzweifeln, was in der Studie steht, man kann aber auch Belege für die Vermutungen der Umfrage finden.

J. S.: Wir haben in dieser Studie genügend Gründe gesehen, um anzunehmen, dass die Zahl derjenigen, die keinen Kontakt zur FoBw haben, eher größer als 23 % ist als niedriger, da wir davon ausgehen dürfen, dass ein großer Teil der Sammelabonnements Leute erreicht, die nicht im Kontakt zur Bewegung stehen.

Während die Zahl der Abonnenten, die die ‚Neue Stadt' seit Langem beziehen, zunehmend steigt, sinkt im Gegenzug die Anzahl der Kunden, welche die Zeitschrift erst seit einem kurzfristigen oder mittelfristigen Zeitraum beziehen, rapide. Kann diese Entwicklung durch einen rückläufigen Einfluss der FoBw erklärt werden? Schließlich nimmt der persönliche Kontakt zur FoBw bei der Entscheidung für ein Abonnement eine große Rolle ein.

J. S.: Es stimmt, dass wir rückläufige Abonnementzahlen haben. Wir gewinnen nicht in dem Maße neue Abonnenten, wie wir alte aus großteils biologischen Gründen (Alter, Tod) verlieren. Diese Entwicklung müsste man anhand von vielen Faktoren untersuchen, da sicherlich viele Gründe eine Rolle spielen: Medienentwicklung; eine völlige Veränderung des Leseverhaltens junger Leute. Zeitschriften mit einem festen Abonnement werden unserem Eindruck nach zunehmend als Ausdruck fester Bindung und enger Zugehörigkeit empfunden. Dies kann allerdings statistisch nicht belegt werden. Wir haben eine gesellschaftliche Entwicklung, die viele große Institutionen feststellen, dass die Bereitschaft, sich langfristig zu binden, extrem nachlässt. Heute sind jüngere Leute eher bereit, sich kurzfristig für Events und Einzelaktionen zu engagieren. Aber wenn nun eine Zeitschrift als ein solches Bindemittel empfunden wird, steht man einem Abonnement eher ablehnend gegenüber (Deinstitutionalisierung). Sicher gibt es in den Kernbereichen der FoBw seit Längerem keine Aufwärtsentwicklung und das spielt gewiss auch eine Rolle. Ich würde das allerdings auch nicht in Zusammenhang mit einem wie auch immer gearteten Einfluss der FoBw bringen wollen. Es ist eine sehr komplexe Frage, die auch nur sehr komplex und spekulativ beantwortet werden kann.

Mit einer katholischen Leserschaft von über 90 % ist der Ursprung der FoBw unübersehbar. Worin liegt der marginale Anteil anderer christlichen Konfessionen begründet?

J. S.: Die Frage gibt ein Stück weit die Antwort vor. Die FoBw hat einen katholischen Ursprung und damit in vielen Ausdrucksformen eine katholische Prägung. Sie ist also für einen Gläubigen der Kirchen der Reformation vielleicht nicht so leicht zugänglich. Die ‚Neue Stadt' hat sich aber nie als ein katholisches Medium verstanden. Das Selbstverständnis spiegelt sich nicht in den statistischen Zahlen wider. Vielmehr kann ich dazu nicht sagen.

Vielen Dank!

Nr. 7: Interview mit Linda Schuster und Gudrun Kraft vom 8. April 2016

Vielleicht kommen wir am Anfang des Interviews zu ein paar persönlichen Fragen: Wie heißen Sie? In welcher Beziehung stehen Sie zur FoBw?

G. S.: Mein Name ist Linda (Graziamariae) Schuster. Seit 1962 bin ich Fokolarin.

G. K.: Ich heiße Gudrun Kraft und bin seit 1970 Fokolarin.

Wann wurde das Fokolar in Regensburg gegründet?

G. S.: Im Auftrag von Chiara Lubich fuhr Valeria Ronchetti, eine der ersten Gefährtinnen Chiaras, am 6. Januar 1968 mit mir nach Regensburg und stellte mich Bischof Graber vor. Von diesem Tag an begann ich das Fokolar in Regensburg. Zunächst stellten mir Bekannte ein Zimmer zur Verfügung, bis die Wohnung fertig renoviert war, die der Bischof für das Fokolar zur Verfügung stellte. Dann kamen noch drei Fokolarinnen dazu.

Wann kamen Sie nach Regensburg, Frau Kraft?

G. K: Ich kam im Januar 1971 ins Fokolar nach Regensburg.

Wie kam es zur Gründung des Fokolars in Regensburg?

G. S.: Der Regensburger Bischof Rudolf Graber war von der Deutschen Bischofskonferenz beauftragt worden, den Dialog mit den orthodoxen Kirchen aufzunehmen. In diesem Kontext wandte sich Bischof Graber während des II. Vatikanums an Chiara Lubich. Er bat sie, zur Unterstützung von Albert Rauch ein Fokolar zu eröffnen, welches sich in den Dienst dieser Aufgabe stellen sollte. Bischof Graber hat mich dann an Albert Rauch für die praktische Arbeit verwiesen. Dies sind die Informationen, die ich von Chiara Lubich persönlich erhalten habe.

Welche Aufgabe hat die FoBw am ‚Ostkirchlichen Institut' in Regensburg übernommen?

G. S.: Ich arbeitete ehrenamtlich am ‚Ostkirchlichen Institut' und war dort nie angestellt, wie es andere Fokolarinnen nach mir waren. Im Rahmen meiner Tätigkeiten unterrichtete ich die orthodoxen Studenten in der deutschen Sprache und besuchte diese immer wieder, da diese anfangs in der Stadt verteilt waren. Auf diese Weise half ich bei ihrer Integration.

Durch die Zunahme der Stipendiaten wurde die Suche nach einem Haus immer dringender, in dem alle gemeinsam wohnen konnten. 1974 bekam Albert Rauch von der Stadt das ehemalige Klarissenkloster angeboten. Das war eine wunderbare Lösung! Mit Hilfe vieler unserer Fokolarfreunde renovierten wir das alte Gebäude so schnell wie möglich, sodass es 1976 eingeweiht werden konnte. Nun hatten die Stipendiaten die Möglichkeit, sich untereinander kennenzulernen. Dadurch konnten sie auf der einen Seite ihre Vorurteile gegenüber den anderen orthodoxen Kirchen abbauen. Auf der anderen Seite ermöglichten wir ihnen Kontakte zu katholischen Priestern bzw. Gemeinden und ließen sie an Tradition und Kultur teilnehmen. Das Erlernen der deutschen Sprache wurde damit lebendig. Im Laufe der Jahre wurden wir immer wieder eingeladen, auch sie in ihren Ländern zu besuchen. So vollzog sich der Austausch und es entstanden Freundschaften, die bis heute bestehen.

G. K.: Ich war ebenfalls ehrenamtlich am ‚Ostkirchlichen Institut' tätig, wenn Not am Mann war.

Der Aufgabenbereich jener Fokolarinnen, die im ‚Ostkirchlichen Institut' fest angestellt waren, umfassten Verwaltungsarbeiten, Sprachunterricht, die Haus- und Gästebetreuung sowie die Vorbereitung und Begleitung der Symposien, Jubiläen und Stipendiatenfahrten. Auf diese Weise wollte man bei ihrem Enkulturationsprozess mithelfen.

Welches Anliegen verfolgte Chiara Lubich mit der Beteiligung der FoBw am ‚Ostkirchlichen Institut' in Regensburg?

G. S.: Chiara Lubich verfolgte mit der Beteiligung der FoBw am ‚Ostkirchlichen Institut' keine eigene Intention. Sie sagte auf Anfrage und Bitte des Bischofs Graber zu. Uns beauftragte sie, ausschließlich dafür zu arbeiten.

G. K.: Auch ich habe nie etwas davon gehört, dass Chiara Lubich eine eigene Intention mit der Beteiligung in Regensburg verfolgte. Als ich 1971 nach Regensburg kam, war es auch aufgrund von Vorsichtsmaßnahmen (Eiserner Vorhang) noch kein öffentliches Fokolar, sondern von seiner Funktion exklusiv für den Osten zuständig. Für uns Fokolarinnen war es selbstverständlich, unsere Spiritualität mit den Orthodoxen zu leben und Brücken zu bauen.

Vielen Dank!

Nr. 8: Hans Karl Pesch, Der laute Ruf nach dem Stillen, 1990

Seit März 1981 wirkt die Fokolarebewegung in Solingen

Der laute Ruf nach dem Stillen

Ein Tag der offenen Tür im umgebauten Haus am Kannenhof

Den Bauleuten stellte sich die Aufgabe, einen ganzen Baukomplex regelrecht umzukrempeln: Ein Kloster, dessen Merkmal ja das Abschirmen der Welt und die Hinwendung in das Innere sind, mußte in eine sich weit nach außen öffnende Stätte der Begegnung verwandelt werden.

Die Rede ist vom einstigen Heilig-Kreuz-Kloster am Kannenhof, das heute Ort der Fokolarbewegung für den nördlichen Teil Deutschlands geworden ist und allein im ersten Halbjahr 1990 schon 6000 Menschen jeden Alters aus einer bis nach Berlin und Frankfurt reichenden Region nach Solingen gezogen hat, wo sie Betrachtung und Gebet vereinte.

Nachdem das Kloster in den beiden letzten Jahren umgebaut und vergrößert worden ist, war zum Tag der offenen Tür eingeladen, der Hunderte von Freunden anzog.

Die Mahnung

Es war ein Erlebnis, dabeigewesen zu sein; denn hier prahlte nicht die Architektur; es war vielmehr erhebend mitzuerleben, wie sehr gerade geistig-geistliche Verinnerlichung viele Menschen anspricht, die sich möglicherweise von zu viel äußerlichem Gemeindelärm alleingelassen fühlen. Und das ist die Mahnung dieser Begegnung!

Nach der Besichtigung des bisher nur wenigen Menschen zugänglich gewesenen Komplexes – er wurde aufgestockt, und statt der Zellen entstanden Begegnungsräume oder Übernachtungssäle für Besuchergruppen – war im großen Saal zu einer Vortragsveranstaltung geladen, durch die viele Besucher Einzelheiten zu Bau und Bauarbeiten erfuhren, vor allem aber vertraut gemacht wurden mit der weltweit sich ausdehnenden Fokolarbewegung.

Das Video einer Fernsehaufzeichnung vom Fest der Jugend vieler Länder und Religionen mit dem Papst (wir berichteten damals) endete einen Nachmittag im Zeichen großer Hoffnungen und zuversichtlichen Mutes.

Seit März 1981 wirkt die Fokolarebewegung in Solingen

Der laute Ruf nach dem Stillen

Ein Tag der offenen Tür im umgebauten Haus am Kannenhof

Die Mahnung

So sieht es heute aus.

In einem der vielen Sitzungsräume.

HANS KARL PESCH

Zu den Einzelheiten: Architekt Breil, der als Mitglied der Fokolargemeinschaft den Umbau leitete, erzählte, wie 80 Tonnen Beton aus den Klosterbaulichkeiten herauszustemmen waren, um den Wandel vorzunehmen. 2,6 Millionen Mark mußten für den Umbau (deren Besitzer die St.-Clemens-Pfarre ist) ausgegeben werden, etwa die Hälfte davon durch die Gaben – „weit mehr als man mit dem Begriff Spende bezeichnet" – von den Fokolaren selbst.

Das Kloster am Kannenhof war nach dem Fortzug der Neusser Augustinnerinnen und dem Abbruch des Marienstiftes

Stätte jahrzehntelangen Wirkens – entstanden und erlebte 1964 den Einzug der Schwestern des französischen Ordens von „Jesus dem Gekreuzigten", eine Gemeinschaft kranker Frauen, die in vollkommener Zurückgezogenheit lebten. Diese von der St.-Clemens-Pfarre als Ort der Gnade empfundene Niederlassung mußte 1974 aufgegeben werden. Nach verschiedenartiger Nutzung des Klosters durch die Pfarre, insbesondere deren Frauengemeinschaft, ließ sich die Fokulare März 1981 in dem Kloster nieder. Ihre Arbeit trug und trägt so reiche Frucht, daß die Umwandlung des Hauses notwendig wurde.

Zu den Mittelpunkten des Hauses zählt der im einstigen Innenhof entstandene große, von einer Lichtkuppel gekrönte Vortragssaal mit seinen 300 Plätzen, Hauptort des Tages der offenen Tür. Für das Wirken des Hauses zeugte ein kleines Programm mit Liedern und Spielen, durch die junge Leute den Geist der Eintracht und des Friedens versinnbildlichten, der hier von Solingen aus in das weite Land ausstrahlt.

Die Fokolarbewegung, die sich, so die Wortübersetzung, als geistiges Herdfeuer versteht, ging in schlimmster Wirrnis und Verzweiflung des Zweiten Weltkrieges von der Trientiner Lehrerin Chiara Lubich aus. Über eineinhalb Millionen Menschen haben sich in 184 Ländern über soziale Grenzen, über Alter, ja, selbst über Religions- und Konfessionsbarrieren hinweg zusammengefunden, um nach dem Gebot der christlichen Liebe zu leben, ein Ruf, der vor allem von der Jugend der Welt vernommen worden ist, wie auch an diesem Tag zu spüren war.

Zu den Hoffnungszeichen gehört, daß der stille Ruf, der von dieser Stätte ausgeht, so laut gehört wird und so zahlreiche Menschen anzieht, ohne Reklame, Öffentlichkeitsarbeit und – eben auch – Konkurrenzgerangel, ohne die, so glaubt man wenigstens, es heute im allgemeinen nicht mehr geht.
Hans Karl Pesch

Nr. 9: ‚Ökumenisches Lebens- und Begegnungszentrum Ottmaring' (Stand 1998)

Gebäude	Fertigstellung
Evangelische Bruderschaft	1960
Haus ‚Gotthilf' (4 Familien evangelisch)	1968
Haus ‚Augustin Bea' (Frauenfokolar)	1968
Haus ‚Johannes XXIII.' (Männerfokolar)	1968
Evangelische Schwestern	1974
Evangelische Brüder	1974
Kapelle	1990
‚Ökumenisches Begegnungszentrum Ottmaring'	1976
Kapelle	1989
Lauretana	1973
Haus ‚Paul VI.'	1980
Haus ‚Agape'	1974

Abkürzungsverzeichnis

AA	Apostolicam actuositatem
AG	Ad gentes
altgr.:	altgriechisch
An	Angegliederte
BBK	Berliner Bischofskonferenz
BOK	Berliner Ordinarienkonferenz
BStU	Die Behörde des Bundesbauftragten für die Stasiunterlagen
c.	canon des CIC 1983
CD	Christus dominus
CEI	Conferenza Episcopale Italiana
ChL	Christifideles laici
CIC	Codex Iuris Canonici
COMECE	Commissio Episcopatuum Communitatis Europensis
CSSR	Tschechoslowakische Sozialistische Republik
DBK	Deutsche Bischofskonferenz
DDR	Deutsche Demokratische Republik
DH	Das Kompendium der Glaubensbekenntnisse von Heinrich Denzinger und Peter Hünermann
DP	Diözesanpriesterfokolare
dt.:	deutsch
DV	Dei verbum
ECOSOC	Economic and Social Council
EN	Evangelii nuntiandi
FF	Frauenfokolar
FoBw	Fokolar-Bewegung
Fok	Fokolare
Fw	Freiwillige
G. B.	Gabi Ballweg
G. K.	Gudrun Kraft
G. S.	Graziamariae Schuster
GM	Geheimer Mitarbeiter : Die Bezeichnung war von 1950 bis 1968 im Gebrauch.
GS	Gaudium et spes
Gen	*la **gen**erazione **n**uova*
Gen's	*la **gen**erazione nuova **s**acerdotale*
Gen-Re	*la **gen**erazione nuova dei **re**ligiosi*
GI	Geheimer Informator: Die Bezeichnung war von 1950 bis 1968 in Gebrauch.
GmbH	Gesellschaft mit beschränkter Haftung
IE	Iuvenescit ecclesia

IM	Inoffzielle Mitarbeiter, die der Beobachtung von Objekten oder Personen dienten, von denen Feindtätigkeiten vermutet wurden
IMV	Ein IMV ist ein IM, der gerade im Einsatz ist und die Absichten von verdächtigen Personen aufdeckt.
IM-Vorgang	Es handelt sich um eine Akte, die für einen IM angelegt wurde.
itl.:	italienisch
J. S.	Joachim Schwind
KKTS	Konfessionskundliche und kontroverstheologische Studien
LAELKB	Landeskirchliches Archiv der Evangelisch-Lutherischen Kirche in Bayern
lat.:	lateinisch
LG	Lumen gentium
MF	Männerfokolar
MfS	Ministerium für Staatssicherheit[1060]
OibE	Offizier im besonderen Einsatz: OibE wurden beispielsweise eingesetzt, um den Staatsapparat zu überwachen.
ÖRK	Ökumenischer Rat der Kirchen
PCI	Partito Comunista Italiano
PF	Priesterfokolar
Po	Postulanten
PO	Presbyterorum ordinis
PoAn	Postulanten der Sektion ‚Angegliederte'
SC	Sacrosanctum concilium
SED	Sozialistische Einheitspartei Deutschlands
Sym	Symphatisanten
UdSSR	Union der Sozialistischen Sowjetrepubliken
UNO	Organisation der Vereinten Nationen
UR	Unitatis redintegratio
WCRP	World Conference of Religions for Peace
ZdK	Zentralkomitee der deutschen Katholiken
ZZF	Zonenzentrum Frauen
ZZM	Zonenzentrum Männer

[1060] Für Abkürzungen des Ministeriums für Staatssicherheit siehe: BStU: Das MfS-Lexikon, in: https://www.bstu.de/mfs-lexikon/ (22.8.2019, 12:58 Uhr).

Personenregister

Es werden jene Seiten angeführt, auf denen die Namen der Personen explizit im Text genannt werden. Die Angabe der Papstnamen enthält auch die Seiten, die ihren Geburtsnamen aufweisen. Geburts-, Sterbe- und Amtsdaten werden bei Erstnennung im Text nur angeführt, insofern sie von zentraler Bedeutung sind, herausgefunden werden konnten und es datenschutzrechtlich zulässig ist. Die Seitenzahlen zur Person von Jesus Christus enthalten die Begriffe der fokolarinischen Spiritualität.

Chronologie der Fokolar-Bewegung

1. Ausbreitung

1920:	Chiara Lubich (Taufname Silvia) wird am 22. Januar geboren.
1943:	Am 7. Dezember legt Chiara Lubich das private Gelübde ab, mit dem sie ihr Leben Gott weiht. Dieser Tag wird heute offiziell als Beginn der FoBw betrachtet.
1944:	Gründung des ersten Fokolars in Trient
1948:	Das erste Fokolar außerhalb Trients wird in Rovereto konstituiert.
1949:	Es wird das erste Sommertreffen in den Dolomiten veranstaltet. Bis 1959 finden in jährlichen Abständen weitere Zusammenkünfte dieser Art, die seit 1955 Mariapoli genannt werden, in den Dolomiten statt.
1950:	Es werden Fokolare in Rom, Florenz und Mailand gegründet. Chiara Lubich zieht mit der Leitung der Bewegung nach Rom.
1957:	Chiara Lubich unternimmt eine Reise nach Jerusalem. Die Bewegung beginnt sich im Nahen Osten zu verbreiten.
1958:	Es entstehen Fokolare in Belgien und Frankreich. In Deutschland kommt es zur Eröffnung des Männerfokolars in Köln.
1959:	Das erste Fokolar außerhalb Europas wird in Recife (Brasilen) eröffnet.
1960:	Die erste Mariapoli, die nicht in Italien stattfindet, wird in Fribourg (Schweiz) veranstaltet.
1960:	In Westberlin wird ein Frauenfokolar eröffnet.
1961:	In Leipzig (DDR), New York (USA) und Buenos Aires (Argentinien) werden Fokolare gegründet.
1966:	Erste Fokolare kommen nach Afrika (Kamerun), Asien (Manila) und in ein arabisches Land (Algerien).[1061]

2. Struktur

1944:	Chiara Lubich und ihre Weggefährtinnen gründen das erste Fokolar.
1948:	Es entsteht das erste Männerfokolar.
1949:	Pasquale Foresi schließt sich Chiara Lubich an und wird später der erste zum Priester geweihte Fokolar.
1953:	Igino Giordani, der bereits seit 1948 Chiara Lubich folgt, wird der erste verheiratete Fokolar.
1956:	Der Zweig der Freiwilligen entsteht.
1960:	Ausgehend von der Sektion der Freiwilligen entsteht die ‚Bewegung für eine Neue Gesellschaft'. Ziel dieser Bewegung ist es, durch

[1061] Vgl. Stefan Tobler, Jesu Gottverlassenheit als Heilsereignis in der Spiritualität Chiara Lubichs, 2001, 377-378.

eine vom Evangelium geprägte Lebensweise auf die Arbeitsumgebung sowie das gesellschaftliche Umfeld einzuwirken.

1966: Die Sektion der Ordensleute und Priester konstituiert sich mit der Anerkennung der Statuten. Aus letzterer geht Mitte der 1960er-Jahre die Pfarrbewegung hervor.

1967: Die Jugendlichen der FoBw gründen den Zweig der Gen (itl.: *la* **ge***neratione* **n***uova*).

1967: Die Bewegung ‚Neue Familien', welche sich mit familiären und pädagogischen Fragestellungen beschäftigt, wird konstituiert. Träger sind die verheirateten Fokolare. Projekte, die von dieser Bewegung „getragen oder unterstützt werden, reichen von der Ehevorbereitung über Hilfen bei familiären Schwierigkeiten bis zur Vermittlung von Adoptionen und Pflegschaften."[1062]

1983: Die Jugend-Bewegung wird durch die Sektion der Gen gegründet. Ihr Ziel ist die Realisierung einer geeinten Welt.

1997: Die Sektion der Bischöfe entsteht. Ihr gehören Bischöfe an, die sich der FoBw verbunden wissen. Am 14. Februar 1998 wird der Zweig der Bischöfe durch den päpstlichen Laienrat offiziell genehmigt.[1063]

3. Innerkirchlicher Dialog

1945: Die ersten Fokolarinnen pflegen einen engen Kontakt zu Erzbischof Carlo De Ferrari (Trient), der die entstehende Bewegung fördert.

1947: Nach der Trennung vom Dritten Orden der Kapuziner wird der FoBw die kirchliche Anerkennung durch das Bistum Trient zugesprochen.

1950: Das Hl. Offizium beginnt die FoBw zu prüfen.

1961: Die FoBw soll auf Empfehlung der Kommission der CEI verboten werden.

1961: Die Fuldaer Bischofskonferenz setzt sich mit der FoBw auseinander. In diesem Rahmen wird ein positives Gutachten über die FoBw angefertigt.

1962: Die FoBw wird durch Johannes XXIII. *ad experimentum* anerkannt.

1990: Die FoBw wird „durch den Vatikan (Päpstlicher Laienrat) in der Form eines weltweiten privaten Vereins von Gläubigen"[1064] anerkannt.[1065]

[1062] Gemeinschaft der Fokolare, Wo zwei oder drei ..., 4. Aufl., 1992, 19.

[1063] Vgl. Wilhelm Schäffer, Erneuerter Glaube – verwirklichtes Menschsein, 1983, 161-165; Manfred Döbbeler, Die Fokolar-Bewegung, 1988, 140-143; Gemeinschaft der Fokolare, Wo zwei oder drei ..., 4. Aufl., 1992, 16-21; Silvana Veronesi, Die Fokolar-Bewegung, 1993, 20-24; Bernhard Pree, Mitgliedschaft in kirchlichen Vereinigungen – Die Fokolar-Bewegung, 2000, 94-95; Stefan Tobler, Jesu Gottverlassenheit als Heilsereignis in der Spiritualität Chiara Lubichs, 2001, 378-379.

[1064] Stefan Tobler, Jesu Gottverlassenheit als Heilsereignis in der Spiritualität Chiara Lubichs, 2002, 381.

[1065] Vgl. Wilhelm Schäffer, Erneuerter Glaube – verwirklichtes Menschsein, 1983, 124; Manfred Döbbeler, Die Fokolar-Bewegung, 1988, 234-241; Stefan Tobler, Jesu Gottverlassenheit als Heils-

4. Ökumenischer Dialog

1961:	Mit der Darmstädter Zusammenkunft beginnt der ökumenische Dialog der FoBw.
1964:	Die FoBw und die Bruderschaft vom gemeinsamen Leben beschließen den Bau des ‚Ökumenischen Lebenszentrums Ottmaring'.
1966:	Chiara Lubich trifft sich mit dem anglikanischen Erzbischof Ramsey.
1967:	Chiara Lubich begegnet erstmals dem Ökumenischen Patriarchen Athenagoras I.
1968:	In Ottmaring bei Augsburg wird das ‚Ökumenische Lebenszentrum' eröffnet.
1976:	Das ‚Ökumenische Begegnungszentrum Ottmaring' wird eröffnet.
1981:	Es wird das erste ökumenische Bischofstreffen veranstaltet.
1983:	Beginn der ‚Ökumenischen Schule' in Ottmaring (Augsburg). Parallel werden unter anderem in der Schweiz, England und den USA Ökumenische Schulen organisiert.
1988:	An Chiara Lubich wird der Augsburger Friedenspreis verliehen.[1066]

5. Interreligiöser Dialog

1977:	Chiara Lubich bekommt den Templeton-Preis in London verliehen. Damit verbunden ist die Erfahrung, dass sich auch Nichtchristen durch das Charisma der FoBw angesprochen fühlen, wodurch offiziell der interreligiöse Dialog der Bewegung eingeleitet wird.
1979:	In Rom trifft Chiara Lubich mit Nikkyō Niwano die Gründungspersönlichkeit der buddhistischen Laienbewegung Risshō Kosei-kai.
1981:	Chiara Lubich reist erstmals nach Asien und trifft sich am 20. Dezember 1981 mit Nikkyō Niwano (* 1906; † 1999) und einem Kreis seiner Mitarbeiter.
1985:	Chiara Lubich reist zum zweiten Mal auf Einladung von Nikkyō Niwano nach Asien.
1994:	Chiara Lubich wird zur Ehrenpräsidentin der WCRP ernannt.
1997:	Chiara Lubich ist zu Gast in der Malcom-X-Moschee in Harlem (New York). Es entsteht eine Kooperation mit den Black Muslims.
2001:	Chiara Lubich reist nach Indien. Es entwickeln sich Anfänge eines Dialogs mit dem Hinduismus.[1067]

ereignis in der Spiritualität Chiara Lubichs, 2002, 380-381; Alessandro Maria Gottardi, Brief von Alessandro Maria Gottardi an Pasquale Foresi, 21. November 1963, 1.

1066 Vgl. Stefan Tobler, Jesu Gottverlassenheit als Heilsereignis in der Spiritualität Chiara Lubichs, 2002, 381-382.

1067 Vgl. Stefan Tobler, Jesu Gottverlassenheit als Heilsereignis in der Spiritualität Chiara Lubichs, 2002,382-383; Cinto Busquet, Incontrarsi nell'Amore, 2009, 77, 87.

6. Dialog mit den Atheisten

Der Beginn des Dialogs mit den Menschen guten Willens lässt sich nicht eindeutig datieren. Sicher kann nur gesagt werden, dass die FoBw von Anfang in Kontakt mit Atheisten stand.

1953:	Pius XII. vertraut der FoBw drei Gebiete an, die der Gefahr des Atheismus in besonderer Weise ausgesetzt sind.
1958:	Die Ostpriesterhilfe e. V. wird durch das Fokolar in Köln unterstützt.
1962:	In den Statuten von 1962 wird als spezifisches Ziel die Realisierung des Einheitswunsches Jesu genannt, in dessen Kontext die FoBw eine spezielle Aufmerksamkeit dem Atheismus zu widmen hat.
1964:	Paul VI. bittet Chiara Lubich, sich um ein Gespräch mit den Atheisten zu bemühen.
1978:	Das *Centro del dialogo per i lontani* wird gegründet.
1983:	Die *Scuola per il Dialogo con la Cultura contemporanea* wird konstituiert.
1992:	Ein Kongress für den Dialog zwischen Personen religiöser und nichtreligiöser Weltanschauung wird veranstaltet.[1068]

[1068] Vgl. ebd., 382-384.